U0525859

民国时期审判机关研究丛书

创制、运行及变异

民国时期西安地方法院研究

侯欣一 著

商务印书馆
2017年·北京

专 家 委 员 会

侯欣一

谢志民　高　尚

总　序

对于中国而言,审判机构是一个舶来品。传统中国,司法行政合一,并无专司诉讼的审判机构,国人对此习以为常。

明清之际,西人东来,平静的中国不再平静。已完成了工业革命和经过了近代人文主义熏陶的西方人对于中国传统的纠纷诉讼处理方式极不适应,中国司法制度成了远道而来的西方人诟病最多的问题之一。鸦片战争后,西方列强借助坚船利炮、通过不平等的条约在中国获得了治外法权,陆续在各自的租界内设立了一些领事法院、会审公廨等审判机构。这些审判机构在帮助列强实现其经济目的的同时,亦向国人展示了专业和文明的一面。20世纪初,危机四伏的清廷被迫开启自救之路,对国家权力体系进行重构,专司诉讼的审判机构由此正式出现。民国以降,尽管审判机构的发展几经波折,以致于南京国民政府的司法院院长居正(1876—1951)说,在中国设立新式法院是最为困难的事情。但与清末民初许多转瞬即逝的组织不同,新式审判机构毕竟顽强地生存了下来,并被国人所接受,在保护公民权益、维护社会秩序方面发挥着越来越大的作用,仅此一点,足以说明审判机构之重要。

但令人遗憾地是,在相当长的时间内有关新式审判机构的研究却未能引起学术界的重视。到目前为止,坊间以近现代中国审判组织为对象的研究作品尚不多见。其结果,不要说是普通读者,即便是学术界对审判组织在中国的产生、发展及演变过程,特别是其内部结构和运行状况亦所知甚少。晚近以来,伴随着中国法学的发展和学者学术旨趣的转变,法史学界逐渐将研究的领域从立法转向于司法，审判机构也开始进入一些学者关注的视野。为此，有必要编辑出版中国近现代审判机构研究书系。考虑到近现代中国审判机构的构成较为复杂，因而无论是针对新式法院，还是处于新旧过渡之中的司法处，乃至作为治外法权产物的领事法院、会审公廨等审判组织的研究成果均在编辑荟萃之列。希望通过对中国近现代审判机构的系统研究和深度描绘，以此拓展既有学术研究的范围和领域，并以审判机关为平台，将立法、司法以及法律与社会的研究有机结合，真实地观察法律的实施过程，丰富人们对中国近代法制史和社会史的认知。当然，编辑这样一套书系，也是为了适应当下中国法治建设的需要。回眸审判机构在中国存在的世纪历程，其中既有成功的经验，也有沉痛地教训。

党的十八大以来，中国的司法体制改革正在有序地展开，亦希望通过学术界联合，就此专题进行深入研究，努力为法治中国的建设提供一些本土资源。

侯欣一

2017年3月23日

序 言

尽管出于阅读的方便与习惯,我们可以笼统地说:中国的司法传统源远流长,中国传统的司法制度影响深远,并在解决纠纷、打击罪犯、维护社会秩序等方面发挥了重要作用。但为了学术的严谨,笔者又必须声明,所谓的"中国传统的司法制度"与现代司法制度有着本质的区别,切忌不可将两者等同视之。"中国传统的司法制度"诞生并生存于农业文明和封闭的社会环境之中,它以专制集权的政治制度为基础,以儒家和合文化为价值目标,以司法、行政合一,审判人员精英化但却非专业化为基本特点。在这种制度框架下从事审判的人员可以自由地行使行政、司法等多种权限以及从国家到社会的一切资源,同时辅助于个人的才智、机警、经验以及刑讯手段,尽可能地实现个案的公正,从而维护血缘社会秩序之稳定。

鸦片战争之后,由于种种原因,中国的司法传统开始出现断裂,被迫走上一条艰难的制度移植和创新之路。移植和创新涉及到许多方面,其中很重要的一点就是新式法院的诞生。中国传统社会司法与行政不分,因而根本就不存在现代意义上的为实现司法权而设立的独立的审判机关,从中央到地方均是如此。不管这一机关如何称谓。

光绪三十二年(1906年),危机四伏的清王朝为了拯救自己垂死的命运,同时也是为了适应社会转型的需要,在各方的压力下开始按照源自于西方的三权分立原则,仿效西方近代国家的权力架构试办起新式审判机关,独立的审判机关开始在古老的中国出现。[①] 新式法院依据立法机关事先制定

---

① 法院有广义和狭义之分。民国时期广义之法院包括普通法院、检察处以及行政法院、军

的法律,遵循特定的程序,负责审理因社会转型而源源不断出现的各类纠纷和案件,在维护社会稳定和保护民众权利等方面承担着不可替代的作用。此后数十年间尽管政局动荡不安,政权更替频繁,审判机关的独立与生存屡受挑战,如北京政府时期全国各地初级审判厅就曾一度被裁撤,但到民国时期,特别是民国晚期①,新式审判机关毕竟顽强地生存了下来。据统计到民国晚期,不仅最高法院、各省高等法院、高等法院分院均已设立,还另有地方法院778所(不包括共产党控制的区域)。当时全国共有1964个市县,按每个市县各设一个地方法院的规划,778所新式地方法院达到了总规划的38%以上。更为重要的是,这些地方法院大多设于经济和文化相对发达,人口较为稠密的地区,管辖的实际人口已占全国总人口的60%左右,代表着中国基层司法的主流与方向,在解决纠纷和案件审理方面发挥着不可替代的作用。②此外尚创建了1000来所近似于简易法庭的县司法处,③因而完全有理由说尽管困难重重,但到民国晚期新式审判机关已走过了自己的初设阶段,建立起了必要的,甚至可以说较为完备的制度,在逐渐融入中国社会的同时,积累起了一定的能量,在政治统治和社会治理中扮演起重要的角色。

但与此同时,又必须清醒地看到,由于种种原因,到民国晚期新式审判

事法院等特别法院。狭义之法院则专指普通法院及检察处,本书所使用之法院为狭义概念。清末沈宝昌曰:"法院者,行使国家司法权之国家机关也,以字义观之,与行使国家司法权之官厅无异。……法院之范围,有广义法院与狭义法院二种之区别。广义法院者,包含通常审判衙门、检察厅、海陆军军法会议、行政裁判权限惩戒裁判等一切机关,皆在其内。狭义法院者,则专指通常审判衙门及检察厅二者而已。"见沈宝昌:《法院编制法释义》,1911年版,第2页。

① 本书所谓的民国晚期指的是1940年代中后期,这种划分是以民国政府在大陆地区存在的时间为参照而做出的。

② 欧阳湘:《近代中国法院普设研究——以广东为个案的历史考察》,知识产权出版社2007年版,第96—97页。

③ 县司法处是民国时期一种过渡性的审判组织。根据1936年颁布的《县司法处组织暂行条例》规定,凡因为各种原因一时无法设立地方法院的县先在县政府内设司法处作为过渡,司法处的行政事项由县长兼理,但审判工作由专有的司法官——承审员依法独立行使。

机关在精神层面却在不知不觉地发生着变异,与最初制度设计者的理想渐行渐远,出现了形与神的背离,这种背离在一些基层法院表现得尤为明显。以致在某些时候,法院、连同法官逐渐成了整个社会诟病的对象。清末预备立宪启动之时,人们曾希望通过建立独立、文明、运行良好的新式法院,收回国人心中的奇耻大辱——领事裁判权,并以此为切入点来推动中国走上宪政之路。未曾想到的是这种希望在残酷的现实面前却几成泡影。问题还远不止如此,比事实更为可怕的是,新式法院的变异速度之快远远超出了大多数人的心理承受能力。

由创制到变异,是什么原因引发了这一现象的发生?形与神的加速背离,这其中又经历了怎样的过程?显然,如能加强对民国时期审判机关的研究,总结其成败得失将是一件极为重要的学术工作,它势必会对当下中国正在进行中的司法改革提供必要的经验教训。

或许就是基于上述考虑,晚近以来,国内外学术界对民国司法制度史表现出了浓厚的兴趣,投入了相当的精力,出版了一批学术作品[①],这些作品为读者理解民国时期的司法制度提供了一定的帮助。就研究视野而言,这些作品或着眼于国家层面,以整体、静态的研究为主,如法官制度,诉讼审判制度等;或聚焦于最高法院,如清末及北京政府时期的大理院,南京国民政府的最高法院等;而且考察的时间大都集中于民国早期,特别是清末民初和

[①] 如黄宗智的《法典、习俗与司法实践:清代与民国的比较》、张德美的《从公堂走向法庭——清末民初诉讼制度改革研究》、里赞和刘昕杰的《民国基层社会纠纷及其裁断——以新繁档案为依据》、黄源盛的《民初法律变迁与审判(1912—1928)》、冯客的《近代中国的犯罪:惩罚和监狱》、徐小群的《20世纪中国的司法改革(1901—1937)》、吴永明的《理念、制度与实践——中国司法现代化变革研究(1912—1928)》、毕连芳的《北京民国政府司法官制度研究》、桂万元的《北洋政府时期的审判制度研究》、欧阳湘的《近代中国法院普设研究》、孙慧敏的《制度移植:民初上海的中国律师(1912—1937)》、唐仕春的《北洋时期的基层司法》、李在全的《法治与党治——国民党政权的司法党化(1923—1948)》、江照信的《中国的法律"看不见中国"——居正司法时期(1932—1948)研究》、蒋秋明的《南京国民政府审判制度研究》、谢冬慧的《民事审判制度现代化研究——以南京国民政府为背景的考察》等。

北京政府时期等,对于基层法院,对于民国晚期的司法制度关注较少,留下了很大的研究空间。

本书以民国时期的西安地方审判机关为考察对象,试图借助第一手资料,特别是司法档案、当事人回忆录等,通过文献阅读、理论阐释的方法,尽可能地真实再现民国时期西安地方审判机关复杂的面相,同时以西安地方审判机关为观察对象系统地探讨民国时期司法权在地方的实际运行情况,深化人们对中国近现代司法制度的认识与理解。考虑到近现代中国各地的实际差异,以一个地方审判机关为考察对象难免可能出现以偏概全的现象,因而,本书在讨论一些问题时,也适当地运用比较的方法,将西安地方审判机关与同时期的其他地方审判机关进行必要的比较,以求结论更加客观和准确。

司法的本意是审判,即便是按照对司法广义的理解,在任何一个国家的司法系统中审判机关都处于无可争议的核心地位;而地方审判机关,特别是一审法院又是整个法院系统的基础,它不仅直接面对着芸芸众生,且承担着特定社会中绝大多数案件的审理,这种地位决定了一审法院对于国家司法制度的特点,司法制度中存在的问题最为敏感,反应也最为强烈。也就是说一审法院的实际运行情况如何将直接关系到一个国家司法制度的好与坏、优与劣。正是出于这种考虑,本书将关注的重点放在一审法院。至于为何会选择西安地方审判机关,特别是西安地方法院的晚期作为研究对象,其原因大致有二:

一是较有代表性。西安地处内陆,中国历史上曾有13个朝代建都于此,作为中国古代政治、经济、文化的中心历时1110多年。从某种意义上讲中国传统法律文化、传统审判制度的形成与发展与西安有着密不可分的关系,历史上许多与法律相关的人与事也都曾生活于斯,发生于此。正因为如此,西安受中国传统文化,特别是传统法律文化浸淫较深,民众和社会对新式审判机关的接受较为缓慢,新式审判机关的创制过程自然也较为艰难。

与此同时,在近代中国,尽管与其他省会城市相比西安地方审判机构的成立相对较晚,但毕竟一直未曾间断,且组织完备,制度齐全运行规范,审理的案件类型多样,人员规模大小适宜,其中还经历了政权的更迭和机构本身的各种调整与变化,如从一审和上诉审合一的审判机关变为一审法院等,这一切极为重要。因而,从研究的角度讲,无论是观察现代审判机关的创制过程,还是研究民国时期地方审判机关的运行情况,西安地方审判机关都较有代表性。

需要指出的是,这里所谓的代表性还有另外一层含义。就一般意义而言,到南京国民政府后期,困扰地方审判机关运行的一些外部因素大都已经解决,出现了许多新的特点,而且这些新的特点更加具有中国特色。就规律而言,影响一个国家司法权运行的因素大致可以分为外部和内部两种,前者是体制性的问题,即国家制度层面的问题;后者是机制性的问题。到民国晚期经过几十年的不懈努力,诸如法律不健全、司法经费的中央财政统一支付、司法人员的专业化等一般性问题大都已经解决,司法体制方面出现了更多和更为复杂的新现象,如司法党化等,这些新的问题逐渐成为困扰地方审判机关行使审判权的主要障碍;此外司法权运行的机制问题也还存在着不尽完善之处。因而,研究起来意义更大。换言之,在中国法治近代化过程中,如果说清末民初的重心是立法问题,南京国民政府成立后伴随着立法任务的基本完成,司法就逐渐成了制约法治近代化的关键所在,即司法机关和司法人员如何将这些法律加以实施。早在1918年一位外国评论员就在《密勒氏评论报》上发文预言说"法典编纂完成后,下面的实质问题就是中国法官们的司法训练和个人品格了。"①

二是资料相对完整。西安市档案馆保存了为数不少的民国时期西安地方法院的原始档案,这些档案包括综合、诉讼案卷和其他三大类,共计

---

① 〔美〕周锡瑞等主编:《1943年:中国在十字路口》,陈晓译,社科文献出版社2016年版,第135页。

10009卷,记载了从1914年到1949年35年间西安地方法院的历史沿革,各种统计数据和审理过的大量案件,内容较为丰富和翔实。如综合类包括了西安地方法院院长、推事、书记官、首席检察官、检察官等任免的训令,指令,函件;该院及所属看守所各级主管人员和员工甄审、稽核、到职、辞职、异动、俸给、受训、考绩、奖惩、升迁的规则,办法,训令,指令,委令,通知及名册;该院职员、工役、警员统计报表,职员名册,履历表;院长卸任接任移交清册;年度经费预算支出文书;该院及看守所基建、维修报告等。尽管这些资料记载的详略和年份不尽均匀,如年份以1937至1949年为主,早期的较少;有些案卷因战乱,保管不周已残缺不全。此外,民国年间,西安地方审判机关还曾发生过火灾,致使早期档案大都被烧毁等,但即便如此也已相当珍贵,为我们的研究提供了宝贵的第一手资料。如能适当地佐之一些其他资料,如陕西省档案馆(保藏有陕西高等法院的档案,其中许多内容涉及西安地方审判机关)和中国第二历史档案馆的馆藏档案等,使我们再现民国时期西安地方审判机关历史的设想成为一种可能。稍显遗憾的是中华人民共和国成立之前,陕西高等法院先后辗转搬迁至陕西南部和四川,导致与其有关的司法档案流失较为严重。

以一个基层法院为个案进行系统考察,特别是考察其实际运行情况,此类研究尚无先例可循,缺乏通用的分析框架,不仅如此,到目前为止民国时期的西安地方审判机关还从未进入过学者们的研究视线。包括资料的整理、搜集与鉴别都需要研究者从头做起,如何将这些凌乱的历史碎片连成一个整体,也是笔者必须要解决好的难题。

侯欣一

2016年12月1日于天津

目 录

绪论 传统与现代夹缝中的陕西及西安 …………………… 1
  一、固守中国传统政治法律文化 ………………………… 4
    （一）陕派律学 ……………………………………… 4
    （二）陕甘总督 ……………………………………… 8
    （三）蒲城知县 ……………………………………… 12
  二、西方现代法律文化的输入 …………………………… 15
    （一）陕西法政学堂 ………………………………… 16
    （二）陕西咨议局 …………………………………… 19
    （三）政治研究会 …………………………………… 23
  小结 ……………………………………………………… 24

上编 创制

第一章 时空中的存续 ……………………………………… 33
  第一节 创制与守常 ……………………………………… 33
    一、诞生 ……………………………………………… 33
    二、沿革 ……………………………………………… 41
  第二节 院址与建筑 ……………………………………… 45
  第三节 法庭 ……………………………………………… 54
  第四节 看守所 …………………………………………… 64

小结 …………………………………………………… 69

第二章　职业群体初现 …………………………………… 70
第一节　推事 ……………………………………………… 70
一、建设目标 …………………………………………… 71
　　（一）精英化 ………………………………………… 71
　　（二）专业化 ………………………………………… 75
　　（三）中立化 ………………………………………… 79
　　（四）任职避籍 ……………………………………… 80
二、西安现实 …………………………………………… 82
三、个案观察 …………………………………………… 87
　　（一）专业程度 ……………………………………… 89
　　（二）家庭出身 ……………………………………… 95
　　（三）年龄结构 ……………………………………… 97
　　（四）籍贯 …………………………………………… 98
　　（五）性别 …………………………………………… 98
第二节　书记官 …………………………………………… 100
一、资格与职责 ………………………………………… 101
二、能力 ………………………………………………… 105
三、年龄 ………………………………………………… 106
第三节　录事、执达员与实习推事 ……………………… 106
一、录事与执达员 ……………………………………… 107
二、实习推事 …………………………………………… 108
第四节　看守所人员 ……………………………………… 111
小结 ………………………………………………………… 114

第三章　内部组织依法设立 …… 121
第一节　厅(院)长 …… 121
一、职责和权限 …… 121
二、个案观察 …… 123
第二节　组织 …… 131
一、初设时期 …… 131
(一) 审判庭 …… 131
(二) 书记室 …… 133
(三) 看守所 …… 133
二、继承与发展 …… 135
(一) 增设审判庭 …… 135
(二) 民事执行处 …… 136
(三) 公证处 …… 137
(四) 人事室和总务科 …… 137
(五) 检察处 …… 138
第三节　会议 …… 144
一、组长会议 …… 145
二、小组会议 …… 146
三、周会与年终会 …… 148
小结 …… 150

第四章　审判制度逐渐统一 …… 152
第一节　诉讼状纸制度 …… 153
一、种类和格式 …… 153
二、装订及保管 …… 157
第二节　证据规则 …… 159

第三节　法律解释 …………………………………… 163
　　　一、判例制度 …………………………………………… 164
　　　二、解释例 ……………………………………………… 167
　　第四节　训令 ………………………………………… 171
　　第五节　裁判文书 …………………………………… 173
　　　一、判词 ………………………………………………… 173
　　　二、批词 ………………………………………………… 175
　　　三、判决书 ……………………………………………… 177
　　小结 …………………………………………………… 185

第五章　专项经费制度形成 ……………………………… 186
　　第一节　支出 ………………………………………… 186
　　　一、薪俸 ………………………………………………… 187
　　　二、办公费 ……………………………………………… 191
　　　三、杂费 ………………………………………………… 191
　　　四、工食费 ……………………………………………… 193
　　　五、总量和结构 ………………………………………… 193
　　第二节　收入 ………………………………………… 202
　　第三节　财会制度 …………………………………… 209
　　小结 …………………………………………………… 217

中编　运行

第六章　契合与游离 ……………………………………… 223
　　第一节　审判机关与行政机关 ……………………… 223

一、与省府关系 ……………………………………………… 223
　（一）日常交往 …………………………………………… 223
　（二）经费依赖 …………………………………………… 227
二、与县市政府关系 ………………………………………… 231
　（一）人事与事权 ………………………………………… 232
　（二）称谓 ………………………………………………… 236
　（三）恪守中立 …………………………………………… 237
　（四）"司法孤立" ………………………………………… 237

第二节　地方法院与高等法院 ………………………………… 239
一、经济往来 ………………………………………………… 241
二、人事纠葛 ………………………………………………… 242
三、政策导向 ………………………………………………… 243
四、潜在影响 ………………………………………………… 245

第三节　推事与检察官 ………………………………………… 251
一、机构及人员 ……………………………………………… 252
　（一）设立 ………………………………………………… 252
　（二）人员构成 …………………………………………… 253
二、功能和作用 ……………………………………………… 258
　（一）辅助 ………………………………………………… 258
　（二）监督 ………………………………………………… 267

第四节　推事与律师 …………………………………………… 273
一、专业水准和工作态度 …………………………………… 275
二、相互制约 ………………………………………………… 284
　（一）受制于法院 ………………………………………… 284
　（二）制约推事 …………………………………………… 286

第五节　法院与报纸 …………………………………………… 289

一、西安报界 …………………………………………… 289
　　二、交往模式 …………………………………………… 292
　　　（一）报道诉讼活动 …………………………………… 293
　　　（二）开办法律专栏 …………………………………… 299
　　　（三）登载法律文书 …………………………………… 300
　小结 ………………………………………………………… 303

第七章　诉讼审判撮要 ……………………………………… 307
　第一节　案件受理 ………………………………………… 308
　　一、立案 ………………………………………………… 308
　　二、案件分配 …………………………………………… 312
　第二节　案件分类 ………………………………………… 315
　　一、案件数量 …………………………………………… 315
　　二、案件类型 …………………………………………… 318
　第三节　审判过程 ………………………………………… 322
　　一、平等对待 …………………………………………… 322
　　二、过程和结果公开 …………………………………… 329
　小结 ………………………………………………………… 332

第八章　刑事审判 …………………………………………… 334
　第一节　刑事审判之一般 ………………………………… 334
　　一、审判流程 …………………………………………… 335
　　二、审判模式 …………………………………………… 338
　　三、判决结果 …………………………………………… 339
　　　（一）有罪判决率 …………………………………… 340
　　　（二）量刑 …………………………………………… 342

  第二节　盗窃与抢劫罪 …………………………………… 343
   一、盗窃案件 …………………………………………… 343
   二、抢劫与抢夺案 ……………………………………… 362
  第三节　毒品犯罪 ………………………………………… 369
  第四节　伤害与杀人犯罪 ………………………………… 374
   一、孙金田伤害案 ……………………………………… 375
   二、孙瑞伯等杀人案 …………………………………… 377
   三、韩少轩过失杀人案 ………………………………… 391
  第五节　贪污罪 …………………………………………… 397
  第六节　妨害名誉罪 ……………………………………… 427
  小结 ………………………………………………………… 430

第九章　民事诉讼 …………………………………………… 433
  第一节　民事调解 ………………………………………… 433
   一、成立率偏低 ………………………………………… 434
   二、个中缘由 …………………………………………… 438
  第二节　民事审判 ………………………………………… 449
   一、程序及特点 ………………………………………… 450
    （一）程序 …………………………………………… 450
    （二）特点 …………………………………………… 451
   二、案件类型 …………………………………………… 460
    （一）请求离婚 ……………………………………… 460
    （二）请求同居 ……………………………………… 463
    （三）遗产继承 ……………………………………… 467
    （四）确认地权 ……………………………………… 468
    （五）请求腾房 ……………………………………… 471

（六）破产清偿 ………………………………………… 475
　　（七）其他 …………………………………………… 477
　第三节　民事执行 ……………………………………… 479
　　一、故意拖延 ………………………………………… 481
　　二、财产执行 ………………………………………… 484
　　三、人事事件执行 …………………………………… 489
　小结 ……………………………………………………… 491

第十章　运行状况 ………………………………………… 493
　第一节　吸纳诉讼 ……………………………………… 493
　　一、审限内结案率 …………………………………… 494
　　二、上诉率 …………………………………………… 500
　　三、存在的问题 ……………………………………… 506
　第二节　消弭冲突 ……………………………………… 514
　　一、立法与社会冲突 ………………………………… 515
　　二、司法弥合 ………………………………………… 515
　第三节　塑造新型人际关系 …………………………… 533
　　一、亲属之间 ………………………………………… 533
　　二、乡谊之间 ………………………………………… 536
　第四节　普及法治理念 ………………………………… 539
　　一、面向普通民众 …………………………………… 539
　　二、针对上层社会 …………………………………… 541
　　三、实际效果 ………………………………………… 542
　　　（一）法律素养 …………………………………… 542
　　　（二）权利意识 …………………………………… 544
　小结 ……………………………………………………… 545

下编　变异

第十一章　复调与顿挫 ... 553
第一节　日渐趋同 ... 554
一、行政职务与待遇 ... 555
（一）待遇 ... 555
（二）影响力 ... 556
（三）工作业绩 ... 558
（四）导向作用 ... 562
二、扩编的冲动 ... 564
三、修建大礼堂 ... 569
第二节　关注自身利益 ... 570
第三节　工作懈怠 ... 575
一、请假 ... 575
二、迟到早退 ... 579
三、工作纰漏 ... 580
第四节　渎职和腐败 ... 585
一、举报与控告 ... 588
二、社会各界反应 ... 606
小结 ... 608

第十二章　原因探析 ... 609
第一节　政争与党争 ... 609
一、司法中枢难以形成 ... 609
二、院长变动频繁 ... 611

    三、推事升迁无序 …………………………………………… 613
    四、人心混乱 ……………………………………………… 618
  第二节　期许和能力 …………………………………………… 620
    一、想象的司法能力 ……………………………………… 620
      （一）急于改造社会 …………………………………… 620
      （二）尴尬的审判机关 ………………………………… 622
      （三）有碍观瞻的法院建筑 …………………………… 627
    二、警察权膨胀 …………………………………………… 630
      （一）警察与民众 ……………………………………… 630
      （二）警察与检察官 …………………………………… 631
      （三）警察与法官 ……………………………………… 632
  第三节　面子和人情 …………………………………………… 633
    一、推事与人情 …………………………………………… 634
    二、检察官与面子 ………………………………………… 640
    三、律师与关系 …………………………………………… 642
  第四节　军人与战争 …………………………………………… 648
    一、军费和军人 …………………………………………… 648
      （一）养兵或办司法 …………………………………… 648
      （二）军人干涉司法 …………………………………… 651
    二、收入和操守 …………………………………………… 659
      （一）素质下滑 ………………………………………… 659
      （二）生活安逸到窘困 ………………………………… 662
  小结 ……………………………………………………………… 672

第十三章　化解之道 ………………………………………………… 675
  第一节　强化执政党的领导 …………………………………… 675

一、推行之原因 ………………………………………… 676
　　二、推行之过程 ………………………………………… 680
　第二节　严肃考绩 …………………………………………… 703
　第三节　重拾传统文化 ……………………………………… 708
　小结 …………………………………………………………… 716

结语 …………………………………………………………… 722
　一、制度省思 ………………………………………………… 722
　　（一）推事制度 ………………………………………… 724
　　（二）录事和执达员制度 ……………………………… 729
　二、操作观察 ………………………………………………… 732
　　（一）推事工作量过大 ………………………………… 733
　　（二）无节制妥协 ……………………………………… 737
　三、现代国家建构，尚未完成 ……………………………… 743
　　（一）艰难博弈 ………………………………………… 743
　　（二）权力恣意妄为 …………………………………… 752
　　（三）民众暴力抗法 …………………………………… 754
　四、无力回天 ………………………………………………… 759

缀语 …………………………………………………………… 765
参考文献 ……………………………………………………… 768
　一、档案 ……………………………………………………… 768
　二、资料汇编 ………………………………………………… 768
　三、文集及回忆录 …………………………………………… 771
　四、报刊及政府公报 ………………………………………… 774
　五、志书 ……………………………………………………… 775
　六、学术著作 ………………………………………………… 776

附表格(文书)目录

表 1.1 西安地方法院沿革 …………………………………………… 45
表 1.2 西安府地方审判厅法庭示意图 …………………………… 59
表 1.3 民国时期西安地方法院民事法庭示意图 ………………… 62
表 2.1 宣统三年(1911年)西安府地方审判厅职员名录 ………… 83
表 2.2 宣统三年(1911年)陕西省城咸宁县初级审判检察厅职员名录
　　　…………………………………………………………… 84
表 2.3 1944年西安地方法院看守所公务员数额 ………………… 113
表 2.4 1944年西安地方法院员工年龄结构(含看守所) ………… 115
表 2.5 西安地方法院员工分类(1942—1948年) ………………… 116
表 2.6 西安地方审判厅部分人员(1912—1921年) ……………… 116
表 2.7 西安地方法院部分人员(1922—1931年) ………………… 117
表 2.8 西安地方法院部分人员(1932—1941年) ………………… 117
表 2.9 1948年西安地方法院职员名录 …………………………… 118
表 3.1 西安地方审判机关历任厅(院)长 ………………………… 130
图 3.1 西安地方法院机构设置系统 ……………………………… 144
民事诉状　普通注意事项与特别注意事项 ……………………… 155
批词一　又批王天俊控焦万龄呈词 ……………………………… 175
批词二　独自抢夺过路人财物 …………………………………… 176
大理院民事判决　四年(1915年)上字第2215号 ………………… 179

西安地方法院民事判决 1948年度诉慎字第29号 ·················· 182
表5.1　清末地方审判厅推事收入及薪俸 ················ 188
表5.2　南京国民政府司法官官俸给 ·················· 189
表5.3　南京国民政府时期书记官官俸给 ··············· 190
表5.4　学习候补推事检察官津贴 ··················· 191
表5.5　西安地方法院特别支出流水账 1946年3—5月 ········ 192
表5.6　法部省城商埠地方审判检察厅经费 ·············· 194
表5.7　开封地方审判厅预算（1921—1922年） ··········· 196
表5.8　各省审判厅及监所等经费（1913—1925年） ········ 197
表5.9　北京政府国家机关行政经费配额 1923年 ·········· 199
表5.10　陕西省行政司法费岁出统计 ················· 201
表5.11　全国各县司法收入预算 1924年 ··············· 205
表5.12　开封地方审判厅司法收入三年平均数 1919—1921年
　　　　·· 205
表5.13　太原地方审判厅司法收入三年平均数 1919—1921年
　　　　·· 206
表5.14　1948年西安地方法院司法收入缴款书（一） ········ 207
表5.15　1948年西安地方法院司法收入缴款书（二） ········ 208
表5.16　西安地方法院支出办公费、杂费明细分类账 1946年12月份
　　　　庶务股 ·· 210
表5.17　西安地方法院出差旅费报告 ················· 216
难民致信省主席 ·································· 233
地方法院致政府函 ································· 236
1920年陕西高等法院审判厅判决书 ····················· 247
表6.1　西安地方法院检察处员额（1942—1948年） ········ 254

表 6.2　西安地方检事局、西安地方法院检察处首席检事、首席检察官(部分)一览 ………………………………………… 255
表 6.3　陕西西安地方检察厅刑事案件侦结统计（1914—1926 年） ………………………………………………………… 260
陕西西安地方法院检察官不起诉书 …………………………… 266
莅庭证书 ………………………………………………………… 268
西安地方法院检察官上诉理由书 ……………………………… 270
西安地方法院检察官声请上诉函 ……………………………… 271
西安地方法院检察官声请书 …………………………………… 272
表 6.4　1945 年西安地区执业律师情况一览 ………………… 276
驱逐教育界蟊贼郝朝俊、康继尧 ……………………………… 291
1940 年广东新会地方法院布告　堡字第 12 号 ……………… 301
表 7.1　案件分配抓阄结果　1947 年 12 月 31 日 …………… 314
表 7.2　西安地方法院民刑事案件总计月报表　1948 年 1 月份 …… 316
表 7.3　西安地方法院民刑事案件总计月报表　1948 年 7 月份 …… 317
表 7.4　西安地方法院民刑事案件总计月报表　1948 年 12 月份 … 318
表 7.5　西安地方法院民刑事案件统计月报表　1948 年 2 月份 …… 320
表 7.6　西安地方法院民刑事案件统计月报表　1948 年 6 月份 …… 321
西安地方法院检察官上诉理由书 ……………………………… 327
地方法院诉讼案件进行状况公告牌登记办法 ………………… 330
表 8.1　北京政府时期地方审判厅刑事案件第一审结案方式 ……… 340
表 8.2　宣告无罪(某年度或某年度第 季) ………………… 341
表 8.3　西安地方法院刑事案件月报表　1948 年 10 月份 …… 342
警察局 2 月 22 日刑事案件侦查笔录 …………………………… 344
检察处侦查笔录 ………………………………………………… 347

侦讯笔录 …………………………………………………………	350
庭审调查笔录 ……………………………………………………	351
辩论笔录 …………………………………………………………	356
法庭调查笔录 ……………………………………………………	359
陕西西安地院民事判决 三十六年度(1947年)第195号 ………	367
西安地方法院检察官刑事起诉书 …………………………………	370
律师阅卷申请书 …………………………………………………	371
陕西高等法院刑事判决 二十七年度(1938年)上字第123号 ……	376
孙伯瑞受审旁听记 ………………………………………………	382
合同 ………………………………………………………………	398
西安地方法院检察官刑事起诉书 …………………………………	399
收条 ………………………………………………………………	401
表8.5　证人具结书 ……………………………………………	406
长安县政府训令 民急字第1083号 ………………………………	415
西安地方法院刑事裁定书 ………………………………………	428
表9.1　1948年西安地区法院调解情况一览 …………………	437
表9.2　调解案件 1931—1934年度 …………………………	447
西安地方法院民事和解书 ………………………………………	458
西安市地方法院民事判决 三十七年度(1948年)诉字第208号 ……	461
表9.3　西安地方法院撤回通知书 ……………………………	474
表9.4　执行程序一览表 ………………………………………	480
表9.5　西安地方法院拘票 ……………………………………	482
表9.6　保管书 …………………………………………………	486
表9.7　具结书 …………………………………………………	487
表10.1　陕西等省民事第一审收结案件 1944—1947年上半年	

··· 496

表10.2 陕西等省刑事第一审收结案件 1944—1947年上半年
··· 497

西安地方法院刑事判决 三十六年度(1947年)公字第306号 ········ 522

陕西高等法院民事判决 二十七年度(1938年)上字第26号 ········ 534

表11.1 西安地方法院推事工作统计表 1948年2月 ············· 561

表11.2 西安地方法院推事未结案件统计表 1948年4月 ·········· 562

表11.3 西安地方法院推事和书记官请假一览表 1948年 ········ 576

争房产涉讼公堂——惠树棠说明事实真相 ···················· 590

西安地方法院不起诉书 1948年度特字046号 ················· 604

西安市军人占用房屋规则 ································· 655

表12.1 1942年度司法人员补助俸分类计算 ·················· 664

表12.2 西安市物价指数 ································· 666

第六届检察班培训计划 ··································· 686

表13.1 1930年代国民政府中央各机关政治工作人员统计 ········ 691

表13.2 1934年国民党党员受教育程度比例 ·················· 692

表13.3 西安市法官训练所同学会会员履历 ·················· 696

表13.4 陕西省党务费 ··································· 702

表13.5 南京国民政府司法人员考绩 ························ 705

表13.6 西安地方法院推事和书记官的考绩成绩与评语 1948年度
      上半年 ··· 706

表13.7 1948年最高法院检察署职员考绩 ···················· 719

西安地方法院特种刑事判决 三十六年度(1947年)特字第40号
··· 744

西安地方法院刑事判决书 三十六年度(1947年)公杀字 ········· 749

绪论　传统与现代夹缝中的陕西及西安

陕西是中华文明的重要起源地之一。西安古称长安,是中国历史上著名的古城,从西周开始西安就一直在中国的政治版图和文化生活中扮演着重要的角色,13次成为不同朝代的都城,为中华文明的形成与发展做出了重要贡献,同时也见证了中华民族的光荣。

然而,当历史的脚步步入清末民初,伴随着时代的变迁,国家政治经济中心的逐渐东移,特别是航海事业的发展,作为陕西省的省会和西北地区的最大城市,曾经有过数千年光荣历史的古城西安早已退却了往日的繁华,沦落为一个交通和信息都较为封闭的内陆城市,与沿海地区的新兴城市和国内其他地区的重要商埠相比各方面都较为落后。

光绪二十七年(1901年),美国人尼科尔斯受《基督教先驱报》的派遣,来到西安对其进行实地考察,他以西方人的独特视角对西安做了如下的描述,让我们真实地感受到了巨变前夜传统文化在西安的强大影响和传统生活方式在西安的真实存在。

> 西安人对浮华、轻佻的娱乐并不感兴趣。……妻子和女儿极少出现在大庭广众之下,甚至即使在他们自己的家里,妇女也决不允许与来拜访其丈夫或兄弟的男人会面。一个人越是富裕、发达,越会将自己家族的妇女与外界隔绝开来。在西安的大街小巷遇到的屈指可数的几名妇女,全都属于人口中的赤贫阶层。①

---

① 〔美〕尼科尔斯:《穿越神秘的陕西》,引自刘俊凤:《民国关中社会生活研究》,人民出版社2011年版,引言。

几年之后,光绪三十二年(1906年),英国《泰晤士报》记者莫里循也来到了西安。古城西安,特别是西安一家肮脏的客栈给见多识广的莫里循留下了极为恶劣的印象。"顶棚用纸糊着。墙壁布满蛛网和小虫;泥泞的地面上,人们成年累月地在上面吐痰;畜栏里满是人粪、烂泥和畜粪,足有两英尺深;院内有一口井,井口比明沟排水道还低。"①

落后的西安与早已西风微醺的广州、上海、天津、汉口等沿海或沿江城市形成了鲜明的对比。光绪三十四年(1908年),一位留学日本的陕西籍学生在其自办的刊物《夏声》上著文,以年轻人的愤世嫉俗对处于大变局中的陕西之落伍以及陕西人精神之麻木,厉声进行斥责:

> 处炎炎物竞之秋,人方争自琢磨,奔赴新世纪之潮流,我独故步自封,一若从此可以终古焉。……外观虽视静默,隐忧实倍于各省。睹目前西北大势之迫于眉睫,当亦吾陕甘人士之所能自觉也。使省与省无存亡之关系,吾陕甘即不求自立,辛归劣败,亦天演淘汰之常,无足惜亦者。然聚民成国,画地为省,省分而国犹是此国,即民同是此民也。故陕甘虽远处边陲,实居九州上游,为西北大陆之中枢,陕甘危则全国亦危,辅车互依,兔死狐悲,若不急图振兴,将为大局累。睹全国时事之日棘,当又吾陕甘人士之所可自觉者也。然既自觉之,其猛醒直追,应较他省为倍,顾何以安居如故,昏昧如故,间冗因循如故。依赖心切,而独立奋斗之精神,于焉不振;推解力薄,而祸乱潜伏之危局,因之不察。②

近代以来,西方列强的攻略和欧风美雨的浸染均来自于海路。于是,东南沿海逐渐成为近代中国先进生产方式,教育和异质文化的汇聚之地和重心所在。陕西地处内陆,交通不便,新的文化和经济成分极为薄弱。

---

① 〔澳〕西里尔·珀尔:《北京的莫里循》,窦坤等译,福建教育出版社2003年版,第264页。
② 钝觉:"论政府之对待陕甘与陕甘人之自觉心",中共陕西省委党史资料征集委员会编:《辛亥革命在陕西》,陕西人民出版社1986年版,第266—267页。

即便如此,作为千年古都的西安,在一路坎坷地迈进近代之后,其自身也在悄然地发生着变化,最引人注目的便是西方文化元素的进入。光绪三十三年(1907年)俄国人阿列克谢耶夫一行同样来到西安旅行,他既注意到了西安的落后,也观察到了它的变化,并用传神的文字记录下了这一切,丰富了我们对变化中细节的了解:

> 我们路过一家天主教堂,看到大门口有一牧师正在督工建屋。他高兴地向沙畹跑来,原来他们在巴黎见过面。他请我们进去,前后张罗着。他叫莫里斯神父。又有一些"贵族"到来:西班牙人是个喜欢放声大笑的人,是个喧闹的家伙,还有一个德国主教,还有一个英国人,他们都是方济各会修士,都穿着中国服装,剃了头,留着辫子,相互间用拉丁语和汉语交谈。他们的生活方式很有意思。
>
> 他们端上了咖啡。从宽敞的餐厅通过旋转门可以到达厨房。莫里斯神父进去吩咐煮咖啡。传来女人回答的声音:修女们在厨房支应。……我们去参观野战医院。宽大而清洁的房间,没有垫子的病床。生病的女人们跪倒在地。两个修女,一个比利时女人和一个法国女人,抱怨西医还是战胜不了中医;只有少数人来此看病。①

变化预示着未来。为此,民国晚期的西安市市长王友直固执地认为,尽管西安已经落后了,但在近现代中国的版图中却仍然有其不可替代的价值与重要地位:

> 西安市据高屋建瓴之势,俯瞰中原,绾毂西北,席关中之富庶,制陇海之枢纽,且为前代之名都,历史光荣,照耀千载。使新中国之发展,永在东南一隅,则其地位至多不过繁盛区域与落后区域之交界点,使新中

---

① 〔俄〕阿列克谢耶夫:《1907年中国纪行》,阎国栋译,云南人民出版社2001年版,第212—213页。

国之发展真能成为全国性之普遍运动,加强其广度与深度,则国民之所仰望于西安者当不止此,西安市民与建国志士之所挟持,亦必当有更大于此者矣。①

处于传统与现代夹缝之中的西安,人们对其发展寄予着厚望。

一、固守中国传统政治法律文化

有关清末民初陕西及西安的保守、落后和封闭,可以从经济、文化、观念等角度进行说明,且这样的说明似乎更有说服力,但类似的工作已有学者做过,同时考虑到本书的现实需要,笔者无意重复这样的工作,仅从与法律相关的领域加以解读。

(一) 陕派律学

传统中国,没有现代意义上的法学,但有律学。律学起源于春秋战国,成熟于隋唐,衰败于宋元。就一般而言,法学与律学之不同大致有二:第一,律学以维护现行社会秩序为基本目的,较为集中地体现了中国传统法律的精神;第二,从方法上讲,律学以对现行法条的注释为主,因而与司法实践结合较为密切。值得关注的是,清末西学已成潮涌之势大举进入中国,并被社会各界所津津乐道,而以薛允升、赵舒翘、吉同均、张成勋、段维等为代表的一批陕西籍的官吏却逆势崛起,以极大的热情和毅力投身律学,试图拯救律学于不败,被称之为陕派律学。除此之外,樊增祥等一批非陕西籍,但在陕西长期任职的外省官员,受地域文化的影响,也对律学表现出了浓厚的兴趣并多有成就。陕派律学成了传统律学落幕前的最后一丝亮色。

薛允升(1820—1901),字克猷,号云阶,陕西长安人。咸丰六年(1856

---

① 王友直:《西安市政统计报告》弁言,西安市政府统计室1948年编印。

年)进士,授刑部主事,后历任江西饶州知府、四川龙茂道、山西按察史、山东布政使等。光绪六年(1880年)任职刑部右侍郎,主持刑部工作,官至刑部尚书。薛氏"清癯瘦削,弱不胜衣,而终日端正读书无倦容"①,加之"官刑部垂四十年",由此精通传统法律制度,并著述颇多,有《汉律辑存》《汉律决事比》、《唐明律合编》、《服制备考》和《读例存疑》等传世,其著作被清末另一位律学大家沈家本评价为"洵律学之大成,而读律者之圭臬"②,生平被收录至《清史列传》。薛氏为清末最著名的律学大家,在法律实务界有着广泛而深远的影响力。

赵舒翘(1848—1901),字展如,号琴舫,晚号慎斋,陕西长安人。家境清贫,以读书为乐,同治十二年(1873年)中进士,长期任职刑部,历任刑部主事、刑部左侍郎和刑部尚书等要职。赵舒翘为刑部主事时,适逢薛允升为刑部尚书,薛、赵同乡,"当是时,同邑薛允升为本部郎,精法学,卓卓无伦比,赵舒翘以邑后进随允升后,公余问业,昕夕不倦,薰浸磨琢,名誉鹊起",③享誉于学界和司法实务界。赵舒翘精通大清律例,擅长办案。为官操守清廉,系清末著名律学家,著有《提牢备考》等著作。《清史列传》云:"舒翘官刑部久,博学,习旧事,凡厘定例案,解析疑难,多由其撰拟。"④光绪二十六年(1900年)受命入总理各国事务衙门,并充军机大臣,成为重要的汉人朝臣之一。庚子祸乱中赵舒翘态度鲜明,力主借用义和团驱除洋人,因故被联军指责为事件的祸首。慈禧为平息事端,被迫赐赵自尽于西安家中。赵氏之死在陕西官场引起较大的震动,西安市民数百人自发为之请命。

吉同均(1854—1934),字石笙,陕西韩城人。光绪十六年(1890年)中进士,分发于刑部,任职十余年,官至刑部主事。吉同均当差于刑部,受同乡

---

① (清)李岳瑞:《春冰室野乘》。
② 沈家本:《读例存疑·序》。
③ 《咸宁长安两县续志》。
④ 《清史列传》,王钟翰点校,中华书局1987年版,第2510页。

薛允升之教诲,以陕西人特有之韧劲钻研律例。吉氏传统律学造诣极深,特别是对大清律例颇有心得,声名远播,系清末传统律学的又一代表性人物。清末修律时,入修订法律馆任编案处总纂,为《大清现行刑律》的主要修订者。同时兼任京师法律学堂和律学馆的教员,所著《法官考试拟作》一书,凡欲参加司法考试者几乎人手一册,因而执弟子礼者多达千数人,仅此一事可见其影响力之大。另著有《秋审条款讲义》、《审判要略》、《现行刑律解释》、《乐素堂文集》等著作,流传亦极广。

樊增祥(1846—1931),字嘉父,号云门,又号樊山,湖北恩施人。光绪三年(1877年)进士。历任陕西渭南县知县、陕西布政史等职。樊氏精于律学,长于听讼,"每听讼,千人聚观"①,所治判牍"以仲由折狱之长,杂以曼倩诙谐之笔。妙解人颐,争相传诵"②,有《樊山判牍》、《樊山公牍》、《樊山批判》、《樊山政书》等多种作品传世,其治狱风格和判牍在当时官场影响颇大。

律学家长期浸淫于律学当中,因而对中国传统法律制度大都较为推崇。陕派律学家大多生活于19世纪下半叶和20世纪初,当时的中国正处于社会转型的激变时期,西潮涌动,人心思变,变法成了时代的最强音。然而,对于时代的主旋律他们大都充耳不闻,沉迷于中国传统的法律制度之中。这种生活方式难免会影响其识见,如薛允升就力主复古、复唐。在其所著的《唐明律合编》一书中,他力挺唐律中规定的特权制度:

> 唐律:职官犯罪,既有议、请、减、荫之章,又有除、免、当、赎之别。杖罪以下,俱以赎论。徒罪以上,俱以官当。惟犯加役等五流之类,除名、配流如法。其余均准收赎,并不实配,而又有六载后及三载期年听叙之法。其优礼臣下,可谓无微不至矣。③

---

① (清)余诚格:《樊山集序》《樊山集》,卷首。
② 樊增祥:《樊山判牍序》《樊山判牍》,卷首,法政学社1915年版。
③ (清)薛允升:《唐明律合编》,卷2。

薛氏坚守的制度与现代法治强调的法律面前人人平等理念出入较大。

吉同均、樊增祥生活的时代则更晚。其时中国传统的法律制度已经解体，西方近代法治思想在中国正大行其道，但他们的观念却依然不变。如面对着不远千里从陕南到西安来维权的民众，樊增祥批示云："迩来紫阳县民，不远千里，来省上控。而所控者无非买卖田地钱财谬戾之事，辄敢指控被证九人之多。"①对民众权益的轻视由此可见一斑。不仅如此，对中国传统法律制度的自信也未曾改变，并认为中国传统的律学与治狱方法完全可以拯救中国。樊增祥曾云："吾陕州县中问案好手高出外国律师奚啻万倍，故不必事事推崇，以为中不如西也"。② 吉同均则更是态度鲜明地公开反对清末的法制变革，他说：

> 夫大清律者非自大清起也，损益乎汉、唐、宋、明之成法，荟萃乎六经四子之精义，根极乎天理民意，深合乎民情士俗，所谓循之则治，离之则乱也。自上年变法令下，仿泰西之皮毛，舍本来之面目，初改清律为现行律，继又改现行律为新刑律，表面虽看似新奇，而内容实为腐败。③

对于聘请日本人编撰的大清刑律，他更是公开反对，自述云：

> ……于是有新刑律之编，延用东人起草，举中国数千年之礼教规则名分化除殆尽，其表面之文法名词条类尽用外式，草案甫成，交修律大臣讨论，当时馆员十余人列座公议，鄙人首以不适实用面相争论，并上书驳斥，无如口众我寡，势力不敌，随即印刷散布。④

樊增祥与吉同均的学问毋庸置疑，所说的话也自有其一定道理，但言语中透漏出来的保守观念和情趣则让人印象深刻。陕派律学坚持的不仅是中

---

① 樊增祥：《樊山政书》，中华书局2007年版，第4页。
② 同上书，代前言，第6页。
③ 吉同均：《法部律学馆课卷》第5集，序。
④ 吉同均：《乐素堂文集》，卷6，法律门。

国传统学术的旨趣，还坚守着中国传统法律的精神。毫不夸张地说，陕派律学成了中国传统律学的最后一块阵地。薛允升、赵舒翘、吉同均等在律学和官场上的成功，作为榜样，潜移默化地影响着更多的陕西官员们的学术旨趣和精神世界。

当然，也有人会说这些陕派律学家无一例外都生活、成名于北京，因而，用他们来论证陕西的封闭与保守，说服力似乎不足。但笔者想说的是上述律学家的青少年时期都是在陕西度过的，青少年时期则是一个人思想观念形成中最为重要的阶段。何况，在如此短的时间内，一个地区产生出了如此众多爱好、学术旨趣几乎完全相同的学者，绝非偶然。唯一合理的解释只能是这一切与他们生活成长的环境息息相关。作为中国传统农业文明重要发源地之一的陕西和十三朝古都的西安，较之其他地区自然保留、沉淀着更多传统的东西。

与此形成鲜明对照的是陕西新型法政人才和法政知识的短缺。辛亥革命前后，为了推动陕西政治的发展，同盟会曾专门商议选派一个懂法政的人才到陕西领导法律事务。陕西籍同盟会会员张溪若在回忆文章中对此曾专门介绍，1911年他专程到上海与宋教仁商谈革命成功后陕西的建设问题，他担忧地说："陕西那时候没有法政人才，所以要和宋商量派一个法政方面的人到陕西去。当时有两个人可能去，一个是吕天民（志伊），云南人，一个是居觉生（正）。结论是吕天民不能离开上海，东南方面需要他，居觉生可以去。"[①]该回忆从一个角度反映了陕西新型法政人才的短缺程度，及由此产生的负面影响。

（二）陕甘总督

中国传统的政治制度以集权和专制为基本特点，如果说在孤立和封闭

---

① 张溪若："辛亥革命回忆录"，《辛亥革命在陕西》，陕西人民出版社1986年版，第478页。

的上古、中古时代这一制度尚可维系。但在近现代,伴随着汹涌的工业文明和迅速一体化的世界经济,这一制度的弊端则暴漏无遗,并拖累着大清王朝滑向了崩溃的边缘。面对着纷繁复杂的国内外局面,经过认真权衡,清廷于光绪三十一年(1905年)下定决心推行预备立宪,在自救的同时,艰难地开启了中国的民主政治之路。

对于预备立宪,清廷寄予了极大的希望。为使其在全国顺利推行,清廷反复告诫各级官员,"须知此项要政,上禀前谟,下慰民望,关系至关重大,"苦口婆心地劝说那些早已习惯了现行体制的朝臣:"当此危急存亡之秋,内外臣工同受国恩,均当警觉沉迷,扫除积习。如仍拖沓坐误,岂复尚有天良。"[①]对于清廷的决定,直隶、江苏等督抚积极响应,极力推动,在自己管辖的区域内兴学校、办刊物、搞自治,开风气之先,使这些区域焕发出勃勃的生机。对待预备立宪的态度一时间成了判断官员保守与开明的最简便方法。

然而,面对着千古未有之巨变,陕甘总督又落伍了,成了中国传统政治体制的坚定捍卫者。实事求是地讲自清廷颁布《预备立宪上谕》以来,社会各界,包括清廷内部对宪政抵触者仍大有人在,但像陕甘总督升允、长庚这般坚定的则极为少见,陕甘几乎成了中国传统政治制度的最后一个避难所。

时任陕甘总督的升允在满蒙官员中具有一定的影响力[②],他性格强硬,识见保守,预备立宪开展以来,一直阳奉阴违,使用各种拖延战术进行抵制,以致陕、甘两省的各项工作一直落后于其他地区。光绪三十四年(1908年)出版的第8期《夏声》杂志载:"督臣升允,握两省行政之权,固俨然以坐镇西

[①] "九年预备立宪逐年推行筹办事宜谕",光绪三十四年(1908年),怀效锋主编:《清末法制变革史料》(上),中国政法大学出版社2010年版,第5页。

[②] 多罗特·升允(1858—1931),蒙古族人。历任山西按察使、布政使、陕西布政使、巡抚、陕甘总督等要职。据云:其为官清廉,但识见保守。宣统元年因上疏反对立宪被革职。武昌起义后,重新被启用,任陕西巡抚,总理陕西军务。他反对清帝退位,以"勤王"为名,率甘军东进,连下十余城,逼近西安。清亡后,他仍游走于日本及国内各地,谋求复辟。被铁良称为"辛亥之乱,第一忠臣。"

北自命者也,而岂知西北之命脉,即由此而袁进斩丧无余矣。升以庸劣之材,顽强之质,历任陕甘,民生被其涂炭,诸政于焉不举。而最近之恶劣,为比人作导线,放弃利权,满盈欲壑,视学界如蛇蝎,焚诗书,挫士气,禁阅报章,阻抑自由通信,又昭然在人耳目,为通国所切齿,各报所显揭者也。百度维新,咸资学力,未有智识不求增进,而能改造社会,巩固邦国者。近年以来,举国岌岌,内而庠校林立,外而遣学络绎,速效虽未睹,属望于将来者,非无善果之循因而生也。升之办理甘肃学务,其学校之腐败万状,既然不忍言,而留学不遣,反借口于款项支绌,程度不足。"①

宣统元年(1909年)一月,主持预备立宪工作的宪政编查馆为此专门发电催促工作落后的陕西、甘肃、四川等省要按照宪政编查馆所列之计划迅速筹办,尽快扭转工作的不利局面。但升允不为所动,依然如故。同年四月,统管新政工作的摄政王载沣终于急了,直言不讳地警告升允"陕甘省份一切关于各项新政及预备立宪事宜,须妥速筹办,毋徒托空言为是。"②对中国传统政治稍有了解的人都懂得,载沣的言辞已相当严厉,被如此训斥,一般官员都会有所收敛。升允不但不收敛,又于五月公然向朝廷进行挑战,奏称"立宪为时会所趋,非两圣(慈禧、光绪)本意"③,为自己的行为辩解。载沣阅后大为恼怒,朱批"殊不可解",并令其具折直陈。升允于是再奏,猛烈攻击各项新政,指责申民权就是伸刁生劣监之权,并断言宪政有害无利,决不可行,应该取消④。载沣忍无可忍,在其奏折上斥之"违反潮流,抵抗懿旨。"事到如此,升允仍不思悔改,破釜沉舟以请辞对载沣进行要挟。《时报》等及时报道了升允的言行,清廷内外一时引起轩然大波,各派势力都在观望事态

---

① 钝觉:"论政府之对待陕甘与陕甘人之自觉心",中共陕西省委党史资料征集委员会编:《辛亥革命在陕西》,陕西人民出版社1986年,第268页。
② 《时报》,宣统元年(1909年)4月11日。
③ 侯宜杰:《二十世纪初中国政治改革风潮》,人民出版社1993年版,第222页。
④ 《盛京时报》,宣统元年(1909年)8月8日。

的发展。"升允强干有气力,尝纠弹奕劻,不为权贵所慑。"①为了尽快推行立宪,载沣只得以升允无法担负立宪之责为理由,于六月二十三日准其开缺,任命长庚为陕甘总督。升允因"奏陈立宪利弊事不当"而被免职,对保守派无疑是一严重打击,立宪派闻之大喜,"国民欢声雷动,欣欣然走向告语,深感朝廷用人能与人民同其好恶,吾国不久确可蒙立宪之福矣。""吾国政界以后必有大激动,以共向宪政方面进步也。"②但事情远非像民众想象得那般简单和乐观。

为了尽快推动陕甘的预备立宪工作,使之赶上其他先进地区,载沣语重心长地告诫新任总督长庚③,"九年内应行预备之各项立宪事宜,尤不可视为缓图,到任后即将应办各事次第举办,并随时奏闻,勿稍延误。"④叮咛可谓详尽,信任足以感人。但谁知长庚却并不领情。宣统二年(1910年),因不满清廷的立宪速度,立宪派组织筹划了第三次全国性的请愿活动,大多数省份的总督积极响应和配合,纷纷通电清廷要求速开国会,速设内阁,形成了又一次声势浩大的请愿运动。就在这时,被载沣寄予厚望的新任陕甘总督长庚又公开出面致电朝廷,反对开国会,反对设立内阁,并声称祖宗成法,万万不可废除,成为国内保守势力新的代表。报界为此讥讽云"甘督长庚阻挠国会、破坏宪法,实为升允第二。"⑤

为什么又是陕甘总督?人们可能会问。面对着潮流,在大势已经明朗的前提下,对待预备立宪的态度前后两任陕甘总督竟然会如此相似,前仆后继不惜丢掉传统社会官吏最为看重的乌纱帽来阻挡历史前进的车轮,其背

---

① 胡思敬:《国闻备乘》,中华书局2007年版,第97页。
② 《时报》,宣统元年(1909年)6月25—26日。
③ 长庚(? —1915)满洲正黄旗人,长期驻守新疆,宣统元年迁陕甘总督职。
④ 《宣统政纪》,引自侯宜杰:《二十世纪初中国政治改革风潮》,人民出版社1993年版,第221页。
⑤ 《民立报》,宣统二年(1910年)11月3日。

后真实的原因值得我们深思。

(三) 蒲城知县

如果说升允、长庚代表的是外来官员,而蒲城知县李体仁则是土生土长的陕西地方官员,面对正在发生大的社会巨变,他自觉地守护中国传统的社会秩序,亲手制造了清朝末年震惊三秦大地的"蒲案"。

蒲城位于陕西关中的东部,离古城西安不远,属陕西文化较为发达的县份,杨虎城、井勿幕等陕西近现代历史上的著名人物均生于此。光绪三十三年(1907年)在清廷厉行新政的鼓动下,蒲城县一些开明士绅经过官府许可发起成立了陕西教育总会蒲城分会,推选举人出身的教习常自新为会长。教育分会成立后仿效其他省份的做法,与高等小学堂的学生一起组织演讲队,借助城乡民众集会的时候,向民众演讲时务,宣传各种新的知识,宣传爱国救国的道理。

办白话报、组织演讲团、演新戏、兴办学校,这些形式与做法在东南沿海一些发达的地方,包括一些内陆地区早已司空见惯,并成了普及新知,启迪民智,传播现代文明的重要渠道,许多省份的官方还亲自出面组织这类活动[①]。但在相对封闭的蒲城,这些活动却引起了知县李体仁和一些守旧士绅的担忧与不满。李体仁多次告诫教育分会的学生应以读书为主,不得干预他事,并加强了对学堂的控制,双方为此发生摩擦。光绪三十四年(1908年)九月初一,高等小学堂的学生不满李体仁对学校的控制,提出自治要求,并成立了自治会,双方的矛盾进一步激化。九月十三日,李体仁下令关闭学堂,解散教育分会。学生无奈,迁至县城中的关帝庙继续学习,同时选派代表赴西安寻求各界支持。二十二日下午二时,李体仁带领差役200余人,手

[①] 相关讨论,参见李孝悌:《清末的下层启蒙运动:1901—1911》,河北教育出版社2001年版。

持凶器，先到教育分会逮捕了会长常自新，后又到关帝庙抓走学生领袖雷忠诚、苏炳吉、冯士斌、原师健等30余人。回到衙署，李体仁不由分说，便以学生为革命党，肆意滋事，扰乱秩序，进行讯问和拷打。雷忠诚如实回答："我只知道办学堂是厉行新政，不知道什么是革命党。"结果遭来更为严重的毒打，雷忠诚等被打得数次昏死过去。之后，李体仁又下令对常自新进行拷打，共打手掌500下，常被打得骨头俱露。更为恶劣的是李还下令将学生绑在尿桶旁进行侮辱。学生原师健受刑过重，释放回家后不久死去。

传统中国，地方乡绅，特别是学校的教习和举人在社会中享有较高的声誉及地位，并在社会治理中发挥着极其重要的作用，地方官员轻易不敢对其公开动刑。因而，蒲案发生后激起了陕西省内各县学生和乡绅的强烈义愤，各学堂纷纷罢课以示声援。陕西教育总会亦开会声援，出席者200余人，曾东游日本的知名人士郭希仁在大会上痛斥李体仁的暴行，声泪俱下地说："李体仁将蒲城教习、学生30余人，有打1000的，有打800的，有打口的，有打臀的，打得血肉横飞，惨无天日。今日教育会开全体会议，如此大事不提及，我们陕西人该哭，我们陕西人该痛！"西安各界人士又在卧龙寺召开隆重的纪念大会悼念被打死的学生原师健。西安高等学堂在悼文中悲愤地说：

> 欧风美雨，惨淡逼人，莽莽神州，竟致陆沉。天子兴学，欲强吾华，陕西学务，于兹萌芽。蒲城小学，成立数年，经营缔造，组织维艰。何物李贼，穷凶极恶，摧残士类，大肆威虐。非刑考掠，暗无天日，血肉横飞，伤心惨目。锁押黑狱，与盗同处，同人闻之，痛切肌肤。

> 学生惨死，全局攸关，吾君之死，重于泰山。物恐伤类，兔死狐悲，从此学界，人人自危。人将入学，视为畏途，从此小民，不敢读书。一隅仇学，全国影响，学务前途，何堪设想。学生如此，平民可知，眷念祖国，可为痛哭。

陕籍旅京、旅沪人士得知蒲案消息后，亦极为愤慨，或是召开同乡会，发表声明，或是撰写新闻稿，对李体仁的暴行进行控诉，或是联名上奏，要求严惩凶手。如旅沪的陕籍人士将"蒲案"写成新闻稿，交于右任在《舆论报》上发表。而旅京的陕籍京官度支部主事宁述俞、度支部左参议宴安澜、吏部郎中文选司掌印刘华等数十人集会商议，认为值此国家厉行新政，提倡办学之时，蒲城知县李体仁竟敢封闭学校，擅作威福，违法滥刑，掌责举人，草菅人命，实属目无朝廷法律，因而向都察院进呈，要求查处李体仁。都察院亦觉此事重大，故向皇帝奏报，奏本主语为"为蒲城知县李体仁毁学仇路，滥刑毙命，学司循私，酿成重案事。"奏本很快就获得"御批"，"谕都察院代奏陕西京官呈控蒲城知县李体仁毁学仇路，滥刑毙命，学司循私，酿成重案一折，着恩寿按照所呈各节，秉公确查，认真究办，据实具奏，毋稍回护。"

在社会各界的压力下，陕西巡抚恩寿不得不下令组成联合小组，通过传统的会审方式对蒲案进行调查。事情到了这一步，李体仁也坐不住了。他一方面暗中向调查小组成员进行贿赂，一方面又四处活动。调查小组成员接受了李体仁的贿赂，故意拖延，并大事化小，在上报给恩寿的详文中歪曲事实，一方面极力为李体仁开脱，另一方面将责任尽量推给常自新，竟然建议"斥退会长，撤去教习，随时查看，并令今后不得干预地方公事，以示薄惩。"

留学日本的陕籍学生得知此消息后，立即在《夏声》杂志上发表《蒲案贿赂公行报告书》，引起了社会各界的更大愤慨。陕西巡抚恩寿感觉到了问题的严重性，他在最后上报给朝廷的蒲案调查经过和拟议处理办法中并未完全接受调查组的建议，而是提议将李体仁革职查办："该令李体仁偏急操切，擅押滥刑，若非查究迅速，几至酿成重案，仅予褫职，不足蔽辜。请旨即于革职，不准援例捐复。"奏折立即被批准，蒲案终于结束。①

----

① 有关蒲案的资料，来源于"郭希仁先生年谱"，《陕西民国人物》(1)，陕西人民出版社1989年版；"1908年陕西蒲案始末"，《陕西辛亥革命回忆录》，陕西人民出版社1982年版。

面对着数千年未有之社会变革,从督抚到知县陕西的官员态度竟如此一致,真是令人唏嘘。之所以会如此,有学者分析指出,"原因不外是保守闭塞观念的作祟。此观念由来已非一朝一夕。……倡议预备立宪初期,陕甘总督升允竟出面反对,要求停止,其影响人心趋向保守。"①

二、西方现代法律文化的输入

与此同时,我们又必须看到,在西方异质文化的强烈冲击下,地处内陆,较为封闭的陕西和西安也在缓慢地发生变化,数千年形成的牢固传统亦开始出现松动,直至解体。《续陕西通志稿》载,光绪三十年(1904年),陕西开始公派留学生赴日学习新学与新政,尽管人数很少,而且还强调农学优先,但毕竟艰难地迈出了学习西方的第一步。"窃当文明互换之世,必杜门却轨则新知之输入何从,处工商竞争之场,非问道已经则实业之振兴无。自近来各省人士,前赴东洋游学者三千余人,而吾陕寥寥无几,固由偏远西陲,风气之开通较晚,益觉导扬先路,官师之倡率难迟。查陕西古称农国,地号上腴,栽培长养之术不精,故荣滋发长之功不进,此次留学各生,当先派习农学,而森林畜牧之类附焉。至若延绥以北宝山之蕴蓄尤多,汴洛而西铁路交通以近,厘金将裁而税务不能不讲,刑律已改而法学不可不兴,拟于农学而外,分矿务、路工、税务、法律为四门,各派数人,俾多士各求一得。"②

据统计,晚清新政时期陕西留学日本学习法政的学生计有:任秉璋(明治大学)、钱鸿钧(同上)、张耀(同上)、党积龄(同上)、谢增华(同上)、崔云松(同上)、谭焕章(同上)、马步云(同上)、郗朝俊(早稻田大学)、刘景坡(法政大学)等。

---

① 张朋园:《立宪派与辛亥革命》,吉林出版集团有限责任公司2007年版,第166—167页。
② 中共陕西省委党史资料征集研究委员会编:《辛亥革命在陕西》,陕西人民出版社1986年版,第356—357页。

(一) 陕西法政学堂

传统中国几乎没有官办的法学教育。光绪二十七年(1901年)清廷发布"新政上谕",改良传统政治,各省闻风而动。光绪二十九年(1903年)四月为培养新政所需之法政、特别是对外交涉方面之人才,陕西亦仿效其他先进省份开办了"陕西课吏馆",办学宗旨是"改良吏治,培养佐理新政人才"。该馆学制较短,具有短期速成的性质,生源为本省候补官员,主要是各州县候补正佐官员,学习内容包括历代政书、国朝政书、西国政书等政治类读物和大清律例、刑案、中外条约等法律知识,希望借助传统的研习方法,使学员能够在较短的时间内掌握必要的法律和国际公法知识。

根据清廷的要求,光绪三十三年(1907年),陕西在课吏馆的基础上创办了陕西法政学堂,宗旨为"养成专门法政学识,足资应用。"该学堂于四月二十日正式开学,开办经费由藩司库拨岁银2.4万两,校址为今西安市莲湖路西段老关庙十字西北万寿宫旧址。此前,陕西曾派专人到日本采买教学仪器,聘请法政学堂教员,为开办学堂做必要的准备。由于经费较有保障,学堂开办后在原课吏馆的基础上"推广斋舍,建筑讲堂","添葺食堂及教员住室,并购地为体操场,"①面貌一新。

与其他省份相比,陕西法政学堂创办的时间略晚,如同属西部的四川法政学堂创办于光绪三十二年(1906年),但毕竟有了良好的开端。加之有其他省份的先行经验,如此时京师大学堂和北洋法政学堂的章程和培养方案已较为成熟,陕西法政学堂以此为榜样,少走了不少弯路。陕西法政学堂学制上分预科与正科两种,预科又分谳局裁判和地方自治两科,就谳局裁判科的设置来看,陕西法政学堂是以培养审判人员为主。宣统元年(1909年)法政学堂又附设了自治研究所,其学员称"研究生",来自于各府、州、县选送的

---

① 陕西法政学堂"拟定章程",《秦中官报》,光绪三十三年(1907年)二月。

士绅。由于资料的限制,笔者只找到了该学堂自治研究所的课程表,[①]尚未查到正科学生的教学计划,但通过其他渠道,如借助北洋法政学堂的教学计划,我们仍可以对该学堂的办学水平有一大致了解。北洋法政学堂是清末国内创办最早,也是最成规模的法政学堂。为推广其经验,清廷学部曾于光绪三十二年(1906年)七月专门颁布《北洋法政学堂章程》,并通咨各省一体照办。史料表明北洋法政学堂的办学模式和教学计划确实被日后各地新开办的法政学堂所广泛采纳,陕西法政学堂亦不例外。为使读者对这一时期法政学堂的教学水平有一大致了解,特抄录北洋法政学堂法律本科的课程表:民法、刑法总论、刑法各论、商法、法理学、刑事诉讼法、民事诉讼法、国际公法、国际私法、比较宪法、比较行政法、警察法、监狱法、大清律例、大清会典、历代刑律考、现行租界会审制度、诉讼实习、各国法制比较、罗马法、政治学、经济法原理、财政学、外交史或法律哲学等。开设的课程涵盖了中国传统法典和西方现代法律体系中的主要部门法及法学原理。

不仅教学计划较为规范和成型,师资力量也大有改观,教员中不乏系统地接受过西方现代法学教育者,如陕西法政学堂的校长钱鸿钧,教员党积龄就曾留学于日本明治大学。生源初定90人,后增补为100人。每月办学经费白银346两[②]。办学条件的改善,师资结构的变化,管理水平的提高,使陕西法政学堂的教学质量与陕西课役馆不可同日而语。法政学堂的开办不仅开启了陕西地区现代法学教育之先河,自主培养了陕西历史上第一批具有现代法政知识的专门人才,如民国时期陕西政坛上的知名人士杨明轩即为该校毕业生。同时亦加快了传统律学向近代法学知识体系的转型。民国政府成立后,1912年3月该学堂被更名为关中法政大学,不久又并入新成

[①] 自治研究所学员开设的课程有:法学通论、宪法、选举法、警察行政、教育行政、户籍法、地方自治制度、府县郡制、市町村制、国际公法、理财学等课程。参见陕西法政学堂"拟定章程",《秦中官报》,光绪三十三年(1907年)二月。

[②] 杨绳信:《清末陕甘概况》,三秦出版社1997年版,第209页。

立的西北大学。西北大学的办学地点依旧,仍然在西安市万寿宫旧址。创立西北大学,其动机即是为了培养更多高层次的法律人才,时任陕西都督对此解释说,"政体改良而后,无论立法、行政,非有高等学识者断难胜任而愉快。西北闭塞日久,将来文武法官之考试,西北必少合格人才,以不健全之分子,而界之以立法之特权,影响所及,良非浅鲜。"①为此需要成立规格更高之学府。法科自然成了西北大学的几个核心科目之一。师资包括,王芝庭(行政法)、郗朝俊(宪法)、张荫庭(国际法)、张南轩(刑法)、党松年(民法)、任奉承(民法)等。1914年西北大学被撤销。

第二年春,在西北大学的基础上改立陕西法政专门学校。学科涵盖法学、商学、政治学等学科,招生规模进一步扩大,培养质量也有了进一步的提高。按照1912年11月中华民国政府教育部公布的《法政专门学校规程》之规定,法政专门学校的修业年限本科三年,预科一年,预科毕业后方能升入本科。开设的课程包括宪法、行政法、民法、民法债权、刑法、刑事诉讼法、民事诉讼法、民事政策、刑事政策、民事拟判、刑事拟判、经济学、心理学和国文等。师资较之以前又有了进一步改善,如该校第三任校长、留学日本的法学士郗朝俊即为民国时期国内法界之名流。据统计民国时期该校毕业生总数700多人,大都活跃于陕西地区的法商两界,西安地方法院的不少工作人员即毕业于该校。该校由此成为民国早期陕西地区创办的高等专科学校中最为成功的一所。1924年西北大学重办,陕西法政专门学校的主体又被合并至西北大学法科专门部,该校最终停办。②

与全国其他省份相比,清末民初陕西的高等法学教育相对落后,法政学校的生存更是极度坎坷,但现代高等法学教育毕竟在陕西这块古老的土地上迈出了关键的一步,有了最初的尝试。

---

① 李永森等:《西北大学史稿》,西北大学出版社2002年版,第67—68页。
② 有关陕西法政学堂及近现代陕西高等法学教育的情况,参见钱锦宇:"清末民初陕西地区的高等法学教育——以西北大学为中心的初步考察",《西北大学学报》,2008年1期。

受过现代高等教育的专业人士与中国传统社会的读书人有着本质的区别,他不再以做官为唯一的出路,而是寄希望通过自己的专业特长来立身和服务于社会。因而,随着陕西法政专科学校与学科日益细化的西北大学的创办,社会分工也必将日趋细化,用以满足法政人才发挥其专业特长的机构与组织,如司法机构和律师事务所的出现就是迟早的事了。

(二) 陕西咨议局

民意机构在中国的出现始于清末新政时期。光绪三十三年(1907年)为推行新政,清廷正式下令各省速设咨议局为地方民意机构。但因无章可循,加之一些地方大员的暗中阻拦,进展颇为缓慢。光绪三十四年(1908年)六月,清廷公布《各省咨议局章程》、《咨议局议员选举章程》,对咨议局的性质和咨议局议员的选举条件及办法做出明确的规定,谕令"各省督抚迅速举办,实力奉行,自奉到章程之日起,限一年内一律办齐",并具体规定了其他筹办事宜。宣统元年(1909年)二月十七日清廷再次通令各省按期成立,不得延误。

在清廷的一再督促下,陕西省亦加快了筹办速度。先是进行议员的候选工作。按照《咨议局议员选举章程》规定,作为选民必须具有下列条件之一:曾在本省地方办理学务及其他公益事业满三年以上并卓有成效;曾在本国或外国中学堂或同等以上之学堂毕业得有文凭;有举贡生员以上之出身;曾任实缺职员文七品武五品以上未被参革;在本省地方有5000元以上之营业资本或不动产;具有上列条件之一年满25岁之男子;寄籍本省十年以上年满35岁之男子,或在寄居地方有10000元以上之营业资本或不动产。作为候选人,必须具有上列条件之一,并年满30岁之男子。同时又规定凡有下列情形之一者,不得为选民及候选人:品行悖谬营私武断(如干犯名教及土豪讼棍等);曾处监禁以上之刑;营业不当;失财产上之信用被人控告实尚未清结;吸食鸦片;有心疾(如精神异常);身家不清白(如娼优隶皂);不识文义等。至于选举方法,采取直选和间接选举相结合的复选办法,即先由拥有选举资格的选民选出若干候选人,再由候选人互选选出正式议员。清廷所确定的陕西省咨议局的议员名额为 63 人,第一步直选按照十倍于正式议员的名额在全省范围内选出候选人 630 人。其时陕西全省人口总数为 1027 万人,而登记的拥有选举资格的选民则只为 29055 人,只占全省总人口的 0.29%,[1]远远低于全国 0.42% 的平均数。这一数字从一个侧面真实地反映了陕西经济文化之落后。

对于复选而言,初选的成功与否最为重要。由于资料的匮乏,我们对这次陕西省咨议局议员初选的真实情况了解不多,但却有理由相信在其他省份出现的一些问题,诸如选民的参与热情不高、组织混乱,甚至贿选等,在陕西也同样会出现。但这些问题并不影响我们对这次选举的客观评价。就整体而言,大陆学术界对于中国历史上的第一次全民选举,无论是过程还是结果,评价都不高,但笔者以为这种评价并不客观。只要抛开意识形态,设身处地去思考,就不得不承认在当时的条件下要想保证选举活动按期完成,组织者将面临着何等的困难和问题:如从未举行过选举,缺乏必要的经验和突发事件应对能力;社会成员普遍缺乏权利、民主等现代公民意识,对选举等现代政治方面的智识一知半解;选民人口众多;交通不便;官员人数少;社会组织化程度低等,因而要想做好候选人与选举人资格的确认,选区的划分,选民的登记和投票等这些重要但又极为烦琐的工作,同时还要求其不出问题,难度之大是可想而知的,甚至是根本做不到的。

万事开头难。作为现代民主政治基石的选举制度在长期实行专制的古老中国终于迈出了至关重要的第一步,因而即便是有多少问题其积极意义都无需多言。民主初试啼声,略带稚嫩毕竟难免。诚如《申报》所言,这些问题并不可怕,"国民勿以为丛垢也,凡宪政之成立,必需此经历之初步,而后

---

[1] 《续修陕西通志》卷 43,1934 年版。

逐渐进行,逐渐改良,以抵于完善之境地"①。

有了正式候选人,互选的组织和管理就相对简单了。宣统元年(1909年)十月十四日各县选出的候选人齐聚西安贡院进行再次投票,选举产生了66名正式议员,同时选举举人出身的王恒举、郭希仁为正副议长。当选的议员中绝大多数为传统科举制度下的士绅阶层,具体为进士3人,举人11人,贡生24人,生员20人,其他8人。②其中只有郭希仁、李元鼎少数人或游学留学过日本,或曾对日本进行过为期半年的短期考察,对于西方近代政治制度有着一定的感性认识。这一状况与国内一些发达省份相比存在着较大的差距,如同时举行的直隶咨议局选举,当选的115名议员中仅毕业于日本东京法政大学的就有9人。十月十六日陕西咨议局召开庆祝大会,宣告咨议局正式成立。

咨议局的成立是陕西近代政治生活中的一件大事。按照《各省咨议局章程》规定,咨议局为"各省采取舆论之地,以指陈通省利病,筹计地方治安为宗旨",其权限包括:议决本省应兴、应革事件;议决本省岁出入预算事件;议决本省岁出入决算事件;议决本省税法及公债事件;议决本省担任义务增加之事件;议决本省单行章程规则之增删修改事件;议决本省权利之存废事件;选举资政院议员事件;申覆资政院咨询事件;申覆督抚咨询事件;公断和解本省自治会之争议事件;收受本省自治会或人民陈请建议之事件等。凡咨议局议定的可行事项,呈候地方行政长官督抚公布施行,如果督抚不以为然,应当说明理由,令咨议局复议;凡咨议局议定的不可行事项,呈督抚更正后施行,如果督抚不以为然,应当说明理由,交咨议局复议;咨议局对于督抚要求复议的事项,如果仍然坚持自己的意见,督抚应将该案交资政院核议。由此可见,作为一种全新的制度,咨议局虽不是地方议会,但毕竟享有一定的

---

① 《申报》,宣统元年(1909年)3月30日。
② 《续修陕西通志》卷43,1934年版。

立法权,并同地方行政长官督抚之间相互制约,已具有了民主和公开的雏形。

咨议局是会议性机构,会议分常年会和临时会两种,均由督抚召集。关于咨议局会议的程序,活动细则对此有明确和详细的规定。同样是囿于资料的不足,陕西省咨议局成立后的真实运行情况我们现在只略知一二,这里仅举数例加以说明:一是弹劾王毓江。王毓江系陕西新军督练公所总办。在陕西巡抚恩寿的庇护下,他克扣军饷,欺压士兵,无恶不作,引起士兵的公愤。此前虽有人多次向陆军部控告,但均因有人庇护未受到处理。咨议局成立后,副议长郭希仁等依照咨议局章程依法对王毓江进行弹劾,并按照程序将弹劾案上呈资政院,王毓江终被撤职查办。

二是代民意请愿。宣统二年(1910年)五月,陕西咨议局响应立宪派代表人物张謇提出的速开国会倡议,仿效其他省份成立了"国会请愿分会",选举议员王敬如为分会会长,并推选郭希仁等为代表,携带《陕西省绅民请速开国会请愿书》赴京请愿,为民意的整合与表达提供了合法的平台,切实推动立宪事业的发展。①

三是议决本省预决算。尽管议决本省预决算系咨议局法定的权限,但却遇到了巨大的阻力。陕西咨议局依据法定章程,要求陕西督抚报告年度预决算,并接受议员的审核。督抚极力反对和拖延,一些议员不惧督抚淫威,以特有的风骨据理力争,与督抚发生了激烈冲突。在制度允许的范围内,对行政权力做了力所能及的制约。

英国《泰晤士报》记者莫里循有幸观察过陕西省咨议局的开会,并以外国人的眼光,客观地记录了咨议局留给他的深刻印象,"我高度评价在太原府和西安府看到的省咨议局。那里的会开得斯文有礼,大有可为。这是前进中的重要步骤,我曾经希望《泰晤士报》对此给予鼓励,因为这是各省的创

---

① 有关晚清各省咨议局成立与活动的情况,请参见刁振娇:《清末地方议会制度研究——以江苏咨议局为视角的考察》,上海人民出版社 2008 年版;沈晓敏:《处常与求变:清末民初的浙江咨议局和省议会》,三联书店 2005 年版等作品。

举,从此有机会在公开的会议上发表他们的看法,谈论本省各种需要"。他还特别指出"格外引人注目的是,代表们那样从容不迫地履行自己的职责,那样有秩序地讨论问题。"①

整合民意、制约行政权力,监督并弹劾不法官员,不管最终结果如何,咨议局的这些作为无疑会在陕西官场引发震动,同时加深民众对民主的理解。但考虑到咨议局存在的时间较短,加之传统势力的强大,因而对其功能与作用不必过分夸大。就笔者的阅读范围而言,当时各省咨议局的真实运行情况大多相差无几,正如《中外日报》所言:

> 自上年开幕以来,提议事件不为不多,集议的时间不为不长,至考其若何成绩,则未之前闻。就地方官一面而言,不曰侵权越限,则曰舞弊营私,所有议员议决之件,十九遭其驳斥,否则第置而不答。②

尽管如此,咨议局的成立仍然是陕西政治生活中的一件大事。

(三) 政治研究会

伴随着现代法学教育的兴起,咨议局的出现,现代民主政治制度和法治理念在古老的陕西和西安有了最初的普及和信仰者,并出现了专门的研究机构。1912年3月,张玉昆、宋伯鲁等69人在西安发起组织政治团体"政治研究会",发起人几乎涵盖了当时西安市的所有新派人物,其中有多位当时和日后供职于法律界,如时任陕西法政学堂教习的张玉昆、民国时期曾任西安地方法院院长的郭德沛和陕西高等法院院长的党积龄等。仅此一点便可以证明这一组织的影响力。

研究会的发起宣言称:

---

① 〔澳〕莫理循:《清末民初政情内幕》,知识出版社1986年版,第641—643页。
② 《中外日报》,光绪三年(1911年)2月19日,引自沈晓敏:《处常与求变:清末民初的浙江咨议局和省议会》,三联书店2005年版。

> 盖闻国家有三大要素,而国民具其一。国会者,国民所产出也,但欲得善良国会,非先养成国民之政治知识不可,欲养成国民之政治知识,又非先组织政团不可,同人等穷具热诚,各效绵力因发起一政治研究会,互相讨论,互相切磋,于政府为诤友,于社会为导师。①

1912年3月15日政治研究会在西安召开成立大会,到会者多达235人。会议选举宋伯鲁为会长,张玉昆等为副会长。该会以主张实行议会政治,制订宪法、促进人民参政、司法独立、将中国建设成为一个法治国家为宗旨。同时推动兴办近代农、林、工、矿、商和交通运输业,从经济上彻底改变陕西的落后局面。不仅如此,该会还曾设想创办"日报杂志发表政见,鼓吹舆论",具有强烈的现代政治色彩。

研究会还制定有章程。章程共分七章,即总纲、会员之资格及其入会手续、职员及其任务、会议、会费、罚则、附则等。章程目的明确、形式完整、内容详尽、会员权利义务平等,表明该组织为现代意义之社团,与中国传统士大夫同仁结盟性质的联谊组织有着本质的区别。

遗憾的是由于时局的动荡及其他种种限制,该团体成立后,实质性的活动较少,一直处于有名无实的状态,未能发挥更大的作用。但尽管如此,政治研究会成立的本身足以证明源自于西方的现代法治思想到清末民初在古老的西安也有了不少的追随者,而且这些追随者还初步掌握了动员民众的基本手段和方法。

小　　结

与东南沿海一些较早接受西方现代文明的地区相比,20世纪初的陕西

---

① "政治研究会发起公启及简章",西安市档案馆馆刊《馆藏公布》,1996年1期。

保留了更多中国传统的东西,现代工商业还是一片空白,经济发展极为迟缓,不要说是重工业和机械制造业,就连人们日常生活所必须的一些日用品,如面粉、纸张等也保留着传统手工作坊生产的基本格局。

作为中国西部地区最大城市的西安也是如此。尽管城内店铺林立,喧嚣繁闹,但商业的业态和城市的风貌仍然维持着街市合一的传统格局。

1907年,丹麦探险家何乐模来到西安,记载了西安南院门(原陕甘总督行台,1900年后成为清代陕西巡抚衙署)一带店铺云集,热闹异常的商贸景象:

> 巡抚衙门外的公共场地可谓城内的市场区。这是一处名副其实的市场,繁荣的市景于此可见。形形色色的演戏者、耍马戏的、牙医、包治百病的江湖郎中、眼医、看手相的、算命先生、术士、小商贩、捏糖人的、爆玉米花的、代写诉状的,以及其他很多商贩在这里从事喧闹的交易,直至天黑。①

西安人以面食为生,人们日常食用的小麦面粉仍然沿用着人工和畜力拉磨的古老方式进行生产。偶尔有商人从外地运来机制面粉,居民也以有异味而不敢食用。因而,整个社会财富总量不大,财产的流通规模较小,流通的速度缓慢,其形式也较为简单,现代社会所特有的复杂性和多元性还没有出现,农业文明在这里有着更加深厚的基础,②整个社会还更多地借助传统的伦理、皇权、亲情、乡情、行规等加以维系。

具体到司法制度而言,20世纪初的陕西和西安对专业化司法的认识尚不清晰,需求动力不足。其时陕西各级官府审理的案件主要是刑事案件,且

---

① 〔丹〕何乐模:《我为景教碑在中国的经历》,史红帅译,上海科学技术出版社2011年版,第61页。

② 有关陕西与西安近代工商业的发展情况,参见政协甘肃、陕西、宁夏、青海、新疆五省区暨西安市文史资料委员会编:《西北近代工商业》,甘肃人民出版社1989年版。

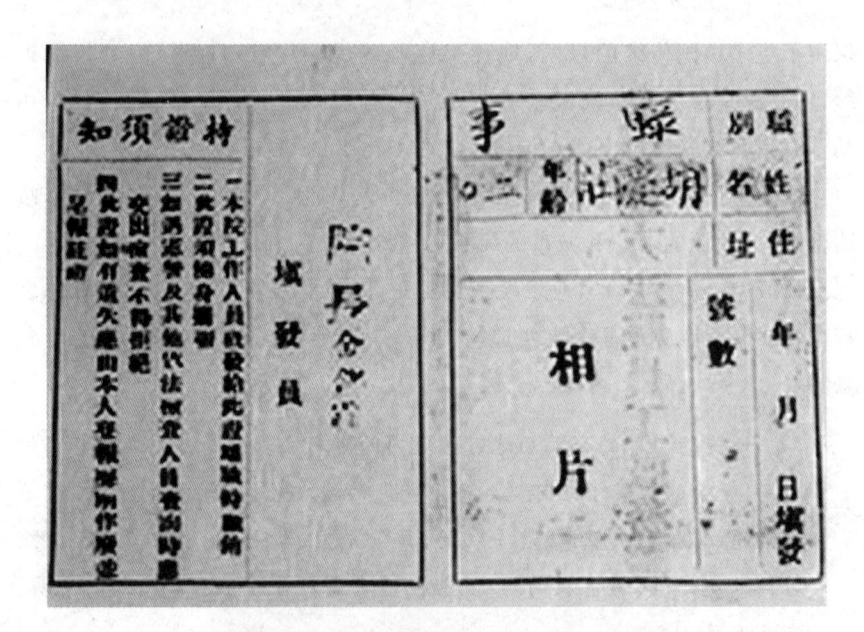

26　绪论　传统与现代夹缝中的陕西及西安

西安地方法院工作证。来源西安市档案馆

以盗窃、斗殴、杀人等传统犯罪为主,案情也较为简单。民事纠纷数量不少,但却主要通过民间调解的方式加以解决。① 如果说,20世纪初国内一些开风气之先的地区因经济、文化、社会等方面的巨变,已主动地尝试如何在原有的体制内寻求突破,那么陕西,自然也包括省城西安则几乎是被动地、不太情愿地被一步步拖进了现代文明的门槛。

不管是主动寻求,还是被动地拖入,封闭已久的大门毕竟已经开启,现代政治文明在陕西这块古老的土地上艰难地生长出了稚嫩的幼芽。作为全新的政治元素,咨议局对传统专制政治制度的冲击,对民智的启迪作用不断彰显,它向政治上、观念上尚处于懵懂状态的西安民众展示了现代政治文明神秘的一角。陕西法政学堂等现代教育机构的兴起,造就了大批的专业人才,为了自己生存的需要他们自然会千方百计地寻找机会,通过各种方式与渠道推动既能发挥专业知识和技能,同时又符合社会分工原理的机构的产生。20世纪三四十年代,伴随着陇海铁路的开通、国家对西北的开发和躲避战乱等原因,现代工业在陕西和西安亦开始成规模地出现,仅1934年到1935年两年间陕西大华纺织股份有限公司、西安成丰面粉公司、中南火柴厂等现代企业就纷纷成立。到1940年底由其他省份西迁进入陕西的企业已达到44家,陕西的现代工业和商业体系开始构建。财富的规模扩大,财产流转的速度加快,以及由此带来的纠纷类型日益复杂。

这一切真实地告诉我们,即便是在西安这样一个传统保留较多和较为封闭的内陆城市也无法阻挡现代文明,或者说是西潮的涌动。因而,传统政治制度、传统审判方式的断裂,民主与法治的兴起只是迟早的事情。区别只是,在西安传统的断裂过程,较之东部和沿海地区要艰难得多。

民国初年,一位远道而来的欧洲游客生动、形象地描绘了古城西安城门关闭和开启的情形:日落之后,城门关闭,城内的店铺纷纷打烊,"只有游荡

---

① 相关情况,参见杨绳信:《清末陕甘概况》,三秦出版社1997年版。

的夜行者沿着街巷匆匆行走——当他们走动时,手中提着的纸灯笼发出微弱灯光,照射出的身影犹如幽灵一般。"然而,黎明时分,"大群的乌鸦和鸟如乌云一般飞过巨大的、缓缓打开的城门,以沙哑的鸣叫迎接新的一天的到来。"①

---

① 史红帅:《近代西方人视野中的西安城乡景观研究(1840—1949)》,科学出版社 2014 年版,第 74 页。

上编

创 制

集权是帝制中国政治体制的最大特点。在帝制中国，从中央到地方国家的一切权力都高度集中，并不存在现代意义上的立法权、行政权和司法权之划分。也就是说，在帝制中国司法权并非是一项独立的权力。因而，无论是中央，还是地方，各级官府均为全能型的，并不存在以审理纠纷和案件为专职的常设机构。

作为历史名城的西安当然也不例外，数千年间西安的称谓屡经变化，在国家政治生活中的地位沉沉浮浮，管辖的区域不断调整，衙门内的机构设置多有变动，但有一点却亘古未变，即对纠纷的解决和案件的审理一直坚持司法与行政混一的固有传统，直到20世纪初才有了属于自己的专门审理案件、解决纠纷的审判机构。

西安地方审判机关并非是从中国传统的农业社会和儒教文明中内发而生的，系西方现代法治文明冲击的结果，是一种主要移植于异质文化的产物。作为一种全新的制度，西安地方审判机关的创制既是器物层面的，也是组织制度层面的，同时还是精神观念层面的。此外，作为一种全新的机构，西安地方审判机关的创制有一个从诞生到逐步发展与完善的过程，同样也有一个被社会逐渐认识与接受的过程。为了使人们对西安地方审判机构的创制过程以及新式审判机关与传统衙门之间的差异有一个全面的认识，笔者尝试从各种角度揭示这一过程，同时尽可能地厘清两者的差异。

第一章　时空中的存续

　　西安地方审判机关的创制并非一个孤立的事件,既是清末新政的产物,也是中国政治现代化、国家权力重新架构的必然结果。与全国大多数地区一样,西安地方审判机关诞生于风云际会的20世纪初。

　　有关西安地方审判机关的创制,可资考察的角度很多,时空意义中的存在则最为必要。

第一节　创制与守常

　　中国传统政治的最大特点是权力的高度集中和权力行使过程中对分工的忽略。尽管隋唐以降中央政府设大理寺、刑部和御史台(或都察院),俗称三大法司,负责刑事案件的审判、复核及监督已成惯例,但现实运作中诸如丞相、户部尚书、兵部尚书等其他官员也或多或少地拥有一定的审判权,并在一定的条件下参与审判。三大法司虽有分工,但职权并不固定。中央如此,地方也不例外。如明清时期各省设立的按察使司就是一个掌管着监察、审判和复核等诸种职权的机构,权力边界并不清晰。

　　清末新政的起步,就是从权力的分割开始的。

一、诞生

　　光绪三十二年(1906年)五月,清廷发布《立宪应如何预备施行准各条举以闻谕》，就立宪之事向官民征求意见。七月清内阁奉上谕，对宪政的合法性、正当性以及重点进行详细的论证：

> 我朝自开国以来列圣相丞谟列昭垂，无不因时损益，著为宪典。现在各国交通，政治法度，皆有彼此相因之势，而我国政令积久相仍，日处贴险，忧思迫切，非广求智识，更定法制，上无以成祖宗缔造之心，下无以慰臣庶治平之望，是以前派大臣分赴各国考察政治。现载泽等回国陈奏，皆以国势不振，实由于上下相睽，内外隔阂，官不知所以保民，民不知所以卫国。而各国之所以富强者，实由于实行宪法，取决公论，君民一体，呼吸相通，博采众长，明定权限，以及筹备财用，经划政务，无不公之于黎庶，又兼各国相师，变通尽利，政通民和有由来矣。①

为了适应预备立宪的需要，清廷着手对国家权力架构进行调整，涉及司法机构的调整有：改大理寺为大理院，专掌审判，并负责统一解释法律，不再兼理案件复核，为国家最高审判机关；改刑部为法部，主管司法行政，不再兼理审判。光绪三十三年（1907年）法部等机构（会奏酌拟提法司官制开单请饬下宪政编查馆）上奏朝廷建议各省尽快设立提法司一职："维宪政之初基莫要于司法，而司法之统一尤莫重于设官。"并反复强调从表面上看提法司"名为提刑所改避，实乃法曹之分司。"②

不久，地方官制改革方案颁布，将各省原设立的按察使司改为提法司，负责省级司法行政和法律监督。设立提法司，既是实现三权分立的前提，又是司法独立的基础。此外，还向社会清楚地表达这样一种信息"不特司法与行政不能混淆，即司法与司法之行政亦应区别，自非先设提法司，总理司法

---

① "宣布预备立宪先行厘定官制谕"，故宫博物院明清档案部编：《清末预备立宪档案史料》，（上）中华书局1979年版，第43页。

② "宪政编查馆奏核提法司官制折并清单"，《大清宣统新法令》第10册，商务印书馆宣统二年（1910年）版。又简化字版，《大清新法令》第6卷，商务印书馆2011年版，第400页。

行政枢纽,则法曹分治之机关不备,即审判独立之权限不明。"①方案的颁布由此成为了中国司法制度发展史上具有里程碑意义的事件:既从制度上在中央层面确定了大理院对司法权的专属性,是对司法独立精神的直接认可,为司法权划出了相对清晰的界限,昭示着独立的审判机构在古老的中国开始出现;此外法部和提法司的设立还坚持了审判与司法行政分离的原则,符合现代司法理念。

同年,法部奏准《各级审判厅试办章程》,天津等地率先尝试创办独立的地方审判机构,地方司法改革的大幕也徐徐拉开。宣统元年(1909年)十二月二十八日,清政府又批准颁行《法院编制法》,对新式审判机构的权限和设置进行了更为详尽和细致的规定,标志着清末继受西方现代司法制度的全面展开。该法规定,大清帝国审判组织分为四级,州县设初级审判厅,府设地方审判厅,省设高等审判厅,中央设大理院,实行四级三审制。与此同时,清廷还本着先省城和商埠,后其它地区的原则对地方各级审判厅设立的时间进度和路线做了统一的部署。

按照清廷的要求,宣统元年(1909年)七月陕西着手成立了"陕西各级审判厅筹办处",以满人提法使锡桐为总办。筹办处工作和主要任务有三:一是成立审判专习所(即法官养成所),招收学员60名,以速成的方式使学员掌握一些必备的现代法律知识,为新式审判机构的设立准备人才,解决陕西现代法政人才短缺的问题。具体报考条件为:年满25岁以上品行端正并同时具有下列资格之一,中等学堂以上之毕业生;京外候补候选人员,不论品级惟以实官为限;生员以上出身者;曾经担任或正在担任刑幕者。考试科目和内容为国文一题,历史地理各两题,算数一题。二是寻找和修缮办公场

---

① "鄂督瑞澂奏改设提法使并分设属官折",《大清宣统新法令》第21册,商务印书馆宣统元年(1909年)版。或上海商务印书馆编译所编纂:《大清新法令》第9卷,李婧点校,商务印书馆2011年版,第65页。

所。三是派员前往晋、汴、津、沪等地进行考察。①

筹办新式审判机关最为核心的是经费问题。其时清廷经济状况恶化，国库空虚，根本无力承担新政所需的巨额开支。"近来筹画新政，规模宏远，顾一事乃未之及，则财政是也。他姑勿论，即如司法独立一事，但以起廨备器用，并改良监狱，已不知须若干万。库款奇绌之时，将何从筹此？"②时人如是说。清廷决定将矛盾下移，规定在统一的全国财政制度未建立之前，地方审判厅的开办经费暂由各省自行解决，并强调一定要列出专款。"度支部统一财政未实行之前，筹措之权应归督抚，督同藩司或度支司任之，所有开办费须特别筹拨应用。"③

创制新式审判机关，陕西上下原本就不甚积极，现在发现还要自己掏钱，于是便寻找各种理由进行拖延。最现成的借口就是"现值库储奇绌，筹措维艰"④，基层审判厅的设立无法全面铺开，只能集中精力以省城西安为主。实事求是地讲，当时陕西财政确实已到了入不敷出的崩盘地步。据宣统元年（1909年）编订的《陕西财政说明书》载："言财政于陕西尤困难，入不敷出几近百万焉。非力持此义，更无以救库款之穷，而济新政之用，可断言者也。"具体而言，全省每年财政支出大致为白银100万两，其中行政经费年30余万，教育、巡警、实业等项开支总计四五十万，军费三四十万。而实际收入几乎为零。⑤ 督抚被逼无奈只能坚持"量入为出主义"，整日琢磨的是如何并员减薪，节省开支。再要让他拿出钱来新设机关和增设人员真的有点勉为其难。清廷对此也十分清楚，认可了陕西的想法。

---

① "陕西巡抚恩寿奏筹备宪政第二届成绩折"，《申报》，宣统元年（1909年）10月11日。
② 汪康年：《汪穰卿笔记》，上海书店出版社1997年版，第48页。
③ "各省城商埠各级审判厅筹办事宜"，《政治官报》，宣统元年（1909年）7月20日，第666号。
④ 《陕西应设地方厅各一所图式》，第一历史档案馆，法部类、宪政筹备卷，第32192号。
⑤ 《陕西财政说明书》总叙，引自中共陕西省委党史征集研究委员会编：《辛亥革命在陕西》，陕西人民出版社1986年版，第177页。

西安府地方审判厅的筹办工作由西安知府尹昌龄负责具体落实。由行政长官——知府负责地方审判机关的创制,这一安排本身导致了即将设立的审判机关与传统衙门之间难免会藕断丝连。

宣统二年(1910年),清廷法部又正式奏定了各省省城和商埠审判厅的厅数以及人员定额,即所谓的员额制。规定西安府共设初级审判厅两家,地方审判厅一家。其中西安府地方审判厅设有推事6人(其中厅长1,推事5),典簿1人,主簿2人,录事4人,另有看守所官1人。至此,西安地方审判机关创制的法律依据已全部具备,编制等相关手续和文件都已齐全,无任何理由再拖延。于是,宣统二年(1910年)十二月,在清廷规定的最后期限,西安府地方审判厅终于宣告成立。在全国所有的省城中西安府地方审判厅设立最晚。西安府所辖的长安县和咸宁县两个初级审检厅也同时宣告成立。这样一来,西安府就拥有了3家专门的审判机关,如加上不久前已设立的陕西高等审判厅,同城之内已有4家审判机关,构成了完整的地方审级。

透过上面的叙述,大致可以得出如下的结论:在西安府地方审判厅的创制过程中起主导作用的是清廷法部,地方筹办处只是在被动地执行而已。开办新式审判机关,清廷之所以如此热心,是因为在清廷看来,财政、司法改革能否成功将直接关系到宪政的成败与否,为此决心极大。其实,类似的情况绝非西安一地,一些内陆地区、甚至包括江浙地区的督抚大员也不以开办新式审判机关为急务,如宣统二年(1910年)江苏巡抚程德全在致锡良的信中就主张应缓办审判厅。其观点:预备立宪,事务繁多,非统筹安排,难收其功,主张"费笔墨之事业可以提前,费钱之事业不能提前"。"弟对于审判厅亦同此处,年内各处大半开厅,姑无论经费之困难也,试问人才安在?法律安在?将来丑态毕露,可以貌睹。何也?则以审判厅系费钱之事业。"[①]因

[①] "江苏巡抚程德全致锡良等电",《清末筹备立宪档案史料补遗》,《历史档案》1993年1期,第51页。

西安府藩台衙门（1907年），[法]沙畹摄影

而新式审判机关的创制动力,主要来自于中央,是一种自上而下的行为。

但就总体而言,筹设过程还算顺利。清末负责率先在东三省筹设新式审判厅的许世英回忆说:

> 设立审判厅,主要的原因当然是为了国民,但是真正就国民的立场来说,他们要打官司,由"为民父母"的知县来审问,或是由审判厅的厅承来审问,在他们是认为没有什么分别的,所以在筹建工作进行之时,如果遭遇到什么困难,绝对不是来自民间,倒是那些兼理司法的知县,由于要从他们手上挖去一部分权力,自然在他们是不会乐意的。
>
> 不过筹备工作并没有受到任何有力的阻挠,在专制的政权之下,民众固然不会有露骨的反对表示,官员们亦不敢多所作梗,只是绝少数人不表示合作而已。①

对于古城西安来说,不管它曾经有过多少的传奇与荣光,宣统二年(1910年)十二月都应该是一个值得纪念的时刻。正是从这时起西安这座拥有着上千年光辉历史的古城终于有了属于自己的独立的审判机关,在法治近代化的道路上迈出了关键的一步。民国时期有学者评价说"清季迄今,变迁之大,无过于法制。"②但令人遗憾的是,翻遍所能找到的相关资料,无论是官方,还是民间,尚未找到有关西安府地方审判厅揭碑时的记载,哪怕是较为简略的记载。以至于100年后的我们无法说清它诞生的准确日子。仅此一点也可以从一个层面反映出西安上下对法制的忽视。

清末推行新政以来,中国社会的转型速度明显加快,即便是内陆城市的西安各种新鲜事物也层出不穷,令人眼花缭乱,像西安府地方审判厅这种新的机关每隔一段日子就会出现一个,至于它是干什么的,与自己的生活有着什么样的关系,迫于生计的压力一般百姓尽管好奇,但也懒得过问。

---

① 许世英口述:《许世英回忆录》,台湾人间世月刊社1966年版,第100页。
② 柳诒徵:《中国文化史》(下),上海古籍出版社2001年版,第924页。

西安府地方审判厅是一审机关,同时拥有上诉审的功能。作为一审机关,西安府地方审判厅的管辖范围与西安府辖境完全相同,职责是受理不属于初级审判厅管辖的所有民事和刑事一审案件,行政诉讼则不在其管辖范围。但同时又承担着受理不服孝义、宁陕两厅,耀州一州和长安、咸宁、咸阳、兴平、临潼、蓝田、泾阳、周至、户县、渭南、礼泉、同官、富平、高陵、三原等县衙门判决而上诉的民事和刑事二审案件,两者相加管辖的地域面积方圆数百里,人口193万。①

西安府地方审判厅第一任厅长是候补直隶州知州王凤至。王凤至与西安知府尹昌龄同为四川人,两者之间不知是否存在着关联。地方审判厅内设刑事审判庭和民事审判庭及看守所,置有推事、典簿、主簿、看守所官、录事等12人。长安初级审判厅由候补知县曾瑞灵任监督推事,设刑事、民事两个审判庭,置推事、检察官、录事等9人。咸宁初级审判厅则由候补知县赵述模为监督推事,内部机构和人员配制均与长安初级审判厅相同。

创制伊始的西安府地方审判厅和长安、咸宁初级审判厅,条件较为简陋,与中国传统的审判制度还存在着千丝万缕的联系:不少推事出身于传统的刑名之士;勘验仍旧采用传统的方式;刑讯等陋习尚未完全根除;正式颁布的新法律不多等。但仔细考察之后我们又会发现,与传统的衙门相比,新的审判机关毕竟有了质的变化,其中最根本的有二点:

第一,不再是一个隶属于行政系统的衙门。从组织关系上讲,长安、咸宁初级审判厅和西安府地方审判厅为独立之机构,其推事的请简、奏补及委用均归中央法部,地方行政长官无权任免。职权上也与行政机关和司法行政机关划清了明显的界限。

第二,有了自己独立运行的逻辑及规则。西安府地方审判厅设立时,清廷试办各级审判厅已经数年,一些先行试办的省市摸索出了不少成功的经

---

① 杨绳信:《清末陕甘概况》,三秦出版社1997年版,第106页。

验，创制了一些审判机关必备的制度与规则，从而使审判机关与行政机关、立法机关真正有了实质的区别。"谨遵法院编制法及北京、奉天、吉林等处暂行章程"①即可，陕西省高等检察厅呈文陕西提法使时如是说。仿效这些经验和规则，西安地方审判厅少走了许多弯路。

创设之初的西安府地方审判厅以及长安、咸宁初级审判厅还有一些不尽如人意的地方，但毕竟已不再是传统的衙门，是一个独享西安府辖境内审判权，并以审判为基本职能，甚至是唯一职能的常设的新式审判机关。在司法独立的方向上迈出了至关重要的一步。

二、沿革

辛亥革命爆发后，陕西率先响应宣布独立，并成立了最初的政务组织，由留学日本、学习法政归来的党松年和钱鸿钧为司法部正副部长，主管司法事务。民国元年，国体更张，但行政区划和审判机关则继续沿用前清旧制，西安府地方审判厅和长安、咸宁初级审判厅均被保留。

但时隔不久，政权更迭所产生的冲击波及到司法领域，西安府地方审判厅进入了频繁的调整和动荡时期。1913年北京政府着手调整行政区划，先是将咸宁县撤销，辖区并入长安县。咸宁初级审判厅随之被撤销，其管辖的案件相应地并入长安初级审判厅，西安府辖区的审判机关由三个减少为两个。之后，撤销西安府改设关中道。西安府地方审判厅遂于1914年更名为陕西长安地方审判厅。为避免名称上出现混淆，原长安初级审判厅则随之更名为陕西长安第一初级审判厅。与此同时，原西安府地方审判厅管辖的宁陕、孝义、渭南、同官、耀州等厅、县的二审上诉案件亦被陆续划出，长安地

---

① "陕西高等检察厅咨呈提法使各级检察厅试办规则文"，汪庆祺编:《各级审判厅判牍》，李启成点校，北京大学出版社2007年版，第260页。

方审判厅管辖的区域及人口相继缩小和减少。还是1914年，北京政府开始裁撤各县初级审判厅，回归县知事兼理审判的传统旧制，并颁布了《县知事兼理司法事务暂行条例》和《县知事审理诉讼暂行章程》。为了配合此次回归，陕西于次年相应颁布了《陕西各县指挥承发吏司法警察执务规则》，长安县的初级审判厅的事务随之移交给县知事和承审员，长安第一初级审判厅亦被撤销。至此，西安地区的审判机关就仅存长安地方审判厅一家，出现了初审和上诉审合一的奇怪现象。此外，为了与审级相适应，司法行政当局又下令：凡不服陕西省内各县县知事和承审员一审判决而上诉的案件暂由长安地方审判厅为第二审，长安地方审判厅的管辖权限再次扩大。①

到北京政府的中后期，由政权更迭而造成的司法系统调整终于完成，长安地方审判厅的各项制度建设步入正轨，法官制度、诉讼审判制度、看守所制度逐渐完善，现代司法由此形成一种制度性的力量。

1927年初，国民革命军占领西安。同年2月下令改长安地方审判厅为长安地方法院。将审判厅改称为法院，西安较之全国其他省市时间上略早。其他省市大多是在南京国民政府成立之后，1927年11月南京国民政府司法行政部下令"改北京政府各级审检厅为法院"。从字面上看，将审判厅改称为法院，变动的仅是名称而已，其他诸如人员、机构和院址等则大都沿袭的是北京政府时期的旧制，但假以时日则会发现，这一变化将对中国司法制度的发展产生极为重要的影响。审判即裁判，审判厅的字义较为确定。如果继续沿用审判厅的称呼，则势必导致国家制度层面上审判厅与检察厅并行的局面，难以确保审判厅的核心地位。法院的本意则宽泛得多。清末新型司法制度创建之初，即有学者在《大公报》上发文，就"法院"两字的含义进

---

① 1914年10月19日，司法部批复陕西高等审判厅请示中明令："该省各县初级审上诉事件，自应查照该款规定（《县知事审理诉讼暂行章程》第36条第4款），暂以长安地方审判厅为第二审，以符审级。"陈刚主编：《中国民事诉讼法制百年进程》（民国初年）第2卷，中国法制出版社2014年版，第304页。

行过辨析:"法院二字,包含审判厅、检察厅两者之广义。"①因而,由审判厅到法院,称谓上的这一变化为司法制度中法院核心地位的确立预留了空间。

1935年,新的《法院组织法》开始实施,清末以降一直实行的四级三审制被改为三级三审制,即县市设地方法院、省设高等法院,中央设最高法院。长安地方法院于是彻底降格为初审法院。由设立之初的一审和上诉审合一的审判机关降格为初审法院,这是西安地方审判机关发展史上的一件大事,它给西安地方法院带来的内在变化极为深刻。根据新的《法院组织法》规定,西安地方法院的诉讼管辖为:

民事案件:财产诉讼标的之金额或价额在800元以下者。但因地方情形有时得减为600百元、或增为1000元;业主与租户因接收房屋,或迁让使用修缮,或原业主扣留租户之家具物品涉讼者。业主或租户与转租人因以上情事涉讼者亦同;雇主与雇人因雇佣契约涉讼,雇佣期限在一年以下者;旅客与旅馆或酒馆饭馆主人,或水陆运送人关于食宿运送所负之义务,或因寄放行李财物涉讼者;因求保护占有状态涉讼者;因定不动产之界限,或设置界标涉讼者。

刑事案件:最重本刑为3年以下有期徒刑、拘役、或专科罚金之罪。但《刑法》第135条至第137条之渎职罪,第150条至152条之妨害选举罪,第201条之公共危险罪,第283条第四项及291条之杀人罪,第300条之伤害罪等不在此限;《刑法》第271条及第273条之鸦片罪;《刑法》第293条第一项之伤害罪;《刑法》第337条之窃盗罪;《刑法》第356条之侵占罪;《刑法》第363条之诈欺及背信罪;《刑法》第376条第二项之赃物罪。

诉讼之外,西安地方法院还负责民事案件执行和不动产登记等非诉事件。

---

① "论法院编制法",《大公报》第二版"言论",光绪三十三年(1907年)1月12号。

1947年西安市升格为国民政府行政院直辖市。次年,即1948年3月7日长安地方法院再次更名为西安地方法院。院址、机构设置、人员配备、管辖范围与长安地方法院完全相同。但同年4月,为了所谓戡乱之需要,根据南京国民政府相关法律之规定,在西安地方法院之外又设立了西安高等特种刑事法庭,由袁炳辉为庭长,负责审理《戡乱时期危害国家紧急治罪条例》规定之案件,即将一部分刑事案件——特种刑事案件,从西安地方法院的管辖范围内划出。特种刑事法庭在组织上自成体系,与西安地方法院之间不存在任何隶属关系。于是,西安市又出现了两个审判机关并存的特殊局面,受政治冲击,西安地方法院独享审判权的格局再次受到伤害。

1949年5月中国人民解放军占领西安,25日西安地方法院被接管,5月28日西安市军事管制委员会发布管字第三号令,取缔西安地方法院,终结了其存在的历史。

> 查伪陕西省高等法院及伪西安市地方法院,均系镇压人民,为国民党反动统治阶级及帝国主义者服务的机关。国民党反动政府之全部法院,包括六法全书在内,都是保护反动统治,镇压与束缚人民的工具。现在西安已获解放,上述之伪高等法院,伪地方法院,伪六法全书与一切反动法律,自应立即宣布解散与废除。①

从宣统二年(1910年)西安府地方审判厅设立,到1949年西安地方法院被明令宣布解散,尽管名称、管辖范围屡经变化,甚至包括审级都有过调整,但西安地方法院毕竟顽强地生存了下来,且内在的精神和基本骨架一直被延续,时间上也一脉相承。②

---

① "西安市人民法院成立布告",西安市政协文史资料委员会编:《西安文史资料:西安解放》第15辑,陕西人民出版社1989年版。
② 历史上西安地方审判机关的名称屡有变化,为了读者阅读的方便,下文中凡涉及民国时期西安地方审判机关,一律称为西安地方法院。

表 1.1　西安地方法院沿革

时间	名称	备注
1910 年 12 月至 1914 年	西安府地方审判厅	一审为主兼有上诉审功能
1914 年至 1927 年 2 月	陕西长安地方审判厅	一审为主兼有上诉审功能
1927 年 2 月至 1935 年	长安地方法院	
1935 年至 1948 年 3 月	长安地方法院	一审法院
1948 年至 1949 年 5 月	西安地方法院	

第二节　院址与建筑

西安府地方审判厅的厅址在西安市二府街中段路北,从设立之初,到最后被接管(除抗战期间为避战乱一度临时搬迁外)都坐落在这里。二府街坐落在西安府城内西北部,明朝时此地系秦王朱爽次子的府宅而得名。在状如棋盘格局般规整的西安城内,二府街是一条僻静的小巷,呈东西走向,东起北大街,西至红埠街,全长 381 米,与闻名遐迩的回民坊咫尺之遥,与繁华同时又是城市道路骨架之一的北大街成垂直状态。①

创制西安地方审判厅,对于筹办者尹昌龄来说,遇到的第一个难题就是没有办公场所。清廷认为司法改革乃推行宪政的基础,"况中国司法独立为各国视线所集,尤不可敷衍迁就,贻笑外人。"②法部为此规定,为了体现司法独立精神,并向民众准确地传达出新设立的审判机关并非传统的衙门或传统衙门一部分的信息,审判机关最好有自己独立的办公场所,而且"自以

---

①　西安政协文史资料委员会编:《西安文史资料:西安老街巷》第 25 辑,陕西人民教育出版社 2006 年版。

②　"黑省筹设各级审判厅情形",《申报》,宣统元年(1909 年)12 月 3 日。

1921年西安市北大街，〔瑞典〕喜仁龙摄影

从新建筑为合宜"。不仅如此,建筑的内在格局应符合审判和关押人犯的特殊需要,外形上则需方正、肃穆与大气,体现出国家对司法权的尊崇。如实在做不到,最起码也不能有碍观瞻。"如财力实有不给,仅可就各项闲废公局处所酌量修改,但不得与现在各行政官署混合,以清界限。"①同时规定,无论是购买民宅新建,还是以废弃官署修缮,都须有详细图纸,并报经提法使同意,"各厅工程营缮,应先绘具图式,呈提法使审定。"②

一个与民众直接打交道的独立机构,如果没有自己独立的办公场所,其在国家机构中的独立性和不可替代性确实难以维系。但真要做到这一点,对于财力早已捉襟见肘的西安府来说则又谈何容易。新建不可能,唯一可行的办法就是因陋就简,寻找一处闲置的衙署加以改造。功夫不负有心人,二府街中段路北就有这样一处独立的院落。该院落原为清朝陕西巡抚下设标营中营的马场,已闲置多年,面积约9亩③,深藏于成片的土灰色的平房之中。因无人使用建筑早已破败不堪。即便是按照最低的标准进行衡量,以兵营马场作为新设立的审判机关都不太适合,也不好使用。

但也并非一无是处。优点是面积大小适宜较好改造,且又交通便利。对于公共权力机关来说,容易辨识和交通便利也应该是最基本的条件之一。何况要想在住房十分紧张的西安城内再找一个如此完整而闲置的院落还真不容易。此外,该马场与先前设立的陕西省高等审判厅(厅址南四府街冰窖巷)和西安府(府址北院门附近)距离上较近,如若能改建成地方审判厅,倒也与高等审判厅、西安府等一起构成清末西安城市较为集中的政治空间。中国传统社会司法与行政长期合二为一,民众对此早已习惯。新式审判机关创制之初,为了减少阵痛与不适,将两者在地理上适当靠近,作为过渡亦

---

① "各省城商埠各级审判厅筹办事宜",《政治官报》,宣统元年(1909年)7月20日,第666号。
② 《提法使办事划一章程》第51条,汪庆琪编:《各省审判厅判牍——王朝末日的新式审判》,李启成点校,北京大学出版社2007年版,第348页。
③ 西安市档案馆档案,卷宗号090—1—141。

是一个不错的选择。江西地方大员对此深有体悟：

> 夫词讼多起于细微,受理之件最为繁难,而民间诉讼又各依其县籍习为固然,南昌县民尚难迫令赴塑新建,若骤欲强而之他,恐国民知识尚未能输入文明,而已先有窒碍之象矣。①

其时,全国各地新式审判机关办公场所大多是利用原有的衙署,如臬司、学政、学堂、考棚等改扩建而成,虽不符合制度设计者的理想,但建筑物基础相对较好,像西安这样以原兵营马场改造而成的则比较少见。此外,清末东南沿海一带的城市和重要商埠,"人民仿佛受一种刺激,官民一心,力事改良,官工如各处部院,均拆旧盖新;私工如商铺之房,有将大金门面拆去,改建洋式者,"②建筑之西化,蔚然成风。为了彰显与传统衙门的不同,一些新建或改建的审判机关,包括京城的大理院在外形上纷纷仿效西洋建筑风格,并采用无实体围墙的开放式格局,彰显新式审判机关的公正与公开。如"上海地方厅为四合形两层楼房。工程坚固,规模闳壮。"③

地点选定之后,进行了必要的修缮和改建。而修缮和改建的标准其实早已有了。宣统元年(1909年),法部曾奏请新建京城地方审判厅,奏折中将地方审判厅建筑的标准规定得一清二楚：

> 惟建筑之法,言人人殊,或谓规摹洋式,备列国之观瞻,或谓轮奂法庭,杜小民之玩视。二者费既不资,亦均未得其要。半载以来,臣督同该厅丞并庭员,往复讨论,事求核实,酌定建筑准式,谨略陈于下。曰垣墙,曰法庭,曰办公室,曰看守所,曰接待外人处所,曰诉讼人候质处所,

---

① "赣藩臬遵饬筹设省城浔埠两处各级审判检察厅拟定办法呈督抚文",《申报》,宣统元年(1909年)7月22日。

② 王槐荫:《北平市木业谈》,1933年,引自李启成"从衙门到法庭——清末民初法庭建筑的一般观念和现状",《中外法学》,2009年4期。

③ 法权讨论委员会编:《考察司法记》,《民国时期社会调查丛编》(二)法政卷(上),福建教育出版社2014年版,第65页。

以及各庭两旁,储存稿案,并录事书手、缮稿写供、茶灶更夫、厨房人等,支应伺候各处所,统为筹划,均系万无可省。计需筑围墙115丈,建大小房屋270余间,共核需银7万两。①

奏折得到了清帝的首肯,具有了法定的效力,成为中国最早的审判机关建筑标准。按照奏折中的最低标准,西安府对马场稍加修缮和改建,地方审判厅便在此开门办公了。改造后的地方审判厅外观上以中国传统的衙署风貌为基调:房屋坐北朝南,三进院落,共有几十间大小不一的平房,建筑材料以关中地区最为常见的土坯为主,外面围着一圈高高的土坯院墙,砖砌的正门上方悬挂着"西安府地方审判厅"的牌匾,大门的两侧各摆放着一只象征着权力的石狮子。整个建筑虽没有中国传统衙署的威严,但与传统衙门的格局基本一致。民国以后,为了便于民众对审判过程和审判结果进行监督,西安地方审判机关在大门外竖立了一公告牌,对即将开庭审理的案件时间和地点(第几法庭)加以公告,欢迎民众旁听。从此,公告牌亦成了新式审判机关的有机组成部分。

就使用功能而言,西安府地方审判厅的建筑主要包括:审判人员和审判辅佐人员日常办公用房;法庭;法庭附属用房,如评议室、临时羁押室等;嫌疑犯羁押用房等。具体而言,三进院落的前进是接待室、推事和录事们的办公用房;中进院子房屋中最大的一间为法庭。法庭面积宽敞,光线明亮,宜于审判和旁听。法庭两边的建筑为候审室;后进院落的房屋质量最为坚固,一排三间,依次为厅长的办公室、会议室和会客室,里面的装饰与家具也最为考究。厅长的办公地点与其他推事截然分开,独处整个院落的最深处,透漏着浓厚的行政化色彩。

院落的左侧为看守所。看守所有自己独立的院墙,在建筑上既是整个

---

① "法部奏请拨地方审判厅公署经费折",怀效锋主编:《清末法制变革史料》(上),中国政法大学出版社2010年版,第422页。

审判厅建筑群的一部分,又自成体系。

中国传统社会衙署的建筑极为讲究,而且规格布局统一,从房间数,到地基的基座高度都有统一的规定,形成了特有的衙署文化。《大清会典》对此有专门的规定:"其制均筑围墙一重,门两重,前堂五间,左右分曹,两庑列屋,穿堂三间,后堂三间,左右各政事厅各三间,基高两尺,门柱饰黝垩,栋梁饰五彩。"①具体而言:

> 一般衙署正门(又称大门)为三开间,正门中央上挂书写衙署名称的匾额。大门内先是影壁,然后是大门院落,再往前是第二重正门,通常又称仪门,仪门内的院落称大堂院落。正堂都为五间工字间,大堂上悬挂御赐之匾。大堂是衙署堂官处理公务的正厅,大堂之后堂官的办公之处称二堂,二堂之后的房舍常为各衙署的库房。此外,正堂两侧或各有庑廊或另有院落,为衙署属官的廨署。②

对于见多识广的西安人来说,西安府地方审判厅实在是过于简陋,很难给他们留下深刻的印象,唯有院中长着的几株粗大的槐树给沉闷的院落增添了几分生活的气息,让人们多少有了几分念想。槐树是北方地区常见的树种。它们根深叶茂,朴实无华。每当春季,槐树开满一串串白色的小花,整个院落便散发出一股槐花特有的淡淡的香气;夏秋季节槐树巨大的树冠遮蔽着烈日与酷暑,为那些匆匆行走于树下的人们投下浓浓的树荫。③

清末,新制度设计者对审判机关建筑的认知大致可以归纳为:

---

① 《大清会典》卷72,《工部》。
② 史玉民:"清钦天监衙署位置及廨宇规模考",引自韩涛"司法变奏的历史空间",《北大法律评论》,第9卷,第2集,第525页。此外,有关中国传统衙署建筑与司法关系的讨论,还可参见黄晓平:"古代衙门建筑与司法之价值追求——考察中国传统司法的一个特别视角",《北方法学》,2009年第6期。
③ 有关清末民国初年西安地方法院院址的情况,参见王建宏:《韩国光复军西安活动旧址考》一文,《当代韩国》,2008年4期。

一要坚固、威严。外形不能有碍观瞻，同时必须独处，与其他行政机关在空间上保持距离；二是日常办公和审判场所应该分开；三是法庭要适合审判之用。如光线充足，面积较大，满足诉讼参与者的需要等。

西安府地方审判厅的建筑，在外形和内在精神上新旧元素杂陈。外观上，西安府地方审判厅保留着中国传统衙门的格局，高墙封闭，院落连着院落，给人一种神秘且深不可测的感觉，未能完全体现新制度设计者对现代审判机关的认知。但与此同时，就地方审判厅建筑的内在机理而言，西安府地方审判厅与传统衙门又有了质的区别：首先是家、国两分的意识。传统中国的衙门既是地方长官办公的场所，又是其居住的地方，前衙后邸式的建筑格局既为异地为官的官员提供了必要的居所，满足了传统中国的政治纪律，同时也时刻向官员灌输着家国合一的政治理念，并最终在官员中形成了视国事如家事的为政风格，如江西浮梁县县衙二堂上悬挂的楹联即为：

民心即在吾心，信不易孚，敬尔公，先慎尔独；
国事常如家事，力所能勉，持其平，还酌其通。①

西安府地方审判厅尽管庭院高深，但毕竟只是办公场所，厅长及其家眷并不居住于此。清末伴随着新式审判机关的出现，一些地方审判机关还制定了相应的办事规则，并在一些办事规则中反复强调，"凡审判厅人员于法定办公时间不得接见亲友。""不得留宿亲友。""凡厅门开闭，应依一定时间。所有钥匙由值门守卫，交由典簿所掌管"②等，昭示着地方审判厅只是一个单纯的国家机关，是国家行使审判权的地方，而不再是地方长官办公与居住合一的衙门，彰显的是家、国不再一体的现代意识。

其次，办公用房的集中，使推事与录事集中办公制度成为可能。集中办

---

① 吴逢辰：《江南第一衙——浮梁县署》，江西人民出版社2002年版。
② 《上海各级审判厅办事规则》第10、11、12条，引自汪庆祺编：《各省审判厅判牍》，李启成点校，北京大学出版社2007年版。

公制度不仅有助于员工相互协商与讨论,客观上也有利于形成协助及团体精神,这亦与传统中国官员独处一室的办公格局完全不同。

　　总之,西安府地方审判厅的建筑尽管不尽理想,但与同时期山东、河南等省的一些审判厅相比,某些方面更符合现代司法的要求。如清末新式审判机关创制之初,山东省高等审判厅仍然与济南府合署办公,河南省高等审判厅与开封府地方审判厅同在一个院内,这种混一的状况客观上导致一般民众很难分清新式审判机关与行政官府,高等审判厅与地方审判厅之间到底有何实质区别。

　　这些现象的出现绝非偶然,它所折射出来的信息颇值得人玩味。

　　民国初年,北京政府保留了西安府地方审判厅的名称,厅址仍然设于二府街,建筑也继续被沿用。此后若干年间,由于案件数量增多,人员增加,内部机构扩充,审判厅的办公用房也在相应增加,到1937年已有各类办公用房82间,但大的格局未有根本改变。①

　　在新增设的办公用房中,有几处对外办公用房值得我们特别关注:

　　一是增设了收发室。负责收发、登记各项公文;二是增设了收状室。诉讼人向法院起诉,均须到收状室购买状纸,书写后交给该室擎给收据。需要指出的是尽管审、检合署办公,但均有自己专用的收发室和收状室;三是增设了侦查室。室内设施较为简单,只有几把桌椅供检察官和嫌疑人使用,不设律师旁听席。使用时室门关闭,禁止窥探;四是将原来的候审室细分为刑事案件报到室、候讯室和民事案件报到室与候审室,并男女有别。每案应讯人、当事人、律师到齐后,由法警或执达员将名单送交承办推事准备开庭。在押人犯需由推事先期签发提票,从看守所中提出,带到候审室内候审;五是新增加了律师阅卷室和休息室。前者由法院管理,由书记官负责收发卷宗并监视律师阅卷。后者由律师公会管理,供出庭律师临时休息之用;六是

---

① 西安市档案馆档案,卷宗号90—1—141。

增设了检验室,供检验员执行检验之用,但设备较为简陋。这些办公用房的增加不仅彰显了法院的专业化特色,进一步体现了现代审判机关与传统衙门之间的巨大差异,同时也反映了现代司法理念对审判机关建筑所产生的影响。

就位置而言,这些办公用房基本上都位于三进院落的前院之中,有助于减少当事人的往来奔波,给当事人带来了不小的方便。

进入民国以后,伴随着时代的进步,西安地方审判机关在空间上继续发生着新的变化。如随着城市管理水平的更新,西安的街道和临街的住户、单位都有了门牌号,西安地方审判机关的院落被编为二府街二号,从此二府街二号就成了西安地方法院的又一简称。1920年代以后,西安有了电话,地方法院是个重要部门,也与时俱进地装上了电话,放置于院长的办公室中,电话号码为753,因而对于这一时期西安地区的电话用户来说,"753"就意味着西安地方法院。

这一切无不时时地提醒着人们,西安地方法院的真实存在。

抗战爆发后,日军地面武装未能突破潼关进入关中地区,但时有日军飞机入侵西安。1939年6月,日军飞机轰炸西安,西安地方法院的部分房屋受损,其中尤以看守所的监舍损毁较为严重,一时难以修复,法院被迫迁址西安南郊长安县杜曲镇寺坡村关帝庙内(当地民众俗称老爷庙),办公条件更加简陋。寺坡村距离城区二三十华里,只有土路与市区相连,交通不便。对于居住在城里,缺乏必要交通工具,只能靠步行上下班的工作人员来说,二三十华里距离过于遥远。工作人员只好随之搬迁,散居在周围的村庄。出于安全的需要,嫌疑人犯则暂时借用位于城里的陕西第一监狱和保安司令部看守所关押。这一切不仅给民众的诉讼,也给法院的正常工作带来了很大的麻烦。"抗战期间,除军事机关,其他几乎都成了冷衙,"[①]西安地方

[①] 陈珣:《从省党部特派员到典狱长》,中国文史出版社2007年版,第82页。

法院也不例外,深居乡间的地方法院几乎被人遗忘。1940年韩国光复军由重庆迁往西安,闲置的地方法院被分配给韩国光复军二支队使用,光复军对院落和建筑进行了简单的修缮和改造,如将原中进院落的法庭改造为大礼堂,部分未损毁的监舍改为兵营等。

抗战后期,战争局势已经明朗,日军也再无能力对西安进行空中轰炸。1944年4月,西安地方法院又迁回二府街原址。迁回前对看守所等进行了必要的整修。南京国民政府时期,西安市政府和西安市警察局陆续新建了气派的西式楼房,虽然只有两三层,但在一片平房的西安城内也足以给人鹤立鸡群的感觉,而灰头土脸的地方法院与之相比则更显寒酸,难免要让人低看一眼。据统计到1949年5月,经过民国时期的不断扩充,西安地方法院共有各类房屋152间,绝大多数是关押未决犯的监舍。

第三节 法庭

裁决诉讼是现代审判机关的基本职能,法庭则是审判机关裁决诉讼行使审判权的法定场所。为了彰显司法的尊严和审判公正,新式审判机关创制之初,制度设计者们就通过《法院编制法》(1910年)明确规定,法庭原则上只能设立在各级审判厅内,为固定之场所,不得随意另择他地,只有遇到火灾等特殊情况才能择地设立临时法庭。同时,《法院编制法》还明确规定,审判机关的审判活动只能在固定的法庭中进行。正是出于对法庭,乃至于法庭所代表的法律的尊重,近现代中国大多数政府对于是否设立巡回法庭都采取了极为审慎的态度。不仅如此,《法院编制法》还规定法庭审理案件除涉及个人隐私和国家机密等特殊情况外,一律公开审理,允许百姓旁听。公开审判既可以在一定程度上防止推事私下枉法裁断,又可以使推事的公正审判传达于社会,增加人们对新创制的审判厅的信任。法庭是审判机关中一般百姓唯一可以自由进出,并最直观地感受"法律"真实存在的地方。对于任何社会中的普通民众来说,"法律"都不是写在纸上抽象的法条,而是那些真实发生的案例以及这些案例的审理过程和结果。也就是说,只有在法庭,一般民众才可能真实地感受到新式审判机关到底"新"在何处。

正因为如此,法庭由此成了各级审判厅建筑中最为重要的建筑,如果没有法庭,法院中的其他建筑也就没了意义。

传统中国并无独立的审判机关,也不存在专门审理案件的法庭。传统中国许多时候官员审理案件,特别是一些影响较大的案件也是在自己衙署中的大堂进行,但绝不能将大堂当作法庭。事实上官员们在什么地方审理案件,历代王朝对此并无定制,而是较为随意。清代名幕汪辉祖为此说:

> 故听讼者,往往乐居内衙,而不乐升大堂。盖内衙简略,可以起止自如,大堂则终日危坐,非正衣冠、尊瞻视不可,且不可以中局而止,形老势苦,诸多未变。不知内衙听讼,止能平两造之争,无以耸旁观之听。①

还需特别指出的是,传统中国所谓堂审更多的是一种象征意义,许多时候案件在公堂审理之前,结果已基本有了结论。清人黄六鸿云:"早堂事毕,宜将应审起数,有原至诉,有投至禀,挨次看去","不待公庭面鞠而纸上之原被早以得其四五,及至临审,止将所记紧要处研讯。"②由于许多时候堂审只是一种象征意义,审的人是衙署中的一些辅佐性衙役,地方官员只是做最后宣判而已,因而在传统中国审与判的分离现象难以避免。这种现状极大地制约着审判的科学与公正。

西安是十三朝古都,城里的百姓大多见多识广,对于传统中国官员们公开断案的场所——衙门里的大堂和断案本身并不陌生,即便是没有机会亲

---

① (清)汪辉祖:《学治臆说》(卷上),"亲民在听讼"。
② (清)黄六鸿:《福慧全书》卷11,《刑名部》"听审"。

临大堂旁听各级官员们断案,但通过《十五贯》、《窦娥冤》、《三滴血》等世代流传的戏曲对于大堂的格局和官员断案的场景也都略知一二:急促的鼓声①,昏暗的光线,威严而又高高在上的县太爷,刻有"明镜高悬"字样的牌匾,跪在地上不问不能抬头的当事人,血迹斑斑的刑具,威严的呵斥,令人恐惧和窒息的气息等等②。

西安府地方审判厅的法庭是按照《法院编制法》和清廷法部的规定为专门审判而修建。由于资金短缺和案件较少,初设的西安地方审判厅似乎只有一个法庭,不分民事审判和刑事审判。法庭的建筑面积在整个审判厅建筑中单体最大,处于三进院落的中进,是西安府地方审判厅的标志性建筑。整个建筑成长方形,有窗户数扇,加之内部墙壁刚刚粉刷过,光线较之传统的衙门大堂自然敞亮了许多。光线充足既可以使法庭中发生的一切置于众人的视野之下,同时也会使当事人紧张的心理稍稍得以放松。因而清末民初,新式审判机关创制之初,官方对法庭的光线问题极为强调,如1922年11月29日北京政府法权讨论委员会委员长张耀曾视察山东,在济南法界举行的欢迎大会上,公开发表演说,专门谈到法庭的光线问题:

> 法庭之光线最为重要,如法庭光线不好,审判案件,当事人之面貌颜色看不清楚,即不足以查隐微,所以法庭之构造似乎是讲表面,实则与审判大有关系。查各省法院,多系由旧房子改造,因陋就简,颇不适

---

① 传统中国普通百姓平日不得随意进出衙门,地方官员也不是每日都审案,因而,审案之前一般会敲升堂鼓通知百姓来接受教育。换言之,百姓只有听到升堂鼓声,才能进入大堂旁听断案。

② 清代黄六鸿曾在《福慧全书》(卷11,《刑名部》)中对清代衙门如何审案做过详细的描述:"午时升堂,将公座移置卷棚,必照牌次序唤审,不可临时更改,恐听审人未作准备。传唤不到,反觉非体。开门之后,放听审牌,该班皂隶将原告跪此牌安置仪门近东角门,被告跪此牌内安置仪门近西角门,干证跪此牌内安置仪门甬道下。原差带领各犯带齐,俱令大门外伺候,原差按起数前后进跪,高声禀:某一起人犯到齐听审。随喝令某起人犯进,照牌跪。把守大门皂隶不许放闲人进大门,把守两角门皂隶不许放闲人进角门。如有在外窥探,东西混走及喧哗者,立即并门皂斥责,动刑皂隶俱归皂隶房间伺候,唤刑乃出。堂上门子两人,供执签磨墨,靠柱远立。堂左侧招书一人,听写口供。最要堂上下内外肃清,以便本官专心详讯,体测下情。"

用,将来筹款,力图改革①。

由于冬季保暖的需要,传统中国北方的建筑大都窗户较小,而地方审判厅的法庭窗户较大。法庭的面积亦较大,且门窗的封闭性能较好,便于声音的传播,适合多人同时使用,这一切足以表明修建者对于法庭的功能有着较为清楚的认知。然而,这些优点到了冬季,在没有取暖设施的西安则又成了缺点。

法庭内部被分隔为三个相对独立的空间,每个空间之间的距离并不大。正面是推事与书记官就坐的地方,其地面较其他两个空间略高尺许,类似于会议室中的主席台,这种空间布局使该区域在视觉上成了整个法庭的核心。作为一审兼有上诉审功能的审判厅,设立之初的西安府地方审判厅审判上采取合议制,合议庭的人数为3人。推事就坐的地方摆放着木质的长案一张,5把座椅,供推事3人,检察官1人,书记1人就坐。这与传统衙门县太爷独坐大台之上的安排,以及所传达出来的唯我独尊的信息完全不同。审判时,庭长有优先发问权,其他推事如有意见,应俟庭长言语结束后再续问。法警、庭丁站在审判台下方,听候审判长的指挥,执行着各自的职务。

法庭的中间区域是一块空地,供诉讼双方当事人使用。传统中国,诉讼中的当事人一律跪着应诉。清末新式审判机关创制之初,诉讼进行中当事人的身体是站立还是跪着并无统一规定,各地差别较大。贵州规定"凡民事原、被告均站立供述",而"刑事原、被告均跪供"②,以彰显民事和刑事诉讼之差别。而四川规定"凡刑事原、被告先准立供,如有确实罪状,即令跪供"③,以

---

① 法权讨论委员会编:《考察司法记》,《民国时期社会调查丛编》(二)法政卷(上),福建教育出版 2014 年版年,第 41 页。

② "贵州各级审判检察厅办事规则"第 53、54 条,引自汪庆祺编:《各级审判厅判牍》,李启成点校,北京大学出版社 2007 年版。

③ "四川各级审判厅及检察厅事务通则",第 65 条,引自同上书。

显示有罪无罪之区分。至于西安府地方审判厅的规定则已不可考。即便是民事案件的当事人由跪姿改为站立,也给第一次走进法庭的人带来一种巨大的震撼。"跪诉取消,刑讯停止",是清末新式审判机关审理案件与传统衙署办案最为真实的区别之一,在许多地方甚至是唯一的区别,而这一区别在法庭的内在空间中表现得极为具体。①民国政府成立后,始发文彻底废除跪肢应诉的惯例,既保障了人权,也符合无罪推定的现代法治理念。尽管推事所在的空间地面稍稍高于其他两个空间,但由于涉案的受讯人(最起码是民事案件的当事人)为站立听审,因而涉案的当事人无须跪地听讼抬头仰视推事,审判的中立性从空间上有了真实的体现。

　　法庭的最后一个区域放置着几排长条座席,供人旁听之用。旁听席坐椅的安排不仅方便了旁听者的旁听,还使旁听者不再紧张。中国传统衙门出于教化的需要,对于一些重大或影响较大的案件也往往采取公开审判,但这种"公开"和新式审判机关实行的"公开审判",制度背后的内在动机完全不同,前者是为了向旁听的百姓进行教化,使其明白做人的道理,而后者更多的是为了让民众监督审判是否公正。作为被教化的对象,前者必须站着旁听,而作为监督的主人则理所当然地应该坐着。关中一带的百姓日常生活中习惯于蹲姿,因而旁听审判时,不知是否仍然习惯地蹲在座椅上? 果真如此,倒成了法庭内一道特有的风景。需要指出的是,清末社会风气整体上仍然保守,即便是像上海这样所谓的花花世界,法规也明确规定审判时"其有服装不正及妇孺或酒醉并有心疾之人,概禁旁听,"②也就是说禁止女子进入法庭旁听。西安更是如此。

---

① 1912年8月,新成立的中华民国政府专门下令:"查跪审惯例,凌虐人权,揆诸《暂行新刑律》第144条规定,在当然废止之列。现在审判公开,刑讯业经停止。此种习惯自应涤除。为此,通令京外凡有审判权者,嗣后审判案件务须一律废除跪审,以重人道。"见司法院参事处编:《司法例规》,1922年版。

② "上海各级审判厅办事规则",第153条,引自汪庆祺编:《各级审判厅判牍》,李启成点校,北京大学出版社2007年版。

表1.2 西安府地方审判厅法庭示意图

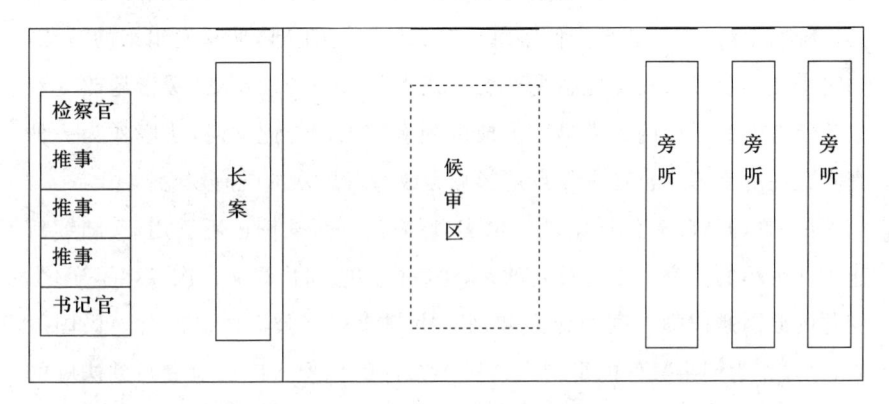

检察官					
推事	长案	候审区	旁听	旁听	旁听
推事					
推事					
书记官					

除此之外,法庭中也没有了青旗、官衔牌、堂鼓、刑具这些传统衙门大堂中必不可少的东西。

法庭空间、法庭陈设物和辅助用品的变化给第一次走进法庭的国人产生一种走错地方的感觉,寻找不到中国传统衙门大堂特有的熟悉气息,并在内心深处造成极大的震撼或冲击。清末一些前往日本考察法政的官员和士绅第一次走近日本法庭时,法庭的建筑和布局让这些熟悉中国传统审判制度的人们久久不能忘怀:

> 民事法庭,堂高于平地者尺余,列长案如半月形,居中三判事,左一书记录口供,右虚一位为检事坐。堂下有长桌有座位,以待辩护士及诉讼人。再后则列长椅数行为旁听人座位,不问何人均可入听①。

有的人甚至用手中的画笔将参观过的法庭建筑仔细地描绘下来,以便回国时向国人进行介绍和仿效。

当然,这些变化也使一些抱着看热闹心态进入法庭的人多少有些失望,这里没有了往日的血肉横飞,没有了痛苦的大声呻吟。但无可否认地是,法

---

① 刘雨珍等编:《日本政法考察记》,上海古籍出版社2002年版,第135页。

庭中的一切向每一位有机会走进法庭的人们传达着一种新的理念，颠覆了其传统的生活经验，甚至降低了每一个身处其间的人喉咙里发出来的声音，同时也使一般民众真实地感受到了新式审判机关的"新"处，缓慢地改变着数千年来人们对衙门大堂早已形成的固有印象。与此同时，法庭作为一种真实存在的有形物也在一点点地影响和改造着民众的既有观念。

民国以降，随着涉讼案件的增多，原有的一个法庭已不够用，又陆续新建了几个小的法庭。更为重要的是，法庭内的空间格局又一次发生了变化。变化的原因是律师制度的建立和刑事审判检察官公诉的制度化。民国肇兴，律师作为刑事案件的辩护人或民事案件的代理人广泛地参与到法庭的审判过程之中。此外，刑事案件中检察官代表国家进行公诉也已制度化，法庭内部空间不得不重新调整：

法庭在空间上仍然被划分为三个区域。最里面的核心空间是审判台，摆放着参与刑事案件审理的推事、检察官和书记官的坐席。供推事使用的是一张红色的三屉办公桌，椅子为红色的太师椅。1920年代，西安地方法院在审级上由初审上诉审合一降为初审，一般案件实行独任制，因而，推事坐席由长案改为一桌一椅，两边分别是检察官和书记官。推事与检察官同坐一排，而不是分而坐之，真实地反映出检察制度在中国设立的初衷是为了打击犯罪，代表国家进行公诉，并非主要是用来制约推事的。审判台下方设辩护律师席。

民事案件无检察官参与，故审判台上只坐推事和书记官。两造律师分坐两边，面前各摆放着一张长条木案，椅子为黄色的带有扶手的靠背椅。推事、书记官和两造代理人形成一个等腰三角形。[1]

---

[1] 1949年中国人民解放军接收西安地方法院时对接收的财产进行了详细的登记（西安市档案馆档案，卷宗号090—2—43），不仅记录了接收财产的数量，还一一注明了该财产的质量及颜色，以及摆放的具体房间。本文的描述文字中有一些属合理推测的部分，如推事和书记官等所使用的桌椅颜色等。

中国传统的审判是全能型的,审判人员既是案件事实的侦查者,也是公诉者,还是最后的裁判者,多种身份合一的角色不仅使裁判者在裁判的过程中缺乏实在的制约力量,无法克服先入为主的弊病,不利于审判公正的实现。此外,多种身份合一也耗费了审判者大量的时间与精力,极大地限制了国家司法能力的提高,客观地造成了案件纠纷无法及时地审理和拖延。民国时期西安地方审判机关法庭空间格局的变化意味着这种全能型的司法走到了终点。审判权被重新构建,审判权的外部边界有了严格的界定:法官只是一个中立的裁判者,其职权只是在诉讼过程中对控、辩(或代理)双方围绕争议问题所揭示的"事实"从法律上进行判断,并在此基础上最终依法做出裁决。"坐堂办案"不仅真实地反映了推事的工作方式,亦准确地表达了推事的职权。

法庭审判区域物理空间的重新划分是一件十分重大的事件。在现代社会中,伴随着人口流动的加快,利益的多元,纠纷和冲突必然会逐渐增多,因而民众对公正、及时解决纠纷的要求也会越来越强烈,在这种力量推动下全能型的司法迟早会让位于有限的司法。需要指出的是,民国时期所实行的司法中立还是相对的,推事在整个庭审过程中还具有无可撼动的主导地位。西安地方法院法庭中推事与控、辩方桌椅颜色上的差异,从视觉上多少会给人带来一种杂乱的感觉,但却在不经意之中提示或强化着推事在整个审判过程中的主导地位。

法庭的中部空间是诉讼当事人的所在地,刑事案件的被告座椅为一把白色的无扶手的小凳,周围围着木制的法栏。被告除受讯问或陈述须起立外,可以坐下,较之清末又有了明显的进步。新式法庭建立之初,仍然沿袭中国传统做法,不给受讯人、证人等设坐座,1935年司法行政部颁布办理民事诉讼注意事项,令法庭上应给当事人、证人等设坐席,后又推延至刑事审判,古老的传统才得以改变。

法庭的最后空间是旁听席,摆放着几条长木板凳。在当事人与旁听者之间竖立着一块"旁听规则牌"将两个空间分隔开来。①

新建的法庭面积仍然不大,条件也较为简陋,但新的空间布局和色彩反差却给人的视觉带来一定的冲击,同时也意味着国家司法权力结构的重新调整,意味着裁判者一家独大的时代的结束。审、控、辩,或者是审、双方代理人三者相互制约的现代审判制度最终形成。

表1.3 民国时期西安地方法院民事法庭示意图

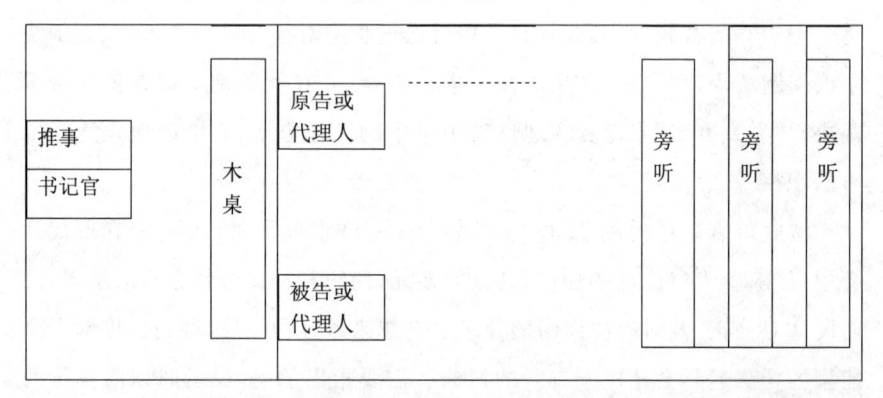

推事		原告或代理人		旁听	旁听	旁听
书记官	木桌					
		被告或代理人				

此外,无须特别观察每一个步入法庭的人都能发现,推事、检察官和律师均穿戴着特殊的服饰。传统中国没有独立的法律职业群体,自然也不存在法律职业者特有的服饰。相反,高坐大堂之上的官员穿着统一的代表其行政级别的官服,强化的只是"官"的品级和尊严。民国元年,伴随着推事检察官的出现,为了彰显推事检察官与行政官员的差异,以及司法独立精神,民国政府仿效西方国家的惯例制作了统一的推事检察官服饰。推事检察官服不分职务高低,款式只有一种。由于此次操作时间上较为仓促,效果不尽理想,没有给人留下多少印象,但它却开了一个好的先例,即淡化了审判机

---

① 西安市档案馆档案,卷宗号090—2—25。

关的行政色彩,强化了推事的职业特征。① 1929 年,南京国民政府又公布了《推事检察官书记官律师服制条例》,对服制款式重新进行了更定。新服饰包括法袍和法帽,只限于法庭上穿戴。法袍分绸和布两种面料,均用玄色制作,为无领对襟长袍式套衫,袖口、前胸开合处及领口部位用纯白的绦带作装饰,白色的绦带后面衬以略宽的乌黑色的章绒。法袍在胸前中部开合,有五粒包纽,并作暗扣。黑袍上镶着红、紫、白三种不同颜色的边用以区分推事、检察官和律师。法袍以黑白两色为主。这套法袍设计上有两大特点:一是简捷明快。从正面看,整件法袍没有任何皱褶和赘物;二是黑白分明。寓意着推事要明辨是非、廉洁公正。帽子均为方形的黑帽,与当时军警所戴之帽相似。因"军帽与长袍极不相称,当时法官皆不肯戴。"②当时的中国拥有统一制式服装的行业还较少,只有行政官员、军人和警察身着特殊的统一制式服装,与这几种制式服装相比,推事服饰在外形上最为特殊,这种夸张的服饰,给每一个第一次看见者留下了深刻的印象,至于服饰所蕴涵的深刻寓意,一般百姓则很难理解,也未必感兴趣。法律职业服饰的出现,一方面寓意着推事、检察官是一种不同于行政官员的独立职业,同时也昭示着中华民国法统的统一与尊严。但另一方面也时时提醒着从业者们这里不是官场,重要的不是级别,而是法律职业者神圣的职责——公正无私。

传统中国主流文化对诉讼一直抱着厌恶的态度,为此官方千方百计地对民众的诉讼进行各种各样的限制,时间上的限制就是其中之一。据史载,从唐朝开始中国传统法律即对"民事纠纷"的起诉时间进行限制,一年中只

---

① 有关民初所制定的推检制服,时人做如下评价:"推检现用制服,系民国元年颁定。时方草创,未暇研求。所采用者半系取法德国,为欧洲寺院之遗物,与中国历史毫无关系,且实用亦不甚便利。其相沿至今者,一因法院未经编设,人民于兹事,尚少注意;一因吾国历史,服饰广袤,可资采择者甚多,折衷不易,遂未变更。"见法权讨论委员会顾问沈家彝条陈,《考察司法记》,《民国时期社会调查丛编》(二)法政卷(上),福建教育出版社 2014 年版,第 299 页。

② 林厚祺:"国民党统治时期的司法概述",福建省政协文史资料委员会编:《福建文史资料》第 21 辑,福建人民出版社 1989 年版。

有在农闲的冬季才受理"民事诉讼",其他的时间一概不予受理。这种限制使民众旁听地方官员审理案件的机会大打折扣。清末以降,伴随着人权观念的高涨和法治观念的普及,出于保护民众诉权的考虑,除正常的节假日之外,地方法院一年四季都受理民众的诉讼,并随时开庭审理。从一年中只在有限的时间内开庭到一年四季全天候的开庭,这一变化不仅使纠纷和案件的及时审理成为可能,也使更多的民众有机会进出法庭,与"法律"进行真实的接触。初设时西安地方审判厅受理的案件数量较少,加之《法部奏定的京外各级审判厅及检察厅办事章程》第16条规定:"各厅办公时间,除京师外,各省由提法使定之",①西安地方审判机关依然延续着清朝时衙门下午开庭审理案件的习惯。② 只是到了北京政府后期,随着案件数量的增多,下午开庭的惯例才被打破,逐渐改为上、下午都开庭。

第四节 看守所

看守所是临时羁押刑事未决犯和特定民事诉讼案件当事人的场所,也是新创制的西安府地方审判厅建筑群中一处引人注目的地方。传统中国,狱政管理方面虽早已将已决犯和未决犯进行区分,但事实上绝大多数地方无论是已决犯,还是未决犯都关押在监狱中,并不存在看守所这样的固定的组织和建筑。虽然个别时候根据案情也临时设有羁押未决犯的场所,但名称不尽统一,如外羁、官店、差馆等,并无法律上的依据,管理也极为混乱。

看守所和审判厅均为清末司法制度改革的产物。

中国传统的监狱分中央监狱和地方监狱两类。地方州县监狱由地方行

---

① 谢如程:《清末检察制度及其实践》,上海世纪出版集团2008年版,第547页。
② "通常,下午的时间专门用于听理诉讼",此习惯被称为"午堂"。此观点,见瞿同祖:《清代地方政府》,范忠信等译,法律出版社2003年版,第32—34页。

政长官掌管,因而一般都设在县衙内或县衙附近。在建筑外形上,中国传统的监狱,特别是明清以来的监狱极具特色,不仅周围高筑围墙,还在狱门上刻画有狴犴的图形。狴犴传说是龙的第四子,"其形似兽,有威性,好囚,故立于狱门上。"①狱门上刻画狴犴的图形,无非是为了震慑罪犯,增加监狱的恐怖感。此外,院内除牢房、狱卒房、伙食房外,还建有狱神庙,以供囚犯和狱卒祭拜。狱神庙的主神是蓐收,传说中的蓐收是西方之神,主管刑罚。囚犯祭拜狱神乞求保佑判决公正,早日摆脱羁押之苦,而狱卒则乞求狱神保佑监狱平安。②

监狱中的牢房大都狭窄拥挤,且一般不设窗户,因而室内光线阴暗,空气污浊。囚犯不分已决未决"肩摩踵接,奄奄无生气,狱内缺医无药,病囚杂处其中,囚人往往死于牢中也无人过问。"③传统中国监狱条件简陋与不文明,是近代国人考察东西洋各国现代司法制度后反映最强烈的问题之一,也是来华的西方人指责、批评中国传统司法制度落后的重点所在,因而清末以降各届政府都把创建新式监狱和看守所作为司法制度改革的重点。

光绪三十三年(1907年)大理院正式向朝廷上奏:查东西各国均将监狱分为未决监和已决监两种,凡是已经定罪的人犯皆归已决监执行刑罚;凡未定罪名的人犯归未决监,使之守候质讯。由于未决犯只是涉嫌犯罪而已,与已决犯有着本质的不同,因而未决监的条件也极为讲究,"凡执事其中者,地方则为之蠲洁,寒暑则为之节宣,衣食则为之周给,疾病则为之调护,而又有官长为之劝勉,师儒宣制,以默牖其迁善悔过之心,规制至为美善。"④为此建议清廷也应仿效,在监狱之外另设看守所。同时还建议看守所的监管人员应重新招募,并学习新知,以成为专才。该奏折得到了清廷的认可,由此

---

① (明)徐应秋:《玉芝堂谈荟》,卷33"龙生九子"。
② 张建智:《中国神秘的狱神庙》,上海三联书店2000年版。
③ 万安中主编:《中国监狱史》,中国政法大学出版社2003年版,第100页。
④ (清)朱寿朋:《光绪朝东华录》,中华书局1984年版,第5631—5632页。

开始了中国创建看守所的历程。

宣统元年(1909年)，法部又上奏，建议"除京师各级审判厅设立看守所，责成该管官认真经理，应请旨饬下各省督抚，所有地方听讼衙门一律设立看守所一区。"①与此同时，清廷还下令各省提法使在法官养成所下设立监狱专修科培养合格的狱政人员。纵观各省情况，就总体而言，从中央到地方各级政府对新式监狱的创办均较为重视，投入了相当的财力，但对看守所则普遍关注不够。如陕西新建的模范监狱，设立于老关庙附近，能够关押人犯四五百人之多，内设有木工科、裁毯科、油漆科、染织科等作业科所，由专业技师向在押犯传授和培养劳动技能，其条件、设备及理念与中国传统的监狱不可同日而语。唯有湖北等不多的省份对看守所较为重视，如宣统二年(1910年)湖北省专门制订了《看守所暂行章程》，对看守所的职能和要求等进行了初步的规定。

在近代中国，看守所的出现，原因大致有三：一是改良狱政维护人权的考虑，二是对已决犯和未决犯性质差异的认知；三是为了便于审判工作。清末民初，司法行政当局的基本态度是，看守所的设立是为了便于诉讼，因而不能离审判机关太远，唯有如此才能减少羁押的不便。

西安府地方审判厅的看守所设在审判厅院内，位于西安府地方审判厅院落的西侧，并不在中轴线上。根据风水学说，西南方为坤地，对着鬼门，因而中国传统的监狱都位于各级官署的西南侧，刚刚从传统中走出来的西安一时还无法摆脱传统的影响。看守所有自己的院墙和门房，其建筑既是西安府地方审判厅建筑群中的一部分，又相对独立自成体系。

看守所里面监室、警卫室、灶房、水井、厕所一应俱全。在西安府地方审判厅的建筑中看守所占的房间最多，占地面积也最大，平时高墙环绕，戒备森严，一般人难以接近，既阴森又神秘。监室是一排排平房，窗户狭小，并装

---

① 《大清法规大全》卷9，法律部，台北宏业书局1972年版。

有防范用的设施,监室的大门终日锁着。里面面积不大,光线暗淡,尽管每间监室关押的人数不多,但由于通风不好,气味仍旧难闻。房内土炕泥地,再无其他陈设。室内温度全靠自然调节,冬天寒冷,夏天炎热,十分简陋。与传统的监狱相比,仅就建筑而言新成立的看守所似乎并没有太大的区别,但若仔细观察仍然可以发现一些不同的地方:位置上不再设于地方行政长官的衙门内,与中国传统的体制显然相悖;没有了狱神庙等传统监狱特有的建筑符号,给人一种欲与传统厘清的"新"气象;为了防止嫌疑人相互串供,监室的面积较传统监狱的囚房要小,每间监室关押的人数,最多只能容下十来个人等。

1928年,南京国民政府颁布《看守所暂行规则》,对看守所的性质、职责、管理等进行了较为系统的规定,看守所的建设由此逐渐走上正轨。此后,西安地方法院的看守所也出现明显的变化:

第一,监室越建越多,主要用于羁押刑事案件的嫌疑犯。纵观民国期间,西安地方法院的看守所一直处于扩建的过程中。其原因,一是随着陇海铁路的通车,抗战的爆发,大量移民涌入西安。人口快速增长,刑事案件发案率也相应提高。如1937年,西安地方法院有刑事男监室8间,刑事女监室2间,民事监室1间。该比例说明,西安地方法院的看守所主要是用来羁押刑事未决犯的,民事诉讼当事人羁押的较少。二是由看守所的性质决定的。看守所与监狱不同,"被告人应使之独居,但实有不便时得分别其身份、职业、性质、年龄使之杂居。其被告事件相关联者离隔之"[1],因而,监室无需也不能太大,由此一来原有的监室就不够用了,只好不断扩建。三是增设了作业室。用以在押人员劳动作业需要。到民国晚期,西安地方法院的看守所规模已发展到拥有数十间监室,管理人员50人的庞大组织,大多数建

---

[1] "看守所暂行规则",南京国民政府司法行政部1928年,湖北省司法行政志编委会:《清末民国司法行政史料辑要》内部发行,湖北省司法厅1988年版。

筑也都重新进行了修整。监室分布也不再仅局限于法院的一侧,而是东西都有。为了彻底改善硬件条件,1946和1947两年,西安地方法院雄心勃勃地提出了一个新建男女监室五十六间的宏大计划。为此西安地方法院向司法行政部申请拨款,司法行政部无钱,令其向社会募捐。地方法院只得调转方向,计划向社会募捐13500元。但最后所募集的捐款有限,新建看守所的计划只能一拖再拖。民国时期修建看守所成了历任院长最为头疼的问题。为筹款项,历任院长都被弄得焦头烂额。

第二,条件逐渐改善。进入民国后,除特殊情况(如1939年,西安地方法院遭到日军轰炸,看守所损毁严重,只能临时借用陕西省第一监狱及保安司令部看守所的一部分羁押嫌疑人犯,导致监室紧张,拥挤不堪,严重的时候被关押人员只能坐着,连躺着的地方都没有),就总体而言,西安地方法院看守所的硬件条件亦在改善。如土炕已换成了木板床;监室地面虽然还是土地,但房间里定期撒石灰粉用以防潮;院子里修建了一座浴池,在押人员每人每周洗浴一次;新建厕所三座,解决了羁押人员只能在监室出恭的问题;每日上午七点和下午四点允许被关押人员走出监室到院子里放风30分钟。[①]这些变化极大地改善了在押人员和监室的卫生状况,有利于羁押人员的身体健康。当然,由于经费的限制,看守所的硬件条件还相对较为简陋,与《看守所暂行规则》中规定的"看守所待遇,被告人与平民同"的要求还有相当的差距,但也彰显着新设立的看守所与中国传统监狱的不同。

第三,看守人员增加,防范措施提高。民国以后,西安地方法院看守所羁押的人数不断增多,最多时达到了五六百人,其中不乏可能被判处重刑,甚至死刑的未决犯。如1949年,西安地方法院看守所羁押的一审和二审判决的无期徒刑人犯即有18名,死刑犯23名,因而,对于防范的要求也越来越高。据统计到1949年看守所看守人员已增加到了49人,此外还有各类

[①] 西安档案馆档案,卷宗号090—1—124。

枪支 76 支,子弹 1244 发,大大地提高了安全防范的能力。①

小　　结

如果说依法设立,依法运行,独享审判权,存在的时间长,是现代司法机关与传统衙署本质上的区别,西安地方审判机关显然属于前者。

就历史的大环境看,西安地方审判机关可谓生不逢时。从其诞生的那天起,国家就一直处于急剧的动荡之中,政权屡经更迭,外战内乱不止,生存之艰难常人难以想象。但就是在这样的不利环境下,西安地方审判机关却顽强地生存了下来,并且一点点地壮大,显示出了极强的生命力。仅此一点就足以证明,对于西安这座城市而言,独立的审判机关是何等的重要。

当然,我们同时也看到险恶的生存环境,也像胎记一样深深地烙在了西安地方审判机关的身上:名称屡经变化,管辖不断调整,审级从初审为主兼有二审功能到完全初审,从独享审判权到被迫与其他机关分享审判权等等。为了生存之需要,西安地方审判机关一直在艰难地适应着外部环境的变化,很难有大的闲暇筹划自身的发展。

除此之外,还看到整个社会对新生的地方审判机关重视不够,其中很重要的一点就是偌大的城市竟然没能给地方审判机关提供一个良好的物质生存空间,建筑陈旧有碍观瞻还在其次,简陋的条件已影响到其日常工作的开展。这里面固然有财力紧张的因素,但更多的则是观念问题。

---

① 西安审判志编委会编:《西安审判志》打印稿。

第二章　职业群体初现

机构有了,还得有人。机构不一样了,人也不再相同。如果将新式审判机关的执业者与传统社会衙门里的官员稍作比较,就会发现两者之间既有联系,又有本质的不同。

第一节　推事

审理民事、刑事诉讼是审判机关的基本职能,而这一职能则是由推事来完成的[①],因而,推事是审判机关中最为重要的群体。为了确保推事独享审判权,改变中国传统社会中经常出现的审与判分离的现象,清末以降历届政府在其制定审判机关组织法和诉讼法中均对推事的审判权从原则和细节上进行了明确而周详的规定,如《大清民事诉讼律草案》(光绪三十二年,1906年)第 262 条规定,"判决,非参与该诉讼言辞辩论之推事,不得为之",第 325 条规定"与于言辞辩论之推事判决前如有变更,应更新其辩论。但以前辩论笔录所记事项,仍不失其效力。"[②]

作为一种专门的职业,"推事"源自于清末官制改革。据考证,光绪三十

[①] 审判职责外,推事还需承担一些其他工作,如民国晚期西安地方法院明确规定,推事每周须到看守所巡视一次,发现问题及时向院长汇报,由院长督促看守所进行整改,即进行外部监督。

[②] 陈刚主编:《中国民事诉讼法制百年进程(清末时期)》,中国法制出版社 2004 年版。

二年(1906年)清廷颁布官制改革清单,首次将大理院专司审判事务的人员称呼为"推官",次年再将"推官"改称为"推事"。此后,从清末到民国所制定的几部审判机关组织法中均把新式审判机关中行使审判权的人员统一称为推事。由此可见,推事与新式审判机关是相互伴生的。

一、建设目标

推事的职责事关重大,其裁决涉及当事人的财产、名誉、自由,甚至生命,因而学识、经验、品行,甚至性格四者缺一不可,并形成有机结合。为此,推事制度在中国创制之初,决策者确定了精英化、专业化和中立化的建设目标,并尝试通过一系列专门的制度在推事与中国传统社会的办案人员,诸如县太爷和刑幕之间划清严格的界限。

(一) 精英化

隋唐以降,传统中国的官员主体是通过严格的科举考试选拔出来的,由于考试的内容深奥,组织有序,程序严格,加之录取的比例又极低,因而胜出者大多是名副其实的社会精英。审判的本质是判断,而判断的结果要想公平和公正,行使判断权的人就必须拥有超于一般人的智识和品行,唯有如此其结果才易于被当事人和社会所接受。清末民初推事制度的创建者们对此有着清醒的认识。清末,主持新政的宪政编查馆在奏折中称:

> 再审判得失为人民生命财产所关,亦为将来改正条约所系,任用苟不得其人,则上足以损法令之威严,下适以召闾阎之蔑玩,众心散失,遗患无穷。①

---

① "宪政编查馆奏核订法院编制法并另拟各项暂行章程折",怀效锋主编:《清末法制变革史料》(上),中国政法大学出版社2010年版,第426页。又简化字版,《大清新法令》第7卷,商务印书馆2011年版,第319—323页。

民国初年,北京政府首任司法总长王宠惠则说:

> 司法官为亲民之官,衡情执法,断事折狱,一方需洞悉社会情况,以论究案由,辨认事实,一方又须熟谙法理,以探求立法本意,适当运用法条。凡所裁决不惟攸关当事人权益,同时影响政府威信,真所谓事务繁巨,责任重大,非有学识渊博,经验宏富之士,不能应付裕如,胜任愉快①。

为了实现上述目标,制度设计者们设计了一套相关制度:

第一,人员少而精。新式审判机关创建之初清廷就一再强调,推事"应设员额固须多寡适中,"②避免滥竽充数,这是已知材料中对推事员额制的最早表述。基本做法如下:

一是由中央政府统一规定各级审判厅推事名额。为了避免地方政府无节制用人,各级审判厅推事的员额由清廷统一规定。宪政编查馆为此规定,初设时期地方审判厅内设民事、刑事两个审判庭,审判采取合议制,合议人数为3人,故地方审判厅推事员额以6人为原则。初级审判庭审判采取独任制,推事以一至二人为原则。根据这一规定,各省自行测算审判机关所需人员名额。如浙江省对本省所需推事总数进行了测算:全省共有二厅一州75县,需设地方审判厅78所,每一地方审判厅下设3所初级审判厅,即全省"各级审判厅既应设300,推事、检察等职,约计需2000余人。"③

地方审判厅和初级审判厅设有多少推事,即推事员额多少更为合理是个可以讨论的问题,但清廷所强调的这种少而精原则并没有错。民国以降这一原则仍被严格遵守。

---

① 吴永明:《理念、制度与实践——中国司法现代化变革研究(1912—1928)》,法律出版社2005年版,第187页。
② 《政治官报》,宣统二年1910年5月13日,第947号。
③ "浙江巡抚增韫奏浙江等办各级审判厅情形折",怀效锋主编:《清末法制变革史料》(上),中国政法大学出版社2010年版,第420页。

名额少,入门选拔严格外,任职后的升迁规则制定得也较为苛刻,是这一时期推事制度的基本特点。我们不妨将法官与其他文官或公务员进行比较。就总体而言,清末以降历届政府制定的法官升迁标准都高于其他公职人员,如南京国民政府规定,法官属公务员系列,但实行特殊的管理体制。公务员的职级分为特任、简任、荐任几等,其中普通公务员简任职分为4级,而司法官简任职则分为5级;普通公务员荐任职分为5级,司法官荐任职则分为13级。众所周知,分级越多,晋升的速度越慢,当然也越难。总之,推事的精英化体现在制度的各个方面。

二是合理设置推事及辅助人员的比例。仔细观察清末民国初年新式审判机关内部的人员比例结构,我们可以清楚地看到推事的数量一般低于司法辅助人员的数量。如设置之初的西安地方审判厅推事人数为6人,而包括书记官等在内的司法辅助人员也为6人,即每一名推事配备一名司法辅助人员。民国时期,这一结构逐渐发生变化,辅助人员明显增多。如民国晚期西安地方法院的推事人数仅占法院总人数的1/4。增加司法辅助人员,并使推事与辅助人员保持合理的比例,才能真正将推事从一般性的繁琐事务中解脱出来,不断提高其业务水平和审判质量。

第二,高薪待贤。"诚以法官资格既高,俸禄不容过薄,且昔日州县重寄,一切移之法官,若所入不足自存,不独不能保持独立之地位,而流弊且不可胜言。"①清末浙江巡抚增韫如是说。纵观清末到民国,推事的待遇大致可以分为三个方面。

一是薪俸。有关推事的薪俸问题我们将留待后面加以讨论。

二是恤金。恤金分为终身、一次和遗族恤金三种。如凡推事因公致残,因公致病精神错乱,在职10年以上身体羸弱,在职10年以上勤劳卓著,年

---

① "江浙巡抚增韫条陈审判事宜折",怀效锋主编:《清末法制变革史料》,中国政法大学出版社2010年版,第427页。

逾 60 等可获得终身恤金,终身恤金按其退职时薪俸的 1/5 发放。

三是终身任职。所谓终身任职指的是实缺推事,这一点必须明确。《法院编制法》第 112、122、125 条规定:实缺推事非经正当法律程序不得撤换其职;非因下述原因之一的不得免职、调任、停职或减俸和停俸,以此保证推事秉公执法。这些原因包括:在职期间兼任报馆主笔、律师、担任法律所禁止的公职或经营商业;精神衰弱不能任事者;因受刑事被控或惩戒调查应停职者。

就制度设计而言,从清末到民国推事的收入相比其他公职人员,说不上太高,但如若认真执行则基本上可以保证其享有体面的生活。如民国初年,电话在国人生活中还是一种极为罕见的稀罕物,但大理院的推事中不少人家里已装上了电话,成了北京城中最早的一批电话用户。此外,不得随意撤职、转职和降薪的法律职业保障客观上为推事的秉公执法,提供了可能。

第三,严肃惩戒标准。推事的工作性质决定了他(她)势必要时刻面临着各种各样的诱惑,因而,对违反职业道德行为的推事进行必要的纪律惩戒,是从制度上保证新产生的推事群体能否公正与清廉,能否永葆精英化,并塑造全新社会形象的重要手段。推事制度创建之初,清廷就把推事惩戒制度的设计与实施当作了新制度的一项重要内容,规划要在宣统二年(1910年)颁布并实行法官惩戒章程,但由于种种原因,这一规划并未能及时推行。[①]

1915 年北京政府颁布了中国历史上第一部《司法官惩戒法》,并成立了专门的机构——司法官惩戒委员会,法官惩戒制度开始诞生。该制度较好地坚持了司法独立和司法职业相结合的特点。南京国民政府建立后又于

[①] 宣统元年宪政编查馆上奏清廷:"至于审判各官,独立执法权限既重,考成宜严。其能审判公平,克尽厥职者,法律自当一一为之保障。倘有不当行为,按法应予惩戒者,亦须明定专条,庶几范围不过,拟请饬下法部,迅将法官惩戒暂行章程,会商拟订,奏交臣馆复核,请旨颁行。""宪政编查馆奏核订法院编制法并另拟各项暂行章程折",怀效锋主编:《清末法制变革史料》(上),中国政法大学出版社 2010 年版,第 427 页。

1931年颁布了《公务员惩戒法》、《公务员惩戒委员会组织法》和《公务员惩戒委员会办事细则》等法律法规，将司法官惩戒纳入了公务员惩戒的范畴，成为公务员惩戒制度中的一部分。

按照《公务员惩戒法》、《公务员惩戒委员会组织法》和《公务员惩戒委员会办事细则》等法律法规的规定，司法官惩戒的组织为中央公务员惩戒委员会，并非专业化的司法官惩戒委员会，一定程度上削弱了法官的职业特征，与北京政府的规定相比不能不说是一种倒退。但在惩戒的程序中则仍然坚持回避、证据、评议等司法原则，大大减少了可能出现的武断。法官被惩戒的理由包括违法、废弛职务或其他失职行为；处分措施包括：免职、降级、减俸、记过、申戒等五种。①

（二）专业化

宣统二年（1910年）清廷制定和颁布了中国历史上第一部法院组织法——《法院编制法》，该法明确规定推事非经考试不得录用，确定了专业化的原则。同年，在尚无任何经验的情况下，清廷举办了中国历史上第一次全国性的司法考试。报考人数3500人左右，初试录取者仅840余人，足见挑选之严格②。

民国政府成立后，陆续制定了几部审判机关组织法，均再次重申这一原则，并对推事的资格、任用从实体和程序两个层面做了更为明确的规定：凡欲成为推事者必须系统地接受过现代法学教育，参加由国家举办的统一司法考试并及格。报名资格，按照北京政府的规定，凡年满20岁的中华民国男子具备下列条件之一者可报名参加考试：在国外大学或高等专门学校修

---

① 张勤："近代司法官惩戒制度研究"，里赞主编：《近代法评论》2009年卷，法律出版社2009年版。
② 有关本次考试的详细情况，请参见李启成：《晚清各级审判厅研究》一书中的相关章节，北京大学出版社2004年版。

法律或法政之学三年以上得有毕业文凭者；在国立或经司法总长、教育总长认可之公立大学或高等专门学校修法政之学三年以上得有毕业文凭者；在国立或经司法总长、教育总长认可之公立私立大学或专门学校教授司法官考试法所规定的主要科目三年以上者；在外国专门学校学习速成法政一年半以上得有毕业文凭并充当推事检察官者，或在国立公立大学或专门学校教授司法官考试法所规定的主要科目一年以上者。①

规定中有关报考者需经过若干年专业学习并取得毕业文凭的要求让人印象深刻，同时也值得反复玩味。就一般而言，惟有一定的学习年限才能保证所学者对某一领域的知识掌握得较为系统，同时对所学内容理解得更为精准。一个法官，对于法律知识掌握得是否系统及扎实是一个非常重要的问题。一个人在某一领域，即便是一个很窄的专业领域学有心得就可以当教授，但如果一个法官的法律知识支离破碎、法学修养不足，则将直接影响到他（她）对事实的判断和法律的运用。

不仅如此，新制度设计者还规定，推事考试分初试和再试。初试的重点是考察参加者的法学知识，即对现代法学知识掌握得是否系统和准确。初试合格者分配到基层审判厅进行为期两年的业务实习，在推事的指导下有条件地从事一些审判的辅助性工作，用以养成一个审判人员必须有的基本能力、经验和品行。实习期满，同时又通过了实习机关主管人员的能力和品行鉴定后参加再试，再试的内容侧重于对于专业知识的实际应用能力。初试和再试均合格方为法官考试合格。

北京政府共举行了六次司法官甄拔考试，1914 年录取了 171 人，1916 年录取了 38 人，1918 年录取了 143 人，1919 年录取了 189 人，1921 年录取了 113 人，1926 年录取了 135 人，②六次共录取 789 人，标准之高可想而知。

---

① "司法官考试令"，1917 年，《国民政府现行法规》。
② 汤能松等：《探索的轨迹：中国法律教育发展史略》，法律出版社 1995 年版，第 221 页。

此外，为了统一司法人才标准，北京政府于1914年专门设立司法讲习所，挑选合格的法科毕业生入所进行专业技能养成，结业后通过一定的方式录取为推事。至1918年底经过司法讲习所养成后最终录取为推事者亦不到500人，执行之严，亦由此可见一斑。① 标准设计得较高，且执行又极为严格，以至于引起了一些学者的担忧："近年司法官考试，平均每千人只考取一二百人。自民国三年(1914年)，司法讲习所开办，为养成司法官而设，然七年于兹，由毕业选充法官者，不过四五百人。以是推之，则司法人才，何时而后方能辅用？"②

凡考试合格者由中央司法行政机关根据需要分配到审判、检察机关作为候补推事或检察官，代理职务。即推事的任用权由中央政府司法行政部门统一行使。北京政府时期，制度规定得更为严谨。如规定，候补推、检人员一年后如有职缺，由主管长官出具考语并将该员办案材料呈司法部审查，审查合格后再送国务院铨叙局核定，核定后由司法总长呈请大总统实任该员为推事或检察官，转为实缺推事或检察官。中央司法行政机关下设两个独立的委员会，司法官资格审查委员会和司法官成绩审查委员会。凡司法官正式任命之前，包括由代理推事转为实缺推事时须将拟任命者的材料提交这两个委员会审查，审查合格后呈请大总统任命，以此防止司法行政部长官对司法官任命上的控制。

南京国民政府成立后，建立了统一的高等文官考试制度③，规定推事必

---

① 由于材料的限制，到目前为止有关司法讲习所的学术研究成果仍极为少见。
② 罗文干："法院编制改良刍议"，引自唐仕春：《北洋时期的基层司法》，社会科学文献出版社2013年版，第276页。
③ 南京民国政府与北京政府均将司法官列为文官系列，按照南京国民政府规定，文官考试分为高等和普通两种，高等文官考试的对象是大学毕业生，普通文官考试的对象是高中毕业生。推事所参加的司法官考试属高等文官考试之一种，1932年南京国民政府举办了第一届高等文官考试。

须经过高等文官司法官考试才能担任。考试仍然分为初试、再试两部分,再试合格后由铨叙部进行审查,再由司法行政部任用。任用时先是候补,候补一年后,如有实缺方可转为实缺推事。而转为实缺时需要挑选其所办理过的案件30件,连同案卷报司法行政部审核,能力上没有问题,才正式任命。就实际运行来看,司法行政部对候补推、检能力审核时把关相当严格,态度堪属认真。总之,就程序而言推事的选任极为严格。

根据这套制度,一个人如果从大学读书接触法学和法律算起,到真正当上能独立办案的推事没有七八年的时间是根本不可能的。长期的专业知识学习,以及能力、品行的养成,加上因年龄增长所带来的人生阅历,其对法律和社会的理解较之一般人确实会高出许多。

与此同时,新制度的设计者又十分清楚:

> 惟资格与人才究属二事,具有法官之资格未必即胜法官之任,若长此因循,漫无考验,当兹群流竞进之时,实无以辨真才以重法权而餍民望。①

清末,受命在东三省率先设立审判厅的许世英对此也深有体会:

> 考试自然是求才的最好方法,但考试的结果,只能表示了这个人的学问,学问是做事的基本条件,但不是唯一条件。我常常在想,一张文凭并不能代表学问,同一所大学毕业的,其学问的高低几乎可以一个作老师,一个当学生;而学问也不能代表能力,有些人学富五车,但却无办事能力;能力尤不能代表品德,一个有能而无行的,他的能力,适足成了他为非作歹的助力。②

为了保证推事来源的多元化,同时防止从一个极端走向另一个极端,清

---

① "甄拔司法人员准则"布告,1913年11月8日,引自吴永明:《理念、制度与实践——中国司法现代化变革研究 1912—1928》,法律出版社2004年版,第167页。
② 许世英口述:《许世英回忆录》,台北人间世月刊社1966年版,第50页。

末以降历届政府在制度设计上又尽量兼顾知识、能力以及经验,对少数法学理论高深或司法经验丰富的人进行适当变通。如 1943 年颁布的《法院组织法》规定,凡符合下列条件之一者也可以任用为推事或检察官:曾在国立或经立案之公私立大学、独立学院、专科以上学校教授主要法律科目二年以上并卓有成绩,经司法官审查机关审查合格者;曾任推事或检察官一年以上并卓有成绩,经司法官审查机关审查合格者;曾执律师职务三年以上并卓有成绩,经司法官审查机关审查合格者;在国立或经立案之公私立大学、独立学院、专科以上学校毕业并有专著者,经司法官审查机关审查合格并实习期满者。必须说明的是,这些因为具备了法官能力而出任法官者只是一种补充,其目的是为了丰富法官来源的多样化。

(三) 中立化

明确了推事的选任资格和程序后,将推事的任用权交给谁就成了最后一个关键的问题,它直接关系到审判权能否科学地运行。司法独立的要义是法官独立审判,因而,如果将法官的任用、考绩等权力留在法院系统内部,哪怕是上级法院,都很难真正消除法官对上级法院的依赖,从而使审级失去意义。但要将其交给纯粹的行政机关又可能导致用人不当,唯一的办法就是交给新近设立的司法行政部门——法部。清末新式审判机关创建之初,对于推事的用人权到底是留在法院系统内部好,还是交给司法行政部门更为合理曾有过争论,但很快就形成了交给司法行政机关的结论。宣统元年(1909 年)宪政编查馆利用《法院编制法》即将颁布的时机,上奏清廷对这一结论再次进行强调:

> 自此次《法院编制法》颁布以后即应各专责成,拟请嗣后属于全国司法之行政事务,如任用法官、划分区域以及一切行政上调查执行各项,暨应钦遵筹备事宜清单筹办者,统由法部总理主持,毋庸会同大理院办理,其属于最高审判暨统一解释法令事务,即由大理院钦遵国家法

律办理。①

清末以降，由中央司法行政机关统一任用推事的制度一直被坚持，未再更改。

（四）任职避籍

有一点需要郑重说明。在既有的学术研究中，绝大多数学者均强调，清末民初创制的新式审判机关是一个从域外移植而来，甚至是完全照搬大陆法系国家审判制度的产物，对此观点笔者基本认可，但并不完全赞同，新式司法制度中也包含着些许中国传统的因素。这里仅举一例加以说明。

中国是一个有着数千年法制文明的国度，因而如何融合古今亦是新制度设计时不得不考虑的问题，否则难免会形成制度冲突，让社会各界无法接受，给新制度的推行带来麻烦。仅就专业化的角度讲"避籍"制度就是其一。中国传统政治出于廉政的需要，很早就形成了一项基本原则，即官员不得在自己原籍任职，且执行得极为严格。推事任职是否需要避籍就成了新制度设计者必须回答的问题。一方面，推事虽然不是官，但手中掌握着生杀大权。在一个凡事讲究人情的国度，推事审判案件要想做到公平、公正，就必须从制度上保证其不能受到亲情、乡谊等干扰，甚至左右，因而，推事任职实行"避籍"极为必要。但另一方面，一切法律知识都是地方知识，因而推事要想审判公正又必须了解乡规民俗等地方知识，即简单地采取"避籍"的办法不一定适合推事的职业要求。也就是说，完全抛弃传统或简单地继承传统都未必合适。新的制度设计者经过认真思考之后，在继承传统的前提下，根据司法审判的特点对传统的"避籍"制度进行了必要的改造。基本思路一是

---

① "宪政编查馆奏核订法院编制法并另拟各项暂行章程折"，怀效锋主编：《清末法制变革史料》（上），中国政法大学出版社2010年版，第425页。

分类处理,二是缩小初级审判厅推事"避籍"的范围①。宣统二年(1910年)七月,宪政编查馆会同法部草拟《各省法官变通回避办法》,规定:各省高等审判厅、检察厅推事、检察官因其职掌全省审、检工作,因故严格回避本籍。② 但京外各省地方初级审判厅推事"本省人员回避本管府州及本籍300里以内"即可。并认为这一制度有三大好处,"人员于风土人情语言习俗均所熟谙,审判宜以尽职,一也";"今令就近任职,则川资一切皆可从省,用度易敷,节廉自励,二也";"近来各省士绅习法政者较多,可酌令在本省任用,以视专用候补,实缺人员取材为宽,三也。"③

1914年,北京政府司法总长梁启超又草拟了"司法官回避办法"4条,主要变化有:地方初级审判检察司法官,不得以该地方厅管辖区域之人士充任;各省各级审判检察司法官,与本厅或该管上级厅长官有四亲等内血族或三亲等内姻亲之关系者,应申请回避。④ 在进一步缩小初级审判厅推事的避籍范围外,又增加了近亲属应需回避的规定。南京国民政府成立后,司法行政部也于1932年颁布《司法官回避办法》7条,内容上与清末和北京政府时期的规定基本相同。⑤ 显然,推事任职回避制度是古今中西结合的产物。

---

① 按照民国时期的法律规定,推事须实行地域回避,而书记官等司法从业人员则无须回避。
② "法部奏酌拟法官分发章程折并单",见上海商务印书馆编译所编纂:《大清新法令》第9卷,李婧点校,商务印书馆2011年版,第245页。
③ 《东方杂志》,1910年7月。
④ 蔡鸿源:《民国法规集成》第9卷,黄山书社1999年版。
⑤ 该办法具体条文如下:一、各省区高等以下法院院长、首席检察官,不得以本省本区人充任。但边远及交通不便或有特殊情形者,暂得回避该法院管辖区域。二、各省区各级法院院长及推事检察官,应回避该法院管辖区域。三、各省区各级法院院长及推事、检察官,与该管上级法院或本院院长官有四亲等血亲关系者,均应自行回避。有前项关系而不自行申请回避者,由司法行政部分别提交惩戒。四、各省区应回避人员,由司法行政部酌定期间分期调换。五、本办法无论实缺、署缺、代理及候补司法官,均适用之。六、本办法第三款至第五款之规定,适用于法院书记官长、主任书记官、书记官及监所职员。七、本办法自呈准日实行。总长以次分别调用,见蔡鸿源:《民国法规集成》第65卷,黄山书社1999年版。

二、西安现实

西安府地方审判厅初创时,《法院编制法》已经颁布,推事非经考试不得录用,推事由中央法部统一任用等原则均已经确立,但真要将这些原则在传统势力极强的陕西不打折扣地落实则并非一件容易的事情。史料清楚地表明,清末新式审判厅试办以来,新疆、陕西等省的督抚大员不愿意拱手交出对推事的任用权力,千方百计地寻找各种理由向清廷施压,如情况特殊,文化落后,缺乏合格的审判人员等等,最终迫使清廷变相妥协,允许由其暂时自主任用推事:

> 拟请嗣后各省推检人员除照章任用外,如实在不敷分布及人地不堪相宜,准其参照法部前年奏准各省审判厅筹办事宜单内用人一条,由督抚督同提法使认真遴选确系通晓法律,长于听断之员咨部暂行用矣,俟该法官等学习渐有经验,即由各省体察情形,照章办理。但当司法困难之际,实不能不谋此权宜办法,以冀沟通新旧,逐渐进行。①

就整体而言,陕西地区最初产生的推检人员较之其他省份标准确实要低,相当一部分是由传统的官员和刑幕转变而来的。新式审判机关创制之初,陕西共有司法官22人,出身于传统功名者17人,具体为举人7,贡生9,生员2;出身于新式学校的6人,具体为国内学校者5人,国外学校者1人②。此外西安府地方审判厅共设推事6人,其出身分别是副贡1人,监生2人,附生1人,廪生1人,③全都来自旧的刑幕和行政官员,只有一名发陕

---

① 《政治官报》,宣统三年(1911年)闰三月初七日。
② 请参见李在全:"制度变革与身份转型——清末新式司法官群体的组合、结构及问题",《近代中国的法律与政治》,社会科学文献出版社2016年版。
③ 张瑞泉等:"清末民初陕西司法改革初探",《唐都学刊》,2003年1期。

推事毕业于法政学校。传统律学与现代法学之间可谓天壤之别,因而,即便是经过了法官养成所的短期培训,这些旧的刑幕和行政官员对现代法律知识的掌握程度也不会太好。比较同一时期的其他省份,差距则更为明显。如地处东南沿海的福建,清末全省已设的各级审判厅共有推事39人,其中法政学校毕业的32人,比例将近80%。各类情况与陕西都较为相似的河南,已设的各级审判厅共有推事28人,法政学校的毕业生也达到了12人。① 仅此一点即可判断新设立的西安府地方审判厅与传统社会的联系较之其他省份更为密切。

尽管西安府地方审判厅的推事与制度要求相比还不太理想,但与传统衙门中的官员们毕竟有了本质的不同,已变成为一种纯粹的技术人士,他们只有借助公正、快捷的审判来获取社会的认可,并为自己争得生存的空间及尊严,因而在进出审判厅的大门时已没了中国传统社会中地方官员的派头和气势。

表2.1 宣统三年(1911年)西安府地方审判厅职员名录

姓名	衔名	职任	籍贯	出身
王凤至	候补直录知州兼刑事庭长	厅长	四川万县	副贡
刘祖源	试用通判	推事	湖南巴陵	监生
徐大璋	补用知州	推事	湖北郧县	监生
赵壁光	补用通判	民事庭长	四川温州	附生
王恩沐	补用通判	推事	山东泗水	廪生
陈鹤年	发陕法官	推事	陕西紫阳	法政毕业生
黄廷朔	补用巡检	典簿	湖北孝感	廪生
吴岱如	试用直州判	主簿	湖北郧县	恩贡生

---

① 李启成:《晚清各级审判厅研究》,北京大学出版社2004年版,第190页。

续表

姓名	衔名	职任	籍贯	出身
庆康	补用府经历	看守所官	西安驻方正红旗	举人
陈受成	试用从九品	禄事	福建侯官	监生
刘世俊	试用从九品	禄事	贵州贵筑	俊秀
伊若璋		学习法官		
欧阳煦		学习法官		
王晋		学习法官		

表2.2 宣统三年(1911年)陕西省城咸宁县初级审判检察厅职员名录

姓名	衔名	职任	籍贯	出生
赵述模	补用知县	监督推事	湖北郧县	附生
贾象山	补用知县	推事	山西永济	附生
公恩薄	补用知县	检察官	河南永宁	监生
蒋济	补用巡检	禄事	湖北宜城	监生
王懋谦	候补从九品	禄事	陕西咸宁	监生
徐国桢	优廪生	禄事	陕西潼关	优廪生
郑宝桢	附生	禄事	四川新都	附生
贺德琛		学习法官		
王作桢		学习法官		

民国建立，万象更新。各省都趁着混乱，摆脱中央政府，开始自派审判人员。西安府地方审判厅的人员，特别是推事也发生了相应的变化，而且变化幅度还不小。从厅长，到审判庭庭长都换了新人，至于这些新换的推事是否称职，已不得而知。1913年，北京政府司法部下令对各地司法人员进行整顿，禁止各地私自任用推事，所有推事都必须在年底前上报司法部核准统一任用，并由中央政府司法行政部门对现行司法人员进行甄拔考试，同时要

求严格执行推事任职地域回避制度，淘汰不符合条件的推事与书记官。考虑到各地的实际情况，对于这次整顿司法部在时间上没有采取一刀切，而是适当允许问题较多的陕西、甘肃等省份可以将上报的时间延迟到1914年，因而，西安地方审判厅的整顿工作较其他省份略晚。这次整顿为西安地方审判厅推事能力的提升提供了难得的机会。

从结果上看，西安地方审判厅的整顿力度颇大，如1914年一年间书记官几乎全部进行了更换，只是由于资料的不足，我们无法进一步了解这些新人的学识及阅历等详细信息，只能通过人员名单的变化知道这一点。1916年北京政府举行了中华民国首次司法官考试，民国政府的推事考试制度开始建立。此后几年间西安地方审判厅的推事一直处于调整之中，如1916年到1919年，三年间至少更换了5名推事。到北京政府的后期，西安地方审判厅的推事变动才逐渐稳定下来，具有现代法学知识并通过国家统一司法官考试的推事逐渐成为主体，实现了制度设计者最初的设想。如1912年担任西安地方审判厅厅长的苏兆祥，光绪三十二年（1906年）毕业于京师法律学堂正科优等生，此后终生服务于国内司法界。

南京国民政府不仅将审判厅改称为法院，出于政治上的考虑，西安地方法院的院长亦被更换，而原有的工作人员大多继续留用。1930年代，南京国民政府重建高等文官考试制度，司法官考试成了该项制度的一部分。伴随而来的是西安地方法院的推事调整再次加速，至抗日战争爆发前调整基本结束。《西安审判志》（打印稿）所列的民国时期地方法院人员名单表明，这一时期该院推事变动较大。

然而，抗战的全面爆发让整个国家陷入战乱之中。战乱不可避免地造成了推事大量流失，符合条件的推事短缺成了困扰司法行政部的一大难题，这一现状一直持续到民国晚期。但即便如此，南京国民政府也不愿意降低标准，如1946西安地方法院检察处检察官出现职缺，陕西省高等法院同意由周瑶暂代该职。一年后陕西高等法院向司法行政部请示正式任命周瑶为检察官。司法行政部接到请示后,于1947年5月指令陕西省高等法院"查周瑶前经以军法人员转任司法官审定成绩不合格,所请应毋庸议。"陕西高等法院随即于5月19日下令西安地方法院将周瑶免职。[①] 民国时期推事和检察官的任用标准和程序完全相同,周瑶是检察官,而非推事,但反映的问题则是相同的。

民国晚期任陕西高等法院院长的郗朝俊亦公开说:

> 为政在人,司法何能例外。朝俊到任以来,对于用人,全采人才主义,一概以资格为先决条件,其次再审查其经验阅历,及过去成绩。绝不使资格不合及无能者,滥于其间[②]。

标准高和程序严之外,员额制亦可以从一个侧面反映出精英化推事制度的执行情况。清末民初,地方法院的推事员额由司法行政部根据全国统一规则进行确定,1943年南京国民政府颁布新的《法院组织法》放弃了这一做法,规定地方法院的推事员额不再受全国统一固定人数的限制,可根据案件的多少自行设定,地方法院对推事员额的设定具有了一定的灵活性。然而,尽管有了自主权,尽管案多人少的问题一直存在,但西安地方法院的推事员额增加仍然极为节制和缓慢。西安府地方审判厅成立初期,全厅总人数为12人,其中推事6人,占50%。民国晚期,西安地方法院的推事人数增加到了14人,而其他人员则增加到60人左右,推事所占比重下降到全院人数的1/4。西安地方审判机关的各类人员中,就比例而言几十年间推事数量的增加最为缓慢。对于一个拥有几十万人口的城市来说,执掌裁判大权的推事只有14个人,其地位的重要和神圣毋庸多言。

概述清末到民国西安地方审判机关推事制度的建构过程,一言以蔽之

---

① 陕西省档案馆档案,卷宗号089—1—156。
② "民国三十六年十月陕西省高等法院工作报告",陕西省档案馆档案,卷宗号89—5—268。

就是不断排除各种干扰,步履蹒跚地沿着清末确定的专业化、精英化的目标与方向不断前行的过程。尽管这一过程极为艰难,某些时间也曾出现过倒退——有时是全局性的,有时是局部的,但只要政局出现稳定,就会重回专业化和精英化的道路。

三、个案观察

为了更好地说明问题,试以1949年西安地方法院全部推事的个人材料进行讨论。该材料来自于地方法院的人事档案,尽管不太详细,但大致可以反映其个人的学历、履历等背景。

崔炎煜,字雪堂,推事兼地方法院院长。52岁,陕西户县人。北京朝阳大学法律专业毕业,司法部法官训练所毕业。高等文官司法官考试及格。先后任西安地方法院代理推事、山西高等法院第三分院检察官、陕西高等法院推事、西安地方法院推事代院长、陕西高等法院第三分院推事兼院长、陕西高等法院第四分院推事兼院长、西安地方法院推事兼院长。

钱应选,别号焕文,推事兼审判庭庭长。50岁,陕西咸阳人。北京中国大学法律科毕业,司法部法官训练所毕业。曾任国民军第三师军法官,陕西省高等法院书记长,陕西乾县、华阴等县司法处审判官,陕西扶风地方法院候补推事,陕西临潼地方法院推事。1946年5月任西安地方法院推事,荐任六级,同年考绩晋升荐任五级,1947年考绩晋升荐任四级。

徐志远,别号毅亭,推事兼审判庭庭长。45岁,陕西周至人。陕西高等法院司法训练班毕业,中央政治学校法官训练班毕业。1939年司法官特种考试及格。历任陕西高等法院学习书记官,西安地方法院候补书记官、书记官,陕西高等法院书记官,陕西陇县、华阴、大荔、耀县等县司法处审判官,西安地方法院候补检察官、检察官等。1947年4月任西安地方法院推事,荐任六级,同年考绩晋升荐任四级。

张厚坤,别号培之,推事兼审判庭庭长。64岁,陕西户县人。国立北京法政专门学校法律别科毕业,司法部法官训练所毕业。曾任西安地方审判厅书记官,陕西南郑地方法院候补推事,陕西武功县司法处审判官,陕西安康地方法院候补推事、推事,西安地方法院候补推事。1946年4月任西安地方法院推事,1948年7月兼审判庭庭长。[7] 1949年病逝于任上。

张维心,别号道一,推事。41岁,山西崞县人。山西公立法政专门学校法律科毕业,司法部法官训练所第九期法官训练班毕业,1941年高等文官司法官考试及格。历任陕西临潼地方法院学习推事,陕西三原地方法院候补推事,陕西扶风、咸阳地方法院推事。1946年8月任西安地方法院推事,荐任六级,次年考绩晋升荐任五级。

蔚济川,推事。51岁,陕西蒲城人。国立北京法政专门学校法律科毕业,1939年司法官特种考试及格。曾任陕西永寿县(1927年7月—1928年3月)、河南中部县和陕西黄陵县(1932年7月—1934年5月)县长,陕西富平县司法处审判官,陕西三原地方法院候补推事,陕西朝邑县司法处审判官,陕西澄城县司法处主任审判官。1946年10月派属西安地方法院代推事职务,1948年3月试属西安地方法院推事职务,荐任11级。

余国藩,推事。38岁,河南临汝人。河南大学法学院法律系毕业。历任河南汝南地方法院书记官,河南长葛县司法处审判官,河南陕县司法处主任审判官。1946年5月部派暂代西安地方法院推事职务,1948年5月部派代西安地方法院推事职务,荐任八级。

宋瑞麟,推事。43岁,陕西华县人。西北大学肄业,中山学院毕业,陕西省高等法院司法讲习所毕业。1939年司法官特种考试及格。历任陕西高等法院司法宣传员,西安地方法院学习书记官、候补书记官、书记官,陕西陇县、礼泉等县司法处主任审判官,1946年12月部派西安地方法院暂代推事职务,荐任11级。

王灵枢,推事。59岁,陕西渭南人。陕西省公立法政专门学校政经科毕业,1939年司法官特种考试及格。历任陕西西安地方审判厅书记官,陕西高等法院候补推事,陕西西安地方法院代理检察官。1948年元月部派西安地方法院暂代推事职务,荐任11级。

卫毓英,推事。36岁,山西河津人。山西大学法学院法律系毕业,中央政治学校高等科10期毕业,1945年高等文官司法官考试初试、再试及格。历任陕西西安地方法院书记官,陕西高等法院书记官。1946年4月部派暂代西安地方法院推事职务,荐任8级。

屈天行,推事。33岁,陕西乾县人。东北大学法律系毕业(抗战爆发后,东北大学搬迁至陕西),1946年高等文官司法官考试初试及格。曾任陕西高等法院书记官。1947年6月部派暂代西安地方法院推事职务,荐任11级。

李本固,推事。42岁,山东蒲台人。吉林法政专门学校毕业,1946年高等文官司法官考试初试及格,奉令分发西安地方法院学习。1947年4月部派暂代西安地方法院推事职务,荐任11级。

郑吉林,推事。39岁,河北南皮人。北京朝阳大学法律系毕业,1939年司法官特种考试及格。曾任西安地方法院书记官、陕西咸阳地方法院候补推事。1947年6月部派暂代西安地方法院推事职务,荐任11级。

罗善群,推事37岁,广东兴宁人。上海法政学院大学部法律系毕业。司法官特种考试及格。曾任陕西耀县司法处审判官。1946年9月部派暂代西安地方法院推事职务,荐任11级。[①]

尽管材料稍嫌简单,但却足以让我们对民国时期西安地方法院的推事,特别是民国晚期地方法院推事的总体情况有一大致的了解。

(一) 专业程度

第一,系统地接受过现代法学教育。与创制初期相比,民国中晚期西安地方审判机关的推事在专业教育方面已有了彻底的改变:均系统地接受过

---

① 以上信息,均见西安市档案馆档案,卷宗号090—1—10。

现代法学教育，①其中一些推事毕业的院校法学教学质量还相对较高。如崔炎煜、郑吉林毕业于朝阳大学、罗善群毕业于上海法政学院、卫毓英毕业于山西大学法学院、余国藩毕业于河南大学法学院等。需要指出的是这种状况从1920年代即已如此，如1920年、1930年曾担任过西安地方法院推事的程泮林、张耀斗毕业于北京朝阳大学法律系，徐杰毕业于武昌中华大学法律系本科。民国初期，国内法学教育发展较快，除综合大学的法律系外，各地还纷纷创办了一批法政学堂，公立私立一起上，数量十分可观，彼此水平差距甚大。1914年教育行政管理部门对法政学堂进行整顿，仅江苏一省一次就取缔了14所私立法政学堂。② 此后，法政类学校的学生培养水平总体上有了一定的提高。是否系统地接受过现代法学教育，对专业知识的理解和把握毕竟有着本质的不同。由于战乱的原因，民国晚期西安地方法院的推事在接受专业教育的程度方面与一二十年前相比出现了局部倒退，但大的趋势没有变化。

还需提及的是，上述推事均为国内法政院校的毕业生。清末民初，由于国内法政教育刚刚起步，审判机关的推事中有不少人系从国外接受的法政教育，如民国早期曾任西安地方审判厅推事的王芝庭和郭德沛分别毕业于日本明治大学和日本东京法政大学。到民国晚期这一现象已发生变化，在国内接受法政教育的人成为主体。这种现象在当时国内的司法界具有相当的普遍性。它从一个侧面表明，到民国晚期国内的法学教育已基本上可以

---

① 学者研究表明，清末除接受法政讲习所、审判研究所、法官养成所、课吏馆等速成教育者不计，仅在国外学习法政的回国留学人员，加之国内法政学堂和大学法律门毕业的法科学生总数为14000人左右；北京政府1912年至1916年法政专门学校和大学部法科毕业生总数为27000人左右；1928年至1947年间共有法科毕业生50000人左右，三者相加40年间共培养了法科毕业生100000左右。见唐仕春：《北洋时期的基层司法》一书中的相关章节，社会科学文献出版社2013年版。这些法科毕业生为国家法制建设提供了合格的人才。

② 有关民国时期国内法学教育的情况，参见王健：《中国近代的法学教育》，中国政法大学出版社2001年版。

满足实务部门的需要。

就一般意义而言,在国外或国内接受的法学教育,受教育者的知识结构和观念上应存在着一定的差异。但这种差异对司法制度,特别是法律实践产生的影响尚待观察。

第二,通过了国家组织的各类司法官考试。其中崔炎煜、卫毓英、屈天行、李本固、张维心五人通过的是高等文官司法官考试;王灵枢、蔚济川、徐志远、宋瑞麟、郑吉林、余国藩、罗善群七人通过的是司法官特种考试①,另钱应选、张厚坤由于材料简略不详。清末民初构建的推事制度,任职资格考试最为核心。清末以降,尽管政权频繁更迭,阻力重重,但司法官考试制度却一直在稳步推行,只是名称略有不同而已,如北京政府的甄拔司法人员考试、司法官甄录考试、司法官考试,南京国民政府时期的高等文官考试司法官考试等。从民国成立,到1949年南京政府退居台湾,民国政府共举办了15次全国司法官考试。不仅如此,报考的条件、考试的组织方法、录取方式,以及考试的专业知识范围和难易程度等均较为稳定。即便是以当下的标准来评判,也必须承认民国时期由国家组织的统一司法官考试制度设计合理,内容具有相当的水准。如按照南京国民政府的规定,高等文官司法官考试的内容包括:国父遗教、国文、史地、宪法、民法、刑法、商法、民事诉讼法和刑事诉讼法等科目,内容多而覆盖面宽,没有一定的专业水准要想通过绝非一件容易的事情。因而参与并通过司法官考试本身足可以起到进一步强化和提升其专业知识的作用。

第三,经过较为系统的专业技能训练及素质养成。民国时期历届政府陆续成立了司法讲习所、司法储才馆②和法官训练所等司法人员训练机构,

---

① 司法官特种考试,是南京国民政府为县司法处(未设新式法院的县成立的一种过渡性质的审判组织)审判官举办的一种资格考试,报名者所需条件和考试难度均低于高等文官司法官考试。

② 有关司法储才馆的详细情况,参见俞江:"司法储才馆考"一文,《清华法学》第4期,2004年5月。

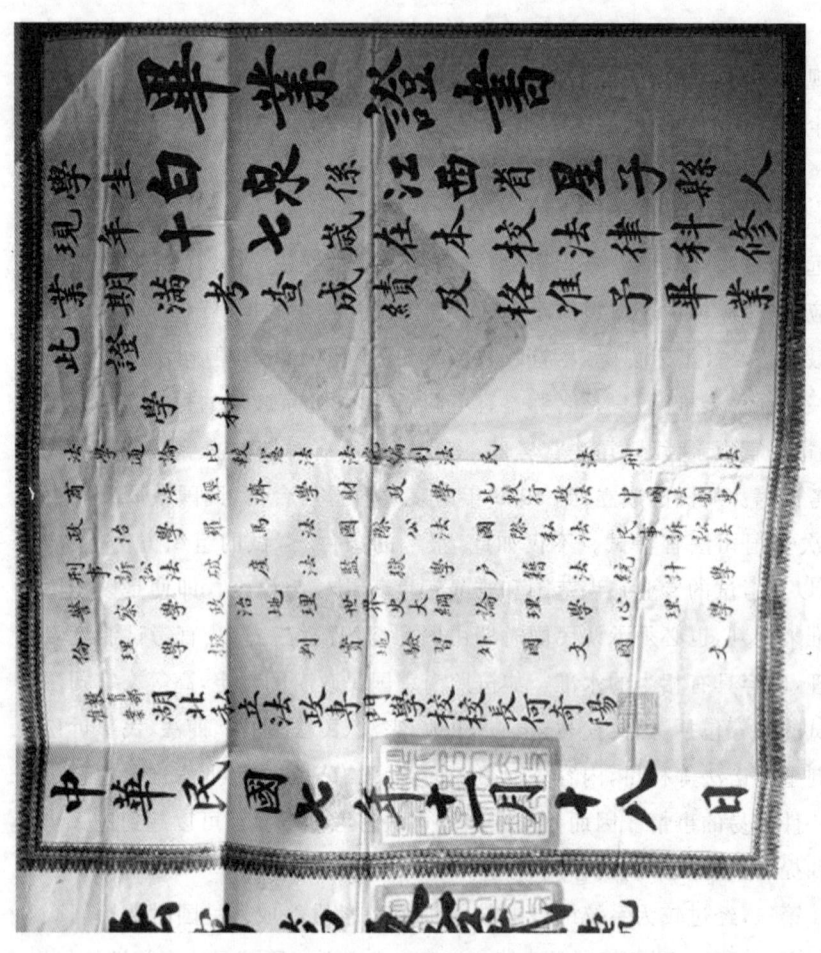

西安地方法院推事、白泉毕业证。来源江西星子县档案馆

西安地方法院推事、白泉司法官考试合格证。来源江西星子县档案馆

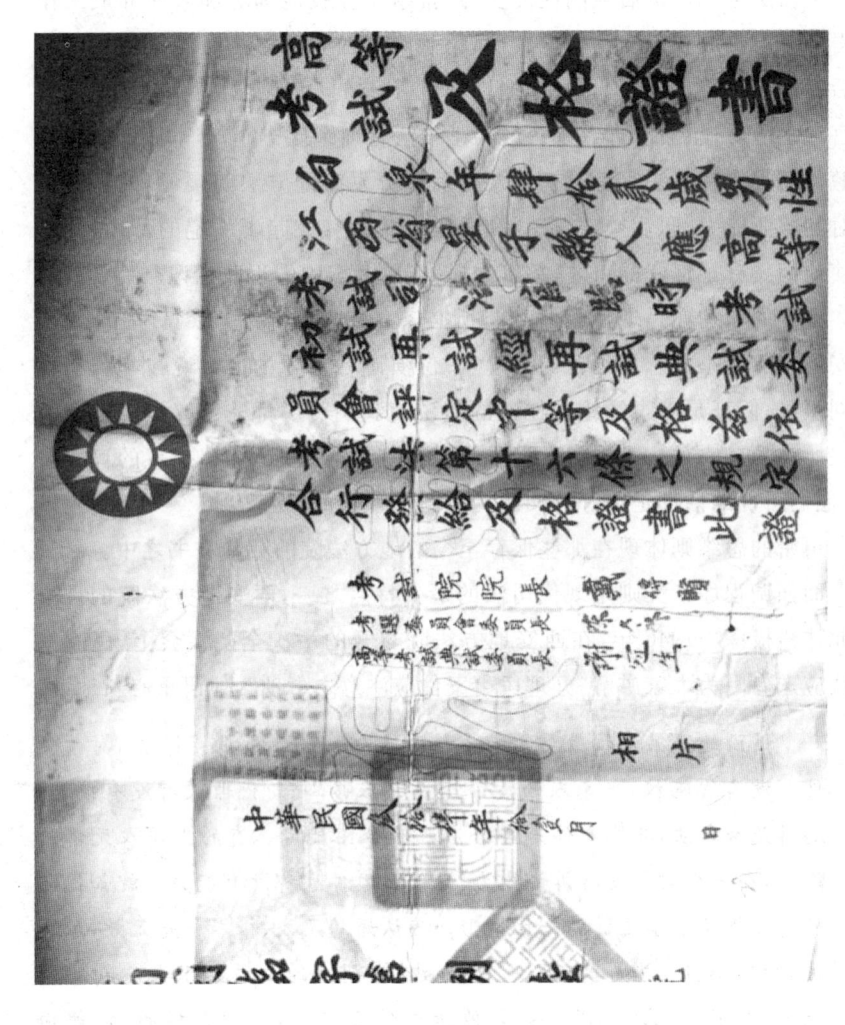

辅之于司法考试初试后强制性的实习,推事专业技能训练和素质养成工作取得了一定的成效。档案材料表明,民国晚期西安地方法院的推事在任职前后大都经过特定的职业训练,如崔炎煜、钱应选、张维心、张厚坤系司法部法官训练所毕业;徐志远系中央政治学校法官训练班毕业;李本固、屈天行、卫毓英高等文官司法官考试初试及格后曾分发到地方法院实习等,这些训练对其职业能力、职业操守、行为和思维方式的养成起了一定的作用,并最终使他们具有了良好的口才、缜密的思维,以及牢固的程序意识。

良好的口才亦是现代司法人员所必备。1946年7月29日上午10点西安地方法院举办总理纪念周活动,一位演讲者在开场白中说:本院"有许多同事,他们都是满腹经纶。他们的演讲使我们听了都非常兴奋。就是上一次所讲的'满招损,谦受益',引经据典,讲得很好。还有邹推事的口才更好,他们所说的话都是很好的文章。他们都有这种口齿天才。"[①]

缜密的思维则体现在那些保存至今的地方法院的裁判文书之中。

而强调程序正义则是现代司法的最大特点之一,西安地方法院的推事对此体悟极深。1946年,在西安地方法院召开的一次全院大会上,民庭庭长钱应选专门为大家讲解"办理民事案件应注意之事项",他语重心长地说:

> 诉讼的事第一步最要紧的是程序,《民事诉讼法》第249条,对于案件有没有管辖权,当事人的诉讼能力够不够,他的代理权有没有缺乏,起诉是否合法,其他要件是否合法都有专门规定。有的当事人无诉讼能力,在一个案件没有诉讼能力,在什么案件也都没有能力。就如提起确认之诉及给予之诉的一切情形。确认婚约无效,根本就是无效,原告被告都可撤销,就是第三人也可以撤销。判决的关系也很大。判决的范围,要不外他的请求。就是他请求什么东西,就怎么样的判,理由的叙述要清楚,这都要涉及到法律的运用。这是个人的经验,补充的

[①] 西安市档案馆档案,卷宗号090—2—5。

说一说。①

翻检史料,我们不难发现民国时期曾在西安地方法院担任过推事,后陆续调到省高等法院、最高法院任职者不乏其人。如1942年南京国民政府最高法院共有推事56名,其中至少有两位此前曾在西安地方法院担任过推事,分别是民三庭的毛起凤和刑二庭的孙祖贤②,仅此一点或许就可以从一个侧面反映出民国时期西安地方审判机关推事的水平和能力。

大致相同的教育背景和执业经历使民国时期西安地方法院的推事成为了一个专业化程度相对较高的职业群体,他们不仅同县令、刑名幕友等传统中国的办案人员有了质的差异,而且在知识结构、观念、思维方式等方面也明显有别于其他的职业群体。此外,相同的教育背景和思维方式,也使推事之间形成了良性的合作关系,推动着司法官职业共同体的形成和发展。如1944年5月,陕西省高等法院和西安地方法院的推事及检察官朱观、崔炎煜、白泉等34人发起成立了"西安市法官训练所同学会",学会共有会员57人,涵盖了陕西高等法院和西安地方法院推事和检察官中曾在法官培训所培训过的所有同学。学会"以增进同学友谊发挥互助精神砥砺学行"为宗旨,计划"研究法学拟发行法学刊物",地址设在陕西高等法院。③

(二)家庭出身

对中国社会稍有了解的人都知道,民国时期,特别是民国早中期中国的高等教育尚处于起步阶段,远未普及,加之又没有银行贷款等其他助学制度,因而普通家庭很难承担起接受高等教育所需要的财力,这一状况客观地决定了西安地方审判机关的推事,个别人之外大都出身于较为富有的家庭,

---

① 西安市档案馆档案,卷宗号090—2—5。
② "国民政府各院部会科员以上职员录"(最高法院分册),1944年。引自蒋秋明:《南京国民政府审判制度研究》,光明日报出版社2011年版,第229、234页。
③ 陕西省档案馆档案,卷宗号01—7—452。

最起码也是殷实的中产阶级。尽管西安地方法院工作人员的人事档案表家庭一栏中有些推事填写的父母职业是农民,需要说明的是民国语境下农民一词没有任何政治含义,表明的只是一种职业,即以农业为生,并不完全反映其财产状况,他既可以是地主,也可以是自耕农。

一个人的成长环境和所受的教育对其世界观和行为方式的影响毋庸置疑。出身于富有或较为富有的家庭,加之接受的又是强调秩序和规则的法学教育,久而久之极易使其形成思维上严谨、行为方式保守的职业特点,当然这是就总体而言,也是与其他职业群体比较而言。而由无数个严谨、保守的个体构成的司法群体也更容易形成一种抗拒外界干扰的能力。

突出表现在:一方面推事们更愿意凭借自己的专业知识立身于社会,服务于国家,对权力较为看淡;另一方面又有着较强的维护现有社会秩序的自觉性。

民国时期长期供职于陕西司法界的任玉田回忆说:

> 我自1924年1月先后到南郑、安康法院供职,终日埋头办案,与社会人士交往较少,左右邻人,多不相识,确实少了很多麻烦,诉讼人是不敢登我家门的。1944年7月我调充安康地院首席检察官,与各机关领导,也接触不多,为时只有9个月。我就于1945年调任南郑分院(陕西高等法院南郑分院——引者注)首席检察官,位置较高,按当时官场习惯,新官到任必须先去拜访当地各机关首长,借以相识(我当时拜访过李宗仁)。各机关举行宴会,高地两院院长、首检被邀参加,我们是照吃不误,但决不还席,法院更无举行宴会请他们吃饭的事。有时各机关开什么大会,我们也去凑凑热闹,但是一言不发。①

---

① 任玉田:"一位民国检察官的回忆录",见《检察日报》2013年12月27日,第6版。任玉田,祖籍浙江绍兴,1900生于山西翼城,1922年毕业于陕西省公立法政专门学校。其曾祖父、祖父及父亲在清朝及民国时代先后任过道、府、州、县等官职。

此外，民国时期，司法系统内部形成了员工职务升迁格外重视学历和阅历的传统，这一点在西安地方法院推事蔚济川的身上体现得较为典型。蔚济川虽曾担任过县长等重要行政职务，但担任推事的时间尚短，司法资历较浅，因而只能屈尊出任较低的职级。尽管当时社会各界对这一现象时有非议，视看重学历和阅历为封闭："历来部中任用推检，于其人之学识经验多方考察。良以缺乏学识经验，则见理不真，判断力不强，办案即不能顺利进行。然而，品行如何及是否有责任心，实应与学识经验并重。自来攻击推检者，动辄指为受贿，究之知法犯法，到底罕闻，不过有时见解模棱。"①但他们依然如故。

（三）年龄结构

新式审判机关创建之后，推事的年龄始终是个让制度设计者头疼的问题。年轻有年轻的好处，如与传统勾连较少，有理想和朝气，容易接受新知识等。法治是异质文化的产物，对于中国而言完全是舶来品，年轻和有朝气接受起来自然容易。但法官审判案件依赖的除专业知识外，还需要丰富的社会阅历和理解力，特别是对于一审法院来说更是如此。从一般而言，一审法院审理的案件案情大多较为简单，需要的专业知识和专业技能并不太复杂，更多的是人生的阅历和对人性的洞察。法制的作用是守成，推事的职业说到底是严格依照既有的法律法规和特有的专业技能维护社会秩序的稳定，并借助稳定的社会秩序推动社会的进步，而一个人只有达到一定的年龄其为人处世的方面才易于稳妥。为了防范"有朝出法校暮入仕途"②之类事件的发生，制度设计者在制度上做出了一系列安排，确保实缺推事知识与经验并重。

---

① 李裳："湖南衡阳地方通讯法治周刊"第1卷9期，引自孙晓楼："改进我国司法的根本问题"，《法学杂志》，第8卷，1935年第4期。

② 《司法公报》，北京政府，第33期。

西安地方法院的材料表明，至民国晚期这一设想已基本实现。在我们列举的推事中年龄最小的33岁，最大的64岁，其余的以四五十岁为主，正是人生判断力与精力最好的年华，同时又长期服务于司法界，审判经验丰富。

（四）籍贯

既有的学术研究中，一般认为由于种种原因，民国时期推事的任职地域回避制度并没有得到认真的执行，如1947年广东省高等法院的推事和检察官中该回避而没有回避的高达28%。[①] 但来自西安地方法院的材料则表明，特定时期外，如辛亥革命爆发后到北京政府初期，这一制度不仅得到了遵守，而且执行得还较好，民国时期西安地方法院的推事以陕西本省人为主，相当一部分推事的籍贯与西安也只一步之遥，如户县、周至和咸阳等，但都不在西安地方法院的管辖范围之内，尚未发现违规者，符合法律规定。

（五）性别

尽管法律对推事的性别没有任何限制，但在本书考察的时间段里，西安地方审判机关尚未出现女性推事和检察官。其时，西安的其他行业均已对女性开放，国内一些开放较早的城市也都有了女性推事或检察官，但西安却没有。造成这一现象的原因既与整个城市的观念有关，也与推事的工作环境有着一定的关系。尽管从理论上讲推事的性别与裁判的结果两者之间不应该有差异，但现实生活中绝大多数推事对自身性别的认同，毕竟是一个不容回避的事实。一审法院所审理的案件中婚姻和家庭类纠纷所占比重较大，在男权文化影响还很强大的西安地区，如有女性推事的存在，相信可以更好地维护女性的权益，捍卫社会的公平。如据不完全统计，1948年西安

---

① 欧阳湘：《近代中国法院普设研究》，知识产权出版社2007年版，第283页。

地方法院全年共受理离婚诉讼 27 件,其中由女方提出的离婚诉讼请求 24 件,法院审理结果同意的 6 件,驳回的 18 件,而由男方提出的离婚诉讼为 3 件,经地方法院判决同意的为 2 件,驳回的 1 件,两者相比男方提出的同意率明显高于女方,①很难说这是一种巧合。

如果说到问题,那就是推事的出身流品稍杂。近代中国社会转型过于激烈,由专制帝国,到军阀政权,再到民国,政局更迭也过于频繁,每次政权更迭之间都有一些不完全符合条件的人趁着混乱厕身于推事之中。加之制度转型时期不得不顾及的其他因素和来自各方面的压力,如有的时候为了强调审判经验和推事来源的多元化,对一些确有法律知识或审判经验,但并未接受过系统法学教育的人适当放宽了报考条件;有的时候为了照顾执政的国民党成员等,导致现实生活中推事的构成流品较为复杂。

前述材料清楚地表明,民国时期西安地方法院的推事都接受过现代法学教育,但教育的背景差异较大,有的是业余培训性质的,如推事徐志远毕业于陕西高等法院的司法训练班;有的是先工作后取得学历,如宋瑞麟是在中山学院毕业后,又在职业余就读于陕西省高等法院司法讲习所;有的是专科教育,如张厚坤毕业于国立北京法政专门学校法律别科。法律别科是民国初年高等法学教育刚刚创办时的一种学制,与正科和速成科相对应,尚属正规的法学教育;有的是正规大学法科教育,如郑吉林毕业于朝阳大学法科等。不仅教育背景差别较大,出身也更为多样,有的是高等文官司法官考试及格者;有的是司法官特种考试及格者;有的是书记官出身,一步步熬到了代理推事和推事。如张厚坤 1914 年就在西安地方审判厅任书记官;而有的人从入行起就是推事,先任学习推事、候补推事,最后转正为实缺推事。这些教育背景和出身完全不同的人对于法律的理解,乃至思维方式等方面势必会存在一些差异,彼此之间不可能没有一点隔阂。

---

① 陕西省档案馆档案,卷宗号 089—2—49。

这种情况并非西安地方法院一家。据统计到1937年初,全国各级法院共有推事2765人,其中经考试录取的推事1955人,占全部推事人数的70%以上。① 事实上到1949年,本书所考察的最后截止时间,在全国范围内非经考试不得出任推事的制度也未能彻底实现,但任用推事应该首先侧重学历,这一点已形成了共识,同行之间也以此为正途。

翻检民国时期的各种文献,守旧、刻板几乎成了社会各界对司法人员的评价,至于评价者的出发点褒贬者均有。其实,仅此一点足以昭示我们:一个新的、有别于其他行业的职员群体正在形成。②

第二节 书 记 官

新式审判机关中,书记官是另外一个重要的群体。他们人员众多,几乎是推事的一倍,同时又有着自己专属的职责。就职责而言,书记官包括两大类:受推事调用的和不受推事调用的。前者的职责是作为司法辅助人员对案件审理过程进行记录,对案卷进行整理以及从事其他一些与诉讼有关的

---

① 居正:"十年来之司法建设",《中华法学杂志》新编第1卷,第5、6号合刊,1937年。
② 对于新式司法制度而言,推事制度构建得是否科学及合理最为关键。我们不妨与民国时期社会各界对行政机关的评价做一对比,"民国元年至十五年,政局多变,吏治腐败,奔竟之风,极一时之盛,以至国家设官分职,全为少数人所豢养私人,厚植党羽。其人之贤愚与否,胜任与否,均不过问也。"薛伯康:《中美人事行政比较》,商务印书馆1934年,第29页。导致同时期行政机关混乱之原因主要是用人制度的不合理:"考试院举行了两次考试大典,费了国家100多万元的经费,先后共考试了208人。这208人,听说至今还有不曾得着位置的。国家官吏10多万人,都不由考试而来,独有这200人由正途出身,分部则各部会没有余缺,外放则各省或者不用。"欧阳哲生编:《胡适文集》11卷,北京大学出版社1998年,第416页。"在国民政府之下,公务员由考试出身的,还不到10%,多数还是由私人荐举而来,因这种情形,许多青年,往往感觉失望,觉得他在校用功,成绩虽佳,出校后不易得至服务的机关,而有奥援者,则在校成绩虽劣,亦能得有地位,所以一般意志薄弱的青年,多因此而自暴自弃。"考试院编印:《全国考铨会议汇编》,王世杰:"开会词",1935年。

辅助事务，与推事相比他们欠缺的只是裁判的权力。因而，从某种意义上讲书记官对诉讼的参与面比推事还要广，承担的工作也更加具体和烦琐；后者从事的则是审判机关内诸如统计、人事、会计等行政事务。

中国传统政治，从制度上对辅佐正任官员，参与审判工作的其他人员关注较少。辅佐人员既缺乏法定的职责，薪俸待遇亦较低，与正任官员之间又存在着较为明显的隶属关系，因而在审判实践中往往起着一种破坏作用。

一、资格与职责

为了规避这一弊端，新式审判机关创建之初，制度设计者就通过《法院编制法》对各级审判厅中书记官的资格、职责、权限以及与推事的关系等作了专门的规定。如该法规定，书记官应依法部所奏定之《考试任用书记官章程》，由法部从考试合格人员中统一录用。地方审判厅的书记官分典簿（相当于日后的书记官长，掌办理文牍、会计、庶务及核收罚金、讼费及监督本厅一切庶务）和主簿录事（相当于日后的主科书记官，掌编案、承办文牍、会计、督同录事缮写保存文牍）两级；初级审判厅设录事，分掌录供、编案、缮写文牍、承办庶务等。这些规定使书记官成为了新式审判机关中一种常设的、具有自己特定职责的职业群体，并与推事之间不再存在任何人身隶属关系。遗憾的是，该法规颁布不久清廷即垮台，统一的书记官制度未能真正建立。

民国政府对书记官的群体更为重视，不仅通过《法院组织法》对书记官的准入制度、职责、权利与义务等内容进行了明确规定，再次强调书记官须经普通文官法院书记官考试合格者才能任用，任命权由司法行政部统一行使；且规定和分类更加细化，如按照规定书记官的报考条件为：高级中学、旧制中学，或其他同等学校毕业有证书者；国内或国外专门以上学校修政治、法律、社会等学科1年至2年毕业有证书者；曾在司法机关服务3年以上者。考试科目包括：国父遗教、国文、法学通论、刑法概要、民法概要、法院组织法、刑事诉讼法概要、民事诉讼法概要、统计学等。考试及格后分发到基层审判机关进行学习,为学习书记官,学习期满,转为候补,如有位缺再由司法行政部统一任用为书记官。书记官分书记官长和普通书记官两种。就职级而言,地方法院的书记官长为委任1至9级俸,而一般书记官为委任4至13级俸。

对于新式审判机关来说,书记官制度的确立意义绝不容小视,它不仅提高了审判辅助人员的专业水平和能力,更为重要的是从此以后书记官彻底摆脱了对审判人员的人身依附关系,有利于案件审理质量的提高。民国时期接受过普通高中教育的学生在人口总比例中已经极少,因而就总体而言其学识和见识已远远优于一般民众。此后,法院书记官制度建设开始步入正轨。以下是1948年西安地方法院书记官名单及其基本情况。

龚伟堂,书记官长。43岁,江苏吴进人。江南监狱学校毕业,陕西战时行政人员训练所司法组毕业。曾先后任职于河南上蔡监狱、陕西麟游看守所、陕西咸阳看守所、陕西合阳看守所、陕西宝鸡地方法院书记官、陕西高等法院书记官、陕西宝鸡地方法院书记官长、陕西高等法院书记官、陕西高等法院第四分院书记官长、陕西大荔地方法院看守所所长,1948年部派西安地方法院书记官长,委任4级。书记官长总理地方法院中有关书记官的一切日常事务,如平时工作的安排,乃至书记官的考核等。

段洪毅,书记官。56岁,陕西户县人。陕西公立法政专门学校毕业。

屈天英,书记官。女,32岁,陕西乾县人。首都女子法政讲习所毕业。1941年9月任西安地方法院书记官,委任1级。

陈宏滔,书记官。59岁,陕西长安人。陕西公立法政专门学校政治科毕业。1946年4月陕西高等法院派任西安地方法院书记官,委任5级。

郑锡平,书记官。39岁,陕西白水人。甘肃学院法律系毕业。1946年陕西高等法院院派任西安地方法院书记官,1948年司法行政部派任,委任5级。

张箕辉，书记官。25岁，陕西咸阳人。陕西省立三原中学毕业。曾任陕西咸阳地方法院录事、陕西周至地方法院人事管理员、陕西高等法院录事，1947年陕西高等法院院派任西安地方法院书记官，委任5级。

徐玺，书记官。38岁，陕西乾县人。陕西省立第一职业学校肄业。历任西安地方法院候补书记官、书记官，委任5级。

王学曾，书记官。26岁，山西万泉人。山西运城明日中学毕业。曾任陕西临潼地方法院录事，1945年派任西安地方法院书记官，委任11级。

潘日耀，书记官。27岁，甘肃武山人。甘肃甘谷中学毕业。1945年普通文官考试法院书记官考试及格后分派西安地方法院实习，1946年3月派任西安地方法院书记官，委任5级。

叶遇春，书记官。38岁，湖北浠水人。西安敬业中学毕业。曾任西安地方法院候补书记官、会计员等，1946年派任西安地方法院书记官，委任7级。

刘泽霖，书记官。30岁，陕西长安人。陕西省立第一初级中学毕业。曾任陕西省高等法院第四分院候补书记官，1947年派任西安地方法院书记官，委任9级。

郝颖侠，书记官。女，35岁，陕西临潼人。复旦大学教育系肄业。曾在陕西华阴、大荔等地中学任教员，后转职法界，先任陕西高等法院书记官，1947年6月派任西安地方法院书记官，委任7级。

王艳如，书记官。女，37岁，河南开封人。开封女子师范学校毕业。曾任陕西高等法院录事、书记官等，1947年5月派任西安地方法院书记官，委任11级。

毛崇恭，书记官。29岁，陕西武功人。南京私立安徽中学高中部毕业。曾先后在陕西周至、礼泉等地方法院任书记官，1947年1月派任西安地方法院书记官，委任9级。

仲跻禄，书记官。41岁，陕西华阴人。旧制中学毕业，中央干训团毕业。曾任陕西军管区政治部镇安团少校、陕西韩城县司法处录事、陕西华阴县田赋粮食管理处主任等职，1946年5月派任西安地方法院书记官，委任9级。

俞人俊，书记官。26岁，浙江东阳人。初级中学毕业。曾任陕西省高等法院第四分院候补书记官，1947年8月派任西安地方法院书记官，委任9级。

董步裕，书记官。33岁，陕西长安人。西安第一中学毕业。1946年9月派任西安地方法院书记官，委任10级。

贾振存，书记官。32岁，山西临晋人。山西运城中学高中部毕业。曾任陕西高等法院录事、陕西宁陕县司法处书记官，1947年6月派任西安地方法院书记官，委任11级。

赵淳元，书记官。29岁，浙江东阳人。曾先后在陕西白水县司法处、陕西武功县司法处、陕西省高等法院第四分院等任录事，1948年1月派任西安地方法院书记官，委任12级。

焦书业，书记官。51岁，陕西武功人。中学毕业。曾任南京国民政府立法院法制委员会会计、中央国医院秘书、最高法院书记官，负责会计事务，1948年6月派任西安地方法院书记官，委任12级。

曹正本，书记官。29岁，陕西长安人。陕西省立政治学院金融班毕业。1947年任职西安地方法院，为会计室候补书记官，委任9级。

张学道，书记官。36岁，山东安丘人。高中毕业。1946年任职西安地方法院会计室书记官，委任8级。

刘汝霖，书记官。40岁，陕西长安人。高中毕业。1947年5月任职西安地方法院会计室书记官，委任10级。[①]

---

① 以上信息，均见西安市档案馆档案，卷宗号090—1—10。

二、能力

透过这些不太完整的信息,大致可以得出如下结论:民国时期西安地方法院的书记官,特别是那些从事审判辅助性工作的书记官大都具备了一些现代法学知识,拥有与审判相关的工作阅历,同时还具有中等以上的学历,专业知识和文字表达能力基本上可以辅助推事从事一些与审判有关的事务性工作。

书记官的职责是辅佐推事进行审判,但双方并无人身隶属关系。此外,书记官平时的考核系由书记官长负责,即与其辅助的推事无关,这一规定彻底从制度上切断了书记官对推事可能出现的人身依附。不仅如此,为防止推事操纵审判,保证审判公正,书记官还承担着对推事的制约功能。如1943年修定的《法院组织法》规定:在审判中,书记官必须服从推事的命令,但推事关于笔录,或其他文件之记载或变更,书记官认为其记载或变更为不当时,得附记自己之意见于后。笔录变更之处,书记官、推事均须分别签名盖章。

民国晚期由于战乱的原因导致合格书记官短缺,西安地方法院的个别书记官并不完全符合制度的要求。如有的尚未通过普通文官法院书记官考试,甚至还有个别书记官是从录事转职而来的,对于这些问题,西安地方法院一直在努力寻求解决办法。

> 惟本院推事同仁学识修养虽甚优越,而记录书记官间有以录事暂代者,无论于法令规定不合,其于记录事务是否胜任亦足影响审判。是以本任接事之初,首先将暂代记录事务之录事人员尽量调配书记官担任,以利审判事务之推进。终以本院书记官名额限制未能悉如理想。复于上年年终会议提出讨论经决议呈请高院于三十八年度增加书记官

二名,尚未奉到核示。①

三、年龄

　　民国晚期西安地方法院的书记官年龄上以中年为主,30 岁以下的只有七位,与推事的年龄结构大体相仿。推事与书记官是法院中两个最为重要的群体,年龄均以中年为主,这种年龄结构无疑会使整个法院具有一种沉稳内敛的气质,较为符合审判职业的要求。1948 年西安市政府共有各类职员 325 人,其中年龄在 30 岁以下的共有 140 人,占总数的 43%②。而同期的西安地方法院共有推事和书记官(不含检察处的检察官和书记官)35 人,其中 30 岁以下的为七位,占总数的 20%。两者相比,地方法院的职员年龄明显要大于政府工作人员。清末新政推行之初,新式审判机关刚刚试办,为了创新之需要,各地审判机关都启用了大批刚从法政学校毕业的年轻人。这种做法引起了人们的普遍关注与讨论,大多数人认为年龄太轻与审判职业需要的练达人情及阅历丰富的特性不符,到民国晚期这一现象已有了较大的改观。

第三节　录事、执达员与学习推事

　　推事、书记官之外,新式审判机关中的其他人员还包括通译员、检验员、录事、执达员、庭丁、公丁和实习推事等,这一群体最为庞大,成分也最为

---

① 西安市档案馆档案,卷宗号 090—1—26。此外,民国时期亦有学者建议应设立专门的司法辅助人才学校,加强对司法辅助人才的培养。见杨兆龙:"司法改革声中应注意之基本问题",《经世》第 2 卷,1937 年第 1 期。
② 西安市政府统计室编:《西安市政府统计报告》,1947—1948 年。

复杂。

通译员即翻译,清末和民国审判机关使用的语言均为汉语,如有外籍和少数民族人士涉案需要翻译进行语言传递。西安地处内陆,涉外案件极少,因而一直未设专职的通译员。检验员即法医,其职责较为重要。新式审判机关创建之初,现代医学在中国刚刚起步,合格的法医人员和检验设备非常短缺。西安地方审判机关虽设有检验员一职,但依据的还是传统的勘验教材《洗冤集录》等,直到民国中晚期各审判机关才补充了一些医学院毕业生,检验水平始有了质的提升。[①] 西安地方法院设有检验员一人,因人数太少,就群体的角度而言影响不大。庭丁和公丁,即维护法庭秩序之人员,对审判之影响亦较为有限。

因故,对于西安地方审判机关来说,推事和书记官之外,需引起我们特别关注的人员主要有录事、执达员和学习推事。

一、录事与执达员

新式审判厅设立之初,录事为书记官中职级最低者,负责记录、案卷编订等文牍工作。民国以降,录事降格为地方法院中的辅助人员,辅佐书记官从事某一具体文牍工作。执达员即新式审判厅设立之初的承发吏,职责为:送达各类司法文书;执行审判之判决,如对民事判决中涉及到的财产进行强制执行;通知催传事件等。录事主内,执达员主外,与审判权、执行权关系较为密切,加之其与当事人庭外接触的机会多,因而对审判机关社会形象的塑造较为重要。录事、执达员属于法院的正式员工,但并非公务员,也不是传统衙门里的差役。纵观民国时期西安地方法院的录事和执达员,大致可以做如下归纳:

---

① 任玉田:"一位民国检察官的回忆录",《检察日报》,2013 年 12 月 27 日。

一是人数较多。民国晚期,西安地方法院设置录事 16 人,执达员则一直保持在 10 人左右,两者相加占全院人数的 1/6。

二是薪俸低。地方法院的录事和执达员薪俸相对较低,民国晚期西安地方法院录事月平均薪俸在 80 元左右,而执达员大致在 60 元左右[①]。

三是缺乏明确的任用资格标准。清末制定的《法院编制法》中曾明确规定承发吏须经考试合格方能录用,但 1932 颁布的《法院组织法》中对于录事与执达员的资格却无专门规定,也就是说录事和执达员的录用全由各级审判机关自行决定,这不能不说是一大漏洞,事实上也降低了执达员的水平。

由于法律对录事和执达员的任用资格未做规定,加之待遇较低,因而每当遇到物价高昂的时候便陷入条件好的人不干,素质低的人又干不了的怪圈,既不利于这一群体素质的提高,也增加了管理的难度。

尽管与理想状况相比,西安地方法院的录事和执达员在素质上还存在着一定的差距,但就制度层面而言,录事及执达员与中国传统官府的衙役毕竟已有了本质的不同。中国传统官府中的衙役大都是私役性质的,他们待遇低,流品杂,没有荣誉感,缺乏做好工作的动力,因而衙役利用权力随意敲诈,盘剥当事人的现象极为普遍,大大降低了官府在民众心目中的形象与地位。新式审判机关建立之后,录事及执达员成了地方审判机关的正式员工,其与行政长官和书记官长私人之间也没了隶属关系。

二、实习推事

实习推事并非实习法院的正式人员,但考虑到他们对地方法院的审判工作实际上具有着一定的影响,加之对于整个推事制度的构建又极为重要,因而,在此一并加以讨论。清末制定的《法院编制法》第 108 条规定,凡拥有

---

① 西安市档案馆档案,卷宗号 090—1—5。

报考推事资格,并参加"第一次考试合格者分发地方审判厅检察厅学习,以两年为期满。"第109条规定"学习推事应受该管地方审判厅长之监督,学习检察官应受该管检察长之监督。其品行性格分别由该监督官届时出具切实考语,京师径详司法部,各省送由高等审判厅长检察长详报司法部复定鉴别之;其劣者得随时罢免。"之所以如此规定,宪政编查馆解释说:

> 学习推事及学习检察官,当学习期间,虽以熟悉职务为要,然尤以品行性格为先。盖品行不正,不能保法官之尊严;性格不良,难以其执务之适当。故此条规定其品行、性格、分别由该监督出具考语,呈报法部鉴别之。其劣者随时罢免,不得受第二次考试也。①

通过实习阶段,巩固所学习的知识,养成未来执业所需要的经验和能力,检验品行是否优良,以及性格是否乖张,中国最早的学习推事与学习检察官制度由此建立。清末以降民国历届政府所颁布的《法院组织法》中也都明确规定凡司法官考试初试及格者均需分发到基层法院进行实习。南京国民政府司法行政部还于1933年颁布了《高等考试司法官考试初试及格人员学习规则》,对实习时间、内容及过程作了更加全面的规定。如初试及格后的学习期限为二年,原则上分发到基层法院或检察处进行学习,但司法行政部认为有必要时,可以划出一部分时间到法官训练所进行训练。学习期间必须有推事专门负责指导,学习者可以阅览诉讼案卷,旁听审判过程和推事评议,学习内容上民事审判、刑事审判兼顾,此外每月还需拟作裁判书或处分书10件,一年期满后可以充记录执行等事务。上述内容中旁听推事评议过程和撰写裁判文书对于其提高实习质量尤为重要。实习期间如有行为不检或任事不力者,地方法院应加以警告。

司法考试初试合格之后的实习不仅对于实习者本人审判经验的形成和

---

① 谢如程:《清末检察制度及其实践》,上海世纪出版集团2008年版,第392页。

品行的养成极为重要，还关系到推事群体的可持续发展。推事职业所需要的审判经验和职业操守单纯靠书本学习和课堂教育是无法从根本上养成的，唯有将那些未来的职业工作者放在特定的、真实的利益冲突之中和相关的制度框架内去检验，去熏陶才有可能做到这一点。

西安府地方审判厅成立之初，安排有三位实习推事，其中的伊若璋是宣统二年(1910年)中国历史上第一次司法考试的优等生。此后每年都接受数量不等的实习推事，如1948年西安地方法院计有实习推事四人，分别是李直、李继宗、朱保俊和王春台。西安地方法院对于实习推事历来较为重视，专门设有实习推事管理册进行跟踪管理，记载的内容亦十分详细。不仅如此，西安地方法院还主动接受一些原本不是分发给自己的实习推事，保护实习者的切身利益。如1947年度高等文官司法官考试初试及格者李直原分派到陕西临潼地方法院进行实习，但考虑到该院案件较少，适用法律较窄，实习意义不大，特向西安地方法院提出申请，希望转到地方法院进行实习。西安地方法院接受和同意了李直的请求。①

此外，西安地方法院还大胆尝试，尽可能地安排学习推检从事一些与审判相关的事务，以增长才干，如西安地方法院就曾让学习推事临时替代因病休假的公职律师，为那些无力聘请律师的当事人进行诉讼服务。

至于重视的原因，既有对司法制度可持续发展的理性思考，也有利益上的考量。民国以后，西安地方审判机关的推事人数一直偏少，实习推事的经济补贴是由上级财政承担的，因而尽可能地多接受实习推事，可以在一定程度上缓解本院案多人少的矛盾。按照民国时期的制度规定，实习推事的实习期间为两年，实习推事，特别是进入第二年的实习推事其实际工作能力毋庸怀疑，如果每年都能保证有三到四名实习推事在本院实习，这对于只有14名实缺推事的西安地方法院来说，无疑是一笔不小的人力资源。

---

① 西安市档案馆档案，卷宗号090—1—14。

档案材料同时也表明实习推事实习期满,真正能够留在本院工作的并不多见,民国晚期西安地方法院的实缺推事中只有李本固、屈天行二人是实习期满后留任的。

第四节 看守所人员

看守所人员是新式审判机关中的另一群体。狱政败坏是中国传统政治的一大痼疾。传统狱政之所以败坏,与管理人员,即狱卒的地位低下有着密不可分的关系。传统中国"贱狱"观念流行,导致监狱管理人员,即狱卒的社会地位低下。清末曾有学者一针见血地指出:

> 我国狱官之所以为世诟病者,非仅狱官之罪也,试问我国狱官之位置果真安全否?位置朝秦暮楚,而欲其一意奉公,其可得欤?又试问其俸给果优厚否?俸给不足以仰事仰畜而欲其廉正自持,又可得欤?①

清末推行新政,狱政改革亦为新政之一。狱政改革除革新硬件条件之外,更为重要的是提高狱政人员的地位。为此清廷下令创办监狱专修科培养狱政专才,使狱政管理成为一门科学。清末的监狱专修科大都附设于法官养成所之下,属短期培训的性质,还未发展成为正规的学校教育。但即便如此,亦为日后国家狱政的改革储备了必要的人才。史载到宣统三年(1911年),陕西省法官养成所附设的监狱专修科就招收了学员500人。②

进入民国以后,司法行政部门为了进一步提高监狱官、看守所人员的整体素质和社会地位,使狱政管理成为一种不受人歧视的专门职业,采取了许

---

① "狱政改良两大纲",《东方杂志》,光绪三十二年(1906年),第8期。
② 《内阁官报》,宣统三年(1911年),引自肖世杰:《清末监狱改良——思想与体制的重塑》,法律出版社2009年版,第153页。

多切实有效的办法：

第一，将监狱官列入文官系列并实行资格考试准入制度。监狱官考试属普通文官考试之一种，报考条件与书记官大体相同，考试科目包括：国父遗教、国文、本国历史地理、宪法、刑法概要、犯罪学概要和监狱卫生等。

第二，提升地位和待遇。将狱政和看守所管理人员由"狱卒"、"狱吏"上升为"狱官"，地位和待遇与司法官几近相同。如民国晚期西安地方法院看守所所长的职级与书记官长大致相同，地位及待遇可谓不低。

第三，创办监狱学校。民国政府陆续创办了一些监狱学校，培养监狱和看守所管理所需要的专门人才，如曾在陕西地区多个县看守所任过所长的龚伟堂就毕业于江南监狱学校。

以下是1948年西安地方法院看守所所长李说莲的简历：

李说莲，男，41岁，山西安邑人，国民党党员。北平郁文大学法律系毕业，曾任陆军第29军军法处处员，前敌执法处中校执法官，江苏第二监狱候补看守长、看守长，江苏江都地方法院看守所所长，陕西省第一监狱办事，陕西彬县、宝鸡地方法院看守所所长等职，1943年受嘉奖一次，1944年记功一次，委任五级。1948年任西安地方法院看守所所长。①

这些措施极大地带动了监狱官整体素质的提升，也相应地改善了狱政人员的社会地位和社会形象，我们不妨引用陈珣回忆录中的一段话为证，抗战期间陈珣曾任湖北省第三监狱（位于湖北宜昌）典狱长：

> 有一次湖北省政府新任主席万辉煌偕民政厅厅长余正东来宜昌，大肆宴请宜昌各机关首长。宜昌司法界有高分院（省高等法院分院）和宜昌地院院长和首席（高分院及地方法院检察处首席检察官），也少不了我这个典狱长，席间，大多数是法界。主人作陪的是民政厅长余正

---

① 西安市档案馆档案，卷宗号90—1—30。

东。我这个人无论在何种场合,只是谈笑风生,旁若无人,习惯了①。

一省之长宴请地方各机关首长,监狱的典狱长也在被邀请之列,而且还能在席间谈笑风生,旁若无人,从一个侧面真实地反映出监狱典狱长的社会地位。

伴随着典狱长、看守所所长社会地位的提高,其职位也成了人们竞争的对象。民国时期一位长期从事狱政工作的当事人回忆说:看守所的所长,交际要繁。"除了博取主管法院院长的信任外,对于推事、检察官、书记官无一不需要周旋,而院内下级人员亦不可藐视,尤其对检察官更要密切联络,以求久于其位。如果不善交际,得罪检察官,则难免遇事生风,不但不能安于其位,况且有获咎坐牢之虞。"②

还需特别提出的是,民国时期,西安地方法院看守所中还有了女性看守,并新增设了医士。女性看守的增加体现了对女性被关押人员人权的重视,而增加医士人员,保证小病可以及时被发现和治疗,困扰中国传统社会几千年的狱内关押人犯因疾病和疾病传染死亡数量较多的问题得到了根本的改善。

表2.3 1944年西安地方法院看守所公务员数额

性别\年龄	共计(人)	25岁以下	26至30岁	31岁以上
男	32	2	11	20
女	2			2
合计	34	2	11	22

---

① 陈珣:《从省党部特派员到典狱长》,中国文史出版社2007年版,第98页。
② 朱葛民:《旧监狱内幕》,全国政协文史资料委员会编:《文史资料选辑》第78辑,文史资料出版社1982年版。

小　　结

　　创制之初的西安地方审判机关，不少人员是从旧的官吏蜕变而来，身上保留着较多传统的东西，此后经过不断调整和改造，这一现象有了根本的改观，且速度逐渐加快。之所以会出现这样的结果，最根本的原因：一是时人对现代司法制度的深刻认识；二是设计出了相对合理的制度；三是尽量克服一切困难去实施这些制度。基于上述原因，到民国时期西安地方法院的从业人员在知识结构、思维方式、价值取向，甚至生存方式等诸多方面都展现出了全新的面貌。

　　如员工的内在结构更趋合理。任何一个机构的正常运转都离不开员工之间的相互配合及制约，到民国晚期西安地方法院中推事、书记官、录事、执达员、庭丁和公丁等各类员工一应俱全，他们有着各自的准入制度，有着明确的权利和义务，彼此之间分工明确，但又互不隶属，形成了新的人际关系和工作关系。

　　女性员工从无到有。传统中国是男权社会，男主外，女主内乃为数千年不变之分工，进入民国以后这种格局终于被打破。清末民初地处内陆的西安各方面还都较为封闭与落后，女性受教育的机会和就业机会都远远低于男性，西安地方法院的员工中也没有女性，这不能不说是一种缺憾。民国晚期这一现状终于有了改观。如 1944 年，西安地方法院共有员工 118 人（含看守所），其中女性 4 人。到 1948 年，统计到的 145 名员工中，女性已增加到 10 人，不但增加的速度较快，而且在人员总数中的比例亦相应地提高。不足之处是职位还较低，最高职位的是书记官，还没有出现女性推事。

最后，附带说明的是西安地方审判机关的人数也在增加。初设时只有12人，到1940年代初人员逐渐发展到七八十人左右，此后便基本稳定在这一数量。如1944年，西安地方法院共设推事兼院长1人，推事兼庭长2人，推事8人，书记官长1人，书记官21人，人事管理员、统计员、会计各1人，录事16人，执达员10人，庭丁6人，公丁12人，共计80人。如果再加上检察处的几十人和看守所的四五十名看守人员，总数已接近200人，在当时西安市所有的各类机构中其规模已足够庞大。200来人每天从法院的大门进进出出，地方法院受关注的程度无疑也在增加。①

总之，到民国中晚期，不管制度运行中还存在着什么样的问题，西安地方法院的人员同中国传统社会地方衙署中的官员已划出了清晰的界限，其核心成员已逐渐成为一个具有特殊的专业知识和技能，并依靠这种专业知识和技能服务社会，满足自己生存需要的职业群体。

新的机构，新的人员，这一目标在民国时期的西安地方法院已基本实现。

表2.4　1944年西安地方法院员工年龄结构(含看守所)

年龄＼性别	共计(人)	25岁以下	26至30岁	31岁以上
女	4		4	
男	114	8	20	86
合计	118	8	24	86

---

① 1949年5月25日，西安地方法院共有各类人员(含检察处和看守所)217人，西安审判志编委会：《西安审判志》(打印稿)。

表 2.5　西安地方法院员工分类(1942—1948 年)①

职别\年度	推事兼院长	推事兼庭长	推事	书记长官	公设辩护人	主科书记官	书记官	候补书记官	检验员	通译	人事	会计	统计	录事	执达员	庭丁	公丁
31	1	2	8	1			14	7				1	1	16	10	6	12
32	1	2	8	1			14	8			1	1	1	16	10	6	12
33	1	2	8	1			21				1	1	1	16	10	6	12
34	1	2	11	1			23				1	1	1	19	10	7	12
35	1	3	10	1			19				1	1	1	15	10	6	12
36	1	3	10	1			19				1	1	1	15	10	6	12
37	1	3	10	1			19		1		1	1	1	15	10	6	12

表 2.6　西安地方审判厅部分人员(1912—1921 年)②

姓名	任职时间	职务	姓名	任职时间	职务
苏兆祥	民国元年	西安府地方审判厅厅长	米之卓	民国 3 年	候补书记官
闻人植	民国元年	民庭庭长	陈铭鼎	民国 5 年	书记官
宋维经	民国元年	推事	何德堃	民国 5 年	书记官
董纪堂	民国 3 年	书记官长	颜昌试	民国 5 年	书记官
王生杰	民国 3 年	书记官	胡启瑷	民国 6 年	推事
刘继祖	民国 3 年	书记官	李沛	民国 7 年	民庭庭长
王宝藩	民国 3 年	书记官	吴延琪	民国 7 年	推事
翟萍	民国 3 年	书记官	郭青	民国 7 年	推事
张厚坤	民国 3 年	书记官	周致泽	民国 8 年	推事
赵安兰	民国 3 年	书记官	叶可权	民国 9 年	书记官
贾尔村	民国 3 年	候补书记官			

---

① 西安审判志编委会:《西安审判志》(打印稿),在此基础上略有修订。
② 同上。

表2.7 西安地方法院部分人员(1922—931年)①

姓名	任职时间	职务	姓名	任职时间	职务
孙念先	民国16年	院长	刘思敬	民国20年	暂代庭长
袁葆华	民国20年	庭长	程泮村	民国20年	推事暂代庭长
何慕公	民国20年	庭长	方荣珏	民国20年	代推事
萧国安	民国20年	庭长	崔炎煜	民国20年	代推事
刘希贤	民国20年	学习推事	田惟均	民国20年	代推事
张先圻	民国20年	代推事	李梦华	民国20年	推事
史汗勋	民国20年	代看守所长	张旭光	民国20年	推事暂代庭长
华严	民国20年	代庭长	毛起凤	不详	推事兼庭长

表2.8 西安地方法院部分人员(1932—1941年)②

姓名	任职时间	职务	姓名	任职时间	职务
房金奇	民国23年	推事	宁田康	民国28年	书记官
徐杰	民国24年	推事	黄延馥	民国28年	推事
赵桂林	民国24年	候补推事	蒋崇颐	民国28年	书记官
孙英武	民国28年	民庭庭长	郑吉林	民国28年	书记官
金锡霖	民国28年	推事	李文磐	民国28年	书记官
胡景麟	民国28年	书记官长	袁炳辉	民国28年	推事
谭文翰	民国28年	书记官	常恒心	民国28年	书记官
黄元恕	民国28年	书记官	濮德瑜	民国28年	书记官
易传绥	民国28年	看守所长	孙咸煦	民国28年	推事
郭德沛	民国28年	刑庭庭长	王景章	民国28年	书记官
林先进	民国28年	推事	宋瑞麟	民国28年	书记官
许庆帜	民国28年	书记官	俞宪曾	民国30年	推事兼庭长
李希曾	民国28年	推事	刘伴潘	民国30年	推事
关百英	民国28年	书记官	张万金	民国30年	推事

① 西安审判志编委会:《西安审判志》(打印稿),在此基础上略有修订。
② 同上书。

表 2.9　1948 年西安地方法院职员名录①

姓名	性别	职别	姓名	性别	职别
崔炎煜	男	院长	屈天行	男	推事
钱应选	男	庭长	李显瀛	男	公证员
徐祖彤	男	庭长	王鸿斌	男	公证员兼代书记官长
徐志远	男	庭长	陶希侃	男	人事管理员
张维心	男	推事兼庭长	汪兴	男	会计员
李本固	男	推事	黄元恕	男	统计员
余国藩	男	推事	段鸿毅	男	书记官
卫毓英	男	推事	屈天英	女	书记官
郭文翰	男	推事	叶遇春	男	书记官
郑吉林	男	推事	陈洪滔	男	书记官
蔚济川	男	推事	田嘉祥	男	书记官
宋瑞麟	男	推事	石淑云	女	书记官
王灵枢	男	推事	郑锡平	男	书记官
张福海	男	书记官	张学道	男	书记官
徐玺	男	书记官	曹正本	男	书记官
刘泽霖	男	书记官	刘汝霖	男	书记官
张箕辉	男	书记官	刘致狱	男	书记官
王艳如	女	书记官	李鸿奎	男	录事
董步裕	男	书记官	俞祖光	男	录事
仲跻禄	男	书记官	王玉洁	女	录事
毛崇恭	男	书记官	郑云峰	男	录事
郗守麒	男	书记官	葛彩霞	女	录事
王学曾	男	书记官	阎延庆	男	录事

①　西安审判志编委会:《西安审判志》(打印稿),在此基础上略有修订。

续表

姓名	性别	职别	姓名	性别	职别
贾振存	男	书记官	惠润亭	男	录事
潘日耀	男	书记官	巩致远	男	录事
李仲南	男	录事	薛德山	男	执达员
徐存廷	男	录事	王宝善	男	执达员
王惠生	男	录事	贾志勤	男	执达员
赵忠诚	男	录事	高云峰	男	执达员
张教斌	女	录事	刘开基	男	执达员
田坚初	男	录事	成朝栋	男	执达员
晏敬国	男	执达员	郭清华	男	执达员
崔濂涛	男	执达员	左建勋	男	执达员
贺向杰	男	会计室录事	张家声	男	执达员
雒守谦	男	会计室录事	郝颖侠	女	书记官
宁崇波	男	会计室录事	李说莲	男	看守所长
赵明轩	男	会计室录事	金绍武	男	所官
吴志华	男	执达员	冯应元	男	会计员
赵鸿昶	男	医士	王生魁	男	看守
闫忠恕	男	看守长	甘沛霖	男	看守
寇志裕	男	书记官	吕云明	男	看守
周郑惠	女	雇员	田文伯	男	看守
余文翰	男	雇员	张茂先	男	看守
王兴学	男	看守主任	周兴岐	男	看守
王凤祥	男	看守主任	王甲让	男	看守
田银会	男	看守主任	黄克让	男	看守
袁天相	男	看守	孙长胜	男	看守
焦世楷	男	看守	胡鸿宾	男	看守

续表

姓名	性别	职别	姓名	性别	职别
张云峰	男	看守	孟养云	男	看守
俞兆龙	男	看守	李润生	男	看守
丁秉成	男	看守	张宝忠	男	看守
王耒	男	看守	牛佩文	男	看守
白志成	男	看守	刘旭昶	男	看守
刘克奇	男	看守	宋希文	男	看守
陈万吉	男	看守	王栋材	男	看守
路培兰	男	看守	华登汉	男	看守
刘富宣	男	看守	李学纯	男	看守
白炳治	男	看守	杜金坡	男	看守
文建民	男	看守	石积德	男	看守
卫伟烈	男	看守	余成德	男	看守
王文才	男	看守	于占江	男	看守
张日新	男	看守	尹庆成	男	看守
关忠田	男	看守	李品三	男	看守
张永清	男	看守	王生荣	男	看守
负天新	男	看守	丁宝乾	男	勤务
崔亭赞	男	看守	何树荣	男	录事
李菊勤	女	看守	杨步滋	男	书记官
蔡雪兰	女	看守	杨天益	男	公丁
张保元	男	法警	张和林	男	公丁
温岂为	男	检验员	刘秉乾	男	庭丁
刘气盛	男	书记官	陈志杰	男	庭丁
姚世发	男	所丁	张成元	男	庭丁
李德全	男	所丁			

第三章　内部组织依法设立

公开、公正地对诉讼进行裁决,维护公民、法人的合法权利或强制其履行法定的义务是现代国家赋予审判机关的职权,而要真正做到这一点,实现社会的普遍预期,各级审判机关除了秉承统一的实体法和程序法之外,还必须依赖固定的内部组织。仔细观察西安地方审判机关的沿革,不难发现西安地方审判机关与中国传统衙门所依赖的内部组织与制度亦存在着巨大的,甚至说本质上的差异。

第一节　厅(院)长

机构成立之后能否发挥其预设的功能,以及发挥得好坏与该机构的负责人关系极为密切,对于中国这样一个正从人治走向法治的国家更是如此。因而,说到审判机关的组织必须先从厅(院)长说起。

一、职责和权限

宣统二年(1910年)颁布的《法院编制法》规定,地方审判厅设厅长一人,总理全厅事务并监督全厅行政事务,为本厅之长官,即厅长是西安府地方审判机关的行政长官。就职责而言,清末民国时期地方审判机关的厅(院)长首先是推事,审判是其最基本的职责,这一点必须明确。换言之,厅

(院)长并非专职的管理人员,更非传统意义上的官。此外,清末到民国,各级审判机关均只设厅(院)长一人,并无副厅(院)长一职,足以表明这一时期的审判机关行政化问题尚不太严重。

但与其他推事相比,厅(院)长的任职资格和职权又有明显的不同。

第一,特殊的任职资格。最初的《法院编制法》对于地方审判厅厅长的任职资格并无特殊的要求,与其他推事完全相同。南京国民政府成立后,开始对地方法院院长的任职资格做出特殊规定,较一般推事的任职条件要求更高,也更趋严格。该法规定担任地方法院院长者应具备下列资格:曾任推事、检察官3年以上;曾任推事、检察官,同时又担任荐任司法行政官4年以上;现任推事、检察官并曾在国立或经立案之公私立大学、独立学院、专科以上学校教授主要法律科目2年以上,卓有成绩,经司法官资格审查机关审查合格者。这一新的变化显然更为合理。

第二,职级待遇高于其他推事。清末和民国时期,各级审判机关的厅(院)长均有自己特定的职级。如南京国民政府时期西安地方法院的院长为简任职,同院的其他推事则为荐任职,因而,厅(院)长在物质待遇上高于一般推事。

第三,对本机关内审判事务拥有管理权。清末民国时期审判机关内部一直采取分类管理的办法,具体而言,凡与审判有关的司法行政事务由厅(院)长负责,这些事务包括案件的分配、各种临时事件的处理以及负责召开各种年度业务会议等,而纯粹的、日常的行政事务则由书记官长具体负责,加之初设时期人员较少,事务单纯,因而厅(院)长个人的作风和管理工作方式对本机关的影响并不太大。但伴随着审判机关的发展,审判机关内部和外部事务性的工作亦同步增多,管理工作日渐繁杂。

为了维护司法独立,清末民国时期制定的几部法院组织法均明确规定,厅(院)长总理的只是审判机关内部的司法行政事务,管理时不得侵害或妨碍其他推事享有的民事、刑事案件审判权。按照当时制度设计者的理解,司法独立不仅指的是审判机关独立于行政机关,即行政机关无权干涉审判机关的审判活动,同时还包括每个法院和推事行使审判权时不受他人干涉。

但与此同时,司法实践中厅(院)长却又须对推事拟定的裁判文书进行审核。新式审判机关初立之初,一些法院,特别是一些初审法院的推事水平参差不齐,主管部门希望通过诸如厅(院)长审核裁判文书之类的做法来提高审判质量,久而久之形成惯例。作为一种惯例,该做法起于何时现已很难考证,但起码从北京政府时期即已施行,南京国民政府成立后更是将此做法制度化。1935 年 6 月司法行政部公布的《地方法院及分院处务规程》第 16 条明文规定,推事拟定裁判书后,应送院长察阅,合议庭推事拟定裁判书经审判长核定后亦须由院长察阅。档案材料清楚地表明,民国晚期西安地方审判机关的推事拟定的裁判文书在公布之前须经过院长的审核。显然,该做法缺乏法理上的依据,此外,审核的性质,以及审核与推事独立审判之间的关系及边界等都需要认真研究,但主管部门的用心和初衷毕竟可以理解。

二、个案观察

西安府地方审判厅的第一任厅长为王凤至,但有关王凤至个人的信息所知甚少。从创制到被取缔,西安地方审判机关共存在了 39 年,前后经历了 13 位厅(院)长,其中刘泽民任命之后,并未到任,因而事实上有案可查的为 12 位,人员更替极为频繁。任期最短的不到一年,如陈瑛石 1937 年 3 月 2 日到任,同年 12 月 6 日即去职;刘梦庚 1948 年 10 月 16 日到任,1949 年 3 月去职,均匆匆过客而已[①]。服务年限最长的为 10 年。厅(院)长的频繁更

---

① 这一现象较为普遍。有学者统计,1912 年至 1928 年 17 年间各省高等审判厅厅长更换次数如下:直隶 7 次、奉天 5 次、吉林 4 次、黑龙江 9 次、山东 9 次、河南 10 次、山西 7 次、江苏 8 次、安徽 7 次、江西 6 次、福建 5 次、浙江 5 次、湖北 9 次、湖南 6 次、陕西 3 次、甘肃 11 次、四川 6 次、广东 7 次、广西 6 次、云南 4 次、贵州 3 次。见毕连芳:《北京民国政府司法官制度研究》,中国社会科学出版社 2009 年版,第 230 页。

换势必会影响审判机关的稳定。但好在彼时的厅(院)长也得审判案件,没有精力一心想着如何"创新",也大都不想证明自己政治方面才能。即便有想法,也都是站在职业角度去考虑问题;加之,彼时的审判厅行政化程度还不高,厅长可支配的资源,以及支配资源的渠道也相对有限,因而对审判机关的伤害还不算太大。

13任厅(院)长中,苏兆祥、崔炎煜的任期较长,对西安地方审判机关的发展影响较大,特别是崔炎煜曾先后三度出任西安地方法院院长一职。

崔炎煜(1897—1969),字雪堂,陕西户县人。家境殷实,自幼接受过良好教育,1924年毕业于私立北京朝阳大学法律专业。朝阳大学原名民国大学,校址位于北京朝阳门海运仓旧址,创办于1913年,首任校长为留学日本法政大学的著名社会活动家汪有龄,其背后凝聚了一批有志于为中国培养合格法律人才的法政人士。在近现代中国,民国大学并非是第一家由中国人创办的高等法律院校,但无疑是最成功的一家。1916年改校名为朝阳大学,寓意着中国的法学教育事业像初生的朝阳一样生机勃勃。该校招生、教学、管理均较为规范和严格,创办之后多次受到政府的嘉奖,如北京政府教育部曾为其颁发特别奖状,并被司法部授予"法学模范"等称号,声誉卓著,毕业生遍布国内司法系统,以至于民国时期有"无朝阳不成院(法院)"之说。

尽管步入大学生活的崔炎煜早已过了人生观、世界观形成的最佳时期,但朝阳大学的求学经历以及严格的专业训练,仍然在他的身上和心中打上了深深的烙印,并使他终生难忘。以至于多年后他还时常说起:"忆昔日北平上学时,先生讲关于判决之事,考之其语,则我们所作之判决皆不合理。尽管民刑判决故为两途,但认定事实毕竟如一。尤其刑事判决不可多一字,即一字对判刑皆有密切关系。我们虽不能立即做到,但应边做边学,以达理想境地。"①

---

① 西安市档案馆档案,卷宗号090—2—5。

第三章 内部组织依法设立

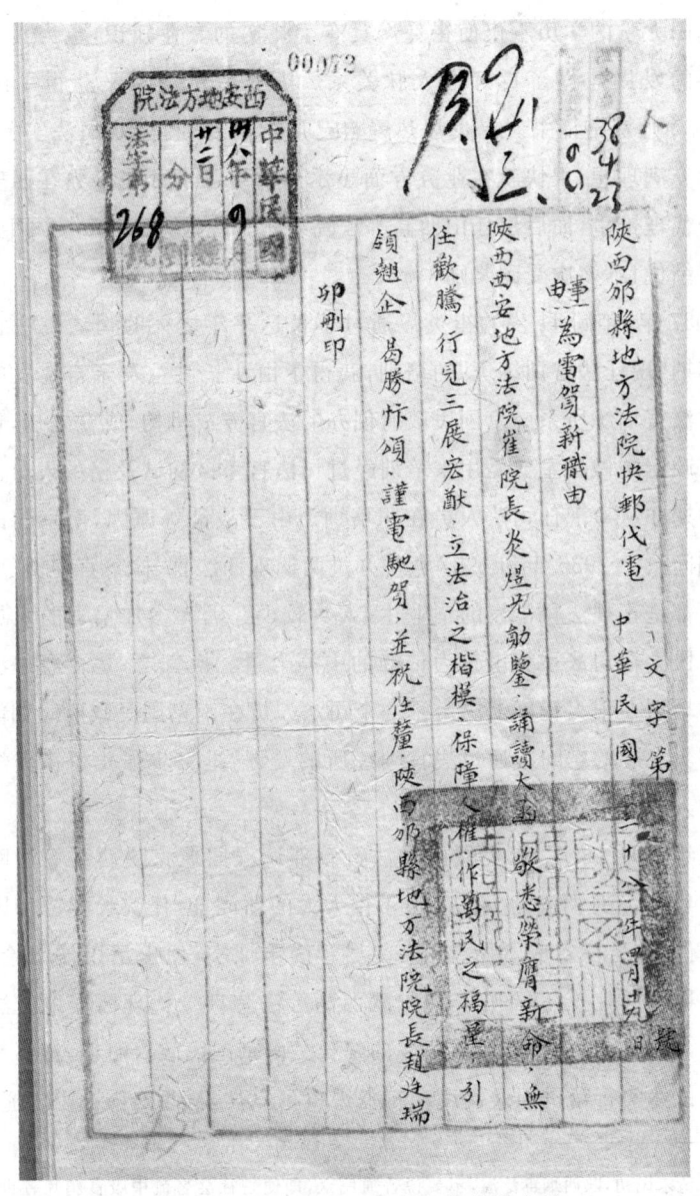

崔炎煜任职祝贺电。来源西安市档案馆

朝阳大学的学历不仅使崔炎煜具有了扎实的专业知识，也为其日后在司法界的发展建立了良好的人脉关系。毕业后崔炎煜又获得了编号为4529的律师资格证书。崔炎煜热爱自己所学的专业，喜欢司法实务工作，对法治充满理想，很快就在业务方面显示出了自己的才华。先在西安地方法院任代理推事，而后出任山西高等法院第三分院检察官，工作中因勤奋和考绩成绩优良，多次受到奖励。

1937年，年满41岁的崔炎煜通过了长达一年之久的司法院法官训练所第四期"现任法官训练班"的培训，获得了由所长洪兰友亲自签发的培训证书。法官训练所系南京国民政府创办的法官养成机构，成立之初，仍然延续北京政府的做法主要是用来培训经过司法官考试初试及格的人员。1930年代中期亦从事现任司法人员在职培训。由于战乱等原因，南京国民政府存在期间只于1936年和1937年举办过两期现任法官、检察官培训班，受训的人员都是正规法科学校的毕业生，人数较少。因而参加培训的人员也就成了国民党在司法系统里较为依赖的中间力量。换言之，是否经过法官训练所的培训在很大程度上决定了一个司法人员在南京国民政府时期能否具有进一步发展的空间。通过法官训练所的培训，进一步强化了崔炎煜在司法界的人脉关系。

次年6月18日，崔炎煜由司法行政部调派回老家陕西高等法院任推事。1940年6月西安地方法院出了件天大的新闻，时任院长郭德沛因涉嫌烟毒案件，被送往省戒烟所检验①。尽管尚未证实，但也足以使舆论哗然，郭不宜再担任院长一职，崔炎煜被陕西高等法院训令代理西安地方法院院长一职，第一次出任西安地方法院的院长。南京国民政府时期，推事和院长的任职依然实行籍贯回避制度。崔炎煜祖籍户县，与西安市一步之遥，虽不

――――――――――
① 清末民初，陕西烟毒泛滥，不要说普通民众，即便是社会名流中吸食鸦片者也大有人在，如曾任陕西高等法院院长的党积龄。

在回避的范围之内，然而却有让人说闲话的余地，因而代理具有应急的性质。但这一代理竟然代理了数年之久，1943年12月他由司法行政部正式任命为地方法院的院长。然而，正式任命不久，1944年10月7日崔炎煜又被调派陕西高等法院第三分院（院址在陕西安康）任推事兼院长。省高院分院院长与西安地方法院院长的职级完全相同，但重要性和在法界的影响力却根本无法与省会城市的地方法院相比。一年之后，即1945年9月28日崔炎煜又接到司法行政部的命令，第二次被调派回西安地方法院任推事兼院长。但这一次他仍然没能坐稳院长宝座，1947年7月又被司法行政部调派到陕西高等法院第四分院（院址陕西大荔）任推事兼院长。1949年3月，"中共"军队逼近西安，祖籍湖北，任职才半年，正在老家休假的西安地方法院院长刘梦庚竟然以"机票价昂，无法来陕，恳请辞职"①为由弃职而去，于是，崔炎煜又第三次被调派为西安地方法院推事兼院长。

从1940年起崔炎煜先后三次出任西安地方法院院长一职，时间长达六年多。他生不逢时，其时的中国兵连祸结，经济凋敝，民国初年一度高涨的法治思潮也已退却，但他却不绝望，仍然对自己所从事的事业充满了希望，并以陕西人特有的韧劲苦苦支撑，在自己力所能及的范围内践行着自己的理想，每次都能迅速扭转或减轻被动的局面，力挽西安地方法院之大厦于不倒，成了不折不扣的救火院长。

任期内，他力主建章立制，制定了"案件进行状况公告牌"等一批规章制度，完善了西安地方法院的规章制度；他倡导大家抓紧业务学习，并利用总理纪念周的时间每周安排一名推事讲解审判工作中应注意之事项，切实提高业务水平，提高审判质量；他利用各种场合苦苦劝勉同仁完善自我修养，"本人的个性又很要好，不愿听到外人说我们的不好，说到我们团体里面的

---

① 西安市档案馆档案，卷宗号090—1—21。

任何一个人,比说到我自己还厉害。希望大家要注意,要根据法令办事"①,出污泥而不染;他多方筹措,修建院舍,改善办公条件,他在任期内更新的一些办公桌椅被中华人民共和国西安市中级人民法院一直沿用到1994年。他还曾发动法院同仁为西安地方法院捐建了新的铁制大门,为此受到了司法行政部的表彰;他谨慎地参与当地政界和法律界举办的一些活动,尝试着拓宽地方法院的生存空间;他不惜与那些骄横的军人抗衡,维护司法的权威。

作为一个地方法院院长,崔炎煜毕竟无力影响政治以及时局。最后一次出任西安地方法院院长的时候,陕西司法界已是人心惶惶,不少人随高等法院院长一起逃往陕西的南部或四川,但他却率领所属的职员留守岗位,妥善保管好法院的各种财产,等待新人。这种不受政局变动所困扰的平和心态,这种认真对待自己所从事职业的负责精神,显示了较高的职业素养。

崔炎煜为人谦和,对自己要求也较为严格。"本人一年来已尽了十二分的力量,可是我的能力很小,我常常和人说,现在的法院之所以成这个样子,是由于本人的能力不够","本人是个无能力的人,希望大家都有能力;本人是个没有学问的人,希望大家都有学问,将来能够应付社会的需要"②,他经常以这样的口吻在全院大会上与同事交谈。中国人民解放军进驻西安城后,他又积极配合,认真移交,后被接收者留用。③

仔细分析西安地方法院13位厅(院)长的履历,大致可以得出一些带有规律性的东西:

第一,年龄上以中年为主。崔炎煜出任院长时44岁,刘梦庚43岁,金锡霖43岁,大都年富力强。之所以出现这种结果并非是刻意追求,而是制度使然。民国时期国家对推事的要求明显高于一般文官,除专业知识之外,

---

① 西安市档案馆档案,卷宗号090—2—5。
② 同上书,卷宗号090—2—8。
③ 陕西省档案馆档案,卷宗号089—1—72。

还要求推事必须具有一定的审判经验，因而推事在晋升方面对年资的要求极为严格。按照相关规定，推事的职别被分为特任、简任、荐任几种。新入行的推事为荐任13级，而省会城市西安地方法院院长的职别则为简任职。从荐任13级晋升为最低一级简任推事，在正常的情况下即使是一步不差，晋升也需要20年左右。因而能当上西安地方法院的院长自然已是人到中年。

第二，履历上从外地调派为主。民国时期地方法院的院长和推事均由司法行政部统一调派，加之法院数量有限，一旦有院长职位空缺，竞争之人当不在少数，因而司法行政部里是否有熟人就成了一个很重要的条件，相反出现空缺的法院的普通推事在竞争中并没有明显的优势。13位厅（院）长（包括任命之后没有到任的刘泽民），除郭德沛、金锡霖（又名金沛仁）任院长之前曾在西安地方法院担任过推事，其余均系从其他法院派任，即便是郭德沛、金锡霖也不是直接从本院推事中晋升为院长，只是此前在西安地方法院任过推事而已。由此可见，西安地方法院的院长基本上是从其他法院的推事中调派产生。

民国时期西安地方审判机关的厅（院）长，尽管在当时国内司法系统中名气不算太大，但也绝非等闲之辈，如王芝庭后曾任宁夏、甘肃高等法院的院长，南京国民政府行政法院评事等；苏兆祥后任四川高等法院院长，最高法院推事等；金锡霖从西安地方法院去职后，立即被调派到湖北高等法院任首席检察官，地位更加显赫。仅此一点也可以从一个侧面反映出民国时期西安地方法院在全国司法系统中的地位和影响力。

由于以外地调派为主，加之推事任用上有地域回避制度，即不得在原籍所在地法院的管辖范围内任职，决定了厅（院）长基本上是以外省或外地的人士为主。13位厅（院）长中，只有崔炎煜（陕西户县）、孙念先（陕西兴平）和王芝庭（陕西耀县）的籍贯是陕西，但原籍又都不在西安地方法院的管辖范围之内，符合民国政府司法行政机关规定的推事任职地域回避制度。其余的院长中祖籍四川的四人，湖北二人，河南、湖南、浙江等省各一人。

第三，知识与经验并重职业化程度较高。就教育背景而言，13 位厅（院）长，除创办初期的王凤至，均接受过正规的专业教育，而非短期培训或速成性质的，专业知识掌握较为系统，如崔炎煜毕业于朝阳大学法律专业，刘梦庚毕业于武汉中华大学法律系，金锡霖毕业于浙江法政专门学堂等。

除了系统的专业知识，他们还都长期服务于司法界，积累了丰富审判经验，职业化程度较高。如刘梦庚 1931 年 9 月至 1937 年 4 月于湖北黄冈地方法院任推事，1937 年 4 月至 1938 年 10 月湖北汉口地方法院任推事，1938 年 10 月至 1939 年 1 月四川江北地方法院任推事，1939 年 1 月至 1939 年 3 月四川高等法院第一分院任推事，1939 年 3 月至 1941 年 6 月湖北高等法院任推事，1941 年 7 月至 1942 年 6 月湖北恩施地方法院任检察官，1942 年 6 月至 1945 年 2 月湖北恩施地方法院任首席检察官，1945 年 2 月至 1945 年 8 月湖北恩施地方法院任院长，1945 年 8 月至 1945 年 10 月湖北武昌地方法院任院长，1945 年 11 月至 1946 年 3 月湖北黄冈地方法院任院长，1946 年 3 月至 1948 年 10 月湖北汉口地方法院院长，1948 年 10 月出任西安地方法院院长。[①] 现有档案中，有关刘梦庚 1931 年以前的履历记载不详，但即便从 1931 年算起，到 1948 年他出任西安地方法院院长一职，也已有了 17 年的审判经验，而且中间不曾间断。

表 3.1　西安地方审判机关历任厅(院)长

姓名	性别	籍贯	任职时间
王凤至	男	四川万县	宣统三年
苏兆祥	男	四川华阳	1912 年
王芝庭	男	陕西耀县	1921 年前后
高广德	男	不详	1927 年 4 月
孙念先	男	陕西兴平	1927 年

---

① 西安市档案馆档案，卷宗号 090—1—21。

续表

姓名	性别	籍贯	任职时间
刘义列	男	四川中江	1931年
许其襄	男	河南	1934年7月
陈瑛石	男	湖南长沙	1937年3月
郭德沛	男	四川遂宁	1937年12月
崔炎煜	男	陕西户县	1940年8月
刘泽民	男	湖北	1945年8月
崔炎煜	男	陕西户县	1946年8月
金锡霖	男	浙江东阳	1947年9月
刘梦庚	男	湖北	1948年10月

第二节 组织

对外厘清司法与行政的界限,争取司法独立,对内建立新的专业化的组织和相互制约的审判机制,是新式司法制度创制的关键所在。当然,内部组织设立是否合理,管理制度是否科学与完备也是一个需要认真考察的问题。

一、初设时期

(一) 审判庭

清末颁布的《法院编制法》规定,审判机关的职权是审理民事和刑事诉讼案件,行政诉讼等另有法令规定的无权审理。刑事审判的核心是通过诉讼来确定"罪之有无",而民事审判的关键则是通过诉讼来确定"理之曲直",两者所秉承的理念不同,两者所依赖的实体法和程序法也存在着根本的差异，必须由专人来完成，否则势必又回到传统中国刑事诉讼和民事诉讼不分的老路上。因而，建立刑事审判庭和民事审判庭就成了清末新式审判机关设立的重头戏。

按照清廷法部的统一规定，西安府地方审判厅开办之初就设有刑事审判庭和民事审判庭。刑事审判庭的庭长由西安府地方审判厅的厅长王凤至兼任，民事审判庭的庭长则由推事中较为资深的赵璧光兼任。由厅（院）长兼任刑事审判庭的庭长，由推事中的其他资深者兼任民事审判庭的庭长，此后便成了西安地方审判机关的惯例，这一惯例真实地反映了官方对刑事审判的重视程度，以及对审判机关功能的定位，即更为看重审判机关打击犯罪，维护社会秩序方面的功能。当然，这样做也与中国传统法制文化的影响有关。

刑事、民事审判庭庭长的职责主要负责案件的分配，并监督案件依法审理，但不得干涉推事的审判过程和审判结果。

《法院编制法》规定，地方审判厅审理一审案件时采取独任制或合议制，审理二审案件一律采取合议制，合议庭的人数由3人组成，其中一人为审判长，指挥诉讼。西安府地方审判厅成立后相当长的一段时间里只有6名推事，民事和刑事审判庭各有推事3人，因而，大多数时候审判长系由民、刑两庭的庭长兼任。合议庭审理案件由审判长主持召开会议，对案件进行判断。陈述意见之次序，从资历较浅者开始，依次发表意见；资历相同时，由年龄轻者先行陈述。最后的决议以过半数的意见为准。如推事意见出现分歧，依下列规定处理：凡民事案件在支付金额问题或民事请求上出现意见分歧时，以居中之金额为准；刑事案件判断出现分歧时，将不利于被告之判断从重到轻进行排序，以居中之判断为准。① 但不同的意见并不记录在判决书上。西安府地方审判厅成立后，相当长的一段时间内审理的案件以刑事案件为

---

① 《法院编制法》，第74、76、77、78条。

主，民事诉讼较少，因而，这样一种人员配制事实上造成了推事工作量上的不均衡。

刑事审判庭和民事审判庭是初设时西安地方审判机关中最为核心的组织，正是因为有了这两个组织，民事审判与刑事审判程序上的区分才得以在古老的中国真正落实。但与此同时，刑事审判庭和民事审判庭的设立及固定，特别是随着日后管理上的不断规范化，也在一定层面上造成了法院内部组织以及推事彼此之间的封闭，以致于到最后同处一个院落中的刑庭和民庭之间有事也要借助书记室通过正式公文往来，极少当面讨论，因而每当遇到刑事附带民事案件的审理时往往因为刑庭和民庭推事之间事先缺乏沟通，拖延了案件的审理。

（二）书记室

审判庭之外，西安府地方审判厅设有书记室。书记室是书记官办公的场所，亦为西安地方审判厅的重要组织。书记室设有典簿，相当于日后的书记官长，为书记室的负责人。其责任是在厅长的监督下管理书记室的日常工作，此外，还负责对书记官的平时考核，为书记官和审判机关内部行政事务的实际负责人，地位较为重要。将推事与书记官分类管理的制度设计在一定程度上保证了审判机关内部审判事务与行政事务的分开，具有一定的合理性，它从制度上起到了减少厅（院）长行政性事务的作用。典簿外，书记室还设有主簿录事，相当于日后的主科书记官。

（三）看守所

看守所负责羁押未决的嫌疑犯。从司法权限的合理配置角度讲，由司法行政部门来对已决未决犯统一进行管理似乎更为合理。清末推行新政，国家司法权力重新划分，大理院多次呼吁"东西各国监狱法制，俱有已决未决之分。已决监所以处定罪之人，使之群聚作工，便于防范。未决监所以羁现审之犯,使之拘留候讯,便于亲提。故已决监多设置于僻静之区,远离尘市。未决监则必与裁判所相附丽,始于质讯之事为宜。"①"臣院职司审判,传质人证皆系未定罪名,是宜特设看守所一区以资约束。"②最终将看守所争到了自己的名下,从大理院到地方各级审判机关均设有看守所。

　　民国时期省级以下地方政府并未设置专门的司法行政机关,加之为了方便审判,因而清末民国时期看守所一直由审判机关负责管理,成了审判机关的重要附属机构。就总体而言,这种制度设计较之将看守所放在警察局下更为合理,它不仅有利于预防侦查阶段刑讯逼供的发生,也向民众昭示着一个最为简单的道理,看守所的设立是为了便于诉讼,而不是便于案件的侦查。

　　从西安地方审判机关的实际运行情况来看,将看守所的管理交与审判机关既有优点,也确实存在着一些问题。别的不说,仅看守所的安全和监舍建设就给审判机关带来了极大的麻烦,牵涉了厅长,甚至推事们的许多精力。看守所设有所长或所官,负责本所的行政事务,但却在地方审判厅厅长的指挥下掌管全所事务。另设有看守主任和看守若干人,具体负责对羁押人员的看管。为了加强对看守所的监管,民国时期西安地方法院规定,推事每周需到看守所巡视一次,以便及时发现问题。

　　初设时期的西安府地方审判厅,内部组织虽然简陋,但却向人们清楚地传达着这样一种信息:这是一个纯粹的审判机关,其所有的组织都与审判职能有关。

---

① "法部大理院奏核议大理院官制折",《大清法规大全》第 5 册,台北宏业书局 1972 年版。
② 北京大学图书馆古籍特藏室:《司法奏底》第 14 册,引自韩涛:"司法变奏的历史空间——从大理院办公场所的建筑谈起",《北大法律评论》第 9 卷第 2 辑,北京大学出版社 2008 年版,第 534 页。

二、继承与发展

民国建立之初,上述组织继续保留。1915年根据北京政府的统一安排,长安第一初级审判厅被撤销,但此时宣统二年(1910年)制定的《法院编制法》并未废止,仍然实行四级三审制。为了与现行法律相适应,西安地方审判厅曾一度内设刑事、民事简易审判庭作为第一审,于是出现了第一审、第二审同在一个审判机关的怪事,但好在这种做法并非定制,只是临时为之。此后,随着地方审判机关事务和人员的增多,内部组织也开始变化,出现了一些新的机构。

(一) 增设审判庭

清末民初西安经济落后,民众财产关系简单,流动人口较少,加之民风淳朴,地方审判厅审理的案件数量较少。1932年,南京国民政府决定筹建"陪都西京",西安有了难得的发展机遇。1934年陇海铁路通车至西安,外来人口迅速增多,西安出现了短暂的繁荣景象。1936年,寓居西安的德国人王安娜形象地记录了西安的繁华和喧嚣:

> 每天,街道上摩肩接踵的行人究竟有多少,实在难以估计。那种拥挤程度是欧洲不能想象的。士兵、挑夫、人力车夫、苦力……诸色人等,全都涌到街上来了。流动小贩用竹扁担挑着两个大筐,或一头挑着一只小小的木炭炉,沿街叫卖,美味的油炸食物在油锅里发出吱吱的声响。被顾客围着的修理小摊,当街摆着修理的物品。到处都是小孩,数以百计的大大小小的孩子在街头巷尾玩耍。清晨,还可以看到一些穿着花花绿绿的绸缎衣服、浓妆艳抹而面无表情的妓女,在街上游来荡去。
>
> 到处都是噪音:说话声、叫卖声,小贩招徕生意的角笛鸣声和其他

叮叮当当的响声。年轻的小伙子一边摇着成串的大钥匙，发出有节奏的叮当声，一边喊道："修配钥匙！"理发师在专心替人刮脸、剃胡子、掏耳、修鼻毛，甚至还有兼做拔牙的，理发店前陈列着一些牙齿，说明拔技其佳，以资招徕。①

随着经济的发展和外来移民的增多，无论是民事案件，还是刑事案件数量均大幅增加，原有的审判庭开始不堪重负，根据审判形势的需要，经过司法行政部的许可，又陆续增设了一个民事审判庭和刑事审判庭，名称上以第一、第二加以区别，如第一民事审判庭和第二民事审判庭，但在具体审判业务上则并没有刻意划分。增设的顺序是先设民事庭，后设刑事庭，具体为1930年代初增设了第二民事审判庭，1946年增设第二刑事审判庭。

（二）民事执行处

法院的职责是审判，中国传统社会司法隶属于行政，由于有行政权力作后盾，州县行政长官的判决民众一般不敢抗拒，因而执行率较高。随着新式审判机关的创制，司法权与行政权开始分离，没了行政权力支持的法院判决，主要是民事判决，执行难的问题开始彰显。为了扭转这一局面，切实维护刚刚创制的新式审判机构的权威，1916年起，西安地方审判厅增设了一个新的组织——民事执行处，并设有专门的执行推事、书记官等负责对民事判决的执行，执行难的问题有所改观。但审判权与执行权的合一，也使新创制的审判机关处于风口浪尖之上。

---

① 〔德〕王安娜：《中国——我的第二故乡》，李良健等译，三联书店1988年版，第45—46页。

(三) 公证处

无论是清廷的《法院编制法》，还是民国政府的《法院组织法》均规定，民、刑事案件的审判之外，审判机关还承担着一些非诉业务，但这一职责在创制初期的审判机关组织中并未得以体现。南京国民政府成立后，国家实现了形式上的统一，到抗战爆发前中国的经济进入了一个快速的发展阶段。为了给经济的发展提供良好的秩序，尽量防范和减少纠纷的发生，国民政府司法院于1935年7月30日公布《公证暂行规则》，开始推行公证事务，规定"地方法院，为办理公证事务设公证处。"次年，南京、上海、厦门等少数经济较为发达，观念较为开放地区的地方法院率先设立了公证处。对于这一新生事物民众与司法界的认识尚未一致，到同年底，全国只有12家地方法院设立了公证处。不得已，司法行政部又于1937年5月饬令各省高等法院须积极倡导，设法推进。1939年司法行政部再次饬令各省高等法院转饬各地方法院要限期成立。迫于压力西安地方法院于1939年亦设立了公证处。公证事务原本属于行政事务，民国时期公证的事项主要是不动产登记，因而将其交由法院办理，亦有相当的合理性。西安地方法院公证处成立后，公证事务不多，只设有公证员一人，到民国晚期又增加公证协理员一人。

(四) 人事室和总务科

伴随着审判业务和工作人员的增多，以及管理工作的日益规范，地方法院内部的行政事务也越分越细，1935年西安地方法院新增设了文牍科、统计科和会计科。文牍科的职责为典守印信的使用与保管，各种文件的收发、分配、缮校，行政文稿的拟撰，各种文件、案卷的编档和保管，律师的登录，图书报刊之管理等。统计科和会计科则分别办理统计、岁计、会计、人事行政、人事查核等事项。

进入1940年代，法院的影响进一步扩大，与社会的结合进一步密切，行政事务更是成倍地增长,西安地方法院又相应地对上述机构进行了重组。撤销了文牍科,另设人事室和总务科。人事室负责全院的人事工作,而总务科下设统计室、会计室和缮写室,统揽全院除人事以外的所有行政事务。其中缮写室专门负责草拟、邮递各种文件,任务多而烦琐。

如1948年一年内仅西安地方法院刑一庭一个庭就发文数百件,涉及几十个单位和部门,具体为:最高法院5件;陕西高等法院141件;陕西高等法院大荔分院1件;西安市特别刑事法庭警察处1件;西安地方法院民庭2件;西安地方法院执行处1件;西安地方法院检察处6件;陕西宝鸡地方法院1件;陕西蒲城地方法院1件;陕西临潼地方法院2件;陕西凤翔地方法院1件;陕西周至地方法院4件;陕西渭南地方法院3件;北平地方法院1件;上海地方法院1件;甘肃皋兰地方法院1件;甘肃天水地方法院1件;陕西泾阳司法处1件;陕西户县司法处1件;陕西华阴司法处2件;陕西乾县司法处2件;陕西雒南司法处2件,军法处4件;陕西第一监狱11件;西安市监狱5件;长安看守所1件;陕西保安司令部5件;陕西警察司令部1件;西安市警察局1件;西安市警察局警务处1件;西安市警察五分局2件,警察感化所1件;宪兵团2件;长安王曲警察所1件;监察使署2件;陕西省国税局1件;陕西直税局1件;陕西省田粮处1件;长安戒毒所1件;陕西省政府2件;陕西防空指挥部1件;山东省教育厅1件;西安市政府3件;西安市卫生局9件;陕西周至县政府1件;长安田粮所6件;长安县政府3件;陕西渭南县政府1件;西安市龙首乡公所1件,韦曲乡公所1件,终南乡公所1件,王曲乡公所1件等。①

(五) 检察处

说到西安地方审判机关的内部组织,检察处亦不应该被遗忘。中国传

---

① 西安市档案馆档案,卷宗号090—2—130。

统社会原本无检察制度。检察制度与审判制度一起肇始于清末新政时期，创制之初审判机关与检察机关分别设立，即每一审级同时设有审判厅和检察厅，依法履行各自的职能。1927年8月16日，南京国民政府以训令148号宣布：

> 司法事务，经纬万端。近值刷新时期，亟应实行改进，即如检察制度，体察现在国情，参酌各国法制，实无专设机关之必要，应自本年十月一日起，将各级检察厅一律裁撤。所有原来之检察官，暂行配置于各该级法院之内，暂时仍旧行使检察职权。其原设之检察长及监督检察官，一并改为各级法院之首席检察官。①

按照民国政府的这一规定，长安地方检察厅随即被裁撤，并于1928年另在西安地方法院内设检察处，由首席检察官负责处务工作，实行审检合署办公。此后，这一体制一直未变。

总之，到1940年代西安地方法院的内设组织计有，第一刑事审判庭、第二刑事审判庭、第一民事审判庭、第二民事审判庭、民事执行处、公证处、人事室、总务科，总务科下设有统计室、会计室和缮写室以及看守所等。

纵观西安地方审判机关内部组织的发展及沿革，可以得出以下几点带有规律性的认知：

第一，权力逐步扩大。宣统二年制定的《法院编制法》赋予了审判机关除具有民事、刑事案件的审判权之外，还拥有不动产登记等非讼权力，但在相当长的时间里，由于地方审判机关并没有设立相应的组织，事实上非讼权力并没有得到有效实施。随着公证处的设立，法院组织法中赋予的诸如不动产登记等非讼权力才得以真正落实。民事执行处的设立则更为重要，正是因为有了民事执行处，法院在审判权之外，又获得了民事判决的执行权。

---

① 最高人民检察院研究室编：《中国检察制度史料汇编》（第2编），1987年内部发行。

由对民事和刑事诉讼的审判,扩大到非讼权力;再由单纯的审判权扩大到民事执行权,西安地方法院内部组织的变化真实地演绎了其权力扩张的过程与步骤,而权力扩张的直接结果则使地方法院在地方政治和社会生活中扮演着愈来愈重要的角色,加重了其在社会治理中的实际影响力。

第二,内设组织逐渐增多。数十年间西安地方审判机关由小到大,其内部组织也由少到多,在适应审判机关发展需要的同时,也为审判机关的发展预留了空间。依法依规,在司法行政部的统一部署下设立内部组织,是保障国家司法统一的客观需要。然而,仔细观察西安地方法院内部组织的设立过程,我们可以发现地方审判机关在内部组织的设立方面亦具有一定的自主权,可以适当地灵活变通。至于这种灵活变通是否得到了上级主管部门的同意,由于资料的欠缺,我们尚不得而知。如1931年南京国民政府颁布《民事调解法》,并于次年一月一日起生效实施,该法明确规定"为了杜息争端减少讼累于第一审法院附设民事调解处"。为此,天津等城市的地方审判机关都依法设立了民事调解处这一组织。然而,翻阅档案,我们注意到该法颁布后,西安地方法院确实明显加大了对民事案件的调解力度,但却并没有成立"民事调解处"这样的专门机构。

第三,不断强化司法统计工作。新式审判机关是建立在数字化管理之上的,各种详细的统计数据和众多表格及簿册,使法院的各项工作一目了然。民国时期主管司法行政的机关认识到要想做到统一司法,并从制度层面推动现代司法制度的建立与发展,必须重视司法统计工作,为此,始终把司法统计工作作为各项工作的重中之重。不仅要求各级审判机关必须有专人负责统计工作,同时还对各级法院使用的各种统计簿册的名称、格式、记录方式等进行统一规定,并要求各级法院必须依法逐月填写按期上报。

南京国民政府初期,仅司法行政部规定的各级法院必须填写的报表种类"就司法言,有民事统计、刑事统计、监狱统计、司法行政统计四大纲。民事统计,如婚姻承继债务等。刑事统计,如犯罪之性质,刑名之类别,刑期之长短,犯人之性别及年龄等。监狱统计,如人犯之出入,作业之盈亏及其疾病死亡等。司法统计如法官办案之勤怠,法院职员之员额,讼费征收之轻重,律师登录之增减等。皆当一一调查,编列详表,以资比较。"①1933年时任司法行政部政务次长的郑天锡说,"各法院现在照本部定章,应行照报各项书表共有134种,又应编制备用簿册数十种,此外尚有自行添置备用者,亦颇不少。例如金华地院簿册一门,共有180余种。"②统计种类之繁多,统计内容之宽泛,要求之严格由此可见。

为了切实做好司法统计工作,西安地方法院一方面明确规定统计人员要"依照前任所设簿册并遵照统计法令依限办理各项表报,务求翔实、迅速、无遗误",同时积极探索"改进搜集统计材料,设置办案日记簿册,以期办理统计报表迅速便利";③另一方面又不断向上级反映请求扩充统计室,增加统计人员数量:

> 查法院统计设施,原为表现司法进度,工作既属重要,人事尤需健全,本院辖境广阔,案件浩繁,而统计业务,更随日增多,本室现在每月办理民刑庭各项表册,已30余起,年报又200余件,再汇集材料,编著簿册,均手续繁重,本室向只设置统计员一人,即悉力以赴,兼顾难周,为便利工作计,拟恳由下年度,增设人员,以资推进。④

统计工作因此不断被强化。据统计到民国晚期仅人事管理方面西安地方法院计有以下各种簿册:职员名额卷;院务事项卷;人事杂项;院长成绩卷;人事各项法令卷;职员考绩卷;推事任免卷;推事铨叙卷;税务人员卷;学习人员卷;书记官任免卷;书记官铨叙卷;公设辩护人卷;调派本院办事人员

---

① 王宠惠:"今后司法改良之方针",《法律评论》第6卷第22期,1929年3月。
② 郑天锡:"视察闽浙两省司法后对于司法改良之意见",《法治周报》第1卷第11期,1933年。
③ 西安市档案馆档案,卷宗号090—2—39。
④ 同上。

卷;公证人员任免卷;人事管理人员任免卷;看守所人员任免卷;暂代推事职务办案成绩卷;雇员任免卷;试属试用期满成绩考核送审卷;雇员考成卷;律师登录卷;律师及司法人员笔迹卷;律师事务所迁移卷;律师注销登录卷;会计师登录卷;会计师撤销登录卷;职员请假簿;推事异动登记簿;书记官异动登记簿。再加上《民刑案件总计月报表》《民事案件月报表》《刑事案件月报表》等,司法统计工作之发达由此可见一斑。①

至于地方法院内部组织增多的原因,就总体而言是为了适应审判工作的发展需要,但其中也不乏行政力量的推动。清末西安地方审判厅只设有一个书记室行使相关的管理工作,三十多年过去之后则又陆续增加了人事室、总务科等新的组织,此外,总务科下又设有统计室、会计室和缮写室等部门。即伴随着行政职能的不断细化,审判机关内设的行政组织无论是数量,还是人员都逐渐占据了地方法院的半壁江山。相反,一些与审判业务关系较为密切的组织,如图书室等却一直空缺。一个藏书丰富、管理优良的图书室对于提高推事理论水平,保持推事对社会变革之敏锐,并最终提高审判质量是极其重要的。早在清末新式审判机关创建之初,《直隶省各级审判厅办事规则》第108条就明确规定:"凡地方以上各厅得设置图书室一所,保存关于司法厅用书籍、法律章制、新闻杂志等类。各初级厅之图书室可附于储卷室内,其能特设图书专室者,听。"②然而,西安地方审判机关不仅没有专门的图书室,而且图书的种类和数量也极少。以下是1949年西安地方法院所藏的全部图书资料清单:

《全国司法会议汇编》 1册
《中华民国刑事诉讼法》 1册

---

① 有关南京国民政府生效之法律文件表式,请参见郑兢毅编著,《法律大辞书补编》(法律文件表式),该书收录了1936年生效的法律文件表式共七大类500余个,商务印书馆2012年版。
② 汪庆祺编:《各省审判厅判牍》,李启成点校,北京大学出版社2007年版,第376页。

《中华民国刑法》 1册

《中华民国民事诉讼法》 1册

《中华民国宪法草案》 1册

《司法例规》 3册

《司法讲义》 4册

《陕西高等法院公报》 5册

《司法法令汇编》 5册

《陕西省政府公报》 43册

《西安市政府公报》 10册

《法声新闻》 32册

《陕西长安地方法院工作概括》 1册

《陕西各级法院监所职员录》 1册

《司计人员手册》 1册①

需要指出的是,这类现象绝非西安地方法院所特有。据记载,1946年南京国民政府监察院于右任院长收到一封控告甘肃省皋兰县地方法院推事、书记官枉法裁判的举报信。调查证实,控告信所反映的案件确属推事错判。但错判的原因则并非推事、书记官徇私枉法,而是法律知识欠缺所导致的。复查表明,整个皋兰县地方法院竟然没有一部《六法全书》,以至于任何案件的判决全凭推事对法律条文的记忆和理解。②

总之,内设行政部门的不断增多,相关行政事务越来越细化,成了地方法院内部组织发展沿革中另一极为显著的特点。

---

① 西安市档案馆档案,卷宗号090—2—43。

② 谢冬慧:"南京国民政府时期刑事审判制度述论",《刑事法评论》第26卷,北京大学出版社2010年版,第545页。

图 3.1　西安地方法院机构设置系统

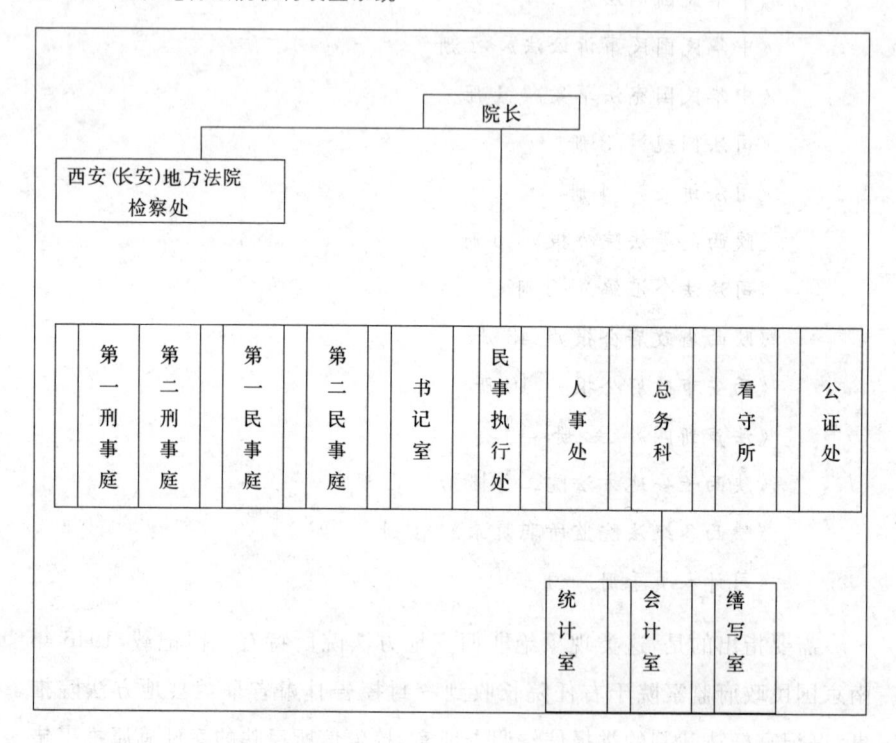

```
                           ┌──────────┐
                           │   院长   │
                           └─────┬────┘
         ┌───────────────────────┤
┌────────┴────────┐              │
│ 西安(长安)地方法院│              │
│     检察处      │              │
└─────────────────┘              │
```

（机构框：第一刑事庭　第二刑事庭　第一民事庭　第二民事庭　书记室　民事执行处　人事处　总务科　看守所　公证处）

（总务科下属：统计室　会计室　缮写室）

第三节　会　议

　　伴随着传统帝国的解体，现代民族国家的建立和社会组织化程度的提高，开会成了中国人必须首先适应的一件大事。只要是个部门，哪怕是法院这样一些纯粹的业务机关，也免不了要召开各种会议。一些业务问题需要研讨和决策，各项工作需要布置，因而会议名目繁多。从某种意义上讲，正是这些会议使各级审判机关在形式和内在机理上成为一体。

　　对于西安地方审判机关来说，清末实在过于短暂，因而许多东西可以忽略不计,会议情况就是如此。就民国而言,西安地方审判机关的会议大致分为小组会议、组长会议、周会或月会与年终会、总理纪念周四种类型。

一、组长会议

从时间上讲,组长会议起源最早,北京政府中后期就已存在。囿于资料方面的限制,有关组长会议产生的具体时间,以及组长会议的性质等问题现已很难确定。就功能而言组长会议可以务虚,起着沟通信息的功能与作用,也可以务实,甚至还可以把它看作是地方法院的最高决策机构,其所决策的事项大都属于涉及全院工作的,且以行政事务为主。虽然有时也涉及到审判工作,但大都属于政策层面的,不涉及具体个案。组长会议大致每月召开一次,参加人为各小组组长。下引一则1946年8月1日西安地方法院组长会议记录。

1. 时间:上午9点
2. 地点:本院会议室
3. 参加人数
崔炎煜、钱应运、戚国光、张福海、王鸿宾、花荫、陈宏滔、叶遇春、李希刚、段麟、潘明允、王云鹏
4. 主席:崔炎煜
5. 记录人:陈宏滔
6. 如仪开会(略)①
7. 主席报告
(1)公证事项:应协商市府地政科,今后凡有不动产变更的,应通知

---

① 所谓开会如仪的仪式,具体是指向国民党党旗、国旗暨国父孙中山遗像三鞠躬,唱国歌,恭读国父遗嘱。

法院公证,再由地政科发给权状,省得后来发生纠纷。

(2)盗匪问题:行政机关对于我们办理的盗匪案件,多嫌轻纵,以现在社会情形,实有注意治乱世用重典之必要,以本人意见以后对于盗匪案件,应从重处办,以洽舆情、而安社会,请刑庭转告大家注意。

(3)职员回避:低级职员,回避本县。

(4)修建问题:修了三间房屋,花了110万元(利用剩余木料)。上边一分不给,准备动用募捐修建看守所之钱,一共募了360万元。但公款公用,需大家决定,此事太大,我不敢自己决定。

8.工作检讨:各组长汇报各自本月工作详细情况。收案数,结案数。

9.散会。①

会议参加者包括地方法院院长、书记官长、刑庭庭长、民庭庭长、首席检察官、看守所长及各科室的负责人。会议由院长为主席,先由院长报告地方法院近期的工作,特别是其中的一些重大问题,与会者共同讨论并做出决定;然后各部门负责人分别介绍各自的工作,互通信息。会议程序规范,态度也不失认真,但由于会议纪要文字简略,因而讨论的过程,以及讨论后这些问题是如何决定的不得而知。

二、小组会议

小组会议的出现是地方法院人数不断增多的结果,时间上较之组长会略晚,但具体的时间已不可考。民国中晚期,出于管理的需要西安地方法院以业务分工为标准将全院员工分为五个小组,即民事推事组、刑事推事组、书记官组、录事组、检察官组等,每半个月开小组会一次,参加者为本小组的

---

① 陕西省档案馆档案,卷宗号089—4—11。

全体人员，讨论的内容为本组所负责的具体业务工作。小组会议的特点是参加人数少，讨论的问题具体。就会议性质而言，小组会议有时是例会性质的碰头会，会议的程序或是全体与会人员依次介绍最近一段时间各自负责的工作进展情况，或提出具体议案，然后集体表决；有时属专题式的研讨，但不管是哪一种性质的会议都有详细的会议记录，形式上较为规范，以下引述小组会议记录以资说明。

西安地方法院民事推事组小组会议记录，时间为1948年2月15日，会议内容是讨论"关于增加给付依据之标准"，地点为民庭推事办公室。

会议开始后，本组组长、民事审判庭庭长戚国光首先发言：

> 关于增加给付之诉，民庭同仁向以斟酌情形核与裁判，此固然符合复员后（即抗战结束后——引者注）《办理民事案件补充条例》第12条所规定，但由于缺乏一定标准，畸轻畸重，反被社会之轻视。今后关于此种案件，拟研究一通用标准以为裁判时之依据。既可以减少社会之指责，复免审判时之分歧。至于标准如何规定，当乞同仁贡献意见。

会议为此进行讨论，最后形成如下决议：

问题

一、关于请求返还押租案件其应返还数额应按如何标准增加给付。

议决：应以原付租金时其押金之数额相当于其当时每月租金之倍数比照现在每月租金数额之倍数计算增加之。

例如：原付押金时每月租金为1000元，押金为3000元，是原付之押金适为当时每月租金之三倍，现在租金如每月已涨为100万元，则其应返还之押金亦应增加为300万元。

二、关于请求返还典价之诉其返还之数额应按如何标准增加给予。

议决：典价多为典产价值之半数，向有"典半"之习惯，故应按照现时典产价值之半数增加给付。但有坐价数额过多或典价当时超过或不及卖价之半数者应按比例增减之。

三、关于金钱借贷之增加给付额可否参照由省府统计处所抄来之物价指数来处理。

议决：金钱借贷案件可参照省府统计处物价指数办理。①

1940年代后期，西安地区物价波动较大，货币贬值情况严重，在此情况下制定合理的民事争议案件给付标准，统一个案的判决标准，无疑是极为重要的，它不仅可以较好地维护当事人的利益，还可以提高法院的公信力。当然这种决议还需上报陕西高等法院批准。同年5月14日，西安地方法院院长崔炎煜将此决议函呈陕西高等法院：

> 查法律行为成立后，因情事变更法院应公平裁量，为增减给付之裁判因为法所明定，但应行增减之标准，法律尚无明文可据。本院民事庭各推事为求裁判允当，计对于请求返还押租典价借款等事件应行增加之标准，业于本年二月十五日开会议决，记录在案。理合将此次会议记录备文呈请。②

显然，对于地方法院的正常运转来说，小组会议无疑是必要的。

三、周会与年终会

周会系由总理纪念周活动改造而来。③ 顾名思义就是每周一次，参加者为本院全体员工，开会的具体时间为每周周初，地点为地方法院大礼堂。1947年6月2日西安地方法院举行了历史上的第一次周会，由时任院长崔炎煜主持。他说：

---

① 陕西省档案馆档案，卷宗号089—4—18。
② 同上书，卷宗号089—30—42。
③ 有关总理纪念周的问题，将在下编中专门进行讨论。

> 周会不是现在各机关一律都要举行的,本院为了增加同仁见面的机会,工作的推进,意见的发表及个人工作的检讨,所以一定要举行周会。①

事实上周会并没有能够坚持下来,而是逐渐演变为每月一次的月会。时间为每月月初,参加人仍为全院员工,甚至还包括检察处的全体工作人员,内容主要是由院长向大家通报本院情况和布置近期工作,然后由"民刑两庭及检方各科室单位轮流讲话",即以讨论全院工作为主。

下面是1949年4月4日的西安地方法院的月会记录,讲话者为新任院长崔炎煜:

> 今天是本席到院的第一次月会,大致可分为两点同大家讲讲。一是本院财政方面。最近中央对公务员的工资有大幅度调整,报纸上也已披露,但因公文未到,款子没来,而物价急剧猛涨,我们同仁仍不能得到调整,依然饿着肚子给公家办事,大体说来,实在是件难听的事。可是就全西安的中央机关以及救济省方的各项款子,听说中央已欠有50多亿元之巨,这个数字恐非短期内所能汇到,我们只有体会时艰共渡难关。二是大家操守方面。三月二十九日《经济快报》登载法院消息一则,各位同仁想必已经看到,据说系宝鸡地院,但我们内心总觉有点难过。个人还是要切实检讨自己为好。②

一年终了,全院员工聚在一起,对全年事务进行总结,对来年工作进行研讨,这已成为民国时期司法界的惯例,即便是地处陕南的褒城地方法院也是如此。

以下所引系1947年陕西褒城地方法院年终会议记录。

---

① 西安市档案馆档案,卷宗号090—2—10。
② 同上。

(1)民刑案件之进行与结案。一年来诸同仁工作努力,民刑案件大致收结相抵,尚无积压。惟仍有应行注意之点:a 民刑案件进行迟缓,当事人深受拖累,最为世人诟病,今后依法定程序办理,务求迅速结案,革除积弊,俾减人民诉累。b 民刑案件程序虽感繁琐,但重要程序不可忽略。而一切程序是否依法履行,均应表现于诉讼卷内,务须切实记录。c 卷宗装订次序,从首至尾,按进行程序装订,阅卷时以免先后零乱,发生疑窦。d 宣判在可能的范围内应当即行宣判,宣读主文,并谕知判决要点及上诉日期,或定期宣判不可违反法定期限。e 记录必须当庭作成,实行宣读,以免有不真确之记载。并无先行阅卷,对于案情把握要点,开庭时记录自无困难。f 重要案件应开合议庭多加研究,慎重处罚,期成信谳。g 提高研究精神,多读书,新判解、新法令,尤当切实研究。h 轻罪从宽,重罪从严,俾无枉无纵,认识时代,观念正确,依法处断,斟酌至当。

会议最后对庭丁精神散漫,懒惰成性,应严加管理问题进行了讨论。①总之,会议制度的确立及有效运行,不仅有利于信息的传达,员工业务水平的切磋提高,也使新式审判机关形成了一个统一的整体。

小　　结

伴随着时间的流动,西安地方审判机关的内部组织由少到多,不断调整,这些内部组织设立的目的和动机大多较为单纯,基本上是为了提高审判业务和强化管理的需要,即满足自身发展的需要。这些组织的存在和运转

---

① 陕西省档案馆档案,卷宗号 089—3—195。

像经络一样维系着地方审判机关的生命,推动着司法职能的发挥。至于哪些名目繁多的委员会,以及各类政治性的组织,或相对较少,或尚未出现。

会议的种类和开会的次数确实多了点。当然,从记录上看这些会议开得还较为认真,又以讨论业务问题为主,即便是一些纯属政治性质的会议,如总理纪念周活动在各种动力的驱使下也被一点点地改造成为专业会议,政治色彩逐渐淡化。但对于一个审判机关来说,过多的会议,势必会牵涉推事的精力,久而久之,也容易使法院养成行政化的工作方式。

之所以会出现这种看似矛盾的结果,原因大致有二:一方面政治势力尚未能从体制上完成对地方审判机关的彻底控制,使审判机关还能保持着一些相对的独立,并按照自身的需要成长和壮大;与此同时无所不在的政治势力以及中国社会的传统也正在一点点地浸淫着各种新出现的组织,使地方审判机关不知不觉中打上了时代的烙印。

第四章　审判制度逐渐统一

新式审判机关创制之初,清廷制定和颁布了审判机关组织法和诉讼方面的程序法,为规范审判活动创造了基本条件。至于审判机关内部制度,以及日常办事规则未及制定,尚处于摸索阶段,因而缺乏稳定性。翻检这一时期的相关文献,说到地方审判机关,"风气自为"一词使用极为频繁。1919年8月,司法部拟定《高等审判厅办事章程》及《高等检察厅办事章程》,呈准颁行,各省高等审判厅之办事章程,始告统一。但时隔不久,则又发现"至于地方审检两厅,以通行办事章程,尚待颁定,其处务规则,更觉分歧,"以及"各种簿册,仅规定名称,未详订格式,形式上仍多自为风气。"[①]为了解决这一问题,民国政府根据审判需要,以及审判机关的工作性质又制定颁布了地方审判厅,乃至各处室的办事章程,对地方审判厅以及审判机关的内部组织运行规则逐项进行规定,迅速地实现了全国众多地方审判机关审判制度和审判管理的统一。与此同时,包括西安地方审判机关在内的各级审判机关也积极探索,陆续制定了一些内部文件,建章立制。这些制度和规章既有效地限制了司法人员的随意和任性,淡化了人治色彩,保证新式审判机关更好地实现其职能;同时也促进了审判管理逐渐走向规范,使新式审判机关同传统的衙门真正有了本质的区别。

---

① 法权讨论委员会编:《考察司法记》,《民国时期社会调查丛编》(二)法政卷(上),福建教育出版社2014年版,第246页。

第一节　诉讼状纸制度

状纸是诉讼活动中当事人向司法机关陈诉时使用的书面文件的简称。诉讼状纸制度则是指有关诉讼状纸的印制、格式、内容、装订和售价等一系列统一规定。

一、种类和格式

尽管传统中国审判制度存在了数千年,但对于状纸却无统一规定。诉讼中使用的状纸相当多的是由当事人自备,因而纸张、样式五花八门,不仅给统一的管理带来了麻烦,还为衙役更改供词提供了可能。清末新政推行之始,主管部门敏锐地意识到这一问题,光绪三十三年(1907年)法部等便会奏《京师各级审判由部试办诉讼状纸折》,厉陈传统中国诉讼状纸混乱所造成的弊端:

> 即近世东西各国,亦于诉讼书类,均莫不有法定状式,以为之程,诚重之也。中国各直省问刑衙门,虽有呈状格式,然未经臣部规定,率皆自为风气,参差不齐。其重视法律者,或故为繁苛之条件,使民隐不得上陈。其重视民隐者,或又弃置不用,听民间随意具呈。授讼师以舞文之渐,甚至一词之人,需费烦多,而官考代书,又往往勾串吏差,肆其婪索。种种弊实,以孳以繁,听讼一端,日形业胜,不仅胜诉列邦已也。①

为此建议,从细微之处入手,规范诉讼状纸,"应由臣部督饬官设印刷局

---

① "法部等会奏京师各级审判由部试办诉讼状纸折",怀效锋主编:《清末法制变革史料》(上),中国政法大学出版社2010年版,第413页。

所,照式制造,分别发由臣院暨高等以下各级审判厅,听民购用。并加盖发行处戳记,庶便稽核。……以收司法统一之效。"[①]同年十月,便颁布了《试办诉讼状纸简明章程》,拟先从试办新式审判机关的京津地区做起,逐渐统一全国各地的诉讼状纸。该章程第1条规定:"诉讼状纸系奏定先从京师试办起,无论旗汉官民关于民事诉讼、刑事诉讼在各审判厅具呈者,一律遵用。"第2条规定:"诉讼状纸自奏定之日起,所有京城旧式状纸,一律停止,其自行任便用纸写呈者,概不受理。"[②]并将诉讼状纸统一分为:刑事第一审诉状、民事第一审诉状、辩诉状、上诉状和委任状等5种。宣统元年(1909年)十二月,清廷再次颁布《推广诉讼状纸通行章程》,规定更为细致,思虑更为周详。如第2条规定"此项诉状分为状面、状纸,如下:状面由法部制造,颁发京外开办审判厅地方,听民购用;状纸,京师各厅仍照向章,由部颁发各直省审判厅区,由法部拟定划一准式,推行各省督抚,饬由提法使或按察使遵照刊印。凡纸式广狭、长短、务须与状面一律,不得参差";第3条规定"状面、状纸应粘连合为一套。民间购用何种,即将何种成套发售,粘合投递,不得单售状面,尤不得单售状纸";第8条规定:"外省各检察厅发行时,应由检察长于两纸粘合骑缝之处,加盖图记,以昭慎重"等。同时还对各级审判厅适用该章程的时间做了统一规定。

此后,统一的状纸制度逐渐推行全国。中华民国政府成立后,又相继颁布了《诉讼印纸规则》(1927年12月)、《司法状纸规则》(1929年)等法规,对司法状纸的种类、印制、格式及其售价等进行统一。

如依据民国相关法令之规定:诉讼状纸分为民事诉状、刑事诉状、民事辩诉状、刑事辩诉状、民事上诉状、刑事上诉状、民事抗告状、刑事抗告状、民

---

① "法部等会奏京师各级审判由部试办诉讼状纸折",怀效锋主编:《清末法制变革史料》(上),中国政法大学出版社2010年版,第413页。

② "试办诉讼状纸简明章程",同上书,第465页。

事委任状、刑事委任状、限状、交状、领状、保状、结状、和解状等16种,相互之间不得混用。状纸分状面和状心两部分,其"状面由司法行政部制造。无论何种机关不得仿造,并不得另制副状。"①状心由各法院自己加印,第一页分为左右两栏,上下各分五六格,用以记载原、被告姓名、性别、年龄、住所、职业等项。不仅如此,状纸的售价亦由国家统一规定,"前项状面由各省高等法院向司法行政部具领发售。司法状纸,应按定价出售,非经司法行政部核准,不得加减。"②

司法状纸由此进入了一个全新的时代,由司法行政部统一印制的格式化的"中华民国司法状纸"陆续用于全国范围内各级审判机关的所有民事、刑事诉讼活动之中,执行较为严格。1940年代西安市一位诉讼当事人在提交给地方法院民庭的诉状中附有如下一份说明书,真实地记录了这一制度的执行情况:"再禀者,民因买法定纸张到处不卖,不得一纸,如不合法时,恳请另换另缮,至于所需费用一并请交,绝不怜惜,特此敬启。"③

早期的司法状纸的状面为蓝色,系中华民国的表征颜色,状面从上至下被分为三部分,上面印有"司法部颁行"等几个大字。中部则为"刑事诉状"或"民事诉状"等字样。下面是司法行政部大楼的图像。状纸背面统一印有诉状应注意之事项,如适用范围、必载事项等内容和收费标准等,极为具体和详细。以民事诉状为例。

普通注意事项

· 民事状凡民事案件向法院投递书状不问起诉、答辩、上诉、抗告或委任代理人或声请声明均适用之。

---

① 《司法状纸规则》,第4条。
② 同上,第7条。
③ 西安市档案馆档案,卷宗号090—11—240。

• 民事状之记载除应分别书状内容按照特别注意事项填写外,应记明左列各项情形:

(一)当事人姓名、年龄、职业、住址,若当事人为法人则其名称及事务所在地。

(二)代理人之姓名、年龄、职业、住址

(三)附属文件及其件数

(四)受诉法院或司法机关

(五)递状日期

• 当事人或代理人应于状内签名印,其不能签名者得使他人代书并由代书人记明其事签名印。

• 状内用纸如不敷用,得由具状人按照状纸尺寸自行备纸增加页数,但接缝处应由具状人签名印。

• 司法状纸分列二种,均按国币收费:

(一)民事状,六角

(一)刑事状,三角

• 每角按国币十分之一计算,如以铜币及其他币种折合者,依各地价定之进出一律。

• 状面由司法行政部制发,无论何种机关不得仿照,并不得制副状发售。

特别注意事项

• 因民事案件中起诉或反诉,或追加新诉,或为再审之诉而具状者,除按照普通注意事项填写外,并应分别记明左(下)列名状情形:

(一)诉讼标的金额或价额及其原因

(二)应受裁判事项之声明及其陈述

(三)供证明或释明所用证据方法

(四)其他应声叙之事实

• 当事人提出之证据如为证人,应填写证人姓名住址,如为证书,应添具缮本或节本。其为他造所知或极浩繁者可表明证明之标目,如为证物应填写证物之种类、其内容要旨,其证物不为当事人所持有,应于状内表明持有人之姓名、住址,或保管之公署。

• 因民事案件答辩而具状者,除按照普通注意事项填写外,并应证明左(下)列各款情形:

(一)答辩之事实理由

(二)承认或者否认原告请求之范围

• 状纸内文为黑色,首页是原被告情况表格,其后是两页竖纹空白纸供当事人填写状词,后附有人证物证栏和相关声明等。而状心部分由各省高等法院依照司法行政部颁定格式配置之,非常时期得指定商店依式印制。

统一状纸种类、格式、状纸的内容和状纸售价,此事虽小,但关系却甚大,它不仅具有象征意义,还可以防止各地司法机关和个别司法人员巧立名目,乱收费等现象的发生,同时也使司法统计成为一种可能。

二、装订及保管

与状纸的形式统一相比,装订方式的统一则更为重要。中国传统社会,状纸允许百姓自备,大小不一,长短各异,装订也五花八门,不仅给管理带来了混乱,同时也为整理者随意加入东西开了方便之门。加之日积月累案卷数量增多,只有科房辅助人员才能知道案卷放于何处。主管官员如若阅读案卷和参阅前卷,必须假于科房之手,从而为科房把持、操纵审判提供了机会和可能,导致流弊的产生和国家司法的混乱。

为了解决这一问题,北京政府专门发文试图统一装订方式。但由于此时状纸的统一尚未能实现,加上"惟各县长弁髦命令,阳奉阴违"①,因而收效不大。南京国民政府成立后,在司法状纸已统一印制编号的大前提下,司法行政部于1929年再次发文,规定将诉状和各种簿册的装订方法统一为制订式。装订次序从头至尾按案件进行程序汇订,便于阅卷。卷宗封面用有色厚纸统一印刷,民事用蓝色,刑事用红色,内印有法院名称、案类、案由、收案年月日、结案年月日、案号、承办人员和归案号等栏。卷宗内还编有目录,注明文件名称和起止页数,页与页夹缝间盖法院公章,卷宗后面加订卷宗袋,用以放置当事人提交的各种相关文件,如证明契约等。仔细观察民国时期西安地方法院的档案,可以发现装订程序极为复杂,包括折页、抖页、捶书、查书、压平、齐栏、贴页、锯捻、封纸、裁切等大大小小10道工序。从档案管理的角度讲,这些工序对档案的保管和存放起了重要的保证作用,因而虽历经火烧、水浸和长期存放等自然因素的影响,档卷至今完好无损。而从司法的角度讲,"它的优点在于:首先它采用的纸捻装订,一旦拆开便无法复原,纸捻不可重复使用,也无法替代,使想更替里面内容的人无法拆卷;其次是在纸捻处贴有封纸并盖有私章。且私章所盖位置为封纸和案卷背面各占一半,表明了整理档案的责任人,此法使人无法拆封;第三是在装订时每页都粘有浆糊,案卷一旦装订完成之后就无法再拆开,即使某页被撕,由于是捻着的,也会留有痕迹,加之又有页码,很容易就被发现。"②此外,卷宗统一分类收藏。此举既实现了司法卷宗归档的全国统一,也使各级审判机关在档案的收藏与管理方面成为真正意义上的整体。

---

① 葛光宇:"司法改革刍议",《法律评论》第289期,1929年4月。
② 赵建平:"赏析民国时期西安地方法院档案的装订",《西安档案》2005年第6期,第24页。

第二节　证据规则

审判工作一是认定事实，二是适用法律。现代审判之所以优于传统的审判，一个很重要的原因是在事实认定方面形成了一套法定的证据规则。实事求是地讲，传统中国办案人员在长期的审判实践中围绕着证据问题亦积累了相当的经验，涉及到证据的收集、审查和判断等各个环节，并明确规定定案必须要有证据，如"其草率定案，证据无凭，枉坐入罪者"，主办人员一律要受"革职"处分①。仅就证据种类而言，传统中国审判实践中事实上已将证据分为人证、书证、物证和勘验等诸多类型，不仅如此还通过立法对证据的搜集、审查、勘验方法等做了专门规定。以勘验为例，《大清律例》中规定：

> 遇告讼人命，有自缢、自残及病死，而妄称身死不明，意在图赖诈财者，究问明确，不得一概发验，以启弊窦。其果系斗杀、故杀、谋杀等项当检验者，在京委刑部司官及五城兵马司、京县知县；在外委州县正印官，务须于未检验之先，即详鞫尸亲、证佐、凶犯人等，令其实招以何物伤何致命之处，立为一案。随即亲诣尸所，督令件作如法验报，定执要害致命之处，细验其圆、长、斜、正，青赤分寸，果否系某物所伤，公同一干人众质对明白，各情输服，然后成招。或尸久发变青赤颜色，亦须详辨，不许听凭件作混报拟抵。②

法律规定之外，通过阅读经典案例，以及长期的审判实践也使从业人员积累了一些有关证据辨别的经验。清朝地方官员黄六鸿的观点极有代表

---
① 《大清律例·刑律·断狱》（下）。
② 同上。

性,他曾通过著述清楚地表达了自己对证据的审慎态度:

证乎? 又必以亲借亲偿为信,否则子孙兄弟之属为代索也。①

上述资料表明,尽管传统中国,朝廷和官员在审理案件时主观上对证据是重视的,②但并未形成统一的证据规则。突出表现在:

一是立法中有关证据方面的规定较为简略和凌乱,法制化程度不高。如有关人证方面,大清律中只规定

其于律得相容隐之人,及年八十以上,十岁以下,若笃疾皆不得令其为证;违者,笞五十。③

二是即使有规定和习惯,但缺乏必要的强制力。这些规定或习惯是否采纳全凭主办人员的个人选择。清代的地方官员王凤生公开著书介绍经验,告诫后来者审判时不可轻易勘验:

凡涉控争侵占之案,凭空审断,恐信谳难成,然亦未可轻易批勘。夫田房水利,尚可勘丈。即明若风水,则易于影射牵混,山场则本无弓口,丈亦难施。且批勘以后,或因公允,无暇亲往,累月经时,必致又酿他故。④

三是对口供,特别是被告人口供过分依赖。传统中国官员在审判活动中,特别是在刑事审判活动中很早就形成了"罪从供定"的传统,有的朝代还通过立法将此法定化,如《钦定大清会典》中就明确规定"听断据供以定案",这里的"供"指的就是口供。这一传统客观上易使官员忽略其他类型的证据,同时又导致刑讯的合法。传统中国法律公开允许使用刑讯手段获取口

---

① (清)黄六鸿:《福惠全书》,卷20《刑名部》,"债务"条。
② 有关这一问题的讨论,参见张德美:《从公堂走向法庭——清末民初诉讼制度改革研究》一书中的相关章节,中国政法大学出版社2009年版。
③ 《大清律例·刑律·断狱》(上)。
④ (清)王凤生:"堪丈",《牧令书》卷19,《刑名》(下)。

供,如《大明令》规定"其犯重罪,赃证明白,抗拒不招者,众官圆坐,明令案验,方许拷讯。"①刑讯使口供的真实性大打折扣,最终导致冤案丛生。

四是证据的证明标准主要依据弹性较大的人情和常理。关于证据的证明标准,唐律有专门的规定:验证,一方面要"先以情,审察辞理,反覆参验",同时"若赃状露验,理不可疑,虽不承引,即据状断之。"②

综上,尽管中国传统法律文化对证据的价值与意义有着较为清醒的认识,但在证据的取得方面并未形成一套制度化的规则,导致实践中主要借助办案人员个人的智慧、机警乃至刑讯获取证据;同时在证据的证明标准方面又主要依赖弹性同样较大的"情"与"理",其结果必然使中国传统的审判带有较强的个性化因素或人治色彩,即审判工作随意性较大,无法预期。

清末以降,伴随着新式司法制度在中国的创建,证据裁判主义原则开始确立,证据在审判中的核心地位最终得以确认,审判也开始由传统进入现代。所谓证据裁判主义原则是指在诉讼中对于争议事实的认定必须通过证据来证明,各种证据之间必须形成完整严密的证据链。这一原则的确立,从根本上淡化了口供在审判过程中的作用,凸显了证据的地位,使审判的可预期性得以增强。与此同时,有关证据方面的立法也日益完善,如1922年北京政府颁布《民事诉讼条例》,在第一章中列专节,分通则、认证、鉴定、书证、勘验、证据保全等六目对民事诉讼中的证据从证据的种类、证据的取得方式、证据的保全、证明标准等各个方面进行了系统和完整的规定。同年颁布的《刑事诉讼条例》中,也专设证人、鉴定人、扣押搜索、勘验四章对刑事诉讼中的证据进行规定,证据规则最终形成。

第一,废止刑讯逼供。刑讯逼供是中国传统审判中被人诟病较多的问

---

① 怀效锋点校:《大明律·大明令》,法律出版社1999年版。
② 《唐律疏议》卷29,《断狱》。

题，孙中山曾公开讲："而于刑讯一端，尤深恶痛绝，中夜以思，愉逾剥肤。"①为此，清末以降的历届政府都明令禁止刑讯逼供。如民国北京政府制定的《刑事诉讼条例》第 70 条规定："讯问被告不得用强暴、胁迫、利诱、诈欺及其他不正之法。"南京临时政府更是规定："其从前不法刑具，悉令销毁"，"如有不肖官司，日久故技复萌，重煽亡清遗毒者，除褫夺官职外，付所司治以应得之罪。"②

第二，确立举证责任。举证责任分担是新式司法制度证据规则中的重大变化。具体而言，民事诉讼中坚持谁主张，谁举证的制度；刑事诉讼中被告人的犯罪能否成立则由检察官负举证责任，被告对自己无罪无需负举证责任证明。这一原则的确立，不仅大大地减少了审判机关的工作量，也使审判机关的中立地位得以真正实现。

第三，确立直接审理和证据辩论原则。所谓直接审理是指除特殊规定者之外，作为裁判基础的证据，法官应当亲自当庭审查，对于言辞证据法官应当亲自讯问证人或鉴定人；而证据辩论原则则是指凡经法庭调查的证据应当在法庭开庭时接受当事人或其辩护人的质证和辩论。前一原则减少了证据传播的环节，使法庭上使用的证据具有较高的真实性，同时也保证庭审的真实，法官独立审判的实现；后一原则有助于法官对证据与案情的理解，最终有利于判决的公平。③

第四，确立自由心证原则。所谓自由心证原则，即对某一证据的证明力法律不做事先规定，而是将其交由法官根据专业技能和具体案情自己判断。《大清刑事诉讼律草案》规定："认定事实应依证据，证据证明力任推事自由判断。"这是自由心证原则在中国立法中的最早表述，此后北京政府和南京

---

① 《孙中山全集》，第 2 卷，中华书局 1981 年版，第 157 页。
② 李春雷：《中国近代刑事诉讼制度变革研究》，北京大学出版社 2004 年版，第 187 页。
③ 有关这一问题的讨论，参见蒋铁初《中国近代证据制度研究》一书中的相关章节，中国财经出版社 2004 年版。

国民政府的证据立法均继承了这一原则。与证据法定相比，自由心证有利于法官发现事实。

清末民国时期相关立法中有关证据规则的规定还存在着这样或那样的问题，但与中国传统的证据制度相比毕竟有了本质的区别。新的证据规则的确立大大降低了审判的随意性，使审判进入到了科学的阶段。

第三节 法律解释

中国有着悠久的成文法传统，但这一传统更多的是用以特指刑事法律，至于民事方面数千年间无论是实体还是程序都没有统一的制定法。不仅如此，在盛行"法自君出"的专制体制下，唯有君主才拥有为社会制定规则的权力，因而也不允许官员通过司法层面发展出一套严谨的判例法，官员审理民事纠纷基本上是依据社会中的主流价值——儒家伦理和民间习惯自由裁量，事实上随意性较大。

新式审判机关创制之初，大多数实体法和程序法尚未颁布，推事裁判案件时可适用的法源严重不足。已颁布的一些成文法大都较为原则和抽象，如何解释也是一个重大的问题。此外，审判人员的经验和能力亦严重不足。诸如此类的问题如不能尽快地、妥善地加以解决，不仅会造成审判的混乱，影响新式审判机关的公信力，同时也使新式审判与传统的衙署办案逐渐趋同。

总之，如何尽快统一、规范各级审判机关的审判活动，成了民国初年司法机关面临的一项十分棘手但又迫切的问题。为此，民国初年一位推事不无担忧地说：

> 余自任法官以来，益究心法律之学，购置多编，几案为满。然收罗周惬，但除刑律及民刑诉讼法，有规定刊行之本，其他尚付阙如。欲就

成案，资为研究，辄苦旧者既不适于时用，而新者所译，又系他国条件，不切事情，遇有疑难，颇费裁判。①

依法审理和依法裁判是现代司法机关合法性的必然要求。解决裁判法源短缺的办法无非有二，一是加快立法。但清末民初社会转型尚未完成，制定稳定又具有普遍效力的法律，客观条件还不太具备，何况北京政府时期军阀混战不断，作为立法机关的国会无法正常开会。因而，通过立法来解决问题的想法显然不大可行；二是从司法层面想办法，即由最高司法机关行使判例的创制权和法律解释权。民国以后，专制体制不再，司法机关独享审判权的宪法定位，以及最高审判机关所拥有的终审权地位，使这一切有了可能，当然我们也不否定在此过程中，作为民国最高审判机关的大理院、司法院所显示出来的智慧和为此所做的积极努力。

一、判例制度

1915年，北京政府重新公布《法院编制法》。该法第37条规定："大理院各庭审理上告案件如解释法令之意由与本庭或他庭成案有异，由大理院院长依法令之义类，开民事科或刑事科或民刑两科总会审判之。"仔细研读此条文字，大理院的决策者认为尽管该法并未明确赋予最高法院——大理院拥有制定判例的权力，但毕竟可以推导出大理院以往所审理的成案对其自身具有约束力的结论，加之该条文用语较为含糊，给大理院的扩权提供了潜在的可能。于是，大理院在1916年6月22日颁布了统字第460号解释例，明确规定"本院判例解释有歧异者，应以最近之判例或解释例为标准。"此后，大理院以此法条为依据，经过合理解释，不断摸索，逐渐发展出了具有中国特色的判例制度，为国家法律生活的统一做出了重要贡献。

---

① 汪庆祺编：《各省审判厅判牍》序，李启成点校，北京大学出版社2007年版，第7页。

具体到操作层面,大理院对于判例制度的创制极为慎重,起初只是从其所审理的案件中精选出一些典型案件公布在《政府公报》和《司法公报》的"例规"或"审判"栏目中,作为地方各级法院审理类似案件时的参考和依据。

取得必要的经验之后,大理院又于1919年公布了《大理院编辑处规则》,对判例汇编的各项制度做了详细的规定。不仅如此,大理院还于1922年4月12日通过统字第1809号解释例对判例的概念作了进一步界定:"院判在判例要旨汇览刊行前,未经采入汇览者,即不成为判例。"[①] 即只有编入判例要旨的大理院判决才能称为判例,才具有约束力。但必须指出的是真正具有约束力的是判例要旨,而并非判决书全文。至此,规范和固定的判例汇编制度始正式形成。

上述规则规定,大理院下设判例编辑处。编辑处的责任是对本院自己所审理的典型案件进行汇编,挑选原则是具有创新意义或能补充现有法律之不足,或能阐明法律真意却有抽象规范价值者。也就是说或对现行法的内容进行了新的解释,或在现行法之外创制了新的法律规则。1919年12月大理院公布了该院第一部判例要旨汇编《大理院判例要旨汇览》,1923年12月又公布了《大理院判例要旨汇览续编》,《汇览》和《汇览续编》共收集判例3991件。为了方便各级审判机关的使用,《判例要旨》的编辑者在编辑体例上花费了不少心思。它以成文法为依托,即根据刑事、民事、实体法、程序法的分类和刑法典与民法典的结构进行编订,计有《法览》《民法览》《刑法览》《商法览》《民事诉讼览》《刑事诉讼览》等,并非按照判例产生的年代进行编辑。如此的好处是便于法官可以像寻找成文法条一样,非常容易地找到能够适用于当前案件的既有判例,减少工作量。不仅如此,大理院院长在公布的《判例要旨》上还殷切地寄语司法界全体同仁,"愿我法曹,其亦互守归随之义可也。"

---

① 郭卫编:《大理院解释例全文》,上海法学编译社1932年版,第1043页。

南京国民政府成立后继承了北京政府大理院的做法,1932年国民政府最高法院专门成立了判例编辑委员会,"凡属本院推事,均为编辑,庭长为总编辑,各科科长均为事务员,书记官长为事务主任,分工合作,随时督促。"①另按照《最高法院处务规程》,判例选编的具体操作办法是各庭庭长负责,由庭长从本庭所裁判的案件中进行挑选,标准仍然是具有创新意义,或能补充法律不足,或能阐明法律真意,且见解具有抽象规范价值者;然后交书记官摘录要旨,再将裁判书副本分送各庭庭长推事征求意见,如无异议,即成判例。1934年最高法院分别将该院1928年至1931年间所审理的重要判例整理为《最高法院判例要旨》,另将1932年至1934年间最高法院的重要判例编辑为《判例要旨》第二部出版发行。②此外1932年公布的《法院组织法》和《国民政府司法院统一解释法令及变更判例规则》还在程序上对变更判例进行了严格的限制,如前者第25条规定:"最高法院各庭审理案件,关于法律上之见解,与本庭或他庭判决先例有异时,应由院长呈由司法院院长召集判例会议决定之",由于变更程序极严,南京国民政府时期最高法院从未进行过判例变更。

尽管从法律上讲大理院和最高法院的判例要旨汇编只能对其自身具有约束力,但由于大理院和最高法院所具有的终审法院这一特殊地位,加之国家实行的四级三审及三级三审的体制,因而判例要旨的权威性毋庸置疑,现实司法实践中这些判例要旨自然而然地对各级法院在审理同类案件时具有了事实上的约束力,这正是大理院和最高法院希望的。

实事求是地讲,这一目的已基本达到。民国初年有学者对大理院《判例要旨汇览》之影响做过这样的描述:"承法之士无不人手一编,每遇讼争,则律师与审判官均不约而同,而以查大理院某年某字某号判决如何为争讼定

---

① 最高法院编印:《三年来之最高法院》,1934年,第95页。
② 有关民国时期的判例制度,参见武乾:"中国近代判例制度及其特点",《现代法学》,2001年第2期。

谳之根据。"①不仅如此,还有学者从法理上对判例要旨的法律效力进行了说明:"实缘我国民事成文法未备,与英美的情形相类,且大理院为最高法院,重视其判决例,势所使然。是故我国法院判决民事案件,如无法律明文及习惯可资依据,则先于大理院判决例中觅条理,故大理院之判决例,实为法院实用条理之最大渊源也。"②

南京国民政府时期,随着立法速度的加快,法律体系日臻完备,使得判例要旨与法律条文越发相近,导致其在司法实践中的地位与作用呈下降趋势。下面所引最高法院 1932 年 8 月 15 日"上字第 1601 号"韩庆龙与韩庆铨因确认荡鱼所有权事件上诉案件判例要旨可见一斑。

> 判例要旨:
> 事实之认定须凭证据,而证据之凭信力如何,则审理事实之法院于法律所许范围内有衡情认定之权。
> 法条依据:
> 法院审理事实,应斟酌辩论之意旨及调查证据之结果,依自由心证以为判决。(《民事诉讼法》第 23 条)③

尽管如此,司法实践中判例要旨仍然起着一定的作用。1934 年,最高法院院长居正曾云:"因为吾国法律偏缺不全,且法律规定亦时有不免发生疑义之处,故判例编辑于司法交通之增进,尤属重要。"④

二、解释例

由大理院(北京政府)或司法院(南京国民政府)统一对现行法律进行解

---

① 武乾:"中国近代判例制度及其特点",《现代法学》,2001 年第 2 期。
② 张正学:"法院判断民事案件应用之法则",《法律评论》,第 249 期。
③ 《法治周报》第 1 卷第 5 期,裁判书牍,1933 年。
④ 居正:"一年来司法之回顾与前瞻",《中华法学杂志》第 5 卷,第 8、9 号合刊,1934 年。

释,并明确规定这种解释与法律条文具有同等的效力,这是民国政府为统一判决所采取的又一重要措施。清末以降历届政府所制定的法院组织法或国民政府组织法中均明确规定作为终审机关的大理院或作为国家最高司法机关的司法院拥有解释法律之权,即"当谓法院相互间解释显有抵牾之时",由大理院院长或司法院院长对于抵牾的律文所做出的具有法律效力的解释,"示以准绳,俾知适从尔,"①称之为解释例。

按照南京国民政府《司法院统一解释法令及变更判例规则》之规定,法律解释的具体程序是,司法院接到司法机关等解释法令的请求后,由司法院院长交发最高法院院长。最高法院院长根据民事刑事等不同类型,分配给民庭或刑庭庭长拟写具体答案,然后征求其他各庭庭长的意见。经各庭庭长签注意见后,由最高法院院长同意,则呈司法院院长核阅,司法院院长亦赞同,再交统一解释法令会议议决。统一解释法令会议由司法院院长为主席,最高法院院长及所属各庭庭长出席,决议须过半数议决之。如司法院院长认为决议案存有疑义时,可以召集最高法院全体推事加入会议进行复议。该程序的特点可以概括为"首长负责,专业分工,民主表决相结合的制度设计。"②

同样需要指出的是,解释例中真正有约束力的也是解释例要旨,即解释例中抽象规则的部分。为了更好地说明这点,特引 1935 年"院字第 1245 号"解释例一则进行说明:

> 设有正式法院所在地之县长,对于刑事案件,仅得依《刑事诉讼法》第 227 条第一款,以司法警察官之资格侦查犯罪,并无裁判之权,其所谓科处罪刑之判断,自属无效。③

---

① 王宠惠:"改良司法意见",《东方杂志》第 17 卷第 20 号,1920 年 8 月 25 日。
② 聂鑫:"民国司法院:近代最高司法机关的新范式",《中国社会科学》,2007 年第 6 期。
③ 《调动司法警察章程》,1946 年。

解释例众多是民国时期司法实践中的一大突出现象。为了方便和统一审判人员的适用,北京政府时期坊间还出版有《大理院解释例大全》一书,该书编者在前言中对于解释例的作用说得极为明白:

> 推求法律真意之方法,谓之于解释。凡一切法律之制定,无论用意若何精详周致,字句若何明了确切,适用之时,仍难免疑窦之丛生。故法律之解释方法甚重要也,虽然同一法条依学理上之解释方法而解释之,亦每见多人之意见,绝不相同。在甲以为如此,在乙以为如彼,各有依据,言之成理,若任其一己之意见而为之,则是法律不能生一定之效果,又安能维持其威信哉。然则将奈何,曰亦唯有统一之斯可耳。我国《法院编制法》第35条规定大理院有统一解释法令之权。以故大理院所为解释,下级法院有遵循之义务。其效力实与法律无殊焉。举斯以观,吾人研究法律于条文之外,更须熟知大理院之解释例。[1]

据统计1913年1月15日至1927年10月22日,大理院共发布了2012号解释例,南京国民政府自1927年成立到1946年6月底,共公布解释例4097号[2],这些解释例对于司法机关统一法律见解,规范法律适用发挥了重要的作用,有力地维护了司法权威。当然,由于的经验不足,不可避免地出现过一些问题。

到民国晚期,上述判例和解释仍然在陕西各级法院,特别是地方法院的审判实践中发挥着相当的作用,有着一定的影响。如1948年陕西商县地方法院在自己的年度工作计划中强调审判人员对判例和解释例要定期、认真地加以研讨:

> 查胜利以后,因国情巨变,各种法令新颁修正废止等,时常发生,吾

---

[1] 《大理院解释例大全·自序》,上海大通书局1928年版。
[2] 廖与人:《中华民国现行司法制度》(上),台北黎明文化事业公司1983年版,第107页。

辈职在司法,须研究有素,胸有成竹,遇案始能迎刃而解,免职遗误。且最高法院判例及司法院解释等书先后由南京上海寄到,及连同国民政府公报及陕西高等法院公报并各项法令仍定于每月十五日及月终召开法令研究会,将平日研究者,悉心讨论以资娴熟。①

法官如此,律师在出庭辩护时也频繁地使用民国以来大理院或最高法院不同时期的判例及解释例作为自己立论的理由。1948年,西安市民陈清振因涉嫌毒品犯罪被地方法院检察官以贩卖毒品罪提起公诉。被告的辩护律师认为陈清振所犯罪名应该是持有毒品罪,而非公诉书所言的贩卖毒品罪,其辩护理由如下:

> 为检察官起诉陈贩卖毒品一案,仅具辩护意见。查"贩卖鸦片烟罪,即以贩卖行为为其构成要件(见前大理院二年非字第521号)、《刑律》第266条之意图二字系构成要件,无贩卖之故意者虽收藏鸦片烟亦不能论以贩卖罪。"(见民国三年统字第179号解释)"贩卖鸦片或其代用品之罪,均以贩卖行为为成立之要件,如贩卖行为尚未证明,仅持有鸦片之事实并其持有之目的在于贩卖,亦仅成立意图贩卖,而持有鸦片或其代用品之罪不能据依贩卖之例论罪"(见最高法院二十二年上字第833号判例)。陕西禁烟协会函选送之被告陈犯罪嫌疑部分之毒品,……假定即系陈之物,亦不过触犯《禁烟禁毒治罪条例》第10条第一款之持有烟毒罪,检察官依据《禁烟禁毒治罪条例》第4条第一款提起公诉,与上开各判解所示之要件,显有不合,为此仅具辩护意旨,恭请钧院判决。②

总之,《判例要旨》的汇编和解释例的广泛使用为统一新式审判机关的

---

① 陕西省档案馆档案,卷宗号089—4—207。
② 同上书,卷宗号090—4—16。

判决发挥了非常重要的作用。

第四节　训令

在特定的历史时期,数量众多的判例和解释例,对于统一各级审判机关的法律适用起了不可估量的作用,而由司法行政部门发布的各种训令则对于划一各级法院的审判程序和规范推事的职业行为同样起着不可忽视的作用,以往并未引起学术界足够的重视。民国时期,作为国家的最高司法行政当局,无论是北京政府的司法部,还是南京国民政府的司法行政部都发布了数量众多的训令。训令涉及的范围极广,诸如审判人员的职业操守、办案的程序、审判中应注意的具体问题等。我们不妨引用1943年5月司法行政部发布的"训(民)字第2943号"训令进行分析,该训令主题为"办理民事诉讼案件特别注意之点",共18点,内容极为详尽,几乎涉及了民事诉讼中法官应注意的基本问题,如:

(1)案件之进行首须审查其诉讼要件是否具备,如诉讼要件不具备而不能补正或不准令补正者,无庸指定言辞辩论期日及通知答辩。

(2)管辖错误案件除依原告之声请,以裁定移送于有管辖权之法院外,其余均应以裁定驳回其诉。

(3)指定初次言辞辩论期日,应斟酌事件之繁简、当事人住居所距离法院之远近及交通情形,预留就审期间以便被传人于指定之期日恰好到场。

(4)审讯前应详阅文卷,以便讯问当事人、证人或鉴定均能得其核要,不至茫无头绪。对其陈述之不明了或不完足者,须即时令其叙明或补充之。

(5)诉状列有多数当事人者,应逐一审究其对于讼争标的有何关系，若毫无关系而任意填列者，即应告知其剔除。

（6）当事人所举之证人，依其声明显与解决讼争事件无关者，自无庸传唤，其认为有传唤之必要，经合法传唤无正当理由而不到场者，即须科以罚锾，并定期日再行传唤，如仍不到场，即予拘提。①

就内容而言，训令所谈的问题民事诉讼法里都已涉及，但法条的规定毕竟不像训令这般具体和详尽，也没有这般集中，因而，训令的效果不可替代。此外，南京国民政府司法行政部还经常通过训令来规范审判行为，如1941年1月29日司法行政部发布训令：

查法院办理民刑事诉讼案件于人民利害关系甚巨，审理务宜详尽。关于当事人之询问与夫证据之搜集调查等均应按照法定调查程序详以研求。至于证据之取舍及证据力之强弱固一任法院推事自由裁量，但所采用之证据必须经过法定调查之程序，而在刑事案件既须参酌各方面之情形以为判断，在民事案件则除斟酌调查证据之结果外，并应注意当事人之全辩论意旨，此项程序在民事诉讼法及刑事诉讼法规定綦详。苟能切实践行不难得事实真相而为适当之裁判。又关于判决书之制作措辞亦须力求简明。纵令案情复杂，争点分歧仍须提纲挈领以节省劳力，即可以增加办案之效率。②

这些训令不少是由最高法院主动向司法行政部申请或提示的，因而，针对性和可操作性均较强，对于在全国规范内规范办案程序，提高办案人员水平和能力起了一定的作用。

---

① "司法行政部1943年各种训令"（三），引自蒋秋明：《南京国民政府审判制度研究》，光明日报出版社2011年版，第166—167页。
② "司法行政部"编：《战时司法纪要》，台北"司法院"秘书处重印1971年，第148页。

第五节　裁判文书

法院的基本职能是审判，而审判的结果是通过裁判文书体现的。仔细考察中国传统衙门和新式审判机关的裁判文书，我们可以发现两者在精神与表达两个方面都存在着明显的差异。

一、判词

传统中国将判决的文字称作判词。尽管传统中国的判词在数千年的发展过程中形成了自己相对稳定的格局与文风，但事实上官府对判词的形式和内容从未做过统一的规定，也未将判词须向社会公开作为裁判者的法定义务，因而，传统的判词与现代意义上的判决书不可同日而语。

保留至今的判词以明清两代的为主。从形式上讲，明清时期基层官员作出的判决分为两种，一种是州县自理辞讼的判决，称之为"判"或"审语"；另一种是初审后向上级提出的报告，称之为"申详"。文风上，明以前判词使用的语言多为骈俪四六文，清朝则多为散文体。为了使读者更好地理解中国传统判词与现代司法判决书之间的真实差别，引用一则明代的判词加以说明。该判词出自《折狱新语·谋劫事》，是一篇有关寡妇带女改嫁案件的判词。案情大致为：民人何瑞招有妻无子，遂领养其叔何济的孙女招姐为后。后何瑞招因病亡故，何瑞招之妻陈氏在其夫亡故三日后带女改嫁于周应麟，为媒者系何济的嫂子朱氏。中国传统法律规定亡妻如欲改嫁，须为夫服丧三年，同时，为了维系宗法血统的纯正，禁止将同姓子孙过继于异性。陈氏的做法显然违背了传统的礼法。

本案的审理者李清判决何济领回孙女招姐，惩罚了娶陈氏并收招姐的

周应麟,同时又借助判词对陈氏的行为从道德上给予了无情的批判:

> 审得已故何瑞招,乃何济亲侄,而陈氏则瑞招妻,朱氏则济之改醮嫂也。先因瑞招有妻无儿,曾携济女孙招姐抚养膝下,则陈氏一石田之不生耳。然身类石田,而性同水花。适瑞招以感疾亡,则此妇哀而不伤可知也。问以二十五年嫁乎?问以三年嫁乎?问以为期之丧,则亦为期之嫁乎?是何濡滞也!妇则兹不悦。今询瑞招何日亡?陈氏何日嫁?则从二十四以至二十六,仅三日耳!岂是妇之每饭不忘嫁也?"一日不见,如三岁兮!"三宿而后出,或犹曰:"迟迟吾行!"而概然自附于亡夫之耐久朋,未可知也。兹问新夫为谁?则周应麒,而媒氏为谁?则改醮之朱氏耳。噫!冰上人乃识山下路乎?想曾抱"五日为期,六日不谵"之隐恨,而誓以己所不缓者,为人急缘也。今提陈氏而质,谓"鬻身葬夫,登车犹裹泪耳。"然何济岂不济侄者,胡不泣诉济门,而新寡妇却拖别室罗裙。正恐三日辞旧,一朝迎新,又另是一番情怀也。噫!陈氏。于何姓已矣,胡又携招姐住?夫有东床自造,有坦腹自氏,不恋娇女,宁图半子?而可使己为萍逐,女为蓬飘忽?合断何济领回。仍杖治周应麒,以为鱼与熊掌兼收者之戒。虽然"女子之嫁也,母命之",今招姐之诀也,亦有以命之乎?回头语阿女,莫薄如汝母。未知陈氏亦出斯言而汗颜否?①

该判词具有一定的代表性,它不以对案件的实体部分做出裁断为满足,而是侧重于道德说教,且文字上大量使用诗词,几乎句句皆有典故,一般人很难读懂。

---

① 有关传统判词文字风格的研究,请参见赵静:《修辞学视阈下的古代判词研究》,四川出版集团巴蜀书社 2008 年 6 月版,第 140 页。

二、批词

判决书是现代审判机关对案件实体方面做出的决定。在中国,判决书是伴随着新式审判机关的出现而同步产生的。光绪三十三年(1907年)生效的《各级审判厅试办章程》中,第一次对判决书从形式和内容两个方面做出了统一的要求,该章程第26条规定,新式审判机构所做出的刑事有罪判决要载明"证明犯罪的缘由,援据法律某条,援据法律之理由,"刑事无罪之判决要"声明放免之理由",而民事判决要载明"证明理由之缘由,判断之理由"等,现代意义上的判决书由此在中国萌芽。

遗憾的是,由于资料的限制笔者尚未查找到清末新政时期西安府审判厅的判决书,为弥补缺欠,暂以同一时期的二则裁判文书进行分析。前者为长安初级审判厅的批词,后者为保定地方审判厅的刑事判决书。批词是传统中国官府对呈控案件是否予以受理的书面批示,系具有法律效力的正式答复,清末新式审判机构创办之初,仍然保留着这一习惯做法。尽管批词不是判决书,但毕竟都是由推事所写,因而,透过这则批词,不仅可以观察这一时期西安地区推事的专业能力和水平,同时还能真实地感受新旧裁判文书之间的过渡及衔接。

批词一　又批王天俊控焦万龄呈词

状悉。查律载:乞养异姓义子已乱宗者处罚。又:收养三岁以下遗弃小儿,依律即从其姓,但不得以无子遂立为嗣等语。该焦天祥虽由尔外祖母收养承继,然照律不准承嗣,已属不合。查焦关氏并无近支应继之人,故前堂判令族长焦万龄将焦关氏所遗房业代为掌管,一俟立有相当承继之人,即饬焦万龄交出,并非断为伊之所有物也。李生焕与尔均系焦关氏亲戚,李生焕固不应垂涎,尔亦岂能染指。来呈一再恳渎,其中显有贪图情事,仰候传集人证到案,再送覆讯核夺。①

批词中争议的继嗣问题是传统中国民众生活中最常见的纠葛。为了更好地说明问题,我们不妨再引用一则保定地方审判厅的刑事判决书。

批词二　独自抢夺过路人财物

缘刘坏子籍隶祁州,负苦度日,先未为匪。光绪三十四年(1908年)八月二十八日,刘坏子来省闲逛,因思家贫难度,起意抢夺,得赃花用。即于是日傍晚时分,手持木棍,至保定府城北五里许道上等候,移时见有不识姓名事主背负包袱走至,刘坏子上前拦住,抢得银洋五元,针包一个,携赃逃逸。次日即被巡警盘获,并起获原赃洋元等物送由工巡总局,转送青苑县,经黄令国瑄提犯讯供,检查并无事主报案卷据,饬差访查。迄未据该事主来案补报。黄令与代理县章令乃身均各先后卸事,吕令调充到任,接交未及详办,适省城各级审判厅成立,照依法令,将犯卷汇案移送地方审判厅起诉,当派推事提犯审讯,据供前情不讳,究诘不移,应即判决。

援据法律某条及理由:查现行律载:白昼抢夺人财物者,徒三年等语。此案刘坏子独自抢夺过路不识姓名事主银元等物,虽无事主呈报案据,第该犯既已自行供认不讳,起有原赃,应即据供定谳。查该犯一人持械抢夺(未)经拒捕,例内并无作何治罪明文,应仍按本律问拟。刘坏子合依白昼抢夺人财者徒三年律,拟徒三年。事犯在光绪三十四年十一月初九日恭逢恩诏以前,系抢夺拟徒,不在部议条款不准缓免之列,应准缓免。后再有犯,加一等治罪。此外讯无窝伙抢劫别案及知情容留分赃之人,应毋庸议。该犯在外为匪,原籍牌甲无从察觉,应免置

---

① 汪庆祺编:《各省审判厅判牍》,李启成点校,北京大学出版社2007年版,第52页。

议。起获赃银等物无从传主给领,照例入官册报。贼械木棍供弃免起。此判。(刑)①

透过这则批词和判决书,当然还有保留至今的这一时期其他地方审判机关的判决书(就笔者的阅读范围看,同时期全国各地新式审判机关所作的判决书形式上均大同小异,因而西安地方审判厅也不会例外),可以清楚地观察到判决书在中国产生的最初形态:形式上,既保留着中国传统判词的风格和律例时代的习惯,如文字较短;语气中充满着高高在上优越感,动辄对当事人加以训斥或道德上的评价等;但又有了明显的变化,如格式上已开始逐渐统一,尽管还未形成日后判决主文、判决事实、判决理由三段式的格局,但也有了基本雏形。内容方面也发生了明显的变化,譬如说理的成分在判词中的所占比重开始增强,反之道德说教的内容相应减少;规则意识明显增强,无论是判决书,还是批词都一再强调对现行法律的适用。换言之,这一时期的批词和判决书,与传统中国的批词既保持着一定的渊源关系,又有了明显的差异及变化,是特定转折时代的产物。

三、判决书

北京政府成立后,通过制定和颁布《民事诉讼条例》和《刑事诉讼条例》,对判决书的形式进行了统一的规定,如《民事诉讼条例》第266条规定,判决书应记载下列各款内容:(一)当事人姓名、住址,若当事人为法人或其他团体则其名称及事务所;(二)当事人之法定代理人及诉讼代理人姓名、住址;(三)判决主文;(四)判决事实;(五)理由;(六)法院。

经过短暂的反复,新式审判机关的判决书形式上开始换颜一新,并趋于

---

① 汪庆祺编:《各省审判厅判牍》,李启成点校,北京大学出版社2007年版,第141—142页。

判决书。来源西安市档案馆

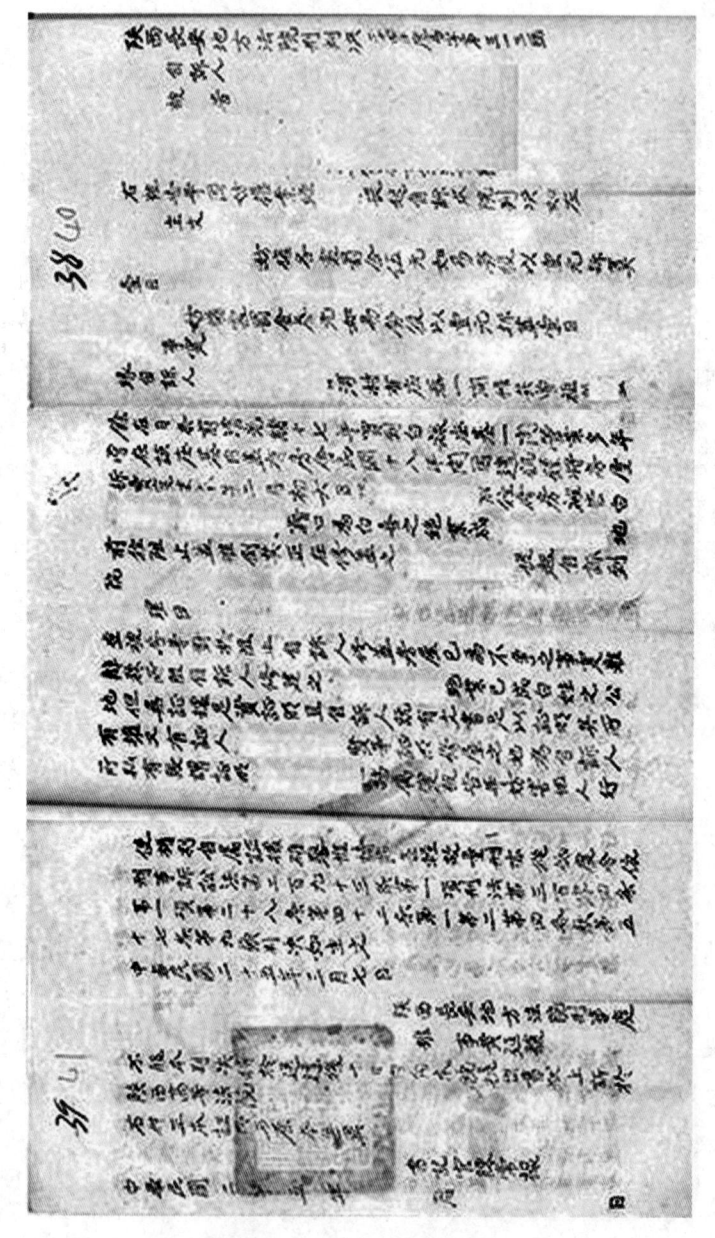

统一,其中特别值得一提的是将判决主文置于整个判决书的最前面,突出重点,让人印象深刻。尽管这一时期一些重要的实体法尚未颁布,因而判决理由在一定程度上还缺乏客观的标准,但判决书中的说理部分则在明显增强。

大理院民事判决　四年(1915年)上字第2215号①

　　判决
上告人,陈蔡氏,四川巴县人,年五十九岁,住校场
被上告人,即附带上告人,陈李氏,年四十八岁,住总土地,余同上
　　陈传贵
　　陈郭氏,年四十岁,余同上
　　陈有元
上上告人对于中华民国四年六月二十八日四川高等审判厅就上告人与被上告人等因养赡涉讼一案于本院发还后所为更审之判决,声明一部上告,被上告人亦声明附带上告,经本院审理,判决如下:
　　主文
本案上告及附带上告均予驳回;
上告审讼费归上告人负担。
　　理由
查本案关于养赡之讼争,自原审为更审判决,著陈传贵、陈郭氏每年提谷二十五石,每月提钱十钏作陈蔡氏养赡费用。陈蔡氏外欠债务,饬陈传贵等查明偿还上告人,于宣判后已表明输服(四年七月十五日状前段)。而所争执者谓上告人应受养赡,名义上由媳郭氏等负担义务,而实际上仍由妾李氏按年给付,实成有名无实之权利,且死后丧葬费用亦恐无著等语。查本案讼争在确定上告人生前之养赡需用及供给方法,

---

① 重庆市档案馆档案,档案号245。

原判令陈传贵、陈郭氏按年提谷二十五石,按月给钱十钏,则是养赡义务人业往确认为陈传贵、陈郭氏两房,固已毫无疑义。原审以养赡义务人之产业现尚由被上告人陈李氏掌管,即令由陈李氏按时给付以归简易,无非从事实之便利上起见,而于上告人应受养赡之权则毫无影响。今上告人于养赡数额既无不敷需用之不服,而供给方法又经原审依法判定,是此项判决一经确定,上告人即可持以请求执行,夫有何有名无实之足矣。至上告人身后丧葬费用,则委系日后另一问题,既非本案系争事项,即原审当然不予判及上告人以恐将来丧葬费用无著执为上告理由,殊难认为正当。又上告人所称债务一层,若果其债务为应受养赡范围以内之债务,自应由养赡义务人分任偿还。惟上告人究实有真正债务几何,即其单开所负债务是否真实,又是否可认为应受养赡范围以内之债务,自应另由养赡义务人查明办理(若查有捏债务或显系超越应受养赡范围以外之债务,自难责令传贵等偿还)。兹上告人谓欠债断由传贵等查明偿还,易滋缪戾,意欲寻衅自理,其居心显非坦白,故此项主张依难认为有理由。复查被上告人附带上告主张蔡氏以一人之养赡竟将全业判去,查该判决范围实轶出大理院判决范围以外,而事实且极错误等语(四年七月十五日状)。查本案养赡义务人承受陈辉堂(上告人之夫)所遗田产,每年可收租谷一百零二石(四年六月二十一日,被上告人代理律师陈述,又被上告人四年七月六日状)。而此外尚有卖房押契等银两及其他财产,亦为上告人所不争之事实。据此审究,原审判令年提租谷二十五石,月给钱十钏,约计不过抵挡于养赡义务人全财产四分或五分之一,何寻故意捏词谓竟将全业判去。若谓本院前次发还更审只表明关于养赡之部分,而原审于判给养赡外于上告人之债欠,亦判令传贵等偿还,即为轶出应行审判之范围,亦属误会。查陈传贵等对于上告人本原为负有养赡义务之人,上告人于本案发还审理中扩张请求谓因养赡之阙供致生债务应轻判由传贵等归偿,而被上告人对于此项扩张请求所称银钱给养赡致生负债之请求亦未声明何种异议,是欠给养赡既属不争事实。则因欠给养赡所生之债务,自应由养赡义务人于担负养赡之限度内负担偿还。原审于此点据上告人之扩张请求为之判决,亦尚无不当,即附带上告人以此谓原审超越应行审判之范围以为攻击之论据,亦难认为有理由。据上论结,本案上告及附带上告均难认为有理由,应予一并驳回。上告审讼费,按本院《讼费则例》,应判归上告人负担。至本案系以空言攻击原判毫无法律上正当理由,终应驳回之件。故本判决依本院现行事例即以书面审理行之,特为判决如上。

中华民国四年十一月二十三日

大理院民事第二庭
审判长推事佘荣昌
推事胡治懿
推事李祖虞
推事孙翚圻
推事陈尔锡
大理院书记官郑耿光
本件证明与原本无异
洪宪元年一月二十日

中华民国南京政府成立后,又通过《民事诉讼法》和《刑事诉讼法》对判决书的形式和内容作了进一步的规定。如《民事诉讼法》第223条规定,判决应宣示之。第226条规定:判决应作判决书,并记载理由。理由项下应记载关于攻击或防御方之意见及法律上之意见。《刑事诉讼法》规定得更为详细,该法第312条规定:宣示判决,被告虽不在庭亦仍为之。第308条规定:判决书应分别记载其裁判之主文与理由;有罪之判决书并应记载事实。第

310条规定有罪判决书理由之记载内容:认定犯罪事实所凭之证据及其认定之理由;对于被告有利之证据不采纳者,其理由;刑罚有加重、减轻或免除者,其理由;易以训诫或缓刑者,其理由;谕知保安处分者,其理由。这些规定较之《各级审判厅试办章程》和北京政府时期的规定无疑更为详细和具体。此外,南京国民政府时期,《民法》《刑法》等各种实体法已陆续颁布,客观上也有利于判决书朝着规范化的方向发展。总之,到民国晚期作为一种法律文书,判决书的形式已相当成熟和稳定。

西安地方法院民事判决 1948年度诉慎字第29号

原告:何毅,住长安城南何家村

被告:安桂兰,住西安正学街天德诊所

诉讼代理人:康扬烈,住本市康承源律师所

(上)右当事人,请求给付丧葬费事件,本院判决如左(下):

主文

被告应增加给付原告丧葬费,国币三千万元,并准予假执行。诉讼费用由被告负担。

事实

原告声明求为如主文之判决,其陈述略称:被告故父安子受系原告妹丈,因被告系一女子,于其父亡故后束手无策,当邀同亲友情愿接原告之子何德兴进门为伊父嗣子,同时委托原告出资经手为伊父治理丧葬,原告情属至亲碍难推却,花费甚大,现有条据计其重要者共洋四十八万三千元,谁意被告嗣后否认承嗣事实,且经涉讼胜诉在卷,但原告经手垫付之丧葬费被告理应如数给付,再近年物价波动甚烈,依最少要求请判令被告增加给付国币三千万元以补损害,至被告代理人辩称安子受曾生前在正义公银号存款十余万元一节,当时正值胜利炮响各银号均提不出现款,再经亲友说合该款作为原告出嫁妆奁费用,何有余款给付丧葬,显系妄辩,再物价波动犹为未已并请求准予宣示假执行云云。

被告代理人声明请求驳回原告之诉,其述略称:被告故父丧葬费系由上海银行及交通银行提取存款所支付,再何德兴在前案仅称丧葬费系二十二万五千元与原告本案所诉数额不符,殊属捏造请予驳斥云云。

理由

本件原告主张伊于民国三十四年十月间给被告故父安子受垫付丧葬费共计国币四十八万三千元,既有原告持有之条据(存于何德兴安桂兰因赔偿丧葬案内)堪资审认,且经原说合承嗣中人彭琬轩、耿兴仁分别证明属实,则原告请求向安子受唯一继承人即被告给付垫支丧葬费用委无不当,近年物价波动甚剧非当事人所能预料,原告请求增加给付为国币三千万元尚称允当,自应照准。至被告代理人抗辩安子受丧葬费用系由上海及交通银行所提存款支付,但查交通银行潘仁瑞上海银行谢关鸿在何德兴诉被告赔偿丧葬费案内,曾到庭结证该行存款户头过多记不清楚(见该案卷29页),又据王伯纯本案证明安子受在正义公银号存款十余万元为被告嫁妆之用,由被告领去,其他并不知情各等语,是被告空言争辩显不足采信,原告之诉不能谓为无理,假执行之声请原因已据原告释明并予照准,据上论结,原告之诉为有理由,应准其请求并依《民事诉讼法》第390条第一项第78条判决如主文。

中华民国三十七年二月八日

不服本判决,得于送达后二十日,向本院提出上诉状。

(上)右件证明与原本无异

陕西西安地方法院民二庭

推事卫毓英

184　上编　创制

书记官　董步裕
中华民国三十七年(1948年)二月十一日①

　　该判决书清楚地表明,到民国晚期西安地方法院的判决书在形式上已相当规范,形成了统一的判决主文、判决事实和判决理由的三段式结构,语气上也没了高人一等的优越感。② 只是文字上还文白相杂。之所以会如此,是因为受最高法院判决书文风之影响。民国时期,最高法院的推事年龄一般较大,书写时惯于使用文言文。最高法院的终审地位,影响着各地法院的推事们纷纷仿效,于是文言文在法院系统相习成风。内容方面判决书严格依据现行的法律条文或法理做出,表现出强烈的规则主义意识,这种规则意识不仅影响到当事人的人生,也有利于诉讼当事人对案件结果的预测。

　　还需指出的是,裁判文书的分类也更为细致,除民事、刑事两大类型之外,还有更为详细的分类,如仅就裁判文书的题头就有多种:凡诉讼的首先依据刑事与民事的不同进行分类,然后按照时间顺序各自编号,分为西安地方法院某某年刑事"诉"字第××号、民事"诉"字第××号;民事调解的称之为西安地方法院某某年民事"调"字第××号;执行的则称之为"执"字第××号;甚至代其他法院送达的裁判文书也有专门的分类,统一称之为"助"字类,如代北平地方法院送达的起诉书便称之助字第××号,分类之后再统一装订和存放,其结果既一目了然,又便于查询、统计和管理。

---

　　① 西安市档案馆馆藏档案,卷宗号090—2—49。
　　② 例外情况也有,如1948年6月24日,西安市民王孟氏向西安市警察局第四分局举报其夫、乐户王炳才吸食毒品。经西安市卫生事务所验证被举报者确有毒瘾。王炳才随即被移送西安地方法院。法院审理过程中,王炳才否认自己有吸食毒品行为,辩解称自己与妻子有嫌,因而被妻构陷。7月13日推事徐志远作出有罪认定,判处王炳才有期徒刑一年,褫夺公权一年,六月内禁戒。"理由:虽不承认,但经检验有瘾,应属吸食之认定。但鉴定书只写有瘾,未注明是何种毒品,依罪疑惟轻之旨,照吸食鸦片论处。再查被告愚昧无知,生活下流,故于法定刑内从轻推科,以示矜恤。"该判决书在文字上保持有一种强烈的优越感。
西安市档案馆档案,卷宗号090—4—22。该判决书在文字上保持有一种强烈的优越感。

毋庸多言，仅就文本而言，任何一个人如站在客观的立场上都可以判断出传统判词与现代裁判文书两者本质上的差别和优劣，以及民国时期审判机构的进步。

小　　结

统一诉讼状纸，以及统一状纸的装订方式，减少了案卷管理环节中可能出现的人为操纵，使案卷管理进入规范的阶段；在成文法严重不足的情况下，借助判例和解释例，统一法律的适用，一定程度上解决了新式审判机关所面临的法源不足的尴尬；确立证据制度和证据使用规则使裁判者对事实的认定有了更加科学的标准；颁发各种训令，定期编辑出版《司法公报》《陕西高等法院公报》使裁判者养成统一的思维方式和职业操守；统一裁判文书的内容和格式，这些制度的建立一方面使新式审判机关的审判更加科学，另一方面也使推事成了一个中立的裁判者，而不再是一个高高在上的父母官。

总之，审判制度的建立使新式审判机关的审判与传统衙门的断案有了质的区别。

第五章 专项经费制度形成

任何机构的存在和运行都以必要的经费为前提。传统中国没有独立的审判机关,因而也不存在固定的专项司法经费。清末,伴随着新式审判机关的出现,中央与地方财政预算中专项司法经费亦开始单列。与此同时,严格的内部财务制度也一并产生。专项司法经费的确立以及司法机关内部公开与制约的财务制度的建立为新式审判机关的运转和发展提供了真实的保障。司法经费包括支出和收入两大类。

第一节 支 出

为了规范经费的使用,西安地方审判机关从创建的那天起,经费支出就实行严格的统一预算制度,即在国家财政预算中明确单列司法经费这一专项。需要指出的是,这里所说的司法经费是专指新式审判机关和监狱所需的费用,至于那些司法与行政仍未彻底分离的州县级司法组织所需要的经费,大都仍然列入行政经费之中。

在单一制的国家,司法权属国家权力,其经费,特别是地方审判机关的支出理应归国家统一支付。然而,新式审判机关创制后相当长的一段时间里,由于国家财政的紧张无力统一支付全国的司法经费,地方司法机关的支出只能先由各省按照中央司法行政机关的标准进行支付,即西安地方审判机关的支出是由陕西省财政来支付的。具体的支付程序是由地方审判机每月拿着统一的"印领单"向省高等审判厅申请经费支付通知书,待高等审判厅核准后凭通知书向财政厅申请拨付,取款后将收款收据留档备查。司法支出包括人员薪俸、办公费用、工食费和杂费等几大类。

一、薪俸

地方审判机关设立之初,支出中薪俸所占比重最大。据统计新式审判机关成立之初薪俸曾占到总支出的十之八九,日后,随着地方审判机关职能的不断拓展,该比重才逐渐下降。

审判机关中推事最为重要,待遇也理应优厚。否则的话,一是难以找到合格的人才;二是找到了也无法使之心无旁骛、埋头专注于审判事务;三是无法保证其洁身自好。新式审判机关创制之初,国人对此已有了清醒认识,如主管清末新政的宪政编查馆认为:

> 查法官独立执法,责成甚重,限制复多。其考用之法既如是其严,则待遇之方即不宜过薄。应设员额固须多寡适中,而应需官俸亦应丰啬各当,应由法部遵照臣馆奏进法院编制法原奏所陈俸给等项详细办法,商明度支部从速酌中厘订,作为法官官俸暂行章程,奏交臣馆复核,请旨遵行。①

作为国家最高审判机关的大理院则认为,从道理上讲司法官待遇应普遍优于行政官员,但考虑到国情在创办之初可以先与行政官员一致:

> 查环球立宪各国,其于裁判官俸给,每视行政官为独优。考阙理由,则谓裁判官者,国家所赖以维持秩序而斯民之生命财产系焉者也。其人既有所专任,则宜顾恤其身家。其职既不能他营,自应崇厚其禄

---

① 《政治官报》,宣统二年(1910年)5月13日,第947号。

位。以今日中国论,宪政方在筹备,司法权限未经划清,即法学人才亦未为昌盛,诚不能过于优异。①

有关清末推事的俸给,目前能见到的有两个文本,一是《奉天司法纪实》中记载的奉天地区推事的薪俸,推事按照品级实行不同的标准,俸给包括公费和津贴两项,单位是两。一是法部规定的省城商埠地方审判厅推事薪俸,单位是元。就时间而言《奉天司法纪实》在前,带有实验的性质,法部的规定在后,属全国性的规定。但由于两者的单位不同,具体孰高孰低很难比较。

表5.1 清末地方审判厅推事收入及薪俸② 单位:两

各级推事	品级	初定薪金 光绪三十三年(1907年)十二月	减薪后 宣统元年(1909年)三月
地方审判厅推事长	从五品	公费400,津贴200	公费400,津贴100
地方审判厅庭长	从六品	公费150,津贴100	公费150,津贴50
地方审判厅推事	从六品	公费100,津贴50	公费100,津贴50

实行的结果是推事的薪俸表面上看与同级的行政官员相同,但却没有行政官员的养廉银。

中华民国北京政府成立后,于1918年分别公布了《司法官官俸条例》和《司法官官俸发给细则》,推事的薪俸有了具体和明确的法律规定。北京政府时期推事从职级上分为特任、简任和荐任,除最高法院院长为特任外,其他推事均为简任和荐任职。简任职的推事薪俸又分为5级,自600以下递减至400元;荐任职推事薪俸分14级,自360元递减至100元不等。薪俸每月最后一周内以货币形式发放。这一收入与同期的其他文官大致

---

① 《大清法规大全》卷1,引自谢如程:《清末检察制度及其实践》,上海世纪出版集团2008年版,第428—429页。
② 《奉天司法纪实》,表格引自俞江:"清末奉天各级审判厅考论",《华东政法大学学报》,2006年1期。

相等,而文官收入在当时社会上的各种职业中属较高者,具有高薪养廉的性质。

1928年4月6日,南京国民政府司法部公布了《司法官官俸暂行条例》,其分类和标准与北京政府大体相同。1937年3月国民政府又公布了《暂行法官及其他司法人员官等官俸表》,与条例相比总体变化亦不大,仅对最高法院、高等法院、高等法院分院、地方法院、地方法院分院等各类人员的薪俸标准规定得更为具体。1940年和1942年国民政府又曾两次对司法人员官俸做过修正。

表5.2　南京国民政府司法官官俸给①　单位:元

级别职别	简任	荐任	级别职别	简任	荐任
一	675	400	八		260
二	635	380	九		240
三	595	360	十		220
四	555	340	十一		200
五	515	320	十二		180
六	475	300	十三		160
七	435	280			

其中,地方法院院长为荐任1到8级俸,月俸给自400元至260元不等。首席检察官为荐任1到9级俸,月俸给自400元至240元不等。庭长为荐任1到10级,月俸给自400元至220元不等。其他推事和检察官为荐任1至11级俸,月俸给自400元至200元不等。此外,按照规定推事等司

---

① 张仁善:《司法腐败与社会失控(1928—1949)》,社会科学文献出版社2005年版,第249页。

法官还可以享有定期加俸及年功加俸。司法官执行职务每年满两年,只要没有受过惩戒处分,或因事请假超过两个月以上,因病请假超过 6 个月以上就可以加俸,如荐任职推事每月加俸 20 元。凡司法官所拿之薪俸已达本官等最高之俸 5 年以上,还可以获得年功加俸,如荐任职的司法官每年还可以获得 400 元的年功加俸。

民国时期法官的薪俸主要是由职级决定的,官职在其中并无多少实际作用。这种制度设计有利于引导推事安心于本职工作。

推事之外,书记官的薪俸在地方审判机关的经费支出中亦占据着较大的比重。按照 1928 年施行,1935 年修定的《法院书记官官俸暂行条例》之规定,书记官为荐任和委任职。

表 5.3　南京国民政府时期书记官官俸给①　单位:元

级别\职别	荐任	委任	级别\职别	荐任	委任
一	400	180	八	260	110
二	380	170	九	240	100
三	360	160	十	220	90
四	340	150	十一	200	80
五	320	140	十二		70
六	300	130	十三		60
七	280	120			

至于录事、实习推事的待遇也均有明文规定。如根据 1928 年 7 月 1 日公布的《学习候补推事检察官津贴暂行规定》,推检学习人员津贴为:

---

① 张仁善:《司法腐败与社会失控(1928—1949)》,社会科学文献出版社 2005 年版,第 249 页。

表 5.4　学习候补推事检察官津贴　　单位:元

一级	二级	三级	四级
90	80	70	60

二、办公费

传统中国,许多时候对于地方官员来说公私之间的界限很难厘清。民国以降,专制让位于民主,公私始分,新式审判机关的经费中也有了"办公费用"之项目。就西安地方审判机关而言,办公费用主要是由文具费、邮递费、差旅费、购置费和消耗等几类构成。

相对于薪俸,办公费用的构成较为繁杂,加之有些时候物价波动过于频繁,因而预算较为困难。执行中,司法机关办公费用实际支出超过预算的现象更是每每发生。但平心而论,民国时期西安地方审判机关的办公费用支出较为节俭。

作为审判机关,笔、墨、纸张等用品的消费量较大,因而,办公费用支出中首先是文具费。其次,随着新式审判机关重要性的不断增强,加之现代通讯事业的发达,审判机关与其他部门之间的函件往来日益密切,邮递费也随着大幅提升。此外,尽管新式审判机关强调司法中立,以坐堂办案为基本特色,但诸如押解人犯,调查取证等出差也必不可少。购置费和消耗等主要是用以购买煤、电等能源。冬季的西安,天气寒冷,加之当时的西安物质保障方面社会化程度不高,尚无统一的供暖系统,必须用煤炭生炉子供暖,否则无法办公,因而购买煤电亦是一笔较大开支。

三、杂费

杂费是指薪俸、办公费用之外用以维系审判机关运转所需要的经费,因其内容庞杂,而又事先无法预算故称之为杂费,如购买报纸,更换水壶底,基本属于合理范围。值得注意的是,民国时期西安地方审判机关的杂费中包含着一种称之为"特别支出"的项目。仔细观察可以发现,所谓"特别支出",即招待费和假日发放的员工福利等。中国是人情社会,什么时候都少不了宴请和迎来送往。此外,公权私用,利用制度上的漏洞,为员工谋求些许利益也是中国社会中很难彻底消除的现象。好在当时的社会还较为安静,各项评比、检查和迎来送往之风尚未大盛,加之,当时各机关的权力也相对较小,尚不敢过分地谋求私利,因而西安地方审判机关的特别支出数额还不算太大。仅以1946年3至5月西安地方法院的特别支出表为例进行说明。该表有助于我们直观了解这一时期地方法院的特别支出情况,同时也可以帮助我们理解杂费,到底"杂"到什么程度。

表5.5 西安地方法院特别支出流水账 1946年3—5月[1]

3月2日	纸烟2盒,500元;茶叶,300元
3月3日	便餐,7700元
3月6日	茶叶,200元
3月11日	纸烟1盒,200元
3月12日	便餐,320元
4月1日	纸烟1盒,200元
4月15日	纸烟1盒,200元;茶叶,200元
4月20日	茶叶,200元
4月22日	纸烟1盒,200元
4月26日	茶叶,200元
4月29日	便餐,1400元
5月4日	茶叶,200元

---

[1] 西安市档案馆档案,卷宗号090—2—271。

续表

5月7日	便餐,1720元
5月11日	便餐,530元
5月19日	茶叶和烟,400元
5月25日	纸烟2盒,400元
5月30日	犒劳端午节,20000元

四、工食费

为丁役提供工食,即工作餐是传统中国衙门中具有一定的普遍性,新成立的审判机关继续沿用着这一惯例。光绪三十三年(1907年),创建不久的大理院上奏清廷,汇报经费的使用情况,"自是年冬间以迄三十三年七月,所有员司津贴,杂役工食,以及迁移衙署,改造男女看守所,并置备器具、书籍等项,均取给于此。"①"杂役工食"名列其中。中央司法机关如此,西安地方审判机关也不例外,只是初期,工食费在预算中并未单列,而是列在办公费用之中,到后来才逐渐单列。

丁役工食之外,地方审判机关的经费支出中还包括为看守所关押人员提供的囚粮款。新式审判机关成立之初,囚粮一般以实物划拨,到后期逐渐改为货币形式。丁役工食和囚粮合计在一起,亦是一项不小的支出。

五、总量和结构

清末新政推行之初,曾有地方大员预测,一个地方审判厅一年的实际支

---

① "大理院奏陈明出入款项拟订办法折",引自韩涛:《晚清大理院——中国最早的最高法院》,法律出版社2012年版,第42页。

出当在白银 30000 两左右。① 这一测算得到了证实。

表5.6 法部省城商埠地方审判检察厅经费② 单位:元

需款种类	职别	人数	每员支出	月计总数	年计总数
法官俸给	厅长	兼庭长1	220	220	2640
	检察长	1	220	220	2640
	庭长	1	160	160	1920
	推事	4	140	660	6720
	检察官	2	140	280	3360
	计			1440	17280
书记官翻译俸给	典簿	审1检1	60	120	1440
	主簿	审2检1	40	120	1440
	翻译官	1	70	70	840
	录事	4	平均25	100	1200
	书记生	4	平均16	64	768
	计			474	5688
吏警薪饷	检验吏	2	平均20	40	480
	承发吏	6	平均22元	132	1584
	警长	1	12元	12	144
	警卒	12	平均8元	96	1152
	计			280	3360

---

① 宣统元年(1909年)山东巡抚袁树勋就关于设立地方审判厅事宜奏请清廷,奏折云:"地方审判厅既分民、刑两庭,又兼用合议制,合计推事长、庭长、推事、检察长、检察官,总在十员以上,俸给太少则不足以养人之廉,既不能责人以事。兹平均计,每员岁以六百两计,则俸薪一项,每一厅州县,冗费已在两万两左右矣。加之典簿、录事、书记、承发吏、庭丁、检验吏各项薪俸,与其他办公费用,至少亦须万金。是一厅州县当岁费三万两左右。"怀效锋主编:《清末法制变革史料》(上),中国政法大学出版社2010年版,第419页。

② 汪庆祺编:《各省审判厅判牍》,李启成点校,北京大学出版社2007年版,第435页。

续表

需款种类	职别	人数	每员支出	月计总数	年计总数
役食	庭丁	12	平均8元	96	1152
	行刑人	2	平均8元	16	192
	杂役	8	6元	48	576
	计			160	1920
厅用公费	纸张文具			60	720
	相验调查			12	1440
	杂项各费			400	4800
	计			580	6960
看守所经费						
所员俸给	所官	1	50	50	600
	医官	1	28	28	336
	录事	1	20	20	240
	所丁	1	10	10	120

新式司法机关创制之初,清廷已明确要求地方政府应对新式审判机关的经费单独预算,但直至1919年尚有一些县级政府并未执行该规定,仍然将司法经费与其他各项行政经费混同计算。① 由于资料不充备,到目前为止尚未找清末民初西安地方审判机关的年度经费预算和执行情况。出于分析经费支出的结构需要,只能引用河南开封地方审判厅的经费预算进行分析。之所以选择开封,是因为当时的开封与西安同为省会城市,两市的经济与社会发展程度相差无几,审判厅的人员员额也基本相同,因而两者的经费数目差别不会太大。

---

① 1923年5月法权考察委员会为此专门向国务院建议:县级政府应对司法经费单独预算。见法权讨论委员会:《考查司法记》,《民国时期社会调查丛编》(二)法政卷(上),福建教育出版社2014年版,第297页。

表 5.7　开封地方审判厅预算①(1921—1922 年)　单位:元

款目	十年度(1921 年) 预算数	十年度(1921 年) 实支数	十一年度(1922 年) 预算数	十一年度(1922 年) 实支数	备考
第一项俸薪	24220.800	31248.303	24220.800		该厅预算系照五年以前预算每年由国库拨支25055.64，嗣因增加厅员经费不敷开支,于民国五年七年呈奉部令核准,每月由讼费项下留715元列为额定经常费,但每年预算仍列国库数目以示区别。至十年十一年又因厅员增加俸津以及分发到厅之学习候补推事津贴,每月由讼费项下留用 439 元连前留用之 715 元，合计 1154 元,于十一年度,奉部令一并核准
第二项办公费	492.000	3599.002	492.000		
第三项杂费	342.840	333.848	342.840		
合计	25055.640	35681.153	25055.640		

表格清楚地表明,1920 年代初开封地方审判厅的年度实际支出为 35000 元,其中薪俸占总支出的 75%左右,而办公费和杂费两项合计占总支出的 25%左右,该表格反映的问题较有代表性。②

到目前为止,学术界的主流观点认为,清末到民国,由于国家财政困难司法经费一直未能足额划拨,相当程度上影响了审判机关的正常运行。1922 年法权讨论委员会委员长张耀曾对国内 10 余省市司法运行状况进行了考察,得出如下结论:"查各省财政机关,不拖欠司法经费者,几成凤毛麟角。"③笔者

---

① 法权讨论委员会:《考查司法记》,《民国时期社会调查丛编》(二)法政卷(上),福建教育出版社 2014 年版,第 105 页。

② 如同时期直隶保定地方审判厅的年度支出中,薪俸为 5460 元,办公费为 600 元,杂费为 240 元。薪俸更是占了总支出的 80%多。法权讨论委员会:《考查司法记》,《民国时期社会调查丛编》(二)法政卷(上),福建教育出版社 2014 年版,第 140 页。

③ 法权讨论委员会:《考察司法记》,《民国时期社会调查丛编》(二)法政卷(上),福建教育出版社 2014 年版,第 41 页。

认同这一观点，但同时又想指出：

第一，数据表明，除抗战等特殊时期外民国时期中央和地方司法经费的总数相对稳定，并呈增长的趋势。民国时期国家财政支绌，导致政府对司法机关经费的划拨很少及时，但司法经费总量相对稳定。

表5.8 各省审判厅及监所等经费(1913—1925年) 单位：元

项目 年份	司法部核准或实支	财政部核定或国务院议决	不敷数	其它款内补拨	司法收入项下留用	留用法收占实支比例	留用法收占不敷数比例(%)
1914	6877723	6219566					
1915	4044186	3067930					
1916	8175101	6385868	1789233	349729	1439504	17.6	80.5
1917	9813930	8158622	1655308	132904	1522404	15.5	92
1918	9735461	8199508	1913141	189004	1724137	17.7	90.1
1919	9963099	8512785	1797838	25364	1772474	17.8	98.6
1920	11178107	8512785	3012846	766590	2246255	20.1	74.6
1921	10735593	8512785	2570332	626363	1943969	18.1	75.6
1922	10735593	8512785	2570332	626363	1943969	18.1	75.6
1923	11484614	8512785	3319353	112068	3207285	27.9	96.6
1924	11499482	8512785	3334221	119936	3214285	28	96.4
1925	11499482	8512785	3334221	119936	3214285	28	96.4

说明：

本表所列司法经费的预算和实支数目等项，仅指各省审判厅和监所的经费，当时绝大多数未设法院之县司法经费并没包括在内。

"法收"为"司法收入"的简称。①

---

① 数据来源《司法公报》，引自唐仕春：《北洋时期的基层司法》，社会科学文献出版社2013年版，第236页。

南京国民政府成立后,伴随着国家统一的实现,经济出现了快速的发展,财政状况较之北京政府时期亦大有改观。

此外,司法支出占中央或地方年度岁出的比重亦相对稳定。据学者杨兆龙统计,1930年代初中央预算中每年司法岁出大致占中央总岁出的3%左右。各省司法岁出虽差异较大,但就能统计到的省份而言如若按百分比计算,司法支出在各省的总岁出中亦大致占1%至11%之间。这一结论得到了南京国民政府主计处统计局的支持。据该局编制的"各省市区普通预算或概算"中的数据,1931年全国有数据可查的省市司法经费预算占年度所有总支出的5.51%,1932年司法经费支出占年度总支出的5.88%。①

至于陕西的具体情况,尽管缺乏完整的统计数据,但现有的材料亦可以使我们对1930年代陕西的司法经费支出情况有一大致了解。陕西省银行经济研究室曾对1930年中后期陕西省的财政预算和支出情况做如下分析:

> 查本省岁出,种类繁多,按其性质可分为:地方普通岁出,营业支出,代管国家岁出及未定支出四大类,其中以公安费,军务费,协助费,教育义务费,行政费,财务费等为最多,建设费,实业费,司法费,党务费,债务费等次之,卫生费,交通费,抚恤费等为最少。凡属支出之款,皆为必须且有增无减,遂造成每年收支不能平衡现象,其不敷之数,往往恃银行之透支,或发公债以为弥补。自七七事变以后,本省形势亦显重要,财政之需求日益迫切,虽一再紧缩,裁减不必要之组织,合并性质相同之机关,终不能遏制支出之膨胀。军事费关系抗战,至属重要,不但不能减少而大量增加,建设实业交通暨教育文化等费,则于建国育才百年大计有关,亦不能过于减少,至于行政司法两项经费,虽在可能范围内,大事缩减,然亦不能不顾及其行政效率,他如公安费,为维持后方秩序,安定人民生活,亦为不可少之支出,故就近年来本省支出状况观

---

① 杨兆龙:《司法改革中应注意之基本问题》,《经世》第2卷,1937年第1期。

之,裁减者少,增加者多,支出数字遂日渐庞大。①

另一数据则更为重要。1931年陕西全省岁出总额为20781164(二千零七十八万一千一百六十四)元,司法经费支出总额为1081920(一百零八万一千九百二十)元,所占比重虽然略低于全国水平,但仍占总支出的5.2%。②

第二,尽管经费无法按时足额划拨,但这种情况并非是针对司法机关的,同时期的其他机关也都面临着同样的问题。有材料表明,这一时期国家对司法机关的经费无论是预算,还是实际支付,与其他行业相比不能说重视,但也说不上歧视。尽管可供分析的详实数据略显不足,但1923年上海总商会编制的《中央财政研究报告书》中开列的"最近行政经费之月支细数表",可以从一个侧面说明这一问题。

表5.9　北京政府国家机关行政经费配额1923年③　　单位:元

机关名	部院总经费	占全部经费的比例(%)	机关名	部院总经费	占全部经费的比例
总统府	2016888	1.86	海军部本部	872664	0.80
国务院机关	1760640	1.63	司法部本部	2337552	2.16
国会	5054724	4.67	教育部本部	3529980	3.26
中央各机关	1046604	0.96	农工商部本部	1277604	1.18
外交部本部	3395556	3.14	蒙藏院	1264440	1.17

---

① 陕西省银行经济研究室:《十年来之陕西经济(1931—1941)》,西安市档案馆编《陕西经济十年》1997年版,内部发行,第266—267页。

② 南京国民政府主计处统计局:《中华民国统计提要》(第3册),引自蒋秋明:《南京国民政府审判制度研究》,光明日报出版社2011年版,第126页。

③ 上海总商会民治委员会:《中央财政研究报告书》,引自杨天宏:"民国时期司法职员薪俸问题",《四川大学学报》,2010年2期。

续表

机关名	部院总经费	占全部经费的比例（%）	机关名	部院总经费	占全部经费的比例
内务部本部	1226760	1.13	交通部驻葳监管会	16800	0.015
财政部本部	2214768	2.04	军警费	70627920	65.3
陆军部本部	5398560	4.99	优待费	6085404	5.63

表中的数据表明，当时中央行政经费每年约108060000（一亿零八百零六万）元，扣除军、警两费，及"优待费"（支付退位的清皇室），前者占全部行政费的65.3%，后者占5.63%，剩余的29.1%由中央14个院部分配，总数只有31360428（三千一百三十六万零四百二十八）元。报告书分析说，以当下国家财政情形论，虽按预算尽力节缩，每月至少亦需行政费400万元（含军警费），而国库应收之款，概为各省截留，即此400万元之数，亦无法维持。尽管中央财政连正常预算的一半也无法支应，然而表格中的数据仍清楚显示，中央划拨给司法部本部的经费在中央各部院中仍居前列，较之于国会、国务院机关、中央各机关、内务部、财政部、海军部、农商部、蒙藏院等国家机关还要好一些。不仅如此，还有学者指出：

> 由于财政严重支出，预算无法达成，裁兵、减政也曾被当作应对手段。但即便是推行此一措施时，对司法机关下手尚属温情。例如在张作霖执掌政权的大元帅府治下，因财政紧张，被迫减政。对此，时论作了如下报道："政府对减（简）政问题，确已决定分步进行，其最要办法，系先统一各机关收入，后按机关预算之大小，为裁减之标准。惟财部方面，对此已拟有概略，大致军财交外及院秘书厅，每月经费5万元，应各减去1.5万，法内两部每月经费3万元，应各减去6千，教农实三部，每月经费2.5万，应各减去5千，此外各小机关，则逢十减一。"比较军、

财、交、外四部及国务院秘书厅各缩减了三成预算,而司法、内务两部仅减二成,且与其他减二成的部院不同,其原有的预算基数略大。这多少体现出当局对司法、内务两部照顾性的政策倾斜。①

陕西的情况亦如此。观察南京国民政府时期陕西省行政和司法费用的支出情况,同样可以发现两者的增减是同步的。

表 5.10　陕西省行政司法费岁出统计②　单位:元

费用类别	行政费	司法费
1931 年	1711254	259869
1932 年	1670839	200442
1933 年	1906516	356531
1934 年	1607710	377516
1935 年	1587690	583606
1936 年	2109130	381988
1937 年	1216089	483040
1938 年	1273290	275765
1939 年	1355429	360250
1940 年	1684896	922691

说明:1941 年以后,司法经费改由中央财政统一支付,故不再列举。

毋庸讳言,民国时期国家对司法经费的专项支付还存在着这样或那样的问题,但实事求是地讲,考虑到各种现实因素,司法经费支出在中央和地方的总体岁出比重已不算太低。上述数据从一个层面真实地反映出民国时

---

① 杨天宏:"民国时期司法职员的薪俸问题",《四川大学学报》,2010 年 2 期。
② 陕西省银行经济研究室:《十年来之陕西经济(1931—1941)》,西安市档案馆编:《陕西经济十年》,1997 年版内部发行,第 267 页。

期历届政府对司法机关的基本态度,也使我们懂得在任何时期,没有司法经费的保障,司法机关的正常运转都是不可能的。

第二节 收入

司法收入简称法收,是司法经费中的另一大块。传统中国由于受儒家文化和熟人社会的影响,对于民间诉讼,特别是民事纠纷一直采取歧视态度。为了不使诉讼具有道德上的合理性,国家对于诉讼是否收取费用始终不做统一的明文规定。但事实上吏役暗中多有索取,甚至已演变成一种制度性的陋规,以至于百姓每遇诉讼往往被盘剥得倾家荡产。清末新式司法制度创建之时,伴随着西方法律文化的传播,诉权观念开始流行,为了杜绝传统社会因无明确的诉讼收费标准而导致胥吏随意征收、盘剥事件的发生,法部要求各地"于讼费一项规定酌收之法",①国家对诉讼当事人收取费用的制度由此正式产生。此外,对民事诉讼征收诉讼费也从一定程度上反映了新式审判机关的中立地位。

清末民初地方审判机关的职能相对单纯,因而司法收入的结构也较为简单,主要是民事诉讼费,状纸费和少量的执行费。到民国中晚期,伴随着

---

① 中国第一历史档案馆档案,法部档案,宪政筹备处,审判诉讼章程,第32209卷。晚清时期对收取讼费的问题说得最为透彻的是诸可聪,他在《讼费考》一文中从两个角度对国家收取讼费的缘由进行了论述:"盖人不能无群,有群斯有争,有争斯有讼,若不有以限制之,恐狡黠者逞诬陷之能,谨愿者受无穷之累,变诈百出,防不胜防,本依法审判,以平争,转以诉讼便宜而多事,则不能不有一定之讼费也。""盖国家为个人事务执行判断,一切费用,使概由国库支出,则诉讼者与非诉讼者同一负担,殊非情理之平。然此种费用悉以责诸诉讼者全偿之,则又有所不可。何则? 审判制度原为社会共同生存之利益计,个人以特别之故而烦国家之特别劳费,只须代偿若干以为补助,不必征收国家所费金额之全部,则其不能不有一定之讼费也。"《吉林司法公报》第4期,1911年。

审判机关职权的扩张,司法收入的结构亦呈现出多样化的特点,新的收入所占之比逐渐加重。

纵观民国时期,西安地方审判机关的法收主要分为以下数种:状纸费,民事诉讼费,民事执行费,罚金和罚锾,没收、没入及没收物的变价,登记费,公证费和非讼事件声请费等。

状纸费。民国初年刑事状纸费每张三角,民事每张六角。抗战后因通货膨胀,货币贬值刑事每张改为一元,民事二元。据民国时期长期从事司法工作的朱国南透漏,其时,如上海、汉口等一些大城市,因诉讼量大,仅状纸费一项地方法院每月收入都在数万元或100000元以上。即便是经济欠发达的重庆地方法院1932—1934年间的年状纸费收入也在50000元左右。①因而,对于经费较为紧张的西安地方法院来说,状纸费是一笔不可忽略的收入。

民事诉讼费。民国时期,民事诉讼费的收取标准,最初系按标的金额或价额的1‰缴纳。后为应对通货膨胀则改为一审财产权起诉案件,标的5000元以上的,每百元征收一元,不足5000元的免征。非财产权起诉的案件,一审每件征收诉讼费500元。

民事执行费。民事判决生效后,执行标的拍卖者,5000元以上每百元征收五角,5000元以下免征,不经拍卖者减半。非财产权案件每件征收执行费200元。

罚金和罚锾。罚金是指依照刑法判处罚金刑所缴纳的现金,而罚锾则是指违犯法院秩序和妨害诉讼程序被科以的现金处分。

没收、没入及没收物的变价。没收的对象是指刑法上应征收之物,如违禁物、犯罪人非法所得之物等。没入则是指对人民因诉讼程序上缴纳的现

---

① 朱国南:"奇形怪状的旧司法",《文史资料选辑》第78辑,文史资料出版社1982年版。

金科以的处分,如保证金缴纳后未履行保证义务即予以没入。

  登记费、公证费和非讼事件声请费。登记和公证属于非讼事件,前面已经指出,民国时期不动产登记和公证均为法院的权限。按照1946年修订公布的《公证费用法》规定:公证费用收取标准为,标的之价格未满500元者,征收50元;500元以上未满1000元者,征收100元;1000元以上未满2000元者,征收200元,3000元以上未满6000元者,征收300元;6000元以上未满10000元者,征收400元;超过10000元者每千元加收10元。

  对于司法收入,清末民国历届政府都极为重视。清末新政时期,清廷即规划将各级审判机关的司法收入全部汇总上交国库。1914年,北京政府制定了《各省司法收入解部条例》,要求各地审判机关必须将司法收入逐月逐项登记,汇解司法部统一上交国库。但鉴于当时国家财政困难,司法经费短缺严重,又无法按时拨付,司法部遂提出建议将司法收入暂不列入普通预算,而是作为特别会计,实行收支两条线,以弥补各级司法经费之不足,待"整顿就绪"后再纳入普通预算。国务院被迫同意了该建议。此后若干年间司法收入与司法经费之间便有了制度性的联系,具体操作办法为各地审判厅须将法收中的罚金、赃款等全部登记足额上缴,而将状纸费的五成和诉讼费的若干留用弥补司法经费的不足。而所谓司法经费的不足主要是用以给司法人员发放薪俸。民国时期状纸由司法部统一印制和统一定价,诉讼费的征收标准也是国家法定,允许审判机关从中按比例提成,既可以一定程度上缓解司法经费的不足,又不至于导致司法机关乘机从中以公肥私。其结果是,各级审判厅的经费实际由预算拨付和司法收入两大部分构成。该提成比例日后是否有所调整笔者尚未找到明确的文件和材料。

  为了更好地说明法收对于审判机关的意义,我们不妨以具体的数据进行分析。出于研究的需要,1924年学者吴宪仁曾对全国审判机关(含县司法处)的法收总量进行过估算。

表 5.11　全国各县司法收入预算 1924 年①　　单位：元

项目	月金额	年金额	备注
诉讼（应征加征）项下	350	4200	大理院以下各级法院收入款项，不在此列
状纸（应征加征）项下	150	1800	
罚金及没收赃物项下	200	2400	
执行抄录送达项	50	600	
合计	750	9000	
全国 1700 县总计	127005	15300000	

按照吴宪仁的估算，1920 年代中期全国各级审判机关（含县司法处）的年度法收预算为 1500 万元。法权讨论委员会对河南开封、山西太原地方审判厅 1920 年代所做的法收情况进行调查。1919 年至 1921 年，省会城市开封地方审判厅的年度法收总数平均在 10000 元左右，太原地方审判厅的年度法收总数平均在 5000 元左右。这些收入中的一部分经提成后被作为审判机关的正常支出，对于解决审判机关经费的短缺起了重要作用。

表 5.12　开封地方审判厅司法收入三年平均数 1919—1921 年②　　单位：元

费别	1919 年	1920 年	1921 年	平均数	备考
审判费	8107.720	7889.820	9311.880	8436.473	
代高等审判厅征收讼费	2406.060	2149.340	2030.040	2195.146	
抄录费	823.402	699.789	197.400	573.531	
送达费	924.827	661.563	616.700	734.363	
执行费		63.967	46.200	36.722	
合计	12262.009	11464.479	12202.220	11976.235	

---

① 吴宪仁："对于整理司法方针之商榷"，《法律评论》第 55 期，1924 年 7 月 13 日。
② 法权讨论委员会：《考查司法记》，《民国时期社会调查丛编》（二）法政卷（上），福建教育出版社 2014 年版，第 192 页。

表 5.13　太原地方审判厅司法收入三年平均数 1919—1921 年①　　单位：元

费别	1919 年	1920 年	1921 年	平均数	备考
审判费	3267.350	4590.840	4075.260	3977.817	
抄录费		614.470	329.800	472.140	
送达费		488.550	451.430	469.990	
合计	3267.350	5693.860	4856.490	4919.947	

此外，前引的"各省审判厅处及监所等经费表（1913—1925 年）"清楚地反映了北京政府时期全国审判机关法收中被留作司法经费部分的总量，最多的 1925 年为 321 万，最少的 1916 年为 140 万，留用部分占全部司法经费支出的比例最高时达到了 28%，最低时亦达到 15%（见表 5.8）。民国时期西安经济说不上发达，但较之省内其他地方法院的案件数量毕竟多了不少，因而从法收的角度讲经费又有了些许宽裕，日子也相对好过一些。虽然尚未查到有关西安地方审判机关早期法收的具体数据，但上述资料毕竟已有助于我们思考这一问题。

变通的结果使法收的多少与审判机关的运行状况关系极为密切，因而各地审判机关对司法收入的增长极为重视，特别是国家经济状况恶化的时候，地方法院对司法收入的依赖更加强烈。民国晚期西安地方法院的档案中便经常可以见到如下之类的院令：

　　自即日起，凡新收之民事案件其所缴讼费是否足额及标的价格之计算是否与实际情形相合，均请书记官切实审核，各推事收案时尤盼注意，随时责令补缴，以裕法收。②

　　整顿法收，认真核定诉讼费用。查现时物价波动日异，之前月所订民事收费标准次月即不能适用，甚至月初所订标准月中亦不能适用。

---

① 法权讨论委员会：《考查司法记》，《民国时期社会调查丛编》（二）法政卷（上），福建教育出版社 2014 年版，第 184 页。

② 西安市档案馆档案，卷宗号 090—1—1。

本任为补救上述缺点经与民庭推事同仁研商随时视物价情形核定收费标准,实行以后收入渐有增加,至于印状纸缮状撰状各费亦经督饬经手人员切实依照调整命令办理以裕法收!①

尽管清末民国时期的司法经费制度存在着这样和那样的问题,但专项司法经费制度的确立毕竟使新式审判机关的正常运转成为一种现实,如果运行合理还会使新式审判机关的独立成为一种可能。

下述表格有助于我们了解民国时期西安地方法院法收的实际状况。

表 5.14 1948 年西安地方法院司法收入缴款书(一)②

第一联　存根　联西法字第(37)壹号

收款机关	收入机关	征收年月			岁入科目			费别	金额	摘要
		年	月	旬	项	目	节			
西安地方法院	西安地方法院	37	1—6		1	1		罚金	19841500.00	6.61
						2		罚锾	100000.00	0.03
					2	1	1	诉讼费用	839601170.00	279.87
							2	公证费	69120300.00	23.04
								缮状费	10460340.00	3.49
					3	1	1	民事状	60859000.00	20.29
							2	刑事状	44295250.00	14.76
							3	公证书类	150320.00	0.05
					4	1	1	其他收入	3267380.00	1.09
								合计	1047695260.00	349.23

总计金元 349.23(三百四十九元二角三分) 西安地方法院院长刘梦庚

会计主任汪与

中华民国三十七年十二月日

---

① 西安市档案馆档案,卷宗号 090—1—26。
② 同上书,卷宗号 090—1—91。

表 5.15　1948 年西安地方法院司法收入缴款书(二)①

第二联　报核联　西法字第二号代传票

收款机关	收入机关	征收年月			岁入科目			费别	金额	摘要
		年	月	旬	项	目	节			
西安地方法院	西安地方法院	36	7—12		1	1		罚金	10024500.00	
						2		罚锾	2500.00	
						3		没收金	650000.00	
					2	1	1	诉讼费用	120797828.00	
							2	公证费	6099200.00	
							3	法人登记费	45000.00	
								缮状费	1911780.00	
					3	1	1	民事状	2228000.00	
							2	刑事状	1762250.00	
							3	公证书类	12120.00	
							4	利息及复息	118663.50	
					4	1	1	其他收入	417910.00	
								合计	144069751.50	

总计国币 144069751.50(一亿四千四百零六万九千七百五十一元五角)

西安地方法院院长金锡霖

中华民国三十七年六月日

---

① 西安市档案馆档案,卷宗号 090—1—91。

第三节 财会制度

专项司法经费制度之外,为了加强各级审判机关内部财务管理,北京政府时期先是由审计院制定了各级审判厅使用的账簿定式,统一财务制度。1916年12月司法部又订立会计出纳办法5条,通令各级审判厅奉行,公开透明,相互制约的会计制度至此正式建立。

北京政府时期,西安地方审判机关就设置了专职的财务人员,负责财务工作。1935年又成立了会计科,有了专门的组织,会计、出纳一应俱全,相互制约,内部财务制度更加健全。档案材料表明西安地方审判机关的财务制度得到了较好的执行,无论是收入,还是支出均根据专款专用的原则按照分类逐项填表上报,各种票证齐全,报表一丝不苟,定期接受上级主管部门的审查和专业会计事务所的审计。

对于地方法院来说,人员编制完全由上级主管部门控制,因而支出中在薪俸上吃空饷的可能极小,于是办公费、杂费的使用及审计就成了控制的重点,民国晚期西安地方审判机关办公费用明细表给笔者留下了极为深刻的印象。该表填写之详细,让人过目不忘,譬如日期是逐日填写,而项目办公用纸使用量则具体到单位"张"。良好的财务制度不仅对于法院的正常运转极为重要,同时也会使人明了在物价波动十分频繁的民国时期,实事求是地做好办公费的预算,既要满足日常工作的需要,又得本着节省的原则,同时还得满足上级机关经费的总盘子是何等的困难。

综上,1946年12月西安地方法院办公费用、杂费合计,文具:70610元;消耗合计:338900元;旅运费合计:7400元;杂支合计:282775元;购置费合计:52000元;拘提费合计:51000元;邮电费70610元;总计:1396045元。不仅如此,表格中所列的每一笔支出,基本上都留有凭证以供审查与核销。

表 5.16　西安地方法院支出办公费、杂费明细分类账 1946 年 12 月份①

庶务股

日期	物品名称	数量	单价	支付数 预算数	支付数 实付数	商号	单据号数	比较增减	备考
文具	便条纸	100	700.00		700.00				
	民事卷面	100	1500.00		1500.00				
1日	民刑稿纸	500	1800.00		9000.00				
	刑事羁押簿	12本	1000.00		12000.00				
	民刑分案簿	7本	2000.00		14000.00				
	行政稿纸	600张	1800.00		10800.00				
	拟任人员送审书	100	1800.00		1800.00				
	收支对照表	30	4000.00		1200.00				
	蜡纸	2桶	14000.00		28000.00				
	复写纸	1盒	8000.00		8000.00				
2日	黑油印墨	1盒	1500.00		1500.00				
3日	黑山纸	2刀	1600.00		3200.00				
	白山纸	2刀	3000.00		6000.00				
5日	加油打印台	2个	4500.00		9000.00				
	铁盒印泥	5盒	1700.00		8500.00				
	本贡纸	37刀	5400.00		199800.00				
	上黑油墨	10盒	1500.00		15000.00				
	香墨	2斤	7000.00		14000.00				
	上广红	15包	600.00		9000.00				
	道林纸	1刀	350.00		350.00				

① 西安市档案馆档案,卷宗号 090—2—280。

续表

日期	物品名称	数量	单价	支付数 预算数	支付数 实付数	商号	单据号数	比较增减	备考
6日	铁笔	4支	500.00		2000.00				
13日	铁军墨汁	1桶	1000.00		1000.00				
14日	土贝纸	2张	125.00		250.00				
15日	土贝纸	2刀	5500.00		11000.00				
16日	加油打印台	1个	4500.00		4500.00				
16日	蓝墨水	1瓶	1100.00		1100.00				
16日	钢笔尖	1个	50.00		50.00				
16日	钢笔	1支	400.00		400.00				
16日	大扁印泥	26盒	1700.00		44200.00				
16日	大瓦砚	1个	1000.00		1000.00				
16日	大号云针	1盒	600.00		600.00				
16日	上减香墨	1斤	7000.00		7000.00				
16日	红蓝铅笔	1支	700.00		700.00				
16日	钢笔杆	1个	600.00		600.00				
16日	铁笔	4支	700.00		2800.00				
20日	白山纸	2刀	3400.00		6800.00				
20日	黑山纸	4刀	1900.00		7600.00				
23日	复写纸	1盒	9000.00		9000.00				
23日	蜡纸	1盒	15000.00		15000.00				
23日	上器铅笔	2支	200.00		400.00				
23日	小楷羊毫	2支	500.00		1000.00				
23日	铜笔套	2个	100.00		200.00				

续表

日期	物品名称	数量	单价	支付数		商号	单据号数	比较增减	备考
				预算数	实付数				
27日	十行纸	10 刀	1100.00		11000.00				
	十二行纸	30 刀	1100.00		33000.00				
	新年日历	15 付	1400.00		21000.00				
	道林纸	2 张	400.00		800.00				
	蜡光纸	4 张	500.00		2000.00				
1日	大信封	2 把	1400.00		2800.00				
	信纸	300 张	900.00		2700.00				
	公务员平时成绩考核记录表	500 张	1600.00		8000.00				
	执行卷面	150 张	1500.00		2250.00				
	刑事已结未结案件月报表	200 张	1800.00		3600.00				
	刑事被告羁押一览表	170 张	1800.00		3060.00				
	俸薪表	50 张	4000.00		2000.00				
	工饷表	50 张	4000.00		2000.00				
	补助俸表	30 张	4000.00		1200.00				
	收入传票	30 张	4000.00		1200.00				
30日	红纸	5 张	450.00		2250.00				
	绿红光纸	4 张	200.00		800.00				
	蜡纸	30 张	150.00		4500.00				
	白图钉	1 盒	900.00		900.00				
	朱红印泥	1 盒	10000.00		10000.00				

续表

日期	物品名称	数量	单价	支付数 预算数	支付数 实付数	商号	单据号数	比较增减	备考
31日	白山纸	150张	2500.00		3750.00				
	黑山纸	1刀	1800.00		1800.00				
	三环墨汁	1瓶	1400.00		1400.00				
	三羊毛笔	1支	500.00		500.00				
	川线红纸	1刀	300.00		300.00				
	合计				593360.00				
邮电 11日	购邮票				10000.00				
	报话费	1	2300.00		2300.00				
	月租费		2300.00		2300.00				
	电灯费	1	38010.00		38010.00				
	合计				70610.00（注原件此处数字有误）				
杂支 2日	换壶底	2	1000.00		2000.00				
	文化日报	1	4500.00		4500.00				
6日	高等法院公报		27950.00		27950.00				
	刻木戳	4			1300.00				
	茶壶	5	5000.00		25000.00				
9日	糊顶棚工料费		22000.00		22000.00				
	刻木章	1	600.00		600.00				
14日	大扫帚	6	1200.00		7200.00				
	灰面	10斤	700.00		7000.00				
15日	鸡毛拂尘	4	1700.00		6800.00				
	畚箕	6	1500.00		9000.00				

续表

日期	物品名称	数量	单价	支付数		商号	单据号数	比较增减	备考
				预算数	实付数				
16日	大铁锁	1	3600.00		3600.00				
	布剪子	15个	1800.00		27000.00				
	金锥子	15个	600.00		9000.00				
	刻木章	2	500.00		1000.00				
17日	刻条木戳	1	1500.00		1500.00				
	西京日报	1	4500.00		4500.00				
20日	钻子	1	800.00		800.00				
25日	扫帚	10把	1100.00		11000.00				
	电灯泡	1	3500.00		3500.00				
26日	白线	2股	250.00		500.00				
28日	金字	4	1200.00		4800.00				
	洋锁	2	2000.00		4000.00				
29日	担水费		1500.00		1500.00				
	西京早报	1	4500.00		4500.00				
	修理滚子	1	1000.00		1000.00				
31日	洋钻	2	600.00		1200.00				
	白洋线	3股			1000.00				
	洋钻	2	600.00		1200.00				
	铅粉	2个	200.00		400.00				
	搭大门彩子		64000.00		64000.00				
	发给李光润伙食				23425.00				
	合计				282775.00				

续表

日期	物品名称	数量	单价	支付数 预算数	支付数 实付数	商号	单据号数	比较增减	备考
消耗 4日	炭渣	2000斤	155000.00		310000.00				
	煤油	5两	100.00		500.00				
10日	贡尖茶	2斤	3200.00		6400.00				
11日	洋火	5包	700.00		3500.00				
15日	贡尖茶	1斤	4000.00		4000.00				
17日	煤油	4两	125.00		500.00				
19日	土蜡	2包	1800.00		3600.00				
20日	煤油	3.5两			500.00				
	煤油	1斤	1600.00		1600.00				
26日	煤油	4两	125.00		500.00				
30日	贡尖茶	1斤	3200.00		3200.00				
31日	土蜡	2包	1800.00		3600.00				
	煤油	8两	125.00		1000.00				
	合计				338900.00				
购置费	钢板	1	26000.00		26000.00				
	算盘	2	13000.00		26000.00				
	合计				52000.00				
旅运费 16日	赴中央银行提款往返洋车费		1200.00		1200.00				
11日	赴第一战区司令部解送赃物车费		4000.00		4000.00				
29日	赴中央银行提款往返洋车费		2200.00		2200.00				
	合计				7400.00				

216　上编　创制

续表

日期	物品名称	数量	单价	支付数 预算数	支付数 实付数	商号	单据号数	比较增减	备考
查传拘提费 18日	赴三原提人犯徐效儒往返旅费洋		15000.00		15000.00				
	赴咸阳送人犯鲁良才往返旅费洋		6000.00		6000.00				
4日	赴武功送人犯李广财往返旅费		20000.00		20000.00				
30日	赴大兆镇提人犯牛张氏往返车费		10000.00		10000.00				
	合计				51000.00				
	总计				1396045.00				

表5.17　西安地方法院出差旅费报告①　单位:元

姓名	王晓风、赵瑶玗、温岂为			职别		检察官书记官检验员			
出差事由	赴西乡老烟庄相验康伯升尸体一案								
中华民国三十六年(1947年)11月11日起至三十六年 11月 11日止 共计1日附单据2张									
日期	舟车费			膳宿费		杂费		特别费		总计	备考
月日	起讫地点	汽车船费	轮船费	舟车轿马费	膳费	宿费	杂费	单据号码	摘要	金额	单据号码		
11 11	自本院至西乡老烟庄			250000	162000							412000	

① 西安市档案馆档案,卷宗号090—1—142。

专项司法经费的确立使清末以来人们特别看重的司法独立原则有了真实的经济基础;严格的财务制度一定程度上预防了经费被任意挪用等贪污现象的发生,保证了不算宽裕的经费尽可能地使用到它应该使用的地方,同时也确保了司法机关的正常运转。但与此同时,我们也必须看到经费的短缺一直梦魇般地与西安地方审判机关如影随形,此外,体制方面的一些问题也在影响着专项司法经费制度的有效执行。

小　　结

为了论证的严谨,笔者尝试从一切可能、可行的角度及层面梳理和剖析新式审判机关和传统衙门这两种组织内在机理上的不同,以致支撑这两种组织背后文化方面的差异,同时再现清末以降新式审判机关在西安的真实存在。对于法学研究来说,这种梳理似乎有些繁琐,但对于必须同时兼顾整体与细节的法律史学科来说则只能如此。

透过这些观察,完全有理由得出如下的结论:到民国时期,特别是民国中晚期,作为一种移植于异域文化的产物——新式审判机关在古老的中国已经走过了创制的阶段,甚至从制度层面讲已经相当完备,并开始在中国的大地上生根发芽。尽管在创制的过程中其身上不可避免地保留了些许传统社会的印痕,但毕竟从本质上同中国传统的衙门划清了界限。

中编

运行

如果仅从制度层面来观察,我们必须承认西安地方审判机关已经具备了构成现代司法组织的一切要素。但作为一种移植而来的产物,新式审判机关能否被古老的中国所接受,其运行情况如何,能否发挥其预设的目的?如何科学地评价审判机关的作用?以及新式审判机关要想正常运行又需要哪些外部条件?这些问题一直备受决策者和研究者的关注,也是本编所要回答的问题。

就理论上讲,将司法审判机关的设立与运行分而论之的做法可能有些问题,因为两者在现实生活中是同步进行的。何况,许多制度的产生以及变化原本就是根据制度运行中出现的问题改进的结果。但从方法上讲,唯有如此才能将问题讨论得更为清楚。

观察新式审判机关的运行情况,特别是实际效果,需要考虑的因素和变量实在太多,包括司法体制和司法机制两个层面,前者指司法机关在国家政治体制中的地位,即司法机关与外部各种组织的关系和边界,后者则指司法机关内部的运行逻辑和原则。不仅如此,同样的因素站在不同的角度去思考得出的结论可能也会有天壤之别。如北京政府时期,新式司法机关初创,内部机制尚不完备,加之政局动荡不安,司法机关的生存和发展确实遇到了一些显而易见的困难。然而,同样是这一时期,由于主流意识形态尚未出现,社会多元,大大小小的军阀忙着争夺军权和地盘,大都无暇顾及司法机关,因而,司法权运行中受到的政治层面的干涉或影响又相对较少。相反,南京国民政府建立以后,司法制度已近完备,同时也积累了一定的能量,但伴随着党国体制的建立,主流意识形态的形成和强化,司法制度运行中来自于政治层面的干扰则呈现出加大的趋势。

就总体而言,以西安的地方经验来看,按照西方现代司法理念设立的地方审判机关,在经历了与中国社会的短暂磨合之后,逐渐显示出了专业化司法的巨大优势,它不仅快捷、公正地裁判了因社会转型而日益增多的各类纠纷;还以中立的角色和制度理性平衡着各种利益之间的冲突,实现着对社会的治理,并在治理的过程中将一些陌生的词汇和全新的理念一点点地渗透进民众的头脑,向全社会普及着现代法治的理念;同时还通过自己的工作,影响、重新塑造着人们的生活方式与习惯,推动着社会的进步与文明。

第六章　契合与游离

依据清末民国时期的法律规定，西安地方审判机关在自己的管辖范围内拥有独立的审判权，且权力的行使不受任何干涉。然而，现实生活中，由于国家体制的不同，加之社会关系复杂，地方审判机关在行使审判权的时候难免会或多或少地考虑或顾及一些其他因素，因而，如何保证司法的独立和审判的公正则又成了一个复杂的问题。

第一节　审判机关与行政机关

创制一套完全独立于行政系统的司法机关，依法独立运行，并最终形成与行政机关之间的分工负责，这是清末以来中国司法改革的基本思路。因而，观察和评价西安地方审判机关的运行状况首先需要考察的就是地方法院与行政机关之间的关系。

一、与省府关系

（一）日常交往

清末民初，尽管在国家层面司法权与行政权的分割已经完成，诸如西安等省会城市和重要商埠独立的司法机关已相继设立，行政官员与司法人员各自分属的事权也已厘清,并有了"行政官不得侵越司法权限"①的明确规定。但由于强大的历史惯性,加之,新式审判机关和法官数量过少,分布也过于分散,司法人员还无法形成一种合力。因而北京政府和南京国民政府时期,不但行政官员干涉个案的现象时有发生,甚至在法律之外现实政治运行中还存在着一些行政长官对司法机关制度性的牵制措施,如北京政府时期的行政长官监督制度。

有关行政监督制度的起因和后果,北京政府时期曾任湖北省高等检察厅检察长的王树荣对此体悟颇深,其观点也较有代表性。

> 相城②时代,有帝制自为之心,恐司法官之执法以绳其后也,乃巧立特别监督之名,使行政长官从而钳制之,迨洪宪取消以后,又以司法经费,须由行政长官支给,遂沿为定例。夫欲求司法独立,而令行政长官监督其上,是何异欲人之工书,而又从旁擎其肘耶? 于是强者与省长龃龉,不安其位而去,弱者且折而入于行政一方,惟省长马首是瞻。③

由此可见,所谓监督即允许行政长官可以对司法机关行使特别监督之权,至于监督的途径和方法由于资料的短缺尚不清楚。除了这种特别监督,民国早期和中期,由于战乱不断,不少省份省长与督军在人员上往往合一,因而"行政官不得侵越司法权限"的理想状况更难尽如人意。文官省长的暗示或干预可以不怕,司法独立毕竟是宪法原则,但掌控着军权的督军则足以令人畏惧,因而,各地都或多或少地发生过行政长官干涉司法的个案。

南京民国政府成立后放弃了由行政首长监督司法机关的做法,但又通过制定《省政府委员会议条例》明确规定,省高等法院院长应列席省政府委

---

① 法部:"行政各官不得侵越司法权限文",《大清法规大全》卷四,台北宏业书局1972年版。
② 指袁世凯。——引者注
③ 王树荣:"司法改良意见书",《法律评论》第90期,1925年3月22日。

员会会议。民国时期曾先后担任过广西省、浙江省、湖南省主席的黄绍竑回忆说：

> 我记得在民十以前,省的司法是受省的行政首长监督的,其他省是否如此,我不尽知道,至少广西是这样的。大约是国民政府奠都南京之后,才完全独立。并又规定高等法院院长出席省政府委员会议,这无非是使行政与司法保持密切的联系,也就是由行政首长监督司法这个制度演变下来的形式。我想这种形式,至少在以前是有此需要,以后有无保留的必要,又是另外一个问题。浙江高等法院郑院长烈荪是浙江司法界任事最长久的人物,他自民国十七年就任高等法院院长一直到现在。他一向是出席省政府委员会议的,也可以说,他是出席省府会议历史最长久的一人。①

陕西的情况也是如此。陕西高等法院院长在1938年的年度工作总结中写到"且每周省政府及其他处之通常会议事务均须院长列席者,亦不下五六次。"这段话不但证实了这一制度的存在,而且还证实,除省长主持召开的省政府委员会议外,需要陕西高等法院院长列席的行政会议,还包括一些省政府内设机构的会议,行政与司法的关系更为复杂。更有甚者还有人竟然因为频繁参与此类会议,与行政官员交往不慎而开罪于行政官员。抗战前夕担任过陕西高等法院院长的党积龄就是如此。

> 那时规定高等法院与省政府虽系不相隶属的两个机关,但省府委员会议时,高院院长必须列席参加,可以陈述意见,而无表决权。党是本省人,桑梓观念很深,常在会上与民政厅长王德溥因事争论不休,使王非常难堪,王恨之入骨,探知党有鸦片嗜好,令公安局长率警于夜间到党的住所,翻墙入室,搜获鸦片烟具,因此司法行政部免去党的陕高

---

① 黄绍竑:《五十回忆》,岳麓书店1999年版,第426—427页。

院院长职务。那时鸦片案件已划归军法管辖,党被判处缓刑,从此脱离法界。①

由此可见,南京国民政府成立后,司法机关虽然摆脱了北京政府初期来自于行政机关首长的特别监督,但却仍然无法彻底摆脱行政机关的变相牵制。

对于这种变相的牵制,双方的态度更耐人寻味。作为牵制者的行政长官黄绍竑,一方面清楚"司法独立是现代国家的通例",并以自己的经验来论证此点,"照我十数年的经验,如果认为某一种业务有它的独立性,则不如干脆独立,直属中央。在民十四年以前,各省省长皆行司法监督,但并不见得司法在行政首长监督的时期,就有什么好处。现在司法独立了,也并没有什么不好的地方,这是一个非常好的例子。"②但另一方面他又不愿意真正放弃对司法机关的影响和牵制,坚持法院院长参加省政府会议是一种好的形式,"我想这种形式,至少以前是需要的,以后有无保留的必要,又是另外一个问题。"作为生活在民国时期的行政官员,黄绍竑知道司法独立是大势所趋,但又强调类似于法院院长列席省政府委员会议之类的联系是必要的。至于必要的理由不难理解,无非就是通过这一制度让法院了解政府,理解政府并主动配合政府的工作。

而司法机关负责人的态度则较为暧昧。面对着行政权远远强于司法权

---

① 任玉田:《一位民国检察官的回忆录》,未刊稿。有关党积龄鸦片案还有一种解读,据时任省政府秘书的朱在勤说:"1939年当时国民党内政部派了王仁(东北人)来当陕西省禁烟处长,他到省政府,先来见我,与我谈起禁烟的事。他说,'对于禁烟,我想办一办,但是初到这里。不晓得应该从何入手?'我说'射人先射马,擒贼先擒王。西安吸食鸦片的大亨,如党积龄等,弄他一两个,禁烟自然便有成绩。否则,这些大亨,平常大摇大摆,挡住了禁烟的路。你任何努力,都禁不了烟。'他认为对,就与彭昭贤、蒋鼎文谈起,彭昭贤也同意了。蒋鼎文说'这件事你与彭秘书长去商量。'便这样,在党积龄头上开了一刀。但是蒋鼎文没有胆но彻底干下去,所以党积龄鸦片烟案,就有头无尾地结束了。"见朱在勤:"蒋鼎文主陕时期的陕西省政",陕西政协文史资料委员会编:《陕西文史资料》第23辑,陕西人民出版社1990年版。

② 黄绍竑:《五十回忆》,岳麓书店出版社1999年版,第425页。

的国情和现实,为了更好的生存,乃至为了工作的顺利,他们采取被迫迎合的做法,希望与行政机关搞好关系。1938 年,时任东吴大学法学院及朝阳大学教授的杨兆龙公开著文称:

> 即在司法经费能如期拨发之省区,司法机关为修睦感情起见,亦不得不与当局善为联络,苟有请托,鲜敢拒绝。今日各省司法机关之长官罕有不迁就省政府之财政等机关者,盖非如是,则司法机关无以维持也。各省高等法院院长之去留,不以有无学识经验为标准,而以与省府当局之有无渊源为断。其与省府当局有渊源者,纵无学识经验或完善人格,司法行政当局不敢轻予更调也。①

无论是来自行政长官的主动监督,还是出于法院系统的被动依存,最终结果都可能使两者的关系出现变化。牵制与依存,这种变化了的关系一旦常态化,司法独立和司法公正就成了一项任重道远的事业。1920 年,学者景藏愤恨地说:

> 则试问独立之精神,非以审判自由为要件,实际执行目的乎? 试问今日各级审判厅,苟有案件牵涉行政者,尚有自由审判之余地乎? 若夫因政治之潮流,受要人之意旨,司法官供政府之利用,为虎作伥者,在号称司法独立已经数十年之国,尚时有所闻,于吾国更何尤?②

(二) 经费依赖

考察地方司法机关与行政机关的关系,司法经费是一个不应该被忽略的视角。就经费的支付而言,清末民国地方司法机关与行政机关经历了一个由依赖到基本独立的过程。新式审判机关创建之初,中央财政自顾不暇,

---

① 杨兆龙:"司法改革声中应注意之基本问题",《经世》第 2 卷,1937 年 1 期。
② 景藏:"行政与司法",《东方杂志》第 17 卷第 6 号,1920 年 3 月 25 日。

省级以下地方司法机关的开办费用和日常开支均先由地方自行负担,具体操作是以省级为单位按照中央政府的标准自行解决,同时允许司法机关从诉讼费中适当提取一部分自行调度。民国政府成立后,军阀混战,中央对地方的控制能力进一步弱化,这一体制也一直被延续。据时人回忆:

> 经费为法院命脉,没有省府支持,法院无法办公。但法院不属省府行政系统,省府于支拨司法经费难免歧视。因此,高等法院院长作为全省司法领导,便要经常与省主席联系,使经费发放不受掣肘。因此司法行政部遴选各省高等法院院长时很重视他们与省主席的关系,或者干脆接受省主席的推荐,省主席也借以安置与他有关系的人。司法行政部只有在省主席没有特别表示时才能自己决定人选。

> 法院不属省府行政系统,省府于支拨司法经费难免歧视。……当时各省司法经费均不按原定预算拨给,省府多方措词加以折扣,我所知道打八折的省份有河北、江苏、福建、浙江等。①

总之,由地方政府来承担辖区内司法机关的司法经费,无异于给地方行政机关插手和干涉司法事务提供了制度平台,其中省级行政长官对地方司法机关的影响最大。1920年代法权调查委员会的调查报告云:"惟各省司法经费均太少,各省行政费中,惟司法经费最少,约得四十分之一。且各省每对于司法经费大都延欠不发。"②

清末"陕西民穷财困,达于极点"③,各机关入不敷出的现象更是普遍。北京政府成立后,情况仍未有根本好转,特别是军阀刘镇华任陕西督军兼省

---

① 林厚祺:"国民党统治时期的司法概述",《福建文史资料》第21辑,福建人民出版社1989年版,第61—62页。

② 法权讨论委员会:《考查司法记》,《民国时期社会调查丛编》(二)法政卷(上),福建教育出版社2014年版,第39页。

③ 陕西建设厅:《陕西省民国二十年建设事业计划大纲》,西安市档案馆编:《民国西北开发》内部发行,第183页。

长以后，为扩充军队，中饱私囊，一方面拼命搜刮，另一方面又每每以"造报未齐"、"无由汇编"为由拖延预算，陕西财政更为混乱。1930年代，情况略有好转，但财政入不敷出仍为常态。如"民国二十年（1931年）全年收入预算，属于地方者，计洋550余万元，属于国家者，计洋280万元，适是年奉令裁厘，原有税目，去其泰半，国地两税删减，共达420余万元，故收入方面，仅余510万元有奇，全年支出约690余万元，收支相抵，计不敷180余万元。"①这种状况决定了民国时期陕西审判机关对省政府的依赖程度势必更强。民国早期，军阀混战，各种政治势力纷纷窥觎陕西省的控制权。南京国民政府时期，尽管从表面上看国民党已取得了在陕西的绝对统治权，但内部仍然派系林立。"当时的西安国民党的内部派别，有胡宗南的武力派，有于右任派，有CC派，有地方士绅派，做一个省主席，主要的事情，就要均衡这些内部派别势力。所以人事问题，最是难办。"②

为了从根本上改变地方审判机关对地方行政长官或行政机关的依赖，民国时期法律界同仁知难而进，经过长达十数年的不懈努力，在历次全国经济会议、全国财政会议上都不断呼吁要尽快统一全国司法经费，特别是1935年召开的第一次全国司法会议上，司法经费问题成了会议讨论的热点问题。据统计本次会议中有关司法经费由国库统一划拨的提案达到25个，并提出了具体的解决办法，如"以所得税、遗产税及其他税收为的款"等。大会的最后宣言中，明确列举了全国司法界要共同为之奋斗的五大目标，其中第一项就是统一全国司法经费。1939年2月召开的国民参政会第一届第二次会议上，法律工作者再次提出司法经费中央统一划拨案，这次提案经国防最高委员会交付审查，原则通过，后经司法行政部与财政部协商，自1941

---

① 陕西银行经济研究室编：《十年来之陕西经济》，西安市档案馆编：《陕西经济十年（1931—1941）》，内部发行，1997年版，第262页。

② 朱在勤："蒋鼎文主陕时期的陕西省政"，陕西省政协文史资料委员会编：《陕西文史资料》23辑，陕西人民出版社1990年版。

年起各级法院和监所的经费一律由中央国库统一支付,司法经费中央支付问题,最终得以解决。

1941年司法经费列入中央预算,收支均由国库负责。从此不受省府掣肘,经费十足发放。①

"过去陕西司法经费,由省库支拨,不足之数,则由法收酌予辅助,因此拮据万分。自从三十年度开始由法部统一全国司法经费后,司法经费,即改由中央负担,陕西省每年司法经费增加180余万元,于是统筹改革,无所扞格,故司法人员待遇亦一律提高,并酌加战时生活津贴,使生活安定,办事方克奏效。"②具体操作办法是由财政部统一划拨给陕西高等法院,再由陕西高等法院分配给西安地方法院。由国家统一划拨司法经费对陕西这样经济较为落后的省份来说,当然是好事,朝着制度合理迈出了重大的一步。此后,地方审判机关对省级行政机关的依赖程度有所下降。

需要指出的是,在近现代中国,以经费为视角讨论审判机关与行政机关的关系,除留心经费归谁支付外还应该观察司法经费的拨付体制。就司法经费的拨付体制而言,理想的状况应该是先由司法行政机关提出预算,经立法机关批准,最后由国库统一支付。如此,司法机关才能彻底摆脱对行政机关的依赖。然而,民国时期由于政权更迭频繁、战乱、党治思想的盛行等原因,导致无论是中央还是地方的立法机关都时有时无,一直残缺不全。因而,实际运行中司法经费的批准和支付一直由属于行政系统的财政部门所掌控。这种现实,使司法机关很难真正摆脱对行政机关的依赖。民国时期即有人一针见血地指出,当下一提起司法经费"一般人每只注意其数额,以为所占太少,与其他国家支出相比,百分比过低,深为扼腕;或又只注意其在

---

① 林厚祺:"国民党统治时期的司法概述",福建省政协文史资料委员会编:《福建文史资料》第21辑,福建人民出版社1989年版。
② 杨宗虎:"今日陕西之司法",《西北研究》第4卷,1941年第7期。

各省各县未能十足发放。致使司法人员不独不能赡养家庭,维持生活,抑且时有断炊枵腹之虞,又不禁深为叹息,认为司法官清苦不可为。其实,现在的司法经费问题,并不只是在数额与拖欠,而是在与行政的关系过于密切,换言之,即系未能于行政方面获得独立的保障。"①但由于这一问题与本文讨论的地方司法机关与地方行政机关之间的关系牵连度不大,故不再展开。

二、与县市政府关系

前面观察的范围主要限定在省政府与省高等法院之间。民国时期国家的政治架构中,"省"一直是最为稳定,相对独立,同时也是权力最大的行政区域,在司法经费需要省级自筹的年代里,省高等法院受制于省政府长官的现象在所难免。然而,这一结论对于西安这样一些较大城市的地方法院是否成立(就行政区划而言,民国初年西安府撤销后,西安城区一直为长安县辖,1942年改为省政府直辖市,1947年8月后改为行政院直辖市),换言之,民国时期审判机关受制于行政机关的现象是否具有普遍性则是我们接下来需要继续讨论的问题。

清末民初,政局和时局动荡不安,地方行政长官更迭极为频繁。作为行政长官大都将主要精力用于维护与上级的关系方面,很少有精力顾及司法,因而行政长官个人与审判机关之间尚不具备形成稳定关系的条件。南京国民政府建立后,陕西省、长安县,以及西安市行政系统稳定性有了根本的改观,司法与行政两者之间的关系也才有了考察的可能及必要。民国时期,县、市、省行政系统均采取委员会制,在现有材料中,尚未发现西安地方审判机关的厅(院)长需参加县市政府会议之类的制度性做法。不仅如此,由于

---

① 阮毅成:"行政与司法的关系",《中华法学杂志新编》第1卷第4号,1937年2月。

西安地方审判机关的经费或是来自于省政府，或是来自于中央，即在经济上与长安县府或西安市府并无多少实质上的联系；加之在推事及院长的任免方面县市级行政长官的影响力也较小，因而西安地方审判机关与县市政府的关系显得较为疏远。

（一）人事与事权

民国时期地方法院与县市政府事权和人事上彼此互不统领的观念已被各方熟知。长安或西安是陕西省的省会，由于市府与省府同居一城，按照中国人的思维方式和传统习惯，许多市民遇有冤情时往往会直接向省级行政长官进行申诉，以便寻求更高权力的关注。

在现代社会里，向国家进行申诉是公民的一项基本的权利。然而在实行分权制度的民国时期，国家在立法层面上已将诉愿权和诉讼权做了严格区分。《中华民国宪法》第 16 条规定"人民有请愿、诉愿及诉讼之权"，中华民国《诉愿法》第 1 条更是明确规定，"人民对于中央或地方机关之行政处分，认为违法或不当，致损害其权利或利益者，得依本法提起诉愿、再诉愿。"即行政机关所受理的只能是公民针对行政机关之行政处分而提起的诉愿。现实生活中普通公民很难区分清楚什么是行政处分，什么是司法裁判。因而，每当民众自认为有了冤屈，往往会向最高行政长官控诉。为了处理公民的申诉，陕西省政府在秘书室内设有司法组，凡接到公民的诉愿书后一律交由司法组进行研究并提出具体建议。属于本级政府管辖权限的责成政府相关部门依法处理，如非政府或非本级政府管辖权限的则建议转警备司令部、法院或转交诸如西安市政府等下级行政机关继续查实，最后将结果通知本人。

1945 年 3 月，从河南逃难来西安的难民李成贵给陕西省政府主席祝绍周写信，控告自己的儿子忤逆不孝。该案的处理过程从一个侧面反映了省政府与西安市地方法院之间的关系。

难民致信省主席

诉呈省府祝主席：

  具呈人李成贵年74岁，河南沁阳人，住本市隍庙巷东道府四号，为亲子李凤鸣忤逆不孝，刻苦亲父又谋害生身之母药内暗下毒品致死，恳请依法查办。民因原籍沦陷又遭蝗虫于去年冬月二十六日逃难西安。长子李凤鸣在西安经商巨富居心不仁，忤逆狼毒听妻计谋，见我夫妻年老不愿奉养，每日出言不逊，十分刻苦，未经一月竟将其母杨氏药毒而死，同人尽知其情。伊夫妇心极高，伊等并子另吃美味，给我吃的猪食一般，每天咒骂不堪，欲逼死我的老命。古云栽树望阴凉，养儿防备老。民夫妇千里来欲求生命，儿子不但不孝，欲谋死老命，万恶之极。恳请钧座依法处治，感德匪浅矣。

谨呈

陕西省政府主席祝

具状人李成贵

三十四年(1945年)三月十二日

被告逆子李凤鸣、李凤来，住蝗庙巷东道院16号

  由于控告人和被告人均居住在西安，故省政府接到控告信后，批令西安市政府进行查实，并将调查处理结果向省政府具报。西安市政府接到省政府的批示后，下令属于行政系统的市警察局认真调查。同年5月3日西安市政府将调查结果呈报省政府。

  钧座交下本市蝗庙巷东道院四号居民李成贵呈控其子李凤鸣忤逆不孝请求依法处理一案饬调查具报等，因此遵经派员调查。兹据报称查呈控内列被告药死其母一节，现虽尚未获得确实证据，但据称当时死时情形及目前虐待其父几经谋害致死一般情形推断，如拉打其父生殖

器致病50余日,药死其母亦似有可能。总之被告百般虐待危害生父,叛逆天理已属实情,为防闻风逃脱法网,计呈否可先行将被告逮捕再呈报,主席核夺之处故乞核示。

代理西安市政府市长陆翰芹

鉴于该案已涉及到刑事犯罪,超出了行政机关的权限,同日西安市政府通过密电将此案的线索移送地方法院检察处。5月8日,西安市政府再呈文省政府告知:此案事关普通刑事案件已由警察局移送西安地院讯办处理。同时建议省政府通知当事人本人向地方法院进行申诉。"本案属实,惟事属普通司法,除批示该民意向主管法院申诉外,仰而知照。"

同年6月6日西安市政府再次呈文省政府,同时将西安地方法院检察处的处理结果转呈祝绍周主席。

  案准长安地院检察处本年五月二十六日检字第531号公函内开:
  "案准贵府本年五月三日秘字第五三三号函送李成贵告诉李凤鸣伤害一案,业经本处侦查终结予以不起诉处分在案,除送达外相应检取该案处分书一份送请查收为荷。"
  等由
  附送处分书一份准此
  查此案并奉
  钧座发交到府,当此案关普通刑事范围经即移送长安地院依法讯办,并呈复在案,兹准前由理合照缮原处分书备文赍请鉴核备查。

谨呈

陕西省政府主席祝

呈赍照缮处分书一份
代理西安市政府市长陆翰芹①

---

 ① 陕西省档案馆档案,卷宗号1—11—245。

孝道是中华民族最为看重的道德。严惩忤逆不孝之子也是历代官员最自觉和自愿的工作。但陕西省政府主席接到市民李成贵的控告信后，只是按照分权原则及时将信笺转给与自己有隶属关系的西安市政府处理，并命令其将调查处理结果向自己汇报。西安市政府接到省政府的命令后，指派属于行政系统的警察局进行调查。当调查发现事件可能涉及司法问题，而非一般的治安案件后，则立即通过密电将案件线索移送给地方法院，自己则不再过问。地方法院检察处侦查后认为原告的举报缺乏证据支撑，在法定的时间内依法做出了不起诉的决定。由于此案的线索是西安市政府移送而来，地方法院亦通过信函将处理结果告知市政府，并附不起诉书一份。档案材料清楚地表明，本案处理过程中有关方面都严格遵循法定分权原则，无一越权。

类似的情况绝非仅此一例。甚至有的当事人，在寻求司法救济无果后屡次向行政长官上书直言对地方法院判决的不满，希望行政长官能利用权力干涉法院的判决，但政府官员始终保持沉默。当事人仍不死心，又巧妙地利用各种文字去刺激行政官员的道德良知和挑起其权力欲望来达到自己的目的。如1946年西安市民张私云在一封写给陕西省政府主席的控告信中详细地描述了自己的冤屈和地方法院的错误后，写到法官"董庆龄说：'法院是独立的机关，任何人不能干涉。'好像活埋了人，即抱冤于海底也没地方去明了，无钱无力的老百姓都不知被湮埋了多少。难怪人民不敬仰法院！"[①] 省府秘书处司法组审核后，答复曰："诉愿书已悉，案关普通司法范围，与诉愿法规定不合，本府未便受理，仰即知照，此批。"[②] 当事人所希望达到的目的仍然没能实现。

当然，读者也可以认为，之所以会出现上述结果，原因是这两个案件的

----

① 陕西省档案馆档案，卷宗号1—9—137。
② 同上，卷宗号1—11—258。

原告都是普通百姓,反之,如果原告是一些地方上有影响的人物,结果可能就会完全不同。笔者无法排除这种可能,但在已知的档案里尚未发现这类材料。不管这种假设是否存在,上述情况毕竟可以从一个侧面反映出常态状况下民国时期西安地方法院与行政机关之关系。

(二) 称谓

西安地方法院与市政府往来的函件称谓一律以"贵"字互称。中国是一个十分重视等级和讲究称谓的国度,因而,透过往来公文中的称呼是判断彼此关系的一个简单而有效的办法。下面是1947年6月25日西安地方法院致西安市政府的一封公函。

地方法院致政府函

西安市政府:

  查本院受理程秀萼自诉王学圣等毁损建筑物一案,讯据自诉人供称被告王学圣在市政府具领建筑执照竟用伊名义冒充业主等语,竟有无之事,有调查之必要相应函请

  贵府查照或将此项卷宗检送本院以凭参考为荷。

  此致

西安市政府
西安地方法院院长金锡霖[1]

而西安市政府的回函则同样称西安地方法院为"贵院"。一个"贵"字足已反映出两者之间的客气、距离和平等的关系。不仅如此,如地方法院院长更换时,市政府亦发专电以示祝贺。

---

[1] 西安市档案馆档案,卷宗号090—11—238。

（三）恪守中立

1947年,西安市政府与沪籍商人孙任杰签订合同,承包建筑工程。工程施工过程中,西安市政府发现孙有偷工减料之行为,随向西安地方法院民庭提起诉讼,要求终止合同,返还工程差价款382956元。地方法院立案后,依据法定程序严格审理,判处原告胜诉。

判决生效后,被告孙任杰离陕回沪并未执行法院判决。同年4月3日西安市政府法定代理人陈希平向地方法院声请强制执行。次日,地方法院向被告发出传票,通知11日开执行庭。11日被告未到。12日地方法院再次发出传票,通知16日开庭。16日被告仍未到。24日,地方法院只能再次发出传票。执达员告知推事,被告孙已返沪无法拘传。26日,地方法院开庭,通知原告调查债务人财产,并限三天内向法院具报。5月7日地方法院开庭,通知原告现无财产可执行,依《强制执行法》第27条规定,由地方法院向债权人西安市政府发给债权凭证,俟后发现债务人有财产时得以持本凭证向地方法院声请强制执行。①

本案从立案到审理,再到执行,地方法院表现的较为中立,既没有刻意地照顾原告,也没有歧视被告,严格依法进行。②

（四）"司法孤立"

直接控制干涉减少的同时却出现了另外一种新的现象,即司法机关行使职权时地方政府不闻不问,不但不配合,甚至连法定的职责也不履行,这

---

① 西安市档案馆档案,卷宗号090—29—375。
② 上述材料足以证明,民国中晚期西安地方法院已较少受到同级行政机关的干涉,较之高等法院似乎拥有更大的自主活动空间。但需要指出的是上述结论主要适用于西安地方法院,或一些较大城市地方法院这一层级。中国的情况极为复杂,诸如行政级别较低的县级地方法院情况如何,不能一概而论。

一现象被某些学者称之为"司法孤立"。在任何社会里,司法机关行使审判权都离不开当事人、其他机构,特别是行政机关的配合,否则司法权的运行寸步难行。1931年有学者著文指出:"如传讯人证,调取卷宗,均须各机关协助;如调查一切事实及情节,尤须国民尽真实陈述之义务,否则真相不明,难达公平裁判之目的。但民国以来,一切机关大都化为军用,法院函请协助,其能从速答复办理者,固属不易;其竟置之不理或托词拒绝者亦数见不鲜。试问案内证据不能直接调查,事实上何从得判断之资料?苟向函催,则终无效果;若凭空判断,不但违法失职,且恐是非倒置,良弱被屈!于是进退维谷,势惟悬案以待。然当事人利害攸关。自难久耐,其怨望之情,自可想见。故法院在现在环境之中,调查事实之难,实较解释法律更为棘手。此法院之孤立,实为诉讼迅速之最大障碍。"①

1935年全国司法会议上,湖北省高等法院第六分院院长廖鹤龄抱怨说,过去"最能协助司法者,莫如县长及区长、联保等。而现在事实上不惟不协助,且处处与司法作梗者,殆莫如县长及区长、联保等。……故法院有事欲求协助,不特置之不理,且暗中掣肘,以遂其运用自如之便。虽司法机关明知故意刁难,不予顺利进行,然以无权干涉,莫可谁何。"②如按照民国时期的法律规定,不动产实行登记制度,如有变更,必须先到法院办理公证,行政机关才可以重新颁发产权凭证。但西安市地政科却我行我素,未经法院公证随意颁发产权凭证,这种公然违背法律程序的做法既给地方法院的工作带来了很多麻烦,也让地方法院颇感头痛。1946年8月1日西安地方法院院长在本院组长会议上无可奈何地说,"应协商市府地政科,今后凡有不动产变更的,应先通知法院公证,再由地政科发给权证,省得后来发生纠纷。"③

---

① 李浩儒:"司法制度的过去和将来",《平等杂志》第1卷第3期,1931年。
② 廖鹤龄:"关于司法协助及调度法警事项案",《全国司法会议汇编》,1935年。
③ 陕西省档案馆档案,卷宗号089—4—10。

说到行政机关的不配合，最严重的莫过于警察局。关于这一点本书将在后面做专门讨论。千方百计地控制也好，不管不问也罢，这两种看似矛盾的现象最终结果都在加剧着司法权的边缘化。

第二节　地方法院与高等法院

就审判业务而言，西安地方法院与陕西高等法院的关系清晰而简单：两者各自独立，只是审级不同，并无上下隶属之分。北京政府初期实行四级三审制，西安地方审判厅在案件管辖上以一审为主兼有第二审的业务。南京国民政府实行三级三审制，西安地方法院降格为一审法院。作为一审法院，西安地方法院依法审理除法律有特殊规定外的所有民刑事案件，如按照南京国民政府《法院组织法》规定：内乱、外患、妨害国交等刑事案件的一审管辖为省高等法院。

一审法院审理案件一般实行独任制，"但重大案件者，得以三人合议之"。西安地方法院裁定或判决后，当事人或公诉机关如有不服有权向陕西高等法院上诉或抗告。陕西高等法院审理案件实行合议制，由三名推事组成合议庭。对于上诉或抗告案件，高等法院审理后认为一审没有问题的维持原审判决或裁定，认为确有问题的既可以发回西安地方法院重审，也可以直接改判。为了确保审判公正，各级法院的推事完全依据自己对事实的认定和法律的理解独立做出判决或裁定，无需顾及其他法院的态度。

但这只是双方关系中的一个方面。《法院组织法》规定，高等法院院长对全省地方审判机关司法行政事务拥有监督之权。监督是个相对模糊的概念，在许多时候与管理本身很难区分。此外，尚需指出的是，民国时期省市县各级政府均未设司法行政机关，如 1939 年前陕西省政府只在秘书处第二科下设有司法股，1939 年后改制在秘书室下设司法组，负责为省长提供涉及法律,包括司法方面问题的建议,均非独立的对外办事机构,也就是说将地方的司法行政管理权全部上交给了司法行政部统一行使,由此以来司法行政部不但成了国家主管司法行政的最高机关,处于国家司法的中枢地位,同时也是唯一的机关。

按照民国时期中央机关的权限划分,司法行政部拥有任命、考核司法官之权限,负责全国范围内法院、监狱等组织系统的所有司法行政事务,同时还需要处理大量繁杂的司法统计数据,工作头绪多,程序繁杂。[1] 1934年司法行政部拥有250名工作人员,大都为国内外名牌大学毕业生,专业而精干。但中国人口众多、地域辽阔,交通不便,250人仍然无法应付繁重的工作,据统计仅1934年一年司法行政部就处理了9万份各类文件,其中包括下发的4万份文件。[2] 加之工作人员年轻气盛,文牍主义现象较为严重。如有关法院办公经费的苛刻规定既属此类。民国晚期陕西高等法院首席检察官朱观曾公开批评说:

办公费用超支是无法避免的。这都是在上者不知下情之困难,以后拟建议政府将中央各部会人员调外工作,在外各机关人员调中央工作,省内人员调外县工作,互调工作以后,方能上下情形明了,然后处理一切事务可以合乎实际[3]。

从表象上看地方不设司法行政机关,固然有利于司法独立。但就结果而言,如此体制安排事实上助长了高等法院的司法行政职能,高等法院院长的权力较之新式司法制度初设时呈扩大的趋势。

总之,西安地方法院与省高等法院的真实关系远比法院组织法的规定

---

[1] 民国时期尽管司法行政部的归属屡经变动,时而归司法院,时而归行政院,但其本身的权限则较少变动。
[2] 司法行政部编:《司法统计》(1934年度),1936年印刷。
[3] 陕西省档案馆档案,卷宗号089—4—10。

要复杂得多。

一、经济往来

1941年以前司法经费由中央财政统一支付的制度尚未建立，司法经费一律由各省自行负担。具体做法是由陕西省财政厅按照预算将全省司法经费统一划拨到陕西高等法院，再由高等法院向全省各地方法院具体分配。司法经费中人头费标准是固定的，但办公费与杂费弹性较大，加之物价的波动，因而各级法院经费决算表中办公费和杂费两项经常超支，甚至是大幅度超支。对于超支的部分，或是西安地方法院自行处理，或是由省高等法院替其解决，或是达成一个分摊的比例，而最终比例，则完全取决于西安地方法院院长与省高等法院的关系和协调能力。也就是说，作为陕西省最高审判机关的高等法院在经费上对西安地方法院存在着一定的支配能力。

1941年后，司法经费改由国家财政统一支付，省级政府淡出。司法经费拨付体制的这一重大变化使司法机关与地方政府之间的关系更趋合理，但却并没有改变西安地方法院对陕西高等法院经费上的依赖。原因是，实际执行中司法经费无论是由地方财政支付还是中央财政支付，都是先由政府财政部门将经费划拨到陕西省高等法院，然后再由高等法院向下分配，即作为一级审判机关，西安地方法院并不是一个独立的预算单位，在经费上并不同政府直接发生关系，都是借助于陕西高等法院。加之经费由中央统一划拨，中间环节增多，因而经费较之此前更难及时到位。为了解决这一新的问题，每当经费划拨延缓或经费不足时，西安地方法院无钱可花只好向陕西高等法院临时借用，寅吃卯粮。对此西安地方法院从不回避。如1949年西安地方法院院长在全院大会上谈到经费短缺的解决办法时公开讲：

> 再有看看能不能和高院借，在过去是可以向高院借的，这是同仁都知道的。在过去几年中有四五年的时期和高院就没有清过账，这一批

借了还没有还清,又来借第二批,现在却不行了。①

现在不行的原因是,陕西高等法院自身的经费还无着落。经费上的这种变相依赖,使西安地方法院在某些时候必须顾及与省高等法院院长的关系。当然,这种依赖是指西安地方法院整体而言,并非推事个体。

二、人事纠葛

按照法律规定,民国时期各级法院的推事由司法行政部根据任职资格统一选派,不受法院系统影响。加之新式法院数量有限,除一些偏远地区无人愿意去之外,推事职位一直是稀缺资源,因而仅从制度上讲在推事的选派任用过程中省高等法院的院长并无多少插手的机会。

地方法院的书记官则由省高等法院院长依据任用资格指派,然后报请司法行政部加以委任。也就是说,高等法院院长在书记官的任用上具有更大和更为实际的权力。西安地方法院的院长,包括推事要想在书记官任用这一环节上安排自己想要安排的人都必须经高等法院院长的同意,而要想做到这一点,就必须平时注意与高等法院院长搞好关系。当然,并非所有推事都有这方面的需求。

选任之外,高等法院的院长、庭长,甚至推事对省内所属地方法院推事的业务考评也有着一定的发言权,对于地方法院的推事来说这一点更为看重。民国晚期,为了落实高等法院对地方法院的监督职能,司法行政部鼓励省高等法院积极尝试从考评环节入手强化对地方法院的审判监督。为此,各高等法院纷纷出台了一些具体措施,如江苏高等法院规定,高等法院的推事有权对收到的不服地方法院推事一审上诉、抗告的案件数量进行统计,分别给地方法院推事计等,作为年终考核中的一项指标。再如贵州高等法院

---

① 西安市档案馆档案,卷宗号090—2—5。

于1946年发布通令,要求所属的各地方法院和司法处的推事、审判官每人每月检送民、刑判决书各5份,贪污、盗匪、烟毒等案件的判决书则须全部报送,由高等法院民、刑庭长,推事分别审核,加据考语,作为该推事、审判官考评的依据。① 这些规定是依据司法行政部的统一要求而制定的,②因而我们不妨推测陕西高等法院也应存在着类似的规定或大致相同的做法。

总之,民国时期,西安地方法院的院长、推事和书记官与陕西高等法院之间在人事方面存在着千丝万缕的联系。

三、政策导向

任何一个组织或行业都会经常地制定一些新的政策,调整、引导、统一整个系统的运行,法院自然也不例外。虽然从制度层面讲,二审法院和终审法院可以通过判决书旗帜鲜明地表达、传递自己对某一社会问题和某类案件的态度,但毕竟不如制定政策来得更加直接。陕西高等法院就经常适时地推出一些新的政策,指导全省法院的审判工作。如抗日战争爆发后,民众生活状况急转直下,引发各地盗窃犯罪频发,公民财产安全受到严重的威胁,社会上要求严惩盗匪的呼声日益高涨,并对严格依法办事的法院表达了强烈的不满。或许是分工的缘故,行政机关与民众有着更多的接触,因而率先感受到了这种怨气,1946年陕西省政府专门致函省高等法院转达了省民政厅收到的民众意见:"盗匪不除,地方不得安宁。"

陕西省政府的做法十分得体,但态度却极为鲜明,省高等法院必须认真

---

① 中国第二历史档案馆:"各级法院办事细则",1948年;"贵州高等法院工作报告",1946年,引自蒋秋明:《南京国民政府审判制度》,光明日报出版社2011年版,第315页。
② 早在1935年司法行政部就曾草拟《司法官考绩法》,其精神是不仅就推检办案数额卜其勤惰,而且就其裁判暨起诉、不起诉处分及申请再议文件等项目类之当否,授权上级推检逐案审核。司法行政部即就审核结果,作为司法官成绩。该考绩法尽管后来并未出台,但这一精神并未放弃。见王用宾:《视察华北七省司法报告书》,1935年。

对待。同年7月29日在全省法院院长联席会上陕西高等法院院长提醒与会者:"外面均反映司法界对盗窃案判得太轻,有的将人犯不再送往法院了。我希望本院及外县办案人员均应注意到这一点。但我们要让犯人死于法,决不能让其枉死。"①高等法院院长的话说得很委婉,但表达出来的政策意图却极为清楚:严惩盗窃犯罪,依法保护嫌疑犯人权。民国时期,不得干涉法院和推事审判的观念已人人皆知,因而公开场合每个人说话都较为慎重。

态度鲜明的政策和言论给西安地方法院刑庭的推事带来了极大的压力。在任何社会里,一般民众对法律的直接感受都是来自法院的判决,而非纸面上的法条,因而地方法院不可能不顾忌民众的反映,当然也不能不顾忌高等法院的政策。然而,依法审判是现代司法的本质特点,在立法机关没有对法条进行修改和解释的前提下,基层法院能够作为的空间毕竟有限。

几天之后的8月1日上午,西安地方法院组长会议上,地方法院院长也向与会者转达了高等法院院长的话,并强调说:"行政机关对于我们办理的盗匪案件,多嫌轻纵,以现在社会情形,实有注意治乱世用重典的必要,以本人意见以后对于盗匪案件,应从重处办,以洽舆情,而安社会,请刑庭转告大家注意。"②

地方法院院长的用语仍然十分讲究,但语气较高等法院院长已更为严厉,指导性也更强。由于材料的欠缺,我们无法准确地判断这段话对西安地方法院刑庭推事此后审理盗窃案件时产生了怎样的实质影响,但有一点可以肯定,西安地方法院刑庭的推事此后再遇到这类案件时,怎样处理现行法律和民众要求之间的关系就成了一个比此前要更多考虑的问题。

---

① 陕西省档案馆档案,卷宗号089—4—11。
② 同上,卷宗号089—4—11。

四、潜在影响

依据民刑事诉讼法的规定，推事审理案件只需考虑事实和法律，无须顾忌其他的案外因素。案件判决或裁定了，其所承担的审判职能也就完成了。但问题是初审法院的大多数判决并非是终审判决，对于不服西安地方法院判决或裁定的案件，当事人或检察官在法定的期限内可以向二审法院，即陕西高等法院进行上诉或抗告。对于上诉或抗告的案件，二审法院即可以依法维持原判，也可以发回重审或直接改判。但什么样的案件需要发回重审，什么样的案件可以直接改判，法律规定并不十分清晰，甚至可以说是较为模糊，完全取决于二审合议庭推事们的自由裁量。维持原判的简单，而发回重审或改判则使问题变得复杂起来。

民国时期，司法系统尚未实行所谓的错案追究制度，考核上也不把上诉法院的改判率作为一项重要指标，因而从表面上看二审法院的改判和发回重审并不会给一审法院的推事造成多少利益上的实际损失，也就是说潜在的上诉或抗告的可能，不应该影响一审推事的决定，但真实情况却并非那么简单。

就一般而言，推事大都清楚由于所处审级的不同，推事看问题的角度难免会有一些习惯性的差异，很难讲谁对谁错。但由于民国时期的法院组织法对于高等法院推事的任职资格较初审法院推事标准要高，加之业界关于初审法官业务能力差，审判草率的批评不绝于耳，[①]导致初审法院的推事普遍存在着高等法院推事业务能力比自己强的心理，自信心相对较差。此外民国时期地方法院又普遍存在着案多人少的现象。这些问题汇总在一起，

[①] 居正："总理纪念周上的讲演"1933年5月1日，范忠信、尤陈俊编：《为什么要重建中国法系——居正法政文选》，中国政法大学出版社2009年版，第242页。

便可能导致如下的悖论：一方面推事多少都抱有审判独立的信念，更愿意相信自己的判断；但一方面现实的工作环境又在不断地提醒着他们，如果不注意揣摩二审法院推事对待案件的态度，案件一旦被发回重审又要增加自己的工作量。

这一点对于西安地方法院来说尤为明显。西安地方法院和陕西高等法院同居一城，上诉不会增加当事人路途方面的开支，即有利于当事人的上诉。此外，按照律师公会制定的收费标准，代理二审案件的收费比一审案件要高，因而，律师们出于自己利益上的考虑也会倾向于鼓动败诉的当事人或没有达到自己心理底线的胜诉方当事人进行上诉，最终导致西安地方法院的上诉率高于省内其他地方法院。因而，仅从理论上讲，在案件不断增多的现实压力下，西安地方法院的推事出于减少自己工作量方面的趋利考虑也会尽可能的去了解省高等法院推事的专业倾向与喜好，在判决时自觉和不自觉地向高等法院的推事看齐，以便给自己减少麻烦。

仔细阅读那些被发回重审的案件卷宗，可以清楚地发现，大凡被高等法院发回重审的案件，地方法院的推事在二次审理时会尽量将判决结果向二审审判机关靠拢。做到这一点并不困难：一是对于发回重审的案件，高等法院在二审判决中已将发回重审的理由说得清清楚楚；二是司法部还通过创办法曹研究会等办法，增加法官交往的机会和渠道，最终达到"居终审地位者可以周知全国一二审之经历情形，居一二审地位者亦可以藉识终审法院有其本来之规矩绳量，内外沟通，精神一贯"；[①]三是为了更明确地表达自己的意图，加强对下级审判机关工作的指导，陕西高等法院自1928年起就创办了《陕西高等法院公报》，定期将高等法院发布的文件和审理的典型案例进行刊登。该《公报》为旬刊，一直出版到1949年才停刊。

---

① 居正："一年来司法之回顾与前瞻"，《中央周报》第334、335期合刊，1935年1月。

1920年，长安县民王克中因所租房屋修补一事与房主李蒋氏发生纠纷，双方协商无果，王克中向西安地方审判厅提起民事诉讼。地方审判厅民庭审理后做出了不利于原告的判决，王克中不服，上诉至陕西高等审判厅。高等审判厅审理后，做如下判决。

1920年陕西高等法院审判厅判决书民事判决九年上字第26号

判决

上告人：王克中，年53岁，长安县人，住沈家桥，务农

被上告人：李蒋氏，年60岁，蒲城县人，住涝巷

（上）右上告人对于中华民国九年四月二十三日长安地方审判厅，就上告人与被上告人因修补租房涉讼一案所为第二审判决声明上告，经本厅审理判决如左（下）：

主文

原判撤销。

本案发还长安地方审判厅，迅予更为审判。

理由

本案上告人于本年四月二十四日呈递抗告状与本年五月十五日呈递上告状均系对于原判声明不服之意思，应以正式声明上告论。本案争议即在上告人所租被上告人房屋内倒塌退庭三间应否归上告人修补，查阅原卷依上告人呈案光绪二十七年（1901年）四月初二日张文秀所书字据，则修补责任在张文秀，依被上告人呈案光绪二十七年四月二十四日上告人所书赁约，则修补责任在上告人，而两造对于所呈字据及赁约又各极端否认，审判衙门自应切实调查以臻明显，乃原审关于上告人呈案之字据，仅凭临潼县复呈张文秀病床不能动履，即置之不问，并未依职权将该字据发交临潼县并嘱托询问该字据之内容及真伪，取具供结以凭裁判，关于被上告人呈案赁约虽经第一审核对笔迹，然查卷内所附上告人当庭书写之字与光绪二十七年赁约之字尚有研究之余地，

原审又未令上告人提出他项书写文字详细查,对其赁约内所载中人韦锡恩,实为证明该赁约之要证,现在是否尚属生存,仅第二审向被上告人约略一问,亦未彻底根究,是本案重要关键原审既未调查明确,则修补责任即无从为法律上之判断,上告人据此以为上告,自不能谓其无理由。

依上论结上告人之上告既有理由自应将原判撤销发还长安地方审判厅迅予更为审判,至诉讼费用与更为审判时一并予以裁判,再本案上告系事实未明终应发还更审之件,依现行事例即用书面审理特为判决如右(上)。

民国九年六月二日

陕西高等审判厅民庭
审判长推事胡正章
推事刘希烈
推事闻人植
陕西高等审判厅书记官陈禄

西安地方审判厅民庭对案件重新进行审理,并根据高等审判厅判决书中的意见做出新的判决。被告李蒋氏不服,上诉至陕西高等审判厅。接到上诉后省高等审判厅民庭对案件再次进行审理,做出判决维持原判。

陕西高等审判厅民事判决 1920 上字第 77 号
判决

上告人:李蒋氏,年60岁,蒲城县人,住省垣西涝巷,居孀

被上告人

即附带上告人:王克忠,年53岁,长安县人,住粉巷公兴店,务农

(上)右上告人对于中华民国九年九月三十日,长安地方审判厅就该上告人与被上告人因赔修退庭涉诉一案经本厅发还更审后,所为第

二审之判决声明上告，被上告人亦声明一部附带上告，本厅审理判决如左（下）：

主文

本案上告暨附带上告并予驳回

上告审理费上告人负担

理由

本案赔修已塌退庭纠葛，前据被上告人上告到厅，当经审悉，原审即审理事实衙门，对于两造所执承修字据及赁房文约二者孰为真实，尚未实施调查合法认定，径行判决，于职权上应尽之能事显非毕竟，故予撤销发还更审。现经更审，采取侯聪之证言，确认被上告人所执前清光绪二十七年四月初二日被上告人请由该侯聪代书之承修退庭字据，未经上告人亡夫李复初与原租房人张文秀之同意，又指谪上告人前两审供词之矛盾并核对笔迹之结果，确认上告人所执光绪二十七年四月二十四日之赁房文约亦非真实，均难据为解决赔修退庭责任究竟谁属之争执。惟上告人所有坐落省垣粉巷房屋内已塌退庭三间，原系张文秀赁开德泰米店，时因顾客驱车入店撞柱所毁，既经原审嘱托临潼县知事讯据张文秀承认无异，而张文秀曾将该房家具转给被上告人改设德泰米店营业及被上告人担保张文秀任负赔修义务之各种事实，复有确据，因之判决讼争已塌退庭三间，责令被上告人于张文秀不能履行赔修义务时，任负赔修之责，揆之保证法理。征诸前述事实，洵无不当。

兹上告人声明不服，除攻击被上告人之承修字据系属虚捏一节核与原审所判同一理由，毋庸置疑外。（一）谓原判指谪上告人始供赁房文约系被上告人亲笔，继因字迹不符，便称不知何人所写，前后矛盾之处当系笔录错误至，原经理人韦锡恩暨其妻女无一存亡者，证人亡故，无从指传备质，盖为实在情形云云。本厅查前两审记述上告人迭次供词，至为详明，固不能以空言强指为有舛误，而证人亡故以致难收证明效果者,当然应以不能立证论,原判关于此点殊无不合。此上告意旨第一论点理由显难认为成立。(二)谓被上告人若无赔修退庭责任,何以上告人初次请求修理时则藉故推缓,后经王松亭恳请调处,又复甘愿赔钱,况张文秀贴给被上告人钱文,日后准归被上告人赔修,亦为情所或有。原审不是之察,竟认被上告人仅负保证责任,而置彼之明示认修意思于不问,实属违误云云。本厅查王松亭居中调处虽系实事,但两造均未允许了息(参照本年一月五日,王松亭即王松庭在原审之陈述)更何有承认赔修表意之可言,至主张张文秀贴给被上告人钱文等情,纯系推测之词,尤难遽信,此上告意旨第二论点理由不能成立。(三)谓张文秀现乏资力,已经被上告人证明在卷,乃原审反令向其诉追,未免不合云云。本厅按张文秀现在是否贫无资力,与上告人应先向其诉追之处,并无关涉,况依原判言之,上告人实行诉追后如无效果,被上告人即须负责,仍无害于上告人之权利,固理之最易明者也,此上告意旨第三论点理由不能成立。又查本年四月二十一日被上告人在原审供称是刁民催着他(指张文秀言,以下均同)修,因民常与他来往,他事之好坏民可知道。如他不承认民才能修。同年九月二十八日供称保的张文秀修房是实等语,据此是上告人讼争赔修已塌退庭事件,被上告人实负保证义务业经被上告人当庭自白,现有诉讼记录可稽,乃附带上告意旨论点迳谓概不负责,显系翻供狡赖,其理由自属不能成立。

据上论结,本案上告暨附带上告均无可以成立之理由,应即并予驳回。上告审讼费照章责令上告人负担,至本案上告系空言攻击原判为不当及附带上告翻异前供终应并予驳回之件,依现行事例即用书面审理,特为判决如右(上)。

中华民国九年(1920年)十一月十三日
陕西高等审判厅民庭
审判长推事廖成廉

> 推事闻人植
> 推事刘希列
> 代理陕西高等审判厅书记官陈大经①

本案的审理过程真实地揭示了这一逻辑。上述分析还得到了时人的言词证明。民国时期一位长期厕身于司法界，分别在闽、苏、鲁、粤、黔、川等多个省法院系统工作过的法官在谈到刑事审判时说道："刑法上量刑宽度极大，一个刑名上至死刑、无期徒刑，下至六个月以上有期徒刑，相差悬殊。究竟如何论处适当，刑法上虽列举有犯罪动机、犯罪后态度等为量刑参考，但仍无准确标准。初任法官一般量形较重，多被上级改判，处以较低之刑。老的法官了解上级量刑所取的标准，一般都判了较低之刑，每能维持原判。"②这里虽然说的是刑事审判问题，但却有一定的代表性。

但需要补充的是，由于民国时期司法独立的观念早已深入人心，因而在司法界中上级法院推事直接插手干涉下级审判事务的现象较为少见。

第三节　推事与检察官

检察机关的出现是中国走向现代化过程中司法权重构的结果，系清末司法制度变革过程中借鉴、移植西方大陆法系司法制度的产物，它与审判机关同时出现，相互伴生，共同构成了中国新式司法制度的核心。

------

① 民国时期判决书仍然采用传统的竖排，为了保证真实性，正文部分的文字未作任何改动。但为了阅读之便利，以（）中的文字加以提示。陕西省档案馆档案，卷宗号 090—2—23。

② 林厚祺："国民党统治时期的司法概述"，福建省政协文史资料委员会编：《福建文史资料》21辑，福建人民出版社1989年版。

一、机构及人员

(一) 设立

侦、控、辩、审相互分离,相互制约是清末刑事司法权建构时遵循的基本原则。宣统二年(1910年)十二月,根据《法院编制法》等一系列相关法律规定和法部的安排,西安府地方审判厅与西安府地方检察厅同时宣告设立,其管辖范围与西安府地方审判厅完全相同。初设的西安府地方检察厅为独立机关,有自己独立的组织系统,独立的经费,但与地方审判厅合署办公,即与西安府地方审判厅共用一个院落。限于史料的短缺,我们对这一时期西安府地方检察厅的实际运行情况了解极为有限。

1914年,西安府地方检察厅更名为陕西长安地方检察厅,厅长和检察官开始由北京政府大总统统一任免,地方行政长官对检察权的控制被弱化。1927年国民政府颁布了一些法规和章程,进一步完善和规范了地方检察机关的权限。同年3月,根据武汉国民政府的统一安排,长安地方检察厅更名为长安地方检事局,长官称谓亦由厅长改为首席检事。检事局的职责为担负本地区刑事诉讼的侦查公诉任务。

南京国民政府成立后着手对司法体制进行改革。1927年8月国民政府发布训令,将各级检察厅一律裁撤。所来之检察官,暂行配置于各级法院之内。奉此令,1928年1月长安地方检事局撤销,在长安地方法院内设检察处。尽管组织上仍然自成体系,但已不再是一个与审判机关平行的司法机关,由首席检察官负行政责任,检察体制由此发生重大变化,由最初的审检平行设立改为审判机关内配置检察官员制,检察组织的职权较此前大为缩小,审判权在新式司法制度中的核心地位日益彰显。

同年2月司法部又颁布了《地方法院检察官办事权限暂行条例》,试图对新体制下检察官的权限,以及推检的关系进行界定。但由于体制变动过大,条例很难解决所有的问题。如该条例第 12 条规定,"办理检察事务之经常费及临时费,在地方法院预算内按期支付,"即检察机关经费也不再独立,由法院院长统一管理,检察官不得过问。这一规定在审检之间埋下了不必要的隐患,极易引发双方的冲突。司法行政部很快发觉了这一问题,再次下文规定审、检经费分开,各自依据划分的金额开支,使矛盾在形式上有所缓解。但由于新的体制下法院的会计人员归院长管理,因而司法实践中检察官在经费的使用上仍然受制于法院院长。此外,各级法院院长拥有本院人事方面的推荐权(包括推荐检察官),这也势必会给检察官行使职权造成潜在的影响。

与审判机关不同,检察机关的行政色彩一直较浓,始终坚持检察一体的原则,如清末《法院编制法》第 98 条规定,"检察官均应服从长官命令,"即检察机关内部实行长官负责制。此外,上下级检察机关之间亦为监督关系,如长安地方检察厅和西安地方法院检察处先后受制于陕西高等检察厅和陕西高等法院检察处指挥。《法院编制法》第 157 条第 8 款规定"高等检察厅检察长监督该厅及所属下级检察厅。"另据宣统元年颁布的《法部通行直省司法行政各官厅互相行文公式》中规定:地方检察厅向高等检察厅行文使用"呈"字开头,两者隶属关系可见一斑。

1939 年 6 月,日军飞机轰炸西安,检察处迁至长安县杜曲,与西安地方法院异地办公,1944 年一起迁回二府街原址。1947 年 6 月,西安市升格为国民政府行政院直辖市,1948 年 3 月 7 日,西安地方法院检察处又一次更名为西安地方法院检察处。中国人民解放军接收西安前夕,地方法院首席检察官徐杰弃职而逃,其余检察人员则留守。1949 年 5 月 25 日,西安地方法院检察处被中国人民解放军西安市军事管制委员会接收,地方法院检察处的历史由此终止。

(二) 人员构成

代表国家对涉嫌犯罪行为进行侦查,并向在侦查终结后向审判机关指控犯罪嫌疑人是检察官的主要职权,而要做到这点检察官就必须与推事以及刑事案件中的辩护人,即律师具有同样的专业知识和能力。清末以降历届政府在检察官制度设计上一直强调推事和检察官一体化,即在选择任用资格、标准、方式和程序等方面推事与检察官完全相同,不存在任何差异,法律文件中亦将推事与检察官简称为"推检",实践中推事和检察官还可以互换。西安地方审判机关中的推事和检察官就是如此,如民国时期曾担任过西安地方法院院长的崔炎煜、刘梦庚等都曾担任过检察官,反之民国晚期西安地方法院检察处的首席检察官徐杰以前则曾担任过推事。这样做的唯一理由,就是确保检察官与推事在专业知识、专业能力上具有对等性。

初设时西安府地方检察厅有厅长 1 人,检察官 2 人,典簿 1 人,主簿 1 人,录事 2 人,其中不乏真才实学者,如西安府地方检察厅最初的检察官贺德琛毕业于日本大学专门部法律科。中华民国成立后地方检察机关的规模不断扩大,到 1945 年已达到相当规模:设首席检察官 1 人,总理全处事务;检察官 7 人,分工承办各类案件;主任书记官 1 人,协助首席检察官作办案记录,并负责对全体书记官的管理;书记官 9 人,办理案件记录及文牍事务;录事 7 人,负责缮写各类司法文书、来往公文等;检验员 3 人,负责案件罪证的检验;法警 22 人,负责拘捕人犯、送达公文传票等;公丁 3 人,负责机关勤杂事务。民国时期首席检察官、检察官统一由国民政府司法行政部任免,以此确保其能独立地行使检察权。

表6.1 西安地方法院检察处员额(1942—1948 年)

职别 年度	首席 检察官	检察官	法医师	主任 书记官	书记官	候补 书记官	检验员	录事	法警长	法警	公丁
31	1	4		1	5	2	3	6	1	21	4
32	1	4		1	5	3	3	6	1	21	4
33	1	6		1	9		3	7	1	21	3

续表

职别\年度	首席检察官	检察官	法医师	主任书记官	书记官	候补书记官	检验员	录事	法警长	法警	公丁
34	1	7	1	1	10	3	8	1	22	6	
35	1	7	1	1	10	3	8	1	22	6	
36	1	7	1	1	10	3	8	1	22	6	
37	1	7	1	1	9	3	8	1	22	6	

表6.2 西安地方检事局、西安地方法院检察处首席检事、首席检察官(部分)一览

姓名	性别	籍贯	学历	任职时间	职务
张柄炎	男		湖北政法专科学校毕业	1927.3—1927.12	首席检事
刘宪章	男			1938—1942	首席检察官
花萌	男	贵州贵阳	陕西法官养成所肄业	1944.5—1946.8	首席检察官
徐杰	男	湖北天门	武汉中华大学法科毕业	1946.9—1949.5	首席检察官

以下是民国晚期西安地方法院检察处检察官的个人简历。

徐杰,湖北人,首席检察官。1929年武昌中华大学法律系毕业,中央训练团党政班28期毕业。1929年9月至1931年2月任山东商河县司法处候补审判官。1931年4月至1932年2月山西高等法院二分院候补推事,1932年2月至1934年7月西安地方法院推事。1934年7月至1935年10月西安地方法院审判庭庭长。1935年10月至1936年10月陕西高等法院一分院推事。1936年11月至1941年5月陕西高等法院三分院推事。1941年7月至1944年10月陕西南郑地方法院院长。1944年11月至1945年8月保安司令部上校军法科长。1945年9月至1946年10月陕西略阳县县长。1946年10月西安地方法院首席检察官。①

---

① 西安市档案馆档案,卷宗号090—1—157。

西安地方法院首席检察官徐杰。来源西安市档案馆

王密，山西五台人，检察官。1912年9月14日生，北平大学法学院毕业。1937年江西庐山训练团学员。略通英文及日文。1945年高等文官考试司法官考试初试及再试及格。1946年3月21日奉陕西高等法院检察处令派暂代宝鸡地方法院检察官，12月6日奉司法行政部令派宝鸡地方法院检察官，1946年11月奉高等法院检察处令调西安地方法院检察处检察官。

梁庆德，山西新绛人，检察官。1914年生，山西大学法律系毕业。中央政治学校高等科第七期司法组毕业。1943年高等文官考试司法官再试及格。1944年10月任四川射洪地方法院推事，1945年3月任陕西三原地方法院检察官，1945年6月任陕西咸阳地方法院检察官，1946年10月任西安地方法院检察官。

高佑时，河北安新人，检察官。1918年生，西北大学法律系毕业。1946年高等文官考试司法官考试初试及格，分配到西安地方法院检察处任学习检察官，1947年3月暂代检察官。

陈金喜，江苏泰县人，检察官。1913年生，上海法政学院毕业。1937年1月任江苏兴化地方法院书记官，1943年7月任江苏东台地方法院书记官，1945年9月任江苏武进地方法院书记官，1946年8月任西安地方法院检察处检察官。

金梦影，河北大兴人，检察官。1912年生，朝阳大学法律科毕业。1946年4月奉派任西安地方法院检察处检察官。

李寿彭，河南开封人，检察官。1913年生，朝阳大学法律科毕业，中央政治学校法官训练班毕业。父李唐钧亦为法律职业者。1946年2月至1947年7月任西安地方法院检察处检察官。

姜鸿宝，山东黄县人，检察官。宣统二年（1910年）生，朝阳大学法律科毕业，中央训练团党政训练班毕业，行政院全国专科以上学校毕业生就业训导班毕业。先后任51军中校军法官，军政部二师补训处政治部上校秘书，中央陆军军官学校政治部法律教官，陕西高等法院一分院辖区律师，1947

年5月司法行政部指令任西安地方法院检察处检察官。①。

这些简历足以表明民国晚期西安地方法院检察处的检察官专业知识和教育背景与西安地方法院的推事相比不存在任何差异,甚至还略好于推事。

二、功能和作用

检察机关设置的初衷,大致可以归结为两点:一是辅助推事进行刑事审判。清末新式司法制度构建之初,时人就主张"推事为审判之主体,检察、律师、司法警察数者,为审判之辅助。"②制度设计者也一直强调检察机关存在的目的是对审判机关"尽补助之作用"③;二是对审判进行必要的监督。光绪三十三年(1907年)颁布的《各级审判厅试办章程》中第97条就检察官的职权作如下的规定:一、提起刑事公诉;二、收受诉状,请求预审及公判;三、指挥司法警察官逮捕犯罪者;四、调查事实,搜集证据;五、民事公益保护,陈述意见;六、监督审判并纠正违误;七、监视判决之执行;八、查核审判统计表。

辅助和监督最终都是为了实现审判公正。尽管依照民事诉讼法的规定,检察官可以为民事案件诉讼当事人或公益代表人,维护人权,但由于涉及民事诉讼方面的职权规定较为笼统和原则,因而,在本书考察的时间内检察官的职能主要体现在刑事诉讼方面。

(一)辅助

代表国家对犯罪嫌疑人进行公诉是检察官的核心工作,而调查事实,搜集证据、即对嫌疑人的犯罪行为进行侦查工作则是公诉的必要准备。观察

---

① 上述信息均见于西安市档案馆档案,卷宗号090—1—156。
② 故宫博物院编:《清末筹备立宪档案史料》下,中华书局版1979年版,第885页。
③ 刘清生:《中国近代检察权制度研究》,湘潭大学出版社2010年版,第46页。

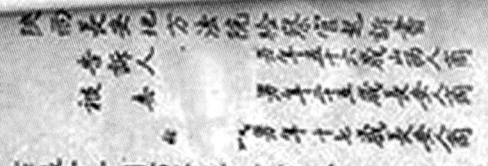

起诉书。来源西安市档案馆

民国时期检察机关公诉职权的变化,可以明显地发现:

第一,从厉行国家公诉主义原则到对公诉权的适当限制。检察机关设立之初,国家励行检察官公诉主义原则,规定凡刑事案件除亲告罪外,当事人无权处分。此外,为了保证检察官更好地行使侦查权,法律赋予了检察官极大的权力,不但可以根据案情需要依据法律规定指挥县长、警察局长、宪兵队长等司法警察官及司法警察,还可以指挥区长、乡长、镇长进行侦查,并有权采取讯问被告、询问证人、勘验现场、检查与鉴定证据、搜查与扣押证据等手段,或依法采取传拘、取保候审、监视居住、拘留、逮捕等强制措施。

据资料统计,1914年至1926年,西安地方检察厅共受理各类刑事案件17091件,查结16791件,结案率为98.24%。①

表6.3 陕西西安地方检察厅刑事案件侦结统计(1914—1926年)②

年度\类别	收受案件数	已结案件数
1914年	1310	1164
1915年	1880	1858
1916年	1230	1212
1917年	1415	1399
1918年	658	658
1919年	962	957
1920年	1241	1241
1921年	1083	1073
1922年	1348	1344
1923年	1632	1632

---

① 《西安市志》第5卷,《政治军事志》,西安出版社2000年版,第352页。
② 同上书,第353页。

续表

类别 年度	收受案件数	已结案件数
1924 年	1982	1923
1925 年	1851	1840
1926 年	499	499

为方便民众控告,1938年西安地方法院根据司法院的统一安排,在检察处门外设置了申告铃,并将使用办法张贴于旁边,民众如有申告,即可按铃,值日检察官一闻铃声,即刻出来应讯。

但长此以往势必会提升检察机关在国家权力架构中的地位,同时增加国家在经费上的投入,最终影响新式法院设立的数量以及权威。普设新式审判机关是清末以降历届司法行政机关工作中的重中之重,但由于财政紧张,工作进展缓慢,不尽如人意。审判权不彰,对于正在构建中的现代国家绝非好事。因而,仔细观察检察机关在中国近现代历史上的走向可以明显发现这样的规律:即检察机关的侦查权不断受到限制。先是1921年,国民政府通过制定《刑事诉讼法》,规定凡犯罪事实明了、情节简单之刑事案件,受害人可不经检察官侦讯,直接向审判机关起诉(自诉),扩大了公民的自诉权利。之后又于1928年规定,凡治安案件,先由警察机关侦讯,若需处以刑罚,再报由检察机关审查侦讯。1935年颁布的《刑事诉讼法》将自诉的范围再进一步扩大,对于自诉只设定了一条概括性的规定:"犯罪之被害人得提起自诉,但以有行为能力者为限,"即对自诉的范围不作明确的限定。伴随着自诉案件范围的扩大,检察官侦查案件的范围逐渐缩小,检察机关的地位愈发降低。

但让人始料不及的是,调整的结果助长了滥诉现象的发生,给一审法院造成了极大的压力,法院被置于风口浪尖之上。受儒家文化的影响,传统中国民间贱诉与好诉,甚至滥诉的现象并存。一方面民众对"讼则凶"的说教深信不疑;但另一方面由于公民意识的欠缺和对"父母官"的信任,一些民众哪怕是为了一点鸡毛蒜皮的小事都可能不厌其烦地去寻求"父母官"做主,这一点在那些缺乏社区权威的地方——如城市表现得尤为突出。

　　1935年新《刑事诉讼法》刚一出台,就有学者指出:"一方自诉范围,扩大到了极点,滥诉诬告,层出不穷,这是稍有司法经验的人,都知道自诉的流弊甚大,而被告毫无保障,只要一纸诉状,既须相见法庭,公开审理,个人的名誉地位,立刻发生影响。"①司法实务部门很快就注意到了这一问题。司法行政部编辑出版的《司法统计》对自诉范围扩大的后果做了如下评价:"诚不得谓非便民之道,但利之所在,弊亦随之。其弊为何,即滥诉是也。"②1938年司法行政部为此举行研讨会,与会者纷纷列举了各地出现的滥用或恶意运用自诉权的种种乱象,"诉讼人民,每借讼事为泄愤之具,一状必罗列多人,一人必指其触犯数罪,""依法定审判程序,除极轻微案件外,均须被告到庭。明知所诉不实,被告亦必须逐项审查";"有歧诉于法院检察处两方,使被告疲于应诉者;有乘检察官侦查尚未终结,知有不起诉处分倾向,转向法院自诉者;有纯系民事案件,利用自诉程序藉免诉讼费用者。"③统计数字真实地反映了这一问题:一是自诉案件在整个刑事案件中的比例呈逐渐增高的趋势,1932年,自诉案件在整个刑事案件总数中的比重为13.15%,1934年为14.26%;而1935年伴随着新《刑事诉讼法》颁布和自诉案件范围的扩大,该比例明显上升,1937年为44.04%,1938年为43.29%,④即占了整个刑事案件的一少半,无形之中给一审法院的刑事审判工作带来了巨大

---

① 赵琛:"我亦来谈谈检察制度",《法学杂志》第9卷第6期,1935年。
② 司法行政部编:《司法统计》,1934年度,第261页,1936年印刷。
③ "各种法律问题研究报告",1938年5月至12月,引自蒋秋明《南京国民政府审判制度研究》,光明日报出版社2011年版,第193页。
④ 数据来源司法行政部编:《司法统计》,南京国民政府时期司法行政部编辑的司法统计即有1929、1930、1931、1932、1933、1934、1936、1937—1939、1946年等年度。

的压力。以刑事审判为主的西安地方法院对此感触尤深;二是自诉案件中被告经法庭审理后定罪者比例极低。南京国民政府最高法院检察署检察长郑列曾指出,"就调查统计所得,此类案件,每年受理结果,判处有罪者仅30%弱,其余无罪或不受理者约占70%强。此70%强之案件,若依公诉程序办理,一经检察官侦查,即可予以不起诉处分。纵声请再议,上级检察官亦以书面审查即可以加以驳斥。乃因自诉之故,既需经过审判之繁重程序,且于判决之后,自诉人无论有无正当理由,均可任意上诉于二审或三审。不独法院多耗劳力与费用,而被告因讼拖累,受害尤非浅显。是欲省费便民,而结果适得其反。"①

彰显和强化审判机关的地位无疑是正确的,但这种彰显不能以牺牲司法的规律为代价,否则就会事与愿违,扩大自诉权的制度设计就是如此。

第二,统一不起诉处理权力。新式审判机关创建之初,曾仿效法国的刑事司法制度,规定了初审法院对于疑难案件的预审程序。如《各级审判厅试办章程》第22条规定:"凡地方审判厅第一审刑事案件之疑难者,应付预审。"预审程序设立的目的是为了搜集证据,以决定是否需要将案件正式交付审判。近代中国,伴随着社会转型的加快,人际冲突日渐增多,如果让所有的纠纷都涌向法院,都通过刑事审判来加以解决,新式审判机关势必面临巨大的工作压力。预审虽然不是正式审判,但毕竟是由推事进行,因而推事的工作量无形被扩大。1928年南京国民政府颁布《刑事诉讼法》,最终取消了审判机关的预审程序。

预审程序取消之后,将对案件是否需要移交刑事审判庭进行审判的把关和过滤程序事实上给了检察官,即由检察官对侦查的案件进行必要的审查,然后依据事实认定被告人如犯罪情节轻微或证据不足的,可以制作不起

---

① 司法行政部编:《全国司法行政检讨会议汇编》,1947年12月。

诉处分书处理。据《司法部所属各机关二十八年(1939年)工作总检阅报告表》记载：西安地方法院检察处1939年共侦查案件822件，经审查后起诉367件，不起诉处分429件，其他26件。另据西安地方法院检察处统计资料记载，1941年西安地方法院检察处共收受各类刑事案件1099件，侦查终结1094件，根据"无罪推定"原则，其中起诉474件，占43.33%；不起诉579件，52.92%；中止、移送他管和其他结案41件，占3.75%，①而同年全国各级检察机关共受理刑事案件总数是136119件，其中起诉者为52989件，不起诉者131280件，起诉与不起诉之比同西安地方法院检察处大致相同。②就全国而言，民国时期经检察官审查后做不起诉处分的案件比例大致维持在百分之四五十左右。③ 如果将公诉案件与自诉案件一审法院的审理结果进行比较，这一效果则更为明显。经比较，1930、1931、1932、1933年4年公诉案件和自诉案件的审理结果，公诉案件被告一审法院宣告有罪率在86%—96%，而自诉案件被告经一审法院宣告有罪率在20%—26%。"根据公诉与自诉结果的比较，我们可以推定：若是自诉的案件都先经过检察官的侦查而后移送审判的，至少有50%以上可以不必到推事那里去多添麻烦；也就是说，至少有50%以上的被告因此而免吃很多苦。"④

不起诉的案件主要包括两类情况：

一是犯罪情节较轻不必使用刑罚。不妨试举两例。1948年6月3日，

---

① 《西安市志》第5卷，《政治军事志》，西安出版社2000年版，第353页。
② 杨兆龙："中国司法制度之现状及问题研究"，艾永明等编：《杨兆龙法学文集》，法律出版社2005年版，第73页。
③ 实践证明了那些主张废除检察制度的观点值得商榷。"复以检察制度存在之结果致刑事案件程序繁复，不特旷延时机，而且拖延诉讼，致被告人等增加痛苦。又若检察官本身不尽职责，或滥用职权等事，亦为主张废除检察制度论者重要攻击点。是说也，表面观察，未尝不言之有故，持之有理，但细为谛审，则不特有背时代潮流，而且与公诉权及刑罚权牵连之理论背驰。"见杨鹏："对于中国检察制度之评价"，《中华法学杂志》新编1卷，56号合刊，1937年。
④ 杨兆龙："由检察制度在各国发展史论及我国检察制度之存废"，《法学杂志》，第9卷，1937年第5期。

长安县五权乡和迪村村民李生鑫到西安地方法院检察处,控告本村村民滑道焕于本年旧历四月二十一日下午伙同他人到自己地里盗窃豌豆被现场抓获,有豌豆和绳子为证,已交给保长,要求追究刑事责任,并当场交纳了缮状费。检察处立案,责令检察官王晓风侦办此案。王晓风随即向李生鑫、滑道焕和当地孙姓保长发出传票。6月9日下午在规定的时间被告滑道焕和证人孙保长未到,只有原告李生鑫到场,王晓风只能对原告进行询问。原告仍然坚持原要求,王晓风反复向原告告之,盗窃案件一旦立案不能随意撤案。当日下午李生鑫撤回起诉,理由是"经亲友从中说合了事,愿将原诉撤回不究,永不反悔",又重新交纳了相关费用。王晓风再次向李、滑、孙发出传票,并于6月15日对上述三人进行讯(询)问。原告说被告滑道焕只是在自己地里割了一捆豌豆,但并未拿走。而被告则陈述说自己当天下午根本没去过李的豌豆地,只是有嫌疑才成了被告。证人孙保长也证明滑未割李的豌豆,李只是怀疑。原告又一次表示自愿撤回,不再追究,并当庭表示永不反悔。王晓风再告知原告依据法律规定一旦撤诉之后,此案就不能再起诉。原告则仍然表示撤诉。此案案情蹊跷,但即便是所控属实也不构成犯罪,何况原告也已撤诉,6月16日检察官王晓风作不起诉书处理结案。①

另1948年,37岁的河南人刘志友因持假证件赴延安被警察局截获,因此案涉及普通刑事犯罪被移送至西安地方法院检察处。检察官高佑时对案件进行审查后认为,尽管刘志友欲去的延安为"共匪"控制区域,但毕竟只是为了寻找工作,所持假证件也只是为了行路方便,主观动机恶性较小,最后认定刘志友犯罪情节轻微,且认罪态度较好,作不起诉书处理。②

二是证据不足。下面引用的西安地方法院检察处1945年的刑事不起诉书即属此类。

---

① 西安市档案馆档案,卷宗号090—64—21。
② 同上,卷宗号089—19—29。

陕西西安地方法院检察官不起诉书①民国三十四年度侦字第1034号

被告：李凤鸣，男，49岁，河南人，住隍庙巷东道院16号，小商人

（上）右列被告，因伤害案件经侦查终结认为，应行不起诉，兹叙述理由于后。

按犯罪事实应依证据认定之刑事诉讼法已有明文规定，本件告诉人诉称被告曾于三十三年（1944年）九月间将其殴打请依法核办等语，但经侦查结果不惟告诉人并无若何伤痕且提不出证据以资证明被告有殴打情事，况查告诉人与被告系父子关系依被告交案之合同内载情形审讯纯系抚养之民事问题，被告并无若何犯罪事实之可言，是其犯罪嫌疑显有不足，应依《刑事诉讼法》第231条第10款予以不起诉处分。

西安地方法院检察处检察官李希刚
三十四年五月十日

显然，此举将相当数量的案件或不需要适用刑罚的轻微刑事犯罪挡在了刑事审判庭之外，检察官对刑事案件的审查作用由此可见一斑，检察制度在节约刑事司法资源方面作用不可忽视。西安的现实情况表明，正是检察官的存在才使地方法院一直坚持的推事少而精的建设目标成为可能。不仅如此，公诉职能的有效发挥，也在一定程度上保护了公民的合法权益，使一些犯罪嫌疑人免受刑事法庭的审判。

当然，如果检察官经过审查之后认定被告人有罪，为了社会整体利益必须追究其刑事责任则制作起诉书状，呈报地方法院首席检察官审阅后代表国家向西安地方法院提起公诉。起诉书内容长短不一，但必须事实和法律依据清楚。

1947年4月2日，原籍河南，现年32岁的陈金凤向西安地方法院检察

---

① 陕西省档案馆档案，卷宗号1—9—137。

处呈递告状信,控告其夫王教授(农民)因家庭细故用木棍将自己打伤,请求依法严惩。陈系王的继室,两人婚后并无子女。事情的起因系王与前妻所生的女儿向王说了陈的坏话。因案发于晚上,又是家庭纠纷故无证人。案件交由检察官徐志远承办。

验伤结果:头部额头木棍伤一处,长三分宽三分,深三分,皮破;右臂木器伤一处,周围有青色,皮不破。结论:伤轻,不致要命,六七日可平复。

徐志远随即于4月4日和6日发出传票,对陈和王进行讯问。王对殴打妻子一事矢口否认,说陈是自己不小心磕到了头部。右臂的伤是两人口角时拉扯所知。陈则坚持告状信中所言。

经过侦查,检察官徐志远认定王触犯《中华民国刑法》第277条第一款之规定,依据《中华民国刑事诉讼法》第230条第一款之规定,于4月10日特向西安地方法院提起刑事诉讼。① 地方法院接到检察官的起诉书后,必须立案审理,不得拒绝。

(二) 监督

监督是检察机关与审判机关关系中另一方面。检察机关的监督主要借助审判监督、刑事判决执行监督两种法定的程序得以实现,其中以审判监督最为重要。

第一,监督庭审活动。从清末至民国,法律均规定法院审理必须有检察官莅庭的案件,如果推事未待检察官莅庭而迳行宣判,判决无效。必须有检察官莅庭的案件除检察官提起公诉的案件外,还包括自诉案件,甚至于特定的民事案件,如婚姻、亲族、嗣续案件等。法院在审理必须有检察官莅庭的案件时,须在开庭前填写统一印制的检察官莅庭片通知检察院。

---

① 西安市档案馆档案,卷宗号090—17—156。

莅庭证书

  迳启者,本院受理 年度第 号 案件,定于 年 月 日 午时在本院刑事第 法庭公开审理,相应片请贵处查照,届时派检察官执行职务。
  此致
    检察处

            某某地方法院
            中华民国 年 月 日

检察处接到通知书后,同样须向法院进行答复。

 迳覆者案准
  贵院通知于 年 月 日 午 时在刑事第 法庭公开审理案件,届时本处派 检察官到庭执行职务,相应片覆,即希查照为荷。
  此致
            刑庭
          某某地方法院检察处
          中华民国 年 月 日

  检察官莅庭的主要任务是实施公诉,并全程参与案件的审理,监督其程序是否合法。为了使检察官更好地发挥公诉作用,法律规定检察官在法庭发言时可以不受起诉书内容的限制。
  第二,列席审判厅会议。按照清末制定的《法部奏编定京外各级审判厅办事章程拟请颁行折并单》规定[1],检察官有权参加同级审判机关推事会议,并发表意见。高等检察厅的检察长甚至有权提起召开同级推事会议,并

---

[1] 《国风报》第二年第20号。

在会议上陈述意见。南京国民政府成立后,独立平行的检察机关不复存在,检察官更是理所当然地有权参加同级推事会议了。

第三,上诉。地方法院的判决,在判决书正本送达后,检察官必须认真进行审核,如认为原判决在认定事实,适用法律上有违误以及诉讼程序方面有纰漏者,法定期限内有权提起上诉。上诉分上诉和非常上诉两种。所谓非常上诉是指超过法定上诉时限,即判决已生效,各级检察官如发现法院判决适用法律有误者还可以通过意见书的形式呈送最高法院检察署检察长,声请提起非常上诉,以纠正推事判决之违误。查阅档案,由西安地方法院检察官向陕西高等法院提起上诉的案件并不少见。

民国四年(1915年),西安地方审判厅以"私擅逮捕、杀伤遗尸"罪,分别判处被告封尚瀛等死刑和无期徒刑。被告不服,提起上诉。经陕西高等检察厅审查,认为上诉有理,送陕西高等审判厅重新审理。

案情如下:民国四年六月十五日夜,村民张万魁乘封兆荆外出之机,挖墙行窃,盗走屋内粮食、衣物。六月十七日,封兆荆等人向张万魁追赃,张不服对封等辱骂。民团团长封尚瀛指使封兆荆将张万魁拉至本村马王庙内吊打。后张万魁之妻张封氏将其夫用小推车接回,路经封兆荆家门,停放其门前大槐树下,张封氏回家吃饭,张万魁乘机投井毙命。案发后,张万魁之妻于七月二十二日上告于长安地方检察厅,检察官即带检验吏到该村验尸、侦查。

经长安地方检察厅提起公诉,长安地方审判厅审理后做出判决:封尚瀛死刑,封根长、封狡娃无期徒刑,剥夺公权终身。

三被告对上述判决不服,上诉于陕西高等检察厅。陕西高等检察厅检察官经审核认为上诉有理,按上诉程序填具"上诉理由书"提起上诉,并连同卷宗证物送交陕西高等审判厅。此案经陕西高等审判厅开庭审理,莅庭检察官张永德当庭陈述了以下上诉意见:

张万魁本系生前入井,有张正科、封卫卫、封王氏证言可信,原判称封尚瀛等将张致死后抛入井中,事实之错误者一;张咽喉及食气颈之伤,并非死后伤,有张封氏、封尚恩、孟老三之供可证。原判称封尚瀛等见张万魁已死,畏其生还,始复持刀将张食气颈割断,事实之错误者二;张万魁顶心铁锄刃伤一处,呈月钩形,宽四分,与捞尸铁钩所伤相似,其颅门额角等伤,为倒栽入井撞磕所致,经检验吏肖祥林具结在案。原判称封尚瀛同封根长、封狡娃将张束缚用石块、铁锄等物向张全身乱击,顿时毙命,事实之错误者三;其余所引法条之错误不堪论举,请撤销原判,重新判处。

经陕西高等审判厅审理,查明上诉理由属实,张万魁系生前入井,同时查明封尚瀛等私设刑堂,毒打张万魁的事实。故撤销原判,以私擅逮捕伤害罪,判处封尚瀛有期徒刑十个月,封根长、封狡娃有期徒刑八个月,剥夺公权一年。①

公诉案件外,检察官亦可以就自诉案件进行上诉。1946年西安市民雷志春向西安地方法院提起自诉案件,控告市民赵天福犯有妨害家庭罪,要求依法严惩。所控内容大致如下:雷志春与被告赵天福两家为邻。被告经常到雷家,久而久之与雷妻雷孙氏勾搭成奸。本年农历九月十三日被告再次到雷家,乘原告不在家之机,诱雷孙氏携抱幼子和财物一起私奔,行至街上被邻人王春义、雷志英等遇见,可以为证。

地方法院刑庭审理后,认为原告的指控缺乏有效证据,王春义、雷志英关于孩子所穿衣服的证词相互矛盾,一审判决原告指控不成立。原告不服,声请莅庭的检察官徐志远代为上诉。检察官审核后同意上诉,并向地方法院提交了上诉理由书。

西安地方法院检察官上诉理由书

被告:赵天福

---

① 陕西省地方志编纂委员会:《陕西省志·检察志》,陕西人民出版社2009年版,第24页。

(上)右列被告因妨害婚姻和家庭一案,业经本检察官于本年十二月一日提起上诉,兹将理由书补具于后。查原判决对于证人王春义、雷志英之证言彼此所称被诱人雷孙氏所抱之小孩服色不符,依自由心证原则认定证人王春义、雷志英之证言不足采信。惟查被告赵天福与被诱人雷孙氏素有奸情,质证人刘老婆、侯太太等证明无讹。此项犯罪事实,原判并未审究,且告诉人雷志春之子被被诱人雷孙氏抱走时究竟穿何色衣服应对告诉人详细讯问,以与证人王春义、雷志英之证言质对而求真相,实为被告犯罪证据有无证明力的关键,不能不认有调查之必要。原判亦漏未调查,据予被告无罪之宣判,尚难认为妥洽,爰补具理由书如左(下)。

地方法院检察官徐志远

中华民国三十五年(1946年)十二月十二日

检察官提起上诉,除须要提交理由书外,还要致函地方法院告知。

西安地方法院检察官声请上诉函

本年十二月二日准

贵庭送达雷志春诉赵天福妨害家庭一案第一审判决正本,经检察官审核认为应行提起上诉,除上诉理由书容另补外,特先依限声明相应函达,即请查照为荷。

此致
同院刑庭

检察官徐志远

民国三十五年十二月①

来自于检察官的监督对西安地方审判机关依法履行职责,维护司法公正起了一定的作用。

第四,请求再审。清末民国时期的刑事诉讼法均规定,刑事判决生效后,检察机关如发现案件事实上有重大错误或恐有重大错误者,有权向原审审判机关提起再审。

第五,监督刑罚执行。除依法对法院的审判活动进行监督,检察官还有权对刑事生效判决犯罪人的刑罚执行情况进行监督,确保法律之尊严。

西安地方法院检察官声请书

受刑人:米振儒,男,年23岁,住富平信立乡六保

(上)右受刑人,因烟毒及公告危险案件,经先后判决确定。检察官认为应声请裁定,定其应执行之刑。兹述理由于后:

查依《刑法》第53条,应依同法第51条第五款之规定,定其应执行之刑者,由该案犯罪事实最后判决之法院之检察官声请该法院裁定之,此在《刑事诉讼法》第481条定有明文。本件受刑人米振儒因烟毒案件经本院刑庭判处有期徒刑七年,褫夺公权七年,并经陕西高等法院刑事庭复判核准有案,后因公共危险案件,经本院刑庭判处有期徒刑四月,并已判决确定,查受刑人系于裁判确定前犯数罪而被宣告两个有期徒刑,应依首开法条声请裁定,定其应执行之刑。

此致

本院刑事庭

检察官王晓凤

---

① 西安市档案馆档案,卷宗号090—22—123。另有数据表明,1935年至1949年间,新疆地区各级检察机关曾通过"抗告"的形式,纠正法院的错误或不当裁决1620件。见王桂五主编:《中华人民共和国检察制度研究》,法律出版社1991年版,第248页。

中华民国三十八年元月十九日

需要指出的是,从清末到民国制定的相关法律都一再强调,检察官对审判活动的监督应以不影响审判独立为前提。如清末制定的《法院编制法》第95条明确规定"检察官不问情形如何不得干涉推事之审判或掌理审判事务,"确保审判的独立。

为了彰显司法权威,确保审判独立,制度设计者采取的强审判弱检察的做法无疑具有一定的合理性,但与此同时也必须从制度上确保检察官能够有效地行使职权,以便对推事的审判活动进行监督,维系司法公正。民国时期现实司法运作中如何平衡审、检之间的关系还存在着一些不尽如人意的地方。

尽管民国时期检察制度本身还存在着这样和那样的问题,其存废也一直存在着争议,但就总体而言检察制度的设立,对于减少诉讼,规范审判权,实现司法公正,维护社会秩序起了一定的作用。

第四节　推事与律师

律师制度是现代司法制度中的重要组成部分,律师亦是法律职业群体中的重要成员。现代司法的最大特点是对抗性,在刑事诉讼中,检察官、推事与被告的辩护律师构成对抗的三方;在民事诉讼中推事与双方当事人的代理人一起构成对抗的三方。为了避免传统司法中裁判者的独断专行,从制度层面保证司法的公正,现代司法制度要求律师与推事、检察官必须具有相同的专业知识和技能,从而在诉讼活动中对推事和检察官起到真正的制约作用。

律师制度是舶来品。就认知层面讲,清末变法修律过程中,通过阅读和考查国人已对律师的功能与作用有了清晰的认识,如沈家本、伍廷芳等认为

"盖人因讼对簿公堂,惶悚之下,言辞每多失措。故用律师代理一切质问、对诘、复问各事宜"①是各国通例之一。时任两广总督的袁树勋理解得更为深刻,认为,律师"不独保卫人民之正当利益,且足防法官之专横而剂其平,用能民无隐情,案成信谳,法至美也。"②为此,通过制定《各级审判厅试办章程》和《法院编制法》等从制度层面对律师在诉讼活动中的代理和辩护作用进行规定。律师制度在中国开始萌芽。然而,由于种种原因,清末时期律师制度并未真正建立。辛亥革命后,一些留日学生在上海率先发起组织了中国历史上第一个律师组织"中华民国律师总公会"。1913年9月,北京政府颁布了中国历史上第一部专门的律师法规《律师暂行章程》,律师制度正式产生。

民国初年,伴随着西安地方审判厅的设立,代理诉讼的律师也开始在西安地区出现,并于1916年成立了自己的行业组织——长安律师公会。西安地处内陆,对新事物的反应略迟,对新事物的接受阻力也较大。加之经济不发达,导致民国初年律师制度的发展一直较为缓慢,尚处于自发的零散状态。表现为人数少,素质差和组织不健全,籍贯主要以本地法政学校毕业或在外地学习法律的本省人士为主。至于具体人数目前已很难考证,大致在二三十人之间。③

北京政府中后期,律师制度的运行渐有起色。南京国民政府成立后,特别是抗日战争爆发后,为躲避战祸,东南一些沿海地区的律师纷纷内迁,西安地区的律师人数开始增多,据统计抗战爆发时西安地区执业律师的人数为四五十人,此后逐渐增多,到1945年达到70多人,以后基本稳定在五六十左右。与此同时,律师的素质也开始有了显著的提高。1941年《律师法》

---

① "修订法律大臣沈家本等奏请进呈诉讼法拟请先行试办折",《大清法律大全》第4册,台北宏业书局1972年版。
② 《政治官报》,宣统二年1910年三月。
③ 西安档案馆档案,卷宗号01—7—430。

及其相关配套法规陆续颁布，西安地区的律师制度渐进成熟，进入规范时期，在司法体系中的作用、影响、地位和价值得以真正显现。

一、专业水准和工作态度

1927年颁布的《律师章程》和《律师甄拔委员会章程》规定，一个人要想取得律师资格，可以通过考试和甄拔两种方式。所谓甄拔即免试之资格，甄拔的条件依次为：法学专业毕业生；从事法学教学的教职人员或从事司法工作的司法人员；国会、地方议会的议员等。必须指出的是，尽管民国时期的法律法规对律师考试制度规定得十分具体，但由于种种原因国家却并没有举行过统一的律师考试，因而律师资格的审定基本上是由律师甄拔委员会根据上述条件来确定的，导致民国时期，特别是早期律师的水平参差不齐，弄虚作假的现象时有发生，招致时人的诟病：

> 自司法行政部订定甄拔律师办法以来，因贪图每人204元之收入，大有来者不拒之势，以致现在律师界，人品不免混杂，遂因而引起一般舆论对于律师制度的不满与怀疑。按现行律师制度之最大缺点，约有两端，一为人才资格之滥，一为地域限制之严。司法行政部年来虽于甄拔方面略有提高，但所能补救者仍属有限。如司法行政部定为非毕业总平均在70分以上者，不得请求甄拔。于是各大学法律系毕业生之总平均，几十分之一在70分以下。学生以最低70分责之教员，教员又何必靳而不予？故改革之道不在于免试方法中提高表面的标准，而在即日依法举行考试。①

《律师法》(1941年)颁布以后，律师准入门槛提高，滥竽充数者很难再

---

① 阮毅成："所企望于全国司法会议者"，《东方杂志》第32卷第10号，1935年。

进入,律师的水准开始有了显著的提升。

表 6.4　1945 年西安地区执业律师情况一览①

姓名	年龄	性别	籍贯	简历
史养宗	56	男	陕西卢施	陕西公立法政专门学校毕业,曾任陕西高等法院检察官,府谷县县长等
聂养儒	41	男	山西荣河	山西省立法政专门学校毕业,曾任翼城县司法处审判官,离石县政府科长
秦光伦	42	男	江苏邳县	朝阳大学毕业,曾任宿迁县承审员,邳县代理县长,国民党党员
郭德沛	64	男	四川遂宁	日本东京法政大学毕业,曾任西安地方法院院长,1941 年加入律师公会,1943 年登录
张绩懋	52	男	河南开封	中央大学法律系毕业,曾任泌阳县县长
周昆	46	男	河南南阳	陕西公立法政专门学校毕业,曾任陕西高等法院书记官、西安地方法院代理推事,1934 年入会,1942 年登录
李企颜	54	男	山西闻喜	中央大学法律系毕业,曾任包头司法公署监督审判官,清水河县县长
康承源	55	男	陕西长安	陕西公立法政专门学校毕业,曾任长武、宜君等县承审员
朱先诚	48	男	陕西安康	陕西公立法政专门学校毕业,曾任陕西高等法院一分院推事,南郑地方法院审判庭庭长
张恒忻	34	男	陕西礼泉	朝阳大学毕业,曾任户县、永寿等县县党部书记长,陕西公立法政专门学校讲师,国民党党员
张朝鼎	47	男	河北晋县	朝阳大学毕业,曾任北平特别市秘书,泾惠管理局科长,甘肃云亭中学教员,国民党党员

① 信息来源陕西省档案馆档案,卷宗号 089—1—124。

续表

姓名	年龄	性别	籍贯	简历
张思明	49	男	河南陕县	中央法政学校毕业,曾任中央大学河南分校教员,豫西"剿匪"司令部军法官
郝兆先	49	男	安徽潜山	日本大学法律科毕业,曾任中国国民党驻日总支部常务委员,沧州、蓝田、洛南等县县长,国民党党员
李梦庚	43	男	山西荣河	山西大学毕业,曾任绥远丰镇地方法院检察官
帅济笙	75	男	江苏奉新	京师法政学堂别科毕业。1937年入会,1942年登录
牛庆誉	55	男	山东茌平	山东法政专门学校毕业,曾任西安地方法院推事,靖边、府谷、眉县、宝鸡等县县长,1939年入会,1942年登录
王玉丰	54	男	河南武陟	中央政法专门学校毕业,1935年入会,1942年登录
田书麟	63	男	河北新城	北京法政专门学校毕业,曾任南郑地方法院承审员,15混成旅军法处法官,1935年入会
范献琳	60	男	山东阳谷	山东法律学校别科毕业,曾任汲县、大荔地方法院推事
聂桥松	41	男	河南汜水	河南大学法学院毕业
张湘霞	36	女	江苏吴江	上海持志学院法律系毕业、
靳作辑	54	男	陕西蓝田	北平中国大学法律系毕业,曾任西安地方法院推事、庭长。1940年入会,1942年登录
包楚才	57	男	陕西富平	北平中国大学法律系毕业,曾任陕西靖国军执法处处长,旬邑县县长
谢申藩	58	男	山西临晋	中央法政专门学校毕业,曾任西安地方法院推事,怀柔县知事,1934年加入律师公会,1942年登录

续表

姓名	年龄	性别	籍贯	简历
朱文晓	60	男	河南密县	河南法政学校毕业,曾任开封地方法院书记官、开封律师公会会长,陕西旬阳县承审员
石清泉	37	男	河北获鹿①	北平大学法学院毕业,曾任河北民军总指挥部军法处处长
牟东山	44	男	山东潍县	河南大学法学院毕业
禹景祥	50	男	河南汜水	河南法政专门学校毕业
刘之谋	47	男	上海	比利时鲁文大学法学博士,曾任复旦、中央大学、西北大学法律系教授,1943年入会,1945年登录
刘钟岳	43	男	吉林舒兰	北平大学毕业,西北大学教授,1942年入会
程泮林	48	男	陕西韩城	朝阳大学毕业,曾任西安地方法院推事,1942年入会、登录,国民党党员
杨厚生	37	男	江苏武进	上海持志学院法律系毕业
王任	44	男	河南桐柏	朝阳大学毕业,曾任北方大学法律科主任,军委会干训团教官,1945年入会、登录
童培兰	46	男	陕西长安	朝阳大学毕业,曾任西安地方法院推事,西安市司法科长,1938年入会,1942年登录,国民党党员
荆可恒	59	男	河北定县	北洋法政专门学校毕业,曾任北洋大学教授,1937年入会,1942年登录
任安郁	42	男	辽宁沈阳	东北大学毕业,曾任辽宁北镇县长,陆军109师军法处处长
张士容	50	男	山西虞乡	陕西法政专门学校毕业,曾任西安地方法院检察官,咸阳、渭南、四川广元等县承审员,1933年入会,1942年登录

① 今石家庄鹿泉区。

续表

姓名	年龄	性别	籍贯	简历
张西江	62	男	陕西山阳	日本法政大学政经科毕业,1919年加入律师公会,1942年重新登录
郭巨翰	41	男	河北邢台	朝阳大学毕业,国民党党员
刘鸿渐	61	男	湖南长沙	日本东京帝国大学毕业,曾任朝阳大学教授,西北大学法商学院院长
刘靖	54	男	陕西朝邑	未详
王嘉宾	63	男	陕西长安	北平法政专门学校毕业,陕西法政专门学校教授,长安县教育局局长
郭耕三	40	男	山西平陆	山西大学毕业
张心纯	51	男	河南巩县	河南法政学校毕业
郭世勋	38	男	河北丰润	河北法商学院毕业,曾任省训团教官
杨宗虎	32	男	江苏武进	东吴大学毕业
原荫国	54	男	山西猗氏	山西法政专门学校毕业,曾任大同县长兼理承审员
瞿钺	65	男	上海	日本东京帝国大学毕业
冯纶	57	男	山西	日本明治大学法科毕业,曾任山西法政专门学校校长,山西大学法学院院长
瞿汝霞	38	男	山西	河南法政学校毕业,曾任太原地方法院书记官,公安局科长、局长
赵儒灏	49	男	河南汜水	河南法政学校毕业。曾任河南财政厅科长
纪清漪	41	女	黑龙江绥化	北平大学毕业,曾在平津一带任律师
王有声	30	男	河北定县	朝阳大学毕业,曾任陕西地政局科员
宋世斌	46	男	河南武陟	河南法政学校毕业
冯经芳	59	男	山西赵城	京师中央政法专门学校法律别科毕业

续表

姓名	年龄	性别	籍贯	简历
谢鼎成	59	男	河南太康	河南法政学校毕业
黄得中	52	男	江苏武宁	日本帝国大学法学部毕业
黄梦兰	43	男	河南孟县	河南法政学校毕业
齐寿山	38	男	河北晋县	朝阳大学毕业
李耀鼎	57	男	河南唐河	北京法政学校毕业
张天杰	46	男	河北平山	朝阳大学毕业
何基鸿	57	男	河北	日本东京大学法科毕业
李毓民	42	男	辽宁安县	北平大学毕业
曹铭勋	37	男	吉林延寿	北平民国学院毕业,曾任吉林高等法院推事
熊绪端	57	男	河南光山	京师政法学校毕业
刘纲元	57	男	河南尉氏	河南法政专门学校毕业
梁杰	44	男	山西平遥	朝阳大学毕业
裘英	58	男	浙江杭县	浙江法政专门学校毕业
张作舟	43	男	河南淮阳	河南中山大学法学院毕业
段道通	37	男	河南华县	北平大学法学院毕业
黄建极	54	男	陕西凤县	未详

综合各方面的材料,大致可以得出如下结论,民国中晚期西安地区执业律师的专业知识和年龄阅历足以为当事人提供良好的法律服务。此外,执业律师的工作态度亦较为认真负责。究其原因:

第一,行业竞争。律师制度的发展及其执业人数与一个地区的经济文化发展程度密切相关。1940年代西安地区执业律师的人数大致维持在五六十人的水平,1945年西安市人口总数为52万,即平均八九千人一个律师。而1930年代,经济上较为发达的广州市则拥有律师六七百人,上海则为1200人，这些人数上的差异是由市场的客观需求所决定的。

民国时期西安的律师服务市场刚刚形成，社会对律师的需求以诉讼服务为主，需求有限。与此同时，律师之间业务分工尚未完全展开，基本上处于刑事案件、民事案件均受理的状况。据统计1947年第一季度西安地方法院共审理一审案件729件，其中民事案件328件，刑事案件401件。① 当然，这一数字仅指的是判决案件，未包括调解、执行等其他类型的案件，调解、执行等类案件的总数合计比判决的案件略少。

此外，作为初审法院，西安地方法院所审理的案件案情大都较为简单，不少民事诉讼采用的是简易诉讼程序，并不需要太多的专业知识和技能，因而有相当一部分民事案件并未聘请代理人。即便是聘请代理人，基本上也是一件案子一个当事人只聘请一位律师。民国时期的法律规定案件的当事人可以同时聘请三位律师，在笔者查阅的上千件案件中只有几件刑事、民事案件的当事人聘请了两位律师，而且还是在诉讼过程中追加的，同时聘请三位律师的极为罕见。

综合这些因素，大致可以计算出民国中晚期西安地区的律师每人每季度平均代理的一审诉讼案件数量应在一二十件之间，其他类型的案件数亦大体相同。当然，这里并不包括他们在陕西高等法院所代理的案件数。即便是将这部分案件的数量考虑在内，我们也不难得出结论民国时期西安地区律师间的竞争极为激烈，压力较大。

为了防止过度竞争，民国政府对律师的执业地域进行了必要的限制，规定：律师在某一高等法院管辖区域内执行职务应以一地方法院管辖区域为限，必要时可向高等法院申请在另一地方法院管辖区域内执行职务。也就是说凡在陕西高等法院和西安地方法院登录的律师一般只能在西安地方法院管辖范围内执业。然而，抗战爆发后，为躲避战祸一些外地的推事、承审

---

① 陕西档案馆档案，卷宗号089—1—65。

员、检察官、法学教授,甚至学过法律的行政官员渊源不断地涌入西安,跻身律师行业,使原本就竞争激烈的律师服务市场充满了更多的变数,因而西安地区的律师行业一直处于大浪淘沙之中。

第二,舆论压力。翻阅民国时期出版的通俗文学作品,律师基本上是被嘲讽的对象,被描绘成一群唯利是图欺骗当事人的讼棍。① 即便是在严肃的媒体中律师的形象亦不佳。古风尚存的西安如此,西风微醺的上海也不例外。连司法院院长居正都公开说:

> 再则,现时之公开律师制度,虽颇予人民以便利,要亦促进狱讼增加之一原因。盖执行律师执业者,其生活费用,舍诉讼莫由攫取,遂到处兜揽,一如商人之贸易然。因之一极细微之事,经律师之怂恿挑拨,遂至相见法庭,彼则从中渔利,所在皆有。其真能为人民谋便利者,为人权做保障者,固亦未尝不有,但为金钱所驱使,甚至不顾民累,而影响社会安宁者实繁有徒。至今日律师之为非作歹,较之昔日之讼棍,实有过之。讼棍尚系暗中活动,访拿一出,势必远走高飞;而今之律师,已为法律所容许,张胆明目,肆无忌惮,此等不良律师,直社会之蟊贼耳。吾人苟欲改进司法,是亦最大之一问题,不可忽视者也。②

总之,民国时期,律师在普通民众的心中与传统社会中的讼师并无本质的区别,干的都是替人服务,花钱免灾的行当。

第三,对收入的依赖。尽管社会各界对律师职业的认可度不高,但律师的收入却颇具诱惑。1935 年中国征信所的档案资料显示上海地区律师年收入为:律界元老章士钊 50000 至 100000 元,汪有龄 50000 元有余,后起新

---

① 参见民国初年出版的王纯根:《百弊放言》,大众文艺出版社 2003 年再版。
② 居正:"总理纪念周讲演录"1933 年 5 月 1 日,范忠信、尤陈俊编:《为什么要重建中国法系——居正法政文选》,中国政法大学出版社 2009 年版,第 243 页。

秀周衡、钱盈等在1万至2万,最不济者也有1000元至2000元。①

西安无法与上海相比,但横向比较律师亦属于高收入人群。民国时期西安地区律师的收入主要来源于诉讼服务。按照1946年9月修正的《西安律师协会章程》规定:律师办案酬金分为分收和总收两种。其中分收的标准为:讨论案情每小时最高4000元;到法院查阅文件或接见监禁人每次最高6000元;撰拟函件每件最高8000元;出具专供委托人参考的意见书每件最高50000元;民事出庭每次最高50000元;刑事出庭每次最高30000元;撰拟民事一审书状每件最高50000元、二审60000元、三审70000元,但声请书仅得收1/5;撰拟刑事一审书状每件最高30000元、二审40000元、三审50000元;处理和息案件每件最高16万元;处理民事执行案件每件最高16万元;调查证据每次最高30000元。而总收酬金标准为办理民事一审二审案件每审最高70万元,三审最高40万元;刑事案件一审二审每审最高50万元,三审最高30万元;办理非诉讼案件参照民事案件酬金。②

如此高的收费标准和收入,在当时的西安已十分可观。需要说明的是,有史料表明民国时期某些地区司法系统中存在着腐败现象,一些律师为执业的需要尚需从自己的收入中拿出一部分来打点推事及其他相关人员。③因而,律师的实际收入可能还要扣除这一部分。但这一部分到底是多少,西安地区是否也是如此,无法得知。此外,还须补充的是律师的收入中还要扣除租借办公地点等其他费用。民国晚期,伴随着政局的恶化和经济的凋敝,通货膨胀极为严重,律师的生活压力也陡然增加,真实地感受到了金钱的重要。民国晚期西安地区的执业律师中60岁以上者竟占了八位,最年长者已

---

① 徐清:"浅谈民国时期司法官的薪酬",《人民法院报》,2015年11月20日。
② 西安档案馆档案,卷宗号01—7—431。
③ 参见天津市政协文史资料委员会编:《天津文史资料》第37辑,天津人民出版社1986年版,武汉市政协文史资料委员会编:《武汉文史资料》第27辑1986年,全国政协文史资料委员会编:《文史资料选辑》第78辑,文史资料出版社1982年版相关文章。

达 75 岁高龄,仅此一点即可以从一个侧面反映出"长安生活大不易"。

社会各界的鄙视,以及生存的压力迫使律师不断地提高自己的服务质量,形成一种良性的竞争,这同我们已有的知识和印象并不一致。当然,不排除滥竽充数和对当事人不太负责者。如有的律师在法院开庭时不到庭,甚至出现了当事人到庭,而律师未到庭,当事人对自己聘请的律师不到庭的原因一无所知的现象。①

二、相互制约

民国时期律师与法院和推事的关系大致可以分为两个方面,一是受制于法院;二是已对推事形成了一定的制约。

(一) 受制于法院

按照制度设计,诉讼活动中律师与推事、检察官形成一种对立和制约的关系,但由于种种原因,双方关系发展并不平衡,司法实践中律师在许多方面要受制于法院。

第一,律师执业须到地方法院进行登录。民国时期,一个公民通过考试或甄拔合格获取律师资格后②,如要执业须履行如下手续:加入当地的律师公会;向地方法院提出书面登录申请,同时提交律师资格证书、加入律师公会的证明、执业事务所名称和地点、二张二寸本人半身近照,以及现任民国政府荐任官二人以上之证明等文件及手续费。手续不全,地方法院可以拒

---

① 在一次律师公会的例会上,一位律师提议能否向陕西高等法院建议,尽量把开庭的时间同西安地方法院的开庭时间错开,否则很难两头兼顾。由此可知某些律师没有出庭,是因为时间上无法分身。见西安档案馆档案,卷宗号 01—7—55。
② 民国初期律师资格的取得分考试与甄拔两种方式,1941 年《律师法》实施后,改为考试与检核,相关讨论请参见徐家力:《中华民国律师制度史》,中国政法大学出版社 1998 年版。

绝登录。登录需要有二名现任荐任官之证明,用意显然是为了强化对律师的控制。地方法院审查合格后,再报省高等法院批准。

业据律师邓煌晋民国三十八年(1949年)一月二十四日呈请拟在本院辖境内执行律师职务。附赍律师证书及相片请予登录,并经续报业于三十三年十一月七日加入律师公会等情到院。经核与律师法及律师法实施细则之规定相符,并无律师登录规则第五条各款情事,除批示准予登录并发还原赍证书外,理合填具律师名册三份连同相片三张一并具文呈赍。①

登录批准后,申请者还需向地方法院交本人及律师事务所记录人员笔迹两份备案。为此,西安地方法院专门制作有《律师登录卷》《律师及司法人员笔迹卷》《律师事务所迁移卷》《律师注销登录卷》等材料以备核查。

第二,地方法院检察处有权对律师公会的活动进行监督。依据民国时期的相关规定,律师公会开会地方法院检察官须到会履行监督之责,检察官认为有不合法律之情形可以进行干涉。此外律师公会制定的章程、选举的结果必须报经地方法院首席检察官批准才能生效。律师公会的会议记录,首席检察官有权进行审查。

第三,律师查阅案卷和会见被告等须经法院批准。律师接受当事人委托代理诉讼,如需要查阅案卷和会见被告等必须向法院提出申请,获准后方可进行。

第四,推事有权对违纪律师进行处罚。1934年南京国民政府司法行政部颁布《整饬律师风纪通令》,将"挑唆诉讼"、"强词夺理,为冗长陈述"、"受额外酬金"、"与司法人员往来酬酢"等行为列为整饬对象。对于不服从法院命令,违反律师应守风纪者,高等法院、高等法院分院、地方法院首席检察官

---

① 陕西省档案馆档案,卷宗号089—1—124。

和律师公会均可以声请惩戒。惩戒委员会由高等法院院长、厅长和推事四人组成,通过合议的方式根据情节轻重对应予惩戒的分别予以警告、申戒、停止执行职务二月以上一年以下以及除名等处分,对不符合惩戒条件的予以驳回。司法行政机关对律师的风纪惩处规定较严,但实际执行松弛,受惩戒的律师并不多见,但这些规定本身无疑成了执业律师头上高悬的一把利剑。

总之,就双方关系而言,民国时期的律师显然处于弱势一方。这种弱势的地位导致律师在诉讼活动中避免"为冗长之陈述",代理词大都写得较为简短,少有据理力争的,给人一种谨小慎微的感觉。1940年代,在西安市律师公会的会员大会上,律师李毓民提议:"高院刑庭开调证庭时,往往不予辩护律师以陈述意见的机会(如张振国推事),遽行离席,及经要求,又嘱少说几句,似不愿律师说话。"[①]

为了改变自己的弱势地位,改善自己的执业环境,律师们想尽一切办法同推事改善关系,做了大量工作。这些努力和良苦用心可能会影响一些个案的审判,但却无法从整体上改变律师在诉讼活动中的弱势地位。

(二) 制约推事

与此同时,也必须承认诉讼活动中律师对推事的行为已具备了一定的制约能力。民国时期历届政权颁布的民事、刑事诉讼法规均规定,律师可以全程参与诉讼活动,从代写诉状、查阅案卷、到参与庭审,以及最后的执行,律师均有权参与。正是这种全程参与,使律师对案件的事实有着更多了解,能够与公诉人,或对方当事人的代理人进行对抗,并从程序和实体两个层面对法庭的诉讼活动进行监督。此外,如果律师的辩护意见法庭没能采纳,以及律师认为法庭的判决有违反法律规定的情形,经过委托人的同意还可以

---

① 西安档案馆档案,卷宗号 01—7—550。

依法向二审法院提起上诉,甚至依法对本案推事进行控告。由于律师在法律知识、专业技能等方面与推事和检察官完全等同,决定了律师对诉讼活动的监督较之其他形式的监督更为有效。加之律师的身份是自由职业者,因而,监督时自然也少了几分顾虑。

1948年,律师张恒忻在西安地方法院代理一起民事案件,本案推事王灵枢的行为引起了他的不满,遂指使自己的委托人向西安地方法院控告王灵枢滥用职权。面对张恒忻的指控,王灵枢极为恼怒,在写给地方法院院长的申辩材料中一面将张恒忻称为"奸人",侮辱其人格,[1]另一方面又不得不对自己的行为进行解释,其中的一段话颇值得关注:

> 张恒忻曾于本年8月18日下午向法警李彦武声称我要告王推事等语,予以控告恐吓被告(即王本人——引者注),旋又向金院长声称我要告王推事云云,19日上午又向徐庭长声称我要告王推事云云,用意仍在恐吓。[2]

律师张恒忻对负责审理自己代理案件的推事王灵枢不满,态度竟会如此强硬,从一个侧面向我们昭示民国时期的律师制度已经不再仅仅是现代司法的一种标识,在制约推事的专横,维护司法公正等方面已发挥着一定的作用。类似的事件虽非仅此一例,但也并不多见。

除了参与诉讼活动,律师还可以通过其他的渠道公开表达自己的意见,对推事和法院进行制约。借助律师公会的决议就是其中之一。西安市律师公会的决议分为会员全体大会的决议和理事、监事会议的决议两种。作为行业自治组织,律师公会的主要任务是维护律师的权益,具体办法是对律师执业中普遍关注的问题进行讨论,在此基础上形成决议,然后借助团体的力量与各方进行交涉,寻求解决办法。决议内容涉及法院和现行司法制度的

---

[1] 西安档案馆档案,卷宗号090—3—90。
[2] 同上。

俯拾皆是，我们从1940年代西安市律师公会全体会议记录中随机摘出几条加以说明：

孙春海律师提议："高院民庭不履行宣判程序，揭示主文亦时有时无，于法似有未合，可否呈请高院嗣后依法定期宣判或切实按日揭示主文，以符法定而免流弊"；范献琳律师提议："司法行政部一再申令不准滥施羁押，而事实上仍所难免，可否建议司法当局予从严禁"；张恒忻律师提议："高地两院间有推事审理案件，任意拍桌子乱骂，且有陪席推事不陈明审判长，擅自发言，致使法庭秩序失却严肃，观瞻亦觉不雅，应如何纠正"；聂养儒律师提议："关于民事执行费交纳数额，现在长安地院于声请执行时，重新估定标的价额，往往与起诉时标的价额相差过巨，不惟当事人感觉困难，且于法令似有未合，应如何纠正"等，这些提议经讨论均获通过，并以公文的形式向高地两院陈明，请予改正。①

值得注意的是由于双方所处的地位不尽平等，因而律师公会做出决议时十分谨慎，所提的建议均是高地两院实际存在的与法律明显不符的行为。一些显系有理，但于法无据的提议在律师公会内就被否决，如冯经芳律师提议："关于民事判决，可否请高地两院送达代理人一份，请公决。决议：于法无据应予免议。"②

对于律师公会的建议与要求，法院毕竟不能完全置之不理。

当然，说到律师与法院和推事的关系，还必须看到除了相互制约的一面，律师的工作实际上也为推事正确的了解案情和适用法律提供了许多便利，并大大地节省了推事的时间和精力；同时也正是由于律师的介入，一定程度上减少了当事人对新型司法制度本身的迷茫与不信任，最终有利于审判机关的良性发展。

---

① 西安档案馆档案，卷宗号01—7—550。
② 同上。

第五节 法院与报纸

信息传播渠道的多样化以及信息传播速度的加快是现代社会与传统社会的重要区别之一。中国传统社会并无近代意义上的媒体,历代王朝对民众的言论亦进行严厉的限制。鸦片战争以后,随着城市化速度的加快,教育普及率的提高,特别是租界的示范效应,民众对信息需求逐渐增加,清政府亦逐渐放松了对民间言论的控制,清光绪三十三年(1907年)中国历史上第一部新闻法《大清报律》颁布,明确规定,公民和法人可以自由创办报刊,传递新闻信息,新闻自由原则由此确立,报纸从此走进了民众的生活,成为传递各类信息和表达民意的主要渠道。尽管到1930年代,广播等更为新型的传媒也已在西安出现,但由于受经济发展程度的限制,广播的受众毕竟有限,因而报纸与民众生活和司法的关系更为密切。

一、西安报界

同国内一些发达地区的城市相比,报纸在西安的出现亦相对较晚。光绪二十二年(1896年)官办的《秦中书局汇报》正式创刊,开陕西报业之先河。次年六月一日由蓝田县士绅闫甘园创办的陕西第一家民办报纸《广通报》出版发行。《广通报》报馆设在西安市德福巷中段,闫甘园任总编兼社长,主笔为原籍江苏、在陕西为官的王执中。该报以刊登本地新闻为主,兼顾报道一些外埠新闻,为此聘请了陕籍京官宋伯鲁和旅沪陕籍名人于右任为特邀记者。《广通报》每半月出版一期,20个页码,每期发行1000余份。由于出版周期较长,信息滞后,加之经营不善,创办不久即于光绪二十四年(1898年)元月停刊。

民国以后，西安的新闻业进入了快速发展时期。1912年1月创刊，由宋伯鲁等集股出版的《秦风报》是西安地区第一张对开日报。到北京政府后期，西安市仅日报就有五家，每日各出一张。据统计从1912年到1949年，37年间西安地区先后出版过各类报刊500多种，其中报纸100余种。但由于资金投入不足，经营人才缺乏，加之当时的西安在国家政治、经济生活中的地位和影响相对有限，因而报纸的发行量都不大，许多报纸存在的时间也较短，尚无《大公报》、《申报》之类在全国有较大影响的报纸。

民国时期，西安地区较有代表性的报纸有《西安日报》、《新秦日报》、《西北文化日报》、《西京平报》等。其中《新秦日报》创办于1921年，系俞嗣如个人出资创办的纯民间报纸。《西安日报》创办于1930年11月，为陕西省政府机关报。《西北文化日报》创办于1931年，原为国民党陕西省党部机关报。此外，1923年起，西安地区的一些新闻从业人员陆续创办了陕西、关陇、秦陇、西安、国民、西京、长安等通讯社，专门发布当地信息，供西安地区的报纸采用。1930年代，中央通讯社西安分社成立后，始发电讯稿，加快了外地信息和本地信息的相互传播。

就管控的尺度而言，除抗战和民国晚期等特定的时间段，政府对办报的控制相对宽松，办报主体较为多元，执政的国民党、各级政府，以及军方等官办报纸之外，更多的是纯粹的民间报纸。各种政治力量、利益集团对意识形态和话语权的争夺较为激烈。此外，晚报、日报等各种类型报纸齐全，市场化程度较高。为了生存，各类报纸纷纷在扩大信息量，加快信息的传播速度，增强可读性等方面下功夫。除转载中央通讯社的统一消息外，尽可能地多刊登一些当地新闻。不仅如此，一些报纸还尽量地通过社论、副刊和读者来信等多种方式针砭时弊、反映热点问题和民众的呼声。为了使读者对民国时期西安地区报纸的言论尺度有一大致印象，试选择三则史料略做说明。

其一，1925年9月20日出版的《西安评论》上刊登了一封读者来信，信中对时任陕西省教育厅厅长、民国晚期出任陕西高等法院院长的郗朝俊进行了带有谩骂性的指责：

> 驱逐教育界蟊贼郗朝俊、康继尧①
>
> 郗朝俊也配作教育厅长，康继尧也来办女子教育！他们俩儿一个终日讲孔，一个每天念佛；一个侵吞了财政司的巨款，一个盗窃了法政学校的器物，现在不客气的正告你们！你们快快悔悟！快快滚出教育界再不要作恶了！我们或者还可忠厚待你们，和你们不较；若不然，郗朝俊，你在法校一塌糊涂的账项敢教人看吗？康继尧你在财政司侵吞了几十万款的罪案俱在呀！

《西安评论》是大革命时期西安地区出版的一份左翼报纸，言论大多尖锐而高亢。

其二，1936年12月12日，震惊中外的"西安事变"爆发。当日西安市内各种传言不断，气氛极度紧张。为减少麻烦报刊纷纷停刊，但《西北文化日报》却连发两期号外，用通栏标题刊登了张学良、杨虎城两位将军对时局的八大主张和致全国的通电。次日该报又发表了题为"争取中华民族生存，张杨昨发对蒋兵谏"的新闻，客观、及时地报道了这一重大事件。《西北文化日报》原系国民党省党部机关报，1931年经杨虎城改组后，立场与观点有所改观，但仍属于中立性的报纸。

其三，1940年代后期，在国民党对新闻言论控制明显强化的背景下，观点一向右倾，中华人民共和国成立后被官方定位为反动报纸的《西京平报》副刊上公开刊登了一首民谣，歌词为："盼中央，念中央，中央来了更遭殃，富的变成穷，穷的一扫光。"②这里的中央指的是中央政府。《西京平报》创刊于1937年12月，发起人为一群陕西籍的党、政、军界要员，由国民党特务，

---

① 《西安评论》，第13期，1925年9月20日出版。
② 樊玉俭："西京平报的最后四年"，《西安文史资料选辑》第4辑，内部发行，1983年。

中统成员李芝廷任社长。

三则史料依次代表了民国早中晚三个时期和左中右三种立场。当然，必须指出的是民国时期西安地区也曾发生过数起军阀和国民党指使特务烧毁报社、暗杀报纸编辑等令人发指的恶性事件。如1946年，国民党当局对《秦风工商日报联合版》的迫害和对《民众导报》主编李敷仁的劫杀就是民国晚期发生在西安的两起惊天大案。①

二、交往模式

作为一种以传递信息为职能的现代媒介，报纸具有快捷、信息量大、受众广、可反复阅读以及较为权威等特点，因而一经出现便迅速被民众所接受。而拥有生杀予夺权力的司法机关在任何时代都是民众关注的焦点，因而从报纸和新式审判机关在西安出现的那一天起，双方就有了千丝万缕的

---

① 《秦风工商日报联合版》是一份由《工商日报》和《秦风日报》合并而成的都市类报纸，为当时西安地区发行量最大的报纸。由老同盟会盟员成柏仁任社长，杜斌丞为董事长。杜为当时国内新闻界具有广泛影响力的民主人士，此外梁益堂、张性初、李辅仁、关梦觉、耿坚白等一大批西安地区报界具有正义感的名人分别担任编辑、经理、采访等职务。该报时常发表一些批评时政的新闻，且言辞较为激烈，特别是对西安市市长陆翰芹的批评，以及对陕西省银行经理薛嘉万贪污案的报道，直接触犯了陕西省最高统治者胡宗南等人，引起了国民党当局的嫉恨。1946年2月末国民党特务相继给《秦风工商日报联合版》写恐吓信，向报社印刷厂投燃烧弹。3月1日，西安市警察局副局长姬守礼又带人捣毁了报社的营业部。1946年5月初《秦风工商日报联合版》被迫停刊。

李敷仁，教育家和民俗学家，中共党员，长期从事民众宣传和教育工作。20世纪30年代就曾创办《老百姓》报，以民众喜闻乐见的语言和手段宣传抗日言论，宣传民主，反对专制，普及科学知识，深受民众喜爱。报纸一度行销13个省，出版100多万份，影响较大，还曾被翻译成外文在国外发行。后受聘于民众教育馆主办的《民众导报》任总编辑，继续新闻事业。亦因观点言论左倾，引起国民党特务的不满，1946年5月1日，李敷仁在步行去民众教育馆的路上被国民党特务分子绑架，枪杀于咸阳二道原上。阴差阳错的是李敷仁被枪杀而未死，被当地民众发现后救活，并转移到陕甘宁边区首府延安。在延安李敷仁举行新闻发布会，揭露国民党暗杀新闻记者的暴行。

联系,并逐渐演绎出几种相对固定的联系模式,呈现出极为复杂的面相。

(一) 报道诉讼活动

在新闻报道中,有关诉讼、特别是名人涉诉及情节离奇的案件最为普通民众所喜爱。因而,审判机关与报纸的关系,首先表现为报纸对法院审判活动的报道。从报纸的角度讲,报纸对正在发生的诉讼案件的及时报道,既可以满足民众与生俱来的好奇心和探知结果的欲望,扩大报纸的发行量,给报社带来丰厚的利润;同时报社也可以通过及时、全面、公正报道包括诉讼在内的各种社会新闻,热点问题树立自己的公正形象,减少民众对自己的偏见。其实,报纸及记者臧否人物的天性也使民众和官方对报纸这一新生事物本身充满着偏见。现代司法制度强调的公开原则为报纸提供了这种可能及机会。

著名报人包天笑在回忆录中曾真实地描述过清末民初社会各界对报纸及记者的歧视心态:

> 当我就职报馆的时候,我的家乡许多长亲,都不大赞成。他们说当报馆主笔的人,最伤阴鸷,你笔下一不留神,人家的名誉,甚至生命,也许便被你断送。那时的清政府,也痛恨着新闻记者,称之为"斯文败类",见之于上谕奏折。①

直到1930年代晚期,在中国新闻史上占有重要地位的报界名人王芸生还不得不承认,"一般社会之视报馆主笔,差不多和绍兴师爷没有什么分别。"并向新闻界呼吁应将此现象视为整个行业的耻辱,认为消除这种耻辱的唯一办法就是"新闻记者要努力做一个社会上的好人,把新闻事业做出好人的事业。"②

---

① 包天笑:《钏影楼回忆录》,中国大百科全书出版社2009年版,第321页。
② 王芸生:《新闻事业与国难》,上海大公报馆1937年版,第261页。

此外，如果仔细观察还可以发现，从清末到民国，国内不少民间报纸的出资人、发行人或者记者都是法政学校的毕业生，这种巧合也客观地决定了新生的报纸对诉讼事件的报道有着一种天然的兴趣。因而，在这一模式的构建中报纸始终起着主导的作用。如果报纸在报道诉讼案件时能够做到客观而有节制，将会给双方带来共赢的结果。

对于法院来说，报纸对审判过程的详尽描述，也为普通民众了解新式审判机关提供了更多的机会和便利，有利于增强民众对新式审判机关的信任，有利于塑造法官群体的良好形象。清末民初，民众对于新产生的审判机关同样存在着观望、怀疑等现象，很难弄懂它与传统的衙门到底有何区别。诚如学者所说：

> 19世纪末20世纪初随着大众媒体的产生而出现的前所未有的事物是大众对法庭的全方位接触。早在19世纪70年代《申报》首次对法庭审判进行报道时，有关法庭审判的详细报道就已经供更为广泛的读者群消费了。20世纪的前半叶，最高法院的庭审阶段一直对外保持封闭，但地方和省级审判阶段的媒体报道十分全面，保证了详尽的信息和逐字记录的副本能够随着审判的进行而广泛地在阅读公众中传播。……许多群体从一个更为透明的法庭中获益。法官们利用新型的对外开放的法庭来展示他们分配正义和维持社会秩序的行政才能和道德声望。法官，作为中国城市中一个新兴并且渐有影响力的职业群体，可以利用法庭来展示他们行业"存在的理由"——替他们的委托人追求正义。[①]

此外，报纸对诉讼活动及法院事务的报道，将法官的行为，包括法庭上和法庭下的一举一动置于广大的读者面前，势必会对法院和法官起到一定

---

① 〔美〕林郁沁：《施剑翘复仇案——民国时期公众同情的兴起与影响》，陈湘静译，江苏人民出版社2011年版，第124页。

的监督和警示作用。如1949年3月29日西安《经济快报》上登载了一则消息:陕西某地的法院大门上被人挂上了坚决要求铲除腐败字样的横幅,在民众中引起了极大反响。同年4月4日,在西安地方法院的全院大会上院长崔炎煜就此做如下的训诫:

> 三月二十九日经济快报登载法院消息一则,各位同仁想必已经看到,据说系宝鸡地院,但我们内心总觉有点难过。个人还是要切实检讨自己为好。

更为重要的是,报纸的介入亦在法庭内外竖起了一道防火墙,使一些想左右审判活动的案外人员不敢贸然采取过激行为,给那些想秉公执法又碍于各方压力的具体办案人员提供了一个好的推脱理由,有利于司法的独立。对于长期盛行专制,又讲究人情的中国来说这一点尤为重要。下面这则案例就极为典型:

1932年5月3日,福建闽侯人黄三俤因墓穴纠纷在穷尽法律救济程序后,刺杀了案件的另一方当事人江屏藩。江曾任福建省建设厅厅长、时任闽海关监督。据本案黄三俤的辩护律师陈衡铨说,江家为富不仁,江屏藩与时任国民政府主席的林森更是私交甚密,不仅屡屡仗势欺人,还大肆贪污受贿,但却未受法律制裁。因故,此案发生后在福州引起巨大反响,民众中有不少人同情黄三俤。江家则四处活动,林森亦派自己的侍从武官专程回福州向闽侯地方法院施压,欲求速将黄三俤处以死刑,闽侯地方法院也想讨好江家与林森。

但在社会舆论方面,他们(江家——引者注)起先虽颇花费力量,却无甚效果。当时福州各报馆都把这起案件看作是争取读者的好机会,竞相发表消息,即日本在福州所办的《闽报》也不例外。报纸所发表的消息对江家多无益而有害,这情况一直延续了几个月。后来江家遍送各报馆主要人物每人一件皮袍,案送第二审时,福建高等法院院长魏大同又以官职收买报界人物,这样双管齐下,才使情况发生了变化。①

杀人有罪,即便有种种理由也不应该影响本案的定性。但碍于报纸的舆论和民情,地方法院的办案人员最初不敢公开支持江家。而当报纸言论转变之后,法院的态度也随之改变。陈衡铨的说法如果属实,此案的一波三折,则从个案的层面真实地再现了法院审判与报纸舆论的关系。

总之,如果能够适当的把握好分寸,报纸对诉讼活动的客观的报道对于法院和报社来说将是一种良性的互动。或许正是如此,清末以来,新式审判机关对报纸报道诉讼活动大都采取了一种积极的开放态度,主动在法庭内为记者设立专席,方便其旁听和记录。民国时期,一些地方法院甚至允许记者用照相机在法庭拍照。这一做法与其他部门对报纸所采取的排斥态度形成了鲜明的对比。

为了两者的良性互动,清末以降历届政府均通过立法将两者的关系纳入了法制的调整范围。如光绪三十四年(1908年)制定的《大清报律》即是如此。该报律一方面坚持新闻自由的原则,明确规定报纸可以传递包括诉讼活动在内的新闻信息。另一方面为了保障司法独立和个人隐私,减少媒体对法官判断可能构成的影响或干扰,就报纸对案件的报道进行了必要的限制,如第10条规定:"诉讼事件,经审判衙门禁止旁听者,报纸不得揭载。"第11条规定:"预审事件,于未经公判以前,报纸不得揭载。"此外,南京国民政府还通过在刑法典中设立"诽谤罪",在民法典中增加名誉权等法律制度,维护新闻自由的同时又维护公民和审判机关的名誉,从立法上一改数千年钳制民众言论的统治思路。如《中华民国刑法》(1935年)第309条规定:"公然侮辱人者处拘役或300元以下罚金。"第310条规定:"意图散布于众,

---

① 陈衡铨:"黄三俤刺江屏藩侧记",福建省政协文史资料委员编:《福建文史资料》第21辑,福建人民出版社1989年版。

而指摘或传述足以毁坏他人名誉之事者,为诽谤罪,处一年以下有期徒刑拘役或 500 元以下罚金;散布文字图画犯前项之罪者,处两年以下有期徒刑、拘役或 1000 元以下罚金;对于所诽谤之事,能证明其为真实者,不罚。但涉及私德而于公共利益无关者,不再此限。"第 311 条规定:"以善意发表言论。而有左(下)列情形之一者不罚。一、因自卫自辩或保护合法之利益者;二、公务员因职务而报告者;三、对于可受公评之事,而为适当之评论者;四、对于中央及地方之会议或法院或公众集会之记事而为适当之载述者。"《中华民国民法》第 18 条规定:"人格权受侵害时,得请求法院除去其侵害。"第 195 条规定:"不法侵害他人之身体、健康、名誉或自由者,被害人虽无财产上之损害,亦得请求赔偿相对之金额。其名誉被侵害者,并得请求恢复名誉之适当处分。"

然而,现实生活中这种清晰的、双方都能够接受的边界却极难达成,需要不断地磨合。由于生存的压力,一些报纸或是为了扩大发行量过度迎合读者,或是出于其他目的,在报道诉讼活动时经常漫无节制,未等审判机关宣判就公开对案件进行定性,干扰了法院的独立判断。最高法院院长居正对此深感头疼,"又如现在最普通的是诉讼当事人,多有用新闻或广告在报纸上妄事宣传的,在一件案子的真相尚未明白宣判以前,双方都利用新闻或广告政策混乱是非,企图社会的同情,或企图影响法院的判断。"①1945 年西安市民惠树棠与韦德明因房产纠纷形成诉讼,该案在审理过程中《西京平报》(11 月 21 日、11 月 23 日)及《新秦日报》(11 月 27 日)等西安地区影响较大的报纸就多次发表有利于惠树棠的各种言论,形成了一边倒的舆论压力。

某些报道甚至不惜伤害案件当事人和审判机关的名誉,最后造成两败

---

① 居正:"总理纪念周演讲",1933 年 3 月 26 日,范忠信、尤陈俊:《为什么要重建中国法系——居正法政文选》,中国政法大学出版社 2009 年版,第 240 页。

俱伤。① 当然,由于有法律上的明确规定,加之法院毕竟掌握着生杀予夺之权力,为了尽可能地给自己减少不必要的麻烦,大多数时候报纸对案件的报道程度,以及使用的文字,特别是对待法院的评价大多数时候还是有所顾忌的,较之对待其他部门要谨慎得多。②

不断发生的冲突为报纸积累了不少经验,到民国中晚期报纸已逐渐摸索出一套对诉讼案件,特别是热点案件的报道模式,即通过新闻、通讯、读者来信、评论等各种文体,尽可能地为读者提供更多的新闻消费,满足读者的需求;但同时又要巧妙地避开法律上的限制,清楚地表达自己的态度,起到

---

① 民国时期长期任职于陕西司法界的任玉田在自己的回忆录中记载了这样一件事:"大约在一九三八年南郑分院院长曾挚,湖南人,到任不久与分地两院的同事均相处不洽,他审理一起上诉案时,因《汉中日报》登载了一个短讯,说他的坏话,他将该报社记者某人传来,押了几天,被人匿名告到司法行政部转令陕高院派当时在汉中赋闲的前河北石家庄分院院长段韶九查复属实,部令以该记者不是本案被告人,依法该院长无权羁押,予以撤职处分,并发交长安地方法院检察处,追究其妨害自由责任,曾怀恨在心,也匿名向军法机关诬告法院多人吸食鸦片,把我也列在其中,经军法部门查处事实,未予置议。"见《一位民国首席检察官的回忆录》未刊稿。

② 抗战时期,为避战乱迁居宜昌的《武汉日报》与巴东地方法院之间就曾为新闻报道发生过诉讼。据知情人湖北第三监狱典狱长事后回忆:在宜昌,张昭麟(《武汉日报》社社长)为了他的两名记者新闻报道有一件事牵涉到巴东地方法院,在标题上有"岂有此理"四个大字,触怒了巴东地方法院杨院长,马上在地方法院(宜昌地方法院)以毁坏名誉罪起诉。张昭麟社长没法,只得在次日《武汉日报》上再登"岂有此理"的辨正标题。但是宜昌地院检察处仍是传讯两个记者到堂侦讯。而杨院长也由巴东来宜昌,到三监来会我。我即准备饭留客,另着人请张社长来此相商。杯酒之间,解除误会,于是杨撤销起诉。杨返巴东时,张为之践行,邀我们三人在餐馆小宴,总算表面上尽欢而散。事后,张昭麟对我说,他(巴东地院杨院长)也自知不能过火,要知道他有法律武器,我也有我的舆论工具做武器。言下还是有满怀气不忿之意。为了岂有此理四个字几乎酿成互相开火。有一件鲜明对照的事。一天,宜昌某剧院为了争座位,宜昌《武汉日报》新闻记者和排字工人,与码头工人街上青皮发生冲突,大打全武行。《武汉日报》这回在头号通栏大标题,报道报社的记者和工人在剧院被该院雇来的码头工人和流氓打手围攻,致看戏记者、工人等受伤,严重危害采访和出版。又描写该戏院雇来流氓打手如何粗暴猖獗等。最后,要求各界机关团体切实查看予以声援。第二天又续宜昌各界到报社慰问情形,并将慰问所表态的发言,点滴不漏的、不厌其详的长篇报道。这一来,该戏院停业了,老板到处磕头,到了"吃的不是亏",吃足了,终于复业了。报馆敌不过法院,却压住了戏院。不觉哑然失笑。见陈珣:《从省党部特派员到典狱长》,中国文史出版社版2007年版,第121—122页。

引导舆论和监督法庭审判活动的作用。要想真正兼顾这两点,其做法或是对法庭外的各种信息尽可能地详细报道,或是报道法庭内的诉讼活动时侧重于气氛、当事人神情等无关紧要的细节,至于证据等关键地方碍于法律上的限制,必须掌握好分寸,较少公然越界。① 当然最终的判决书是可以原文照录的。

(二) 开办法律专栏

民国时期,许多报纸出于丰富版面的需要,大都开办有法律专栏。邀请法官、检察官、律师等撰写一些短小文章,或解答读者疑问,或普及法律知识。当然,开辟法律专栏的动力也包括法院本身。1946 年 1 月 11 日,陕西省高等法院召开临时座谈会,省高等法院郗朝俊院长提议,"现在社会上多数人不知守法,原因很多,但不知法是最大问题,因而必须加强宣传,现拟找省上报界联合开辟副刊。找法官、律师撰文,通俗易懂,按期登载。会议决议,由 10 人成立筹备组,10 天内完成。"②该提议的落实过程不得而知,但此后陕西境内报刊上法律类专栏的增多则是不争的事实。如《西京日报》开辟有名为"法律顾问"的专栏,定期解答读者的法律问题。此外,一些综合性的专栏也不定期的发表这类文章。如 1947 年 9 月 10 日西安出版的《经济快报》"有问必答"栏目刊发的题为《从来租房纠纷多,为求合理该如何》的文章即属此类。一位署名叶春发的读者来信询问:

> 我是贵报的一个忠实读者,每阅贵报有问必答,为人民解除痛苦,真是钦佩之至。敝人于民三十二年同中人当到厦房三间,言明价洋八千元,期限三年,在限期未满时,又于三十三年坐洋七千元,共计一万五千元,在当房时物价较低,面每袋尚卖一百余元,百元钞票虽发行市面,

---

① 有关这方面的具体事例,可参见本书第八章所引的《孙瑞伯受审旁听记》一文。
② 陕西省档案馆档案,卷宗号 089—4—10。

尚为稀少,角票正在横行时期,现房主要将房子赎回,按照现时物价,面每袋十万余元,两者相比物价相差千倍以上,若房主赎房时,仍按一万五千元付给,是否法律可行？敝人身为军人,为合法合理,免除纠葛计,恳请贵报费神详为解答,则感激无涯矣。

答复如下：

  生活程度,日益在高涨着,因而为了债务及租赁房产之偿还问题时起纠纷。对于君所询问题,如按通常习惯似按当时款额折成面粉,然后再以面粉折成目前市价偿还较为妥当。因为面粉是生活必需品中之主,以其为准绳似无不妥,不过为了求其合法又合理,君不妨参照复员后办理民事诉讼补充条例向法院起诉,当会予君以最合理解决也。

类似的栏目和文章对于普及法律知识,扩大报纸的发行量,乃至法院审判工作顺利进行都有积极的意义。

（三）登载法律文书

审判机关出于工作的需要须对一些法律文书进行公告,如无法送达的起诉书副本、开庭传票、司法鉴定书、执行文书、裁判文书,以及清算公告、申请公示催告、拍卖公告,等等。此外,按照法律的规定,一些民事行为只有经过公告之后才具有法定证据之效力,如各种证件的遗失声明等。在没有现代传媒的时代,审判机关主要借助专门的公告牌来履行这一职能。报纸具有快速、受众多和可保留等特点,加之,民国时期民众早已习惯了通过报纸来获取各类信息,因而由报纸来承担这一职能效果无疑会更好。

由报纸刊登法律文书不仅给法院的审判工作带来了方便,事实上也给报社带来了不菲的收入,因为登载这类法律文书是要收费的。在利益的驱动下,法院试图利用手中的权力垄断这一利益,将法律行为变成牟利手段,民国时期司法系统的一当事人回忆：

民国十一年（1922年）间，广东高审庭没收得数间报馆机器和字粒。广州办土地登记，由审判厅兼办。月需支《群报》的登记费六七百元。同时发觉广州的报纸，因伪造告白，随时翻版插入伪告白，由此创办一司法日刊。高审厅呈报并公布"当事人需要登载司法日刊，始能发生法律的效力，认为法律的证据"。广州报界公会各报，联上总统府、省长公署呈诉谓审判厅垄断生意，旋修改为"登载各报亦得视为证据之一种"。司法日刊刊登告白，价格极昂，经理任意需索，价格极为骇人，人民苦之。该刊每月收入很大，所有溢利，除酌给各职员外，长官约有千多元，成为厅长院长的一种入息。①

独占行不通，遂由法院和报社共同合作，演变成一种新的垄断做法，即指定某一家报纸独家刊登法律文书。

1940年广东新会地方法院布告　堡字第12号②

本院所有依法令应公布之各种文件，向刊登辖内四邑民国日报，至关于人民买卖、抵押典按承退股份及其他一切法律行为之登报遇有诉讼提出法庭佐证者，除在中央宣委会及内政部核准登记报纸登载得予采用外，应以登载四邑民国日报者为作证最有效之标准，合行布告周知。

中华民国二十九年十月十五日

院长磐瑞详

广东新会地方法院的做法绝非个案，在民国时期具有一定的普遍性。地

---

① 黄韶生："解放前广东司法界的黑幕"，全国政协文史资料委员会编：《文史资料选辑》第78辑，文史资料出版社1982年版，第867页。

② 《四邑民国日报》，1941年2月11，引自丁艳雅：《民国权利诉讼的言说实践——以新会刑事档案为例》，中山大学博士论文。

方法院如此,最高法院也不例外。1933年,南京国民政府最高法院发布通告:

> 近查国内一二报章杂志,辄有未得本院许可,竟将未经本院审定之各种判例,任意登载,殊属有违法纪。须知是项判例,关系至巨,影响人们诉讼尤深。在未经本院编定之前,岂容视作其他行政机关之普通文件,而援有闻必录之例。遽行刊登,致兹舛误。嗣后凡关于本院判例,暨未经公布之各种刊印文件,无论各种报章杂志,未得本院许可,均不得自由刊登。事关法律,幸各出版人严重注意为要。

江庸得知后,特著文以社论的形式在《法律评论》上发表,与最高法院商榷。

> 最高法院诸公:
>
> (一)外交或军事文件。不得当局许可,辄行登载,易启重大纠纷,故当悬为厉禁。至于判决,则示法院以裁判之准绳,为法官律师诉讼当事人所应知晓,且急于知晓。盖最高法院,已有此判例,法官不知,即徒为无益之判决;律师及诉讼当事人不知,则徒为无益之争执。因最高法院判例,有拘束全国下级法院之力也。即以本周刊论,其职志在发抒法律意见,搜集法令资料,以供法官律师及研究法律之参考。最高法院若有一判例,即唯恐不早一日登载,使法院有所遵守,律师及诉讼当事人亦知所适从。审判尚且公开,判例何必秘密?最高法院似应许其迅速登载,况判例乃案子已判决或裁定者也。最高法院,业已先行公布,未尝秘而不宣,被告为表白其无罪,当事人为宣传其胜诉,以最高法院判决全文或要旨,登之报章杂志,亦属恒情。万勿更请求最高法院许可之理。最高法院谓国内报章杂志,未得许可,任意登载判例,殊属违法,窃所未解。①

---

① 江庸:"最高法院限制报章杂志刊载判例",《法律评论》第528期,1933年。

由于一些报社与法院之间存在着利益上的纠葛,因而这些报纸在报道法院的活动时自然会适当地考虑法院的感受;而那些没有获得授权刊登法律文书的报纸,其态度可能就会有所不同,因而,法院与报纸的真实关系远比我们看到的表象要复杂得多。

据考证,民国时期,先后有《黎明日报》、《工商日报》等报馆与西安地方法院同处于二府街上,因为地利,这两家报馆获得司法方面的信息相对较为容易,因而,刊登这类法律文书也就较多。

小　　结

在近现代中国,说到与审判权运行有关的组织似乎还应提到民意机关。清末以降尽管分权观念已被社会各界所接受,但现实政治操作层面民意机构残缺不全一直是困扰中国走向现代国家的制度性障碍。民意机构残缺不全,不但造成立法工作的滞后,助长了行政机关滥用权力现象的发生,也使司法机关少了一种实实在在的制约力量。

清末民国省一级先后成立有咨议局和省议会,但大都时断时续。市县一级问题则更多。直到1944年,按照国民政府的统一安排,陕西才制定了《陕西省各县临时参议会组织规程》,要求各县市尽快成立临时性代议机构——参议会。按照该规程的规定,西安市于1945年3月成立了临时参议会,办公地点建国公园内原工务局旧址,现莲湖区西举贡巷中段。因为是临时参议会,议员非选举产生,系由西安市政府延聘各界人士19人组成,如西北大学教授刘亦珩、新民中学校长石运峰、大华纱厂经理石凤翔、商会会长张玉山、退伍军人李纪才、西安日报社长王子安、回族人士马独青等等,以李仲三为议长,李贻燕为副议长。临时参议会代行参议会的职能,存在期间共举行两次大会,听取审议市长和市政府各科科长的施政报告。临时参议会的另一重要任务是负责筹备召开正式参议会。筹备工作中最复杂的是议员名单的确定和选举。议员的分配名额系按照职业团体、党派和行政区划进行分配。职业团体和党派的分配办法为工商界4人、教育界4人、工会1人、医疗行政1人、律师1人、民社党3人、青年党3人，各区则根据人口分配1至2人不等。经过近一年的筹备和选举，最终产生37名议员，其中有律师2人，分别为张道址和张恒忻。1945年12月西安市参议会正式宣告成立。会议选举李仲三为议长，王子安为副议长。

自1945年12月成立到1949年5月解散，四年间西安市参议会共召开大会12次，平均每3个月召开一次，每次会期五六天。参议会的任务，一是听取和审议西安市市长、市政府各科科长和市警察局局长的施政报告；二是讨论议决由市政府提出的重大事项，如《西安市民国三十七年度戡乱建国费统筹办法》、《西安市自卫特捐筹集办法》等；三是讨论形成正式提案，交由相关部门答复。尽管会期不长，但安排得较为紧凑，如1947年11月至1948年11月，一年间共成立议案344件，其中自治警察类138件，财政经济建设类128件，文化教育类68件，临时动议10件。此外，有些提案的内容颇为尖锐，如1948年参议会的提案中便包括"不得任意逮捕群众团体首领"，"解决劳资纠纷、维护工人利益"等等。

在历年会议中，特别是开幕式陕西高等法院院长和西安地方法院院长等都亲自到会并发表讲话。但与行政机关的长官不同，其讲话的性质并非是汇报工作，而是礼仪性质的。如1945年3月26日西安临时参议会开幕，陕西高等法院院长魏大同与会并发表祝词：

议长、副议长，各位议员先生：

今天是西安市临时参议会举行开幕典礼之日，本人躬兴甚盛，欣慰异常。值兹抗战快要结束，建国工作行将开始之际，临时参议会之产生，实负有甚重之责任，须知我们建国的原则，是要建立三民主义五权宪法之国家，非同日本有天皇一系的立国传统，有军阀操纵的政治组织，我们建国是不靠神权，不靠武力，是要建设一个真正的民主国家，是要走向宪政的大道。现在中央对于宪法已决定最短期内颁布实施。在根本大法未实施之前，准备工作至为重要，所以临时参议会就是接近宪政的民意机构，是准备实施宪政的机构。市参议会虽不是立法机关，但是代表民意的机关。创制法律要以民意为基础，离开民意，就不是真正的民主。是要置民意于法内，不要置民意于法外，基此可知民众实握有法律的权柄。以民意为基础的政治，才是真正的民主政治。在这个过渡时期中，代表民意机关，可将舆情随时向政府建议，多多贡献意见，俾政治日有进步，使民意切实反映于政府，融会一体，则宪政实施可早实现，真正民主政治得以早日实现。①

参议会的提案中涉及到地方法院审判工作的不多，只有数件，如1947年一届四次会议上，议员张恒忻检举西安地方法院有非法利用职权查封面粉厂，造成面粉厂无法正常生产之嫌疑，地方法院院长崔炎煜利用与会的机会对此事进行了解释。

此外，参议会还接受民众的投诉和举报。1945年12月27日长安民众小学女教员张霞英投书省参议会，举报地方法院院长贪赃枉法。举报者在信封上专门注明"收发先生，可存正义，万勿稽压，并希即日转呈为盼"。

省参议会钧鉴：

诸公为我陕政以德业举正义，纠正贪污之官吏，废除社会之恶习，凡我民众莫不爱戴。惟城乡纷纷评论以长安地方法院崔院长与白法官作风大坏，贪赃枉法，凭借法庭之威严，实行贪污之目的，处理许多案件中以非理压制弱小人民，而徇私情偏袒于有钱者，竟将非理违法之有钱者变为夺理免罪，更以法势威胁弱小人民倒受缺理冤屈。以此少数之

---

① 西安市档案馆档案，卷宗号01—7—106。

赃官影响多数良民之不安。民为乡间小学女教员,对于法政之事,本不关己,但为弱小不平之冤,不得不为声请,敬启诸公予以正义裁判,以免良民遭受冤枉。

1946年3月21日,省参议会第一次大会第10次会议决议:咨请省政府转函高等法院查办。同月,省政府将此函转高等法院。4月3日,高等法院致函省政府和参议会"无具体事实,本院无法调查,请该女教员列举事实。"①此事不了了之。

因而,对地方法院来说,省市参议会的短暂存在毕竟也起到了一定监督的作用。②

总之,司法制度的运行离不开特定的场域。为了追求司法的公正,防止和弥补审判者可能出现的专横和智识上的欠缺,新制度设计者从国家制度和司法制度两个层面对传统的审判制度进行了彻底的改造,将独断、封闭的审判改造成对抗、开放的司法。对抗不难理解,而所谓开放的司法则是指推事必须在检察官、律师的共同参与下行使审判权,同时还要接受媒体和民众的监督,这是新式司法制度中最为核心的要素。在任何一个社会里司法权的实际运行状况都远比制度设计者们想象的复杂得多,新型司法制度尤为如此。仔细观察特定的司法场域,无疑会深化对西安地方法院的认知。

---

① 陕西省档案馆档案,卷宗号01—9—137。
② 《西安市参议会第一届大会会议记录》,1946年。

第七章　诉讼审判撮要

作为移植而来的制度，新式审判机关创建之初，不可避免地经历了与传统社会的短暂磨合，如有材料表明一些民众有了纠纷和冤屈之后，由于对新式审判机关的不了解和不信任，仍然按照传统的习惯处理自己的纠纷，或是选择乡村中的长者进行调处，或是到行政官员的官署去寻找救济的渠道，讨要说法。为此，陕西高等检察厅不得不咨呈陕西提法使，请转饬所属各府州今后凡遇有命盗案件一定要报明该厅以便检察。①

但就总体而言，依据分权原则设立的西安地方审判机关，尽管没有了行政权力做后盾，但由于本身所具有的专业化、中立性和全天候等特征很快就在解决纠纷方面显示出了明显的优势，并被社会各界所接受。英国人庄士敦通过对山东威海卫地区的观察发现，虽然新式法院的设立削弱了传统乡村中乡老和族长的威严，动摇了中国乡村生活的社会结构基础。但由于新式审判机关所具有的廉洁特点，经过一番比较之后，村民们还是自动地选择了新式审判机关。"人们已经发现，即便是最微不足道的事情，诉诸法律要比找'说和人'解决更为容易、快捷和便宜。因为这些'说和人'都是年长的亲属、村里的头面人物或者友善的近邻，在他们慢长的商议观察中，最起码要备好肉、菜、几壶酒，周到地款待他们请来调解说和的人。"②

审判是法院工作的核心。能否迅速地打击犯罪，恢复社会秩序；公正地

---

① 相关讨论，参见史新恒:《清末提法使研究》，社会科学文献出版社2014年版。
② 〔英〕庄士敦:《狮龙共舞：一个英国人笔下的威海卫与中国传统文化》，刘本森译，江苏人民出版社2014年版，第73页。

审结纠纷，维护公民权益亦是法院，特别是第一审法院获得社会认可的关键，西安地方审判机关的历任厅长（院长）对审判工作都较为重视，诚如他们在报告中所言"查法院为国家执法机关，其执法之当否，胥惟审判是赖，故审判事务为法院精神之所寄。"[①]为此，从立案到案件分配，直至审判过程均建立了一整套合理的流程和制度。

第一节　案件受理

出于保护当事人诉权的理念，民国时期审判机关实行立案登记制度，各级法院对于当事人或检察官提起的诉讼只要符合法律规定的都一律受理，档案中，尚未发现西安地方审判机关有出于政治或其他方面的考虑对某类纠纷加以限制，不予受理的情况。

一、立案

西安地方审判机关设有"收状处"统一管理立案收状工作。为了方便当事人，地方审判机关将该处与其他对外部门集中设在三进院落中的前进，减少了当事人的盲目奔波。新式审判机关创制之初，民众对审判机关和审判机关的办案程序极为陌生，对现代法律知识所知甚少，因而初进审判机关如入迷宫，不懂得该如何办理，只能借助法警或执达员之手，这种情形为不法人员乘机盘剥和敲诈提供了机会，影响了新式审判机关的声誉。西安地方审判机关对此极为重视，设立统一的"收状处"较好地解决了这一问题。

立案手续简捷而便利。具体而言，民事诉讼的启动始于原告向地方审

[①] 西安市档案馆档案，卷宗号090—1—26。

判机关呈递诉状。凡对自己的权利有所主张的当事人可以随时到地方审判机关"收状处"购买状纸进行填写，北京政府的《民事诉讼条例》和南京国民政府的《民事诉讼法》均规定属简易程序的民事诉讼案件可以用言词方式进行起诉，但对西安这座有着深厚历史文化传统的古城来说，使用书面诉状早已成为普通民众的习惯，因而，以言词方式起诉的极少。此外，在一般当事人看来，书面的诉状也更显庄重。

地方审判机关周边设有多家律师事务所，可以为当事人代写诉状。尽管律师为人代写诉状收费不菲，但却方便了那些不通文墨的当事人。状纸写好后交"收状处"进行形式审查，如原被告信息是否齐全，有无超过时效，当事人是否适格，审级是否符合等，如无问题由该处擎给收据，立案程序即告完成。

刑事案件则相对复杂。就案源来说，刑事案件既有由检察官提起的公诉案件，也有由自诉人提起的自诉案件。民国时期的刑事诉讼法规定，类似于重婚罪等案件属自诉案件，只能由当事人自己提起诉讼，但一般民众对此大都并不了解。具体操作上，凡公诉案件由检察厅或检察处直接将起诉书和案卷转给审判机关，自诉案件的程序则与民事案件基本相同。

总之，不管是民事案件，还是刑事案件只要符合形式要件，同时亦是地方审判机关的受案范围，审判机关都会依法予以立案，较少受其他因素的干扰。如1948年，涉嫌杀人的在押犯何泰章因逮捕前与合伙人之间存在着债务纠纷，向地方法院民庭提起追偿债务的诉求：

缘民因被诬杀人案件在囚日久，民因前在外与李进良以煤址合作开设本市西关正街55号永兴煤厂，自民被押后伊异想天开将余煤14吨零280斤加炭全数鲸吞无余。民诉之钧院检察处，案经传讯，情关债务令民向民庭依法追偿。奈民情实冤抑不得不依法诉请。惟民因家境窘迫又兼被押过久，拖累罄尽，只得叩恳钧院俯念下情，准予诉讼救助暂行免纳诉讼费用似济囚艰，实为德便。

地方法院并没有因为其特殊的身份而有所歧视,予以立案,交由推事钱应选办理。至于他所提出的诉讼救助声请,推事审查后,认定何泰章不符合诉讼救助的条件,裁定驳回。①

立案过程中的形式审查相对简单,但下面的问题处理起来则较为麻烦:

第一,当事人的缠讼。为了节省司法资源,民国时期的司法制度坚持一事不再理的诉讼原则,但这一原则却与中国传统政治秉承的亲民,有错即纠的精神反差较大。新式审判机关创建之初,许多当事人对此并不接受,反复缠诉。对于这类无理缠讼的当事人,地方审判机关只能反复解释依法不予立案。

第二,反复无常的当事人。任何社会中都会有一些缺乏理智和情绪型的当事人,他们或是好讼,动辄就打官司,随意使用国家司法资源;或是反复无常。如1949年4月,西安市民焦生金向地方法院提起民事诉讼,要求确认婚约。案情如下:

民女陈宽梅自幼由父亲做主与焦生金订有娃娃亲,并在焦家童养5年。成年后,陈宽梅与焦生金经协商自愿解除婚约。但时隔不久焦生金反悔,以陈父教唆毁婚为由向地方法院提起民事诉讼,要求确认婚约。娃娃亲是中国民间盛行已久的习俗,即便是到了民国,在西安这类城市里也并不少见。按照《中华民国民法·亲属编》(1931年5月实施)第972条之规定"婚约应由男女双方当事人自行订定",也就是说,焦生金的诉求并无现行法律依据。西安地方法院民庭考虑到民俗的延续性还是准予了立案,并依法先行进行调解。双方在推事的调解下达成和解书:解除婚约,女方退还男方财礼50元。但第二天,焦生金再次反悔重新声请,要求撤销和解,判决被告陈宽梅赔偿原告5年童养费300元。推事出于保护原告利益的考虑重新进行调解。推事询问原告:"前日你当庭和解,今又递状子为什么事?"原告答:"陈

---

① 西安市档案馆档案,卷宗号090—30—81。

宽梅来我家5年,我家养了她几年。今解除婚约,不能白养了。"推事告知原告:"你不情愿和解,照法律判决,你不但得不到50元钱,婚约还得解除。你不如把案子撤了,她还能给你50元钱。"原告在推事的反复劝说下,最后同意撤销声请,并具结。①

在强调保护公民诉权的现代社会,作为直接与普通民众打交道的一审法院,西安地方法院的推事每天都可能面对一些意气用事的当事人和纯属雀牙鼠角的纠纷,精力势必受到极大的牵扯。为此,自1940年代后期,西安地方法院开始安排专人为自诉人进行法律知识方面咨询,同时,也在不违反法律的前提下对一些稍有犹豫的当事人进行必要的劝说,减少随意浪费司法资源的现象。

第三,复杂的新型案件。1947年,35岁的陕西省立女子中学教师王舒荣向西安地方法院检察处控告本校校长马昭德操纵选举,竞选舞弊,要求地方法院依法撤销马昭德国民大会代表资格。本案案由为:抗战胜利后,南京国民政府于1946年筹备召开国民代表大会,为此还颁布了《国民大会代表选举罢免法》。该法第8条规定,"现任官吏不得于其任所所在地之选举区当选为国民大会代表。"被告人马昭德,36岁,陕西绥德人,毕业于西北联合大学,时任陕西省立女子中学校长,为三青团陕西支团部妇女组干事,陕西妇女会常务理事等。依南京国民政府教育行政法规规定中学校长为委任职文职官员。马昭德在西安市举行的国民大会代表选举中,由国民党西安市党部提名为候选人,并当选为所在地西安市妇女界国大代表。原告王舒荣则当选为候补代表。《国民大会代表罢免法》第34条规定"办理选举违背法律,经判决确定者"其代表当选资格无效;第37条规定代表"当选无效时,由候补人依次递补";该《国民大会代表罢免法》同时规定,确定当选人资格无效,须经过法院判决。原告认为马昭德资格显然违背了《代表选举罢免法》

---

① 西安市档案馆档案,卷宗号090—30—223。

第8条之规定,侵犯了自己的利益,于是向西安地方法院检察处进行控告,指控马昭德在选举中发动该校学生三四百人篡改年龄为其投票,具有舞弊行为,犯有操纵选举罪,要求法院判决其当选无效。但《国民大会代表选举罢免法》第40条则明文规定,"选举诉讼归该管高等法院管辖"。

显然,如果原告提起的是选举诉讼,地方法院无权管辖,可原告控告马昭德操作选举则属于刑事犯罪,属于地方法院的权限范围,检察处又不能不管。经过反复讨论之后,地方法院检察处决定立案。检察处经侦察,认定原告所指控的被告操纵选举行为缺乏证据支撑,做不起诉决定。但又告知原告可向陕西高等法院提起选举诉讼。

王舒荣随于同年12月向陕西高等法院提起选举诉讼,不再指控被告刑事犯罪。①

二、案件分配

案件的分配是一个极为复杂和重要的工作。一方面,案件的复杂和难易程度不一样,决定了推事需要投入的时间和精力也不一样。民国时期司法行政部对推事的考核采取的是以受案数为标准的简单计件办法,推事在配受案件时出现挑肥拣瘦的现象便不可避免。1932年司法行政部曾为此专门下发布训令:

> 各法院法官,每有意图推脱责任,将配受之案件,要求改分他人。甚或临时托词,请假离院。似此畏难规避,不啻欲人为其难,我任其易,于公固为不忠,于私亦有未恕。倘风习所趋,人人效尤,尚复成何事

---

① 陕西省档案馆档案,卷宗号089—9—560。陕西高等法院立案后,致函西安市国民大会代表选举事务所,调查被告资格。1948年1月12日选举事务所作如下答复:政府委派之公立学校校长应视为官吏,马未辞职,参加任所地之选举,显与法律规定不符,资格无效,应由候补人递补。3月10日,高等法院做出判决:马昭德国民大会代表资格无效。

体。兹特通令严切告诫,嗣后各法院长官对于所属法官配受之案件,非确实有回避情形,应依法回避者外,毋得遽准而改分,以杜推诿而免取巧。①

另一方面,案件的分配如果不尽合理,还容易使人为的因素介入审判过程,影响审判的公正。显然,如果没有一套合理的案件分配办法,受影响的不仅是推事个人之间的关系,还关涉司法的中立和公正。

民国晚期西安地方法院设有四个审判庭,每庭下设若干股。民国时期的诉讼法规定,初审法院审理案件以独任制为主,因而每股只设一名推事,同时配备一名记录书记官。

案件立案后,早期的做法是由"收状处"将案卷或诉状编号送交院长批阅,再由院长综合考虑分配给相应的推事进行审理。但这一做法受到了推事的质疑。到民国晚期,为了减少麻烦,同时限制可能出现的人为因素,西安地方法院在1935年司法行政部公布的高等法院和地方法院《处务规程》基础上,摸索出了另外一套案件分配办法:即每年年终召开院务会议对第二年每个推事负责审理的案件股号和代理顺序做出明确规定,然后由"收状处"的书记官"依收文号数或案件性质"进行分配,具体办法是通过抓阄这种最原始,也是最公平的办法进行。换言之,将案件分配变成了一种由书记官操作的纯粹的例行公事。案件股号是指每个推事具体审理的案件,而代理顺序是指如原分配的案件出现了并案、临时换人等特殊情况后接替代理的推事顺序。同时亦将相配合的记录书记官进行分配。股号和代理顺序确定之后非有法定理由不得变动。

以下是1947年12月31日地方法院年终会议上通过抓阄办法确定的

---

① 司法行政部1932年度工作报告,引自蒋秋明:《南京国民政府审判制度研究》,光明日报出版社2011年版,第347页。

下一年度案件分配情况和推事代理顺序①：

表 7.1　案件分配抓阄结果　1947 年 12 月 31 日

推事	代理案件股号	代理顺序号	记录书记官
戚国光	忠	孝	徐玺
屈天行	孝	仁	王艳
李本固	仁	忠	王执中
钱应运	清	慎	仲济禄
卫毓英	慎	勤	董步裕
张维心	善	能	潘日辉
张厚坤	勤	清	俞人俊
余国藩	能	敬	郝颖侠
郑吉林	敬	正	李俊超
蔚济川	法	办	贾振存
宋瑞麟	办	善	刘泽霖
徐志远	正	法	王学曾

这一制度得到了较好的执行。按照预设的顺序利用抓阄这种最原始的公平办法来分配案件，确实可以保证每个推事工作量的大致相等，同时也可以在一定程度上防止外部力量的介入和人为的操作，即从表面上看有利于审判的公正。但这种制度是以推事能力和水平完全相同为设计前提的，其实，现实生活中推事的水平、能力和审判经验之间客观存在着一定的差距，因而，从审判的角度讲，西安地方审判机关成立之初的做法，即由院长根据案件难易和复杂程度，将一些特殊的、复杂的案件交由资深的推事来办理，可能更符合审判的规律。

---

① 陕西省档案馆档案，卷宗号 089—4—36。

第二节　案件分类

前面已经指出,民国时期国家出于管理的需要对司法统计工作极为重视,司法行政部和陕西高等法院均明文要求各级审判机关必须对受案数、结案数,以及案件类型等材料和数字逐月汇总填表上报,这些措施为日后的研究提供了珍贵的史料。

一、案件数量

西安地方审判机关成立之初,作为一审为主兼有二审功能的审判机关,其所受理的案件数量并不太多,且主要以刑事案件为主。1930—1940年代后伴随着社会经济的发展、民众观念的改变,特别是审级上改为初审法院之后,西安地方法院受理的案件数量,尤其是民事案件数量开始增长,且增长的速度很快。到1940年代西安地方法院年受理的案件总数最高时已达五千件左右,即每个月四百件左右,占陕西全省法院系统同期受理案件总数的1/5,按1948年西安市人口总数547450人计算[1],案件数量无论是绝对数,还是相对数都较高。

不仅如此,到1930—1940年代每个推事的受案数也已相对饱和。民国晚期,西安地方法院推事月平均受案数已达到了四五十件,[2]推事的工作量较之从前繁重了许多,即便是与其他一些发达城市地方法院推事的工作量

---

[1]　陕西省编制委员会、陕西省档案馆合编:《民国时期陕西省行政机构沿革》陕西人民教育出版社1991年版,第28页。

[2]　西安市档案馆档案,卷宗号090—1—19。

表 7.2　西安地方法院民刑事案件总计月报表　1948 年 1 月份①

造报机关	民事案件 案件区别	受理件数 共计	旧受	新收	终结件数	未终结件数	刑事案件 案件区别	受理件数 共计	旧受	新收	终结件数	未终结件数	检察部分刑事案件 案件区别	受理件数 共计	旧受	新收	终结件数	未终结件数
陕西长安地院	第一审	188	58	130	152	36	第一审	298	170	128	151	147	第一审	305	9	296	278	27
	再审																	
	督促程序	2		2	2													
	保全程序	1		1	1		再审						其他事件	292		292	286	6
	公示催告																	
	禁治产						附带民事诉讼	70	16	54	45	25						
	宣告死亡	1		1	1													
	调解	71	2	69	58	13												
	强制执行	153	79	74	49	104	其他事件	108	32	76	74	34						
	破产												总计	597	9	588	564	33
	其他事件	96	4	92	50	46	总计	476	218	258	270	206						
	总计	512	143	369	313	199												

相比也是如此。如号称"案件繁多,案情复杂,为全国各地之冠"的北平地方法院,"民事庭刑事庭各推事,每月分配第一审及第二审案件,多则 30 余件,少则 20 余件"②。由此可见,案件多,任务重是当时全国各地审判机关推事所面临的共同问题。推事每月受案数必须保持在合理的范围之内,否则势必会导致精力分散,直接影响到案件审判的速度及质量。民国初年司法行政机关对此即有清楚的认知,"案少则收案既易清结,审理必较细心,案多则

---

① 西安市档案馆档案,卷宗号 090—1—65。
② 李浩儒:"司法制度的过去与将来",《平等杂志》第 1 卷第 3 期,1931 年。

表 7.3　西安地方法院民刑事案件总计月报表　1948 年 7 月份①

造报机关	民事案件						刑事案件						检察部分刑事案件					
	案件区别	受理件数			终结件数	未终结件数	案件区别	受理件数			终结件数	未终结件数	案件区别	受理件数			终结件数	未终结件数
		共计	旧受	新收				共计	旧受	新收				共计	旧受	新收		
陕西长安地院	第一审	193	55	138	139	54	第一审	265	59	206	194	71	第一审	419	19	400	390	29
	再审																	
	督促程序																	
	保全程序	2		2	2		再审	1	1			1	其他事件	313		313	313	
	公示催告																	
	禁治产						附带民事诉讼	43	2	41	35	8						
	宣告死亡																	
	调解 成立	5		5														
	不成立	73	12	61	71	7												
	强制执行	136	72	64	51	85	其他事件	102	5	97	95	7	总计	732	19	713	703	29
	破产																	
	其他事件	20	3	107	101	9	总计	411	67	344	324	87						
	总计	419	142	377	364	155												
	本月办案推事人数			7人			本月办案推事人数			6人			本月办案检察官人数			7人		

调查或涉粗疏,讯结难免延滞,"②但却一直未能根治。

地方法院受案数的增长,既与社会经济发展程度相关,也从一个侧面反映出了民国时期审判机关对社会生活影响的日益加重。换言之,到民国晚期由于参与诉讼人员的增加,审判机关已逐渐成为人们关注的焦点。

---

① 西安市档案馆档案,卷宗号 090—1—65。
② "法权讨论委员会顾问沈家彝条陈",《司法考察记》,《民国时期社会调查丛编》(二)法政卷(上),福建教育出版社 2014 年版,第 298 页。

表 7.4　西安地方法院民刑事案件总计月报表 1948 年 12 月份①

造报机关	民事案件 案件区别	受理件数 共计	受理件数 旧受	受理件数 新收	终结件数	未终结件数	刑事案件 案件区别	受理件数 共计	受理件数 旧受	受理件数 新收	终结件数	未终结件数	检察部分刑事案件 案件区别	受理件数 共计	受理件数 旧受	受理件数 新收	终结件数	未终结件数
陕西长安地院	第一审	182	41	141	150	32	第一审	171	64	107	117	54	第一审	299	21	278	274	25
	再审																	
	督促程序	2		2	2		再审	2	2			2						
	保全程序	1		1	1								其他事件	268	1	267	268	
	公示催告																	
	禁治产						附带民事诉讼	65	14	51	58	7						
	宣告死亡																	
	调解 成立				8													
	调解 不成立	64	6	58	49	7												
	强制执行	147	105	42	45	102	其他事件	78	8	70	75	3	总计	567	22	545	542	25
	破产																	
	其他事件	95	24	71	78	17	总计	316	88	228	250	66						
	总计	491	176	315	333	158												
	本月办案推事人数		7 人				本月办案推事人数		6 人				本月办案检察官人数		7 人			

二、案件类型

案件数量增多的同时,案件的类型也愈发多样,案情则日益复杂。

表格详细和客观地反映了民国晚期西安地方审判机关受理案件的分类情况。就大类而言,到民国晚期,西安地方审判机关审理的刑事案件总量仍然超过民事诉讼中以判决方式结案的案件总量(民事案件的结案方式分为

---

① 西安市档案馆档案,卷宗号 090—1—65。

调解、判决及和解等)。统计表明 1948 年西安地方法院共受理并判决刑事案件 1883 件,而以判决方式结案的民事案件则为 1471 件,因而,打击犯罪依然是西安地方审判机关的重要职能。

而刑事案件中普通刑事案件 1386 件,特种刑事案件 497 件。民国晚期,南京国民政府通过立法将刑事案件划分为普通刑事案件和特种刑事案件两类,特种刑事案件系指烟毒、贪污、盗匪、违反税法、妨害兵役、违反银行法、盗卖交通器材等。① 1948 年西安地方法院审理的特种刑事案件具体数量为烟毒案 249 件,贪污案 134 件,盗匪案 33 件,妨害兵役案 20 件,违反税法案 46 件,违反银行法案 5 件,违反盐政案 3 件,违反农工商条例案 2 件,盗卖军品案 3 件,盗卖交通器材案 2 件。审理的普通刑事案件主要为盗窃、伤害、诈骗、抢劫、妨害自由、妨害婚姻和杀人等。

1948 年西安地方法院审结的民事案件中,涉及到财产的案件,如金钱、粮食、土地、物品、建筑物等共 1089 件,占绝大多数;涉及人身的,如婚姻、监护、抚养等案件 191 件;继承类 7 件。此外尚有其他 184 件。

案件类型的增多,案情的复杂既增加了推事的工作量,对推事的专业知识和技能提出了更高的要求;同时也使新式审判机关与社会的方方面面有了更多的接触,拓展着审判机关在社会治理中的作用,提高审判机关在国家政治发展和社会日常生活中的地位。事实也正是如此。西安地方法院的档案中保留着地方法院与各类组织之间的往来函件,这些函件数量可观,真实地记载着法院与社会之间联系的广度和深度,清楚地再现了地方法院与社会相互融合的过程。

---

① 有关民国时期刑事特别法方面的研究,请参见张道强:《民国刑事特别法研究》,法律出版社 2013 年版。

表 7.5 西安地方法院民刑事案件统计月报表　1948 年 2 月份①

造报机关	民事案件		第一审	第二审	再审	刑事案件		第一审	第二审	再审
长安地方法院	终结案件诉讼种类别	共计	60			终结案件罪名别	共计	114		
		债之诉讼 买卖	6			刑法	内乱			
		赠与	1				外患			
		租赁	8				妨害国家			
		借贷	5				渎职	3		
		雇佣	1				妨害公务			
		承揽	1				妨害投票			
		委任					妨害秩序	2		
		运送					脱逃			
		合伙					藏匿罪犯及湮灭证据			
		其他	12				伪证及诬告	3		
							公共危险	1		
							伪造货币			
							伪造有价证券	1		
							伪造度量衡			
		物权诉讼 所有权	10				伪造文书印文	2		
		地上权	1				妨害风化	2		
		永佃权					妨害婚姻及家庭	4		
		地役权					亵渎犯及侵害坟墓尸体			
		抵押权	1				妨害农工商			
		质权					侮辱			
		典权	6				赌博			
		留置权					杀人			
		占有					伤害	14		
							堕胎			
							遗弃			
							妨害自由	6		
							妨害名誉及信用	1		
		亲属诉讼 婚姻	4				妨害权利			
		父母子女					窃盗	21		
		监护	1				抢夺强盗及海盗			
		扶养					侵占	3		
		家属					诈欺背信及重利	11		
		家属会议					恐吓及掳人勒赎	1		
		遗产					赃物	3		
		遗嘱					毁弃损坏	1		
						特别刑事法令	违反银行法	1		
							违反印花税	17		
		其他	3				违反所得税	1		
							烟毒	4		
							贪污	9		
							盗匪	3		

① 西安市档案馆档案,卷宗号 090—1—72。

表 7.6　西安地方法院民刑事案件统计月报表　1948 年 6 月份①

造报机关	民事案件		第一审	第二审	再审	刑事案件		第一审	第二审	再审
长安地方法院	终结案件诉讼种类别	共计	103	2			共计	160		
		买卖	21			刑法	内乱			
		赠与	1				外患			
		租赁	10				妨害国家			
		借贷	16				渎职			
	债之诉讼	雇佣	2				妨害公务			
		承揽					妨害投票			
		委任					妨害秩序	3		
		运送					脱逃	1		
		合伙	7				藏匿罪犯及湮灭证据			
		其他	20			终结案件罪名别	伪证及诬告	3		
							公共危险	3		
							伪造货币			
							伪造有价证券			
							伪造度量衡			
	物权诉讼	所有权	6	2			伪造文书印文	7		
		地上权					妨害风化	1		
		水佃权					妨害婚姻及家庭	6		
		地役权					亵渎犯及侵害坟墓尸体			
		抵押权	3				妨害农工商			
		质权					侮辱	4		
		典权	5				赌博			
		留置权					杀人	5		
		占有	4				伤害	18		
							堕胎			
							遗弃			
							妨害自由	9		
							妨害名誉及信用			
	亲属诉讼	婚姻	5				妨害权利	8		
		父母子女					窃盗	17		
		监护					抢夺强盗及海盗	6		
		扶养					侵占	8		
		家属					诈欺背信及重利	12		
		家属会议					恐吓及掳人勒赎			
		遗产					赃物			
		遗嘱					毁弃损坏	1		
						特别刑事法令	妨害兵役	2		
							违反印花税	4		
		其他		3			违反所得税			
							烟毒	25		
							贪污	15		
							盗匪	2		

① 西安市档案馆档案,卷宗号 090—1—72。

第三节 审判过程

从宏观上对民国时期西安地方法院的审判情况作一客观描述,并进行评判并非一件容易的事情。但出于研究的需要,笔者尝试借助档案材料,在占有一定数量案例的基础上进行分析。

民国时期,西安地方审判机关在审判模式上采用的是直接审理,呈现出强烈的坐堂办案特色。所谓直接审理即所有事实和证据都由推事在法庭上直接获取,而并非借助书面材料或推事自己亲自去调查取证,因而言词辩论和举证质证就成了庭审中最为重要的环节。这种审理模式必然要求:一无论民事诉讼中的双方当事人,还是刑事诉讼中的控、辩双方要具备一定的法律素养和必要的表达能力,需要懂得如何合理地主张自己的诉求,搜集和保留证据,以及在法庭上如何举证和质证等等,否则在诉讼中将处于非常不利的地位;二庭审过程中双方当事人必须具有平等的地位和机会;三开庭的时间必须适当及充足。在直接审理中,推事主要是以中立的身份根据双方的言词辩论要旨和当堂所举的证据进行判断进而做出判决。为了保证推事对案情尽可能地完整掌握,法律规定审判必须实行集中审理,即要求一个案件连续审判中间不能间断,否则将影响推事对案件性质的把握。

一、平等对待

就总体而言,民国时期国家通过立法,以及司法实践尽可能地在庭审过程中从程序上保障双方当事人的平等地位,特别是民事案件双方当事人的平等地位。纵观西安地方审判机关的诉讼实践,其做法包括:

第一,有效落实推事回避制度。为了保证审判公正,民国时期制定的数部民事、刑事诉讼法规均规定,承办案件的推事具有法定理由的须在庭审前进行回避。此外,庭审过程中原被告亦可以对推事追加提出回避声请。1946年5月23日,西安市民刘梅芳委托律师纪清漪向西安地方法院提起民事诉讼,请求判决与丈夫孙传九离婚。案件审理过程中,被告孙传九(山西人,客居西安)以承办推事刘玉滨与原告代理律师为同乡,审理时有"偏颇"为由,申请推事回避,声请书云:

> 本年元月三十日,原告聘得律师纪清漪在钧院提起离婚诉讼。在未开庭前,纪律师曾函招民至伊家面谈,当面恐吓,谓离婚已成不可挽回之事实,如不私下了结,到法庭对民将有诸多不便。民因刘梅芳起诉毫无理由,又兼夫妻情爱未绝,幼子无人抚养,未加应允,并恭请纪律师费神调解,与其和好。嗣闻纪律师不但未加调解,反对刘梅芳声言,承案推事刘玉滨与伊有乡友之谊,业经游说妥帖,必致被告败诉。……蛛丝马迹对于推事与律师原告间之声气互通,实令人时起疑窦。近又闻多人传言,刘推事对于此案非办到离婚成立,决不罢手,若如是则民与子女等苦矣。窃考立法要义在为民众理屈,决不为任何人利用作为冤人之工具。刘推事对于此案审理,显系有偏颇之虞。只得申请回避。以符立法要义。临状忐忑,曷胜慌悚。谨状。

实事求是地讲,声请人所说的问题大都属无理猜忌,完全可以依法驳回,但地方法院经研究后还是同意了其声请,并按事先确定的代理号顺延将案件改由推事张厚坤审理,为此地方法院院长还专门询问了孙本人的意见。院长问:"你声请回避,现已改为他人办理,你还有什么话说吗?"刘答:"没有了。"[①]

第二,成立律师平民法律扶助会。1934年5月中华律师协会制定了

---

① 西安市档案馆档案,卷宗号090—30—215。

《律师公会附设贫民法律扶助会暂行规则》,要求各地律师公会都要成立贫民法律扶助会,对经济上没有能力聘请律师的当事人给予无偿的法律援助,西安市律师公会随即成立了相应的组织。1941年司法行政部又公布了《律师公会平民法律扶助实施办法》,将扶助的对象由贫民扩大到平民,但仍以无财力支付律师酬金者为限。此外,按照司法行政部的要求,西安地方法院还设立了诉讼救助制度,对无力缴纳诉讼费的当事人准许免交或缓交诉讼费用。这些规定和做法尽管无法使每一位涉案的贫困当事人都能享有诉权并得到良好的法律援助,但毕竟从制度层面保证了一定数量的涉案当事人在诉讼中能与对方处于相对平等的地位。

如1947年长安县农民李黄氏被其丈夫李文举遗弃,生活陷入困顿之中,李黄氏向地方法院起诉,要求李文举支付赡养费。该案经西安地方法院初审和陕西高等法院二审终审。李黄氏系文盲,一审和二审中均以不懂法律为由,向法院声请诉讼救助,"均蒙核准"[①]。

第三,设立公设辩护人。受社会发展程度的限制,民国时期即便是西安这样的省会城市,普通民众的文化程度不高,法律素养则更差,因而能否聘请律师参与诉讼对于维护自己正当的合法权益是非常重要的。前面已经指出民国时期西安地区的律师无论是业务能力,还是执业态度基本可以满足诉讼当事人的需要。但由于服务费用较高,导致一些诉讼当事人没有能力聘请律师,从而使自己在诉讼中处于非常不利的地位。

为提高律师参与诉讼活动的比例,南京国民政府《刑事诉讼法》(1935年)第35条规定:凡"最轻本刑为五年以上有期徒刑或高等法院管辖第一审之案件,未经选任辩护人者,审判长应指定公设辩护人为其辩护。其他案件认为有必要者亦可。"1939年3月又公布了《公设辩护人条例》,对公设辩护人的选任条件、职责等进行了规定。次年,包括西安在内的五个省会城市的

[①] 陕西省档案馆档案,卷宗号 089—29—376。

地方法院率先设立了公设辩护人,为哪些无力聘请律师而又可能被判处重刑的刑事被告人实行法律救助,维护人权。公设辩护人由省高等法院派驻,名额与费用也由高等法院统一确定和支付。为了加强管理,司法院还统一印刷了公设辩护人承办案件月报表,要求逐项填写上报。

西安地方法院有公设辩护人一名,承担此项工作。对于西安这样规模的城市,只有一名公设辩护人,人数确实少点,但毕竟聊胜于无。西安地方法院还积极创造条件,切实保证有一名公设律师存在。档案记载,西安地方法院曾让本院的学习推事替代因病休假的公设辩护人,临时应急。如1948年1月10日西安地方法院报呈陕西高等法院:"派在本院办事的公设辩护人袁宝华因病请假一月,请批准。遗缺暂由学习推事王恩庆代行",28日陕西高等法院训令"准此"。①

第四,设立诉讼程序询问处。尽管采取了一系列措施,但受社会和经济发展程度的影响,民国时期西安地方法院审理的案件中律师参与率仍然偏低。为了便于更多的当事人了解复杂的诉讼程序,不至于因为缺少专门的法律知识而于诉讼中陷入不利的地位,1942年司法行政部公布了《高等以下各级法院民刑诉讼程序询问处规则》,要求各级法院都要成立"诉讼程序询问处",负责向当事人解答诉讼程序,告知诉讼风险。司法院院长居正为此专门要求司法行政部:要"以极浅显之文字,分别草拟民事诉讼须知、刑事诉讼须知,颁令各法院发行。俾人民对于诉讼上各种法令,获有相当之认识,以资遵守,而杜流弊。"②此后包括西安地方法院在内的各级法院普遍设立了这一机构。

第五,平等对待涉案当事人。现实生活中人与人之间的社会身份和经济地位不可避免地存在着差异,甚至是巨大的差异。这些差异的个体一旦

---

① 西安市档案馆档案,卷宗号090—1—13。
② 司法部饬拟"民刑诉讼须知"及"非讼事件须知"手册的训令,引自蒋秋明:《南京国民政府审判制度研究》,光明日报出版社2011年版,第358页。

形成诉讼,裁判者能否平等地对待之,则是对司法公正的最好检验。档案材料表明,民国时期的西安地方审判机关在诉讼活动中对于涉诉的当事人,尽量在程序上不歧视不偏袒任何一方,平等对待,为双方提供相对充足的时间进行陈述和辩护。为此,地方法院的推事一再特别强调,审理刑事案件时"对于被告之讯问,应使其对有利于己的事实详为陈述",尽量维护被告人合法权益,认为这对于承办人员最后定案"关系甚大。"①此外,对于一些司法实践中出现的问题,司法行政部一经发现,便及时发布训令加以制止和纠正,如1938年5月3日司法行政部发布训令,强调"查法院办理民事案件与当事人之利害息息相关,故不论在审判程序中或入于执行程序后,对于债权人之权利故应维护,而对于债务人之利益亦不能不并为顾及。惟近来各司法机关于现行法令有利于债务人之各规定每多忽略而不知适用,亟应加以改正"。②

案例一

1948年,西安市民柴殿臣向西安地方法院检察处控告西安市警察第四分局警士张子学和警察第四分局局员张景山涉嫌诬告犯罪,并在执法过程中有刑讯行为,要求依法严惩张子学和张景山。检察官王晓风侦查后,认为张子学涉嫌诬告罪,张子学和张景山共同涉嫌犯有凌虐人犯罪和渎职罪,遂依法向西安地方法院刑庭提起公诉。

近代中国是个警察国家,警察在社会生活中地位极为显赫,警察对民众动辄进行呵斥,普通民众敢怒不敢言。1945年3月,在西安市临时参议会第一次会议上参议员张博文公开指出:"常见警察对市民任意呵斥,市民每遇警察,畏之若虎,相率远避,恨的刺骨,群相切责。"③本案双方当事人一方

---

① 1946年在西安地方法院举办的一次纪念周活动中,刑庭庭长段推事在总结办理刑事案件应注意事项时说了上述的话。见西安市档案馆档案,卷宗号090—2—3。
② 司法行政部编:《战时司法纪要》,台北"司法院"秘书处1971年重印,第153页。
③ 《西安市临时参议会第一届大会会议记录》,1945年。

为普通市民,另一方则为显赫的警察,双方的社会地位完全不平等。加之警察与法院之间的关系又非常微妙,因而,按照习惯性思维进行猜测,地方法院恐怕会对被告变相偏袒或关照。但档案材料表明,西安地方法院在该案的立案和审理过程中并没有顾及双方的社会地位,而是依法履行着自己的职权。接到地方法院检察处的公诉后,先是依法对被告进行传唤和立案,审理过程中也找不到明显的瑕疵,给予了双方平等的陈述、申辩机会,最后做出判决:"张子学意图他人受刑事处分,向该管公务员诬告,处有期徒刑一年,缓刑二年,缓刑期内,交付该管保甲长保护管束。其余部分无罪。张景山无罪。"

原告和检察官王晓风接到判决书后,认为西安地方法院判决在定罪和量刑上均有过失,遂由王晓风向陕西高等法院刑庭提起上诉,并制定和递交了上诉理由书。

西安地方法院检察官上诉理由书

被告:张子学,男,25岁,咸阳人,现住西安中正门,警察第四分局警士。

张景山,男,35岁,西安人,住糜家桥,警察第四分局局员。

(上)右被告等因诬告暨渎职等案件,经本院刑庭本年七月二十六日判决,检察官于同年八月六日收受送达,认为应行上诉,兹叙述理由于次:

鉴查本件被告张子学,现充西安市警察局第四分局警士,自系具备公务员之身份,原审认定事实既谓被告向警察第四分局诬告柴殿臣故意伤害伊身体及妨害公务等罪状,则此项诬告显系假借职务上之机会而犯罪,原审未依《刑法》第 134 条加重科刑,殊已违法。至被告张子学、张景山共同凌虐人犯部分,不惟告诉人供陈历历,且有证人胡来东于侦查中供证有鉴,原审对于此项证言,未加斟酌,遽予认定被告无罪,亦欠允恰。爰依《刑事诉讼法》第336条第一项，提起上诉。
此致
陕西高等法院刑事庭

检察官王晓凤
中华民国三十七年八月十三日

原告柴殿臣对于西安地方法院刑庭判决的实体部分持有不同的意见，但他对自己在庭审过程中的待遇没有任何异议，同时还对地方法院和地方法院检察处的工作高度认可，称法院恩准查卷，未制造任何障碍，"检察官代为上诉，为国护法，为民鸣冤，实感德便。"①

案例二

1947年7月长安县农民王邹氏因琐事与邻居王顺德及亲属发生纠纷，被王顺德等数人殴打，殴打者中包括自己的侄女王勤生。生活在熟人社会中的王邹氏视自己的遭遇为奇耻大辱，遂向地方法院检察处控告王顺德、王勤生等。

本案被告王勤生为王邹氏的侄女，因琐事与尊亲发生纠纷，并动手殴打了王邹氏。该案如发生在传统中国，王勤生即便是有万般理由其行为也当属忤逆，未经审判早已为千人所指，诉讼中很难与其他被告一样被平等对待。但地方法院受案后和庭审过程中并未从道德上对王勤生有任何歧视，仍然依法保护其作为被告人的诉讼权利，允许其在法庭上对自己的行为自由辩护。经法庭审理，地方法院民庭认定王顺德、王勤生等5名被告侵权行为成立，判处每人各处罚金30000元。王邹氏不服地方法院的判决，请求检察官代为上诉，理由为"此次判决被告王德顺等五人一律罚金三万元处分，不免过轻，民实难甘服，且被告王勤生年过20，业经成年，系民之侄女，此次

---

① 陕西省档案馆档案，卷宗号089—22—122。

侄女公然殴伤尊亲,迭次传唤均狡辩,想系其神通广大,其所受之处分与其他被告相同,尤为不合。"①显然,王邹氏对地方法院判决的不满,主要源自于侄女对自己血缘身份的挑战和法院对这种挑战的公然蔑视,其上诉理由则正好从一个侧面证实了王勤生并没有因为与原告之间血缘辈分上的差别,在审判中受到任何不公平的对待。

二、过程和结果公开

审判公开既是实现司法公正的制度保证,又是新式审判机关能否获得民众,特别是当事人认可的关键所在。为此,清末民初新型司法制度构建之时,立法机关就通过立法将公开审判作为一项原则加以规定。如民初的《民事诉讼条例》、《刑事诉讼条例》和此后的《民事诉讼法》、《刑事诉讼法》均规定,除涉及个人隐私和国家机密的案件外,一律公开审判。司法行政部和西安地方法院也一再进行各种尝试推动审判公开原则的落实。

第一,信息公开。为了让当事人和民众知晓法院对审判事项的安排,西安地方审判机关创制初就在审判厅的大门外设立了公告牌。大凡属于公开审判的案件审判庭于开庭前之数日都要在公告牌上进行公告,公告内容包括开庭时间、开庭地点等内容,以便于民众和新闻记者旁听。此外,如涉及需强制执行拍卖动产、不动产时,依《强制执行法》还应先期贴出布告,将拍卖标的的名称、种类、所在地、拍卖日期、场所和最低价格等布告周知。

为了进一步促进审判过程的公开和透明,同时督促推事能尽快地处理案件,西安地方法院经过长时间的摸索还于1945年创建了"案件进行状况公告牌"制度。

---

① 陕西省档案馆档案,卷宗号089—22—122。

西安地方法院诉讼案件进行状况公告牌登记办法

第一条　地方法院应设置诉讼案件进行状况公告牌（以下简称公告牌）。

第二条　分案人员收配新案后应将当事人姓名案由及收受日期分别记载于公告牌，并且进行状况栏内填载"审查中"字样，悬挂公告处所。

第三条　推事配受案件就书面办结者配置书记官应于交付送达时将公告牌内审查字样改正仍悬挂原处。

第四条　推事定期审理者配置书记官应将"审核中"改为"审理期日"仍悬挂原处，审理期日应将公告牌随同受传讯人报到单一并送交承办书记官。

第五条　推事指定续行审理期日或定期宣判者承办书记官应即将进行状况重新填载仍悬挂原处。

第六条　执行案件进行状况亦应随时详细填载，凡执行推事对于执行方法有所变更，承办书记官应将公告牌进行状况重新填载仍悬挂原处。

第七条　公告牌进行状况栏应证明事项如左（下）

一　审查中

二　定　月　日审理

三　定　月　日续审

四　定　月　日宣判

五　裁判"驳回"或"照准"

六　已于　月　日派员执行

七　定　月　日查封

八　定　月　日拍卖

九　已于　月　日送达批示

十　其他

第八条　案件终结经送达裁判后缴还送达证时应将公告牌取回交分审人员涂销保管之。

第九条　本办法自公布之日施行。

三十四年一月九日公布

该制度的创建和严格执行使当事人、院内同事和民众对于每个案件的进程一目了然,有利于审判的公开和案件审理的及时。

第二,公开审判。除法律明确要求不得公开审理的案件外,西安地方审判机关审理案件一律公开审判,尚未发现有违法的情况。市民只需领取旁听证都可以自由旁听。但限于财力,西安地方审判机关的法庭大都较小,为了能够容纳更多的人旁听,凡影响较大的案件尽量安排在大法庭中审理。法庭中还为记者留有专门的坐席,保证记者报道的需要。西安地方审判机关几乎每天都有案件开庭审理,因而一些普通案件,除当事人和其亲属之外很少有人旁听,相反一些影响较大的案件受关注度则极高。1947年6月7日湖南邵阳地方法院公开审理的傅德明、王雪菲杀人案就属此类。[①]

> 今天,当朝阳斜挂在东方天空的时候,地院刑庭续开调查庭,审讯傅德明和王雪菲,……这时,法院监狱及县府内外,挤满了群众,大家凝神注目着这貌善心毒的恶人,……成千上万的群众如潮涌至,办理此案的人大伤脑筋,高喊"大家守秩序,不然就随时宣布退庭,使大家没有看得。"同时,全院法警出动维持秩序。

第三,案件审理一步到庭。为了防止审判走过场和暗箱操作,地方审判

---

① 李震一:《邵阳永和金号血案记》,岳麓书社1988年,第73—74页。

机关审理案件均采取一步到庭的做法，即推事或合议庭无需事先向院长（厅长）、庭长，以及其他任何人进行请示。此外，所有的证据均须当庭举证和质证方才可以采信，甚至"当事人申请诉讼救助者，依法须释明事由，并提出可供证明之证据，依法对此项声请请助事件，不得委派执达员前往调查，并据此裁判，以杜弊端。"①这些做法一定程度上保证了审判的真实和公正。

第四，公开宣判。依据法律规定，法庭言辞辩论结束后即应当庭公开宣判。为此，司法院一再强调"诉讼案件应行宣示之裁判，必经法院宣示后始为成立。此项规定，不得欠缺。"②就一般而言，当庭宣判只需当众宣布判决主文即可，至于详细的裁判文书可以事后补发。案件宣判后须将裁判文书送达当事人，并在公告牌上贴出，接受各方监督。

小　　结

民国时期的西安地方审判机关，恪守法院组织法赋予的权限，心无旁骛地从事审判工作，确保审判工作始终处于审判机关的中心地位。阅读西安地方法院的司法档案，有几点让人印象深刻：一是坚持专业化的方向不动摇。民国时期西安地方审判机关的审判工作不可避免地存在着一些问题，对于这些问题，地方法院的历任院长大都有着清醒的认识，也在尽量想办法加以克服。但纵观其所提出的解决思路和方法，大都平实温和，既不好大喜功，也不在"新"和"奇"上做文章，更未对专业化的司法方向有过动摇。二是对司法规律的遵循和坚守。"妥"和"速"是民国司法当局对各级审判机关审判结果的要求，如何做到"妥"和"速"，地方法院推事的态度极为坚定，即坚

---

① 居正："抗战四年来之司法"，范忠信、尤陈俊编：《为什么要重建中国法系——居正法政文选》，中国政法大学出版社2009年版，第386页。
② 同上。

持独立审判和以庭审为核心。三是追求审判结果的常态化。所谓常态化,即强调依法办案,力求审判工作的平稳有序。查看这一时期的各项统计数据报表,可以清楚地看到,西安地方法院审判工作的各种数据较为均衡,很少大起大落。

民国时期上级行政主管部门偶尔也会发布一些政策性的指令,如抗战期间南京国民政府司法院曾指令"各省地方乡镇保甲人员,因办理兵役时有被控情事,各省司法机关办理上项案件,传拘乡镇保甲人员时,应斟酌案情,严加谨慎;必要时,并应咨询当地行政机关之意见,藉供参考。又因受理因执行有关抗战之政令,而有犯罪嫌疑之案件,均应慎重办理,于法律可能范围内,尽量避免阻碍要政之进行,以利抗战。"[①]对于这类指令,地方审判机关大都不为所动,尽可能地依法履行自己的职责。

---

① 居正:"抗战四年来之司法",范忠信、尤陈俊编:《为什么要重建中国法系——居正法政文选》,中国政法大学出版社 2009 年版,第 386 页。

第八章　刑事审判

打击犯罪,维护社会秩序,但同时又不伤害无辜者是刑事审判的基本任务。民国早期西安地方审判机关审理的刑事案件,以盗窃、抢劫、诈骗、毁弃、伤害、杀人等传统犯罪为主,情节相对简单。民国晚期随着社会的变化,烟毒、贪污、逃税、妨害自由等新的犯罪类型逐渐增多,并占到了一定的比例,所需要的专业知识和技能,以及对其他部门的依赖亦开始增强。但由于经济社会发展程度的不同,即便是民国晚期西安地方审判机关所审理的刑事案件,与上海、天津等地方法院相比,情节复杂、影响较大的案件仍然不多。

第一节　刑事审判之一般

民国时期,为了确保司法统一和程序正义,同时彰显对人权的重视,国家通过立法对刑事审判的流程做了严格的规定。从程序上讲,刑事案件包括侦查、起诉和审判等几个阶段。民国时期的刑事审判,职权主义影响深远。司法档案表明,就侦查起诉阶段讲,刑事案件的起诉以检察官为主导,即主要由检察官代表国家行使刑事原告的职权。即便是新《刑事诉讼法》(1935年)实施之后,自诉的范围有所扩大,但司法实践中依然如此。审判阶段则以推事为主导,大凡刑事审判,诸如日期的确定,被告与证人的传唤,检察官、辩护人的通知、各阶段审判程序的启动等,几乎涉及到刑事审判程序中的所有核心问题均由推事决定。特别值得一提的是档案材料还表明，即便是在言辞辩论环节，辩护律师的言辞都较少，几乎完全采用推事"问"，辩护人或被告"答"的方式进行。纠问式庭审特征十分突出。

一、审判流程

刑事审判分为审判准备和法庭审判两大阶段。审判准备包括向被告和案件相关人员发出刑事传票或通知，告知开庭的时间、地点及注意事项，为保证庭审的质量传票和通知必须于开庭前三日内送达，以便各方有足够的时间进行准备。传票上注有传唤人姓名、地址、性别、年龄、出生地与特征、案号与案由、到庭时间与地点、待证事由、注意事项等内容。注意事项包括：被告无故不到庭可以拘提；被告如有新证物提供调查，请携带到院；有新证人请求调查，请提供姓名、住址等以便传唤。此外，为了保证推事对案情有基本了解，特别是保证推事对自诉案件的案情有必要的了解，民国时期的刑事诉讼法规定推事可以在第一次开庭审判前讯问被告。如推事预料证人在审判期日不能到场的，推事也可以提前讯问证人。但推事提前讯问被告、证人时，应提前通知检察官和辩护人，由检察官和辩护人选择是否在场。

庭审时，除特殊原因外被告必须亲自到庭，否则不得审判。对于被告，法庭不得拘束其身体，不得强迫被告统一着装，彰显尊重保障人权和无罪推定的现代司法理念。

法庭审判从书记官或推事朗读案由开始；之后由推事进行个别询问，核实被告姓名、年龄、籍贯、职业和住址等信息，确定审判对象是否正确；再由检察官陈述起诉要旨，以此作为推事审判和当事人言辞辩论的依据。

此后法庭开始事实调查。先由推事对检察官陈述的起诉事实询问被告人、证人及鉴定人。接下来围绕证据进行质证。具体做法是由推事对证人、证物及鉴定报告等进行详细讯问，证据应逐一向被告陈示，命其辨认，推事

336 中编 运行

1940年代陕西临潼地方法院审理民事案件

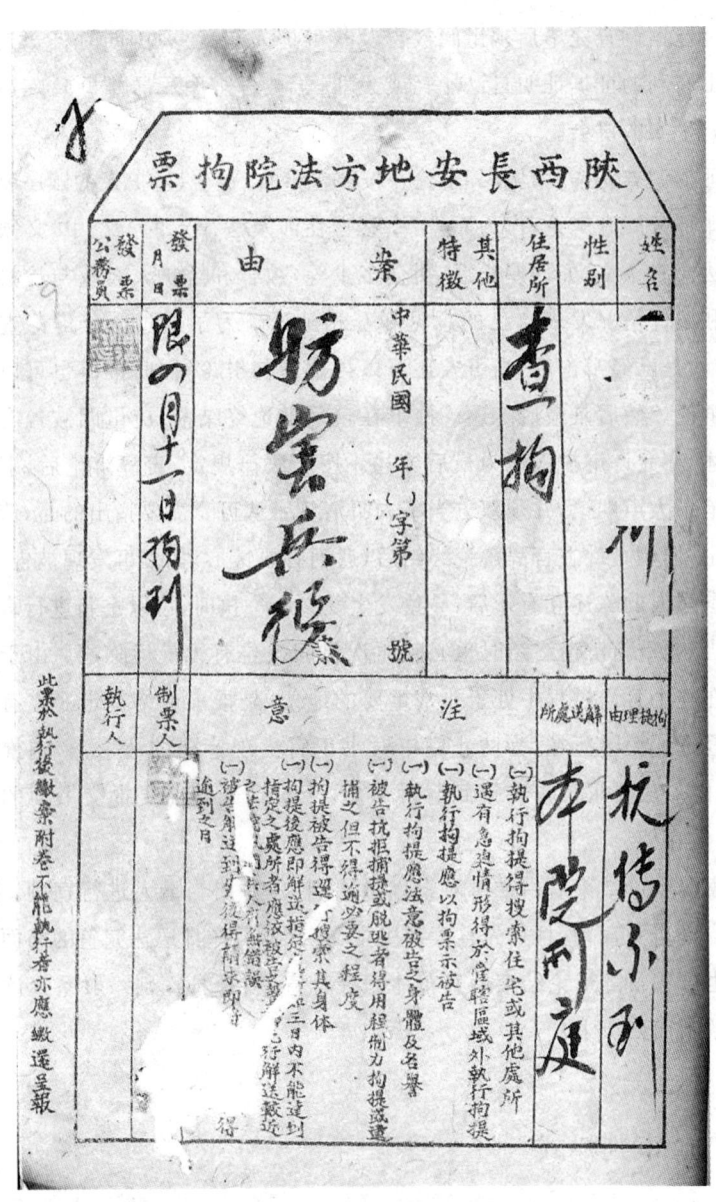

拘票。来源西安市档案馆

对每件证据调查完毕后须讯问被告及其辩护人有无意见,同时告知被告可以提出有利的证据证明自己罪轻或无罪,给被告辩明犯罪嫌疑及陈述对自己有利事实的机会。

证据调查完毕后是言辞辩论。按照检察官、被告、辩护人的顺序就事实和法律部分展开辩论,作为原告,检察官在涉及法律点的辩论中,必须说明适用法律之条文,如刑期长短、罚金多少等,被告和辩护人有权与检察官对证据和案件情况发表自己的意见和互相辩论。为了通过充分辩论查明事实,即便是已经辩论后,当事人还可以再次参与辩论,同时推事也可以命令再次辩论。然后是最后陈述。推事在宣示辩论终结前,应讯问被告有无最后陈述,亦允许辩护人代为最后陈述。按照法律规定,言辞辩论后,书记官应将笔录大声朗读,并须双方当事人听清签字认可。需要指出的是,依据法律规定,刑事案件在言辞辩论终结后,遇到必要情形,如推事发现被告、证人或其参与人的陈述互有矛盾,导致发生疑义和争执时,可以重新进行言辞辩论。当然,重新辩论终结时也必须再次讯问被告有无最后陈述。由于言辞辩论在整个诉讼过程中处于非常重要的地位,是推事最终判定罪之有无和罪之轻重的关键所在,为防止庭审时书记官出现笔漏的情形,影响推事判断,法院一般要求被告在接到起诉书后,于正式开庭前要提交书面的答辩书,以便存档。

言辞辩论结束后由推事对案件做出判决,并向当事人进行宣判。宣判可以当庭口头宣判,且只先宣读判决主文,待事后择日送达完整的书面判决书。也可以言辞辩论结束后宣布休庭择日宣判,择日宣判一般系宣读格式完整的书面判决书。

二、审判模式

清末以降,无罪推定等西方现代司法理念已开始在中国广为流布,司法实践中,被告在法庭上不但可以对检察官的指控进行辩解并列举对自己有利的证据,甚至被告对于检察官的指控全盘否认的现象也并不少见。虽然人们常说司法审判是一个极为复杂的过程,但再复杂也应有其内在的规律。因而,推事根据什么做出判决,即刑事判决究竟是如何形成的? 就成了原告、被告以及所有的案件参与人都极为关心的问题。

纵观民国时期西安地方法院的司法实践,大致可以说已经形成了一套对抗—判断为主,阅卷—核实为辅的刑事审判模式。[①] 所谓对抗—判断为主,阅卷—核实为辅是指审判中推事作为中立的第三方,主要通过法庭借助检察官和被告以及被告辩护人之间就事实部分的对抗活动,形成自己的基本判断;此外,再利用两次庭审之间和庭审与宣判之间的空间对案卷进行必要的阅读,校正自己法庭上形成的判断。虽然民国时期推事的审判工作繁重,开庭之前较少有精力和时间对案卷进行充分阅读,但由于一次庭审完即可当庭宣判的刑事案件数量不多,也就是说案件大都要经过多次庭审,且当庭宣判的案件比例不高,即庭审完还可以停顿数日才宣判。此外,为了避免言辞辩论时书记官笔录疏漏造成错误,诉讼法要求双方当事人在言辞辩论之前,须准备书面的答辩状。这一切为推事预留了足够的时间在庭审之外阅读案卷。

从实践效果看,这套审判模式有其一定的合理性,保证了刑事审判工作的顺利进行。

三、判决结果

判决结果是观察和评价刑事审判的重要指标。

[①] 有关刑事审判判决模式的论述,参见兰荣杰:《刑事判决是如何形成的——基于三个基层法院的实证研究》,北京大学出版社 2013 年版。

（一）有罪判决率

统计数据表明，北京政府时期，由检察官提起公诉的案件，一审法院科刑定罪率较高，大致维持在百分之八九十。①

表8.1　北京政府时期地方审判厅刑事案件第一审结案方式②

年份	已结	有罪	无罪	公诉驳回	其他
1914年	31033	29996	792	69	176
1915年	37252	36342	639	113	163
1916年	27286	26706	433	79	68
1917年	31215	30485	471	119	140
1918年	26894	26352	311	116	115
1919年	27429	26822	385	109	113
1920年	31797	31098	471	118	110
1921年	32971	32222	473	120	156
1922年	31743	30948	472	101	222
1923年	35751	34100	820	204	627

导致这一现象的原因，一是北京政府时期刑事审判中职权主义盛行，刑事案件除亲告罪外，当事人无权处分，均由检察官进行公诉，此举将相当数量的案件或不需要适用刑罚的轻微刑事犯罪挡在了刑事审判庭之外。二是刑事疑难案件实行预审。清末颁布的《各级审判厅试办章程》第22条规定："凡地方审判厅第一审刑事案件之疑难者，应付预审。"设立预审程序的目的是为了搜集证据，以决定是否需要将案件正式交付审判。

---

① 司法行政部所编历年《司法统计》。
② 唐仕春：《北洋时期的基层司法》，社科文献出版社2013年版，第328页。

综上,经过检察官和预审程序审查后,正式起诉和提交审判机关审判的案件,有罪率亦自然较高。南京国民政府成立后,为了限制检察官的权限,1935年颁布的《刑事诉讼法》扩大了自诉的范围,对于自诉只设定了一条概括性的规定:"犯罪之被害人得提起自诉,但以有行为能力者为限,"即对自诉的范围不作明确的限定。加之,无罪推定观念进一步深入人心,因而一审法院的有罪判决率开始降低。据统计南京国民政府时期由检察官提起公诉的案件,一审法院科刑定罪率最高的系1932年,有罪判决率达到79.16%,最低的1943年为47.68%,平均在70%左右。① 如再加上自诉案件的一审处理结果,有罪判决率则更低。就司法规律而言,法院刑事审判定罪科刑率过高,表明法院在整个刑事诉讼程序中所起的作用有限。

但这一变化引发了民众的强烈不满。为此,司法行政部于1936年3月17日颁布训令,规定"查宣告无罪案件为数甚多,此类案件原法院办理是否允洽,本部无从稽考,而案件确定之后究竟亦复困难,近年被害人方面以原审埋冤径向本部呈诉之件又日益增加,逐案饬查不惟往返须时,亦感手续繁重,兹特制定宣告无罪表式及填报注意事项,随文颁发,限制二十五年(1936年)起,分别按其填报以资考核。"②

表8.2 宣告无罪报表 (某年度或某年度第　季)

填报机关

被告姓名	性别	年龄	籍贯	被诉所犯法条	犯罪不能证明或行为不罚	谕知保安处分及期间	主任法官姓名	备考

---

① 司法行政部所编历年《司法统计》。
② 司法行政部编:《战时司法纪要》,台北"司法院"秘书处1971年重印,第181页。

（二）量刑

西安地方法院所审理的刑事案件，财产犯罪涉及的金额都不大，人身案件则以伤害为主，因而适用的刑罚则主要是有期徒刑。

表8.3　西安地方法院刑事案件月报表1948年10月份①　单位：人

罪名	共计	小计	死刑	无期徒刑	小计	二月未满	二月以上未满	四月以上未满	六月以上未满	一年以上	三年以上	五年以上	七年以上	十年以上	十五年以上	拘役	罚金	无罪	备考
					科刑 有期徒刑														
总计	153	83	1		76	4	13	4	11	13	15		3	2	1	6	40	30	
渎职	2																	2	
妨害秩序	1	1			1			1											
脱逃	2	2			2			2											
藏匿人犯	2	1			1			1										1	
诬告	1	1			1			1											
妨害家庭	8	4			4				1	1	2						3	1	
杀人	1																	1	
伤害	23	5			2	1	1									3	17	1	
妨害自由	14	3			1		1									2	3	8	
盗窃	22	15			14	7	5		1	1						1	6	1	
抢夺	1	1			1	1													
侵占	4	2			2	2											1	1	
诈欺	10	6			6		3			2	1						1	3	
恐吓	1	1			1				1										
赃物	12	5			5		2			1	1						6	1	
毁损	4	1			1			1										3	
烟毒	26	23	1		22			1	1	6	10		1	2	1			3	
盗匪	2	2			2						2								
贪污	15	9			9				6	1	2						3	3	
窃盗交通器材	1	1			1				1										
买卖黄金	1																	1	

---

① 西安市档案馆档案，卷宗号090—1—67。

第二节 盗窃与抢劫罪

依据《中华民国刑法》之规定,普通财产犯罪主要分为盗窃、抢夺、抢劫和诈骗等罪名。

一、盗窃案件

严惩贼盗,是中国传统法律一直恪守的基本原则,实践中历代王朝对盗窃犯罪也大都保持严厉的高压政策。清末以降,在轻刑主义等现代刑法理念的冲击下,立法者放弃了重刑主义的传统,在量刑上对盗窃犯罪采取了从轻的原则。然而,近代中国内乱外患不断,百姓流离失所,立法上的骤变,一定程度上助推了盗窃案件的多发,甚至频发,加剧了社会秩序的混乱。因而,民众要求严惩盗匪的呼声也一直不断。

尽管就总量而言,西安地方法院审理的刑事案件中,盗窃案件始终占据着较高的比例,但却仍然无法消除民众对法院的强烈不满。1946年,西安市第一届参议会上市警察局长在施政报告中云:"本市盗窃活动,始终未见减少,此实由彼辈类多经师传授,视盗窃为职业,既不受道德观念之约束,亦不惧法律之制裁,往往才出狱门,又复犯案,竟有累犯十余次者,为害地方甚大,本局职责所在,侦缉不为不严,但贫于应付,除觉待恃法律之制裁,实难收根本之效。"[①]同年,陕西省政府也曾专门致函省高等法院转达了民政厅的意见:"盗匪不除,地方不得安宁。"为此,西安地方审判机关承受着极大的压力。

[①] 《西安市参议会第一届一至四次会议记录》,1946年。

尽管依法审判是现代司法的本质特点,但弥补法律与现实社会之间的反差毕竟也是司法机关的职责所在。如何做到在不违背现行法律规定的前提下,有效打击盗窃犯罪,保护民众的财产安全,但又不乱施刑罚,是西安地方法院刑庭推事必须考虑和处理好的问题。

荆卿秀盗窃案。① 1947年2月11日,年过70曾在军界担任过要职的西安市民周望英家中被盗,周立即向警察局第三分局桥梓口分所报案,"民本月11日晚9时许由外回家,看见门锁扭坏,进屋探视,黑皮手提箱被窃,内装奉命拟坐飞机赴南京,由两银号取回国币120万元,并友寄存房地红契文约九纸,及本人及小儿身份证,请贵局严惩盗贼,归还旧物。"民国晚期国内经济萧条,通货膨胀严重,120万元法币已不是什么太大数目。但由于报案者身份特殊警察局桥梓口分所对此案仍然较为重视。根据失主提供的线索,立即对嫌疑人荆卿秀的家展开搜索,查出钱款126万。

警察局2月22日刑事案件侦查笔录

警察局司法科侦讯出席职员如下:

承办员

记录员

问荆卿秀姓名、年龄、籍贯、住址、职业

答:荆卿秀37岁,山西人,住八家巷六号,麦商。

问:你与周望英什么关系?

答:我给他当过副官。

问:是什么时候?

答:二十八年至二十九年底,因他的军队解散了,就不给他干了。

问:以后你经常去他那里吗?

---

① 本案当事人在叙述案情时,阳历(有时又称新历)和农历(有时又称旧历)经常混用,为使读者阅读方便并了解案情,文字中凡阳历一律以阿拉伯数字记录,阴历则以汉字记录。

答：我们互相常来往，他有事时就叫我给他干。

问：这次他被盗去一个手提箱，你知道吗？

答：我不知道，当晚十一时左右三分局派警到我家搜查，我才知道。

问：在你家查出什么东西？

答：一个包袱，里边包的鞋、袜、毛巾、肥皂及126万元。

问：这些东西是你偷周望英的吗？

答：实在不是，那是友人董仁贤由同官带来的，据他说此款是准备到长武买麦子的。

问：周望英说，他放钱时，你在旁边看到了，是吗？

答：我于去年曾借他30万，阴历腊月十六还了他十万，本年正月十九还了20万，我给他还钱时是下午五时左右，当时他将钱从箱子里取出，并对我说，你看我把钱都放在一起了，准备用此买些货呢。

问：当时他取出多少？旁边还有人吗？

答：取出两捆，数目我不知道，旁边还有一个人站着。

问：那人你认识吗？周望英拿钱示你后如何放的？

答：那人我不认识，周望英给我看了后又把钱拿进内屋放进小箱内。

问：你偷周望英的钱没有？

答：我实在没有做此事。

问：你要偷了，还是早点供出，以免以后证实了加重处罚。

答：我绝对没做此事，如何供认呢？同时他家里非常复杂。

问：他门上的锁子是在你家搜出的吗？

答：不是。

问：董仁贤还在这里吗？

答：在。

问：你实在没有偷周望英的钱吗？

答：我实在没有做此事。

问：周望英说他的钱事先就你一个人知道，当晚他外出有事，就丢了。你的嫌疑最重大了，你将赃物现存何处？

答：我还钱时，旁边还有一人，我绝没偷。

问：你没偷，为何王巡官从你家里查出120万元呢？

答：钱是朋友董仁贤的，董仁贤可作证。

问：你那120万现在何处？

答：董仁贤已把钱如数在长武买了麦子。

问：周望英的钱是你偷的话，还是要说实话，免得受法律惩处。

答：我就是没拿他的东西，如经贵局查实，本人愿受法律上最严重之处分。

问：你说的都是实话吗？

答：是实话。

警方随后又讯问了证人董仁贤。以下是董仁贤的供词。

问：董仁贤姓名、年龄、籍贯、住址、职业。

答：35岁，山西夏县人，住八家巷六号，商人。

问：在荆卿秀家查出之款126万是否系荆卿秀私人所有？

答：那是我的。

问：你的钱为什么放在荆卿秀家？

答：他是我朋友，所以放在他家。

问：这钱经王警官发放你后，你将钱存在哪里？

答：我去长武买成麦子。

问：你说的是实话吗？

答：是实话。

警方于2月23日将在荆卿秀家中搜查出的126万钱款发还给董仁贤、荆卿秀，但仍然认为荆卿秀有较大的犯罪嫌疑，遂将案件移送到西安地方法院检察处。首席检察官命令检察官周瑶负责侦办此案。2月25日周望英向检察处呈失物清单:手提箱一个,周望英及小儿狗娃身份证各一,房契四张,地契五张,法币120万元。周瑶随即对案件进行侦办,2月27日发出传票,同日警长张家声向检察处报告:"经查东大街关中旅社,2月11日至2月13日,38号房住有北同官来西安买货的李忠荣等一行四人,无董仁贤其人。"2月28日上午8时检察官周瑶分别对周望英、嫌疑人和证人董仁贤进行讯问。

为阅读方便,笔者将几份笔录合在一起叙述。

检察处侦查笔录

问周望英姓名、年龄、籍贯、住址、职业。

周答:周望英,79岁,山西人,住山西会馆,梁家牌楼八号,国民政府军事委员会参议。

问:荆卿秀是你什么人?

周答:我以前部下。

问:你哪天将钱丢了,怎知道是荆卿秀偷的?

周答:二月十一日晚,九十点丢的,我回来门开了,我进去看,手提箱不见了。我当即告警局,问我谁最有嫌疑,我说我有个副官他知我放钱,当时警局去他家搜出120万,没搜出别的,我的手提箱里面有钱及文书。

问:锁子坏了吗?

周答:坏了,在地上放着。

问:荆卿秀在你手下干,有什么毛病没?

周答:没什么毛病。

问:荆卿秀不给你干有多久了,以后常来往吗?

周答:有二三年了,常来往,他借了我30万元,头次还了20万元,二次还了10万元,还钱时,我开箱子放钱,他在旁边看见了,还有一个人在旁边,我没看清是谁。

问荆卿秀:你是给他还钱见他箱子里有钱是吗?

荆答:看见了,但是否120万,我不知道。

问:你哪天给他还钱?

荆答:正月十八日。

问:在你家搜出多少钱?

荆答:126万。

问:哪天搜出的?

荆答:二十二日晚上。

问:还搜出什么?

荆答:一个包袱还有鞋袜、一条毛巾、一块肥皂。

问:钱是哪来的?

荆答:董仁贤二十二日早放到我家的。

问:是你偷周望英的吗?

荆答:我没偷。

问:你头次什么时候给他还钱的?

荆答:头次是去年腊月十六日还10万元。

问周望英:荆卿秀给你还钱多久,你的钱就丢了?

周答:头天还,第二天丢了。

问荆卿秀:是你给他还钱的第二天他家丢钱的吗?

荆答:是几天之后,不是第二天。

问董仁贤姓名、年龄、籍贯、住址、职业。

答:35岁,山西夏县人,八家巷六号,商人。

问:你哪天来西安的?

董答:正月二十一由铜川来西安,准备买纸烟。

问:你来西安住哪儿?

董答:头晚在关中旅社,二十二日我住荆卿秀家。

问:这126万是哪儿来的?

董答:是铜川姓冯的给我的。

问:你在旅社将钱交柜没?

董答:没,有个秦公林他和我同来的,现在没在这儿。

问:你在旅客本上写的啥名字?

董答:没写我的名字,下车后碰见几个同官人,四个人同路去旅社,有个姓李的,叫啥不知道,他登记的。

问:这四个人现在还在西安?

董答:不在。

问:住关中旅社是几号房间?那几个人叫啥名字?

董答:正月二十一日,我四人住一个房间,房子号及这四个人名字我不知道。

问:这钱你领去后放在哪儿了?

董答:我买面了。

问:这钱究竟是谁的?

董答:是我的。

问:你来西安住关中旅社,哪天住的,哪天走的?

董答:二十一晚住的,二十二日早走的。

问:你哪天将钱交给荆卿秀的?

董答:二十二日早交的。

问:还有谁知道你带有钱?

董答:同路那个姓李的,他现在不在西安。

问:你在旅馆将钱交柜没?

董答:没有。

问:哪天将钱搜出的,你知道吗?

董答：二十二日晚，搜时我不知道，荆卿秀没叫我，第二天我去警局的。

问：你将钱领去做了什么？

董答：拿去长武买面了，二十四日去的，二十九日回到西安，面还没有回来。

笔录经承认无讹。

3月1日，检察官又对证人王佐良进行询问。

侦讯笔录

问王佐良姓名、年龄、籍贯、住址、职业

答：王佐良，31岁，三分局警官。

问：周望英家被盗案，是你在荆卿秀家搜查的吗？

答：是。

问：哪天搜的？

答：2月11日晚，搜出126万，周望英报案也是当晚。

问：你搜查时放钱的客人在场吗？

答：当时客不在场，搜出过后将荆卿秀带到局里问，他说钱是客人的，在他前院住着，我去将客叫来，客说钱是他的，中间隔半个小时。

问：周望英的钱是啥时丢的？

答：周望英说他11日晚丢的。

问：这钱是你发还给董仁贤的吗？

答：是我发的，将钱没叫荆卿秀、董仁贤看见，当即将周望英叫来，问他钱是啥样子的，他说了一遍，董仁贤也将钱样子说了一遍，当面核对，董仁贤说的对，周望英说的不对，所以交给董仁贤了。

问：在荆卿秀家还搜出其他被盗东西没？

答：没查出来。

问：钱数确实是126万？

答：是。

问：还有别的情形吗？

答：没有。

问：董仁贤哪天保出去的？

答：13日保出去的。

对案件进行侦查后，检察官同样认为荆卿秀具有犯罪嫌疑，于同年3月4日向西安地方法院刑事庭提交刑事起诉书。地方法院接到检察官的起诉书后予以立案，并依编号将案件分配给刑庭推事蔚济川。蔚济川于3月14日向被告荆卿秀发出刑事传票，告知本案将于3月17日下午在西安地方法院公开审理。15日荆卿秀以不明法律为由委任律师朱庆誉为辩护人。

3月17日下午2时，该案在西安地方法院刑事审判庭开庭，检察官高佑时出庭进行公诉。

庭审调查笔录

书记官宣布案由

推事蔚济川询问荆卿秀姓名、年龄、籍贯、住址、职业

荆卿秀答：荆卿秀，37岁，山西人，住八家巷六号，商人

推事请检察官高佑时陈述公诉意见。检察官陈述起诉书要旨：

被告荆卿秀系告诉人周望英之部属，近数年来脱离部属关系，亦常到告诉人家中去借款项，于本年2月11日晚乘告诉人未回家将其住宅门锁毁坏，入内窃取手提皮箱一个，内有法币120万元及文书等等。告诉人回家察觉后，即至省会警察局第三分局桥梓口分所，经该所警官王佐良在被告家中提取法币126万元，以被告盗窃嫌疑重大嗣由陕西省会警察局转送到处，经侦讯被告供称此款系其友董仁贤古历正月二十二日（新历2月11日早）寄于我家。我于正月十八日送周20万，是看

见箱内有钱,但不是我偷的等语。传董仁贤供称,于古历正月二十一日由北同官来西安,住关中旅馆,二十二日住荆卿秀家,当面将存款寄放他家,当晚被警察搜去,我那晚(二十二日晚)住在荆卿秀家,警察没叫我,第二天才到警察局等语。经传办案巡官王佐良称,正月二十一日夜接周报告即到荆卿秀家搜去126万元并将荆卿秀带到所里,不到半点钟又将董传到,说钱是他的等语,经核警察局公函亦称系在二十一日搜获,足证被告与董所供寄放与搜获日期不符。又派员到关中旅馆调查店簿,据称李姓一行四人系二十一日夜到达,于二十二日早离店。由此证明被告所供前后事实均系掩饰之词且告诉人当庭指出。被告既触犯《刑法》第321条第一项第二项之罪嫌,援据依《刑诉法》第230条第八项提起公诉。

推事询问周望英姓名、年龄、籍贯、住址、职业

周望英答(周年老耳聋):周望英,79岁,山西人,住山西会馆,梁家牌楼八号,军事委员会参议,陕西省政府顾问。

问:荆卿秀与你什么关系?

周答:从前我当司令时,他在我部当收发。

问:什么时候?

周答:二十八、九年。

问:你告他什么罪?

周答:他曾向我借100万元,我借他30万,后来又偷了我120万元。

问:荆卿秀哪天将你的钱偷去?

周答:2月11日夜间。

问:你的钱在什么地方放着?

周答:在小皮箱里放着,连皮箱一块偷走了。

问:你丢钱还有谁知道?

周答:我见偷东西了,即报告桥梓口警局王巡官,王巡官即带弟兄四人前来并在被告家中搜出120万元。

问:你见搜出的钱是不是你的?

周答:就是我的。

问:搜出皮箱没有?

周答:箱子不见了,钱在口袋里放着。

问:你的钱有特别的记号吗?

周答:原是12捆,现在还是12捆。

问:还搜出别的证据吗?

周答:没有搜出别的东西。

问荆卿秀:你与周望英什么关系?

荆答:我过去与他当过收发。

问:你常去周望英家吗?

荆答:常去。

问:你去年有没有借过他30万元?

荆答:11月借过他30万元,今年正月十八已还他了。

问:你还钱的时候,知道他很有钱?

荆答:不知道他有多少。

问:你知道周望英什么时候丢的钱?

荆答:正月二十二到我家搜查过。

问:查出什么东西?

荆答:查出126万元。

问:126万分几包?

荆答:每捆10万元共12捆,6万元是零的。

问:这么多钱是哪来的?

荆答:是董仁贤放的。

问:董仁贤怎把钱放你家?

荆答:他是北同官的,来西安买货,时常把钱放我家。

问:他是在你那里寄放钱吗?

荆答:他是来买货的,不是来寄放钱的。

推事询问证人董仁贤姓名、年龄、籍贯、住址、职业。

董答:35岁,住北同官,商人。

推事谕知证人义务及伪证刑罚并令其具结。

问:你认识荆卿秀吗?

董答:认识很久了。

问:你把多少钱放在他家?

董答:126万。

问:哪天寄放的。

董答:正月二十二日早。

问:共包了几包?

董答:120万用袱包着,10万元一捆,共12捆,另6万是一包。

问:你寄放钱有谁知道?

董答:荆卿秀与他女人知道。

问周望英是哪天在荆卿秀家搜出钱的。

周答:21日夜间搜出的。

问:你丢钱是哪天?

周答:上月11日。

问董仁贤:你寄放钱是哪天?

董答:正月二十二。

问荆卿秀:你是否拿周望英的钱了?

荆答:没有。

推事请辩护人陈述。被告辩护人起立称：本案被告犯罪之唯一证据为 21 日在被告家中搜出 126 万，按此钱是董仁贤寄放的，并有董仁贤在被告家寄存之事实。董仁贤的情况可委托北同官司法处调查，再王巡官在侦查庭亦曾供称，将钱搜出时，曾质问周望英与董仁贤钱之样类，除董仁贤所述相符外，经周望英承认不是他的，有王巡官可证。

推事谕知候传王巡官再讯，休庭。

3 月 19 日，家住西大街 610 号，职业为照相的山西人王耀轩为荆卿秀请求保外，未获批准。同日原告周望英请律师李梦庚为代理人，并提交刑事附带民事诉讼状，要求：判令被告返还手提皮箱，国币 120 万及其他物件，赔偿损害 100 万元，并请宣告假执行，否则物价一日三涨。

3 月 20 日，推事蔚济川发出传票，告知本案将于 3 月 25 日下午继续开庭。

3 月 24 日周望英的律师李梦庚向西安地方法院声请阅卷。同日荆卿秀律师朱庆誉提出辩诉状，请求宣告被告无罪：

理由一，查原告前在检察处供称：手提箱内有友人张仲华寄存房契 9 张，身份证两件，但依其所提起的附带民事诉讼要求返还物中，竟不提此重要之物。理由二，告诉人在刑庭供称，箱内有其放账约据（卷内未计）与前在检察处口供不一。理由三，原告在刑庭供称，阳历 2 月 21 日晚被窃与前供正月二十一日即 2 月 11 日之日相差 10 日。理由四，原告前在警局供称，其款计 20 万元票 5 捆，10 万元票两捆，共 7 捆，今在刑庭又供称 12 捆，共 120 万元，显系改变口供。理由五，告诉人从前供称，被告于正月十八日与其还账时，旁尚有一人，未看清是谁等语，试问生人怎能在他屋，况当生人面岂能开箱点钱。起诉书中唯一认定的是警察搜查被告家是在 2 月 11 日夜，但董仁贤系 12 日早移至被告家的，日期不符。我们认为，当夜失窃，当夜报警，当夜出警搜查，在公务上绝无如此迅速。另据警官说搜查当夜正下大雪，各报亦均如此报道，警察踏雪而来。据查下雪夜系 12 日夜。即警察搜查应为

12日夜间。总之警察搜查时,董仁贤已在被告家,先叫被告,过半小时又叫董仁贤,王巡官可证,此时其钱当然在被告家了。

3月25日下午2时,地方法院刑庭继续开庭,程序依上。

辩论笔录

推事问周望英:你告荆卿秀什么事?再把事实说一遍。

周答:我要返京(南京)准备之路费在一箱子里,被告因前向我借钱,知道我有钱,故乘我不在时,将钱偷去,当时我即报警并在被告家中搜出,虽被告推说钱系董仁贤的,但事实毕竟是事实。

问:你是哪天被偷的?。

周望英年老耳聋,由代理人起立代答。代答:旧历正月二十一日,即阳历2月11日。

问周望英:你记得是哪一天吗?

周答:旧历正月二十一日。

问:王巡官在荆卿秀家搜出钱时,你是否说过这个钱不是你的?

周答:当时我曾对王巡官说过钱为我有之理由之点,王巡官说暂为保管,以便调查。

问荆卿秀:哪天到你家搜走的?

荆答:阴历正月二十二日。

问:谁去的?

荆答:三分局几个警察及保长。

问:有王佐良吗?

荆答:当时我不认识。

问:王佐良去后怎么情形?

荆答:随后把董仁贤叫去,又把老汉(周望英)叫去,老汉曾说他的钱是20万元一捆,并说这钱不是他的。

问:周望英与王巡官说他的钱是怎么捆的?

荆答:他说是7捆,10万元2捆,20万元5捆。

推事请告诉人代理人陈述。

李梦庚起立谓:被告乃告诉人之旧属,时常去告诉人之家,因偿还告诉人账目之故,曾发现告诉人箱中之存钱,此种事实被告在检察处时亦曾供认,告诉人将钱遗丢后,即认被告有重大嫌疑,并且又在其家搜出120万余元,数目相符,然根据董仁贤所供,宿店日期与事实不符,其证为不实,可以认定,由此即可证明,搜出之钱为原告之钱,而非董仁贤之钱。被告指称周望英曾对王巡官说不是他的,当亦非事实,假如真为如此,王巡官为何不当时将钱发还被告,其次被盗之箱内除法币外,还有房契等物,望判令被告返还。

推事请证人王佐良入庭。

推事询问王佐良姓名、年龄、籍贯、住址、职业。

王答:王佐良,31岁,三分局,巡官。

推事谕知证人义务及伪证刑罚并令其具结。

问:周望英丢钱是哪天?

王答:阳历2月12日晚上,他当时丢失,当时报案,搜查亦在当晚。

问:去荆卿秀家你亲自去的?

王答:是我亲自去的。

问:搜出多少钱?

王答:126万。

问:怎么包的?

王答:共12捆,另6万元是零票。

问:周望英当时怎么说的?

王答:他说不是他的,当时周望英说他的钱是7捆,20万元为5捆,10万元为2捆。

问:被告怎么说的?

王答：被告不知道，董仁贤说出钱为12捆，另6万元是零的。

问：当时董仁贤在荆卿秀家吗？

王答：在，隔了半个小时始把董仁贤叫去的。

问：还搜查出什么没有？

王答：没有。

问：你说的是事实吗？

王答：是的，不过有一点声明，日期有误，可问保长证明。

告诉人李律师起立谓：请贵庭注意检察处侦查笔录，证人之所供日期并不相符。

推事请被告律师陈述。

朱庆誉起立谓：告诉人之代理人所指出之点，关中旅店所证当时无董仁贤之人，更证明了董仁贤当时在被告家里。再告诉人附诉所请求之标的，亦与副状不符。再则搜查之日期，董仁贤在被告家中此点乃为事实，日期已清楚。

李梦庚起立称：证人王佐良供称被告领钱日期为13日，亦为可疑，既然当日晚即被董仁贤证明为董仁贤之钱，何以隔一二日才将钱发还。

问王佐良：是12日搜出来的吗？

王答：是。

推事谕知检察官陈述。

检察官起立谓：本案请依法办。

问荆卿秀：你还有什么话？

荆答：没有了，我没拿他的钱。

推事谕知辩论终结，定期宣判。

3月31日下午2时，西安地方法院依法开庭宣判。推事蔚济川做出西安地方法院民国三十六年度公字第136号刑事及附带民事判决：荆卿秀无罪，原告之诉驳回。理由为：证人王佐良等2月12日晚并未从荆卿秀家中搜出钱款之外的其他物品，而钱款周望英亦当场供认非其所有，且经祖籍山西夏县、现居陕西耀县的客民董仁贤证实为他寄放于荆卿秀家之款。

就现象而言，本案确实存在着太多的巧合，过于戏剧化。加之告诉人年龄较大，记忆和听力均有问题，身份也特殊；不仅如此，由于双方叙述中阳历、农历的混合使用，稍不留心即可能出现判断失误，这一切都为事实的认定带来了一定的困难。由于涉案的钱已被花掉，唯一的办法就是如何证明证人所说的话是真实的，只要能够证明从荆卿秀家中搜出的钱并非周望英丢失的钱，即基本上可以确定被告无罪。最后西安地方法院推事依据自由心证原则一审判决被告无罪。

一审宣判后，告诉人不服，检察官高佑时依据《刑事诉讼法》第336条，于同年4月9日向陕西高等法院提起上诉，认为一审认定事实有误，同时巡官有作伪证的嫌疑。

为了比较一审法院和二审法院审理上的异同，不妨将二审法院的审理过程及判决结果做一简要的介绍。陕西高等法院刑庭依法受理该上诉，并分别于4月21日、5月8日和5月30日开庭审理了此案。

4月21日陕西省高等法院

　　　　法庭调查笔录

　　推事问被告：董仁贤以前来过你家吗？
　　答：从前也来过，来过两三次。
　　问：董仁贤今年是什么时候来过你家？
　　答：今年正月初八或十几来过我家一次。
　　问：他当天下了火车何不去你家？
　　答：晚间下火车，晚了，故未来我家。
　　问：他将包寄在你家，还说什么没有？
　　答：他只说包内有钱，没说什么。
　　问董仁贤：你去年来过西安吗？

答：去年未曾来过西安。

问：你几时到达西安的？

答：廿一自潼关坐火车来的，下午八点多到西安。

问：你下车后何不到荆卿秀家呢？

答：因叫门不便，故当夜住在了旅馆。

问：你包内还有什么东西？

答：鞋袜毛巾等。

问：你是何时到警局的？

答：廿二日晚。

问：警察来荆卿秀家你知道不？

答：不知道。

被告所聘请的朱律师陈述意见：警察局问讯日期是警局书记笔下之误，此日子业经该局改正在案。

上诉人聘请的李律师：原警局问讯日子是2月11日，检察处也是2月11日，无疑王巡官在法庭上讲的是伪证，是事后串通的。

5月8日庭审辩论笔录。

问荆卿秀：警察是从哪个门进来检查的？

答：是从后门。

问董仁贤：你们四人来西安，当晚住了几个屋？

答：两个屋。

问王巡官报案经过。

答：2月12日晚九点左右原告来报案。

问：你们是从前门还是后门进入荆卿秀家的？

答：正门进去的。

问：查出钱后荆卿秀说什么？

答：他当场说这钱是董仁贤的。

问：那你们为何不马上问董仁贤？

答：当时他说董仁贤在天成福，故未叫。

5月30日庭审辩论笔录。

问荆卿秀：那晚搜查时警察共几人从何门而入？

答：四人从后门而入。

问：既然钱是属于董仁贤的，你为何不叫警察局问董仁贤，董仁贤又在场。

答：警局当时不让叫唤董仁贤的。

问：他们从何门走的？

答：从后门。

问董仁贤：今年你曾去过荆卿秀家吗？

答：今年还来过一次。

问：你上次不是说今年未来过吗？为何变供？

（上次庭审中，推事讯问的是你去年到过被告家吗，证人答未曾来过。并非问的是今年——引者注）

答：不敢变供。

问：荆卿秀不是说你住在天福成吗？

答：我未住在天福成。

辩论终结后，陕西高等法院刑事庭做出判决如下：

主文：原判刑事部分撤销，二审附带民事判决原告之诉驳回

被告与证人之间言辞相互矛盾，故认定被告夜间侵入住宅盗窃罪成立，依据《中华民国刑法》321条判处有期徒刑6个月。[1]

---

[1] 陕西省档案馆档案，卷宗号089—6—438。其实，到陕西高等法院作出被告有罪宣判时，被告人的羁押时间早已超过了6个月。

对于二审法院的判决，被告不服，上诉至最高法院。最高法院的处理结果，由于资料的短缺，我们不得而知。

一审和二审法院判决之所以会出现如此大的反差，源自于双方对事实认定上的不同。尽管控辩双方并没有提出任何新的线索和证据，但比较一审和二审推事的审讯技巧，可以明显地发现二审法院的推事经验较为丰富，庭前准备也相对充分，他通过预先准备好的问题，有针对性地讯问使原告和证人的言语之间出现了一些矛盾。面对着被告与证人之间的矛盾供词，二审推事同样是依据自由心证的原则，判决被告盗窃罪名成立。然而，如若再仔细分析又会发现，虽然二审推事的审讯经验丰富，但本案最为核心的问题，即从被告家中搜查出来的钱是否为周望英所丢失的钱仍然无法证实。不仅如此，二审判决在适用法律上又极有讲究，按照1935年的《中华民国刑法》第321条第一项之规定："于夜间侵入住宅或有人居住之建筑物、船舰或隐匿其内而犯之者"属于盗窃加重量刑之情节，刑期应为6个月以上5年以下。本案二审判决被告的刑期是法律规定的最低限，即有期徒刑6个月。其实，从二月中旬本案案发被告被拘押，到六月二审法院宣判，被告被拘押的时间也已近半年。换言之，对于被告是否真的构成盗窃罪，二审推事心中可能也无法真实确信。①

二、抢劫与抢夺案

盗窃罪之外，抢夺亦是民国时期西安地区较为多发的财产型犯罪，其恶性远比盗窃更大，西安市警察局为此曾抱怨说：本市抢劫、抢夺案件一直多发，"揆厥原因，实由于散兵游勇增多，彼辈为生活所迫乃不得已铤而走险，

---

① 翻检西安司法档案，不经意间发现了另一个与本案原告有关的案例。1944年，周望英33岁的夫人因戒毒死于普善堂，周向地方法院刑庭控告堂主赵莲卿毒死其妻，构成杀人罪。后经调解结案，由堂主赔偿棺木。见西安市档案馆档案，卷宗号090—11—259。

出诸抢劫,又往往抢劫后,利用本市交通便捷趋避外县,以致侦察破案,殊觉不易。"①,因而打击抢夺和抢劫犯罪亦是地方法院的主要任务之一。

案例一

1948年3月20日,商人邢世英由陕西三原乘火车到西安进货,晚7时左右到达西安,此时的古城日已薄暮。邢世英独自步行到离火车站不远的西京招待所北边一条小巷时,被三名身穿制服,手持短枪,操河南口音的男子劫持到革命公园东边无人之处。三人自称是便衣队的,因接到密报说邢有奸匪(共产党)嫌疑,将邢世英随身携带的法币360万元劫走。邢立即向附近的警察局报案,警察局刑警队协同报案人迅速出击,在革命公园附近搜索,并在崇礼路将嫌疑人杨振中捕获,在杨身上搜出土造手枪一支,子弹四粒,赃款80万元。经警察讯问,杨振中供称自己为河南洛阳人,23岁,住本市崇廉路,做小生意。有同伙二人,一名李建勋,一名刘延春,先后在革命公园附近抢劫行人三次,第一次在10日之前,抢80万,第二次抢了250万元。按照杨振中的供词,警察局随后将居住在四浩庄的嫌疑人刘延春抓获。刘延春27岁,河南人。刘对抢劫一事供认不讳,但只承认参与两次。警察在刘家中搜出手枪一支,子弹5粒。6月15日警察又在陕西华阴县将24岁的河南人李建勋抓获。案件被移送到西安地方法院检察处。

同年8月4日,检察官王晓凤依法向地方法院刑庭提起刑事诉讼。8月16日、26日、28日地方法院刑庭分三次开庭审理此案,推事余国藩具体承办。庭审中,杨、刘承认私藏有枪支子弹,但又都供称非本人所有,系朋友暂存于自己处,随身携带只是为了好玩。杨、刘、李三人对于涉嫌抢劫之事全都矢口否认,其中杨振中还供称自己只认识李建勋,并不认识刘延春,指控刘延春为同伙是因为在警察局"被打屈招"。刘延春亦辩称自己原供词也是因为警察刑讯,"自己受刑不过"胡说的。推事讯问被告在警察局受到刑

---

① 西安市档案馆档案,《西安市参议会第一届一至四次会议记录》,1946年。

讯是否有伤，被告答"当时有，现在时间太长了，没了。"检察官认为被告刑讯问题，"无积极证据，不足采信。"

10月2日，地方法院刑庭做出刑事判决：杨振中、刘延春、李建勋共同连续意图为自己不法之所有以恐吓使人将本人之物交付，依《中华民国刑法》第346条(恐吓取财得利罪)之规定，各处徒刑2年。手枪2支，子弹9粒没收。①

案例二

1948年8月16日，50岁的长安县渭滨乡油坊村村民王彦庆到西安地方法院检察处控告其胞弟、近邻王彦举、王王氏夫妻。王彦庆说，1931年王彦庆曾买村人王大吉的一块地，后又用此地中的一部分同王彦举的一块地进行了兑换。但这次兑换使双方的关系出现裂痕并陷入僵局，此后，围绕着这次兑换双方争议不断。王彦庆称：被告因与民有地基纠纷曾于1946年向西安地方法院提起民事诉讼，请求确认地权，经西安地方法院及陕西高等法院一审和二审审理被告夫妻均败诉，有判决可证。王彦举、王王氏夫妻为泄愤于今年古历七月十一日勾结农场员工多人将民地内所植杨树、榆树、椿树等大小17株抢夺伐去，请依法惩办。

案件由检察官姜鸿宝负责侦讯，几天后检察官向王彦举夫妇发出传票。8月20日姜鸿宝在地方法院检察处对涉案人员进行讯问，被告王彦举未到。

　　问王王氏：树在谁的地里？
　　答：我的地。
　　问：证据呢？
　　答：有契(交案)。
　　问：你的树是在你买下王大吉的地内吗？

---

① 西安市档案馆档案，卷宗号090—5—12。

答:是的。

问:什么时候买下的地?

答:民国廿年买下王大吉的。

8月28日,检察官姜鸿宝再次侦讯。王彦举仍未到,双方口供同上次。9月2日检察官姜鸿宝第三次侦讯。

问证人王李氏(64岁):王大吉是你啥人?

答:我丈夫。

问:今天为何没来?

答:有病。

问:王彦举夫妻是否砍了王彦庆的树?

答:王彦举夫妻砍树没砍树我不知道,但我卖给王彦庆的地内没树。

问证人王德杰(41岁):王彦举夫妻砍树你见了吗?

答:见了。

侦查终结。9月4日检察官以王彦举涉嫌抢夺及损毁罪向地方法院刑庭提起刑事诉讼。9月20日被告王彦举向地方法院提出民事诉讼,请求返还地基。西安地方法院受理此案,由刑庭推事蔚济川负责办理。推事随即向原、被告和证人发出传票通知开庭时间、地点。

9月24日下午2时,地方法院刑庭第一次开庭,检察官姜鸿宝到庭,王彦举、证人王大吉、王德杰未到,双方均未聘请律师。

推事蔚济川在核实完原告、被告姓名、年龄、住址等问题后,由检察官陈述起诉书要旨,起诉书要旨称:王彦举屡传,畏罪匿不到案,被告王王氏对于上述抢伐树木事实供认不讳,但辩称所伐之树系在被告买王大吉地内所植,并非告诉人所有。但质证人王大吉之妻供称"我卖给王彦庆的地内没树"。又据证人王德杰称"见王彦举伐王彦庆的树是事实,"上述事实足以证明王彦举的行为构成抢夺及损毁罪。检察官陈述完起诉书要旨后由推事主持法庭调查。

  推事蔚济川问王彦举之妻王王氏：树长在什么地方？
  答：长在我地里面。
  问：树卖了多少钱？
  答：5捆棉花。
  问：你树什么时候买的？
  答：民国廿年买的。
  问：你买谁的呢？
  答：买王大吉的。
  问：买时有树吗？
  答：买时有树。

王彦举砍的树在其与王彦庆兑换的地块之中，砍伐时找了十多名农场工人公开砍伐，一点也不避讳。

  问王彦庆：他砍的树在谁的地里？
  答：在我的地里。

由于王彦举和证人王大吉等未到，推事宣布休庭，并谕知再传王彦举。
10月9日下午2时，地方法院刑庭第二次开庭，继续进行法庭辩论。王彦举仍未到。推事蔚济川问王彦庆被砍树木情况。

  答：杨树一棵，榆树二棵，柳树二棵，槐树、桑树各一棵。
  问王大吉：你卖给过王彦庆地吗？
  答：卖给四分地。
  问：你卖地时地里有树吗？
  答：没有树。

问：他以后栽树了吗？

答：他也没栽树。

问王德杰：王大吉的地里有树吗？

答：王大吉的地里没有树。

推事让双方当事人进行最后陈述，宣布法庭辩论结束，休庭。

10月16日推事蔚济川做出一审判决，王彦举夫妇无罪。理由：王彦举夫妇所伐之树确为自己所有，依据是1931年王彦庆与王大吉之间所签订之买地契约，经核查该契约中明确记载地中有大小杨树、柳树数株，故判决如上。

本案最后判决的依据是原告与证人之间所签订的原始契约，并未受原告和证人的口供影响。该契约在双方的第一次诉讼时被作为证据保留在法院的诉讼档案中，推事在第一次庭审后利用休庭的时间查阅双方第一次诉讼案卷时得以发现。

王彦庆不服此判决，于11月9日委托律师范献琳撰写上诉书。理由一王彦举夫妇砍伐17株树已经调查清楚，并有证人作证，当事人也供认不讳。二原契约是否真实不得而知，应验证。三退一万步讲，契约是真的，但只记载有杨柳树数株，而无榆桑等字样，再有数株与十数株明显不同，可见被告砍的树最起码不全是其所有。四王彦举如未犯罪为何畏罪潜逃，拒传到庭。上诉书最后态度强硬地表明："此等违法之判决，如不上诉，则法律从此扫地矣。"

随后西安地方法院民庭又对本案附带民事部分做出判决。

陕西西安地院民事判决三十六年（1947年）度诉字第195号

原告：王王氏，住长安油房村

被告：王彦庆，住长安油房村

主文

当事人请求返还地基之诉驳回，费用由原告负担

事实

原告声明请求判令被告返还地基八厘并确定四址方向，其陈述略称，原告于民国十二年(1923年)间以自己所有庄基一分五厘兑换被告场面地一分五厘，但被告当时仅交给原告地七厘尚短八厘仍由被告占用迄今未拨原告。曾于民国三十五年(1946年)向贵院起诉请求返还该欠地，未蒙详察，遽将原告之诉驳回，实难甘服，具当时之判决并未确定四址彼此无所适从因之起诉请求如声明之判决等语。

被告声明请求如主文之判决，其辩旨略称被告于民国三十四年(1945年)七月间以场面地五厘兑换原告之庄基地五厘并已于民国十二年间双方兑换一分五厘地基情事原告曾于去年夏季以民事向钧院起诉，已经判决驳回，现原告又以此事件重新起诉实属无理应请驳回其诉等语。

理由

查本件两造间因兑换地基事件发生争执曾于民国三十五年五月间向本院起诉，经于同年六月十七日判决将原告之诉驳回在案，业据原告提出本院民国三十五年度易字第131号判决为凭，兹查原告仍以同一事实及标的重新起诉，本诸一事不再理之原则，显属不实应予驳回。

据上论结原告之诉为无理由应予驳回并依《民事诉讼法》第78条判决如主文

推事罗善群
中华民国三十六年四月十一日①

---

① 西安市档案馆档案，卷宗号090—5—15。

至于二审法院是如何审理此案的,限于材料的短缺不得而知。

第三节 毒品犯罪

民国时期的西北是毒品犯罪的重灾区。打击毒品犯罪一直是西安地方法院刑庭的重要任务。但由于毒品犯罪的特殊性,即没有一般意义上的受害人,加大了侦查机关获取证据的难度,也就是说侦查机关要想获取毒品犯罪的证据大都需要采取特殊的方式。然而,许多时候这些侦查中的特殊方式,以及通过这些特殊方式获取的所谓证据与诉讼法上的规定并不一致。更为麻烦的是许多时候贩毒案件中的证人又往往不能出庭,因而,对于推事来说审理毒品案件无疑是一种巨大的挑战。

1948年3月24日,28岁的河南商人陈清振在西安市市民史正国家中购买毒品时,被西安市戒烟协会成员当场抓获,经西安市卫生事务所检验陈清振并无毒瘾,陈清振因涉嫌贩卖毒品被该会移送西安市警察局。

在警察局陈清振承认贩卖毒品的事实。警察局侦结后,认为陈清振本人并无毒瘾,购买毒品显系为了贩卖,其行为触犯中华民国刑法。于是,又将陈清振移送地方法院检察处。陈清振随即聘请律师周昆代写了辩护状,于4月10日提交于承办此案的检察官。辩护书重在对被抓获的过程进行详细叙述,最后得出陈清振无罪系被人诬陷的结论:陈清振与史正国早已认识,去年陈清振曾托史正国另寻住房,史正国亦曾向陈清振借钱,陈清振未借,故开罪于史正国。今年3月24日史正国到陈清振住处谎称为陈清振所寻找的住房已找好,让陈清振一同去看房。陈清振遂与史正国一同先到了史家。此时史家已有一陌生男人。史正国请陈清振先给陌生人帮忙破获几个烟毒案,陈若帮忙,史正国便可以到禁烟协会去工作。陈清振当即拒绝。陌生人说:"我是禁烟协会的,你不能帮忙,就将你带走。"并指桌上的一小包东西说这就是证据。陌生人随即唤来住在本院内的甲长妻子和其他几个住户。陌生人手持一张纸条,一面打陈清振,一面强令陈清振在纸上盖一指印。陈清振与史正国随后被一同带到禁烟协会。几日后,陈清振得知史正国因贩毒于3月18日被抓,为立功减罪,陷害于陈清振。现史正国已逃跑。

经过侦讯,检察官高佑时认为律师的辩护书缺乏证据支撑,陈清振涉嫌贩卖毒品,于4月12日以贩卖毒品罪向地方法院提起公诉,并于19日将起诉书送达地方法院。

西安地方法院检察官刑事起诉书[①]

被告:陈清振,男,28岁,河南人,商人,现住本市大学习巷

查被告陈清振于本年三月二十四日,在南新街城壕史正国家中购买毒品,被西安市戒烟协会当场查获,获海洛因两包,一包毛重八钱五分,另一包毛重一两二钱。上述事实陈清振供认不讳。陈清振经西安市卫生事务所查验并无烟瘾,购买毒品显系贩卖,触犯《禁烟禁毒治罪条例》第4条第一项之罪,依《刑事诉讼法》第230条第一项提起公诉。

西安地方法院检察处检察官高佑时
中华民国三十七年四月十二日

陈清振感到了问题的严重,依法聘请执业律师梁选青为其辩护人,并签订了由司法行政部统一印制的委任书。《中华民国律师法》规定,律师不得挑唆诉讼或以不正当之方法招揽诉讼,只能听当事人自由委任。

律师委任书

缘民为被诉贩卖毒品嫌疑一案,特委任梁选青律师代理辩护,今将委任辩护之原因及权限开列于后:

[①] 西安市档案馆档案,卷宗号090—4—16。

(二)原因:因无法律知识

(三)权限:担任辩护行为

谨状

西安地方法院公鉴

被委任辩护律师　梁选青(印)

具状人　陈清振(画押)

中华民国三十七年四月

按照《中华民国刑事诉讼法》(1935年)之规定,当事人选任辩护人,必须提出委任书状,且"前项委任书状,于起诉前应提出于检察官或司法警察;起诉后应于每审级提出于法院。"

查阅西安地方法院的诉讼档案,可以发现被告聘请律师,即律师介入刑事案件辩护的时间大都为检察官提起公诉之后,即被告接到起诉书副本之后。而地方法院接到起诉书到开庭,中间间隔大致在一星期之内。换言之,留给律师熟悉案情和准备辩护的时间并不充裕,这一状况可能会影响辩护的质量。梁选青律师随即向地方法院提出阅卷和会见被告的声请,填写了由西安律师公会监印的声请书。

律师阅卷申请书

声请人:梁选青

为声请阅卷事查三十七年(1948年)　字　第　号陈清振烟毒一案。本律师经陈清振任命为辩护人,所有本案卷亟待查阅,为此声请贵院既全卷连同附件交给阅览抄录,实为厚幸,谨上。

西安地方法院公鉴

中华民国三十七年四月十九日

律师　梁选青

《中华民国刑事诉讼法》(1935年)第33条规定,被告人之辩护人"于审判中得检阅卷宗及证物并得抄录摄影。"地方法院满足了梁的要求。

4月22日地方法院刑庭通知检察处将于本月27日下午开庭审理此案,请派人支持公诉,同时向证人瞿庭玉、被告陈清振等发出传票。

4月27日,西安地方法院刑庭对本案进行公开审理。同时被起诉的还有陈的另外两位涉嫌吸毒及贩毒的朋友,上述两人平时与陈清振往来频繁。推事蔚济川核实完被告的身份后听取了公诉人的公诉意见,然后对被告进行讯问,被告陈清振对于检察官的指控全盘否定,并坚持自己是被人陷害的。推事随后听取了梁律师陈诉的辩护意见:由于史正国已逃跑,陈清振是否有罪,很难对证。此外,梁律师特别提及陈清振曾在史正国家及禁烟协会被打之情形,希望法庭对此进行调查。

推事蔚济川认为梁选青律师的辩护有一定道理,检察官所提供的证据不足,谕令调查后再审,宣布休庭。随后法院函请禁烟协会调阅陈清振案案卷。5月初,梁选青律师向地方法院呈送刑事辩护书。梁律师选择的辩护策略是做有罪辩护,但认为陈清振所犯罪名并非起诉书中所言之贩卖毒品罪,而是量刑较轻的持有毒品罪:

> 为检察官起诉陈贩卖毒品一案,仅具辩护意见。查"贩卖鸦片烟罪,即以贩卖行为为其构成要件(见前大理院二年非字第521号)"、"《刑律》第266条之意图二字系构成要件,无贩卖之故意者虽收藏鸦片烟亦不能论以贩卖罪。"(见民国三年统字第179号解释)"贩卖鸦片或其代用品之罪,均以贩卖行为为成立之要件,如贩卖行为尚未证明,仅持有鸦片之事实并其持有之目的在于贩卖,亦仅成立意图贩卖,而持有鸦片或其代用品之罪不能据依贩卖之例论罪"(见最高法院二十二年上字第833号判例)。陕西禁烟协会函选送之被告陈犯罪嫌疑部分之毒品,据陈供述系本市市民史家中之物,因不堪禁烟协会强暴、胁迫乃被迫承认系自己购自另一陈姓烟犯之手。假定即系陈之物,亦不过触犯

《禁烟禁毒治罪条例》第 10 条第一款之持有烟毒罪，检察官依据《禁烟禁毒治罪条例》第 4 条第一款提起公诉，与上开各判解所示之要件，显有不合，为此仅具辩护意旨，恭请钧院判决。

可能是对于梁选青的辩护策略不满，或对其水平不相信，被告于 5 月 11 日又聘请了律师曹铭勋为其辩护人。曹铭勋律师当日提出阅卷声请。

5 月 12 日下午地方法院再次开庭。推事蔚济川首先询问证人，禁烟协会的工作人员对于陈清振是否有刑讯行为？证人证明 3 月 24 日在史正国家中抓捕陈清振时曾打过陈。之后，梁选青律师陈述辩护意见。梁律师这次改变了辩护策略，做无罪辩护：起诉书指控陈清振贩卖毒品，而检查毒品之处是在史正国家，并不在被告家中，被告无贩卖毒品之确凿证据，请法庭宣告无罪。曹铭勋律师也陈述了自己的辩护意见：毒品是在史正国家查出的，证人又未能证明系何人所有，再被告史正国逃跑，实属可疑，另被告是在禁烟协会受刑不过才被迫承认的，故口供不成立，请宣告被告无罪。

但检察官仍然坚持原指控。推事蔚济川再次宣布休庭。

5 月 17 日曹铭勋律师向法院呈送辩护意见书，称：

陈是否犯罪，应以其有无贩毒吸毒，暨持有毒品诸行为为断。本年三月二十四日陈因买房一事去史家，适逢禁烟协会在史家搜查被牵连。证人对陈被殴打及毒品是在史家搜出进行了证实。殴打逼供属非法行为，其供词自非真实，当无采信之价值，更不足为审判上之根据。且经西安市卫生事务所检查陈无毒瘾。由此可见，陈既不贩毒，也不吸毒，持有毒品亦无证人，总之，被告陈无罪。

同日，法院函请禁烟协会将史正国送法院审讯。协会函称史正国已找不到了，并声明史正国当时是受协会指令向陈诱买毒品，传讯史正国无必要。6 月 4 日和 6 月 26 日曹铭勋律师两次声请阅卷，均获同意。6 月 28 日曹律师再次向地方法院呈送辩护意见书，称：

协会两次公函前后矛盾,疑为伪证。说史无传讯必要,更属无理,法院传讯证人,任何机关不得拒绝,今拒绝传讯,更足证明其中虚伪。函中说,史是受协会指令去向陈诱买,违背常识,如系诱买,应到陈家,而不应到史家。所以,该函不可采信。

7月9日地方法院刑庭第三次开庭,9月25日第四次开庭。庭审过程中其他两名被告承认被指控的吸毒事实。但在陈清振的问题上,控辩双方均无新证据和意见。10月9日曹铭勋律师又一次声请阅卷。10月12日法庭第五次开庭,曹律师未到庭。

12月3日西安地方法院推事蔚济川做出一审宣判:陈清振帮助他人贩卖毒品,处有期徒刑6年。①

从1948年4月12日地方法院检察处提起公诉,到12月3日一审宣判,用时7个月21天。

第四节 伤害与杀人犯罪

西北地区民风剽悍,1944年著名记者赵超构初访西安,留下了如下的文字:

> 初次在西安的街头散步,总觉得好像缺少了一样什么东西,使它不能成为像昆明重庆那样热闹的城市。到底缺少什么东西呢?终于想起来了,只是缺少"摩登"的女人。这里一般妇女,端庄凝重,乡下气十足;普通的装扮是短衣裤,着旗袍大概已是了不得的摩登女性了。而那种旗袍的式样,长到脚背,直得有如纸糊的,如果是重庆女郎,恐怕是死也

---

① 西安市档案馆档案,卷宗号090—4—16。

不肯穿的。在此三天,想找一个把嘴唇染得血红、烫发,或者腰有曲线,足履高跟的女郎终于一个也没有。因为摩登的女性不多,所以男人们也就省了许多事情。街道、酒楼、戏院,完全是男性的天下,市容上没有一点娇柔的表现。在我所到过的大都市中,西安可以说是最硬性的城市。①

加之贫穷和战乱,以至于民国时期西安地区普通民众之间因泄愤或财产所导致的伤害、杀人事件时有发生。此外,进入民国以后,失控的党争及政争又促使一些政敌之间每每使用暗杀手段来进行报复,杀人犯罪出现了新的特征,情形更加复杂。因而,如何打击伤害、杀人犯罪,保护民众的生命安全,以及构建政治运行的基本秩序就成了刑事审判的重要任务之一。

一、孙金田伤害案

1938 年 6 月下旬,长安县农民孙恒庆向地方法院提起刑事自诉,控告儿子孙金田殴打自己,要求法院严惩。本案情节较为简单,孙金田系原告孙恒庆的儿子,年幼时过继给孙恒庆之弟。后其弟亡故,孙金田与养母孙侯氏相依为命。本年 6 月 20 日,孙恒庆以年老家贫为由向孙金田索要棺材费以备后事,孙金田回答需与养母孙侯氏商量。孙恒庆认为孙金田不认生父,对其进行辱骂,两人由此发生争执。争执过程中原告跌倒额头受伤,孙恒庆一怒之下向地方法院进行控告,并提交了验伤证明。本案为自诉案件,法院随即立案。

地方法院刑庭公开审理了此案。审理过程中,被告坚持认为是原告用头撞自己时失足跌倒所伤,自己无殴打生父的行为,并请法庭传讯证人孙世

---

① 赵超构:《延安一月》,上海书店 1992 年版,第 4—5 页。

杰。而原告则一口咬定为被告殴打跌伤。推事令传唤证人孙世杰,但证人未出庭。双方身份特殊,却各执一词,证人又不愿意出庭作证,因而如何判断事实就成了本案的关键所在。或许是鉴于中华民国刑法有维护传统人伦之精神,地方法院刑庭推事最后做出了被告有罪的判决。

被告不服一审判决,随即向陕西高等法院提起上诉。陕西高等法院刑庭经过审理,特别是听取了证人的证言,于1938年7月26日做出二审判决。

陕西高等法院刑事判决 二十七年度(1938年)上字第123号[①]

上诉人:孙金田,男,年29岁,业农,住长安县杨村

(上)右上诉人因伤害案件不服长安地方法院中华民国二十七年七月二十六日第一审判决,提起上诉本院判决如左(下):

主文

原判决关于孙金田罪刑部分撤销

理由

本件上诉人系自诉人孙恒庆之子,出继于孙侯氏(自诉人孀弟妇)为子,本年六月二十日,自诉人向上诉人索要衣棺费,上诉人因未与继母商议,未敢立即承诺,自诉人遂以头向上诉人碰去,失足倒地跌在犁把上,将额头磕有微伤,不惟自诉人供同前情,与验单恰相吻合,并经证人孙世杰称:"自诉人之伤是自己磕的,现已向孙侯氏说好给他(指自诉人)预备一口棺材,上诉人没有打他老子"等语,是上诉人并无伤害直系血亲尊亲属之犯罪事实,原审未予详加鞫讯,依《刑法》第280条论处殊嫌率行上诉为有理由。

[①] 《陕西省政府公报》第588期,1938年。

据上结合依《刑事诉讼法》第351条第一项、第356条、第293条第一项,判决如主文。

本案经检察官张庆翰莅庭执行职务

审判长推事王维翰
推事张崇德
推事荆光鼎
中华民国二十七年八月三十日

二、孙瑞伯等杀人案

1947年5月1日,地处陕南大巴山区的小城镇安,发生了一起震惊省内外的凶杀案,此案的主要嫌疑人为镇安县长孙瑞伯。孙案案情复杂,涉及的被告人数较多,是民国时期西安地方法院审理的刑事案件中影响较大的一起。

孙瑞伯(陕西澄城人,时年38岁),出身行武,曾参加过远征军赴缅甸作战并负伤立有军功。他作风霸道,任县长后与县参议长李维翰(字国屏)、县参议会秘书万德英等不和,素有磨擦。李维翰遂向陕西省政府检举孙瑞伯涉嫌贪污等事,西安当地报纸对此做过专门报道,孙瑞伯、李维翰之间恩怨进一步加深。

另1947年2月5日,镇安县青年团筹备处主任樊味世(29岁,陕西永寿人),伙同妻子、镇安县小学教员张天贞(23岁,陕西乾县人)以介绍工作为由将西安市女青年王惠敏(20岁)由西安诱致镇安县限制自由,强迫与已婚的孙瑞伯同居。王惠敏不堪忍受于3月21日服毒自杀(经抢救无效死亡)。王惠敏之父王先舟到西安地方法院检察处控告孙瑞伯、樊味世、张天贞等人诱骗民女,涉嫌犯罪。孙瑞伯认定此事亦是受李维翰之鼓动,孙瑞伯对李维翰等更加怀恨在心。

同年4月,陕西省政府派马卓然到镇安对孙瑞伯进行调查,两人的矛盾更为激化。4月30日孙瑞伯对外高调宣称镇安城内有共产党活动,下令每日下午全城戒严(该县是"剿共"区域,可采取紧急管制)。同日,镇安电信办代办人杨廷芳给李维翰送电报,被孙瑞伯发现。孙认为杨廷芳是在向李维翰泄密,立即下令将杨羁押。5月1日下午1时15分,陕西民政厅电传镇安县政府,通知将孙瑞伯停职接受调查。孙瑞伯得知后于当日下午5时布置机枪和步枪于城之四周,沿街设岗。布置完毕后,孙瑞伯率亲信杨绪堂(镇安县警察局巡官)、张志忠(保警队长)、杨保君(手枪卫士)等10余人与省政府特派员马卓然一道赶往李维翰家。其时李维翰正吸着纸烟,与张东成(中山镇镇长李振伦之警卫)、朱本濂(县参议会议员)、朱志贵等站在自家门口观望事态。孙瑞伯先是大声命令李维翰等站于李家门之东侧勿动,李维翰不听其命令,孙瑞伯遂开口对李维翰进行谩骂,然后开枪击中李维翰之左胸,李维翰负伤逃至后院菜园水渠边死亡。杨保君开枪将张东成击毙,杨绪堂则开枪击中朱本濂,一时枪声四起。王德坤(李维翰之勤务)乘乱逃至城南山下被杨绪堂追上并击毙。与此同时,张志忠将躲在房中的万武英搜获,绑至李维翰家后院由杨绪堂连开三枪击毙。

案发后,孙瑞伯又胁迫政府人员在县城各机关开会,说李维翰议长等图谋不轨,蓄谋暴动,被孙镇压,并勒逼各位盖章证明。不久事情暴露,孙瑞伯等被陕西省保安司令部押送到西安地方法院检察处,羁押于该院看守所。

此案在陕西省内外引起了强烈反响。5月13日镇安县各界人士向西安地方法院递送诉愿书,要求严惩孙瑞伯等罪犯。诉愿书标题为"枪击议长,民主逆流,联名诉愿,请予法办,以重宪政,而顺民意。"在诉愿书上签名者包括:县参议员朱本濂、万斐然、潘贤俊、党寿钧、沈国藩、蔡步云、艾则先、张郎然;国民党县党部书记长汪鹤亭;县监察委员张声謇、县青年团书记齐昌海;县农会理事长阮炎南;县商会理事长卢云珊;县教育会理事长雷功天;县妇女会理事长朱凤莲;县初级中学校长胡燮阳;县中心小学校长杨智勇,县中山镇办事处主任吴梓舟、中山镇民众代表杨少卿、卫生所主任何仁均等。

同日李维翰之父母李登弟、李刘氏向地方法院递交诉愿书,并提出损失物品名单,共计939万元。

5月15日死者万武英母亲向地方法院递交诉愿书,要求严惩凶手。

5月28日合阳县临时参议会快邮代电西安地方法院,电文称:

> 镇安县县长孙瑞伯逼死女教员王惠敏女士,复枪杀参议长李维翰等人一案消息传来,全县震愤,值此准备行宪之际,该县长竟敢如此做为藐视国法,草菅人命,全民共弃,天地不容,除分电各县参议会签请主持正义一致声援之外,仅电贵院迅予严办明正国典,以维法纪而舒民愤,无任企盼之至。

合阳县参议会议长王世平

6月11日,镇安县农会理事长阮炎南再致电西安地方法院,请严惩孙瑞伯等人:"孙草菅人命,摧残民意,武力威胁地方机关。"

西安地方法院检察处对此案十分重视,派检察官李寿彭办理此案,李寿彭随即向镇安县政府等地发出各种协查公文。5月31日陕西省政府致函地方法院:

> 贵处前来函嘱饬镇安县政府将王惠敏尸体护送来省检验一事,镇安县新任县长称王惠敏尸体已由原县长孙瑞伯派人起运,其他情事不明,请查问孙瑞伯本人。

6月4日检察官询问王惠敏之父王先舟。王先舟称其女已有男朋友,此足以证明其女系被孙瑞伯诱骗至镇安的,另王父说镇安司法处的审判官、卫生所的人都可以证明其女系服毒死的。

同日检察官讯问孙瑞伯,孙辩称王惠敏与其为正常男女关系,且系女方自愿,未曾强迫;同时坚持李维翰暴动在先,自己是执行公务、平定叛乱,同时向检察官提交在李家所查获的武器清单。

交通部第一战区电信管理局向地方法院检察处转交镇安县电信代办处代办人杨廷芳的举办材料,揭发孙瑞伯曾对其进行非法拘禁。

6月6日检察官再次讯问孙瑞伯,孙坚持李议长暴动在先,在李家搜出有枪支弹药,并说李有贩毒等情事。

6月7日孙瑞伯向地方法院检察处提交王惠敏与其父母王先舟等往来信件及与孙瑞伯结婚之证件、结婚请客清单等,证明自己与王惠敏之关系,系王自愿,非强迫,王惠敏死因系病死。

6月9日检察官询问证人王玉仁(长安县杜曲镇人,镇安县政府收发室收发员,6月4日检察官在讯问孙瑞伯时,孙交代说:自己开枪时,王玉仁在场,可以证明当时是李议长先开的枪),孙瑞伯是否事先调动了保警队?是谁先开的枪等?王玉仁对检察官所提的问题均一问三不知。

监察院山西、陕西监察使向地方法院转交镇安县参议会副议长王荫棣、参议员张德厚、倪海鲲、吴基唐、阮炎南等人写给监察使的诉愿书,诉愿书不仅表达了对孙瑞伯的义愤,还对案情等进行了详细的介绍。

同日孙瑞伯聘请律师程泮林、康承源为辩护律师。程泮林、康承源二律师在与孙等沟通后代写了辩诉状提交检察官,请予以不起诉处分。理由如下:

> 镇安县参议会已故议长李维翰,伙同该县副议长王荫棣等贩卖毒品,深恐镇安县政府发觉惩办,本年三月间适辩诉人身任镇安县长,政令严肃有碍该李国屏之违法行动,该李国屏等从此挟嫌,一面伪造证据,如强令白保长作伪证等并诬控辩诉人逼死亡妻王惠敏等案,一面私藏巨额之枪械子弹聚众多人趁机暴动,本年五月一日,省府视察委员马卓然协同辩诉人前往李议长国屏家宅询问强迫白、江两保长证明之事详情以明真相之际,不料走至李宅门口,适该李国屏站立门外相谈数语,该李国屏即大发雷霆回至门里,即令其家中预伏暴徒排枪射击,辩

诉人同马视察员一时惶恐退避不及,除县府勤务兵一名张东成即时被击身死外,遂由其余随从卫士二名回枪反击作紧急正当防卫之措施,不久万秘书到来,喊令李宅停击,枪声稍息,辩诉人又托万秘书进入李宅与李议长商议和解办法,又不料万秘书进入李宅后院之后,该李国屏又使其家众再度开枪向外乱击,辩诉人身负当地治安责任,为防卫自己及全县城民众生命之安全,亦只得为紧急抵御行为,不敢轻易退避,旋经县地方警卫机关协同弹压枪声始止,事后辩诉人召集各机关首长士绅、前往该李宅勘察,始发现该李国屏及万秘书系中飞弹毙命,于后院又发现其家私藏军火子弹甚多,均未呈报备案,而其家之另一暴徒欧阳远长身带枪支子弹高据后楼之上,可能为击毙该李国屏等之主犯,是该李议长国屏显系聚众暴动,误中飞弹毙命,乃其家属遽而抢先告诉诬称辩诉人有枪杀李国屏之嫌疑,不但与当时之正确事实不符,而且完全掩蔽辩诉人正当防卫之紧急行为,窃按正当防卫之行为不罚,《刑法》第23条有明文规定,而诬告之行为依法应予处罚,《刑法》第169条亦有明文规定,为此依法辩诉恳祈钧处调证详查,审究明确,予以不起诉处分,以免冤抑,实为德便。

6月10日西安地方法院检察处检察官李寿彭向地方法院刑庭提起公诉,指控孙瑞伯、杨绪堂、杨保君等人涉嫌杀人,樊昧世、张天贞等人涉嫌略诱民女等。

西安地方法院刑庭推事徐志远负责审理此案。6月24日上午此案开庭审理。审理过程中被告对检察官的指控全部否认,坚持李维翰等有贩毒嫌疑,并暴动在先,自己是执行公务平定叛乱。至于与王惠敏的关系系双方自愿,没有略诱与强迫,其辩护理由与此前提交给检察官的辩护状基本一致。有关本案的庭审过程档案记载较为简略,但媒体方面的新闻报道则十分详细,这些报道丰富了庭审时法庭内外更多的细节。

孙瑞伯受审旁听记 ①

　　轰动陕西而又传遍全国的孙瑞伯案,经长安地院检察处一再侦讯后根据侦讯结果,依法起诉后,昨天已正式在地院开庭调证。因为该案牵扯范围太广,同时有县长亲手枪杀人民代表——议长的残酷,暴戾,而野蛮的丑恶事实,一般人对于该案主角孙瑞伯,樊味世和樊妻张天贞等都希望能见到其人再听听其中曲曲折折的经过。

　　差不多早上七点多钟,地院便聚集了不少的旁听者,惟以限于审判厅房间的窄狭(仅有两间大,只能容纳20人),除过必然参加的双方请到的15位辩护律师外,几乎连新闻记者的立锥之地也没有,因而地院对于前来旁听的诸位,不得不尽量予以阻止。大概没有领得旁听证者一律不许进去。新闻记者经过一番交涉,才算是不在此例。

　　原定上午八时开庭,直至八点半,有关人士才陆续到齐,未开庭前律师们坐在一间小房子里,吞云吐雾的谈笑着,记者们东奔西跑的询问着。旁听的各界人士,几乎全聚拢在二门口,等待着主角的出场。

　　最先看到的,是樊味世妻张天贞,她穿着天蓝色的旗袍红花短裤子,脚底配着白鞋白袜套,显得相当潇洒,她和请到的律师谈话后,便开始在人丛中穿来穿去,虽然背后不时跟着各样的指划和语论,她却始终谈笑自若仿佛很有把握似的。

　　约有八点四十分钟,司法警十余人,背着枪到九府街监狱里去提人犯,不到十分钟那些主角遂一个一个的来到,当司法警提孙瑞伯时,他仍然摆着县太爷的架子眼睛一瞪,冲口便是官腔。

　　"把枪下了,要这么多枪何用! 告诉你,我西安布置着一百多支枪呢。"

　　这样的命令当然没有效力,同时司法警立刻照原话报告院方,说孙

---

① 《西北文化报》,1946年6月25、26日。

瑞伯是如何样的凶暴和不守规矩。

樊味世着草绿色军装,右臂像是有病,用纱布带挂在脖子上,面色憔悴,嘴唇发青,他进法院门时,他妻张天贞正站在那里看着他,但两人并没打招呼,樊显得焦灼到暴躁的模样,樊妻却依然嬉笑自若,很有把握的样子。直到樊进了那间矮小的被告拘留所后,张又穿来穿去了。

孙瑞伯着草绿色中山装,足蹬红皮鞋,头戴头盔,左手提着公事包,走起路来,摇头晃脑,头稍向右倾,四下张望,故意做出满不在乎的模样,当这位杀人县长走进拘留所后,便打开公事包,拿出几十张和王慧(惠)敏小姐的合照来,分送给站在窗口的记者们,这张照像(片),在他认为是有力的证据,更是很好的宣传品,除过用钢笔签署,"孙瑞伯三十六年六月于长安地方法院"等文字外,道做如下解释。

"西安新闻界对此事不大清楚,实在说,女家(王慧敏家)太得无理!和十年前南京的爱人结婚,硬说非法,真是毫无道理。"也有意说明他和王慧敏小姐乃是十年前南京旧识,并不像原告所说逼迫成婚而又逼迫服毒的。

在记者和孙瑞伯谈话以前,早有樊味世的辩护人李毓民律师趴在窗口与樊窃窃私语。

"我想讨保出去,"先是樊焦急的告诉律师。

"可以,但是律师不能保,你必须当庭向审判官报告,态度愈和气愈好。"

当樊味世应诺后,律师复再三叮咛:"在庭上答话,最要注意,问东说东,问西答西,竭力不要拖长时间,同时你要注意那封信,你写给王慧敏的信,假使法官问你为啥在信里那样夸张,你要考虑着回答……"这时狭窄的刑事第一庭,已挤满了旁听人士,同时庭门口又摆了八九条长板凳也合站满了或坐满了热心的人,刚到九点钟,地院推事徐志远带着书记官王学增升庭审问,一百多对渴望的眼,如同看剧一样,争先恐后地朝里面注视。

开始调讯的是镇安县参议会的书记和工友。他们口述议长被杀的情形,和起诉书上大致相同。其次分别审问孙瑞伯的哼哈二将——一对杀人的卫士,他们承认开枪是事实,却不承认打死议长。

日近中午,愈来愈热,坐在庭里的直淌汗,挤在庭外的,因为听不到答话,只好互相交头接耳地探询着究竟,一位镇安县的司法人员对于此案,比别人知道的多,立刻变成了大家访问的对象。

据他说"孙瑞伯在镇安当县长,无异是镇安的法律。其平日所作所为从来无有敢过问者,当孙初到镇安,先看上小学教员汪筱兰,遂借县长威势,把汪弄到县府当事务员,晚则与之同居,因汪已与中山镇公所干事贾安山订婚,便暗送该镇镇长姚世英80万元,饬令贾汪解除婚约,姚以慑于威势,只得将款交付贾某,贾亦只好隐忍而已。

孙得汪后,更令其招致各学校漂亮女生至县府,终日玩弄,总是黄昏进府,黎明送出,良家女被奸污者岂止十余人而已!后孙得王慧敏,复将汪驱逐至乡下不许进城,王慧敏在县府,终日哭泣,一日得空与其情人冯景写信谓"我在此黑暗势力下真是没法,得空便要逃出"等语,不幸被孙发觉,毒打一顿。王以难挨苦楚,曾喝□酒一瓶。此后便完全失掉自由,收发信件全须经过县长检查。

调查庭至十二时宣告暂时休息,下午二时续审。问过马卓然省□视察后,便□樊味世至庭,樊妻张天贞紧扶庭门,情绪至为紧张。樊味世分条陈述三点,证明孙县长与王慧敏生前感情至为融洽,绝非强迫成婚者,接着又说:"报告庭长,只有一件事,我觉得很抱歉,就是我写给王慧敏的信,未免夸张了点,这实在是青年人办事热心,而少经验的原因,如果法官因此而治罪,我是乐于接受的……",这实在是多余的表白,因为法官并没有问到这点,张天贞似乎也觉得丈夫的多事。用指甲无聊地在庭门上划着线条,突然一位法官声色俱厉地斥责她,禁止她在那里胡划,同时法官也立刻叫到了她的名字,她便匆忙地走上了法庭。

经过了竭力的镇静,她开始回答法官的话。

法官问:"你和王慧敏赴镇安途中,王慧敏和谁睡在一起?"

她答:"和我"。

"到镇安后,王慧敏住在那里"?

"到镇安,便住在县府。"

"说是到青年团工作为啥住到县府?"

"那谁晓得。"

"你看过王慧敏没有?"

"她病的时候,看过一次起初还清醒,说要我转信给家里……后来就昏迷了……"

"她有信要你转吗?"

"……不,她说要我给家里说一声……"

"死后,你看过她没有?"

"没有"!

"为什么不看看!"

"那我看她做什么!"

"病的时候,你看她脸上是什么颜色!"

"看不出来,好像和平常人一样!"

王慧敏父母王先舟夫妇,这时也上了庭,樊昧世夫妇,便站在一旁,当法官说明只问王先舟一人后,其妻却不时地作急促解答;嗣经法官斥止,她竟哭泣,复谓,"人已死矣,我但求死而已!"

樊昧世听着王先舟的供词不时表示不满。同时用笔记簿记录着,后来王先舟要求把张天贞押起来,法官以已取保,未予允许。这才挨到主角孙瑞伯了。

庭内庭外,空气立刻紧张起来,旁听的人有许多跟着去看,司法警先高声喊,叫"孙瑞伯",然后开了镣锁,孙便昂首而出夹着皮包,歪着头,高声咳嗽一下,眼睛像阅兵一样地四下观望一至法庭,更向律师法官扫了一眼,才站住了。

法官问:"孙瑞伯?"

"是的。"他回答,声音非常宏亮,一直像训话样地支撑到底。

他在答话中间,不时的说:"我是个革命军人,我是青年从军的,我很坦白,我和王慧敏是十年前在南京浦口认识的。"

"王慧敏今年多大"?法官又问。

"26岁"他回答,接住又一大串地往下说。

"我是个革命军人,在青年军里当过少校团长,因为我是青年人,对于人事不会敷衍,因此在推行二五减租,禁止高利贷,得罪了当地士绅……",继而谈到王慧敏的死,他说:"我在西安和王慧敏买了结婚用品到镇安结婚,查结婚是需要证书的,但因为镇安偏僻临时买不到,故而未能买到……"

"后来她病了,经常呕吐,并且月经不来了,经医检查说是怀孕,后来下部出血(血块已用瓶盛装),医生说是小产,我因失掉爱人,神经受到刺激太大,同时我是军人,说话急促高亢请法官原谅。"问到镇安医务所长的证明书,他说该所长是李议长的走狗。

问到李议长的死,他说不晓得谁打死的。

说到骨上有绳绑的痕迹,他说可能是事后造的。

他突然又提高嗓子,说省参议员刘南辉贩卖大烟,购买武器图谋不轨,法官告诉他可以依法起诉。

最后他又重复"革命军人,青年军人,神经刺激,请求原谅"等语,并说:"一切经过如此,请不必再问第二遍,如果治罪,我会当众切腹自杀,用不着国法制裁。"

法官问他:"无罪为何投案?"他说为了表明态度。

又问他"马卓然在保安司令部的供词,""他是威迫来的,不能成立,"于是调查庭至此宣告一个段落。

法官突然不知想到了什么,又问。

"再问你一件事,为什么今早你对司法警说你在城内有一百多支枪;"他"唉"了一声,跺跺脚。

"不承认?没有?"法官很和平地看他,"是的,"他又很慷慨的回答:"我很坦白,我是革命军人,""那么,没有算了,有则改之无则加勉……"已是下午五点钟,调证庭宣告结束,这位县长又雄赳赳地走到看守所去了。

尽管孙瑞伯等涉案人员拒不认罪,并对起诉书的指控全盘否认,但检察官向法庭出示了以下的证据:

尸检报告。尸检报告证明李维翰、万武英、王德坤、张东成均系生前近距离枪杀。李维翰由左胸乳上射入经左背尖角下射出毙命。万武英系头部连续三枪毙命。张东成系前额左侧射入经右侧射出毙命。王德坤由头部左侧射入经右侧射出毙命。

证人证言。李维翰家的佣人杨德氏、张女等证明李维翰系孙瑞伯开枪击毙。另李维翰的邻居汪氏(卖馍的,在现场)及警察局长周振宇证明万武英当时并不在现场,系孙瑞伯派人抓来的;李维翰之邻居供称张东成系孙瑞伯的卫士打死的;李维翰的所有邻居均供称未见从议长家往外打枪;镇安县电信代办处代办人杨廷芳的证言:

五月一日十七时收安康转来电报三通,内有西安给镇安参议会李国屏加急商电一通,经孙县长监视收完,即私行扣留,并不给证据,事先又未通知。该县长阅后仍将该报送来,因责任所在,职即将该报送与收报人,而该县长随即又下令将该报追回,职即向收报人索回,谓职不该投送,诬职泄露秘密,遂即电话通知吴局长将职开除,先行由他处办等情。比时即将职炮压看守所,业务暂由环境电话管理所黄柏如代办。查该县长为惨杀李议长,计先行将地方通讯人员予以管制而利伊之成功,故于十八时将李议长等四人枪杀,详情报章专有刊载,谅为洞鉴。职系地方人士而使该县长心疑,职并不知参议会与该县长之情形,实为冤沉海底,险遭该县长之毒手毙命,经地方党团各机关人士再三恳求,始未遭其毒手。

另监察院山西、陕西监察使转镇安县云盖镇镇长杜联松写给该监察使的控告信,信中称:

本年五月一日下午七时奉前孙县长瑞伯由电话通知,声称转国防部密令谓本县参议会议长李维翰图谋不轨饬即就地枪决,奉令之下已于本日下午五时执行,着即速带警卫班抄没李维翰家产并呈报备查。职以事实可疑,未敢遵命妄动。次晨探悉系孙县长私人意见,但未遵命办理恐以违抗命令见罪,随即隐藏于第六保黑窑塘焦姓家内,被该县长侦知密派便衣队11人暗寓云盖镇街赵仁和店内意欲将职暗杀。尔时因见焦姓家内难以藏身即于第二日另逃他处。拒料焦姓家内即于是晚熄灯时间发现十数人碎门裂窗进屋将焦庆云之子焦培元登时用刀砍死并将尸身抛弃门首河内。该县长既枪杀参议会议长秘书工役后复又假借命令希图蒙蔽,稍不如意则以残杀相向。焦培元何辜,竟被残害。似此残忍暴戾、目无法纪、草菅人命、惨无人理,实为千古以来所未有,锄奸除暴律有明文,保善安良法岂偏贷。

书信等物证。樊昧世与王惠敏往来信件,樊曾向王许诺给王留有青年团股长一职,并在学校兼课,一个月可拿30万(双份工资)等语。樊信中说他与县长是老同学,感情很深,在县上他是第二老爷,呼风唤雨,镇安是个乐园,并说路上一切费用由他负责。王惠敏之父在法庭上供称不同意其女去镇安,樊曾亲自到家相劝。另查王惠敏品行端庄,孙瑞伯、樊昧世、张天贞对此均供认不讳。另有镇安县卫生所的诊断证明,王惠敏死时嘴唇乌青,有中毒的迹象。

诉愿书。此案发生后,社会各界通过各种渠道向相关部门递交了许多诉愿书,表明自己的态度。其中一些诉愿书还详细地介绍了案情,如镇安县参议会副议长王荫棣等人的诉愿书即是如此,对推事了解案情起了很大的作用。

本县地瘠民贫,抗战八年,人民之膏髓已尽。而前县长孙瑞伯到任以来豺狼成性,施政不以法令,行事不体民难,其在地方,兵警空额,克扣粮饷滥派军粮,毁灭证据踩躏人权,摧残民意机关,踩躏宪政,虐待警兵,非法勒索,纵使爪牙横行,种种不法行为,而参议会处在民意立场,当然检举事实,坚持正义,拒伊恼羞成怒,嫉恨于心,原因之一也;再因本年度编造预算庞大,甫经参议会参照法令需要暨地方环境详实审核请求刷除有名无实之保警第三中队及其他一切不必要之开支为渠所深为饮恨,原因之二也;又王惠敏服毒身死为当事人控告并登报章,渠预伪证反驳劫持地方士绅申辩,勒挟李议长盖章,而李议长坚持正义守正不恶,大拂其意,为孙瑞伯恨入骨髓,一怒而不可遏者,原因三也;遂于本年五月一日下午五时派保警队将县城四周暨街巷路口密布岗卡,并将李议长住宅包围,全城戒严不准人行,该孙瑞伯率领卫士班十余人蜂拥而入,李议长饭后散步于门口廊下,孙瑞伯即向李议长开枪,李议长逃夺至菜园被孙县长追上又是一枪击毙,并将李议长同居之镇长李振论之勤务张东成毙于大门口,朱参议员本濂左腿中一枪而避于民宅床下,又将李议长之勤务王德坤追至城南门外坡角枪毙。又着周局长震宇带卫士将参议会秘书万英武捕获捆绑牵至县府,不许人见面至九时依然枪杀于李议长身侧,复于戒严未解除时率同亲信各队长卫士班入室搜掠,翻箱倒柜,无孔不入,反复数次,谓有私枪十支,手枪五支,子弹多少,炸弹若干,烟土一包等语,竟将李议长住宅物品抄掠尽净,包括李刘氏私款五万余元，金戒指二个。该县长孙瑞伯即用威力派警卫队兵士邀各机关暨地方绅士开会宣布李之罪状：一云李议长要谋杀省政府马视察；二云私藏军火图谋不轨；三云私藏毒品，勒逼到会之人盖章反倾作证，强词夺理，污蔑罪名，扰乱听闻，其中非法暴动，信口雌黄，诬加罪名不得不将各种委屈列举事实为钧座陈之。一曰谋杀马视察，当马视察与渠未进屋之先，门口已布置卫士数人手执短枪，机头大张，制止人之行动，且李议长负枪毙于后园，勤务空拳毙于门口，四面枪弹集如飞蟥，既是李议长谋杀马视察，缘何渠之官兵又无半点伤痕，为何所收枪弹全在箱柜之中，此种矛盾已可想见。二曰私藏军火，图谋不轨。查有步枪十支，子弹八百余发，手枪五支，手枪弹六十余发，枪榴弹一个（原稿此处有数字模糊，无法辨认——引者注）。任县民政科长，原有步枪四支，手枪三支，子弹六十余发，曾在县府登记，客岁"共匪"扰乱，议长协助政府剿匪，而清剿部队先后赠送步枪四支、七九弹五百余发、流弹一枚，又借警察局步枪二支，手枪二支，此为县银行经理尹连选所寄存，李议长原任县银行董事长已停业。斑斑可证，其余炸弹十五枚及七九步枪弹均是孙县长发配，防守后院碉堡之用，如有匪警由参议会全体职员工友担任防务，何得谓之私藏以言图谋不轨。李议长为本党中坚骨干，成绩昭然，事实胜于雄辩，况李议长之声望为全县所钦仰，李议长有无不轨行为不辩自明，亦可查可访。三曰私藏毒品。该县长将李议长枪杀之后，由下午五时入室，一批一批兵警搜查络绎不决，概未会同当地保甲人员到场，任伊各队长卫士翻弄箱柜，直至晚十二时始传唤保长白世杰、江进昌并各机关首长士绅，到大门时该恶大声疾呼叮咛注意纸包包切勿大意，可见渠胸有成竹，预先栽赃者一也，凡在场者无不共闻，渠进门时就传李议长之妻刘氏到场，直在办公桌抽屉内取出一小纸包，则曰烟土，渠未卜先知，此其栽脏者二也，以时间言经过七小时之久入室之人纯是渠队长卫士何物不可携入，既有烟土何不藏于极密之间，而敢彰明较著至于抽屉之中,有此理乎,此其栽赃者三也,又云烟土一包附信一封写明系四月三十日由光之在省送来。李议长五月一日被杀,时隔一宵天上掉下来乎,飞机运来乎,此其栽赃者四也。四则枪弹布四面威逼开会形同法王路易倘有片言犯义者则上断头台,谁不惊魂夺魄,谁不兢兢战战,只得为避危险听其摆布俯首帖耳为命是从,莫说盖章证明,就是要头,哪敢不遵,而李议长、万秘书纵然有不合法之处,何不根据事实事先报请上峰查办,总不应由该县长擅处死刑,而勤务何罪亦遭屠戮。

基于以上证据,西安地方法院刑庭于7月7日做出一审判决,孙瑞伯因连续共同杀人,依《中华民国刑法》第271条判处死刑,褫夺公权终身,又共同意图使妇女为奸淫而略诱,依《刑法》298条处有期徒刑3年,又私行拘禁剥夺人之行动自由,依《刑法》302条处有期徒刑1年,应执行死刑,褫夺公权终身。同案犯樊味世、张天贞、杨绪堂、杨保君等也分别获得了相应的刑罚。

孙瑞伯等不服一审判决,上诉陕西高等法院,1947年9月8日,陕西省高等法院刑二庭二审宣判:维持一审判决。孙瑞伯不服二审判决,随即又向最高法院提出上诉。①

三、韩少轩过失杀人案②

民国时期,医患纠纷多发,给社会秩序带来极大的危害。

1948年7月3日西安市民张姜氏向警察一分局报案,称其夫被游医韩少轩害死,请查办。本案因涉及刑事犯罪,警察一分局经初步调查后,于7

---

① 陕西省档案馆档案,卷宗号089—6—738。
② 同上,卷宗号090—6—29。

月5日致函西安市地方法院检察处,函告韩少轩涉嫌杀人,请查收讯办。地方法院随即派检验员前往出事地点对死者尸体进行了检验,并填写检验单。

检验单称:死者张振海,男,49岁,山东人

尸体所在地:本市南城巷8号

尸体所在方位:头南脚北

尸体所附衣物:上身白粗布杉一件,灰单裤一件,黑棉裤一件,黑袜黑鞋各一双

身长:5尺6寸,膀宽1尺2寸,胸厚7寸

面色:暗黄色;全身肤色:黄色

致死理由:生前因患病,经医师针灸不当致命身死。

检验单上有检验员、地邻、人证等签名指纹。

7月7日,地方法院检察官王密依法对此案进行侦查。

检察官问原告张姜氏:你丈夫叫什么名字?

张姜氏答:张振海。

问:患的何病?

答:肚痛,大小便不利。

问:你都请过哪些医师诊治?

答:第一次请郭命之,第二次请了余济仁,都开了方,但未服药。后又请韩少轩来扎针。扎过后我丈夫就死了。

问:扎后隔多长时间死的?

答:韩少轩出门就死了。

问:韩如何扎的针?

答:他来后说他有把握,也没说诊费,不料扎过非要600万元,不给不起针。逼得我只得在同院借了600万元,他将针起后,刚出大门,人就死了。

问:韩如何对你讲的?

答:他说不要紧,保险治好。

问:韩给药了没有?

答:回去取药未来得及。韩走到路上还对我说,法院都是他朋友,如打官司非押我不可。这人太坏了,请你们重办。

检察官问韩少轩年龄住址

答:46岁,河北人,住菊花园一号。

问:你是中医师?

答:是的。

问:有行医执照吗?

答:二十七年(1938年)领的。

问:张振海的病是你治的吗?

答:是的。

问:张得的什么病?

答:绞肠痧。

问:你怎么治的?

答:给扎了几针。

问:你给人家说过保险治好吗?

答:没有。

问:你事先给病人家属讲过诊治费吗?

答:没有。

问:为何给病人将针扎进身体才勒索600万元诊治费?

答:那是我的定价。

检察官问张姜氏:韩少轩扎了几针?

原告:韩给扎了8针。

问:哪天扎的?

原告:古历五月二十七日。

问:钱韩拿走了吗?

原告:拿走了。

问被告韩少轩:你是不是起针后,见病情不好即走开了。

被告:没有,我是去取药去了。

7月12日检察官再次进行侦查。

检察官问证人牛振岐、康学顺,姓名、年龄、住址等

证人牛振岐:47岁,河南人,工人,住南城巷3号

证人康学顺:37岁,山东人,工人,住南城巷6号

检察官问:是谁去请的韩少轩?

康学顺:是我去请的。起针后十几分钟人就死了。

检察官问:韩说过多少诊治费吗?

康学顺:说了。医费300万,药费320万。

检察官问:韩是否说过不交费就不起针吗?

康学顺:没听见,因为我当时出去为张借钱去了。

检察官问牛振岐都听见了什么?牛振岐答与康所听见的相同。

检察官问张姜氏:人是什么时候死的?

张姜氏:起针后十几分钟人就死了。

检察官问:韩是说过不给钱就不起针吗?

张姜氏:他说过。

检察官问韩少轩:证人都说了,你起针后十几分钟人就死了,可见是你扎针不慎致死的。

韩少轩:我扎针十几年了,绝不会把人扎死,是他病重,扎不扎针都得死。

7月15日,被告向地方法院检察官提交由律师李毓民代撰的辩护书。

辩护书云:张本年7月1日患重病,业经多人医治无效,次日找我时,病人已垂危,故到场拒绝,应其妻苦苦哀求,念其家境贫寒无力另延他医,遂加诊治。断定病人为绞肠痧,即西医所谓盲肠炎。随在合合上腕、中腕、下腕处各扎两针,共8针。此针法为中医上的急救办法,终因病入膏肓无力回天。盖大夫治病如无业务上之过失或重大错误,纵令死去,亦不负刑事责任。告诉人丧夫之后,一时昏迷。听人鼓动。故恳请检察官作不起诉处分。

同日,检察官向地方法院刑庭递交起诉书。起诉书根据证人和尸体检验单认定被告涉嫌过失杀人。该案交由地方法院王灵枢推事审理。

7月24日地方法院刑庭开庭审理此案。

检察官王密宣读起诉书后,推事王灵枢就事实部分进行调查。

推事问原告:一共扎了几针?

原告:扎了六七针。

问被告:扎了几针?

被告:扎了六七针。

问被告:扎在什么地方?

被告:都是不要紧的地方。当时我诊后说人不能活了。她说死活与我无关,于是才在不要紧的地方扎了几针。

书记官宣读验尸报告。

推事问被告:你到底是怎么将人治死的?

被告:他确实是病死的。

问原告:你现在什么意思?

原告:生活问题不能解决。

问原告:是不是还求判他的罪?

原告:因为他把针扎下去,不起针。给了钱后才起针。我心不甘,请判他的罪。

问原告：你给钱,有证人吗?

原告：邻居牛和康见了。

推事谕知候调查再审。

7月26日下午地方法院刑庭再次开庭。原告、被告及牛、康二证人均出庭。证人证明,钱的事事先说好了,并无不给钱不起针的事。

推事问被告：现在有什么主意?

被告：愿出7000万元付生活费,私下与证人说好了。

推事问原告：现在有什么想法?

原告：他给钱只要能靠得住,我没有话说了。

推事问原告：刑事方面还有什么要求?

原告：没有。

推事谕知辩论终结,定期宣判。

7月28日地方法院推事宣判,判决书编号"民国三十七年度公杀字第28号",主文：因业务之过失致人死亡,处有期徒刑1年,缓刑2年。缓刑期内交付保甲长管束。

8月13日,法警报称被告不知去向,无法送达。为此,地方法院张贴布告。

布告

为公示送达事查本院受理韩少轩过失杀人一案,业经判决并依法送达,后兹法警报称被告所在不明无法送达等情。据此爰依《刑事诉讼法》第59条第一款、第60条第一二两款规定,合行布告周知,并将判决书帖于此,此项送达经30日发生效力。

此布

西安地方法院

第五节 贪污罪

吏治腐败是以往学界对民国时期官场的基本评价,这一评价得到了媒体的印证。如据《新秦先锋》、《西北研究》、《民意日报》等西安地方媒体报道,仅1930年代关中地区县长涉嫌贪污的就有:1930年冬陕西渭南县长王绍訏贪污烟款50000元,被逮捕枪决;1931年秋华县县长王其晟贪污数万元,经民众控告不了了之;1932年户县县长张治寿上任不足3月,竟搜刮民财20多万元。①

就立法而言,民国时期国家一直将贪污行为列为刑事犯罪,且量刑较重。但司法实践中有关贪污犯罪的管辖则屡有变动。民国初年贪污罪归地方法院审理。对于这种安排,社会各界多有指责,认为普通法院在审理贪污案件时多囿于法律,且程序繁琐,打击不力。为了照顾民意,强化对贪污犯罪的惩罚力度,抗日战争爆发后,国民政府专门制定了《惩治贪污暂行条例》(1938年6月),规定,"犯本条例之罪者,由有军法职权之机关审判,呈经中央最高军事机关核准后执行,"即将贪污案件的审理权移交给军事审判机关。由军法机关审理贪污犯罪,固然有其快捷严厉的优点,但又往往失之草率。于是国民政府又颁布《特种刑事案件诉讼条例》(1944年1月12日),并于同年11月12日施行,重新将包括贪污案等特种刑事案件移交给地方法院审理。民国晚期西安地方法院受理的贪污案件数量较多,但由于贪污案件的证据搜集和证实较为困难,因而与其他类型的案件相比,经法院判决

---

① 李庆东:《烟毒祸陕述评》,陕西旅游出版社1992年版,第108页。

有罪率略低于其他类的案件。① 诉讼档案从一个侧面展示了司法在治理腐败过程中所发挥的作用。

兴海臣贪污案。② 1947年4月底长安县南关乡乡绅陆松山、吕厚堂、萧焕章等向地方法院检察处控告该乡前乡长兴海臣有贪污嫌疑,涉及枪支、麦子、谷子、合作股款、储蓄券等,同时提交了证人吕子杰、吕天福的名单,以及陆松山等人与兴海臣所签订的合同一份。

合 同

为立合同,当事人陆松山、兴海臣、吕厚堂等兹因前南关乡乡长兴海臣因卸任移交手续尚不完备,以致引起地方发生纠葛酿成诉讼,今经地方士绅以及保甲长人员共同当场已将兴海臣任内各项手续并积麦仓谷合作股款储蓄各券等事逐件阅讫均已明了,所有事实结果办法举条列后:

一、民国三十二年(1943年)积麦一项乃奉令摊派,除交县政府外下余市斗214石568斤由兴海臣负责移交区公所。

二、仓谷一事均系奉令发交罄尽。颗粒未存,有卷验讫无错,惟变价谷款条据以后再阅。

三、储蓄券均由各保长照数领回。

四、合作社股款一项因未成立,前已将款照数退还各保,如该民众尚未领者,由兴海臣通知该保长一律发还,由兴海臣负责。

五、关于枪支原系八支,已交区公所外,下短两支,当由兴海臣负责移交

---

① 抗战结束后,司法系统明显加大了对腐败案件的打击力度。据司法行政部统计,关于贪污案件全国各级审判机关"自三十四年至三十六年底止计办理22109起,判决有罪而科刑者计8573人,科刑人数对于被告总数之比例,三十四年约占27%,三十五年约占36%,三十六年约占42%,历年比例逐次增多,足见法院对于此事日加注意。"见司法行政部:《战时司法纪要》,台北"司法院"秘书处1971年重印,第514页。

② 西安市档案馆档案,卷宗号090—2—3。

区公所。

　　以上所列各条两方均取同意，各不反悔，嗣后如有异言，由中证人负责。

　　立此合同各执一张为凭。

中证调解人：王井镇、张展初、龚应乾、古海亭、刘宗尧
签名人：兴海臣、陆松山、吕厚堂
民国三十六年（1947年）五月二十六日

　　检察官高佑时侦查后认定被告兴海臣有贪污嫌疑，其任内向民众派征之麦谷既与交接清册不符，也未向民众公布作何用途，于1947年6月4日向地方法院刑庭提起了公诉。

西安地方法院检察官刑事起诉书

　　被告：兴海臣，男，52岁，长安人，住新开门，卸任乡长（南关乡乡长）

　　查被告兴海臣原为长安县南关乡乡长，民国三十四年（1945年）底卸任，适逢此时该乡部分地区划归西安市区，该被告以为有机可乘，乃将该乡民国三十二年（1943年）以来所存余粮小麦214石及乡公所步枪两支侵为己有，并将任内所余积谷41石变价自肥。后被该乡乡民陆松山等告发。兴海臣对所告发之事先拒不承认。但经告发人、当地士绅、保甲长算账后查明确有其事，被告被迫与告发人等订立合同负责补价，双方签有收执。是被告显有犯《惩治贪污条例》第3条第二款之罪嫌疑，依《刑事诉讼法》第230条第一项提起公诉。

检察官高佑时

6月13日兴海臣聘请张思明律师为辩护人。案件交由刑庭推事蔚济川负责审理。蔚济川于6月14日通知律师和原告,本月17日下午2时在本院刑庭开庭审理此案,通知检察官苾庭执行公务,并向被告、证人等发出刑事传票。

6月17日下午2时地方法院刑庭开庭,证人和告诉人均未到。

推事蔚济川点呼被告入庭,书记官张光侠朗读案由。

之后由推事进行法庭调查,问被告年籍职业住址。

  被告:兴海臣,52岁,长安人,前南关乡乡长,住新开门64号

检察官陈述起诉书要旨,与前引内容相同。

  推事问被告:你何时当的乡长。

  被告:民国二十四年(1935年)当乡长至三十四年(1945年)卸任。

  推事:是那一乡?

  被告:南关乡。

  推事:你卸职时是将南关乡一部分划归西安市了吗?

  被告:是的。

  推事:你乘划归西安市的机会将三十二年(1943年)以来积麦214石568斤及乡公所枪支两支侵为己有,没有移交吗?

  被告:麦子在各保还没征收到,至于568斤是5斗6升8合之误。枪交县政府了。

  推事:既在各保,为什么告发人要告发你?

  被告:不知道为什么。

  推事:你的话有什么证明。

  被告:请传各保长。

  推事:两支步枪呢?

  被告:乡公所向县政府去领枪,说是8支,乡队副实领到6支,余两

支县政府借用了。

推事:有无借条?

被告:有的。

推事:乡队副叫什么名字?

被告:李应敏。

推事:还有41石谷子,你变价自肥了?

被告:只有21石谷子,已变价移交县政府(呈县政府收条)。

推事:卖了多少钱,是谁经手的?

被告:共卖了1500多元,是我及会计靳天太经手卖给醋房的,是民国二十四年(1935年)二月卖的。

推事:请被告辩护人陈述意见。

张思明律师起立,谓本案告发各节毫无事实,检察官是根据双方所定合同而起诉,但步枪两支是县政府借用了,时间太久恐被告收条未能找到,不知县政府有无底案,请调证。

由于原告均未到庭,无法继续调查。推事只得宣布退庭。

书记当庭朗读笔录无讹,饬盖指印。

6月18日张律师向推事代呈长安县政府收条。

收　条

今收到南关乡交来二十四年(1935年)第一期积谷,变价壹仟伍百捌拾贰元玖角陆分。

经手人陕西省长安田粮管理处
三十四年(1945年)五月六日

收条的数字上盖有经手人的私章,为慎重共盖了七个,但最后注明的日期却是1945年,而并非交款的1939年。6月25日兴海臣辩护人向法庭提交刑事辩护书。7月1日,地方法院崔院长致函长安县政府调查枪支事情。

7月2日推事向被告发传票,通知原告、被告辩护人、律师,本月3日继续开庭。7月3日上午8时,地方法院刑庭继续开庭。原告陆松山、吕厚堂、萧焕章到庭,15名证人中9人未到。

推事李本固①点呼原告、被告、证人到庭,书记官张光侠朗读案由。

推事先问被告年籍住职等个人信息,被告一一回答。

检察官陈述起诉书要旨。

  推事问原告陆松山年籍住职。
  陆答:52岁,长安人,住陆家寨,农民。
  推事问吕厚堂年籍住职。
  吕答:60岁,长安人,住新开门,农民。
  推事问萧焕章年籍住职。
  萧答:26岁,长安人,住南郭门外,商人。
  推事谕知证人具结义务及伪证之罪,并饬具结。
  推事问证人吕子杰年籍住职。
  吕答:36岁,长安人,住新开门村,农民。
  推事问吕子杰与陆松山以及兴海臣有什么关系吗?
  吕答:没关系。
  推事问:兴乡长任内贪污的事你知道吗?
  吕答:只知道枪的事和积谷的事,别的不知道。
  推事问:乡公所有几支枪?
  吕答:有8支枪,是79步枪,号码记不住。
  推事问:这枪还都好着吗?

---

① 不知何故,本案的推事换成了李本固。

吕答:有的不能用了。

推事问:现在有几支枪?

吕答:只有6支了,少了两支。

推事问:缺的两支步枪到哪里去了?

吕答:我不知道。

推事问:你怎么知道少了两支?

吕答:民国二十五年(1936年)孙军长发了8支,后来兴乡长移交时只交了6支。

推事问:关于枪的事你还知道什么?

吕答:就这些。

推事问:6支枪移交给谁了?

吕答:移交册上是6支。

推事问:你见移交册了吗?

吕答:我没见移交册,是告发人说的只交了6支。

推事问:关于谷子是怎么回事?

吕答:乡长把谷子放在我家,用席包着,后我不在时兴拿走了。

推事问:这席包有多少谷子?

吕答:不知多少。

推事问:是谁拿走的?

吕答:乡公所人拿走的。

推事问:关于积谷兴有无贪污侵占事?

吕答:我不明白。

推事问:关于兴贪污事,你还知道什么?

吕答:只有这些。

推事问:你说的是实话吗?

吕答:是实话。

推事问证人王子恒年籍住职。

王子恒答：65岁，长安人，住刘家庄，卸任保长。

推事问：你在哪一保当保长？

王答：南关乡第七保。

推事谕知证人具结义务及伪证之罪，并饬具结。

推事问：你当保长何时任事、卸事？

王答：民国二十七年（1938年）任事至三十一年（1942年）卸事。

推事问：你卸职时积的麦谷有多少？

王答：先年合积麦我保共派出21石，但并未征收，至三十一年县长要验仓麦，我才收了5石缴验了，因而共欠公家16石麦未征收。

推事问：有无派条？

王答：有派条已丢了。

推事问：你派出21石，实际只收了5石？

王答：是的。

推事问：这5石麦按什么标准征收的？

王答：是按先派的数量比例收的，是临时让各甲长凑派收的。

推事问：你说的是实话吗？

王答：是实话。

推事问：你卸任时将保长交给谁了？

王答：交给王文玉了。

推事问：你知道你后任把16石麦收了没有？

王答：没有收，王文玉已经死了。

推事问：你知道的还有什么？

王答：没有了。

推事问证人靳天太年籍住职。

靳答：49岁，长安人，住西开门59号，农民。

推事谕知证人具结义务及伪证之罪,并饬具结。

推事问:你在乡公所管账吗?

靳答:民国三十一年(1942年)至三十四年(1945年)我管账。

推事问:你管账时乡公所卖积谷如何?

靳答:我不清楚。

推事问:你在乡公所管账怎么不清楚?

靳答:我大概记得每石卖70多元(市斗),至于共卖了多少钱我不清楚,是听乡长说的。

推事问:卖后钱作何用?

靳答:乡长卖的,不知道他把钱怎么用了。

推事问:你说的是实话吗?

靳答:是实话。

推事问证人张振武年籍住职。

张答:36岁,长安人,住八里乡,农民。

推事谕知证人具结义务及伪证之罪,并饬具结。

推事问:你何时当第几保保长?

张答:民国三十年(1941年)至三十四年(1945年)当第六保保长。

推事问:你与陆松山等有关系吗?

张答:没关系。

推事问:关于你们乡上积谷积麦情况如何?

张答:积谷不清楚,积麦合派了20多石,我分派给各甲长当时未征收,后来县上要验收,我收了5石缴了。

推事问:你保未缴的积麦有多少?

张答:10多石。

推事问:你何时缴的5石?

张答:三十二年(1943年)缴乡长的。

推事问:你保欠的积麦现在征收了没有?

张答:没有。

推事问:你保究竟欠多少积麦?

张答:大约17石。

推事问:关于积麦的事你还知道什么?

张答:不知道了。

推事问:关于积麦的事兴海臣有无贪污情形?

张答:我不知道。

推事问:关于你们乡公所枪支的事你知道吗?

张答:领过8支以后交县政府了。

推事问:后来乡公所领回来几支?

张答:不知道。

推事问:对本案你还知道别的吗?

张答:不知道。

推事问证人王益斋年籍住职。

王答:52岁,长安人,住小寨村,卸任南关乡第八保保长。

推事谕知证人具结义务及伪证之罪,并饬具结。

证人具结书			
姓名	籍贯	住址	年龄
王益斋	长安	小寨村	52
为陆松山等控告兴海臣贪污事件,今结得供词,确实并无虐、伪,所具属实。 证人王益斋 中华民国三十六年(1947年)七月三日			

推事问:你何时当第八保保长?

王答:民国三十二年(1943年)至三十四年(1945年)。

推事问:你把你乡积麦的事说说。

王答:二十八年(1939年)县上命令积麦,因收起来无人负责保管,所以只派了没收。

推事问:你保原派多少?

王答:18石多。

推事问:你征收提交了多少?

王答:缴了5石。

推事问:余下多少未提交?

王答:13石多。

推事问:这13石多至今还没征收吗?

王答:没有。

推事问:缴的麦验过后发还了没有?

王答:存于乡公所以后没发还。

推事问:现在还在乡公所吗?

王答:不知道。

推事问:关于积谷情形如何?

王答:是前任办的我不知道。

推事问:关于枪的事你知道吗?

王答:我只知道是8支枪。

推事问证人李应敏年籍住职。

王答:37岁,长安人,住岳村,农民。

推事谕知证人具结义务及伪证之罪,并饬具结。

推事问:你曾任过南关乡乡队副吗?

王答:民国二十七年(1938年)至三十四年(1945年)当过队副。

推事问:乡公所枪支归你管吗?

王答：在乡大队存着，以后借县府了。

推事问：当时县长是谁？

王答：县长我忘了。

推事问：以后发还了吗？

王答：还了6支，有两支存县府了。

推事问：是你领的？

王答：是我领的，有两支无号码，所以存县府警察所了。

推事问：两支枪未发还，给了你什么手续？

王答：没什么手续。

推事问：兴是否把这两支枪侵占未移交？

王答：至我离开，这两支枪还未发下来，以后的事我不知道。

推事问：关于积麦积谷的事你知道吗？

王答：我不知道。

推事问：关于本案你还知道什么，说的是实话吗？

王答：就这些，是实话。

推事问证人何明年籍住职。

何答：52岁，长安人，住居场二号，卸任南关乡第九保保长。

推事谕知证人具结义务及伪证之罪，并饬具结。

推事问：你何时当第九保保长？

何答：民国三十年（1941年）至三十四年（1945年）。

推事问：关于你乡积麦情形如何？

何答：二十八年（1939年）县上令积麦，至三十二年（1943年）奉令提缴了些，以后再未征收。

推事问：三十二年缴出多少？

何答：三十一年（1942年）分派出17石多，提缴了5石，余12石8斗多未征收。

推事问:是什么斗?

何答:是市斗。

推事问:你缴的麦乡公所缴后退还了没有?

何答:后退还了,我转发各户。

推事问:积谷的事你知道吗?

何答:我不清楚。

推事问:关于乡公所枪的事你知道吗?

何答:我也不清楚。

推事问:你说的是实话吗?

何答:是实话。

推事问吕子杰乡上何时把谷子放在你家?

吕答:大约是二十八年(1939年)。

推事问:这谷子卖给谁了?

吕答:南关醋房。

推事问:这谷子放坏了些没有?

吕答:我不知道。

推事问王子恒征麦用的是什么斗?

王答:是市斗。

推事问王子恒你缴的5石麦后退还了没有?

王答:我以后卸事了,不知道退了没有,如果退还应该抵了乡长的薪金了。

推事问张振武征麦用的是什么斗?你缴的麦后退还了没有?

张答:是市斗,没退还。

推事问兴海臣每保缴的5石麦子你怎么处置的?

兴答:每保缴5石麦给乡公所,存放在我家,现在还在。

推事问兴:这麦退还了吗?

兴答:没退还,因恐以后再验,并且准备军队要借麦子时给。

推事问兴海臣你移交的清册上列了这麦子没?

兴答:没有列,因新乡长不愿意管这件事,说仍存在我家,以后县府提交时由我交。

推事问兴:积谷是什么情形?

兴答:共250石缴发出去后,余下21石,奉令卖了,每石卖70多元,交县府了。

推事问兴:积谷派缴是什么斗?

兴答:全是市斗。

推事问兴:还有枪支是怎么回事?

兴答:县府借去8支,以后还了6支。

推事问兴:这两支枪究竟放在何处?

兴答:曲韦警察所。

推事问兴:你把乡长事交给谁了?

兴答:还未正式交清。

推事问兴:这情形你对别人说过吗?

兴答:说过。

推事问陆松山你还有什么话?

陆答:请按起诉书及合同办他的罪。

推事问吕厚堂你还有什么话?

吕答:我的话与陆松山相同。

推事问萧焕章你还有什么话?

萧答:没有了。

推事请被告辩护人陈述辩护意见。

张律师起立谓:关于枪支韦曲警察局发还时既无其中两支号码,此枪当存县府,不过乡公所因公文马虎,未经追究,这是领枪之人的疏忽。

关于积谷余下21石奉令变价缴给县政府有据已呈案,被告自无贪污可言。关于积麦经证人到案结证并无全部征收,检察官起诉书亦如此,是被告并无犯罪行为。现天气炎热,请让被告保外候讯,请依法核办。

以上笔录朗读无讹,饬盖指印。推事谕知候再传讯,被告保外之声请呈候裁定。

7月4日,兴海臣声请保外,交声请费25元,理由因病。7月10日下午3点,推事蔚济川为此提讯兴海臣。西安地方法院推事对于刑事嫌疑人的羁押较为慎重,强调凡接手案件后,一定要对被告"先行讯问然后再视情形予以羁押否?"

推事问兴:陆松山等告你什么事?

兴答:告我侵占积麦积谷及枪支。

推事问:你侵占了没?

兴答:仓麦派出去250石实收50石,现还存着。仓谷除发还外,余下21石奉县令变价卖了,钱交县政府了,枪支是队副受训时由孙军长发给8支枪,后缴存县政府,之后领回6支枪,存乡公所会计家,其余两支枪未领回存县府,我并未侵占。

推事问:为什么麦子和枪还放在你家未移交。

兴答:麦子和枪是新任乡长与我未移交清楚。

推事问:交了一年多了还没清楚?

兴答:因纠纷,开会还未定。

推事问:你把账算结了吗?

兴答:算结了。

推事问:你四日递状声请什么?

兴答:声请保外。

推事问:为什么声请保外?

兴答：头疼不思饮食。

推事：你打500万元保证金,候讯保外。

7月12日,西安市南大街第145号新盛成商号经理余海泉为兴办理了具保手续。

具保书

为具保事：缘兴海臣因贪污一案,今民愿保兴海臣在外候讯随传随到。倘有逃避情事,保人愿负全责,所具保状是实。

7月13日地方法院刑庭通知检察处7月19日下午3时继续开庭。14日向被告发传票,同时通知律师、证人和原告。7月16日长安县政府致函检察处。7月19日下午3时继续开庭,因证人基本未到,原、被告又没有提出新的证据和意见,推事无奈只得草草审理后宣布休庭。

8月20日,原告向法庭提交新的复诉书,理由：一、兴海臣与保长串通作伪证,如王子恒当庭说每保只交了5石,共50石,其中铁炉庙村(第七保)就交了8石7斗,所以总数绝不是50石。二、卸任已快两年,为什么不把积麦移交放在家里,这不是贪污是什么？三、枪支县政府说没借过。四、保外不妥,如逃跑怎么办？并提起附带民事诉讼状,要求将所侵吞的小麦214石,谷子41石返还民众。

9月22日下午2时地方法院刑庭再次开庭。推事宋瑞麟①在重新履行完开庭的必要程序之后,讯问被告：你为什么卸职？

兴答：因南关乡划归城管区。

推事问：你乡里有几个粮仓归你管？

兴答：有一个归我管。

---

① 推事再次换人,不知何故。

推事问：关于积谷的事是怎么回事？

兴答：自二十四年（1935年）奉令积谷，共积240石，给柞水运了120石，又以工代赈用了60石，给难民外还余21石，二十八年（1939年）奉令变价，同年二月交了县府。

推事问：你变价这事民众知道吗？有何证据？

兴答：保长都知道，有条据可凭。

推事问：关于积麦何时开始，共积了多少？

兴答：二十八年起，共积了50石。

推事问：麦子现在何处？

兴答：在新开村我家存着。

推事问：关于积谷变卖了多少款？

兴答：1582元。

推事问：卖了多少钱一石？

兴答：75元一石。

推事问：谷子为什么卖得这么贱？

兴答：时间长了，其中有些坏了。

推事问：谷子卖给谁了，姓什么？

兴答：南关醋房，姓什么不知道。

推事问：乡公所有8支枪，为何移交时变成了6支？

兴答：枪是二十五年（1936年）孙军长发的，二十七年（1938年）奉令借了县政府，后发回时剩了6支。

推事问：借8支为何发回时剩了6支，号码你能知道吗？

兴答：两支坏了，号码我说不上。

推事问：现在这两支枪呢？

兴答：还在县府放着。（民国三十年五月七日长安县政府第1083训令为凭）

推事问:合作社基金是怎么回事?

兴答:二十八年(1939年)奉令组织合作社,每股4元,共积了445元,以后呈报县府,又奉令停止,我将钱退还了各保。

推事问陆松山和吕厚堂,你二人告兴海臣是一回事吗?

陆答:是一回事。

推事问陆松山:你这乡一共有几保?

陆答:以前,8保,现在10保。

推事问:这50石麦是哪里来的,知道吗?

陆答:是积仓的麦子。

推事问:由谁积呢?

陆答:由各保长积仓,以后交乡长。

推事问:他收仓麦50石,作何用?

陆答:不知道。

推事问:你知道积谷是怎么回事?

陆答:自二十四年(1935年)积谷,共积了240石,给柞水运了120石,又以工代赈用了60石,给了难民外余21石,不知道他作何用了?

推事问:你怎么知道他积了240石?

陆答:这是他自己对检察处说的数目。

推事问:关于麦子你们各保都交了吗?

陆答:都交了,请传各保长。

推事问:这8支枪是怎么回事?

陆答:8支枪是乡公所的,他只交了6支,还有两支不知道在哪里。

推事问:他说那两支是县政府没发回来,你知道吗?

陆答:不知道。

推事问兴:没发还的两支枪你知道号码吗?

兴答:我有县府训令,上边一个写着是七九步枪,号码是3065号,另一支是405号。

  推事问兴：你与陆松山等立了合同，对不？

  兴答：不知道这事。

推事请被告辩护人陈述本案旨意。张律师起立谓：

  关于积仓麦部分据告诉人陆松山称各保交齐否他不清楚，因而各保是否交齐，不能证明；关于积谷已呈交县府，余均变卖，此有县府训令；此外，关于枪支部分，乡公所原有孙蔚如军长发给队副的8支枪，以后被县府借去，发还时因有两支号码记不清楚未发还，那枪现还在县府。因而被告犯罪毫无根据，请依法谕知无罪。

推事下令休庭。

9月25日，兴再次提请保外。11月26日推事对兴进行讯问。

  推事：县府回函没借过枪。

  兴答：他们有公事借了8支，还了6支。

  推事问：你立了合同，知道否？

  兴答：不知道，他们乱写的。

  推事问：你承认积了214石麦子？

  兴答：我没承认。

12月1日兴向法庭呈交县长训令。

长安县政府训令 民急字第1083号

  南关乡乡长：

    事由

  令发还各队前借各乡枪支数目名称号码一览表，仰即查对领回应用。查本县常备队前借该乡枪支着即归回，合引抄发所借枪支数目名称号码一览表,令饬查对是否相符,如属相符仰即开据领条,径向本县国民兵团领回应用勿误为要。

此令

县长邵履均
中华民国三十年(1941年)五月七日

附发表一份

| 南关乡 | 七九步枪 | 3065 | 405 |

1948年1月13日兴海臣再次申请保外。1月14日法庭再次开庭,原告萧焕章未到,证人均未到。

推事余国藩①在重新履行完开庭所必要的程序后问兴海臣,麦子事实上只积了一小部分有何证据?

兴答:有各保长之证,并有移交之账。

推事问两支枪你说县政府借用,但据县政府来函说没有此事。

兴答:县政府不愿查,但有县府令已交呈。

推事问陆你告兴贪污,除合同外,还有其他证据吗?

陆答:其他没有证据,他原来就没有账。

推事问:合同是什么时候立的?

陆答:去检察处打官司时立的。

推事问兴:你于三十六年(1947年)五月二十一日与告诉人立了一个合同吗?

兴答:是的。

推事请辩护律师陈述辩护意见。

张思明律师:

---

① 推事再次换人。

本案原告诉人称麦子实派700余石,除正式开支外,余下214石告诉人认为贪污,但据被告供称,除50余石交区公所,其余160余石各保未收起,况兴海臣于三十五年元月十九日乡长会议报告"本人移交事项有未完事项,有账目未清,请大家明了"(将会议记录呈交)。步枪两支有县长邵履均命令可查,请查长安县府有无。

推事喻知本案候核办,被告交保。当天西安市晨光医院负责人卢卫东、田立业为兴海臣办了保外手续。

3月4日长安县政府关于枪支问题致函地方法院:此事已久,国民兵团早已裁撤,卷宗无从查考,经询问曾在该团服务人员称1941年发还南关乡借枪时以号码不符少发两支确有其事。

3月15日法庭继续开庭,被告兴海臣未到,法庭只得依法休庭。次日兴书面答复法庭:

> 昨日一早来城投案,讵料雨水过多,泥泞载道,滑溜难行,及民赶到钧院,时间已晚,致使未能过堂,此种情形实非人力所能抗,又非避不到案,理合将迟误情形具状。

3月24日继续开庭,原告萧焕章未到。

推事王灵枢①重新履行完开庭必须的程序后问兴:有无父母妻子。

兴答:一妻两子两女。

推事问:有无财产,能否识字。

兴答:有20余亩地,三间房,识字。

推事问:信仰何种宗教,曾否犯罪。

兴答:没犯过罪,不在教。

推事问:你任内积麦214石吗,存于何处?

---

① 推事又一次换人。

兴答:收了50石,存于乡公所,卸任时移交区公所。

推事问:区公所验麦,你有收据吗?

兴答:有(呈交第九区区长赵镜泉接收附卷)

推事问:积麦你仅收了50石,其余的呢?

兴答:在各保未积起。

推事问:未积起之账,你移交区公所没有?

兴答:去年七月已移交区公所。(注意此时本案已开庭——引者注)

推事问:银号股票,胜利公债你移交了吗?

兴答:已移交了,有区公所接收条可证。

推事问陆松山:你与吕厚堂等告兴何事?

陆答:县府令二十八年积麦700余石,因无账可算由单据核对。其余有214石5斗6升8合数目不符,有合同存卷。

推事:枪两支,县府已来函证明有两支因号码不符未发还。书记将来函读给告诉人。

推事:仓麦50石交给区公所了,你知道吗?

陆答:不知道。

推事问:你现在关于仓麦事还有何话说?

陆答:214石5斗6升8已由兴承认负责,立有合同,另仅第七保就收了78斗,因而兴的话不可信。

推事查阅第九区区长赵镜泉接收本,内有未积起仓麦账一本,本内载明如各保保长不承认,区长当不能接收。

推事问:收积麦数目不符,你还有什么证明?

陆答:有各甲的条据。(向推事呈交盖有南关乡乡公所印的派麦条8张)

今收到铁炉庙仓麦130(一百三十市斤),罗正德交,四月三十日。

今收到铁炉庙仓麦97.5(九十七斤半),民国三十年(1941年)五月十日。

今收到铁炉庙仓麦56(五十六斤),民国三十年五月十日。

今收到铁炉庙仓麦63(六十三斤),孙新正交,民国三十年五月二十一日。

今收到铁炉庙仓麦69.5(六十九斤半),五甲,民国三十年五月十日。

今收到铁炉庙仓麦530(五百三十斤),民国三十年七月十四日。

奉令即与乡公所拨给积仓小麦陆石4斗7升,限于明日运送本乡乡公所为要。

铁炉庙　　三十一年(1942年)四月二十九日。

推事问吕厚堂:你还有什么要说?

吕答:积麦214石系在乡公所算的,实际数目,以铁炉庙村作比例可以证明麦已积齐。

推事问证人吴天福年籍住职。

吴答:51岁,长安人,住新开村,农民。

推事问:对于本案你知道什么?

吴答:我看到兴的伙计背了两支枪在我门口过去,其他不知道。

推事请律师陈述意见,张律师:

关于本案,一、枪支已由县政府证明因号码不符未予发还,当无贪污侵占情事。二、积谷奉令变价交县府,由田粮处开有单据。证人吕子杰只证明积谷从他家移去,并不能证明有贪污情事。三、积麦告诉人将各保未积数当积数算,认为有214石,告被告侵占,系错误,故犯罪证据不足,请宣告无罪。

推事当庭谕知本案本月29日开辩论庭,不另行通知。

4月6日下午2时继续开庭(不知出于何故,将原定的开庭时间由3月29日改为4月6日),原告萧焕章、吕厚堂未到。

推事问被告:你们算账同谁算的?

兴答:同赵炳瑶等人算的。

推事问:立合同是什么意思?

兴答:意思是所欠交之仓麦由我负责催收,枪支由我负责向县政府要回,移交区公所。

推事问:你所开各保欠麦数是从那里来的?

兴答:根据账上开的。

推事请律师陈述意见。张律师:

起诉书认定被告侵占积谷41石,系根据被告在检察处作状而来的,后被告询问经手人始知积谷共240石,运柞水120石,以工代赈60石,发给难民39石,变价21石;枪支一项已有县政府证明,积麦共700余石,交县府490石,其余210石是否被被告贪污是本案的关键所在。现已查明210石中有各保欠160石,移交区公所50石,而且保上也有人证明,所以被告当无贪污情事。本案现已有一年之久,告诉人未提出积极证据,请宣告被告无罪。

推事谕知本案辩论终结,定期宣判。

1948年4月20日下午2时继续开庭,告诉人陆松山、萧焕章未到,7名证人中6人未到。

推事谕知本案因有调证必要,故本案续以重开辩论。

推事请检察官陈述起诉要旨。检察官起诉要旨与起诉书同。

推事问兴:检察官的话你听到了吗?

兴答:听到了。

推事问:积麦214石你干什么了?

兴答:50石移交区公所,余214石未收。

推事问:乡公所结束时与各保算账没有?

兴答:算账时各保长均在场。

推事问:账现在何处?

兴答:乡公所将结束时被队伍将乡公所卷宗账本扔了,现已不全。

推事问证人王天佑年籍住职。

王答:46岁,住九区一保,原南关乡四保保长,现任民众代表。

推事问:南关乡结束时,乡公所开会没?

王答:开了,我因事没去,副保长去的。

推事问:你保最后积麦交结了没有,还欠多少?

王答:欠22石左右,细数记不住了。

推事问证人马德山年籍住职。

马答:39岁,住九区六保,原南关乡五保保长。

推事问:乡公所哪一年结束的?

马答:三十四年(1945年),我是三十一年(1942年)卸职的。

推事问:你当保长时积麦收了多少,欠多少?

马答:我手里积麦5石,欠18石。

推事问:不是15石吗?

马答:大概是,我记不清楚。

推事问王天佑:乡公所结束时,各保共欠了多少积麦?

王答:100多石。

推事问吕厚堂:你与兴算账了没有?

吕答:没有算账。

推事问:为什么不算账?

吕答：找过他，他避而不见。

推事请律师陈述意见。

张律师：

乡公所结束时，各保均参加了会议，有王天佑口供为证。积麦214石，除移交区公所50石，余160石实欠在民，有到庭保长可证，且告诉人亦未提出有力证据，至于告诉人提出收麦条8张，内除两单据非乡公所的单据外，单据共合900余斤，且各单据均系三十年（1941年）的收据，而起诉书载明积麦是三十二年（1943年）的积麦；再有乡公所结束时，在会上乡长报告有事办竣，有事未办竣，希望大家明了，可见当时乡长已将各账结了，并对保长说明（有会议记录附卷），故被告犯罪证据不足，请宣告无罪。

推事问兴：副乡长叫什么名字？

兴答：王克俭。

推事问：仓麦的事，王知道否？

兴答：知道。

推事宣布闭庭。

4月26日下午2时继续开庭，告诉人吕厚堂未到，证人王克俭未到。

推事问证人刘建勋年籍住职。

刘答：44岁，国民学校校长，现住第九区。

推事问刘：兴当乡长时，你也在乡公所干事吗？

刘答：二十八年（1939年）至三十三年（1944年），职务是事务员。

推事问：你知道兴任内积谷多少，开支多少？

刘答：积谷240石，奉令给柞水运去120石，由民夫运去，发给难民39石，民工挖战壕以工代赈60石，变价21石，每石变价75元。

推事问：积麦你知道吗？

刘答：奉令二十八年（1939年）特办积仓700余石，除发还490石外，余214石，50石交区公所，160石实欠在民。

推事问：交县府490石有没有收条？

刘答：有。

推事问：账本在哪？

刘答：因乡公所被队伍占了，遗失了。

推事问兴：王克俭为何不到案？

兴答：给队伍办草料，不能来。

推事问：吕厚堂说仅他一保就收了950余斤，你作何解释？

兴答：他提出的单据，系包括490石之数派的麦，并不是交区公所的50石。

推事问：你的账乡公所结束时遗失了没有？

兴答：那时还没有，在乡公所结束会上，已对各保长说明，如有错误请向乡公所查明，有会议记录在卷。

推事请辩护人陈述。张律师陈述：

本案法庭调查已经详细。关于积谷积麦数目业经被告历次陈述及县政府、刘建勋等到庭证明与合同数目相同，被告犯罪嫌疑不足，请作无罪判决。

推事问兴：乡公所的账目什么时候遗失。

兴答：三十五年（1946年）七月遗失。

推事问：乡公所三十四年（1945年）底已结束，怎么三十五年七月方遗失？

兴答：因南关乡分三部分，一部分划西安市第九区，一部分划十区，一部分划县区，故账本等由乡公所组织保管委员会负责，后来队伍驻在乡公所，就将保存的东西毁了。

兴海臣呈区公所（九区）接南关乡公所公物清册。

方桌3个，板凳7个，户籍柜一缺抽屉两个，年次柜一缺抽屉3个、柜角及腿坏，长枪6支，炸弹13个，房契两张，地契一张，刘姓承租约一张，银行股本一张，椽15根，瓦500个，二十八年（1939年）特办积仓麦52市石。（附各保未积账本一）

推事谕知本案辩论终结，定期宣判，闭庭。

1948年5月7日推事王灵枢公开宣判：经法庭调查检察官指控不成立，兴海臣无罪。

地方法院检察处接到判决书后，认为法方法院判决认定事实有问题，于同年5月向陕西高等法院提起上诉，声请覆判。

1948年7月19日陕西高等法院刑一庭做出如下判决：原判决撤销，发回西安地方法院更审。理由：枪支属实无误。但积麦部分，称交县政府490石，无任何凭证可资证明；积谷部分，变价收据墨色浓淡不一，已有可疑，且卖予谁家，价钱几何均系被告一面之词，故依据《特种刑事案件诉讼条例》第22条第一款做出如上判决。

案件发回地方法院之后，分配予刑庭推事张维心重审。① 推事依据法定程序又先后两次开庭，对案件重新进行了法庭调查和辩论，原告没有提出

---

① 1948年9月16，原告陆松山、吕厚堂等向陕西高等法院检察处控告本案一审推事王灵枢渎职。9月20日首席检察官训令：据陆松山等状诉西安地院推事王灵枢对于审理兴海臣贪污案件枉法偏袒等情一案到处，除批示外合行检发原状，仰即查明依法办理。地方法院检察处将此案交与检察官姜鸿宝办理。10月4日检察官对原告进行询问：告王何事？答：枉法。问：还告贪污吗？答：不告贪污。问：枉什么法？答：袒护被告。问：你们曾控兴海臣私吞几支枪？答：两支长枪。问：你们怎么知道长安县府第二次复函是假的。答：与第一次不一样。问：你说判决书关于麦子的数目不对是怎么回事？答：因他当面承认并立有合同，愿意归还，而王推事竟相信证人。问：王推事是否向你们双方当面要求贿赂？答：没有。10月6日，检察官作不起书决定。见西安市档案馆档案，卷宗号090—14—24。

新的证据,被告则向法庭呈交了有关490石积麦拨付各种公事的细目,以此希望证明自己对于这部分积麦没有贪污之嫌疑。

1949年3月21日历经两年之后,西安市地方法院刑庭推事张维心宣判:

兴海臣侵占公有财物,依《特种刑事案件诉讼条例》第1条第一款,《刑事诉讼法》第291条,《惩治贪污条例》第3条第二款,《刑法》第59条、66条、73条、37条第二款处有期徒刑3年6个月,褫夺公权2年。

理由:

查被告兴海臣对于侵占南关乡民国三十二年(1943年)积麦214石5斗6升8合之事实虽坚不承认,但据原告诉人陆松山吕厚堂等到庭供述历历如绘,且查核其呈案合同经中人清算结果就中所列第一项业经证明该被告确有侵占三十二年积麦214石5斗6升8合之事实,审判中虽经保长杨寿珊等提供已派未收之证明,但查其所指乃为三十三年之积麦,前后时期既不相符,自不能混为一谈,因而被告积麦贪污事实已无疑义。至于被告侵占积谷和枪支部分,既经长安县政府及该县田赋粮食管理局分别证明变价之款已收,借用枪支少发两支,则被告无贪污情事昭然若揭,自不能绳之以法。复查被告既能悔过负责移交积麦,显可悯恕,爰予依法酌减其刑至二分之一,以示矜恤。

对此判决被告不服,委托张律师向陕西高等法院提起上诉,理由为:

本案发回重审要旨,对于积麦部分,谓以据供称特办积麦仓共700零6余斗,除拨交政府490石,区公所50石外,余160多石实欠在民,其词前后不一,而所谓拨交政府490石无任何证据。足资证明是谨对于拨交政府之麦以无反证而生疑窦,但被告于更审中已将政府拨交490余石麦子之拨付公事交案,证明不惟足以反证无贪污之事实,即上级法院认为未审明确之处亦已消逝,况告诉人迭次攻击亦未提出何种积极或消极证据足以证明被告确有贪污麦子若干之证,据此部分实无罪责;至于积谷部分发回要旨,以查阅所呈收据年与月日墨色浓淡不一已有可疑,然复经长安县田赋管理处函证该项奉令变卖积谷款1580.96元被告确实于民国三十四年(1945年)五月六日交付,此项惑疑亦谨证明,又况写字未必濡墨一次即可将应写之字写完,倘至年月日诸字再染墨稍多,书写自与前字墨色浓淡不一,此项显然之事实竟能生疑更属无足轻重,故此部分尤无罪则之可言。

综上鉴核陕西高等法院宣告被告无罪以维法则。①

至1949年5月,陕西省高等法院对此案尚未作二审宣判。

此案具有一定代表性。据当事人回忆:"国民党政府在陕西征粮八年中,进出数十亿斤粮食,从未修建过必要的仓库,……全省每年收入上解约近五亿斤粮食,大部就地利用民房、庙宇、祠堂、学校和一些破落地主的仓房。……每年用征收、征购、征借等名目搜刮到手,左手来,右手去,不仅毫无储备,在青黄不接的时候又向农民预借。总之,没了就征,不够就借,毫不爱惜,任意糟蹋,所有未入库或待运的粮食,都在露天堆积,既不很好地衬垫,又不严密掩盖,……各种征收处征存的粮食向外调运,除沿交通干线的地区,少数利用火车汽车外,大部分是征役农民待运,不管农忙农闲,只要任务下来,全乡农民就得全力以赴。农民自备运具,自备包装,自备干粮,自装

---

① 有趣的是,中华人民共和国成立后,西安市中级人民法院对该案进行了复查,复查结果如下:"本案情节轻微,按公有财物当慎重其事,尤其交代的过程如未催交之麦谷及未索回枪支更应刊登在移交清册或被考栏内著明事由及负责人,原审判处被告徒刑3年6月尚属适当。惟被告系交代时发生错误,并无十分恶迹。其犯罪情节显有可悯,即伊口供时——承认并立合同负责,其不合理之处即未登册,因伊坦白承认,亦可原宥?今后应如何处理:查被告自三十六年六月羁押起,至三十八年三月保外,共羁押一年九个月十九日,因一时粗心未尽交代之责,竟酿出此种诉讼,况被告又无其他恶迹,拟就此结束。"

自卸"因而,农民怨气极大①。就法律层面而言,本案涉及的金额数虽不大,但由于时间跨度大,人数多,证据遗失,证人无法同时出庭等困难,要想弄清楚事实并非易事。此外,由于各种原因此案在审理过程中又屡换推事,最终导致审理的时间长达两年之久。

第六节　妨害名誉罪

盗窃、抢劫、杀人等传统的刑事犯罪外,民国时期伴随着社会的转型,即使是在西安这样的内陆城市也出现了一些新型案件,如妨害名誉案。

1945年西安市参议会议员石运峰向地方法院起诉参议会议长李仲三及承包商孟昭普、王瑞琪,称上述三人侮辱其名誉,请求依法惩处。中华民国刑事诉讼法规定妨害名誉属于自诉案件,为此本案原告直接向地方法院刑庭提起诉讼。在中国社会中,特别是官场损害名誉之事件多有发生,但真正形成诉讼的则并不多见。加之本案原告与被告的特殊身份,一时引起社会各界的广泛关注。

本案的背景是,1945年西安市参议会接到承包商孟昭普等人的举报,控告参议会议员石运峰利用职权对承包修建西安市西关飞机场的承包人孟

---

① 赵云峰:《陕西田赋实征始末记略》,政协陕西省委员会文史资料研究委员会编:《陕西文史资料》第16辑,陕西人民出版社1984年版。此外,就社会层面而言,本案真实地反映了传统社会与现代国家之间的复杂关系。民国晚期,从形式上看国家已完成了对传统乡村的控制,民间社会必须借助经国家认可的镇保长与国家进行沟通和防卫,但与此同时传统乡村中的乡绅却仍然具有相当的影响力。传统乡绅与镇保长之间经常会围绕一些利益问题发生冲突。如1948年8月,陕西省渭南县灵源乡第七保保长张志英被村民以涉嫌贪污、私拉壮丁和通共等罪名举报,案件因涉嫌通共被移送西安绥靖公署军法处审理,审理过程中张志英一再辩称:"我没什么,太冤枉了。这些都是当保长得罪了人,诬告我的。"(西安市档案馆档案,卷宗号090—12—34)这一切足以反映传统乡村社会与现代国家之间的矛盾已达到相当的程度。

昭普等故意刁难,有索贿行为。同时还收到了以承建特种工程全体承包商名义散发的传单。参议会议长李仲三按照参议会规则对此事举行了听证。石运峰认为此举损害了其名誉,一怒之下向地方法院起诉控告李仲三与承包商孟昭普等人。地方法院刑庭推事调查后,认定李仲三的行为合法,孟昭普等犯罪事实亦不成立,原告有滥用自诉之嫌疑,在对原告进行饬诫的同时依法做出刑事裁定。

西安地方法院刑事裁定书①

自诉人:石运峰,男,41岁,西安市参议会参议员,住本市平民坊公字1号

被告人:李仲三,男,64岁,西安市参议会参议长,住参议会
　　　　孟昭普,男,43岁,工头,住本市北药王洞2号
　　　　王瑞琪,男,41岁,工头,住本市土地4字80号

孟昭普、王瑞琪选任辩护人:靳作楫律师

由被告人因妨害名誉及伤害案件及自诉人提起自诉,本院裁定如左(下):

主文

李仲三、孟昭普、王瑞琪均无罪。

理由

本件自诉人自诉意旨谓自诉人奉派代表西安市参议会监工修建西关飞机场,本年八月十八日市参议会开会时工头即被告孟、王竟在议场诬告自诉人曾向其敲诈未遂,并用西安市承修特种工程全体承包商的名义散发代电传单公然毁损名誉,议长即被告李着工头列席报告并语涉侮谩显有教唆及侮辱情事,又于九月十四日用茶杯墨盒抛击自诉人

---

① 陕西省档案馆档案,卷宗号 089—7—196。

幸未致伤。故请依法惩处等语。经讯据被告工头孟王等辩称市参议会因接密电谓石参议员敲诈工人曾传工头询问并于开会时到会陈述经过事实,并非有意侮辱亦未散发传单等语,被告李亦否定有教唆及侮辱情事。本院查参议会本年八月十八日会议记录虽有工头到会报告之事然并不能证明为被告李所教唆,被告孟王系受参议会质询而陈述,亦不能谓其陈述为侮辱,至于以特种工程全体承包商名义散发之传单非但孟等在本院询问时坚持非伊所为,即前在参议会经对参议员多人询问时所称亦与无异,见八月三十一日会议记录。此外又无积极证据自不能以嫌疑之事指为孟等所为。被告李在会议时对于工头之报告即有所评论,依《市参议会组织条例》第18条之规定其言论对外并不负责。至于对自诉人纵有伤害未遂之事依刑法亦应不处罚,再有伤害未遂之事亦不应由其负担刑事责任,自应与其饬被告一并谕知无罪以省讼事。

据上结论应依非常时期《刑事诉讼法补充条例》第13条第一项第三款第四款裁定如主文。

中华民国三十四年(1945年)九月二十四

西安地方法院刑二庭推事戚国光

该案产生的真实背景可能是中国官场上常见的政见不和,案情也相对简单,值得关注的是:

其一时人的法律观念。一种在中国官场上司空见惯的现象,最后竟通过诉讼的途径上了法庭,法庭严格依照法律程序对原告、被告的口供和原始会议记录进行了认真的调查,并依法进行裁定,裁定书中也并没有因为双方身份的特殊而有任何顾忌。尽管原告有滥用自诉权的嫌疑,但毕竟是依法维权,因而,原告、被告的行为以及法院持有的超然态度从一个侧面反映了民国时期整个社会法治观念的普及以及法院在社会治理中的影响与地位。

其二地方法院对待自诉案件的态度。自诉案件的增多给地方法院带来了巨大的诉讼压力，为此，各地法院对于自诉案件均采取了一种审慎的限制态度，如开庭之前对自诉书状进行严格审查，发现明显无理由或情节轻微者一般劝令其自行撤诉，坚持不撤诉者多直接裁定并对其进行必要的训诫。这样做的目的，除可以减轻自身的工作量外，也公开向社会表达了法院对于滥诉现象的限制态度。本案的处理方式就极为典型。

小　　结

刑事审判的最低标准和最高标准都是打击犯罪和不冤枉好人。但打击犯罪、不冤枉好人并非仅靠地方法院所能独自完成。民国时期受制于社会的发展程度和大环境，司法机关若要提高刑事审判质量确实困难重重，这里仅以合格司法检验人才的短缺为例略作说明。

司法检验人员对于刑事案件查明事实作用极大，但民国初年地方法院充当司法检验员者"大都因陋就简，以旧日仵作或曾随同刑幕老吏研习检验事项者勉强充数，而正式在学校受过检验教育者实不多。"江西高等法院首席检察官林炳勋指出："吾国昔时检验吏名为仵作，率系市井无赖及谙习拳术医术者充之，略读洗冤录皮毛，参与经验所积，由少年至老境，由祖父传子孙，于是遂成老吏。简言之，纯出于经验而毫无学问者也。民国初建，各省法院及兼司法县政府所用检验吏，仍选旧日仵作充之，虽无学问而尚有经验。近十余年来，老者凋亦，其继起者大抵途径溷杂，或向旧仵作之助手，或各处检验讲习所六个月及一年之速成生，资格学术不免浅陋。其得力者虽不敢谓绝无其人，而敷衍任事者实居多数。"[①]直到1947年召开的全国司法

---

① 林炳勋："各省应遍设法医传习所以培检验人才案"，司法院编：《全国司法会议汇编》，1935年。

行政检讨会议上,要求尽快开办检验人员培养班以应急需的提案仍然多达10个。

陕西的情况也不例外,1929年陕西全省法院系统共有检验人员75人,其中接受过检验教育的仅2人,受过检验教育的人数在所统计的14个省中仅高于河南省,与察哈尔并列倒数第二;以件作改充者27人;曾随刑幕老吏学习过检验者46人。① 1936年,经过国民政府的多年努力,全国范围内整体情况已有所改变,但陕西的情况却依然如故,全省地方法院竟然没有一名法医师,而同期江苏地方法院已设有法医师13人,浙江省地方法院有9人。1941年10月,陕西高等法院不得不开办检验员培训班储备司法检验人员,共招收学员59人,经过半年培训至1942年3月结业,分发各地审判机关。1946年8月,陕西高等法院再次调集现任司法检验员13人进行短期培训,②即便如此,到1946年陕西全省地方法院共有法医师5人,检验员22人。然而,同样是1946年更为偏远地区的广西和贵州地方法院则分别设有法医师9人和6人,③陕西地方法院司法检验水平由此可见一斑。

不仅如此,合格的司法检验人员远非法医师所能涵盖,还应包括各种痕迹鉴定人员等。民国时期西安地方法院这类人员更为奇缺。前引的兴海臣贪污一案,陕西高等法院之所以撤销西安地方法院的一审判决,并发回重审,其中重要的原因之一就是高等法院刑庭的推事认为兴海臣提供的证据笔墨痕迹存疑。

如此社会环境,确实给地方法院的刑事审判工作带来了不小的压力,诚于民国时期法界领袖江庸所言:

---

① 王用宾:"整顿各省检验人员并拟具整顿大纲案",引自蒋秋明:《南京国民政府审判制度研究》,光明日报出版社2011年版,第170页。
② 司法行政部:《战时司法纪要》,台北"司法院"秘书处1971年重印,第401—403页。
③ 《司法统计》1946年,《司法统计年报底稿》1946年。

惟对于法院,有一最小限度要求,即法官不可无常识耳。法官无学问无经验,其害尚小。若并常识而无之,人民之受害蒙冤,不知伊于胡底。①

---

① 江庸:"为法官缺乏常识敬告司法当局及有监督权之长官",《法学丛刊》第3卷第4期,1935年。

第九章 民事诉讼

中国传统社会,由于缺乏现代意义上的民事、刑事诉讼之分类,因而不要说对民事诉讼的过程和结果进行研究,即便是民事诉讼规模都很难统计。据《樊山政书》载,19世纪末20世纪初陕西各县衙门每月平均审理的民事细故大致为三件左右,①大量的民事纠纷主要借助民间的力量以调处的方式解决。新式审判机关设立后,民事和刑事案件始严格划分,民事诉讼规模、案件类型以及结案方式等成了司法系统和研究者关心的话题。统计数据表明,就全国范围而言,到1918年新式审判机关所受理的民事案件比例第一次超过刑事案件。进入1920年代,53%的地方审判机关年新收民事诉讼在200到1000件之间,即每天一至三件。案件类型包括金钱、土地、建筑物、物品和人事等几乎所有领域。②

与全国相比,地处内陆的西安,直到抗日战争爆发前地方审判机关审理的民事案件数量一直相对偏少,案情也大都较为简单。

第一节 民事调解

法院调解是民国时期国家处理民事纠纷的重要方式。中国传统社会,

---

① 樊增祥:《樊山政书》,中华书局2007年版,第365页。
② 唐仕春:《北洋时期的基层司法》,社会科学文献出版社2013年版,第332—339页。

民事纠纷大多以较为温和的，借助他人居中调解，当事人相互妥协的方式在民间层面得以解决。进入民国以后，特别是南京国民政府时期，国家一方面继续移植西方现代民事诉讼制度依靠国家权威和专业化的司法人员处理民事诉讼，另一方面对中国传统的调解制度亦表现出了浓厚的兴趣，将调解视为应对诉讼案件增多，解决公民诉累，维护审级正常运转的一项重要举措。

一、成立率偏低

1929年，南京国民政府建立不久，立法院就提议尽快制定《民事调解条例》，立法院院长胡汉民认为：

> 查民事诉讼，本为保护私权，而一经起诉之后，审理程序，异常繁重，往往经年累月，始能结案，甚非所以息事宁人之旨。是以晚近各国，均厉行仲裁制度，期于杜息争端，减少诉讼，意至良善。我国夙重礼让，以涉诉公堂为耻，牙角细故，辄就乡里耆老，评其曲直，片言解纷，流为美谈。今者遗风渐息，稍稍好论，胜负所系，息争为难，斯宜远师古意，近采欧美良规，略予变通，以推事主持其事，正名为调解，并确定其效力，著之法令，推行全国。庶几闾阎无缠累之苦，讼庭有清简之观。①

司法行政部亦强调：

> 调解成立，案即终结，诉讼人即不致一再上诉，既免费时耗财，增加诉累，复可维持感情，言归于好。闾阎因免雀鼠之争，国家即有治平之望。故欲保持吾国固有之良俗，救济经济衰落之现状，均应注重调解，以期息事宁人。②

---

① 谢振民：《中华民国立法史》(下)，中国政法大学出版社2000年版，第1033页。
② 司法行政部统计室编：《司法统计》，1934年。

清末民初,法治成为一种思潮。① 受此思潮影响,几乎一切事务都被纳入到法治的调整范畴,即便是调解这样一种纯粹的民间行为。1930年代南京民国政府相继颁布了《民事调解法》、《民事调解法施行规则》、《处理民事调解应行注意事项》、《区乡镇坊调解委员会权限规程》等一系列法律法规,将传统的调解制度法律化,对法院调解的范围和程序更是作了详尽的规定。按照《民事调解法》规定,凡人事诉讼案件(离婚之诉、夫妻同居之诉及终止收养关系之诉)以及初级管辖之民事案件实行强制调解制度,非经调解,不得起诉,也就是说将调解置于诉讼的前置程序。至于其他的民事诉讼案件,则实行任意调解制度,将是否选择调解的决定权交由当事人。同时规定凡申请调解者须填写统一的调解声请书。调解声请书有专门的格式,形式较起诉书略为简单,用语也不尽相同,如称对方为"对造",而非被告等。民事调解时以推事为调解主任,两造当事人可以各推举一人为调解人协同调解。调解如不能即时完成,由调解主任确定调解日期,但自声请之日起不得超过10日。调解期限自两造当事人到场调解之日起不得超过7日,当事人无正当理由于调解日期不到场者,经过5日后,视为调解不成立。调解须作调解笔录,详细记录调解的过程。调解终止时经调解主任向当事人说明调解结果,当事人两造同意及调解主任、调解人签名后,即为调解成立。调解成立需制作调解成立书。调解成立与法院判决有同等之效力。为了鼓励当事人能更多地进行法院调解,国民政府还规定调解只收取状纸费,不得再征收其他费用。

1935年7月1日《民事诉讼法》开始施行,《民事调解法》同时废止,但该法中所规定的民事调解制度被《民事诉讼法》略作修改后承继了下来。依据《民事诉讼法》第409条之规定,法院调解分强制调解和申请调解两种。

---

① 有关清末民初法治思潮在中国的流行状况方面的研究,请参见李学智:《民国初年的法治思潮与法制建设》,中国社会科学出版社2004年版。

强制调解一般适用于简易诉讼程序,主要包括下列三类案件:一是标的金额或价额在 800 元以下的财产权诉讼;二是因租赁关系而发生之纠纷,因雇佣关系而发生之纠纷,因保管关系而发生的纠纷,因请求保护占有涉诉者;因确定不动产的界限或设置界标涉诉者;三是自法院或其他调解机构调解不成立时起,已经过一年者,于起诉前应再行调解。但该法第 411 条同时规定具有下列几种情况的无需经过调解阶段,应直接进入诉讼程序。为标的的法律关系,曾在法令所规定的其他机关调解不成立者;因票据涉诉者;系提起反诉的;依法律关系的性质、当事人的状况或其他情况,可以认为调解显然没有成立希望的。

法院调解不公开举行。调解人一般由法院推事担任,必要时其他公民亦可以参与。参与的公民既可以由双方当事人推举,亦可以由推事自行选任。当事人推举的调解人,国家不付报酬,当事人是否给予报酬,法律不加规定;法院选任的调解人,国家酌给日费及旅费。当事人于调解日不到场的,法院将依一方当事人之申请,随即进入诉讼程序,此时,调解申请人视为已经起诉之原告,对造视为被告,法院参与调解的推事,继续行使审判权,以便节约各种资源。

依据南京国民政府民事诉讼法之规定,"调解"与"和解"是两个完全不同的概念。简单地讲,调解是诉讼的前置程序,而和解则是在诉讼进行中由推事主持,双方当事人彼此让步,相互谅解,自由处分诉权的一种法定方式。

就立法而言,南京国民政府的民事调解法律制度规定得可谓完备,但纵观民国时期的司法实践,调解功能的发挥却并不尽如人意。司法行政当局对此也不回避,不断下文进行推动。如 1943 年 6 月 3 日国民政府司法行政部专门向各省高等法院发布训令,要求各省高院切实推行调解制度,使用的语言极为严厉:

> 惟近年各司法机关办理调解事件,据视察所得其调解成立者,大都不过百分之几。推原其故,虽有时系因当事人故执成见,各趋极端,无

法使之归于妥洽,然各司法机关承办人员,对于调解事件之处理未能尽其职责,亦属重大原因。际此抗战时期,我前后方人民,荡析离局,困苦已甚,秩序未复,纠纷正多。为减少人民讼累,保持国家元气,计尤有厉行调解之必要。①

当然,也有个别的地区执行得较好。如1943年,陕西兴平县司法处收受调解事件30起,调解成立的30起;四川犍为地方法院收受调解事件55起,成立的亦为55起,均达到了100%。②

民国时期西安地方法院受理的民事调解事件调解成立率极低。以下是依据西安地方法院1948年度"调解卷"整理的该院民庭一位推事1948年下半年所调解的民事案件具体情况一览。

表9.1 1948年西安地方法院调解情况一览

日期	纠纷类型	调解结果	日期	纠纷类型	调解结果
7月	调认地权	调解不成		返还土地	调解不成
	请求离婚	两造不到		返还遗产	两造不到
	给付工价	他造当事人不到	10月	声请离婚	两造未到
	请求赎地	他造当事人不到		放赎房屋	调解不成
8月	返还房屋权证	调解不成		返还彩礼	两造不到
	返还租地	两造不到	11月	返还厦屋	调解不成
	返还庄基地	原告不到	12月	确认地权	调解不成
	返还沙果	两造不到		确认遗产	两造不到
	返还麦子	原告不到		返还小麦	调解不成

---

① 《司法机关对于调解事务须切实办理令》,引自湖北省司法行政志编委会:《清末民国司法行政史料辑要》,内部资料,1988年。
② 司法行政部训令,1945年5月,谢冠生:《战时司法纪要》,台北"司法院"秘书处1971年重印,第171页。

续表

日期	纠纷类型	调解结果	日期	纠纷类型	调解结果
	请求腾房	调解不成		返还坑煤	调解不成
	出割家产	调解已成		返还家具	调解不成
	请求腾房	两造不到		返还彩礼	两造不到
9月	给付乳资	他造当事人不到		返还当契	两造不到
	返还小麦	调解不成		侵占地基有碍出路	调解不成

半年中该推事共计调解各类民事纠纷28件，成立的只有一件，足见成立率之低。个人之外，整体情况也大致如此，民国晚期，西安地方法院民庭全年所受理的民事调解案件大致在六七百件之间，前引的西安地方法院1948年7月和12月的民刑案件总计月报表中的数字表明，7月份全院共受理调解案件73件，调解成立的为5件；12月共受理调解案件64件，竟然没有一件调解成立的。该比例与同时期陕西全省乃至全国的调解成立比例大致相符。有数据表明，1946年陕西全省共受理民事调解事件1851件，调解成立的246件，调解不成立的1605件，调解成立率13.27%，不成立率86.73%。同年度全国调解成立率为23.21%，不成立率为76.79%。[1]

二、个中缘由

导致民国时期法院调解成立率不高的原因，大致可分为推事、法院、当事人和制度设计等几个方面。

第一，对于强制调解的做法，推事主观上不认同。审视西安地方法院的司法档案，可以清楚地发现推事调解纠纷时大多是在走过场，履行法定程序

---

[1] 司法行政部统计室所编：《司法统计》，引自蒋秋明：《南京国民政府审判制度研究》，光明日报出版社2011年版，第206—207页。

而已,态度很难用认真来评价。这一观察与时人的观点不约而同。1930年代,执业于上海的律师朱怡声曾如是描述他的所见所闻:

> 法院承办调解人员多抱调解无足轻重之观念。对于调解案件,鲜有力求症结以谋解决者,大多数语问讯即谓于职已尽,而遽宣告调解不成立。其声请另定调解日期者,百不一准。①

民国时期新式审判机关的推事大都较为系统地接受过西方现代法学的教育,视诉讼为法院解决纠纷的正途,对于调解之类的源自于民间的解纷方式多少会有些轻视。民国时期长期任职于司法系统的林厚祺,在回忆文章中记述过这样一件事情:

> 山东高等法院某推事承办案件有90%达成和解,使我非常惊奇。后从他的书记官口里,知道他对每案都进行和解,耐心劝导,言语动听,一庭不成,继续数庭,两造禁不住他频频动员,终于达成和解。后来司法行政部从报部统计表中发现他达成和解数字惊人,传令嘉奖,这在司法界中十分罕见(但也有人诋毁他,说他老人家不懂法理,判案无把握,想逃避困难,才案案进行和解)。②

尽管林厚祺讲的是和解,而非调解,但也足以反映当时司法界的一种主流价值观及风气。当然,作为新旧过渡的一代,中国传统的无讼思想对于这一时期的推事或多或少地还有着一定影响,如时任陕西高等法院院长的郜朝俊就公开讲"夫法院之设,旨在道范人民趋于正轨,期少诉讼"。但即便如此,由于接受的教育和生活方式已经西化,客观上也使他们失去了与普通民众的对话能力,也就是说,有心而无力。

---

① "各种法律问题研究报告",1938年5月至12月,引自蒋秋明:《南京国民政府审判制度》,光明日报出版社2011年版,第213页。

② 林厚祺:"国民党统治时期的司法概述",福建省文史资料委员会编:《福建文史资料》第21辑,福建人民出版社1989年版。

第二,出于经济利益方面的考虑法院虚以应对。稍加观察,我们还可以发现民国时期大力鼓吹通过法院调解来处理民事纠纷的主要是司法行政当局,法院本身对此并不热衷,只是在被动地应付。甚至可以说,法院本身并不希望司法调解的成立率太高。

为何会有这种结果?有学者解释说:"现实各省法院经费,半仰给于法收",因而调解不得征收费用的制度设计,必然会导致法院"乃有以调解成立太多,至收入减少为患者"的顾虑。① 站在司法行政当局的角度思考这一问题真的左右为难:调解如果与审判同样收费,当事人就不会,或很少选择调解,从而不利于调解的普及;而不收费,法院又势必减少收入,不愿意真正推行。

经济因素之外,由于调解成立率较低,强制推行调解又无异于给初审法院和民庭推事增加了大量无效的工作,人力资源方面也得不偿失。于是便出现了法院系统虚以应对的现象。

第三,对于能否调解成立,当事人原本不抱多大希望。司法实践中有些当事人原本并不希望以调解的方式来解决纠纷,只是为了满足强制调解的程序要求。有关这一点诉讼档案显示得极为明了,前引的1948年西安地方法院民庭推事受理的28件调解声请中,竟然有11件是因为调解声请人或两造均未到庭而失败的,占总数的1/3强。该数据清楚地表明一些声请人提出调解声请,纯粹是为了应付法律要求的强制调解的程序规定,或者说根本就没打算调解成立,是直奔诉讼去的。

这种情况具有相当的普遍性。如1938年在司法行政部举办的法律问题研讨会上有代表指出:"夫民间每一民事事件发生,无论其大小,假若互相争持不能自决,势将兴诉之际,辄有邻里乡党或亲属朋友不忍诉累,先行出面为调停。如果万一调停不成,始向法院起诉,请求裁判。此实不得已而为

---

① 石志泉:"民事调解制度",《法学专刊》第5期,1935年9月。

之行为。而我国各地方之人情习俗亦大抵如斯也。"①也就是说"人民之争端一至对簿公堂,其目的似偏重于法官之判断,即对于强制调解之事件,亦多不存调解可得结果之心理。在法官虽不惮烦劳,剀切晓谕,而当事人竟若充耳不闻。"②

当然,有些当事人是自愿申请调解的,但其申请法院调解原本目的只是为了试试运气。司法实践中,一个人选择申请调解的方式,还是选择诉讼的方式来解决纠纷与其所接受的教育及文化程度无关。选择调解的既有文化程度不高的农民,也包括文化程度较高的新派人物。一个当事人之所以申请调解更多是出于利益上的考虑。虽然调解具有不收调解费的优点,但由于法院调解的成立率过低,争议的事情最终还得通过诉讼来解决,因而选择调解,对于当事人来说实际上很可能意味着更加费时和费钱。在这种情况下,有些当事人仍然申请调解主要是因为对法律规定极为了解,知道自己的诉求通过诉讼的方式胜算不大,只是想换一种方法试试运气。下面这三则案例就较为典型。

案例一

1948年6月22日,46岁的长安县村民李施氏委托律师李梦庚代撰调解声请书,要求西安地方法院通过调解的方式向本村村民白树森追还租地。声请书云:于1931年10月23日立契将对造所有的水浇地3亩5分,以银洋60元典买,但此地仍由对造承租耕种,每年向声请人付租金每亩小麦3斗,共1石另5升(老斗)。但此后对造一直不认真支付租金,17年共欠租金计17石(老斗)。多次讨要,拒不履约,声请调解,追还租地并给付欠租。原告交纳状纸费2万元。

---

① "各种法律问题研究报告",1938年5月至12月,引自蒋秋明:《南京国民政府审判制度》,光明日报出版社2011年版,第211页。
② 司法行政部1942年各种训令,引自同上书。

民庭推事卫毓英受理该声请后,于6月23日在声请书上批示:定期调解。6月24日推事向双方当事人发出传票,通知双方将于6月30日下午2时在西安地方法院民庭进行调解,声请人和对造均亲收。

6月30日下午2时,卫毓英依法开调解庭,但对造白树森未到,只能作调解不成立笔录。

李施氏随后于7月7日向地方法院提起民事诉讼,要求相同,案件标的170000000(一亿七千万元),重新交纳各种费用:计状纸费2万元,审判费2275000(二百二十七万五千元),缮状费16000元。

7月8日地方法院发出传票,定于7月14日上午9时开庭审理。7月12日52岁的被告白树森委托律师田书麟代呈答辩书,交状纸费2万元,答辩书称:原告伪造契约,此事根本无中生有。并发问声请人能否对其出租土地收不上租金一事,17年不闻不问?!请依法驳回。

7月14日上午9时,地方法院民庭开庭审理此案。被告未到,法庭依法对原告进行调查。

以下为调查笔录:

  推事问原告:典契、租约带来了吗?

  答:带来了。(呈交附卷)

  问:租约上的闫小雪、李老八还在吗?

  答:闫小雪在,李老八死了。

  问:何时租你的地?

  答:民国二十年(1931年)典的。

  问:你前几年为何不要呢?

  答:屡催屡拖。

  问:你说二十二(1933年)至二十六年(1937年)曾付过租麦,谁能证明?

  答:周大序、焦兆娃(周大序已死)。

推事谕知传讯证人再讯,并批示:添传证人闫小雪、焦兆娃。

7月16日原告又声请添传证人杨老婆,称此人亲眼目睹了立契过程,交状纸费2万元,缮状费12000元。

7月21日上午9时此案继续开庭,证人闫小雪、焦兆娃未到。

辩论笔录:被告白树森拒不承认有此事。

推事问李施氏:闫小雪为何不来?

答:不敢做证,怕被告打。

问:焦兆娃呢?

答:焦兆娃走山西了。

问证人杨老婆姓名、年龄。

答:杨老婆,61岁。

问:认识李施氏、白树森吗?

答:认识。

问:你知道被告还麦子吗?

答:二十年(1931年)九月起我在李施氏家帮忙的,被告常去李施氏家还麦子。

推事令写字留样,法庭调查和辩论终结。

7月24日上午10时,地方法院民庭进行宣判,原告未到场。推事作西安地方法院1948年度诉慎字第672号判决,主文:原告之诉驳回,承担诉讼费,理由:原告提不出积极证据,无证人可做证。再有按民法,租金给付请求权5年不行使即消灭,租地返还请求权,15年不行使而消灭。原告自1931年10月出租后至今已17年,未为请求,该项请求权均已消灭。故其自诉不能认为有理。

原告不服,于8月上诉陕西高院民事庭,仍然声请调解,要求:被上诉人给付上诉人典价及租麦共小麦11石(老斗),限本年旧历九月底前给付6

石,11月底前给付5石,上诉人情愿接受将争议地水地3亩5分放赎,终止租约,对其余租麦舍去不究。

高院民庭立案后征求两造意见,两造均愿意遵照此方案和解,并表示永不反悔。原上诉随撤销。①

此案的原告从开始就希望以调解的方式来实现自己的利益,只是到了最后才被迫选择了审判。一审宣判后,二审上诉,但还是选择调解,而且主动降低要求,为该案的最终解决寻找机会,并最终如愿以和解的方式实现了自己的诉求。原告之所以选择这样的诉讼策略,一是知道自己的诉求通过诉讼的方式实现的机会不大,因为现行的法律并不支持她的诉求;但同时她又深深地懂得在讲究人情的乡村社会,她的诉讼理由具有文化上的正当性。从常识上讲,本案的当事人不应该有如此的法律修养,其行为应该是向专业人士咨询后所为。

案例二

1947年12月6日,33岁的长安人赵邢氏向地方法院民庭提出调解声请,调解事项为:自己与对造赵任杰结婚10年,经常被殴打,有伤(医院证明),又对造外有奸情,还诬告声请人有盗窃等情事,无法同居,调解离婚。

地方法院接受其声请,交推事屈天行承办。12月15日下午3点推事开调解庭,被告未到。

书记官朗读案由。

> 推事问原告年龄、住址等
> 原告:年35岁,长安人,住莲花坊。
> 推事:你为何请求离婚?
> 原告:因被告虐待,与人通奸并意图谋害。
> 推事:怎样对你虐待?

---

① 陕西省档案馆档案,卷宗号089—23—783。

原告:被告因另有相好,对民时时殴打,致民无法同居。并雇人用刀杀民。

推事:谁见了?

原告:晚上无人见。

推事:和谁通奸?

原告:我不清楚。

推事:你说被告有花柳病,好了吗?

原告:不知道。

推事:你说被告打你有人见了吗?

原告:没人见。

推事谕知被告未到,调解不成立。候立案进行。闭庭。

数日后赵邢氏向推事声请撤案,理由为:业经人从中调解,事已和息。并由人从中担保立约,不再虐待拷打寻事生非,民亦曲从希和好,请撤销。

推事批准案件撤销。①

本案中的对造,即丈夫赵任杰可能存在殴打、虐待妻子的事实,但声请人缺乏足以支持自己诉求的证据,即声请人清楚地知道通过诉讼的方式维护自己的权益,胜算率极低;何况,她的真实动机也未必就是离婚,或许只是想通过官府介入,给对造一些压力让其收敛一些而已。

案例三

1948年10月16日,57岁的长安县黄良乡农民赵连成向地方法院声请,声请对造赵王氏交付彩礼。声请书云:本人于民国二十二年(1933年)与对造同居,并生有一女。民国二十七年(1938年)两人分居。不久前,对造私自将女儿出卖,得麦7石6斗。经交涉,对造托人给声请人送来洋元5000万元。声请人未允,请求法院居中调解,让对造交付彩礼。地方法院

---

① 西安市档案馆档案,卷宗号090—25—193。

审查后立案。18日推事向对造发出传票,该村并无声请之人,对造签收。甲长赵怀忍出具证明。本案无法调解。①

本案申请人所说的出卖女儿,应该是民间社会中客观存在的收养童养媳。尽管这种习俗在民间社会中长期存在,但在中华民国民法已经颁布并生效的民国晚期,申请人的主张法院很难支持。申请人对此是清楚的,不过是想试试运气而已。

第四,双方诉求差异太大,根本就无法协调。

案例一

1947年7月2日,42岁的热河人刘素贞向地方法院声请调解,调解事项为增加房租。声请人称对造韩子安于1943年起租赁声请人房子50间开饭馆,租期为6年。近年来物价波动甚大,求增加房租,对造不同意。

地方法院审查后,接受声请人请求。同日,地方法院向对造韩子安发出传票,送达声请书副本。声请人委托律师李毓民代理。

7月15日,地方法院民庭开调解庭。声请人、代理人及对造均到庭。调解过程中,声请人表示对造必须接受自己提出的增加租金的幅度,标准丝毫不能降低,且态度强硬。对造虽然同意适当增加房租,但表示无法接受声请人提出的标准。由于双方均不同意让步,各执一词,无法达成合意。推事只好作调解不成立处理。②

案例二

1947年12月29日,32岁的长安县农民赵纪录以监护人(被监护人赵生乾,年16岁,系被监护人的叔父)的身份向地方法院提起调解声请,调解内容为赎房。据声请人称,民有房3间,系祖上留下。1943年古历四月典与对造每生义,典期4年。现典期已满,但对造拒绝回赎。

地方法院审查后,同意其声请。同日即向对造发出传票。

---

① 西安市档案馆档案,卷宗号090—25—207。
② 同上,卷宗号090—24—255。

1948年1月6日,地方法院民庭开调解庭。对造坚持认为当初并未约定赎期,愿续典期不同意回赎。双方各执一词,利益很难协调,推事最后作调解不成立处理。①

调解不成立事件以财产性纠纷为主,因为利益冲突较大,双方诉求极难平衡。

第五,制度设计得过于死板。推事、法院和当事人之外,制度设计方面也有一定的问题。如为了提高调解的效力,《民事调解法》规定两造当事人可以各推举一人参与调解,这一规定的出发点有其合理之处,如能真正落实,不仅可以将推事所代表的国家公权力和民间社会有机整合,适当消除当事人心理上可能存在的对推事的畏惧或不信任,并可以适当地改变推事对调解工作不太重视的问题。

但《民事调解法》又规定,调解人必须是中华民国公民,年龄在30岁以上,有正当职业,识中国文化者。然而,受制于社会的发展程度,当时的中国,特别是广大的农村中完全符合这一条件的人数量不会太多。因而,对资格的过严限定,事实上限制了民间力量的介入。司法统计数字真实地表明,《民事调解法》颁布后,由当事人推举的调解人参与调解的案件比例并不太高。

表9.2 调解案件 1931—1934年度②

年度	受案数	有无调解人		已解		未解
		有	无	调解成立	调解不成立	
1931年	67806	23261	44545	17859	48393	1301
1932年	83054	24134	58920	17347	64180	1245
1933年	98172	29698	68474	20153	76532	1487
1934年	115453	31728	83725	18643	95251	1559

---

① 西安市档案馆档案,卷宗号090—24—270。
② 司法行政部历年度《司法统计》。

《民事诉讼法》颁布后,虽然取消了对调解人的条件限制,但却又规定国家不支付调解人的报酬,即两造当事人是否为他们所推举的调解人支付报酬由其自己决定。这一规定事实上也不利于其他人的参与。因而,就西安地方法院的实践来看,民事诉讼法颁布后调解人参与司法调解的数量并没有特别明显的改观。

这些原因综合在一起,导致了现实生活中法院调解成立率一直不高。民国时期的司法实践证明,强制调解的规定不但没能起到立法者希望的减少法院和当事人诉累的目的,反而给初审法院和诉讼当事人平添了许多麻烦。

强制调解制度设计上存在的问题,民国时期就有学者对此进行过严厉的批评:"人民与法院,均为调解所限制,明知无济于事,亦比奉行故事。在法院则事务日繁,人民则不徒无益,反增加调解程序,而更受拖累。"[①]

然而,司法行政当局出于减少诉累的需要,却始终没有放弃对民事调解的鼓吹和推动,经过多年努力,调解成立率略有改观。据统计,抗战胜利后到1948年,全国各级审判机关"共办理民事调解案件106387件,调解成立计26521件,约占25%(战前不及5%),即调解四件有一件成立。[②]

迫于司法行政当局的压力,司法实践中西安地方法院逐渐摸索出一种官批民调的新方式。所谓官批民调即对于已经形成诉讼的案件,司法机关在诉讼过程中并不急于判决,而是责令当事人私下去进行调处,调处成功后由法院将案件撤销。这种新的方式将国家公共权力和民间力量结合在一起,效果较好,受到了推事和民众的欢迎。

1947年8月29日,34岁的山西人萧秀芳向地方法院声请调解。声请

[①] 玉斯:"民事调解法亟应废止之我见",《法治周报》第1卷第31期,1933年7月30。
[②] 司法行政部编:《战时司法纪要》,台北"司法院"秘书处1971年重印,第515页。

书称对造李希山,自1946年1月13日起侵占声请人民房一间私自使用,声请人发现后要对方迁出,对方称该房为无主房,协商无果,故声请调解。调解诉求,令对造迁房并付房租每月面粉一袋。地方法院审查后同意调解。声情人同日委托律师张朝鼎代理。9月1日地方法院向对造发出传票,送达声请书副本。9月6日上午地方法院开庭进行调解,双方各执一词,无法协调。但与一般处理不同的是,推事并没有立即作调解不成立的决定。而是谕令休庭,再次调解。13日,声请人向地方法院撤回原声请,理由是休庭后经双方友人从中调处,事情得以解决,已另立和解字据。①

由于调解和撤回声请的笔录大都较为简略,无法通过档案中的文字了解庭上和庭下发生的真实故事。但综合各种材料,大致可以作如下归纳:开庭调解的过程中,推事通过对双方言辞的观察,看到了争议事件和解的潜在可能,故没有简单地作调解不成立的处理,而是巧妙地宣布休庭,谕令再次调解,给庭外力量的介入留下了时间和空间,促使纠纷最终得以和解。

第二节 民事审判

民事诉讼是解决民事纠纷的另一重要途径。民国以后伴随着传统社会的逐渐解体和现代法治理念的传播,民众已逐渐接受了由司法机关依照法律规定解决彼此纠纷的诉讼方式。西安地方法院的诉讼档案表明,到民国晚期该院所受理的民事案件就主体而言已包括子女控告父母、父母控告子女、叔告侄、侄告叔、兄告弟、弟告兄、妻告夫、夫告妻,朋友以及商业上的合伙人之间互告等等类型,换言之,现实生活中的任何一种人际关系因人事和

---

① 西安市档案馆档案,卷宗号090—24—263。

财产纠葛均可能发生民事诉讼,仅此一点就可以从一个角度反映出时人对民事诉讼的接受程度。

一、程序及特点

(一) 程序

民事生活的丰富性决定了民事纠纷种类和缘由的繁多。为了加快民事审判,民国时期的民事诉讼法将所有的民事诉讼划分为给付之诉、确认之诉和创设之诉三大类。给付之诉是原告请求法院判令被告履行义务的起诉。给付之诉形成的前提是原告对被告享有特定的给付请求权,但原告不得于未到履行期前预先提起给付之诉。确认之诉则是指原告请求法院确认某种法律关系成立或不成立的诉讼。对于确认之诉必须是法院有权确认的法律关系,否则不得起诉。而创设之诉是指原告请求法院变更某种法律关系之诉,如婚姻关系中的离婚就是一种典型的创设之诉。

此外,还从程序上对民事诉讼进行了详细的分类。如普通诉讼程序和简易诉讼程序,以及督促、保全、公示、人事诉讼等特殊程序。普通诉讼程序的审判流程为起诉、受理、言辞辩论、和解及判决等几个阶段。依据《中华民国民事诉讼法》之规定,民事案件立案后,承办推事应对案件进行实质审查,审查中如发现有下列情形,推事可以裁定驳回:一是案件性质不属于民事案件;二是案件不属于受诉法院管辖,且又不能移送或指定管辖。民国时期民事诉讼地域管辖以被告所在地为原则;三是原告或被告无当事人能力;四是原告或被告无诉讼能力;五是代理人有欠缺;六是违反法定起诉程序;七是重新起诉等。

案件一旦审查通过,诉讼程序的开始、进行、变更、终止以及诉讼资料的提出均依据当事人的意思,法院只居中裁判不作职权干涉。

(二) 特点

民事诉讼与刑事诉讼有着本质的区别。刑事诉讼采取职权主义，而民事诉讼强调司法机关须保持中立，即尊重民事行为之自治。

第一，收取裁判费用。对民事诉讼收取裁判费是刑事诉讼与民事诉讼的重要区别之一。按照民国政府颁布的《办理民事诉讼案件应行注意事项》第2条及第6条之规定，"收受书状人员须了解有关征收裁判费之规定，依书状内容应征裁判费者，即由其计算裁判费额数。遇有计算方法不明者，送请推事请示。""原告起诉时未缴裁判费或所缴裁判费不足额者，应先以裁定限期命其补缴后再行分案。分案后承办推事仍应切实审核。其不足额者，仍得命其补缴。"

就制度设计而言，对民事诉讼收取裁判费既是为了彰显审判机关之中立，也有防止民众滥用诉权方面的考虑。但需要指出的是，司法实践中民国早期和中期由于政府经常不能按时和足额向司法机关拨付经费，因而，对司法机关来说，收取民事裁判费的主要功用是弥补司法经费之不足。故此，司法行政当局和各级法院院长对于收缴裁判费均高度重视，经常提醒承办案件的推事务必关心裁判费收足与否，以便增加法收。问题还不仅于此，为了维护民众的诉权，彰显现代文明，民国政府同时又规定，原告确因生活困难无力缴纳诉讼费的，可以向法院声请诉讼救助，免除或缓缴诉讼费用。既然国家有免除和缓缴诉讼费用的特殊规定，司法实践中声请诉讼救助的当事人就少不了，推事还须对此一一核实，认真辨别。这些规定给承担民事审判的推事增加了许多额外的负担。

1946年，在西安地方法院举办的一次纪念周活动上，民庭庭长钱应选特意提醒民庭推事：

> 诉讼救助原为贫穷的人诉讼时的一种救济手段，分可以救助和不可以救助。其中有一些应注意的地方，在以前曾发生过这样的事情，一

个当事人请求诉讼救助以后,把他传来看看他的情况,确实是很可怜,就给予裁定准其请求,等到过了没有几天,他却请了一位律师。必须是有钱的人才能请得起律师。由此看来。我们对于救助的事情要特别注意,确实有可怜的情形,就给予救助,否则不能救助。①

为了真实再现西安地方法院的实际运行情况,试举两例加以说明。

1946年9月7日,32岁的山西人田魏氏向地方法院民庭提起民事诉讼,请求法院判决与丈夫田清芳分居,并由被告支付生活费用50万元。原告诉状称,双方结婚十数年,生有一子已11岁。数年前田清芳自山西老家来西安做生意又与王玉芬结婚。原告在老家无法生活,来西安投靠被告,常遭打骂,实在无法同居,故作上诉请求。但原告无经济来源,依法声请诉讼救助。

地方法院经开庭核查,原告所述的经济状况属实,11日裁定准予诉讼救助,并对其诉求准予立案。②

但事情并非都是如此简单。1947年11月17日,37岁的长安市民杨屈氏向地方法院民庭提起民事诉讼,同样请求法院判决与丈夫杨毓瑞分居,并支付生活费、子女教育费。诉状称被告生性放浪,与他人姘居,变卖祖产,恶意遗弃妻、子,不堪虐待,儿子(16岁)辍学,请求法院判决分居,并支付生活费每月面粉两袋,法币50万元,连续支付20年;另逐月支付儿子教育费,从16岁起至26岁止。原告同时以无钱为理由声请诉讼救助,免除诉讼费。

同日,原告聘请了律师作为自己的诉讼代理人。

24日上午9时,地方法院民庭开庭对其诉讼救助声请进行裁定。原、被告及代理人均出庭。被告承认原告指控,但辩称"已给原告几间房,17亩地,而且还是半旱地,一牛一马,她可以独立生活。"推事问原告是否属实,原

---

① 西安市档案馆档案,卷宗号 090—2—3。
② 同上,卷宗号 090—26—124。

为事已调息请求销案事

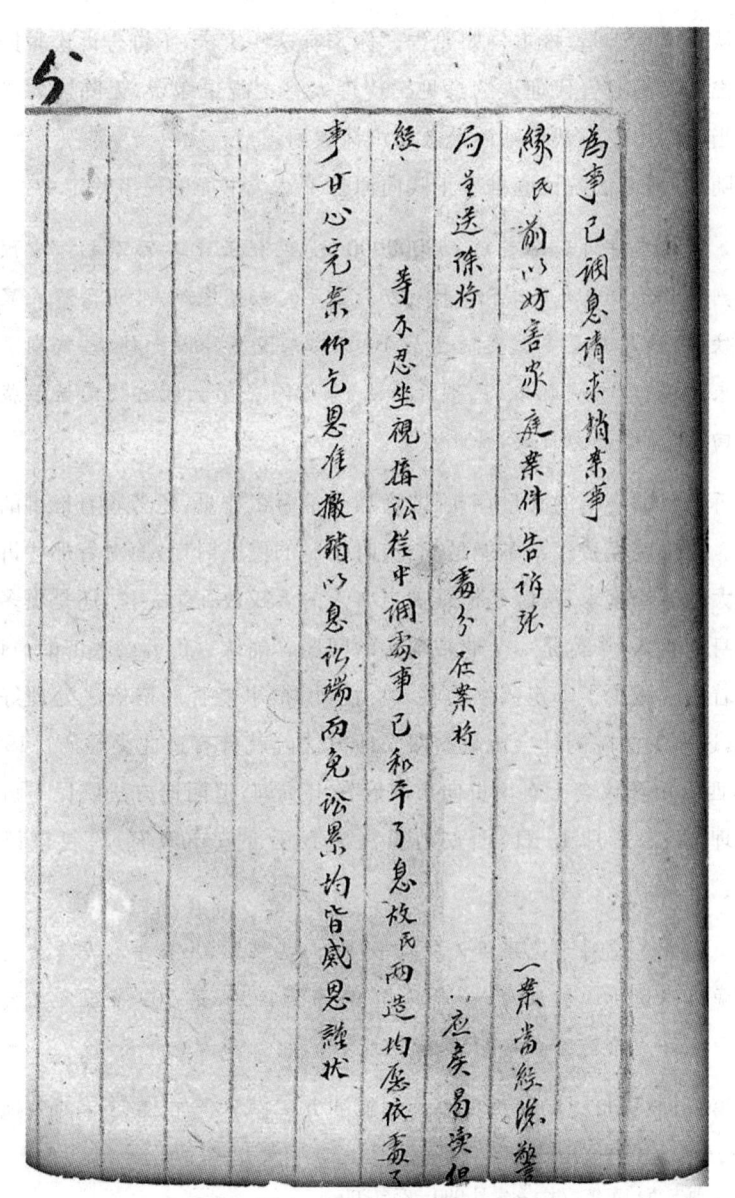

缘民前以妨害家庭案件告诉状

为呈送谅将

荷分在案蒙

（案当经派警）

经

寺不忍坐视缠讼径中调处事已和平了息故两造均愿依荷了

事甘心完案仰乞恩准撤销以息讼端而免讼累均感恩谨状

忠庆昌渠俱

民事具结书。来源西安市档案馆

告承认属实。于是,推事告知原告,"你家有这些家产,不符合诉讼救助的对象。"推事又问原告代理人的意见。代理人答:"既未缴费,无陈述的必要。"推事当庭做出民事裁定:"诉讼救助声请驳回。"

随后,地方法院民庭推事正式向原告下达了书面的民事裁定书:

> 查本件诉讼标底额 252000000 元(两亿五千二百万元),应预缴裁判费 3276000 元(三百二十七万六千元),如不缴纳,其诉讼程式显有欠缺,命该原告于本裁定送达后 10 日内来院缴纳以资补正,倘期限届满未据遵行,本院既依《民事诉讼法》第 249 条第六款之规定迳予裁定驳回,该原告切勿自误,特此裁定。①

诉讼救助声请的大量存在,即增加了推事工作量,还考验着推事的职业操守。在法院经费经常不能足额、按时拨付的民国时期,面对着那些诉讼标的较大的诉讼请求,法院是把维护当事人的诉权放在第一位,还是更多地考虑自身的收入,毕竟是一个非常现实的问题。确认一份诉讼救济的声请,就意味着法院减少了一定数额的收入。此外,推事能否严格依法处理好此类事件,还事关法院的社会声誉。西安地方法院就曾有过此类经历。1948 年 7 月,西安市参议会上有议员向市政府发出质询,追问地方法院民事诉讼救助办理情况。7 月 19 日,西安地方法院致函西安市政府,答复该议员的质询:

> 查本院对于民事诉讼救助一事,向甚注意,凡当事人无资力支诉讼费用声请诉讼救助者,如能具备《民事诉讼法》第 109 条规定之要件均予准许。除饬民事庭嗣后格外注意外,相互函请查照为荷。②

第二,原告可以随时选择庭外和解的方式撤案。如 1948 年西安地方法

---

① 西安市档案馆档案,卷宗号 090—25—200。
② 同上,卷宗号 090—30—42。

院民二庭审理了一起收养纠纷。原告、被告均为《西北文化时报》的记者,为多年好友,后因收养一事引发纠纷,经地方法院调解不成后形成诉讼。原告刘凤竹(男,38岁,陕西三原人)和贺秋圃(女,38岁,《西北文化时报》记者)为夫妻,被告徐同馨(男,35岁,《西北文化时报》编辑部主任)与柯敷燊(女,33岁,公路局职员)亦为一对夫妻。原告夫妻无子,于1946年收养被告之两岁小孩为养子。据原告称被告因恋爱期间生子,且孩子有病,故将孩子给予他人,证人刘幼铭、孙建中、吴焕然等可为证。现孩子病已好,十分活泼可爱,被告反悔,将孩子领回不归还。原告委托律师齐寿山代理此案,向地方法院提起诉讼请求判决将养子归还原告,并由被告承担诉讼费。原告同时提供了证人名单:谢人吾、杨彬青、樊华属等。

该案于1948年9月16日经地方法院立案,由民二庭推事张厚坤受理。张厚坤于9月23日向被告发出传票并送达起诉书副本,告知原告及证人,地方法院定于9月28日上午9时开庭审理此案。

庭审日,原告、被告和证人谢人吾到庭,证人刘幼铭、孙建中、吴焕然未到。

法庭审理过程中,原告的叙述与起诉状相同,但被告则坚持未将孩子给予原告,只是托原告照管,当时自己母亲有病,妻子有工作,没办法托原告照管,我们只有一个孩子不可能给人。显然,彼此所叙述的事实完全对立。

依据《中华民国民法》规定,收养是一件非常复杂的法律行为。就本案当事人所述,双方并未履行法定手续。因而,推事只能寄希望于证人。

推事问被告:这几位证人知道你们的事吗?

答:事情发作后,托他们调解过。

证人谢人吾答:此事以前我们不知道,事情出来后,找过我们从中调解,柯敷燊认为自己是小学老师,孩子受教育由她好;贺秋圃认为孩子在自己面前长大,应归自己,故无法调解。

推事问原告刘凤竹:以前调解了吗?

刘答：调解了。柯敷桀有两个孩子，但她说成一个，一个孩子怎么能给我们呢？

对于此事，证人谢人吾只是事后才有所了解，而且了解的途径也同样是双方当事人的叙述，不足以证明事情的原委。基于现有的言辞，推事根本无法判断本案的事实到底是收养还是委托代管。仅就生活常识而言，托人照管时间一般不会太长。退一万步讲，即便是事实能够判断，也不敢轻下判决。收养案件极为敏感，稍有不慎不仅使一方陷入失子的痛苦之中，还可能给孩子带来伤害。最佳的办法就是双方自动和解。

于是推事宣布休庭，谕知证人庭下再作调处。

9月29日，被告委托律师李毓民代理此案。10月4日李毓民声请阅卷。10月6日被告交答辩书：原告状中说孩子是恋爱期间私生子，显系胡说，时因母有病，妻有工作，无奈之下托贺秋圃照顾，两人系十多年的朋友，原告的工作就是被告介绍的。请判令原告败诉，并负担诉讼费。

10月5日推事再次发出传票，10月14日上午10时继续开庭，被告和证人均未到，被告代理律师李毓民到。律师李毓民称此案重要证人未到，请求法院再次传唤，推事同意。刘凤竹向推事呈送证人吴焕然从南京寄来的私人信件。吴焕然已离开西安去南京工作，刘凤竹给吴写信请吴为自己作证，吴回信说：

兄与瘦子的（指徐同馨——引者注）官司，弟以为尽可不必，反正孩子乃国家的，国民谁也不能自私。再就人情言，兄夫妇悉心抚育，自然钟爱，而柯敷桀系亲生之母，又怎能强其不爱者乎，若直至今日瘦子夫妇对小孩仍置之不问，则非人情之所可解，依弟之意最好两家结为干亲，孩子两边来往。否则即使今日争回，待孩子长大后，知其生父母时，亦将对兄夫妇有所不快。总之，此乃一纯粹情感问题，仍宜从人情为中心而解决之，不必诉诸公堂，弟意为此。

吴焕然的意图极为明了,不愿意作证。但他提出的和解方案却对问题的最终解决起了关键性的作用。推事显然意识到了这一点,在收到吴焕然信的第二天再次发出传票,定于10月27日上午9时继续开庭。开庭日被告柯敷葆未到。

  推事问证人:下来调处了吗?
  证人答:调处了。
  问刘凤竹:调处了吗?
  刘答:已说了,差不多已说好了,请再宽限几天。
  问徐同馨:是否属实?
  徐答:是的。

事情总算看到了合理解决的希望,推事又抓住机会向双方施加必要的压力,谕知再给四天时间进行调处,否则即径行宣判,然后宣布休庭。

11月15日推事发出传票,11月18日上午8时,本案继续开庭。

  推事问刘凤竹:调处得如何了?
  刘答:已差不多了,还有一点,我主张小孩星期六下午到我这边来,星期日我送回,徐同馨夫妇不愿意。
  推事问徐同馨的态度。
  徐答:我愿让步。

推事令私下再行调处,宣布休庭。

11月26日推事发出传票,11月29日再次开庭,双方当事人均未到,推事作本案休止决定,填写当事人不出庭笔录。

12月16日,本案审理的最后期限日,原告向地方法院声请,事情已庭下解决,撤回诉讼。推事准予撤诉。[①]

[①] 西安市档案馆档案,卷宗号090—26—145。

本案是一件典型的和解案例。原告提起诉讼前,经过了朋友的多次调处,但由于双方各执一词,互不相让均未成功,最后是在诉讼过程中,在推事与朋友的共同调处下当事人相互妥协,达成了和解,取得了较好的社会效果。按照法律规定和解需要制作和解书。

西安地方法院民事和解书①

原告:陈旺生,住长安县东乡梁家街

诉讼代理人:陈福庆,住同上

被告:郭振乾,住长安县郭家滩

(上)右当事人间因债务事件于中华民国二十五年(1936年)四月二十四日在本院民事庭试行和解,业经成立,特记明和解事项如左(下):

一、和解内容

本案业经和解,被告郭振乾情愿于本年六月底以前,偿还原告大洋柒拾元,原告亦情愿得此柒拾元和解了事,并永不反悔。

二、和解关系人

陈旺生
郭振乾

和解之年　月　日

中华民国二十五年四月二十四日

陕西长安地方法院民事庭
推事 袁炳晖
书记官 梁卓
中华民国二十五年四月

---

① 西安市档案馆档案,卷宗号090—11—243。

在西安地方法院审理的民事诉讼中案件最终以和解方式结案的占了一定的比例。又如 1949 年 3 月 28 日,53 岁的河北人吴德胜向地方法院民庭提起民事诉讼,请求确认产权。起诉书称:1930 年 2 月自己租本市市民冯全福地皮一块自建房屋。1946 年 3 月将自建房屋中的一间借给陕西保安司令部军法处的杜学腾。1948 年秋节雨水过多,该房坍塌,双方商定由杜出资重修,修好后由杜居住,用垫支款折抵租金,双方立有字据。现杜学腾登报声明此房为他所有,侵犯了自己合法权益,请法院确认不动产所有权。

地方法院审查后,准予立案。该案诉讼标的 40000 元,原告缴纳裁判费金圆券 520 元。地方法院于 3 月 28 日向被告发出传票,送达起诉书副本。

4 月 7 日,地方法院民庭开庭审理此案,被告未到。推事谕令再传被告。数日后原告向地方法院声请撤回请求,理由为双方已于案外和解。承办推事同意原告撤回请求,注明撤回结案。①

同样是为了强调当事人主义原则,民国时期的法律规定,法院判决时只能以当事人声明的事项为范围进行判决,即在当事人声明以外,纵尚有多少权利存在,法院亦不得就此裁判将其权利归之于当事人。如"原告请求被告赔偿 1000 元损失,但实际上根据原告提出的证据足有 6000 元损失需要赔偿,法院也只能做出赔偿 1000 元的判决"。② 之所以如此,民国时期的学者解释说:"夫私权,就原则言,原得由当事人自由处分,既得由权利人自由让与,亦得由权利人自由抛弃。故私权于已受或将受侵害时,其求保护与否,亦可任当事人之意思行之。"③

实事求是地讲,民国时期西安地方法院在审理民事诉讼中尚未完全排

---

① 西安市档案馆档案,卷宗号 090—24—386。
② 谢冬惠:《民事审判制度的现代化研究——以南京国民政府为背景的考察》,法律出版社 2011 年版,第 188 页。
③ 邵勋、邵锋:《中国民事诉讼法论》(上),高珣等勘校,中国方正出版社 2005 年版,第 50 页。

除职权主义的影响,如言辞辩论中,当事人或其代理人一般只是被动地回答着推事的询问,而且使用的言语也较为简略,即由当事人自由攻防来陈明事实,最大化地利用程序规则实现自己权益的理想状况并未完全实现。

导致民国晚期西安地方法院民事审判实践中职权主义再现的原因较为复杂,即有普通民众法律知识欠缺的原因,也与战争的影响有关。如抗战爆发后,国家为了适应战时需要并减少民众诉累,对民事诉讼程序进行了必要的删减,其中一个重要的趋势就是强化了推事的职权,从而导致职权主义在民事诉讼活动中一定程度的复活。但当事人主义毕竟是清末以降民事诉讼的基本原则,这一点我们必须予以承认。

第三,谁主张谁举证。与刑事审判不同,民事诉讼奉行的是谁主张,谁举证的证据原则。在西方的法学语境下,这一原则学理上的正当性毋庸置疑,但在经济社会发展程度较低的西安,稍不留意可能会影响到弱势群体的诉讼权益。

二、案件类型

(一) 请求离婚

民国时期西安地方法院审理的民事案件中,离婚是较为常见的案件类型之一。观察西安地方法院司法档案,我们可以发现在夫妻法律地位上平等,事实上并不平等的民国时期,由男方提出的离婚诉讼并不多见,相反伴随着权利意识的增强,大多数离婚诉讼是由女方提出的。《中华民国民法》第1052条规定,凡夫妻双方具有下列条件之一者,对方即可向法院提出离婚请求:重婚、与人通奸、不堪同居之虐待(包括夫妻之一方受他方及他方之直系亲属虐待)、恶意遗弃、意图杀害对方、有不治之恶疾、有不治之重大精神病、失踪3年以上、判处有期徒刑3年以上或因不名誉之罪被判刑。尽管这种列举式过错主义的立法模式对离婚理由进行了适当的限制,但毕竟使男女双方具有了平等的离婚权,相对于中国传统法律而言,这不能不说是一种历史性的进步。

上述离婚理由中,"恶意遗弃"和"不堪同居"在文字表述上较为模糊,加之家庭生活中,对于缺少独立经济来源的平民女性来说,"恶意遗弃"和"不堪同居"的发生率又相对较高,因而,司法实践中由女方,特别是平民女子提起的离婚理由大多为"恶意遗弃"或"殴打不堪同居。"

1948年春,西安市民卢淑梅向地方法院民庭提出离婚诉讼,理由是被告在结婚时有欺诈行为,未告知自己有过婚史。婚后发现被告有赌博等恶习导致不堪同居和恶意遗弃。庭审中原告对于自己的理由举不出实质性的证据,而被告又矢口否认,地方法院经审理后,做出如下判决:

西安市地方法院民事判决　民国三十七年(1947年)度诉字第208号①

原告:卢淑梅,女,住本市潘家村陈家门小铺

被告:李升初,男,住本市南关东火巷26号

(上)右当事人请求离婚事件,本院判决如左(下):

主文

原告之诉驳回

诉讼费用由原告负担

事实

原告声明请求判决与被告离婚,其陈述略称"被告前妻死后本遗有子,乃欺蒙原告与其结婚。民国三十四年(1945年)春季并曾在家招赌,致其赌徒对于原告曾有非礼要求。因之暂住娘屋三载,被告亦竟弃置不管。今年正月又曾率人向原告威吓,实难同居,请准离异"等语。

---

① 西安市档案馆档案,卷宗号090—3—90。

被告声明请驳回原告之诉。其陈述略称："原告所称各节俱非事实，其因口角细故愤往娘屋，屡往屡劝，执意不归。且复辗转迁徙，不知去处。实非被告有何不是，欲求离婚，殊不同意"等语。

理由

按夫妻一方得向法院请求离婚者，必以他方具有《民法》第1052条各款情形之一者为限。本件原告主张离婚系以被告与其结婚出自欺蒙及并有招徒聚赌率人威吓各情形为理由，无论被告极口否认其事，即令尽属事实，然查诈欺事实发见已逾6月，依《民法》997条规定，其婚姻已不得请求撤销。至于招赌威吓亦与前开法条得请离婚之条件不符。原告久居娘屋不归，难谓系被告恶意遗弃。其诉请离婚自难认为有理由。

据上论结原告之诉为理由，应予驳回，并依《民事诉讼法》第98条判决如主文。

不服本判决，得以送达后20日内，向本院提出上诉状。

中华民国三十七年三月十九日
西安地方法院民一庭
推事 咸国光
书记官 徐玺

站在女权的角度，本案的判决对于婚姻生活中整体上尚处于弱势地位的女方似乎有些不尽公正，或者说要求过于苛刻。但清官难断家务事。民事诉讼奉行的是谁主张谁举证原则，因而从法律的角度讲，本案的判决并没有什么问题。

然而，如果从社会层面去思考，则必须看到：民国时期传统的男尊女卑文化对男性仍然有着较深的影响，因而本案中类似的现象在下层平民的家庭生活中并不少见，对于这类诉讼法院都旗帜鲜明地支持女方的请求允许其离婚,则势必会引起社会的动荡。或许正是如此,对于这类由平民女性以不堪同居为理由提出的离婚请求西安地方法院的推事大都抱着一种审慎的态度。本案判决带有一定的普遍性。

此外,还需指出的是,尽管类似的来自于城市平民女性的离婚诉求并没有得到法院的支持,但城市平民女性提起离婚诉讼事件逐渐增多的本身,则从一个侧面反映出女性社会地位整体水平的提高,她们已懂得或学会了利用法律赋予的权利去争取自己的正当权益。

(二)请求同居

1947年7月11日,38岁的陕西乾县人张福向地方法院提起诉讼,请求妻子张和氏履行同居义务。《中华民国民法》第1001条规定,"夫妻互负同居义务。但有不能同居之正当理由者,不在此限。"《中华民国民事诉讼法》规定,人事纠纷事件须先经法庭调解,调解不成才能诉讼。因而张福转向地方法院民庭声请调解,并向法院交纳800元缮状费。

声请书中陈述的事实及理由:缘民与被告结婚多年,平日感情甚笃,但去年9月被告忽以去神会烧香为名一去不返,后经追寻始知已与韩振邦结婚。经民以妨害婚姻罪起诉于检察官,惟以适逢国家大赦,检察官竟予以不起诉处分。现在民妻仍在韩振邦家中(西安市桥梓口余家巷3号),为此具请求钧院传案依法调解,判令被告与缘民同居以维护家庭实为德便。

诉请同居是一种相对少见的案由。地方法院对声请进行了必要的审查后准予立案,交民庭推事屈天行办理。屈天行经与声请人协商后于7月14日向对造,即离家出走的张福妻子发出传票,告知定于7月18日到地方法院民庭进行调解。

7月18日民庭开调解庭,但对造未到,调解不成立。次日,张福又向地方法院递交民事补正状,请求依法审判,理由、事实及请求与声请调解书相同,并再次交纳缮状费640元,及诉讼费650元。

地方法院民庭推事屈天行于7月21日向被告发出传票,送达起诉书副本,谕知其于法定日期到地方法院接受庭前调查。民国时期民事诉讼法规定,为了便于案件之审理,推事在言辞辩论前,可以先向双方当事人进行证据调查。

7月31日上午8时,地方法院民庭开庭审理此案,被告之一的韩振邦未到。书记官董秀裕朗读案由。

推事屈天行问原告:姓名、年龄、籍贯、职业

答:张福,38岁,乾县人,农民,住马家桥

问:你告什么事?

答:请求同居。

问:你女人何时与韩振邦同居的?

答:去年九月初八。

问:韩振邦是哪里人?

答:乾县人。

问:你是到哪里找被告的?

答:来省里找。

问:你何时与被告结婚?

答:民国二十五年(1936年)结婚。

问:有孩子吗?

答:没生孩子。

问张和氏年龄住址。

答:28岁,住余家巷3号。

问:你有何答辩?

答:原告已娶了女人,对民虐待,不能同居。

问:你与韩振邦结婚了吗?

答:是正式结婚。

问:有无媒证?

答:有媒人不知姓名。

问:你愿同原告同居吗?

答:不愿。

问:张海你是否另娶女人?

答:娶是事实,但被告同意的。

谕知候传韩振邦讯问,宣布闭庭。

法庭调查使原告处于非常不利的地步。被告离家出走的真实原因竟然是原告重婚。依据中华民国民法规定重婚是法定的离婚理由。7月31日,地方法院再次向另一被告韩振邦发出传票,要求其出庭协助调查。8月4日下午3时,民庭按照事先约定的时间继续开庭,韩振邦仍未到。

先由书记官朗读案由,然后由推事继续调查。

推事问张福:你女人何时被韩振邦拐去?

答:去年九月初八。

问:去过韩振邦家吗?

答:没去过。

问张和氏:你愿意回去吗?

答:不回去。

问:为啥不愿回去?

答:伊另娶女人。

问:你还有何话?

答:没有。

问张福:还有何话?

答:没有了。

推事谕知辩论终结。当庭宣判,起立朗读判决:

西安地方法院民事判决民国三十六年(1947年)度诉字第653号
主文
被告应与原告同居,诉讼费用由被告负担。

事实(略)

理由

按夫妻互负同居之义务,《民法》第1001条定有明文,本件被告为原告之妻,业为被告所承认。原告请求与被告同居当认为有理由,虽被告辩称原告另娶女人对我虐待,但被告既未请求离婚,则其与原告人夫妻关系仍然存在,自不理率尔逸去拒绝同居其抗辩自难认为有理。据上论结原告之诉为有理由应予照准并依《民事诉讼法》第78条判决如主文。

宣布闭庭。①

尽管清末以降男女平等、一夫一妻已成为民事法律的基本的原则,夫妻相互忠贞也已成为法定的义务,但由于社会变革未能完全同步,女性的整体社会地位仍然较低,许多下层女性没有其他谋生的能力及机会,仍然以婚姻作为生活的唯一条件。本案的当事人来自农村,传统观念在他们的身上还有着较深的影响。在原告的观念里,结婚多年妻子不生育,自己重婚的行为一定会得到国家的支持。惟有如此,才能理解为什么原告本身有法定的过错,过错在先,却自己跑到法院主张权利的行为。而本案的被告在婚姻存续期间,对于丈夫感情出轨,甚至另娶的违法行为,先是选择忍气吞声,后又选择与他人私奔,以非法的方式维护自己的合法权益。当事人的做法置法院于两难。

原告的行为已构成事实上的婚姻,构成了刑法上的重婚罪。刑事法律规定重婚属于告诉乃论之罪。但被告对于原告的重婚行为既没有寻求国家法律的保护,也没有提出离婚的要求。因而,推事无法主动代替她去行使这

---

① 西安市档案馆档案,卷宗号090—25—202。

一权利。加之另一被告韩振邦拒不到庭，推事又无法判断韩振邦与张和氏婚姻的真实状况，以及韩振邦对两人关系的真实态度。尽管庭审中推事曾尝试利用法定的程序和职权对这些现象背后的事实加以考察，如庭审中专门询问被告与韩振邦的婚姻有无媒人作证这一传统民间成婚仪式，以此判断韩振邦对该婚姻的重视程度，但毕竟只是被告的一面之词。出于保持中立地位的要求，推事无法走得太远，不能用道德代替法律，最后采取了看似保守但又非常巧妙的办法，依法从实体上判决支持原告的同居诉求，使判决符合现行民法条文之规定。

表面上看，地方法院的判决可能与中华民国民法的精神相悖，使民法典中规定的女性平等权益没能实现，维护了传统的伦理。但事实却远非如此。同居是一种生活状态，与当事人的人身自由密切相关，如果一方当事人不愿意主动履行同居义务，在现代法治之下法院可以通过判决支持另一方的主张，但却无法强制执行。庭审中推事已通过询问知晓了被告根本无意回到原告身边的态度。也就是说从结果上讲，该判决对于改变双方目前的真实关系没有多少实际意义。

正是因为如此，在现实生活中，当夫妻一方不履行同居义务时，另一方的救济途径一般是以遗弃为由请求给付抚养费或诉请离婚，直接诉请同居的极为少见。

（三）遗产继承

1947年3月17日，16岁的长安县农民杨玉明委托律师杨经芳代写声请书，向西安地方法院民庭声请调解。声请书云：民（杨玉明）3岁时父死母再嫁。由外祖父孙六合抚养至今。祖母杨张氏、伯母杨刘氏将祖上遗产，房4间、地15亩、白米12石、牛一头占为己有不分割，请按3股分割继承。

地方法院审查后，接受声请，并将事件交由推事姚文焕承办。次日，推事向对造发出传票，送达声请书副本。3月31日推事开调解庭，但对造未到,推事作调解不成立处理。

4月1日杨玉明向地方法院提起民事诉讼,委托新的律师撰写起诉书,请求分产继承。4月3日地方法院做出裁定,裁定原告应按照诉讼标的缴纳裁判费79300元,限10日内交齐。同日原告监护人及代理人,65岁的外祖父刘六合代缴裁判费。

4月12日地方法院发出传票并送达起诉书副本。4月25日民庭开庭审理此案,被告未到,推事姚文焕谕令再传被告。4月28日地方法院再次发出传票。5月16日开庭,被告仍未到,但被告以80年迈,外加身体有病为由,委托亲属刘广荣交书面答辩状。

答辩书云:起诉书不实,地只有8亩。3个儿子均过世,另有2个孙子一直由民养育。原告代理人欲分产独吞,故请驳回。

同日地方法院再发传票告知下次开庭时间。5月29日、31日民庭连续开庭审理此案,原告监护人兼代理人刘六合与被告代理人刘广荣出庭。言辞辩论中双方各执一词。

6月20日推事做出一审判决:原告之诉驳回,诉讼费由原告承担。理由:原告祖父死于1914年,父死于1929年,故原告不能代位继承。[①]

西安地方法院审理的民事案件中,继承纠纷占有相当的数量。传统中国亲属之间因财产继承引发的纠纷并不少见。民国以后,国家依据现代民法理论通过立法对传统的继承制度又进行了新的改造,民众一时难以适应,因而,纠纷愈发增多,本案所反映的代位继承就是一例。

(四) 确认地权

案例一

1948年9月30日,37岁的长安县农民王仲轩请律师朱庆誉代撰起诉

[①] 西安市档案馆档案,卷宗号090—26—130。

书向地方法院提起民事诉讼,请求判定与邻居王玉林家的界墙为两家共有。此类纠纷在中国农村中较为常见。地方法院对诉状进行了必要审查后予以立案。承办推事依法通知被告,并转达原告之诉求。

10月9日,被告向地方法院民庭呈递答辩书。次日地方法院向被告发出传票,同时告知原告开庭时间及地点。10月11日上午9点,地方法院民庭开庭审理此案,原告、被告均到庭。

法庭调查笔录:原告称于1915年9月购买现有之地,此地与被告之地相邻,两块地之间筑一土墙为界。后土墙年久失修局部崩塌,本年9月原告家被盗。为防范原告对界墙重新修复,但受到被告阻止。为此,请求法院判决该界墙为两家共有。被告对原告的诉求进行反驳,称该界墙非两家共有,请求驳回原告诉求。

原告对于自己的主张无法提供充分证据,推事宣布休庭。10月12日原告向地方法院民庭补交证据:购买土地的原始契约。

10月19日地方法院民庭承办推事再次发出传票,并告知下次开庭的时间。10月20日上午9时法庭继续开庭辩论。原被告依然各执一词,但都未能再举出新的证据。

10月27日地方法院民庭一审宣判,原告之诉驳回。理由:举证不足。所提供的买地契约仅能证明买地多少,但并未注明该地四址边界,因故无法证明其主张,并制作西安地方法院1948年勤诉字第1017号判决书。

原告不服地方法院一审判决,上诉陕西高等法院。高等法院民庭组成合议庭对本案进行了公开审理,审理过程中尽管原被告仍然没有提出新的证据,但高院推事则对购地以来原告对土地的使用历史进行了必要的言辞调查,在此基础上得出了自己的判断。1949年1月18日,陕西高等法院民庭做出终审判决:原判决废弃,确认界墙为两家共有,诉讼费由被上诉人负担。理由:据《民法》第943条:按占有人于占有物上行使之权利推定,其适法有此种权利,本件上诉人自1918年起在界墙自己一侧屡次盖房,被告均未阻止,又有买地契作为旁证,故证明此墙系共有。

该判决书后还明确注明:本判决为终审判决,不得上诉最高法院。① 比较地方法院和高等法院的判决,实事求是地讲高等法院的判决更为合理。

案例二

1948年9月1日,47岁的长安县农民吴景山委托律师李梦庚代撰民事调解声请书,就申请书中的地权进行调解。申请人称:原告有祖传土地一分,数年前该地被西邻吴少伯私自卖与吴志云。本人平素不在家,1943年进行土地登记时,对造竟将土地登为己有,并由政府发放了土地权证,现因重新丈量土地自己方知此事,故提请法院对该地权进行调解,维护自己合法权益。

法院对申请书进行审查后立案,交民庭推事郑吉林办理。9月2日推事郑吉林发出传票,告知对造吴志云地方法院定于9月9日开庭对此事件进行调解。9日,地方法院开调解庭,对造吴志云未到,调解不成。9月10日吴景山再向地方法院提起民事诉讼,同时补正标的,另有坟地一分,亦一并请求确认土地所有权。缴状纸费一元,缴纳诉讼费法币130万元。该案件标的共计法币一亿元。

9月14日地方法院发出传票,将原告之诉求、开庭时间、地点告知被告。9月22日被告吴志云委任康承源律师为代理人。9月24日地方法院民庭开庭审理此案,被告未出庭,代理律师康承源到庭。

法庭调查笔录:书记官朗读案由。

推事郑吉林进行法庭调查。原告吴景山坚持争议地块为自己祖传,但提不出任何积极证据。推事讯问有无地契,吴景山称没有老契。代理律师则称委托人有政府核发的土地权证为凭。双方各执一词,推事只得宣布休庭,谕知传证人吴少伯再询。

---

① 西安市档案馆档案,卷宗号090—24—267。

同日，推事郑吉林向证人吴少伯发出传票，同时告知原被告下次开庭时间。9月30日民庭再次开庭，原被告及证人均未到，推事谕知书记官作当事人不出庭笔录。

10月1日推事郑吉林再次发传票，10月7日上午9时开庭。证人、被告依然未到，推事宣布法庭辩论终结。

10月7日，原告吴景山向推事声请重开辩论庭，理由为证人未及传讯。同时交纳状纸费一元。推事郑吉林再次发出传票。

10月9日地方法院开庭，原被告及证人均未到，唯代理律师康承源到庭。推事宣判，判决主文：原告之诉驳回。①

中华民国民法规定，物权实行登记制度，如有变更，须到法院进行公正。因而，从民事法律角度讲原告胜诉的概率极低。明白了此点之后，对于原告之所以会采取如此消极的诉讼态度也就好理解了。

（五）请求腾房

案例一

1947年4月17日，41岁家住西安市南关正街的山西商人张椿艳缴纳了240元缮状费，委任律师聂养儒代写民事起诉书。次日，原告向西安地方法院民庭正式提起诉讼，请求判令被告袁汉目腾房。起诉书称被告占原告南关正街25号院，共26间，请腾房，并从1947年1月起到诉讼终止时每日赔偿面粉15袋，并请求假执行。

此类纠纷在民国晚期的西安极为普遍。本案的背景是，抗战胜利后，为躲避战乱而出逃的城市人口大量回迁，导致短时间内城市人口激增，出租房源供不应求；与此同时国内通货膨胀严重，物价飞涨，原来约定的租金已无利可图。因而一些原来约定出租时间较长或没有明确约定出租时间的出租

---

① 西安市档案馆档案，卷宗号090—23—7165。

人便希望通过终止合同的方法提高租金，但这种做法无疑会遭到承租人的反对，从而导致租赁双方矛盾不断。《中华民国民法》第450条第一款规定：凡房屋"租赁定有期限者，其租赁关系于期限届满时消灭。未定期限者，各当事人得随时终止契约"；第三款规定"前项终止契约，应于习惯先期通知。"如果依据上述条款的规定，原告在履行了告知义务的前提下，拥有随时终止合同的权利。但该条第二款则又规定，终止租赁合同"但有利于承租人之习惯者，从其习惯。"而西安地区的民间习惯是租赁关系中只能客辞主，而不能主辞客。

显然，原告明了法律规定。他知道如果请求终止合同，法院不会支持他的诉求，于是巧妙地避开法律的规定，提出了请求对方腾房的诉求。

现代民法对于物权的保护非常详细，如《中华民国民法》第442条规定"租赁物为不动产者，因其价值之升降，当事人得声请法院增减其租金。但其租赁定有期限者，不在此限。"也就是说，如果原告与被告之间签订的是不定期合同，原告除以终止合同的方法维护自己的权益外，还可以以情事变更为理由向法院起诉要求增加租金。但本案的原告却选择了事实上以终止合同的方法来维护自己的权利。

该案起诉前经过法庭调解，但因双方各执一词，调解不成立，原告随即又向地方法院起诉。地方法院立案，交民庭推事卫毓英审理。

4月23日，推事卫毓英向被告发出传票并送达起诉书副本。被告随即委任律师郝兆先撰写书面答辩状，并于开庭前两日，即4月28日呈交于民庭。答辩状称：原告与被告所订租约因系商业经营，依本市特别习惯只准客辞主，不准主辞客，另依民法规定租赁期限不得逾20年。但民自1943年12月1日起租，迄今仅3年多，营业亏损数千万，尚未收到实际效益，现原告突然起诉，显不近人情法理，请驳回。另原告于本年正月曾通知要房，被告已允年底腾房。

4月30日民庭开庭。原告因事无法出庭，委任荆善初代理。但推事审查后发现原告尚未缴纳裁判费,于是宣布停止受理。

5月7日原告向民庭递交声请:开庭一次,因未缴纳裁判费作调解处理,调解未能成立,谕令裁定交费。查起诉时曾按2800万元价额交费,不知何故未蒙核收。今究该核定若干,缴纳若干,请速裁定。立即照交,绝不有误。

同日,推事裁定原告应缴裁判费法币962000元。原告随即向地方法院缴纳裁判费。

5月10推事再次发出传票。5月19日下午2时开庭。

言辞辩论笔录:原告称收回房子系自己做生意用,并非出租,自己再无其他房屋,去年10月即托证人李班武要腾房子,并已将押金退还予被告。而被告声称:今年2月才找人说要腾房,押金也未还。

尽管双方各执一词,但本案的事实却已基本清楚。值得注意的是推事并未援引西安地区特别习惯依法判决原告败诉,而是谕知当事人庭外和解。

5月24日民庭继续开庭。原被告均到。原告称正在经人调处。推事询问被告是否属实,被告表示正在私下和解。推事于是宣布休庭。

6月5日开庭,原被告均未到。同日原告声请撤诉。案件终了。①

本案最终以和解的方式得以解决,避免了法院强行判决后当事人之间可能出现的激烈对抗。

案例二

1949年4月12日,68岁的西安市民常修洁向地方法院提起诉讼,请求判令被告王子峰腾房。诉讼请求称,原告将自己位于本市安居巷临街的3间房子典与冯明烁,1947年腊月双方原来约定的典期到日,原告前去回赎房产,但虽知典期内冯明烁在未告知出典人,即原告的情况下将房子又租与王子峰使用。原告遂向王子峰索房,但王拒绝归还,强调自己是从冯明烁处

---

① 西安市档案馆档案,卷宗号090—24—267。

租的房子,并已缴纳了房租,与原告无关。原告无奈特向地方法院起诉,请求判令被告腾房。本案涉及的房产标的18万元,原告向地方法院缴纳裁判费2340元。同时提交了证人名单。

地方法院经审查,在与原告协商后增补冯明烁为被告后立案,交民一庭庭长、推事钱应选承办。钱推事于次日向被告和冯明烁发出传票,同时送达起诉书副本,王子峰不在家,由其妻代收。冯家无人,无法送达。4月25日地方法院民庭开庭审理此案,两被告均未到,证人亦未到。4月26日原告声请撤回案件,理由:"经友人从中说合事了,愿撤回,永不反悔。"钱应选依法作同意撤回通知书。

表9.3

西安地方法院撤回通知书

　　查常修洁与王子峰腾交房屋事件,滋据原告状称本案业经案外和解事了,请求撤回,核与《民事诉讼法》第262条相符,应予照准特此通知。
　　(上)右通知
　　常修洁,住本市安居巷25号
　　王子峰
　　中华民国三十八年(1949年)四月二十七日

　　　　　　　　　　陕西西安地方法院民事第一庭　庭长钱应选[①]

本案最后亦通过案外和解的方式得以解决。上述两案中推事对民间习惯的审慎态度值得特别关注。仔细观察民国晚期西安地方法院的民事判决,可以隐约地发现,在对待民间习惯方面推事们出现了一种与民国初年不

---

① 西安市档案馆档案,卷宗号090—24—395。

同的做法及态度,即较为审慎,既不主动否定,也不贸然援引习惯进行判决。

传统中国的民间习惯是在儒家文化、农业文明以及地域差异的作用下逐渐形成的,其中虽不乏合乎情理的部分,但也包含着许多与现代社会和工业文明不相适应的东西。民国初年社会转型已经开始,但由于系统反映新的社会理念的民法典尚未出台,司法机关为了推动社会进步,对待民间习惯的态度一般较为积极主动:或是尊重,强调新形势下对其的继承与延续;或是通过判例及个案对一些与现代社会无法相容的习惯大胆改造。[1] 民国晚期,《中华民国民法》已经颁布,平等自愿等现代民事理念有了具体载体,在此情况下,司法实践中推事对于民事习惯采取了更加审慎的态度,较少直接引用习惯作为判决依据,即不再支持民间习惯。

(六) 破产清偿

1948 年 11 月 27 日,43 岁的河南人杨陈宝珍,杨陈宝珍之女、20 岁的杨凤云和丈夫毕春霖向地方法院提起民事诉讼,起诉书云:原告从本年元月间分 3 次在被告处老宝庆银楼(法定代理人:俞同元,男)存入足金 31 两 2 钱 6 分 7 厘,有存折及存条为信,9 月 11 日该号停业,19 日依法由债权人成立债权团,约定每次按 2 成分 5 期(每期一月)偿清,迄至 9 月 30 日除偿还 2 成外,尚余 25 两 1 分 3 厘再不偿还。不得已求诉法院保证执行,请求将被告坐落于粉巷 25 号住宅一院裁定假扣押,并请求偿还存金。交纳收状纸费一元,审判费 580.30 元,本案标的 45023.40 元。

地方法院审查后立案交由民庭办理。12 月 3 日承办此案的推事发出传票,被告俞同元不在家。原告之一,杨凤云、毕春霖夫妇因孩子太小无法出庭,出具委托人书:杨凤云、毕春霖有子无法出庭,委任杨陈氏代理,另委

---

[1] 1929 年,南京民国政府立法院院长胡汉民曾公开讲:中国传统的习惯坏的多,好的少。如果扩大了习惯的适用,国民的法治精神很难树立,而一切社会的进步将更为迟缓。见黄宗智:《法典、习俗与司法实践:清代与民国的比较》,上海书店 2003 年版,第 62 页。

托律师张道芷代理。

同日被告俞同元委托律师张绩懋代呈答辩书:老银楼为民自开,信誉极好,惟因国家近日(8月19日)币制改革,受公令之拘束,遂致资金周转失灵,至9月11日被迫呈报停业,获准并登报。9月18日成立债权团,将动产、不动产、号章交付债权团,现一切债务均由债权团自行处理,并非民之主张,现清偿工作还未结束,告民实为不妥。请驳回,并提交证人,债权团主席杨经文名单。

12月14日地方法院民庭开庭,被告和证人未到,原告提交存条、存折存卷。推事只得宣布休庭,并谕知传证人杨经文。

12月17日地方法院发出传票,俞同元不在家。

12月20日俞同元正式委托律师张绩懋代理。同日地方法院开庭,双方代理人到庭,证人未到。

推事问原告代理人:证人未到有何陈述?
答:请再传。
推事宣布休庭。

12月21日地方法院再次发出传票,被告俞同元仍不在家。

12月22日原告向地方法院提出声请:被告拒不到庭,请追押铺保、被告、债权团代表(因与被告恐有勾串),并宣示准假执行。交状纸费一元。

12月23日法院再次开庭:被告、证人均未到,被告代理人出庭。

推事问原告:证人未到怎么办?
答:不知道。
问原告代理人,代理人答:请假执行。

12月27日地方法院宣判,作1948年度诉字1192号民事判决,除代理人外,双方当事人均未到场。

主文:偿还存金,准假执行。诉讼费用被告负担。

理由:债权团之规定不符合法定破产程序。①

债权纠纷是民事纠纷中常见的类型,本案案情并不复杂,但破产清偿属新型案件。值得注意的是,案件审判过程中在被告屡屡不到庭的情况下,推事竟然询问原告接下来怎么办,原告老老实实回答:不知道。原告代理人表示请假执行。推事最后判决被告偿还存金,请假执行,反映了民事审判所奉行的当事人主义原则。

(七) 其他

西安地方法院所受理民事诉讼中,还有一些纯属程序性的,下面所引者即属此类。

案例一

1925年6月,长安县民寇黄氏向地方法院提出声请,欲对其夫失踪一事进行公示催告,以便依法确认其失踪。地方法院经调查后于6月23日做出如下裁决:

> 为布告事
> 案据长安县民寇黄氏因其夫寇玉龙失踪声请公示催告一案,当经本厅传讯,声请人到厅供称,民自幼嫁于寇玉龙为妻,生有一子。其夫寇玉龙于民国十一年(1922年)出外,至今音讯全无,曾托人到各处探寻亦未获得端倪。来厅请求公示催告等语,本厅裁决准予公示催告。②

案例二

1948年6月陕西邮政管理局向地方法院提起公示催告声请,地方法院民庭经审查符合公示催告程序,依法裁定。

---

① 西安市档案馆档案,卷宗号090—27—701。
② 同上,卷宗号090—11—242。

西安地方法院公示催告程序三七年(1948年)度公慎字第5号

　　声请人：陕西邮政管理局

　　据声请人本年六月十四日出字第1017号函称该局于三七年二月十七日检国库卷字第34号随合附发宜川计第一期美金短期库券第17477号50元一纸第136626号、136637号10元12张,共票面美金170元(三六年九月三十日到期之1/6本息卷已在上海剪兑)连同5/6之本息卷于本年二月二十二日在韩城至宜川途中被共军抢劫遗失,除由该局向有关机构申请停止兑付补发副券外,请依法公示催告等情,前来核与《民事诉讼法》第555条之规定尚无不合,除裁定照准外兹依同法第556条、第558条各规定公示催告仰该持有库券人于本件催告之布告登载新闻纸之日起7个月内到本院申请权利并提出票证,否则本院即依声请以除权判决宣告其无效。

　　此示

　　目录：

　　第一期美金短期库券第17477号50元一张

　　第136626号、第136637号10元12张

　　共计票面美金170元连同之5/6本息券①

　　　　　　　　　　　　　　　　中华民国三十七年六月十七日

　　陕西省邮政管理局回函,已于本年八月五、六、七日在西安本地报纸上将公示催告文书全文刊登三天,连同报纸一并呈交地方法院。

---

① 《黎明日报》,1948年8月5日。

第三节　民事执行

与刑事审判相比,民事案件判决之后,审判机关还须承担执行的任务。对于民事审判来说,判决只是第一步,判决之后,能够执行,且执行有结果才最为关键。1940年南京国民政府专门制定了《强制执行法》,仅就文本而言《强制执行法》无疑是部高水准的立法案。[1] 然而,民事案件的执行较之审判更为复杂,更需要行政机关和民间社会的配合,否则再好的法律文本难免也会被束之高阁。自新式审判机关产生的那天起,由于没了行政权作后盾,执行难就成了困扰地方法院的核心问题之一。

> 查判决为审判结果,而执行为判决实践,倘判决不能认真执行,则审判将属徒劳,人民对法院信仰必至减低。[2]

民国时期西安地方法院院长在工作总结中如是说。实事求是地讲,民国时期西安地方法院的历任院长对民事案件判决执行的重要性都有着清醒的认识,亲自督促之外,并从制度入手,尝试通过硬性的制度,强化民事案件生效判决之执行。如民国初年,西安地方审判机关就成立了民事执行处,从推事到书记官、再到执达员等一应俱全,由专人负责执行,分工极为明确,即在内部将审判和执行分离。同时依据民事诉讼法对执行案件的流程进行严格界定,以其减少随意性。以下是1923年西安地方审判厅的一份民事判决执行程序表:

---

[1]　郑兢毅:《强制执行法释义》,商务印书馆2014年简化字本。
[2]　西安市档案馆档案,卷宗号090—1—26。

480　中编　运行

表 9.4　执行程序一览表①

(一)执行当事人　　　郑兴有　郑兴满

(二)债务名义　　　　判决

(三)执行标的　　　　厦房两间

(四)执行方法　　　　饬吏拨交

(五)查封物及查封日期

(六)拍卖时日及拍卖情形

(七)执行费用之计算

(八)债务人缴款之数额或履行义务之情形　　拨交清楚

(九)执行终结及其年月日　　　十二年(1923 年)十二月十二日

(十)其他应行记明事项

　　一览表清楚地反映了该院民事案件执行的过程,以及审判机关对当事人财产的处理权限。1940 年,南京国民政府又颁布了《强制执行法》,进而规定,对于财产事件,如果执行过程中被执行人拒绝执行,法院还可以请求当地的警察、地方政府以及基层保甲组织等协助执行,除有权对其财产进行查封和拍卖,同时亦可对被执行人采取管收 3 个月,限制人身自由等强制措施。这些规定及措施为民事判决的执行提供了制度层面的保证。

　　1947 年 11 月 10 日,债权人刘唐氏向西安地方法院民庭提交声请,要求地方法院执行民事生效判决,强制债务人董善清向债权人交清所欠房租每日面粉 1 袋,共计 6 袋,并附地方法院民事判决书一份。该执行事件涉及财产标的共计法币 161 万元,声请人依法向地方法院交执行费 5200 元。

　　地方法院随即向债务人发出传票。11 月 19 日债务人委托其妻全权代理此案。同日地方法院开执行庭,推事谕令债务人 10 日内向声请人交清面

---

①　西安市档案馆档案,卷宗号 090—26—1。

粉6袋,并交纳押金。被执行人同意执行法院判决,但同时声称需要时间,当场向声请人交纳押金40万元进行担保。

11月24日地方法院再向被执行人发出传票,告知再次开庭时间。27日地方法院再次开庭,债权人当庭返还押金40万元,债务人则当庭给付面粉6袋,执行完毕。①

为了确保被执行人履行自己的法定义务,地方法院的执行人员依据法定权限和程序严格执行职务,以维护司法的权威。但需要指出的是上述情况并非常态。民国时期,尽管相关的法律制度及措施一应俱全,但司法档案中所载的被执行人不履行法院民事判决的案例却比比皆是,不履行判决的大有人在。归纳民国时期西安地区被执行人不履行法院民事判决的情形和方法,大致有如下几种:

一、故意拖延

1947年3月10日,30岁的长安县人李黄氏聘请律师张道芷代撰并向西安地方法院递交执行声请,理由:窃民与李文举因离婚及交付子女衣物并给付赡养费事件涉讼一案,经钧院判决民败诉,旋民不服上诉二审,奉到陕西高等法院1947年度上字第34号民事判决,主文略开"原判决废弃,上诉人与被上诉人准予离婚,被上诉人应将其幼女交付上诉人监护,并给上诉人赡养费30万元。其余上诉驳回,第一二审诉讼费用由两造平均负担。"经查该被上诉人并未上诉,案已确定,理合状请赐予执行,实为公德。再民自被被告遗弃后,困难异常,关于一二两审请求诉讼救助,均蒙核准,所有执行费用并请准予缓交,合并声明。

1947年3月11日地方法院立案。负责民事执行的推事宋瑞林当即批

---

① 西安市档案馆档案,卷宗号090—29—352。

示执达员贾志勤:传两造,并通知代理人到案。3月13日地方法院发出传票,但声请人李黄氏迁移不知去向,甲长为此出示了证明。

3月17日地方法院开民事执行庭,两造均未到,推事宣布休庭,并记录在案。3月22日地方法院再次发出传票,声请人由代理律师代收,地方法院同时向被声请人李文举发出拘票,令执达员将被声请人拘提到庭。

表9.5

```
                    西安地方法院拘票
      为拘提事
      查民国三十六年执字第132号李黄氏与李文举为交付子女等执行
事件
      债务人迭经传唤不到,应依法拘提,着火速拘提到院,听候讯问,勿延
外提
      执行拘所         本院
                   时    日    月    年
      管辖
      发给拘票理由:抗不到庭
      取消时间:三十六年三月二十二
      被拘提人:李文举、梁家砭(住址、职业、年龄、特征)
                              执达员  贾志勤
                              推事    宋瑞林

                              中华民国三十六年三月卅
```

3月27日执达员贾志勤呈报承办推事:未见李文举本人,其母声称李文举现在河南,不在家,无法拘提。

3月27日地方法院执行庭二次开庭,声请人代理律师到,声请人和被声请人均未到,推事只得宣布休庭。

4月4日西安地方法院院长向负责此案的执达员发出1947年第157号训令：

案查李黄氏与李文举给付赡养费等事件，业经判决确定执行，令仰该员按照后开各节前往切实强制执行，如遇有反抗情事得请就近警察官署协助，限7日内详细具报，毋得玩延为要。

训令中详细列举了执行依据和内容：

执行名义：原判决废弃，上诉人与被上诉人准予离婚，被上诉人应将其幼女交付上诉人监护，并给上诉人赡养费30万元。其余上诉驳回。第一二审诉讼费用由两造平均负担。

债务人姓名：李文举

执行处所：债务人所在地

执行方法：前往执行处所召集两造及该管保甲长等到场，按照判决主文所载切实执行，办竣取结具报，如有违抗则带院究办。

中华民国三十六年四月四日 院长 崔炎煜

5月5日执达员贾志勤再呈报推事：李黄氏早已外出不在家，李文举赴河南从军，亦未在家，无从办理。附甲长证明。同日地方法院再次向被执行人发出传票。

5月9日地方法院第三次开庭，除代理律师外，声请人和被执行人仍然未到。代理律师声称与委托人联系不上，因故声请暂缓执行。6月30日李黄氏再次向地方法院提起执行声请，详陈了此前联系不上的原因和再次声请执行的理由：

不料李文举、李振胡（李文举之父——引者注）躲避不家，民因无衣无食，沦为乞丐，且染重病，遂致搁置，现民经慈善家舍施救愈，又闻小女二人在李振胡家倍受虐待，查李振胡既代理其子李文举到庭，自应负交款交女之责。恳请再派执达员强制执行。

7月3日地方法院又一次发出传票,李文举之母依然称李文举出外不在家,并拒收传票。

7月5日地方法院第四次开庭,被告仍未到。推事命令:派员偕同债权人前往债务人家中强制执行,具体事项为:将其女交付债权人并令债务人给付债权人法币30万元。7月11日地方法院院长亦再次发布训令,令执达员王辅臣5日内强制执行完毕。同日,执达员与声请人一同前往李文举家强制执行,李文举之父将孙女交予声请人,但仍旧不履行债务。

事已至此,被声请人已知道按照现行的办法再行拖延已无可能,随又采取了新的手段,以不服陕西高等法院判决为由向最高法院提出上诉。

7月28日地方法院第五次开庭,声请人到庭,被声请人由其父李振胡代理。推事谕知,由于本件债务人提起上诉三审,案件结果尚未确定,故准予暂缓执行。

7月28日双方具结,声请人:因本案尚未终结,民李黄氏当庭甘愿将小女返还李振胡领回,所具是实。屡经反复,最后仍然不了了之。①

二、财产执行

以转移资产等方式故意拖延财产执行的现象较为常见。1947年,长安县人行志杰、傅景山、张忠恕等5人合伙集资在本县大兆乡街面租房多间开设集义公粮行,与本县人杨世杰发生债务纠纷,经地方法院和陕西高等法院判决债权人杨世杰胜诉,傅景山、张忠恕、傅鼎三等5人共欠杨世杰小麦25石2斗(市斗),法币26万元。1947年8月6日债权人杨世杰向地方法院声请执行:被告人所欠之债务业经二审判决,被告虽上诉,但法院准予假执行,

---

① 西安市档案馆档案,卷宗号090—29—376。

故请钧院予以执行。声请人交缮状费480元,该案执行标的法币934000元,又依规定交纳执行费3036元。

8月7日地方法院立案,并向被声请人发出传票。8月11日地方法院执行庭第一次开庭,被声请人,即债务人5人均未到,推事只得宣布休庭。8月13日地方法院再次发出传票,被声请人5人中1人亲收,3人由母和妻代收,一家无人。

8月20日执行庭第二次开庭,被声请人5人仍未到。推事无奈只得宣布休庭。

鉴于被声请人拒不到庭,9月9日地方法院院长训令,令执达员王宝善,前往债务人家中依法强制执行。

11月1日,执达员王宝善向地方法院院长呈报:协同债权人及地方保甲长依令强制执行,查债务人家中均无麦,以致无法交付,已将在场的债务人傅景山、张忠恕带回。推事随即对两债务人进行讯问,并批示:债务人企图推延不肯履行法院判决,且称亦无保人,显系有履行能力而不履行,应暂管收,并再拘其余债务人。同日地方法院以抗不履行债务之理由将傅景山、张忠恕收押,并向其余债务人发出拘票。

11月28日,执达员王宝善向推事报称:其余3人均避匿不见,以致无法拘获。推事批示:再拘。

12月26日。声请人向地方法院提供了自己调查的债务人财产现状,并附有财产清单。推事随即通知声请人:3日内调查清楚。

债务人等现有足够供强制执行之财产,开单报告以凭核办,逾期未据报告,本院即认债务人无财产可供执行,依法之规定,发给债权凭证,俟发见债务人有财产时再予强制执行,所有原声请事件即作终止。

1948年1月6日,王宝善呈报承办推事:所拘3人均离家出走,无音信。附保甲长证明。

1948年1月15日债权人再次声请:查傅景山在押,有房3间,有枣红骡子1头,张忠恕有房3间,请查封拍卖执行。声请人交纳缮状费960元。

《强制执行法》规定,管收的期限为3个月。但如出现新的情况,亦可再次管收。1月30日傅景山、张忠恕两被声请人向地方法院声请:业已被管收3月有余,因其他债务人抗传不到无法执法,声请开释,出外寻找其他债务人。承办推事批示:令找妥保人,限期清偿债务。

傅、张的家属得到批示后,积极为其寻找保人。

2月2日推事再批示:准交保人,限半月内将其他债务人召集到院。2月3日傅、张两人找保开释。

2月20日傅景山请律师范献琳代撰书状呈报地方法院:5人合伙开设集义公粮行,集资在大兆镇街面租房多间,为合伙财产,现捡其中两间厦房拍卖,得款即够偿还债务,请求拍卖。傅景山所说的房产性质是租赁,并非集义公粮行所有。显然,傅景山、张忠恕仍想应付和拖延。

但地方法院并未受其蛊惑。3月11日地方法院院长再次就此案发出训令,令王宝善3日内到大兆镇将两被声请人的自有房产查封,令保长保管,找鉴定人鉴定、评估。同日地方法院发布告,公告此房产位置,如有对该房所有权提出异议的,迅到法院要求。

4月6日王宝善呈报推事:查傅景山厦房两间价值法币3500万元,张忠恕厦房4间,值3000万元,槐树一株值800万元,共值7300万元,已查封。并附:证人保甲长、债权人及鉴定人鉴定书及债务人证明、具结书数份。

表9.6

保管书

今民权鸿儒对于钧院民国三十七年(1948年)度执字第一九三号杨世杰与行志杰等为债务查封一案执行案内厦房两间之不动产愿负保管责任,此结

保管人:权鸿儒(保长)

民国三十七年三月三十一日

表9.7

> **具结书**
>
> 缘民杨世杰与行志杰等因债务查封一案，蒙钧院派员前往邀同该管保长及民两造到场依令实施查封，着民杨世杰负责指示将坐落大兆镇西堡傅景山厦房二间即时查封，委托该管保长负责保管并经鉴定人公平估计共值洋三千五百万元正，来员另取具鉴定人切结，鉴定报告书保管切结外民同具在场切结是实。
>
> 保长：权鸿儒
>
> 债务人：傅景山（抗不盖印）
>
> 具结人：杨世杰

推事批示：定期拍卖。

4月14日地方法院发出布告：

兹定于民国三十七年（1948年）五月一日在本院门首设匦投标，三七年五月一日上午十时开标，凡商民人等欲买是项产业者应于开标期前开具姓名、年龄、籍贯、住址、职业并声明出价若干书具密函，向标匦投入。届期到场听候开标。以所投标价最高者为得标人。该得标人应即缴纳标价足银五分之一，余款限交产时一次交足。由本院制造权益移转证书交执管业。倘逾期不交足价金，即以标人中标价次高者递补，依照前开程序办理。合行布告一体周知。倘商民人等对于此项不动产上有权利可以主张者，应于布告后十四日内来院依法声明并仰各利害关系人于开标日期一律到场，毋得认误，特此布告。

计开：不动产坐落长安大兆镇西堡厦房两间

最低价：法币3500万元

阅看笔录之处所：本院执达员办公室

领看人：本院执达员王宝善

标匦号数：第　　匦设在本院大门内

执行书记官毛崇恭

执达员王宝善

4月14日地方法院书面通知杨世杰、傅景山、张忠恕拍卖时间、地点，并要求拍卖时须到场。

5月1日地方法院举行拍卖，但因无人购买而未果。不久。地方法院又举行了第二次拍卖活动，但仍然无人竞买。

1948年6月15日杨世杰再次声请，交缮状费12000元。声请书：

债务拖延不付，业经将其房屋予以封照，并经拍卖两次不果，现在麦收已毕，债务人将得小麦若干石，请钧院一旬内将债务人等所收小麦查封，以资抵款。

6月16日地方法院发出传票，声请人去潼关了，傅景山、张忠恕代收。

6月24日地方法院第三次开庭，双方均未到场。

6月26日推事训令王宝善5日内强制执行。但不知为何，仍未执行。

1949年3月1日杨世杰再次声请：请先将张忠恕之树一株，拨民伐回，聊作赔偿，俟夏季麦收时再为执行伊等之麦以清债务，并恳请钧庭派员协同民伐树。

3月3日地方法院发出传票，3月8日第四次开庭，5名债务人均未到。推事批示：谕知将查封之财产拨交债权人。

3月18日地方法院布告：将上述财产移交债权人，厦房4间、槐树一株。

3月23日地方法院崔院长再一次训令执达员王宝善：

债务人行志杰等所有长安县司马村厦房四间，槐树一株，实施查封并经鉴价拍卖，尚无合格承买之人，复经作价移转债权人收受抵债备在案。惟查上项财产尚未点交，令迅即驰往财产所在地，邀得两造及保管人并保甲长到场，将上开移转财产解除债务人或保管人之占有，即日交付债权人接收管业取具收管切结呈报。

4月1日执达员王宝善携声请人前往被封财产所在地强制执行，傅景山厦房2间，鉴定其作价小麦8市石，当场解封拨交给杨世杰，被声请人傅景山盖章同意。张忠恕厦房4间、槐树一株重估为小麦17石3斗（市斗），当场拨交予杨世杰，张忠恕不在家。附鉴定书、具结书。

鉴定书

街厦房两间（不带地基），每间鉴定小麦市斗4石，共合鉴定小麦8市石（按时价鉴定），小麦之价是日每斗鉴定金圆券3000元正，8石共合24万元正。村中厦房4间鉴定作小麦14石（市斗），槐树一株作小麦3石2斗（市斗），17石2斗共合516000元正。

4月5日，王宝善呈报承办推事：执行完毕。傅景山厦房2间、张忠恕厦房4间、槐树一株拨付声请人。

拖了两年并走完了所有的程序，最终才得以执行，可见执行之艰难。①

三、人事事件执行

通过拒绝出庭，拖延人事事件之执行，是最为常见的办法。与财务事件相比，人事事件的执行则更为困难。

1948年长安县农民王爱娃向地方法院提起民事诉讼，请求法院撤销其与吴来运的婚姻，法院立案，经审理判决王爱娃败诉。王随即离家出走。

---

① 西安市档案馆档案，卷宗号090—29—379。

1949年1月7日，王之丈夫吴来运委托律师朱先诚代撰声请书，声请地方法院执行判决，得早令王爱娃回家与民同居。并附地方法院三十七年十月十八日判决书，判决书主文：原告之诉驳回应与被告同居。吴还同时向地方法院提供了王爱娃的住处。

地方法院接到吴来运的声请后，交付民事执行推事办理。1月8日负责办理此案的推事向王爱娃发出传票，谕知吴来运之声请及地方法院开庭时间。

1月13日地方法院第一次开执行庭，被声请人王爱娃未到。

1月14日地方法院再次发出传票，1月18日第二次开庭，王爱娃还是未到。

2月19日地方法院再传被声请人，2月25日第三次开庭，王爱娃仍拒绝到庭。

2月25日地方法院再传，并于3月2日第四次开庭，王爱娃仍然未见踪影。但吴来运又一再声请，推事只能于3月4日又一次向被声请人发出传票，王爱娃则不知去向。

3月29日第五次开庭，这次双方当事人均未到。

面对如此尴尬局面，承办推事仍然没有放弃，3月31日再次发出传票，王爱娃签收。4月4日地方法院第六次开庭，王爱娃终于到庭，代理律师则未到。推事谕令将王爱娃交付声请人，王爱娃未作反对表示。声请人吴来运签具结书：

> 缘民吴来运与王爱娃交付人口执行事件，民吴来运已当庭将人领回具结完案，切结是实。

双方具结人签字印指。本案最终执行终结。[1]

---

[1] 西安市档案馆档案，卷宗号090—29—579。

本案之所以能够依法执行,除声请人的不断催促外,主要归功于承办推事的负责及持之以恒。

总之,民事执行极为艰难。一当事人曾致函地方法院:

> 窃债权人与王静安等为返还房屋执行一案于三十五年(1946年)九月提供现金担保并蒙钧庭两度下令强制执行在案。迄今年余尚未执行终结,致债权人之损害扩大无可胜任。查此项执行一日不能终结,则债权人之损失一日不能解脱,有失法律尊严性自不待言,反使债权人涉讼数年,判决林立并提供现金担保苦无成绩可言,况司法谨慎全在执行,如不迅予执行则债权人之权利失所保障,法治精神亦扫弃无遗,请求迅予执行以申法纪而免债权人之损害再为扩大实为法的两便。①

民事生效判决的执行是一个涉及方方面面的复杂工作。上述案例一方面真实地反映了民事判决执行之艰难,另一方面也足以表明民国时期西安地方法院对于民事生效判决执行的重视程度,对此地方法院院长在年度工作总结时曾实事求是地说:

> 督促民事执行,树立法院威信。故本任对于执行案件随时与承办推事商促推进,务期迅速彻底达到判决意旨而后已,数月以来稍有成效。②

小　　结

民事诉讼的规模与经济和社会的发展程度,民众的权利意识以及司法

---

① 西安市档案馆档案,卷宗号090—11—243。
② 同上,卷宗号090—1—26。

制度本身均有着一定的关系。按照民国时期民事诉讼法之规定,民事诉讼的结案方式分为调解、和解和判决等几种。西安地方审判机关的实践表明,以调解方式结案的比例占 1/3 弱,与全国地方审判厅的数据大致相同,且这一比例一直变化不大。如民国早期,1916 年至 1923 年间全国地方审判厅调解结案的比例一直维持在 21—27% 之间①;到民国晚期的 1946 年,全国各级法院调解成立率仍然为 23.21%②。和解方式结案的比例大致占 10% 左右,其余的诉讼均以判决的方式结案。即判决是民国时期西安地方审判机关处理民事诉讼的最主要方式。

息诉止争和维护权益是民事诉讼的基本任务。但怎么做到息诉止争和维护权益,是靠明辨是非,还是通过息事宁人其结果则有着明显的不同。民国时期的西安地方法院显然是以前者为原则。面对着社会转型、纠纷大量增加的民国时期,西安地方审判机关通过专门组织、专业知识和技能为这些民事纠纷的制度化解决起了一定的作用。

---

① 唐仕春:《北洋时期的基层司法》,社科文献出版社 2013 年版,第 313 页。
② 司法行政部编:《战时司法纪要》,台北"司法院"秘书处 1971 年重印,第 515 页。

第十章　运行状况

到目前为止,学术界对于民国时期司法权,当然也包括地方司法权运行状况和运行结果的评价尚未达成一致,且观点对立明显。1990年代以前,民国时期的司法制度是学术界,特别是大陆学术界批判的对象;晚近以来,则又出现了赞赏有加的现象。但稍加观察则不难发现,受时代的限制以往的一些学术作品不可避免地存在着种种问题,或立论过于宏观,或材料使用不够细致,如将新式审判机关和新旧兼顾的司法处放在一起进行讨论;或时间段上未作清晰的划分,如未将北京国民政府、南京国民政府适当区别,因而说服力稍显不足。甚至于评价的标准,即学术框架也尚未形成。本章尝试依据司法档案从功能的角度对西安地方审判机关的运行结果进行评析。

第一节　吸纳诉讼

司法制度之最大目的在于保民,而保民则包含着公正、便民和效率等多重含义。新式司法制度创建之后,为了将保民的要义落实到实处,司法行政机关经过不断摸索,最终确定了"稳妥"与"迅速"的办案原则。如1933年司法院院长居正在本院总理纪念周上的讲演中嘱托各位推事"此后望各推事,办案格外从'速'、'妥'、'慎'办理。"[①]"妥"指的是案件审理必须事实清楚,

---

① 居正:"总理纪念周讲演",范忠信、尤陈俊编:《为什么要重建中国法系——居正法政文

适用法律准确,情与理各得其平;"速"则是要求法官审理案件必须尽快结案,不得积压。"速"不仅可以减少当事人时间方面的损失,还能减轻其经济负担。

此外,在南京国民政府司法行政机关看来,"稳妥"与"迅速"的处理案件还关涉司法的权威,"法官办理案件,固应详慎,尤戒稽延。结案过迟,甚非所以保障人民,而维持司法之威信。"①

一、审限内结案率

"速"与"缓"都是相对的概念,不同的人会有不同的理解。为了将理念变成可资操作的标准解,中华民国历届政府采取了一系列具体的措施。

一是明确规定各类案件的审理期限。1918年北京政府率先制定了《刑事诉讼审限规则》,刑事案件的审限始有了明确的标准。南京国民政府成立后,司法行政部又于1934年3月公布《民事迟延未结案件月报表造报规则》,始对民事案件的结案迟延标准进行规定,"第一审案件、再审案件、强制执行案件自司法机关收案日起至某月底止,已逾3月未办结者为迟延;破产事件、公示催告及宣告死亡事件以逾8个月为迟延;其余案件以逾1个月为迟延。"②次年4月司法行政部又重新公布了《刑事诉讼审限规则》,具体为侦查期限为10日,审判期限为22日,第一审不经言词辩论之判决期限为10

选》,中国法政大学出版社2009年版,第232页。另如1934年1月15日在最高法院举行的总理纪念周活动上,最高法院民一庭首席推事洪文澜说:"院长早已指示我们两个原则,第一原则是办案要迅速,第二个原则是办案要妥当,这两个原则在学理上确是天经地义,不可移的。"引自江照信:《中国法律"看不见中国"——居正司法时期(1932—1948)的研究》,清华大学出版社2010年,第46页脚注1。

① 南京国民政府司法行政部训令,引自蒋秋明:《南京国民政府审判制度研究》,光明日报出版社2011年版,第140页。

② 司法行政部通令,引自蒋秋明:《南京民国政府审判制度研究》,光明日报出版社2011年版,第140页。

日,其应调查事实者为15日。繁难或牵连案件不能于期限内终结者,得呈请该管长官延长一次。① 民事、刑事案件此后均有了统一的审限标准。

二是规定各级法院办案必须坚持收结案相抵的原则。南京国民政府司法行政部进而明确要求各级法院办案必须做到收结案相抵,并屡次下文要求各级法院"其有积案者,每月结案之数,必须超过收案之数;其无积案者,每月结案之数,务需两数相抵"。②

三是规定各级法院推事检察官每月办案最低数量。1941年9月,司法行政部下发"推检每月办案最低数目",规定地方法院推事兼院长,每月应办案件最低数量为民事10件或刑事12件;推事兼庭长,每月民事30或刑事38件;推事每月民事32件或刑事40件③等。

不仅如此,司法行政机关还把能否于审限内结案以及能否完成法定的审案数量作为考核推事和法院审判方面的法定指标。

按照上述标准进行考察,西安地方审判机关一审案件审限内结案率较高。档案材料表明,除个别繁难或牵连人数较多的案件外,绝大多数案件都是在审限内完成的。如1948年3月23日,西安地方法院检察官王密声请对嫌疑人延长羁押。"被告刘功甫、王毓河、齐振江、周德彰等因杀人案件,经本处本年元月十五日执行羁押至同年三月十五日届满二月,本处认为仍有继续羁押之必要,爰依《刑诉法》第108条第一项声请裁定,将声请通知本人。"本案案情重大牵连人数众多,二个月的正常羁押期限内无法结案,只能延长羁押时间。次日,地方法院刑庭承办推事郑吉林裁定同意

---

① 徐百齐编:《中华民国法规大全》,商务印书馆,1937年。
② 司法行政部:1936年9月"训字第4986号训令",引自《河北省高等法院季刊》1936年1期。
③ 1941年"司法部修改高等以下各级法院推检结案计数标准与每月办案最低数目草案及有关文书",引自蒋秋明:《南京民国政府审判制度研究》,光明日报出版社2011年版,第330页。

延长。理由,本院复核无误,应予照准。① 从形式上看,本材料声请的内容是延长嫌疑人羁押的时间,但与能否审限内按期结案所遇到的问题则基本相同。

有数据表明,南京国民政府时期,全国民事案件审限内平均结案率为89.5%,刑事案件平均结案率为92%②。西安地方法院审限内结案率远远高于全国的平均水平。如1943年西安地方法院共受理各类民刑事案件3515件,结案3390件,审限内结案率96.44%。1948年西安地方法院共收受刑事案件1939件,终结1883件,审限内结案率97.11%,同年受理民事案件1503件,终结1471件,审限内结案率97.87%。③

表10.1 陕西等省民事第一审收结案件 1944—1947年上半年④ 单位:件

省别	1944年		1945年		1946年		1947年上半年	
	收案	结案	收案	结案	收案	结案	收案	结案
陕西	11991	11932	20172	19860	23885	23655	10711	10462
甘肃	15186	15237	19307	19065	19754	19697	1991	1925
江西	3687	3651	5329	5184	10264	10019	6505	6325
湖北	7528	7542	8728	8104	17941	17546	12479	12112
广东	7820	7709	12016	11715	28350	27620	14928	15135

注:
1.司法行政部统计处根据各高等法院及分院报告之材料编制。
2.表中收案数系新收案件,旧受案件未包括在内,故结案数间有超过收案数者。

---

① 西安市档案馆档案,卷宗号090—11—164。
② 司法行政部司法统计室编历年《司法统计》。
③ 西安市档案馆档案,卷宗号090—1—72。
④ 《中华民国实录》,《文献统计》(1912.1—1949.9),辽宁人民出版社1997年版,第5665页。

表 10.2　陕西等省刑事第一审收结案件　1944—1947 年上半年①　　单位:件

省别	1944 年 收案	1944 年 结案	1945 年 收案	1945 年 结案	1946 年 收案	1946 年 结案	1947 年上半年 收案	1947 年上半年 结案
陕西	11716	11394	16922	16787	19264	19100	7681	7588
甘肃	8135	8943	9856	9853	9987	10015	896	870
江西	3808	3887	7517	7250	13913	13798	8644	8580
湖北	6270	6254	9088	8741	21574	20603	13228	13244
广东	5819	5754	11185	10907	30614	29862	15456	15828

注:
1.司法行政部统计处根据各高等法院及分院报告之材料编制。
2.表中收案数系新收案件,旧受案件未包括在内,故结案数间有超过收案数者。

此外,民国晚期西安地方法院的推事每月人均受理案件数四五十件,结案数也大致相当,亦高于司法行政部规定的每月办案数最低要求。

上述两组数据足以表明,从效率方面讲西安地方法院在吸纳诉讼方面较好地完成了法定职责。其实,类似的情况绝非西安地方法院一家,也并不仅仅局限于民国晚期。我们甚至可以说,如果单独观察,民国时期大多数审判机关审限内的结案率都不算太低。据统计,1914 年至 1923 年 10 年间,除 1914 年外,全国地方审判厅的民事案件的年均总结案率都在 90% 以上。② 其中,民事案件年均结案率在 95% 以上的地方审判厅更是达到了 55% 以上,而审限内结案率低于 90% 以下的审判厅只占总审判厅的 20%。③ 刑事案件的年均结案率则更高。

然而,蹊跷的是现实生活中来自于民众和行政机关对诉讼延误的指责

---

① 《中华民国实录》,《文献统计》(1912.1—1949.9),辽宁人民出版社 1997 年版,第 5670 页。
② 北京政府时期,尚未制定统一的案件审理期限,而是以年度结案率进行统计。
③ 引自唐仕春:《北洋时期的基层司法》,社科文献出版社 2013 年版,第 302—303 页。

却几乎从未间断。如何解释事实与民众及司法行政当局印象之间的反差？

第一，案件审理的周期较长。诉讼是个完整过程。就审级而言，民国时期的实行三审制，大多数案件从起诉到终审判决，再到执行由于程序规定得详细而具体，按部就班地一路走完确实须花费一定的时日，这是为了保证实体公正所必要的。但中国人口众多，地域辽阔，民国时期交通通讯落后，加之战乱不断，任何一个环节如果处理不当或不及时，都会最终导致案件审理周期的延误。1935年四川巴县地方法院在一份司法报告书中对此曾进行过分析："人民诉讼由一审至三审，往往经年累月，难告结束。而刁滑者更得利用诉讼法之种种声请展现办法，以为拖累对方之工具。由是小康之家。一案未终而产已荡矣。"①

这一结论得到了个案材料的佐证。西安市档案馆中保留着一份写给西安地方法院院长的保外声请书，从一个侧面证实了这一点：

窃民于中华民国三十六年（1947年）三月七日判处有期徒刑8年，民不服上诉二审，迄今8月有余，未蒙谕令示知。以民忖度为同案之××、×××所致，理应静候，何敢烦渎。但民孤苦伶仃，形单影只既无叔伯之依，尤鲜兄弟之亲俯，无应门5尺之童茕茕孑立以维持全家生计。民今久羁囹圄年半有余，五谷不登。室如悬罄，徒壁四空，其贫如洗。况民父母年迈，寿逾古稀，衣食有缺依门而望哭泣失声。昨日民妻前来所中与民道达此情，令民一夜未眠，五内俱裂，上天无梯，入地无门。想民犯罪事实在三十六年大赦之例，民虽判罪8年，按减刑令许减二分之一，民谨剩四年之罪，而前数月中司法部有疏通各案之令，则民三十五年古历四月十八日被捕羁押，其拖累倒悬，苦不堪言。思维再三惟有恳乞钧座惠爱鳏寡，怀抱小民。因此不揣冒昧声请保外，俯仰钧座

---

① 《四川巴县地方法院司法概况报告书》，《各省司法概况报告汇编》，司法院秘书处编印，1935年11月。

大发鸿慈,网开三面。法外施仁,破格谕以保外,体宥民以好生之德,俯念各种痛苦下情。予民保外,以尽乌鸟私情之意,不惟民一人感激,则全家亦感戴无尽矣。可否之处不胜翘企待命之至①。

声请书以生花之妙笔和极尽渲染之能事描述了诉讼迟延给当事人带来的可怕后果。但仔细阅读则不难发现,造成这一所谓"可怕"后果的原因主要是二审的迟延。而造成二审迟延的原因则又是因为受同案犯×××、×××的牵连所致。

第二,统计数据经过了技术处理。长期在陕西司法界任职的任玉田在其回忆录中公开说:

案件期限依部颁规定:无论在审方、检方,及一审、二审,均须以司法官接收诉状或案卷之翌日起 20 内②办理终结,没有"应予立案"或"不予立案"的规定。所谓 20 日的期限,系指司法官实际办案的天数,不能把传人、调证及法定假日计算在内,例如某法官于某月二日接收一个案件,于同月三十日终结,共经过 28 天,其中传人用 5 天,调证用了 4 天,法定假日 4 天,应扣除 13 天,所余 15 天,即是实际办案的天数,未超过 20 天,即未逾限。照此规定,办案人员如能随时注意使案件连续不停的活动进行,是不会超过期限的。如果把案子搁置起来,停止进行,我们称之谓"案件睡觉",那就很易发生逾限之事。③

河北省高等法院的官方文件证实了任玉田的说法,该院曾通过训令公开批评说:"草率了案,专重考成,下旬结案,每较上中两旬为多,几成法院之通病。调查未周,手续未备,一经指摘,牵涉尤多。当事人之情词未申,而司

---

① 西安市档案馆档案,卷宗号 090—2—50。
② 按 1935 年 4 月南京国民政府司法行政部《刑事诉讼审限规则》之规定,刑事案件审判期限为 22 日。——引者注
③ 任玉田:《一位民国首席检察官的回忆录》,未刊稿。

法官之收案已结,必至枝节横生,扰累无已。名为结案,实增诉累。似此巧于自谋,尚复成何事体。"①

即便如此,考虑到对审限的严格要求,每案须撰写裁判或裁定文书等制度设计要求,真实的审限内结案率也已不低。

综合上述两点,可以得出结论,就整体而言西安地方审判机关的审判效率尚属良好。

二、上诉率

"稳妥",是指案件审理结果的妥当和平允,事涉实体公正。由于案件的当事人对"稳妥"的理解不尽相同,因而实际上个案审理的结果是否"稳妥",仅凭有限的档案材料,其他人是很难科学判断的,这一点在社会转型剧烈的民国时期尤为明显。可行的路径似乎有二:一是观察当事人对一审的服判率;二是观察二审的改判率或发回重审率。

第一,一审服判率明显偏低。据统计,1932 年至 1934 年西安地方法院所审理的民事案件第一审结案数分别为 1277 件(1932 年)、1003 件(1933 年)和 1272 件(1934 年),三年总计 3552 件。需要指出的是,这一数字中包含着相当数量的适用于一审终审的简易诉讼程序的案件,由于档案资料的不完整,现在已无法将之准确区分。而上诉至二审的案件数量分别为 374 件(1932 年)、593 件(1933 年)和 747 件(1934 年),三年总计 1714 件,上诉率 48%。同期西安地方法院所审理的刑事案件第一审结案数分别为 378 件(1932 年)、456(1933 年)和 578 件(1934 年),总计 1412 件;上诉至第二审的案件数分别是 107 件(1932 年)、161 件(1933 年)和 244 件(1934 年),总计 512 件,上诉率 36%。而同期,全国一审判决上诉率大致在 20—30% 之

---

① 河北高等法院编:《河北高等法院季刊》,1936 年 1 期。

间。显然，西安地方法院一审的服判率低于全国同期的平均水平，但并非全国最低。同期的长沙地方法院、天津地方法院一审民事案件上诉率分别达到了65%和60%；湖南衡阳地方法院一审刑事案件上诉率竟为56%，为全国最高。①

一审上诉率高，反映的只是一审法院没能通过自己的工作将诉讼彻底吸收。但造成这一现象的原因极为复杂，既有审判质量方面的问题，也有当事人及诉讼代理人的问题，还有制度设计的问题。如就制度设计而言，南京国民政府时期，民事诉讼和刑事诉讼第二审均采取续审制。所谓续审制，就是将第二审视为第一审诉讼程序的继续。凡在第一审程序中所为之诉讼行为，于第二审亦有效力。此外，当事人可以提出新的攻击防御方法，可以追加第一审未提出的事实或证据。第二审对于第一审已经调查的证据不必重复调查。对后续发现的新事实或证据，则予以调查审理。续审制度固然有其合理之处，如可以更全面地调查事实等，但也存在着极大的问题，正如有学者所指出的那样"但另一方面，则削弱了第一审的意义，间接地刺激了诉讼当事人的上诉欲望，造成当事人（在一定程度上还包括审判人员）对第一审的忽视。因为在现实中，当事人往往在初审时并不提出全部请求及其所依据的事实、证据，而将关键的事实和证据留到第二审。这种状况，也使得初审法院往往不能在全面准确的信息基础上去进行事实判断，增加了案件事实误判的可能，从而降低了初审法院的权威性。"②

除了一问题，具体到西安地方法院，上诉率高还可能与地理空间有着一定关系。就一般规律讲，在交通和通讯落后的时代，上诉率与一审法院和二审法院之间的空间距离有一定的关系，两级法院之间空间相距较远，上诉率则相对较低，反之则相对较高。西安地方法院与陕西高等法院同处一城，交

---

① 司法行政部1932年度《司法统计》，1933年度《司法统计》，1934年度《司法统计》。
② 蒋秋明：《南京国民政府审判制度研究》，光明日报出版社2011年版，第154页。

通极为方便。加之制度设计上律师代理二审案件收费标准较之一审案件要高,客观上也会使一些律师千方百计地动员自己所代理案件的当事人进行上诉以便获取更多的收入,这一切都可能促使西安地方法院的上诉率会相对偏高。

总之,抛开个案,抽象地讨论一审判决服判率之高低与案件审理结果是否"稳妥",其科学性尚待考察。

第二,改判或发回重审率偏高。民国时期的诉讼法均规定,对于不服初审法院判决的上诉案件,二审法院认为原审确有问题的除直接改判外,还可以发回重审。因而,考察二审法院的改判或发回重审率应该是一个评价地方法院审判质量是否"稳妥"的可能路径。

民国早期不服初审审判机关一审判决上诉后二审审判机关处理情况的具体数据缺乏,很难具体分析。以下是司法行政部1931年至1936年度全国二审民事案件处理结果的统计数据。在受理的一审上诉案件中,二审法院驳回上诉,维持原判的比例分别为 41.03%(1931年)、39.14%(1932年)、36.77%(1933年)、36.60%(1934年)、33.08%(1935年)、33.91%(1936年);变更或废弃原判决的比例则为 17.99%(1931年)、16.64%(1932年)、16.74%(1033年)、17.27%(1934年)、17.05%(1935年)、17.18%(1936年)。同期全国刑事二审案件中,撤销原判决的占受理案件总数中的比例分别为38.74%(1931年)、43.44%(1932年)、41.80%(1933年)、41.57%(1934年)、44.43%(1935年)、38.77%(1936年);驳回上诉的比例分别是 29.98%(1931年)、26.99%(1932年)、29.64%(1933年)、31.31%(1934年)、29.70%(1935年)、35.89%(1936年)。[①] 即刑事案件二审的改判率总体高于民事案件。

另据不完全统计,1947年不服西安地方法院一审判决上诉至陕西高等

[①] 司法行政部编历年《司法统计》。

法院的民事案件中（具体上诉数字缺失），二审改判的53件（含上年度未结之上诉案件），发回重审数据短缺；不服西安地方法院一审判决，提起上诉的21件刑事案件中，陕西高等法院审理后二审改判的为6件，发回地方法院重审的为2件。1948年，不服西安地方法院一审判决上诉的71件民事案件中，二审改判的为31件，发回重审的数据短缺；由西安地方法院检察处上诉的40件刑事案件中，二审改判的6件，发回重审的数字缺失。①

尽管资料不够完整，但上述数据足以表明，民国晚期经西安地方法院一审判决而上诉的案件，无论是民事案件，还是刑事案件改判或发回重审率均偏高。至于改判或发回重审的原因既有事实认定不当，也有适用法律可能有误的，并以前者为多。事实认定方面出现问题较多的原因，后面将作专门讨论，这里引用一则适用法律不当的案例。

被告窦尽臣，陕西咸阳人，36岁；王存玺，陕西长安人，42岁，均无业。两被告被控于1930年12月间受陕西南郑地方法院院长委托代汇法收600元，但两被告竟将该款私自挪用转贩鸦片，其行为后被陕西高等法院发觉，经检察官侦查后，指定西安地方法院受理此案。西安地方法院审理后，认定两被告的行为构成贩卖毒品罪，依据《中华民国刑法》中的相关条款于1931年1月8日做出有罪判决。被告不服，上诉至陕西高等法院。高等法院维持原判。被告再上诉至最高法院，最高法院审理后认为，《禁烟法》已于1929年7月施行，《禁烟法》为特别法，按照特别法优于普通法的原则，《禁烟法》施行后，关于鸦片之犯罪在该法施行期间已无适用《中华民国刑法》之余地，本案犯罪行为和判决均在《禁烟法》施行之后，自应适用该法处断。但惟原判决尚非有利于被告，故将原判决关于适用法则违法之部分撤销。②

如何看待二审法院改判或发回重审率较高这一客观现象，法律人和非

---

① 陕西省档案馆档案，卷宗号089—10—1501。
② 郭卫、周定枚编：《最高法院刑事判例汇刊》第6期，上海法学书局1934年版，第127—129页。

法律人表现出了明显的差异。就一般而言,民国时期社会各界普遍认为二审法院对一审法院的上诉案件改判或发回重审即意味着原审判决存在着问题,甚至是错案。而错案对当事人和公共权力均造成了巨大的伤害,因而必须对错案的产生者追究责任,唯此才能从根本上减少上诉率,同时彰显国家之正义。南京国民政府国民参政会参议员孔庚就持这种观点。他说"一方推事敷衍塞责,审错案件毫无责任。一方由于健讼莠民,饰词缠讼,诬告亦无责任。审错与诬告两不负责,实为上诉案多之根源。"①孔庚的言论具有一定的代表性。为此,民国时期社会各界要求建立错案追究制度的呼声一直不断。

与此相反,司法系统内部则认为,由于所处审级的不同,一审法院和上诉审法院的推事审理案件时的侧重点和解决问题的思路可能会有不同。一审法院的推事处在整个审级的最底层,每天面对着繁重的诉讼压力,因而容易选择息事宁人的办法,考虑的是如何解决个案,而上诉审法院的推事需要审理的案件数量相对较少,更倾向于严格适用法律和统一适用法律。也就是说,对于推事的判决仅就结果而言很难用对错来判断。

缘于此,司法行政当局对民众要求建立错案追究制度的呼声态度极为谨慎。早在1917年北京政府司法当局在回复咨议局的类似提问时,鲜明地表达了自己的态度:

> 下级审判厅法官所为判决,只须在法律范围内,纵使误解法令以致判决不当,亦不能遽加以处分,以法官有独立审判之权也。此为绝对之原则,亦即司法之精神。人民对于判决如有不服,除如期上诉外,固别无救济之途。若以上级法院撤销下级法院之判决,遂加下级法院之法官以处分,实属无此办法。现在司法部对于各级审判厅办案成绩,惟有

---

① "改革司法制度方案",1939年1月,引自蒋秋明《南京国民政府审判制度研究》,光明日报出版社2011年版,第149—150页。

严加考核,遇有所办案件经人民上诉,由上级法院撤销较多者,无不认真考查,以期于法理无背,而法官之贤否亦不难区别。①

这段话足以表明,民国时期司法系统内部对司法独立和审级制度存在的意义已形成了异于一般人的共识。② 站在管理的角度,建立错案追究制度固然有其合理之处,但让司法行政当局担心的是,从法律上讲错案的标准极难确定。如果对错案的标准把握不好或责任规定过严,很可能会适得其反,引发其他弊端。如一审法院的推事为规避责任在判决前刻意揣摩二审推事的态度,从而影响审级设立的意义;二审法院的推事担心自己的改判会给同行带来不利的后果,因而,囿于人情压力而使真正的错判难以通过审级得以更正等。也就是说,在司法行政当局看来不设错案追究制度无疑是鼓励一审和二审法院的推事根据自己对事实的认定、对法律的理解和所处的具体环境进行判决,不必顾忌其他。当然,如果推事主观上有故意,行为上有道德瑕疵,程序上有过错则必须承担相应的责任,甚至是刑事责任。

正是出于这种认知,民国时期司法行政部门一直没有建立错案追究制度,甚至都没有将改判及发回重审率作为对推事考核的硬性指标,只是作为观察指标。当然,作为国家司法行政当局或终审法院对于上诉率较高的现象也并非置之不理,而是希望通过其他办法减少上诉现象。如最高法院希望通过设立法曹研究会,"务使全国一、二、三审法官皆可藉此交换知识,内部分民、刑两组,就本国外国法律条文及判例解释并各省现有案件等由会员各提出问题相以释疑辩论,如此则居终审地位者可以周知全国一、二审之经

---

① 国务院"答复现时军政民政司法隐蔽有无救济办法咨",《司法公报》(北京政府),第77期,1917年4月。

② 由于世界的复杂性,司法人员中也有人主张将上诉法院的改判率作为考核的依据:"向来承办案件人员所办之案,无论若何重大错误,仅由上级法院予以纠正而已,于是承办人员恒未免不加注意,掉以轻心,以致诉讼人民因办理错案之故,感受无穷损害,迄至上级法院为之纠正,其所受损害已无法补救,无处取偿。"四川司法人员有关改进司法工作的案陈(1940年),引自蒋秋明:《南京国民政府审判制度研究》,光明日报出版社2011年版,第322页。

过情形,居一、二审地位者亦可藉识终审法院有其本来之规矩绳量。内外沟通,精神一贯,不特发还更审之案可以逐渐减少,即全国法官之才识智能亦皆可藉此增进。"①再譬如司法行政当局希望借助教育等方式,引导推事对一审意义和质量更加重视。南京国民政府司法行政部部长王用宾就曾语重心长地告诫各位推事:"就审判经验论,第一审之始基已谬,补救便非易事,结果仍难或公平之裁判。"②

这些做法可能更符合司法的属性及规律,但由于没有考核上的压力,因而对于减少一审案件上诉率方面效果不太明显。总之,民国时期,包括西安地方法院在内的一审法院上诉率偏高是一个客观现象,但并不能就此简单地得出这一时期西安地方法院的审判质量不高的结论。

三、存在的问题

抛开"速"与"妥"的追求不谈,按照法定的裁判标准衡量,必须承认民国时期西安地方法院的审判工作确实还存在着一些问题。这些问题容易引发当事人对一审判决的不服而上诉。

第一,受制于客观环境,一些案件在事实认定方面尚不得不借助于裁判者的经验,科学性难以保证。能否准确的认定事实是审判工作中最为重要的基础性工作,但碍于客观环境,正确的认定事实却成了民国时期司法机关审判中较为头痛的问题。1932年,司法行政部曾为此专门发文,饬令各级法院务必注意并改正,"科刑之判决应以证据为凭。虽证据之取舍得由审判官自由判断,而必以证据为前提,不得任意或凭空而为判断。乃近据各法院送核判决书,往往不求发见事实之真相,仅凭个人理想之推测,率以'难保'、

---

① 居正:"一年来司法之回顾与前瞻",《中央周报》第334—335合刊,1935年1月出版。
② 王用宾:《视察华北七省司法报告书》,1935年。

'自属当然'等字样为结论,并无确切肯定之断语,迹近周纳,殊与刑事诉讼法所采之主旨不合。"①对于这一现象法院自己也清楚,但要彻底改变,其中所涉及的问题又并非法院自身能够解决。

民国时期地方法院在事实认定方面面临的困境首先是侦查机关不尽职。审判的核心是判断,而正确的判断必须建立在详实的证据基础之上。从客观上讲,民国时期动荡的社会和没完没了的战乱加大了侦查机关取证的难度,让处于刑事审判链条下游的法院时常陷入一种莫名的尴尬。1945年陕西高等法院院长抱怨说:"行政机关送案手续多不具备,所有出事地点、肇始日期,以及犯罪证据均并不清楚,司法机关接收此类案件后,再重新调查,未免就是耽误时日。"②

其次是证人出庭率偏低。证人出庭率低是困扰地方法院提升审判质量的又一难题,颇让推事为难。在笔者统计的民国晚期西安地方审判机关审判的近百个民刑案件中,证人全部出庭的只占10%左右。证人出庭率低影响了言辞辩论和质证的效果。

至于证人不愿意出庭的原因则极为复杂,除人口流动较为频繁等社会因素外,更多的则是受传统文化的影响。

一是大凡案件与公权力发生关联时,证人均较少出庭。如前引的陈清振涉嫌贩卖毒品一案就较有代表性。该案是由西安市禁烟协会侦办后移送到地方法院检察处的,庭审过程中为了核实对被告的指控是否属实,法庭要求西安市禁烟协会将本案的关键证人史正国送法院出庭质证。禁烟协会竟然回函称证人史正国是受协会指令向陈清振诱买毒品,因而传讯史正国无必要,公开拒绝出庭。被告辩护律师曹铭勋在辩护意见书中指出:"说史无传讯必要,更属无理,法院传讯证人,任何机关不得拒绝,今拒绝传证,更足

---

① 司法院编:司法行政部1932年工作报告。
② 陕西省档案馆档案,卷宗号089—4—10。

证明其中虚伪。"①由于禁烟协会不配合,证人史正国的书面证词未能在法庭经过诉讼参与人的质证,给本案的审理留下了不小的遗憾。

二是亲属、熟人之间出庭作证的亦较少。前引的刘凤竹、贺秋圃诉徐同馨与柯敷甦收养一案即为这方面的典型。1948 年 9 月 16 日原告向西安地方法院提起诉讼,请求判决将养子归还原告,同时提供了证人名单:谢人吾、杨彬青、樊华属、刘幼铭、孙建中、吴焕然。

地方法院民二庭第一次开庭时,证人中只有谢人吾一人到庭。

推事问被告:这几位证人知道你们的事吗?

答:事情发作后,托他们调解过。

证人谢人吾答:此事以前我们不知道,事情出来后,找过我们从中调解,柯敷甦认为自己是小学老师,孩子受教育由她好;贺秋圃认为孩子在自己面前长大,应归自己,故无法调解。

仔细揣摩证人谢人吾的话,我们可以发现,他在极力回避推事的问题,只是在描述相关的内容。由于双方各执一词,证人又不愿意配合,推事只能宣布休庭。第二次开庭时,所有的证人均未到。律师李毓民称此案重要证人未到,请求法院再传,推事只好宣布再次休庭。证人不出庭,事实无法认定,法院就不能审判。原告为了实现自己的诉求只好给证人吴焕然写信,希望证人能够通过书信的方式为自己作证。但即便如此,证人吴焕然仍不愿意。

国人积习,多怛于隐恶扬善之成见,不愿作证。若被传到案,即以不知两字为答复,甚或高蹈远隐,使法庭无从传唤,致法庭审判等于猜谜,诉讼上劳力时间,多浪费于无意搜寻之中,以故诉讼迟延。②

---

① 西安市档案馆档案,卷宗号 090—4—16。
② 李浩儒:"司法制度的过去与将来",《平等杂志》第 1 卷第 3 期,1931 年。

民国时期的法学家曾如是说。

三是证人的安全无法保证。1948年7月7日,长安县村民李施氏向西安地方法院提起民事诉讼,要求本村村民白树森偿还租地,并提交了证人闫小雪等名单。民庭推事卫毓英受理此案,审判过程中推事询问原告李施氏:

闫小雪为何不来?

答:不敢做证,怕被告打。①

尽管无法证实本案原告李施氏的话是否属实,但她所说的问题则真实存在。

第二,案前准备工作不够充分。民国时期,特别是民国晚期面对着日益增多的诉讼,一些推事疲于应对。加之受司法中立理念的影响,民事案件大都采取一步到庭的审理办法,结果导致一些案件案前准备工作不足,案件审理稍显草率。1933年司法行政部曾为此专门发文,饬令各级法官办案"务须详阅文卷,预为准备"。

> 查法官办案,于开庭时固应以专注之精神,相机讯问。而在未开庭之前,尤须准备充分,始不致临讯茫无端绪。近查各法官问案,多不预先详阅文卷,定调查之方针。故初次开庭,往往偱行故事,不得要领。每案至少亦须多开一庭。不独审理不得其法,即时间之虚费,以全年计算,实不在少数。②

但问题并未能彻底解决,尤以刑事附带民事案件为甚。

1948年8月12日,长安县农民李铜、李维恒父子向西安地方法院民庭提起民事诉讼,请求法院判决被告李铭、李竹海停止侵权,并赔偿损失。诉状称:原告有地8亩3分7厘,被被告侵占八九年之久,嗣经涉讼由地方法

---

① 陕西省档案馆档案,卷宗号089—23—783。
② 司法院编:司法行政部1933年各月份工作报告。

院判决返还与民,并准予假执行,于1947年10月派员执行拨交在卷(有案可稽)。但被告并未停止侵权,原告种地时又连续被被告伤害,原告遂又向地方法院刑庭提起刑事附带民事诉讼,业经地方法院刑庭判处被告有罪(有判决书为凭)。但本年收麦季节,原告收麦时,被告李铭和其义子李竹海欺民老幼继续阻挠,致使成熟的扁豆、麦子被拖延无法收割霉烂。故请求法院判处被告赔偿损失扁豆和麦子8石。

案件立案后,分配予民庭推事郑吉林审理。8月14日推事郑吉林向原、被告发出传票,通知本月20日上午9时在地方法院民庭开庭审理此案,并向被告送达了起诉书副本。

20日上午9时该案正式开庭,被告李铭未到。

以下是法庭审理笔录:

推事询问原告李锏:李维恒是你什么人?

原告李锏:是我儿子,今年11岁了。

推事:为何将你儿子列为原告?

原告:讼争地是我儿子李维恒承祧他人之地,因此将我儿子名列原告。

推事:讼争的地经法院判决了吗?

原告:已判决并经执行,另刑事案件也已判决被告有罪。

推事:你请求被告赔偿多少?能值多少?

原告:老斗8石,能值3000多万元。

推事询问被告李竹海:你有何辩解?

被告李竹海:本案原告刑事附带民事之诉已被二审法院驳回。

向推事呈递二审法院的判决书,推事低头看后发还被告。

推事:争讼的地法院到底确认了没有?

被告:第一审我败诉,第二审原告败诉,现他又在上诉第三审,还没确认。

本案的核心是对争讼土地归属的确认,但有关土地归属的案件还在审理进程中,因而本案根本无法进行,推事只得宣布休庭。

8月24日,被告向地方法院民庭提交声请书:

> 因本案的刑事部分尚未定案,在刑事未判决前,申请终止本诉讼。

8月25日推事发出传票,通知本月27日上午9时继续开庭。

27日上午9时民庭继续开庭,只有被告李竹海一人到庭。

> 推事询问被告:本案涉及的刑事部分判决了吗?
> 被告:二审法院判决原告败诉。当庭呈二审法院的刑事判决书。
> 推事:原告是否又在上诉?
> 被告:你去问原告。

因原告未到,推事宣布休庭。

28日推事郑吉林裁定:原告之诉驳回,诉讼费由原告负担。①

本案是一起因承桃在亲属间引发的物权纠纷。原告所提起的刑事附带民事案件因迟迟未能结案,原告又以侵权为由,单独提起了民事诉讼。庭审笔录表明,由于推事郑吉林对本案的来龙去脉和过程事先一点不了解,心中无数,庭审时表现得极为被动,完全被原告所左右,丧失了对案件的掌控。如此极端的案例虽然不多,但类似的现象在民国时期的西安地方法院中绝非仅此一例。

1948年春长安县焦村村民吕志俊、骆忠吉涉嫌因仇将本村村民刘鸿俊杀死,西安地方法院刑庭一审认定两被告杀人罪成立,并判处无期徒刑。被害人亲属提出刑事附带民事诉讼,要求两被告赔偿死者埋葬费、子女抚养费等。被告拒绝承认杀人行为,不服判决,上诉至陕西省高等法院。西安地方法院刑庭将民事诉讼剥离出来,请民庭单独审理。于同年5月1日致函本

---

① 西安市档案馆档案,卷宗号090—28—80。

院民庭,称本庭所受理的吕志俊、骆忠吉杀人一案业经判决,现将附带民事部分移送。"(上)右列被告因民国三十七年(1948年)度公杀字第14号杀人案件,经原告提起附带民事诉讼,查其内容繁杂,非经长久之时日不能终其审判,应依《诉讼法》508条第一项将本件附带民事诉讼移送本院民庭。"地方法院民庭依法对本案进行了开庭审理,但审理过程中,原告拒不承认杀人,故民事责任无从谈起。民庭无奈只得宣布休庭,待刑事部分判决生效后,再谈民事责任。①

第三,集中审判未能实现。按照诉讼法律规定,庭审应该连续进行,如果案情复杂无法一次审结,除有特殊情形外第二天须连续开庭。且无特殊原因中途不得更换推事。如庭审实在无法连续举行,且间隔超过了15天或中途另行更换了推事,就必须重开庭审程序,其目的是为了保证审判质量,减少案外因素介入。辩论终结后7日内,由推事做出判决,宣示判决不以审判推事为限。

档案材料表明,西安地方法院所审理的案件中,一些重大案件或牵连当事人较多的案件经常会在集中审判环节出现问题,造成案件审判程序的不断重复。之所以会如此,原因有以下几点:

一是证人出庭率较低。为了传唤证人,案件审理中推事不得不被迫休庭,导致案件无法集中审判。即便庭审中间间隔不到15天,但毕竟是间隔了数日,因而,每次庭审前推事不得不拿出一定的时间重复一下上次庭审的内容,便于参与人回忆,耗费了大量的时间。更为麻烦的是,审理间隔的时间愈长,就更加无法保证当事人、诉讼参与人的出庭,形成恶性循环。

二是推事更换频繁。尽管法律上限制随意更换推事,但在案件审理过程中更换推事的现象却并不少见,重大和复杂的案子更是如此。在笔者查阅的案卷中竟然有一个案件审理过程中五次更换推事。造成这一现象的原

---

① 西安市档案馆档案,卷宗号090—6—24。

因较为复杂,即有推事工作调动的原因,也有当事人不满推事要求更换的,但不管出于何种原因,频繁地更换推事,毕竟容易导致案件审判的中止。

三是自诉人滥诉。滥用自诉权是民国时期司法实践中另一个让人头痛的问题。有的人为了发泄私愤,恶意起诉,且每案动辄就控告数人,加重了推事集中审判的难度。法院审理诉讼案件,必须严格依据法定程序,告10人即须传10人到案,告数十人即须传数十人到案,如果非法律所许可,并不容径行判决。而事实上同一案件之被告,甲到乙不到,恒累月而不能终结。如前引的李铜、李维恒父子诉李铭、李竹海侵权一案,第一次开庭时被告之一的李铭未出庭,第二次开庭则连原告本人都未到庭,推事不得不一再中断庭审。

第四,当庭宣判的比例偏低。据笔者统计,1948年6月西安地方法院刑庭"能"股所审理的案件,当庭宣判的为14件,未当庭宣判的26件。10月"能"股所审理的案件中当庭宣判的有17件,而未当庭宣判的22件,两月合计当庭宣判比例不足40%,中间一般间隔2至3天,最多4至5天。尽管间隔的时间都在法定的期限之内,但庭审结束当庭宣判比例不高毕竟容易使其他的案外因素介入,影响判决的结果。即便是没有其他因素介入,延长宣判时间也容易引起当事人的猜疑。1947年,在陕西高等法院召开的有全省地方法院和高等法院分院院长参加的年终会议上,高等法院大荔分院院长提出:由于案件当庭宣判比例不高,导致一些法院"办理案件于未宣判前常有泄露,应如何纠正?"会议经讨论,最后形成如下决议:除尽量提倡当庭宣判之外,"推事及记录书记员应严加注意保守秘密并注意法警等刺探案情,如有发觉,依法严办。"①总之,当庭宣判比例不高,已成为民国时期各级法院审判中一普遍现象。

在审级制度中,一审承担着非常重要的功能,是实现裁判公正的基础。

---

① 陕西省档案馆档案,卷宗号089—4—19。

民国时期曾任浙江高等法院首席检察官的袁士鉴一针见血地指出：

> 办案之当否，恒视初时证据之是否充实以为准。盖案件发生之初，证据搜索，查讯人证均较容易。诉讼人无论如何刁狡，而作伪难工，真情易漏。是时也，主办推检苟能穷其心思，运以才力，竭尽能事发见真实，必事半功倍。过此，则经问计于他人，讼棍恶绅意见掺杂于其间，真情遂隐，证据遂灭。虽其后历审调查，愈演而愈支离，遂成疑案矣。现上诉终审发回更审案件日见其多，均由于初时查询不周密，事过境迁，毫无办法。案牍盈尺，上级法官感案牍之繁。诉讼人民受颠连之苦，甚至生者负屈。死者含冤，此其咎皆因初时推检未能克尽阙职使然也。①

审限内结案率较高，表明西安地方法院的审判工作为实现裁判公正提供了良好的基础。但上诉案件的大量发生，则又从另一个侧面表明，作为初审法院，西安地方法院并未完全实现吸纳诉讼，化解纠纷的制度功能。此外，改判率或发回重审率相对较高亦在一定程度上伤害了基层审判机关的公信力。但需要强调的是，通过上面的分析，我们亦应知晓，上诉率、改判或发回重审率较高，并不能将责任全都归于地方法院，这其中既有制度设计的原因，也有社会发展程度的因素，当然也包括个别推事责任心不强、能力不够的问题。

第二节　消弭冲突

借助司法，弥合立法与社会的冲突是西安地方审判机关面临的又一重要任务。在任何国家和任何时代，法律规定与民众的生活都不可能完全一

---

① 司法院编：《全国司法会议汇编》，1935年。

致,也不应该完全一致,但如果反差过大,则可能撕裂社会,这一点在近代中国表现得尤为突出。

一、立法与社会冲突

造成近代中国立法与社会冲突的原因大致有二:

一是法治与礼治的差异。传统中国以礼治国,因而民众的观念、思维方式,乃至民间惯习受礼教影响极深。清末以降,在西方文明的挤压下中国传统的礼治让位于西方的法治,国家通过立法制定了大量的法律法规,试图用法制规范民众的生活,同时又引进了许多新的价值重塑民众的观念。但由于移植的时间过于仓促,移植而来的法治与中国国情一时未能兼顾,在一些领域出现了立法与社会脱节的现象,造成了民众生活与现代法律之间的巨大反差。最高法院院长居正从民事审判的角度对此进行过阐释,"加以吾国礼治相沿,民不重法,民间若干法律行为,大都不备法律手续,以中尤以债权债务关系至为普遍。"[①]这一现象在传统文化保留较多的西安表现得尤为突出。

二是社会进步未能同步。将现代法律制度从文本上移植进入中国,尽管也有难度,但毕竟相对容易,而社会的进步与民众观念的转变则需要一个缓慢的过程,因而更为艰难。民国时期传统的帝制与宗法社会开始解体,但现代民族国家尚处于构建之中,此外,社会的转型则更为缓慢。

二、司法弥合

立法与社会的脱节给西安地方法院的推事带来了较大的挑战。换言

---

① 居正:"告全国司法界同仁书",1940年元旦,范忠信、尤陈俊等编:《为什么要重建中国法系——居正法政文选》,中国政法大学出版社2009年版,第200页。

之,如何通过司法,弥补立法与社会的冲突成了地方法院推事时刻面临的问题。观察西安地方法院的各项工作,不难发现如下一些带有规律性的做法。

第一,程序问题适当变通诉求。民国时期,传统社会正在解体,新的社会发育尚不健全,民众应对自然和社会风险的能力极为有限,从而导致某一类社会矛盾在某一时期段集中爆发。如1928—1933年陕西大旱,延绵6年,波及关中40余县,为自保民众纷纷逃亡,"田野荒芜,十室九空,死亡逃绝,村间为墟。床有卧尸而未掩,道满饿殍而暴漏","白昼家家闭户,路少人行,气象阴森,如游墟墓。"①1932年又爆发了大面积的霍乱疫情,据不完全统计全省35县市患疫人数计有231457人,死亡达93252人,②旱灾加疫情短时期内使关中地区人口大量减少。据统计1928年全省共有人口11802446人,到1936年锐减为9985818人。③

人口的锐减不可避免导致关中一带土地大量荒芜,于是外地移民纷至沓来。但灾害一缓解,原土地的主人便会迅速回归,围绕着土地的所有权和使用权短时期内便引发大量纠纷,形成无数类似的诉讼。这种奇特的社会现象,经常将法律问题转换为政治问题,让司法机关备感压力。为了快速解决这类纠纷,平息社会矛盾,司法机关有时在法律许可的范围内对当事人的诉求进行适当调整。对此做法,司法机关并不回避,陕西省高等法院院长曾公开说:

> 抗战以前,陕西民事案件并不多见,每月不过十余起,种类以债务居多,争执者为金钱纠纷。抗战后经济变迁了,案件数量增多了,每月增加到四百起,案件标的亦与前不同,当抗战初起时,以回赎房地案件较多,是当时最时髦的案件,再往后就是解除婚约。抗战前此类案件较

---

① 袁文伟:《反叛与复仇——民国时期的西北土匪问题》,人民出版社2011年,第33页。
② 西安市档案馆编:《民国陕西霍乱疫情与防治》,内部发行2003年,第115—116页。
③ 姜涛:《中国近代人口史》,浙江人民出版社1993年版,第92—93页。

少,因当时凡婚约争执的案件,法院办的结果多以婚约无效,所以民庭为便利当事人起见,将解除婚约之诉改为财礼之诉,将诉讼标的予以变更以节劳费而为辅救,最近请求增加标的,追讨保证金之类事件又随时增多,可见案件多寡与社会人心大有关系。①

在民事自治理论深入人心的民国司法界,由审判机关出面将当事人的诉求进行变动,从社会治理的角度讲不失为一种有效的尝试,但对司法机关来说这种做法则有些大胆和冒险。

第二,审慎对待刑事审判。清末以降社会日益开放,各种新的观点、包括极端的观点轮流登场,民众观念和意识迅速多元,生活方式更是新旧杂陈,尖锐对立。因社会转型引发的纠纷、包括刑事冲突开始多发。作为社会治理中最重要之手段,刑事审判中司法机关稍有不慎就可能加剧社会的动荡。

一是积极推行轻刑主义理念。传统中国,尽管作为主流文化的儒家一直鼓吹轻刑,但法家的重刑主义思想在社会中仍然有着相当的市场,社会中充满一种暴戾之气。清末以降,国家在立法层面放弃了重刑的传统,但社会生活中要求重刑的呼声则一直未断。民国初年,长安县初级审判厅和地方法院就曾遭遇过此类困惑,下面所引的是长安县初级审判厅的一则批词。从字面上看,该批词针对的是乡绅洪德新的缠讼行为,但导致洪德新反复缠讼的原因则是受重刑主义思想的影响。

> 禀悉。查此案前经审判厅公判,讯系该犯张兴堂以拾柴为名,窃砍举人张耀桑园桑树二株,未搬移间,当被拿获报案。查现行刑律载:凡窃案已行而未得财,工作一月。如柴草木石,虽离本处未驮载间,依不得财论,工作一月等语。本厅按律治罪,即于去年十二月二十四日将该

---

① 陕西省档案馆档案,卷宗号089—4—11。

犯送长安县收所习艺,于本年正月二十六日管收,限满照章释放,不为枉曲。该绅等有何所据妄称贿行弊弄脱身耶。实属荒谬已极。至称并未刑责,该绅等狃于旧时习惯,无论犯何罪名非严加刑拷不足快事主之心。试问新例所载,初次讯供及徒流以下罪名概不准刑讯,煌煌条文,该绅等讵未闻知耶?查该举人系法政毕业,明晓法律一事不再理,一案不重罚,例有明条,该举人无不通晓,该绅等毫无所据,便出头妄禀,殊属多事。又据称张兴堂逞习撒泼等情,本厅当将张兴堂拘案讯究,并无实据,未便据绅等一面之词致人于罪而阻人以自新之路。总之保护树艺,本厅固表同情,但关系罪名,该绅等不知法律亦须重审,本厅司法执行,未便意为出入也。且张兴堂前已具永不再犯甘结,倘果再行滋事,经该举人拿有实据禀报,本厅自能按律惩治,该绅等研究自治,亦宜略晓新章,襄助地方公益,切勿假自治名色,代人伸诉,致长讼端,除移覆长安县牌示外,特此批示。①

洪德新为长安县士绅,又系新式法政学堂毕业,对于新刑法中的罪刑法定原则和轻刑理念以及一事不再理的现代诉讼制度十分清楚,乡民张兴堂偷盗了张姓举人的二棵桑树,因犯罪情节轻微,长安县初级审判厅依据新刑法判处张兴堂拘役一个月,入习艺所工作。该判决未能满足洪德新严惩张兴堂的要求,为达到目的,洪竟不惜公然诬告审判人员受贿还反复缠讼。

当然,最能反映这一时期刑事审判轻刑化趋势的莫过于死刑的适用。有学者研究表明,尽管按照《中华民国刑法》第271、273条之规定,杀人者,处死刑、无期徒刑或10年以上有期徒刑。但民国时期司法实践中经由法院审判的杀人案件,如非情节特别恶劣一般不判决死刑,而是以判处有期徒刑为主。这一观点得到了统计数据的支撑。据南京国民政府司法行政部的不完全统计,自1928年至1949年,20年间共复核各级法院判处死刑人犯总

---

① 汪庆祺编:《各省审判厅判牍》,李启成点校,北京大学出版社2007年版,第52页。

数为 1992 人,其中最少的 1939 年,为 13 人,最多的年份是 1944 年,为 338 人。① 需要指出的是,这一数据并不完整,民国时期,即便是 1920 年代以后,南京国民政府形式上已统一了中国,但一些省份与中央政府的关系仍然是若即若离,并非所有的数据都向中央政府汇报。但即便如此,上述数据也足以令人惊讶。

二是克制冲动严守谦抑精神。具体做法是对于一些因普遍存在,一时又难以彻底根除的社会陋习所引发的刑事案件,审判机关不轻易动用公权力硬性裁断,而是在讲明立场后引导当事人自主和解。如 1948 年 7 月 8 日长安县狄寨乡任家坡村村民杨任氏(女,70 岁)、任得芬(男,39 岁)、任得厚(男,37 岁)向西安地方法院提出刑事自诉案件,控告杨有娃、杨学春、杨新永、杨新正对自己有伤害行为。案由:杨任氏夫妻无子,为养老于 1931 年收养邻村杨有娃为养子,并将女儿许配杨有娃为妻。杨有娃肆嗜赌成性不务正业,经常变卖家产。不久前,杨有娃又欲变卖家中小麦归还所欠赌债。杨任氏母女拦阻被杨有娃打伤,杨任氏母女一怒之下将杨有娃赶出家门。杨任氏随后又找侄子任得芬、任得厚去杨有娃父母家中理论。因言语不合,双方发生殴斗。任得芬、任得厚被杨有娃兄弟杨学春、杨新永、杨新正等人拘于家中,经狄寨乡警察干预后始被释放。杨任氏等随即以伤害和限制自由等罪名将杨有娃、杨学春、杨新永、杨新正等控告于地方法院。

地方法院审查后予以立案,交刑庭推事宋瑞麟审理。宋瑞麟受案后先是命令地方法院检验员对杨任氏等伤情进行鉴定,结论为:"磕擦伤,不致要害,约四五日即可平复",并将被告杨学春拘留。

---

① 中国第二历史档案馆:"司法行政部复核各级法院判处死刑案件表及登记簿 1928—1949",由于众所周知的原因,这一时期向司法行政部上报数字的省份并不完整,最多时有 19 个省份,最少时只有 9 个省份。见张宁:"清末民国死刑制度变迁普通刑事法与特别刑事法之间的死刑实践",中国政法大学古籍整理研究所:《清代民国司法档案与北京地区法制》,中国政法大学出版社 2014 年版。

书记官黄元恕。来源西安市档案馆

7月13日上午9时,地方法院刑庭开庭审理此案。原告杨任氏以有事为由,委托其侄子任滋生代理,任得厚亦以有事为由委托亲属任思林代理。原告所提供的证人任和亭到庭。

宋瑞麟讯问被告杨学春打人的情形。杨答:杨有娃被任家赶走,我们去调解。任得芬反而带领多人到我家将我兄弟打伤,同时否认打了杨任氏。证人任和亭说,任得芬等被拘于杨家,他前去说合不果,因见任得芬有伤,不得已找了警察。

本案被告之一杨有娃既是原告杨任氏的养子,又是其女婿。其他当事人彼此亦均为亲属,人际关系极为特别和复杂。尽管被告的行为符合刑法中规定的限制人身自由罪,但本案的诱因赌博是传统社会中许多男人都有的恶习,加之原告所受之伤为轻伤,因而处理不好,今后的关系将难以相处,特别是其中还涉及到杨任氏的养老问题。因而,推事并不急于判决,选择了休庭,给当事人私下和解预留时间。

7月15日自诉人向地方法院声请撤诉,"今经乡人从中调处了事,情愿撤诉不究,永不翻悔。"同日,地方法院刑庭继续开庭。杨任氏未到,改为由侄儿任云生代理。

推事问任:你和杨任氏啥关系?

答:我姑,我代理她说合了事。

问任:怎么说合的?

答:说合的结果是替她养伤,今后不再打她,并保证她的财产。

问任:说合的都有谁?

答:李英杰等4人。

问杨新永:下去怎么说合的?

杨答:保证她的财产,给她养伤。并当庭交承诺书两份。

问任:还有什么要说的?

任答:我愿代理她把此案撤回,有误我负全责。

谕知准予撤诉，杨学春出释。①

推敲本案的笔录，不难发现推事真正关心的是原告与杨有娃今后的关系。因而反复问有无外人参与说合，以及说合的内容是什么。当得知有外人李英杰等四人参与了说合，因有外人参与说合的结果更易兑现，同时得知说合的内容包含了杨的养老问题之后，推事同意了原告的撤诉声请。

三是坚决打击某些危害社会结构和基本伦理的犯罪行为。如中国民众看重婚姻和家庭，诚信更是中国传统文化始终追求的价值。因而对于以结婚为诱饵诈骗钱财的行为，特别是团伙型作案的行为，西安地方法院则坚决予以打击。

西安地方法院刑事判决三十六年（1947年）度公字第306号

公诉人　本院检察官

被告：石李氏，女，年34岁，长安县住北大街

（上）右列被告同妨害家庭及欺诈案件经检察官提起公诉本院判决如左（下）：

主文

石李氏意图为自己不法之所有以诈术使人将本人之财务交付处有期徒刑1年，并科罚金10万。

事实

被告石李氏与张明结同居一处，相识有年。本年二月十三日（即古历正月二十二日）以告诉人张振兴乡愚可欺，乃由王老十、袁振刚、王子反等介绍企图彩礼120万元将张明结嫁以告诉人为妻。同年二月二十八日（即二月初八日）告诉人夫妻同赴被告家中看亲，张明结乘机逃匿无踪。告诉人遂将情状诉省会警察局，转函检察官侦察起诉。

---

① 西安市档案馆档案，卷宗号090—8—405。

理由：

本件被告石李氏与张明结同院居住,告诉人与张明结在袁振刚家结婚时,被告亦在场参加婚礼,并收彩礼50万元。张明结与告诉人结婚后曾两次赴伊家探望,均为被告所承认,核与王子反、阎老婆(即袁振刚妻室)及告诉人供词相符,殊堪认为事实。被告虽辩称所收之50万元系讨取债款5万元,余款为王子反、张明结取去,且与张明结早已分居,实无诈财情事。但王子反并不承认向其取款。被告果无诈财行为,张明结婚嫁时被告何须到场主持。是被告确与张明结同居,以嫁婚名义使与告诉人结婚诈取彩礼。婚后复和诱张明结脱离家庭昭昭明甚,自应依法论科,至被告和诱反配偶之人脱离家庭乃犯罪之结果行为依法应从重处断。

据上论结,应依《刑事诉讼法》第291条前段,《刑法》第240条第二项,第339条第一项,第55条,罚金罚爱提高标准条例第一条判决如主文。

本案经检察官王密苴庭执行职务

中华民国三十六年八月二十二日

陕西长安地方法院刑事庭

推事余国藩①

惟有如此,刑事审判才可以减少立法与社会的冲突,避免社会进一步撕裂。

第三,民事审判区别对待民间惯习。民事审判的本质是辨明是非,息讼止争。但由于民事纠纷包罗万象,因而要真正做到这一点绝非易事。除认真研习民事立法,还需对现实生活中具有普遍约束力的良序公俗予以充分了解,否则将使法院判决的公信力受到质疑,陷法院于尴尬的地位。翻检西

---

① 西安市档案馆档案,卷宗号090—11—245。

安地方法院的档案,其中就不乏这方面的信息。

一是注意对民间惯习的收集。民国初年,刚刚成立不久的陕西各级审判机关就抽调专人配合中央政府进行民事习惯调查。这次调查分地区以县为单位进行,对民间现行的民商事习俗进行广泛搜集,再参照现代民法体例进行编辑。譬如陕西高等审判厅民庭推事刘希烈报告称,长安地区民间关于房屋租赁方面存在着诸如"租房顶手"、"出卖田宅,所立契约不书买主名字"和"只准客辞主,不准主辞客"等一系列习俗:

> 凡租赁房舍者,于租成时,房客须预交银或钱若干(约每月租金之3倍或5倍不等),退租时,如数领回。名曰"顶手",或曰"押租"。

> 民间出卖田宅所,立卖契仅书买主之堂名及姓氏,并不书其名字。典当文约亦然。

> 通常出赁房舍,除房客积欠租金,已逾所交顶手额数时,得令其迁徙,将房收回另租或自住外,房主概不准藉故辞退房客(如房经出当,房客可住三月;出卖,可住四月,均不付给租金,谓之"典三卖四")。至房客退租,则可自由。①

陕西高等审判厅民庭庭长胡正章则报告称,长安地区民间存在着送房礼的习俗:

> 凡租赁房舍,言定顶手及租金后,由房客备具糖食或肉类(亦有以钱代之者),送与房主,名曰"送房礼"。房主收受房礼后,即不得转租他人。②

类似的工作贯穿于整个民国时期。1947年11月8日地方法院致函西

---

① 南京国民政府司法行政部编:《民事习惯调查报告录》(下),胡旭晟、夏新华、李交发点校,中国政法大学出版社2000年版,第708页。

② 同上书,第707页。

安市商业同行公会查询历年西安市市场上硬币币价变动情况。数日后西安市商业同行公会答复如下：

> 贵院本年十一月八日民忠字第1059号公函开："本院对于自民国二十六年（1937年）七月份起至现时止历年各月份硬币之市价有调查之必要，相应函请查照开列，见服为荷"，查上项硬币市价本会向无法记载，无法开列。

1947年12月5日地方法院致函陕西省政府统计处查询历年各月物价指数。10日陕西省政府统计处答复如下：

> 贵院本年十二月五日民忠字第1063号公函，开本院因办理案件须历年各月物价指数等由，查上项指数名目繁多，本处尚未印妥，人少事繁，请贵院派员前来抄写为荷。①

这些资料为日后审判机关处理相关纠纷提供了可靠的依据。如前面所引的张椿艳诉袁汉目房屋纠纷案涉及的就是西安地区存在的"只准客辞主，不准主辞客"的民事习惯。

二是审慎对待民间惯习。民间惯习形成的原因极为复杂，民间惯习的内容更是宽泛。在现代法治的背景下，民商事活动中如何对待民间惯习是一个极为重要的问题。西安地方审判机关的态度是凡属公序良俗的给予足够的尊重，相反那些有违现代文明和法治精神的则坚决否定。试举一例加以说明。长安县初级审判厅创制之初，受理过这样一则民事纠纷：长安县民韩春荣、韩有龙兄弟为亡父选择墓地，但因对墓地风水理解不同而产生纠纷，最后形成诉讼。本案案情并不复杂，但却有着相当的代表性。风水，又称堪舆，在传统中国是一个被民众极为看重的问题；墓地，又称阴宅，在许多国人看来选址好坏不仅关涉孝道，更是一个与后人能否发达有关的大事，为

---

① 上述往来函件均见陕西省档案馆档案，卷宗号089—30—42。

此因墓地风水在亲人和邻里之间引发的纠纷极为常见。对于这类有违科学精神,又极易引发冲突的风俗地方审判厅的推事借助批词旗帜鲜明地表达了自己的态度。

又批韩春荣控胞弟韩有龙等呈词

查风水之说,人民迷信,牢不可破。尔父葬地,尔母主张请张姓,尔复主张请鲍姓,致生嫌隙成讼,殊不知天下阴阳先生大半各执一说以翻弄是非,遂致离人骨肉,不知三元三合,虽各相反对,议论不同而其理则一也。总之阴地不如心地。尔对于母子弟兄骨肉之间,不从心地上着想,动辄兴讼不休,如此居心,虽葬好地,亦不能发达。俗语云:福人葬福地,断未有恶人葬得福地而能发迹者。尔宜凛遵此谕。对于尔母尔弟等料理丧葬等事,忍让和平理处,勿得惑于风水,听人主唆致伤亲睦。①

当然,要想做到这一点,推事还必须具有丰富的社会经验及阅历,以此真实体悟人性和社会。

第四,扩大参与社会治理的方式和途径。在新式审判机关逐渐被社会接纳的同时,西安地方审判机关亦主动加大了在社会治理中的作用。其方式和途径有:

一是及时为社会提供大量、权威的司法统计数据。民国时期司法行政部十分重视司法统计工作,西安地方审判机关亦不例外。重视司法统计的原因固然有改进审判工作之考量,同时也是参与社会治理的一种手段。观察地方法院的统计科目,可以发现其中不少科目和数据与审判事务,甚至与法院的自身建设及发展并无太大关系。如民事案件的类型、刑事案件的发

---

① 汪庆祺编:《各省审判厅判牍》,李启成点校,北京大学出版社2007年版,第52页。

案率、犯人的性别年龄,甚至离婚案件中男女双方的年龄等统计数据即是如此。然而,这些数据对立法部门和行政决策部门制定法律和政策则是非常重要的。因而,完全有理由说审判机关对某些司法数据的收集及整理更多的是参与社会治理的需要。从表面上看,这些工作增加了地方法院的工作量,使案多人少的矛盾更加突出,但如能长期坚持则势必会强化全社会对审判机关的依赖和重视程度,对于司法机关来说无疑利大于弊。1948年5月,陕西高等法院对上一年度的全省司法工作进行总结,并对工作较好的单位和个人进行表彰,西安地方法院主管统计工作的黄元恕被记功一次,院长金锡霖亦为此被传令嘉奖,在所有的91名获奖人员中,黄元恕是唯一因统计报表无差错而获奖的。①

二是办理不动产登记和公证事项减少预防纠纷发生。尽管民国时期司法机关面临着繁重的审判压力,但为了防范和减少纠纷的发生,维护社会秩序,还承担起了不动产登记和公证等非诉服务,以期建立预防性社会。1929年,南京国民政府颁布法人登记条例,始创办法人登记。后因不动产产权问题引发的纠纷日益增多,始又命令法院举办不动产登记。登记的种类有:保存登记、转移登记、继承登记、赠与登记等。操作上,由当事人提出契据、证书等,同时向地方法院提交登记声请书,法院核实证书后如无其他问题,即准予登记并令缴纳登记费。此后由法院派人就该不动产进行丈量测绘,制成产权图或产权状,交与产权人作为公证书收执管业。产权状用以证明产权之文书,如所有权状、典权状等,内容包括名称、产权人姓名、产权坐落地点及发证年、月、日等。产权图,即将产权坐落、面积、四至、建筑物结构等绘成图状,为产权人权利凭证。不动产登记事项推行之初,阻力重重,但民众一旦理解则很快接受。

此后,按照司法行政部的统一安排,法院又承担起公证工作。公证事项

---

① 陕西省档案馆档案,卷宗号089—1—1。

分为两类,一是法律行为的公证,如债权债务的契约行为、物权变更行为等;二是事实的公证,如债务履行和未履行事实等,财产共有或占有的事实等。具体办法为由当事人向法院请求制成公证书或认证私证书。公证书由公证人在公证处做成,由公证人及在场人签名,然后登入公证书登记簿,公证书原本由法院永久保存。认证私证书(私人立的文书)由公证人认证。当事人声请认证私证书时须提出私证书缮本,公证人认证时令当事人当面在证书上签名盖章,并记明其事。认证私证书缮本应与原文对照相符,并于缮本内记明其事。认证书缮本由法院永久保存。按照法律规定公证人员必须对自己经办的事项严格保密,对外泄露,按刑法渎职罪论处。

至于为何由法院办理公证事务,民国政府行政院新闻局解答说:

> 我国公证制度,于民国九年(1920年)首先推行于东省特区法院,因为我国教育落后,一般人民知识水准不高,如准公证人自设事务所,恐怕流弊很多;所以民国二十四年(1935年)司法院拟定公证暂行规则的时候,即规定地方法院为办理公证事务,应设公证处。现行公证法也明白规定公证事务于地方法院设公证处办理。前者规定由司法行政部指定推事专办或兼办,后者则规定公证处应设公证人,得由地方法院推事兼充,两者对公证人员之名义规定虽稍有不同,其办理公证事务定为法院之职掌则一。该法所以作如此规定,盖为求适应我国国情也。①

而司法行政部的解释则更为专业:

> 公证制度在防止纠纷之未起,所以保障私权澄清讼源,经过公证纠纷即少,自更不致发生诉讼,犹之注意卫生可以减少医药需要。公证凭据除双方当事人各执一份外,法院尚有一份存案,即或私人凭据遗失,

---

① 湖北省司法行政史志编撰委员会:《清末民国司法行政史料辑要》,1988年内部发行,第328页。

法院有案可查。万一发生纠纷亦因证据明确,立可得到公平之裁判。①

1944年5月11日,司法行政部还发起组织各地方法院办理公证事务竞赛。办法规定:参与竞赛之机关为已成立公证处之地方法院。凡地方法院每月办公经费在千元以上者为甲等,不及千元者为乙等。竞赛标准,一年内甲等法院办理公证事项在600件以上,乙等法院办理在400件以上者为上等;一年内甲等法院办理公证事项在400件以上,乙等法院办理在200件以上者为中等,一年内甲等法院办理不及200件,乙等法院办理不及100件者为下等。竞赛结果凡成绩特殊者由司法行政部记大功,列上等者记功,列下等者视其情节得记过或记大过。

同年10月2日,司法行政部又发布部令,规定:

> 法院内设置公证处,应选择适当之房屋,并与另行开门出入,不与诉讼当事人进出相混为宜,公证室内,应为请求人及其他关系人设置座位。
>
> 公证处人员办理公证事务,务须和平诚实,对于人民就公证程序有所询问时,应即详为解答,使其彻底明了。②

在司法行政部的大力推动下,公证业务有了较大的进展。据统计,1945年全国各级法院共计办理公证事项22312件,1946年办理65017件,1947年办理111686件。③ 陕西的情况亦大致如此。1941年,陕西各地方法院共办理公证事件12件,1942年109件,1943年321件,1944年828件,1945年1986件,1946年3726件,增长速度较快。④

---

① 司法行政部编:《战时司法纪要》,台北"司法院"秘书处1971年重印,第515页。
② 湖北省司法行政史志编撰委员会:《清末民国司法行政史料辑要》,内部发行,1988年5月,第324页。
③ 司法行政部编:《战时司法纪要》,台北司法院秘书处1971年重印,第515页。
④ 湖北省司法行政史志编撰委员会:《清末民国司法行政史料辑要》,内部发行1988年5月,第349至352页。

公证事项开办之初，西安地方法院虽未成立专门机构，但对公证事件本身较为重视，多次为此发布训令进行推动。如1946年3月，西安地方法院院长发布训令，要求工作人员"即日起，如发现须公证之证件，须随时劝导，以广宣传。"①同年8月又设立公证处，"长安地院自上月调派专人成立公证处，并于多元扩大宣传，积极推行公证制度以来，人民申请公证契约达30多件，较前有所进行，所申请者多为土地契约。据该院人员称，原因由于一般人民狃于积习，认为一进法院大门，事态即未免相当严重，殊不知此系最合法而确保个人权益者。"②

不动产登记和承担公证工作固然给地方法院带来了一定的收入，如按照规定不动产登记中的保存登记，收费标准为标的物的2‰，转移登记为5‰，继承登记为6‰、赠与登记为30‰。但这些收入与地方法院的付出和承担的责任相比并不匹配。

三是推动社会整合。封闭，由封闭导致的规则不统一是传统社会的特征之一，民国以降伴随着刑法典、民法典等各种法律的陆续出台，国家层面规则不统一的问题有了根本的改观，但各地民商事活动中规则不统一的问题则仍然存在，不仅加大交易的成本，还制约和延缓着民众对国家的认同。

西安地方法院的推事尝试通过司法裁判改变这一现状，为此做了大量工作，当然，需要说明的是，地方法院的推事之所以如此做主要是为了统一裁判之需要。如1947年12月7日地方法院院长主动致函长安县商会和陕西省建设厅，询问现实生活中各区县民众使用的新旧度量衡折算标准：

> 查本院关于审理民事给付麦米案件，往往因省市及县属各乡镇旧有之斗大小不一，应依如何标准折合。……对于市区各地及各乡镇旧

---

① 西安市档案馆档案，卷宗号090—1—1。
② 《西京日报》1946年9月11日。

斗折合市斗标准急待明了之必要。应请贵会、厅查照希即分别查明开单列出，函复本院。俾资参考至德公谊。

建设厅复函：

新市斗，1斗等于旧斗5升3合2勺。

旧斗，1斗等于新斗1斗8升7合9勺7撮。

说明：

一、新斗小，旧斗大，新斗较旧斗小4升6合8勺；

二、假如旧斗1斗卖洋1元，则新斗1斗应卖洋5角3分2厘；

三、假如有人要买米1旧斗，足供其全家每日之用，若改新斗呈之，则应在1斗之外再买米8升7合9勺7撮，然后才能够用；

四、假如旧斗每斗纳捐洋1角，则新斗1斗应纳捐洋5分3厘2毫；

五、查本市旧斗量多不一致，本表所称旧斗系以26斤半旧斤比例计算；

六、假如遇有新2斗量时则买卖或纳捐均应以二倍之。

西安市商会复函：

西安市桥梓口及粉巷市场旧有斗量折合市斗（新斗——笔者注）数字单

桥梓口市场，1斗（旧斗）折合市斗数1∶75

粉巷市场，1斗（旧斗）折合市斗数1∶83①

有了这些数据之后，地方法院民庭的推事经过讨论制定了全市统一的民事赔偿给予标准，并在司法实践中加以落实，为市民经济生活的统一划定标准。

---

① 上述往来函件均见陕西省档案馆档案，卷宗号089—30—42。

再如,1948年8月5日,西安地方法院接到北平地方法院院长的来函,函文称:

> 本院受理郑亚男等烟毒一案,对于系属贵院之烟毒案被告侯绍岐有应讯之必要。相应函请查照代提侯绍岐到庭就后开各点详为研训并希制作笔录函复本院,以凭参证为荷。
>
> 计开:
>
> 侯绍岐何时托郑亚南购买毒品;
>
> 二、购买若干价格多少;
>
> 三、是否知悉郑亚男转托李克俭代购情事;
>
> 四、李克俭何时购就交给侯绍岐;
>
> 五、何时给付郑亚男李克俭酬金及数目。

地方法院接到信函后,立即核查,得知侯绍岐为现役军人,被关押在西安绥靖公署军法处。尽管如此,地方法院并未以无管辖为理由加以推脱,11日致函西安绥靖公署军法处请求对侯绍岐进行讯问。经同意16日安排刑庭推事王灵枢前往军法处提审侯绍岐,并由书记官作提审笔录:

> 问年籍住职
>
> 答:29,河南开封人,无住址,军人
>
> 问:你什么时候托郑亚南买的毒品?
>
> 答:我没有托郑亚南买过毒品。
>
> 问:购买多少?价值多少?
>
> 答:我根本没托他买过毒品,如何给价?
>
> 问:你是否知悉郑亚南转托李克俭代购情事?
>
> 答:不知道这事。
>
> 问:李克俭何时购就交给你的?

答:二月一日李交给我一个箱子,没说里面有毒品。

问:你何时给郑、李酬金及数目多少?

答:我没给他们钱,我与李不认识,是郑介绍的。

问:你说的都是实话吗?

答:都是实话。

笔录经被讯问人审核无误,并签字和加盖指印。①

同日复函北平地方法院。

这些看似琐碎的工作,一点点地消除着事实上存在着的地域孤岛,将规则不一的封闭区域整合在一起,力所能及地推动着社会经济的一体化。

第三节 塑造新型人际关系

亲属和乡谊是国人最为看重的人际关系,也是最易出现问题的领域。对于转型时期的国家和社会,如何对待亲情和乡谊是任何人都无法回避的问题。

一、亲属之间

传统中国,家族是国人最为依赖的组织。为保证家族的正常运转,大的户族均设有族长,由户族中辈分最高的男性成员担任,享有对家族事务的决策权,其目的除维系血缘关系外,也便于将文化中推崇的尊卑等级观念落在实处。

长安县罗家湾的罗氏是当地一大户族。民国以后,受现代理念影响罗

---

① 西安市档案馆档案,卷宗号090—11—190。

氏户族出现了一些新的气象,如开始以民主的方式由家族成员选举户首,负责管理家族事务,族人之间的关系由此出现新的变化。1937年罗氏家族原户首罗宜训辞职,罗氏家族选举罗景铭为新的户首,同时选举罗茂亭等7人或为监督、或为帮办,辅助罗景铭共同管理户事。罗茂亭等人在与新户首的合作中,发现罗景铭"事多及兴讼"无法合作,遂纷纷辞职。1938年2月,罗氏家族将罗景铭罢免,再选举罗昌实为户首。罗景铭一怒之下向西安地方法院提起民事诉讼,要求法院判决其前任罗宜训不得向罗昌实交接家族以往之账目。地方法院审理之后,判决罗景铭败诉。罗景铭不服上诉至陕西高等法院,请求撤销地方法院之判决。

陕西高等法院二审认为,户首系经族人选举产生,其去留、任期无论是习惯,还是法律均无明确的规定,因而,认定新的选举有效。罗景铭辩称,自己所谓的"好事",是就任后发现户族尚欠前任罗宜训的报酬,故不愿接管旧事;另自己上任后为户事亦垫付了一些钱款。在听取各方意见后陕西高等法院做出如下判决:

陕西高等法院民事判决 二十七年度(1938年)上字第26号①

上诉人:罗景铭,住长安县罗家湾

诉讼代理人:帅济笙

被上诉人:罗宜训,住长安县罗家湾

　　　　　罗思甲,住同前

主文

上诉驳回

第二审诉讼费由上诉人负担

事实

---

① 《陕西省政府公报》,第582期,1938年。

上诉人声明请求变更原判决，判令被上诉人罗宜训将经管7年户事之账项一一交代。被上诉人等声明请将上诉驳回。两造间关于事实之陈述核原判决事实栏之记载略同，兹依《民事诉讼法》第451条引用之

理由

本件被上诉人罗宜训管理罗姓户事达7年之久，于去年二十六年（1937年）辞退。经户众另选上诉人为户首，及罗茂亭等7人或为监督或为帮办，共同协理户事。嗣新选八人（上诉人及罗茂亭等）中因上诉人事多（即抗接交代及兴讼），有5人辞退。户众复于本年二月十九日另选罗昌实为户首，及罗宜升罗思成罗秀羊等3人赞襄其事，接受罗宜训之交代为不可掩之事实，兹应研究□上诉人既继罗宜训为户首，而罗宜训将历年账项交代与罗昌实，是否合法，即罗宜训应否再向上诉人交代。是已查罗姓户首其任期之久远本无规约可据，而户首之去留全视办理户事之当否以为断。则上诉人被选户首之后，业经罗宜训凭同户众及郭公平冯兆富等结算，罗户尚欠罗宜训大洋71元。上诉人因有欠款抗不接受等情，均经证人郭公平冯兆富到庭结证无异（参照七月十九日作证笔录）。嗣后户众见上诉人多事有碍户务之进行，复行选举罗昌实为户首管理户事，亦经郭公平等证明属实（参照同月日笔录）。其于户首"任期""去留"无定之习惯下，既不能归责户众之不当，尤难谓罗宜训径向罗昌实交代之非法。斯则上诉人实无□争交代之讼□□□之上诉人户首之名义既经无形取消，罗宜训即无再向上诉人交代之必要。至称被选后代户中垫款纳粮祭冬至清明□□□□□于公款中求偿云云，如果正当自可另案诉追要，与本案无关。原判所持理由虽未尽合然，驳回其究难谓为不当，上诉意旨为不足采。再罗思甲非本案之当事人原判已予指明，上诉人复一并列为被上诉人，尤难谓合案经判决再予，基上论结本件上诉为无理由，依《民事诉讼法》第446条第一项、第

78条判决如主文。

中华民国二十七年七月二十八日
陕西高等法院民事第一庭

审判长推事张耀斗
推事范一桂
推事崔炎煜

不管是传统中国,还是民国时期族人之间因财产引发纠纷都绝非个案,但却很少有选择通过诉讼渠道来解决纠纷的。地方法院和陕西高等法院充分利用本案的机会,通过判决明确表达了国家对族人之间彼此关系的态度:血缘重要,但亦需平等相待。为此判决,在"户首'任期''去留'无定之习惯下",支持户众的选举权利。同时告知原告,如果能够证明罗氏家族尚欠其应得的钱款,亦"可另案诉追要"。这种判决无疑是一次民主观念和权利意识的普及。

二、乡谊之间

在诚信的基础上通过特定的机制使陌生的社会成员之间彼此合作,追求自己利益的最大化,是国人从农业社会走向工业社会必须学会和养成的重要生活态度。

1948年2月28日赵文炳(退役军人,43岁,河北河间人)、孙玉溪(退役军人,51岁,河北徐水人)、郑绍永(退役军人,49岁,河北河间人)、张仲十(退役军人,39岁,河北沧县人)等以东县门被服生产合作社的名义向地方法院提起刑事自诉案件,控告陈效武(商人,48岁,河北献县人)、李彦章(商人,39岁,河北献县人)、李清华(商人,39岁,河北献县人)、范更生、王仪鸣等伪造文书,侵占合作社的财产。

赵文柄等称,东县门被服生产合作社成立于1942年9月,系集股合伙设立。合作社成立后按照现代企业制度建立了大致完备的内部组织,成员分为社员和股东,并设有理事会(由陈效武任理事长)、监事会(由李彦章为监事长),同时聘阎茂泉为经理。阎经营有方获利甚丰。后陈效武排挤阎茂泉退股出社,改聘李彦章为经理。1947年2月被告又擅自召开结束会议,伪造戚振华、李锡甫、王承伍、杨立齐及被告李清华为社员,出席结束会议。另被告李彦章伪造自诉人代表张仲十、赵文炳出席结束会议以便侵占社款。被告李清华列席结束会议,冒充社员共同侵占,有结束会议记录为凭。之后被告陈效武、李彦章先将自诉人铺底倒与被告范更生,再由自诉人机工周耀华作中复经范更生转手将自诉人铺底倒与自诉人会计王一鸣经营,更名为福记聚丰西服店以实施侵占。另有自诉人司库戚华林、机工王生华、王兴华等均帮同侵占。

同日,自诉人委托律师孙春海为辩护律师。地方法院予以立案,交刑庭推事徐志远审理。

3月8日地方法院刑庭开庭,检察官王晓凤出庭。但原告、被告、自诉人聘请的辩护律师均未到。法警称:自诉人赵文炳被绥靖公署关押,孙玉溪去了兰州,另外两位原告所在不明。被告李清华、周耀华所在不明;范更生因病不能下床;王生华、王兴华已不知所向;李彦章出外未归。上述说明均有当地甲长证明。推事无奈只得宣布休庭,并谕知再传原被告。

5月13日下午2时,地方法院再次开庭。原告中张仲十,以及辩护律师孙春海到。被告陈效武、王一鸣到。

  推事问陈效武:合作社何时成立?
  陈答:民国三十一年(1942年)九月。
  问:何时结束?
  答:三十六年(1947年)二月。
  问:你在里面做什么?
  答:理事长。

问：成立时有多少资本？

答：26000 元。

问：结束时有多少股本？

答：160 万股。

问：结束时有多少资金？

答：2700 万元。

问：结束会议时社员都到场了吗？

答：都到场了。

问：都有谁？

答：赵文炳、孙玉溪、戚振华、郑绍永之妻等。

问：他们入股有执据吗？

答：有执据。

推事宣布休庭。期间自诉人分别于 7 月 13 日、7 月 18 日和 7 月 29 日声请刑庭审理此案。8 月 11 日被告聘请律师聂养儒为辩护人。

8 月 13 日上午 7 时地方法院第三次开庭。赵文炳、陈效武到，辩护律师孙春海到。庭审中赵文炳称：被告伪造会议记录，以便把合作社的财产给范更生。陈效武称：李彦章代表赵文炳出席了会议，有赵亲笔信为凭。孙律师称：李清华等五人不是社员而被列为社员。王兴华等人不是股东，但后来却成了股东。另被告说李彦章代表自诉人赵文炳出席，但事实上赵并未委托，可见伪造私文书罪成立。被告辩护人聂养儒称：李彦章为合作社监事长，陈效武为理事长。而本案的自诉人赵、孙、郑、张等四人只是出资人，并非合作社社员，未取得合法代理，因而无资格代理。同时向法庭反诉上诉人犯有诬告罪。

9 月 8 日，自诉人向法院声请撤回，称"已经友人从中调处成立和解，并写立和解字据。"同日被告亦声请撤回对自诉人的反诉。

刑庭推事随即对本案做如下判决：本件自诉侵占伪造私文书部分不受

理，理由法人受侵害，须由法人代表起诉，赵文炳等人无此资格。另赵文炳等被诉诬告等部分无罪。①

本案是商业合伙人之间因利益处理不当而引发的一场诉讼。尽管本案的当事人之间大多有同乡之谊，但却仍旧未能超越利益之纠葛。然而经过一番诉讼，最后仍以和解的方式得以解决。透过本案，讨论地方法院推事的审判能力固然重要，但本案对处于转型时期的国人来说，其启示亦不能忽略：在现代法律制度的框架下，承认利益，追求利益是人性的正当要求。但在追求自己利益的同时，如何保护合作者的利益，以及社会成员之间如何放弃传统的心理不再猜忌，各负其责，诚信合作才是大问题。

第四节　普及法治理念

清末以降伴随着国家权力结构的重构，新式审判机关有了更大的发挥空间。西安地方审判机关利用国家赋予的权力通过对个案件的审理，及其他方式让处于特定利益纠葛中的普通民众对平等、人权、民主、权利、诚信、时效等现代法治理念有了切身的感受。

一、面向普通民众

法律人才短缺和法治观念落后是制约西安这座古老的城市快速融入现代社会的一大短板，一些有识之士为此始终耿耿于怀。

> 夫民主共和为现代立国之最高原则，而厉行法治又为速成民主共和之不二法门。然法治之厉行，必须先有良法而后有善政。从而创立

---

① 西安市档案馆档案，卷宗号 090—10—102。

法律，既需要专门人才，立法政教育尚亦。考我国自辛亥革命后脱人治而行法治，专门法政学校全国普设几于无省无之，独吾陕西法政专门学校因种种关系未能发扬光大，而反中途停办，以至合法民权之正当行使因人才缺乏而发生障碍，司法机关之统筹分设亦因法治人才缺乏而大为落后，法治之成绩未现，人治之余毒尤彰，较诸东南各省殊觉惭愧莫名①。

为了改变这一现状，1947年一些生活工作在西安的法律界人士发起成立了陕西法治学会，推举时任西北大学教授的党松年为理事长，同时聘请陕西籍名人于右任为名誉理事长，焦易堂、郗朝俊、崔炎煜、王普涵为名誉副理事长。依据"陕西省法治学会章程"之规定，学会的主要任务为："研讨关于法治之法令事项；发行有关法治阐扬三民主义五权宪法法理之刊物，促进实施宪法协助政府完成宪政事项；筹办法政学校；协办有关法治之其他社会公益事项。"学会的成员以法学教师和律师为主体，其中亦不乏司法人员，如西安地方法院的仲济川、董步裕、王鸿斌、徐玺、张福海、汤玉玲、田嘉祥、裴锡俊、王文彦、叶遇春、孙选才等均为学会会员，地方法院院长崔炎煜还担任名誉副理事长。

陕西法治学会成立后，按部就班地兑现着自己的诺言，一些工作开展得有声有色：如创办法政学校。学会成立的当年即由律师程泮林任校长，开办法政补习学校，面向社会招收补习生，待有了初步经验后又于次年正式创办私立西北法政专科学校，实现了当年办学当年招生的目标，完善西安地区法学教育之结构。在当时的社会条件下，利用社会力量办学是一件非常困难的事情，没有人热心和负责是很难成功的；举办各种法治宣讲。学会与西安民众教育馆合作，借助其场地举办免费法治讲座，向民众普及法律知识。据统计仅1948年一年内就先后有党松年、程泮林、张道址等多人向市民举行

---

① "筹办私立陕西法政学院宣言"，陕西省档案馆档案，卷宗号089—2—139。

多场讲座;筹办"法治园地"刊物等。在上述活动中地方法院的工作人员发挥了重要作用。①

二、针对上层社会

中国传统礼教重尊卑贵贱。受传统文化影响,在大多数国人看来,人的尊卑贵贱是再自然不过的事情,而具有道德上瑕疵的囚犯就该命贱如蝇,于是监所成了正人君子很少关注的地方。但民国时期陕西各级法院的院长却不这样认为。1946年10月,西安市第一届参议会第三次会议开幕。陕西高等法院郗朝俊院长莅临闭幕典礼,并发表讲话:

> 再本人在省参议会开会时,曾为囚犯请命,今当贵会闭幕典礼之际,仍愿为本市及其他囚犯呼吁,良以本市及其他各县监所房屋极少,囚犯居住成大问题,若有外人观光影响至大,是以监所修建房屋,为当前亟迫之问题,切望大力援助,完成巨厦,福利囚犯。②

1947年1月,西安市第一届参议会第四次会议开幕。西安地方法院崔炎煜院长莅临致辞,他向与会的各位议员详细地汇报了本院修建看守所的进度和难度,恳请各位议员继续关注:

> 藉此机会将筹款修建长安地方法院看守所情形作一概略报告,藉答各位盛情雅谊。溯自三十五年(1946年)三四月发起募款1700多万元以来,截止现在已收4400多万元.在此物价波动时期,所收之款愈感窘绌,当经权变由省银行借支2000万元,共计6000余万元。修建房屋22间,即用去5000余万元,打井一眼,用400余万元,修筑围墙又需

---

① 陕西省档案馆档案,卷宗号089—2—139。
② 《西安市参议会第一届大会会议记录》,1946年。

400余万元,有限之款即已用完。至屋顶,因天气关系暂停工作,一俟天晴,即可修盖竣工。但照原计划修建108间屋舍,需款8000余万元,而现修了22间,较之原计划仅占1/5,需款已达6000余万元,如仍照原计划去做,相差至为悬殊,万难实现。关于今后修建需款已由省高等法院会同省府令由西安市担负,如有不敷,由长安县府及市府劝募。贵会对此案已经决议,交由市府办理。相信短期内会有佳音。本人愿致衷心之默祷。①

在西安市参议会的大雅之堂,省高院和地方法院的院长连续发声,想方设法改善监所的条件,为囚犯请命,为其权益呼吁,向社会传递着对生命和人类尊严的关爱。

三、实际效果

经过司法机关庭内和庭外人员的不懈努力,并借助个案的影响,西安地区民众的权利意识和现代法律素养有了一定程度的提高。

(一) 法律素养

1945年,西安市市民张家骥以90万元的价格将自己经营的"罗万寄售所"转让于韦永堂。后张家骥又主动提出,双方共同出资成立"今是寄售所",并签订了合同。合同签订后张家骥并未交付承诺的资金,但却以"今是"股东的身份不断向韦永堂写信询问经营情况,要求韦永堂核算"今是寄售所"的账目。韦永堂为此回信:

---

① 《西安市参议会第一届大会会议记录》,1946年。

家骥先生大鉴：

　　来函奉悉。对于阁下所提出之意见，殊与事实不符，查于去岁三十四年（1945年）十二月一日，将罗万寄售所出售于本人，经郭润田先生为中证，言明90万元。又于本年元旦日先生提议参加本号，并具名为"今是寄售所"，原定股金100万元，先生担任20万元及担任副经理之议，继订立"今是"合同。但先生并未履行缴纳股本义务，副经理亦未到职，所谓财力人力均无表现，实无法勉强该合同的实施。故仍由本人集股经营，无论本号生意盈亏自有本人负责处理。先生既非罗万之股东，复非罗万之伙友，不知凭何身份，所谓"核算"本号之账务，今日对内对外纯用罗万名义行使，未改"今是"，则"今是"所成立之合同自属无效，殊难以履约而变为契约之价值。先生书面所提询各节，及北海池谈话等事，纯属近于诈欺侵占性质，自无答复之义务。惟据先生屡次向本号借贷，除偿付打罗万号之推盘费外，尚透支本号383399（叁拾八万叁仟叁百捌拾九元），开列清单，即希如数偿还，以清手续。总之，永堂为罗万之受盘人，现为罗万之经理人，对于以前之睦谊及先生为二房东之身份，不惜屈辱以求和平。而先生之举，直视永堂为孩提，另据企图，实无法接受。望先生本人格、道德、良心之立场，勿启事争端，万一侵我法意，当不惜一切，听取社会舆论与法律之解决。

　　此复

　　并颂

　　财安

罗万寄售所经理韦永堂[①]
三十四年八月二十八

　　有关韦永堂的其他信息，如受教育程度，以及所受教育的专业等已无法查证。但透过这份私信，不难判断这是一个有着相当法律素养的西安市民。

[①] 西安市档案馆档案，卷宗号090—1—241。

(二) 权利意识

传统中国,民众的权利意识相对薄弱,加之地方长官多以家长身份自居,因而民众诉讼多是以伸冤,即哭诉冤情的方式提起。民国时期的司法机关早已完成了从教谕式调停向权利确认式审判的转型。伴随着司法机关角色的转变,当事人也逐渐懂得了决定自己命运的"法官"尽管还叫官,但已不再是一个高高在上的老爷,因而无需千方百计地把自己扮演成苦主的形象,而是平等地依法主张自己的权利,只是语言上还偶尔习惯地使用一下传统的用语。

1946年5月23日,西安市民刘梅芳委托律师纪清漪向西安地方法院提起民事诉讼,请求判决与孙传九离婚,离婚理由被告有虐待和通奸行为。被告拒绝离婚,并在法庭上陈述了自己的理由:

> 一、虐待。事实毫无,举证不出;二、通奸。事前同意,事后宥恕,且起诉之日距知悉之日已逾7月零5天,失却起诉权利。[①]

对于原告和被告来说无论是解除婚姻,还是希望保持婚姻都是自己合法的权利。既然双方无法协商选择了诉讼的方式,就要尽量争取对自己有利的结果,而争取合理结果的关键是举出合法的理由。从实体方面讲,被告确实存在着法定的过错,特别是原告提出的第二项理由让外人看来几乎无法辩解。但声请人却选择了从程序方面入手,借助诉讼时效去争取自己的权利:"二、通奸。事前同意,事后宥恕,且起诉之日距知悉之日已逾7月零5天,失却起诉权利。"

在某些人看来,被告的言行无疑是在无理取闹。但抛开道德的说辞,我们必须承认在现代法治社会里,这种对权利的争取方式应该是最为简洁和

[①] 西安市档案馆档案,卷宗号090—30—215。

有力的。当然,笔者无法证实该声请书是声请人本人所为,也可能是出自律师之手。但即便如此,由律师代撰的声请书也需要经过当事人的同意。换言之,这其中同样包含着被告本人的意思表达。

其实,对于普通民众而言,新式司法制度本身就是关于平等、民主等观念的最好普及,民国时期著名的法律人汪康年曾通过一则笔记对此做了最好的诠释:

> 审判厅既立,官民不相习,故笑话极多,而舆论咸谓新律太轻,不足惩奸……。客自江南来者,述一田主送佃户至初级审判厅。佃户问官曰:"此间用新牌调乎,抑用旧牌调乎?"讯其说:曰:"吾闻皇上有恩典加吾辈。使不受昔日之苦,故特相询。"官曰:"此为审判厅,自依新法,"曰:"既依新法,必须两造对质,安能独拘被告?"官不得已,翌日以原告之报告与之对质。佃户曰:"此奴隶耳,吾乃国民,安能与对?须原告亲身至乃可。"官知会原告。原告以若辈本刁抗,今若此,更难如志,竟罢讼。①

小　　结

就整体而言,民国时期社会各界对新式审判机关不乏好评。不妨引用6则材料加以说明。1923年法权讨论委员会委员长张耀曾等一行数人历时2个多月对直隶、山东、山西、河南、安徽、湖南、江西、江苏、浙江九省的司法状况进行了系统考察,共考察高等审判厅和高等检察厅各10处、地方审判厅和地方检察厅各18处、刑事看守所及民事管受处21处、新式监狱22处、

---

① 汪康年:《汪穰卿笔记》,中华书局2007年版,第122页。

会审公廨3处,考察之后得出如下结论:

> 查司法改良,前清已逾十载,设备渐趋完备,审判亦日有进步。以大体言之,各省司法较诸行政成绩或优。夷考厥由,盖以司法人员之任用,其资格之限制,自来甚严,尚得各效专长,无所用非所习之弊;却更调甚少,任久则专,谙习职务,是以各省司法人员,虽供职之勤惰,容有不同,而类能奉公守法,不逾轨范。又司法法令虽未臻完善,然历年以来,逐次颁定,规模已具,自有准绳。加以司法行政系统,素未紊乱,指挥监督,较易为力,故各省司法颇有成效可观。

存在的问题则是"正式法院设置不周,人民不能均沾保护之益。"①

第二则材料来自于学者。

> 公务员之最清苦者,莫如司法官,而各种公务员中能勤于任事,严于律己,比较无忝于官箴官常者,亦惟司法官。②

第三则材料来自于执业律师。

> 当时(大理院)的法官、真是清廉自好,对于讼案,慎重处理;散值后犹携案回家工作;可当得清、慎、勤三字,各省法官亦蔚为风气,绝不闻有受贿情事。③

第四则材料来自于民国时期的法界领袖江庸。

> 人才整齐(指司法人才——引者注),胜于其他机关。自民国元年改组法院,用人即有一定标准,习非法律毕业者,不畀以法官资格,在项城时代,屡受排击,几于破坏,卒赖司法当局苦心调护,而幸获保全,迨

---

① "回京后呈报视察情形呈文",《司法考察记》,《民国时期社会调查丛编》(二)法政卷(上),福建教育出版社2014年版,第33页。
② 平平:"第六次司法官考试揭晓感言",《法律评论》第8卷第10号,1930年。
③ 曹汝霖:《曹汝霖一生之回忆》,台湾传记文学社1980年版,第77页。

今仍无变易。虑其资格过宽,又限之以考试,忧其经验太少,又励之以讲习。夫学非所用,则人才可惜,用非所学,则事业必偾,以专门之人才,治所习之事业,苟优其待遇,严其考察,又假之以岁月,事未有不举者也。①

第五则来自于外国观察家。1926年5月10日至6月10日,由美、英、法、意、日、丹麦、荷兰、葡萄牙、瑞典、挪威、比利时、中国等国数十位专家组成的调查治外法权委员会,用一个月的时间对中国的司法状况,特别是新式审判机关的运行情况进行了详细的考察,考察结束后,委员会对中国的新式审判机关做出如下评价:

> 根据旅行团询问所得之答复,并证以各个人之观察,新式法院之审判似于当事人,包括刑事被告人而言予以陈述全案之机会,法官与检察官似具有智识与经验,且熟谙法院适用之法律及程序,加以对于所判案件能为最慎重之研究。当事人常有律师代表,但律师甚少直接讯问证人,多由审判长为之。所参观之法院其组织与实用之程序甚有统系,似与委员会在北京审查之法令相符,法院卷宗之似甚妥善,但欠相当保护之设备,以防火险或盗窃之虞,尤以关于田契之保管为然,法院之建筑与设备均属满意且间有特别足称者。②

因为是专业考察,加之考察的目的事关是否要废除领事裁判权,因而用语极为谨慎。

最后一则来自于外国政要。

1947年10月10日美国驻俄及驻法大使蒲立德在《生活杂志》上发表访华观感,认为中国法官待遇菲薄,薪给极微生计艰难,因而其中不免也有

---

① 江庸:"法律评论发刊词",《法律评论》创刊号,1923年7月。
② 《调查治外法权委员会报告书》(汉英对照本),出版单位不详,1926年版,第291页。

贪污分子,但大体说来都能忍受痛苦洁身自好。①

有二点必须说明,一是就时间而言,上述评论最后一条外,评价的对象均为北京政府时期的新式审判机关,二是评价并非专门针对西安地方法院。因而,接下来的问题是,民国时期的西安地方法院究竟该如何评价?

对于民国时期西安地方审判机关,如若从功能的角度进行评价,笔者坚持以下几点:

第一,自创办以来,西安地方审判机关尽可能地化解转型社会中层出不穷的社会纠纷和冲突,与其他机构一道维系着社会所需要的基本的秩序;第二,在制度与环境许可的范围内通过审判工作真实地改变了数以万计涉案当事人的命运,同时还让更多的人对法律抱有着希望或敬畏;第三,艰难地向民众传递着中国传统文化中欠缺的平等、权利、责任等意识及理念,缓慢地改变着民众的生活方式和心态,如促使民众养成现代社会必须有的时间观念等;第四,为西安这座古老的城市提供了一系列新的规则,消除着传统农业社会中的地域孤岛,使无数孤立的社会组织和地域逐渐形成一个整体,改变着社会的发展进程,甚至方向,推动社会的进步。

因此,西安地方法院逐渐地融入了西安这座古老的城市,在城市治理和维护民众权益等方面承担着不可替代的作用。

---

① 司法行政部编:《战时司法纪要》,台北"司法院"秘书处1991年重印,第514页。

下编

变 异

任何事物,包括制度和机构都不可避免地具有着复杂的面相。西安地方审判机关亦是如此。作为一种移植而来的机构,西安地方审判机关成立后克服各种困难,一点点地实现制度赋予它的功能,兑现着制度设计者最初的设想,呈现出与传统衙门完全不同的面相。但与此同时,我们也发现,伴随着时间的流动司法机关亦开始呈现出另外一些面相。而这些面相或是制度设计者当初在设计制度时极力避免的,即不愿意看到的;或是事先预想不到的,笔者将这一现象称为变异。

变异是观察近现代中国司法制度运行时一个无法回避的主题。

本编的任务就是对所谓的变异问题进行讨论。首先,就西安地方审判机关权力运行过程中表现出来的与制度规定相反的现象逐一进行梳理,再现变异的真实存在;其次,分析和阐释这些新的现象出现的原因。在笔者看来引发变异的原因极为复杂,既有新型司法制度自身的问题,也就是说西安地方审判机关先天具备着变异的基因和潜质。更有外部环境的因素。而所谓的外部环境因素中,既有中国传统文化中负面因素的浸淫,也有近现代中国特殊政治氛围之牵累。内部基因与外部元素相互结合,形成合力,潜移默化地影响和改造着新式的审判机关;最后,观察各种政治势力对新式司法机关变异现象的解决办法以及客观效果。

第十一章　复调与顿挫

本书前两编的工作大致勾勒出了民国时期西安地方审判机关的真实存在以及司法权在地方运行的基本情况。但必须指出的是，上述主基调之外，民国时期地方司法权运行中还存在着并不和谐的复调和杂音。且这种复调和杂音在时间的维度中呈现出愈演愈烈的趋势。

复调和顿挫起于何时？是否形成了最终的质变？1937年，与民国司法界有着深度交结的杨兆龙发表了《党化司法之意义与价值》一文，不经意间为我们提供了极有价值的信息："著者于已往的十余年中曾服务于司法界或担任与司法有关的职务，对于司法界的情形和社会上对于司法的论调尝有直接接触的机会，在这十余年中，每和大家讨论我国的司法制度，辄听到'今不如昔'等类的口号。"① 文章中杨兆龙不仅公开承认司法界确实存在着"今不如昔"的现象，还言之凿凿地表明"今不如昔"是最近十来年的事情，即从1930年代开始的。杨兆龙为严肃的学者，其观点既非妄说，也非泛泛之谈。

这一结论还得到了曹汝霖的认同。同样是作为新型司法制度的见证人，曹汝霖对北京政府时期的新式审判机关赞赏有加，但又不无遗憾地说："此种风格，维持到北方政府终结为止。"② 另1949年2月6日，上海《申报》发表了同济大学法学院院长徐道邻的评论《假如政府肯全面革新》，文章亦指出：

---

① 杨兆龙："党化司法之意义与价值"，《经世》第1卷第5期，1937年3月15号。
② 曹汝霖：《曹汝霖一生之回忆》，台湾传记文学社1980年版，第77页。

抗战以来,最使人心痛者,莫过于司法界声誉之跌落。此乃国家前途命运之最大隐忧,可惜尚不被人重视。司法之受人指谪不外两端,案件积压,往往经年不决,使人不敢问津,一也。任情裁判,不负责任,反正每案必经上诉,二也。①

杨兆龙、曹汝霖和徐道邻均不约而同地将目光锁定在了1930年代。

第一节 日渐趋同

审判人员与议会议员、行政官员、党务人员工作的性质有着本质的不同:

因审判案件,必须平心静气,研究法理,判决方无错误。若参与政治,奔走演说,则心气浮躁,不能专心裁判,故法律禁之。盖研究政治者,须有宏远之规模,研究法律者,须有极细密之心思,一人而兼之,实难其选也。议会议员,皆统筹全国或一地方之政治,审判官乃剖析极纤细之事理,两不相侔②。

同理,司法权与行政权之间也存在着明显的差异:

行政权因地方之便利、可假权宜行之,犹之道路车马得以自由行动。司法权非以法律为准绳不能维持裁判之信用,犹之汽车必须遵守轨途,斯无倾轶之虞。况行政官之性质,以服从上官命令为主,阿谀希旨,即缘之而起。若司法官同此性质,意有瞻顾,断难保裁判之公平③。

清末,国人对此已有清醒的认知。因而,创制之初的西安地方审判机关

---

① 《申报》,1949年2月6日。
② 〔日〕冈田朝太郎口述:《法院编制法》,熊元襄编,上海人民出版社,2013年版,第95页。
③ 刘雨珍等编:《日本政法考察记》,上海古籍出版社2002年,第154页。

无论是在组织、制度,还是管理上都尽量地强调:审判机关的内在运行逻辑要与审判工作性质相适应。然而,随着时间的推移,审判机关与行政机关趋同化的现象渐露端倪,1920年代中期,就有人为此担忧,"若司法界,则目前实不免日形暮气,举凡行政界之习气流弊,亦已逐渐濡染浸润,时令有心人大为扼腕叹息。"①到民国晚期司法机关的运行方式和运行逻辑行政化色彩更趋严重。

一、行政职务与待遇

(一)待遇

审判机关的职权是裁断诉讼。因而,推事理所当然地是审判机关中最为重要的群体,而这一群体中那些业务能力最强的人无疑应该受到最好的礼遇,并处于实际上的核心地位。然而,仔细观察民国时期的西安地方审判机关,我们却发现,普通推事在审判机关中的现实地位、待遇与业务能力,或资历之间的关系正在逐渐疏离,即推事的地位和待遇愈来愈取决于其行政职务。

西安地方审判厅设立之初,无论是作为行政长官的厅长,还是审判庭的庭长其职责均以审判为主,与其他推事在薪俸等待遇方面有差别,但差别不大。中华民国北京政府成立后,司法人员被列入文官系列,职级分为特任、简任、荐任和委任,其中大理院院长为特任,其他的推检人员均为简任和荐任。简任职本身又分为5级,荐任职更是多达14级,尽管每级之间俸差的差别不大,但由于职级多,因而事实上推荐之间的薪俸开始被拉大。南京国民政府基本上延续了这一做法,只是将文官改称为公务员,同时将简任薪俸

---

① 陈瑾昆:"就改进司法计划略陈鄙见",《法律评论》第82、83期合刊,1925年1月25日。

分为7级,荐任分为13级而已。

比较清末和南京国民政府时期地方审判机关行政长官和普通推事的薪俸,我们可以发现两者的收入差距变动不大。如按照清末法部规定,省城和商埠地方审判厅厅长的月俸为220元,普通推事月俸为140元,两者相差80元;南京国民政府时期地方法院院长的月俸为400元至260元不等,普通推事的月俸则为400元至200元不等,均按最低等计算,两者相差60元,差距不但没有拉大,反而有了缩小。厅长毕竟只有一个,更多则是庭长。然而,如果再比较庭长和普通推事的月俸收入情况则就不再乐观了。清末地方审判厅庭长的月俸是160元,普通推事为140元,两者相差20元。按照南京国民政府的规定,西安地方法院的庭长和其他推事均为荐任职,但由于庭长与其他推事的俸级不同,最终导致庭长的薪俸与其他推事的薪俸差距被逐渐拉开。如1948年,西安地方法院中除代理刑二庭庭长的张维心是荐任5级俸,其他的3位庭长,即民一庭庭长钱应选、民二庭庭长张厚坤、刑一庭庭长徐志远都是荐任4级俸。而其他的推事最高的为荐任8级俸,如推事卫毓英、蔚济川、余国藩等。同时期公务员荐任4级俸月薪是340元,荐任8级俸的月薪为260元,两者相差80元。数十年间,庭长与普通推事的月薪从20元的差距增加到了80元的差距,幅度不可谓不大。不仅如此,院长和庭长还有特别的经济补助,如按照1948年9月司法行政部制定的各机关主管人员特别办公费的规定:地方法院院长和地方法院检察处首席检察官,荐任者特别办公费每人每月20元金银券;地方法院庭长每月10元金银券。[①] 换言之,只有当上庭长其收入才会提高。

(二) 影响力

不仅如此,行政职务还决定着一个人在审判机关内部的影响力。这些

[①] 陕西省档案馆档案,卷宗号089—7—289。

影响力包括：

  一是院长和庭长拥有案件分配权。关于这一点前面已做过分析，这里从略。

  二是厅（院）长有权审核其他推事的裁判文书。北京政府时期司法实践中已有厅长对其他推事的裁判文书进行审核的记载，南京国民政府成立后则将其确立为一项具体制度。1927年12月创建不久的南京国民政府颁布了《地方法院院长办事权限暂行条例》，该条例第二条第三项规定，院长有权"督促民刑诉讼进行事项"，1935年6月公布的《地方法院及分院处务规程》第16条进一步规定，配受案件之推事拟定裁判书后，应送院长察阅，合议庭推事拟定裁判文书经审判长核定后亦同。该项制度设立的初衷是希望藉此提高审判质量，但其正当性毕竟缺少法理的支撑，带有明显的行政化色彩。

  三是院长和庭长对年度绩效考核拥有一定的支配权。根据南京国民政府公务员法之规定，国家每年都要对公务员进行年度考绩，并依据考绩结果分别给予不同的奖惩。民国晚期西安地方法院的人事档案清楚地表明了考绩结果与行政职务之间的关系，真实地揭示了院长、庭长对法院内部人际关系的支配能力。如1946年度西安地方法院公务员考绩结果：全院惟院长崔炎煜一人获奖章加晋级，庭长戚国光和钱应运两人晋级；1947年公务员考绩结果：全院仍只有院长金锡霖一人获奖章加晋级，庭长戚国光、钱应运和徐志远3人晋级。1948年上半年公务员考绩结果（实行百分制）：4位庭长钱应运93分，戚国光93分，徐志远92分，张维心90分，得分在全院所有人员中排名最前，且评价亦较高，如钱应运"领导有方，审判详密"；戚国光"综理庭务有条不紊，审判案件迅速"；徐志远"办案精当，领导得宜"；张维心"操守廉洁，办案妥速。"[①]

[①] 西安市档案馆档案，卷宗号090—1—16。

（三）工作业绩

伴随着待遇和影响力的提高，院长和庭长所承担的审判工作却愈来愈少。档案材料表明，西安地方审判机关成立初期，作为推事的厅长主要精力是用于业务审判，但到了1940年代，随着西安地方法院规模的扩大，行政事务的增多，院长的工作事实上已逐渐过渡到以管理为主，如负责制定、变更本院年度工作计划并监督其执行；落实上级机关的重要命令；就有些重要问题和工作向上级或有关机构进行建议或报告；对本院员工的日常管理、考核和监督；召开各类会议；协调各方面的关系等，事情多而繁杂，工作并不轻松，俨然已成为一个单纯的行政官员，审判反倒成了偶尔为之的副业。为了更好地说明这一问题，特引用1948年上半年度西安地方法院院长的工作总结来加以说明：

一月

①阅行政审判文稿并民刑状1985件，②核阅民刑裁判书和解笔录批示公证书263件，③发院令18件，④指派推事每周视察看守所根据报告改良意见令饬遵办，⑤开院务会议，⑥筹组员工消费合作社，⑦本院推事书记官办案进行簿本月份开始分发应用，⑧办理考绩考成。

二月

①阅行政审判文稿并民刑状1067件，②核阅民刑裁判书和解笔录批示公证书202件，③发院令9件，④改修本院大门本月落成，⑤改组监所协进委员会，决定按月召开，⑥召开看守所修建委员会，⑦添植树木。

三月

①阅行政审判文稿并民刑状1846件，②核阅民刑裁判书和解笔录批示公证书293件，③发院令13件，④督促承办推事速结烟案，

⑤组建西安监所囚粮购置委员会,⑥为应付时局紧张设法疏通人犯,⑦指派专员办理税务违章案。

四月

① 阅行政审判文稿并民刑状1822件,②核阅民刑裁判书和解笔录批示公证书263件,③发院令8件,④修葺侦查室,⑤扩修大礼堂,动工,⑥为西安监狱向省银行洽借囚粮费用,⑦拟具巡回公证实施计划,⑧聘任公证劝导员,⑨实施司法宣传。

五月

① 阅行政审判文稿并民刑状1815件,②核阅民刑裁判书和解笔录批示公证书375件,③发院令6件,④设立民刑诉讼程序询问处及诉讼当事人报到处,⑤扩修大礼堂,竣工,⑥增筑看守所四周围墙及加高,⑦自运煤炭配发员工。

六月

① 阅行政审判文稿并民刑状1921件,②核阅民刑裁判书和解笔录批示公证书358件,③发院令10件,④巡回公证计划书令核准本月份开始派员下乡办理,⑤开始修建看守所,囚犯及员工炊事室,⑥修葺房屋3间添作侦查室2处,⑦添水井一口。①

由于行政事务太多,1947年和1948年西安地方法院前后两任院长或以事务繁多,或以需要集中精力筹款修建破损的法院及看守所等原因,在先经本院院务会议决定后向陕西高等法院申请暂不分配案件。

对于该项申请陕西高等法院院长本人深有同感。早在1938年,在司法部召开的一次会议上,陕西高等法院院长发言中不无牢骚地说:"就陕西而言,计有高分院3处,地院4处,监狱6处,兼理司法之县政府88处。每日应行处理之行政事件恒不下百数十起,且每周省政府及其他处之通常会议

---

① 西安市档案馆档案,卷宗号090—1—17。

事务均需院长列席者，亦不下五六次，他如法收之整理、经费之支配及兼理司法各县县长及承审员等之接见指示诸事，院长已日无暇晷，倘再加以审判民刑诉讼，纵有特殊之才智精神，亦恐为时间之冲突，不能措置裕如。"①尽管感同身受，但高等法院院长却无权批准该申请，只能向国民政府司法行政部报批。②

  案查前据该院院长以事务纷繁拟予三十六年（1947年）度暂不配受案件请示尊一案，当经本院转呈司法行政部拟请照准。

司法行政部答复如下

  呈悉，姑准。③

  民国早中期各级法院的推事名额是由中央司法行政机关确定的，法院本身不得随便变更。1940年代后虽然推事员额中央司法行政机关不再统一划定，但地方法院仍然无权自行增加。院长是推事，如果不再审理案件，无疑就要加重其他推事的工作量。何况在一个专业性极强的机构里，领导人一点不从事业务工作，要想真正做到有效管理也比较困难。

  院长之外，事实上连庭长所承担的审判工作也愈来愈少，这一点更为值得关注。如1947年西安地方法院年终会议对下年度本院审判工作分配如下：院长兼刑二庭庭长金锡霖因筹建院舍，暂不配案；民一庭庭长钱应选：总理民一庭庭务兼办民事案件。具体为，分配案件、核阅裁判及文告、办理普通诉讼案件和简易事件为其他推事的1/2；民二庭庭长戚国光：总理民二庭庭务兼办民事案件。具体为，分配案件、核阅裁判及文告、办理普通诉讼案件和简易事件为其他推事的1/2；刑一庭庭长徐志远：总理刑一庭庭务兼办

---

① "各种法律问题研究报告"，1938年，引自蒋秋明：《南京国民政府审判制度研究》，光明日报出版社2011年版，第341页。
② 陕西省档案馆档案，卷宗号089—4—36。
③ 同上。

刑事案件。具体为,分配案件、核阅裁判及文告、办理诉讼案件为其他推事的 1/2;刑二庭代理庭长张维心:总理刑一庭庭务兼办刑事案件。具体为,分配案件、核阅裁判及文告、办理诉讼案件为其他推事的 1/2。① 即按照该分配方案,1948 年西安地方法院的审判庭庭长办理的诉讼案件数量只为普通推事的 1/2。

不仅如此,档案材料还进一步表明,与其他推事相比民国晚期西安地方法院的庭长钱应运、戚国光、徐志远和张维心,无论是办理案件的数量,还是速度等方面均无过人之处。推事办理案件的数量和速度是司法行政部评价推事业绩的重要指标。

表 11.1 西安地方法院推事工作统计表 1948 年 2 月②

民庭

推事	旧收案件	新收案件	已结案件	未结案件
李本固	23	10	18	15
卫毓英	22	35	22	
罗善群	104	49	54	99

刑庭

推事	旧收案件	新收案件	已结案件	未结案件
张维心	40	13	19	34
余国藩	65	42	50	57
郑吉林	31	44	36	39
徐志远	7	10	10	7
蔚济川	31	33	40	24
宋瑞麟	32	31	36	27

① 西安市档案馆档案,卷宗号 090—4—36。
② 同上,卷宗号 090—1—16。

表 11.2　西安地方法院推事未结案件统计表　1948 年 4 月①

姓名	未结案件数	姓名	未结案件数
戚国光	7	屈天行	17
李本固	8	钱应运	10
卫毓英	15	张厚坤	16
罗善群	65	郑吉林	4
宋瑞麟	20	蔚济川	18
徐志远	5	王灵枢	10
张维心	17		

其中罗善群负责的民事执行案件，与其他推事的工作没有可比性。

两种统计方式清楚地表明，作为庭长的钱应运、戚国光、徐志远和张维心单就审判工作而言业绩上并无过人之处，但他们的考核结果却为全院最好。总之，一方面院长和庭长所承担的审判职能愈来愈少，另一方面他们在法院中的待遇和支配能力却愈来愈强。

（四）导向作用

行政职务对推事获得实际利益的好处显而易见，因而其导向作用毋庸置疑。南京国民政府制定的《法院组织法》更加助长了这种导向作用。该法对于院长的任职资格有特殊规定，但对庭长的任职资格并无特殊要求，即担任庭长不完全取决于能力、学历和年资，深刻影响着推事的职业发展方向。加之院长的职位较为稀缺，其任命权又在中央政府，因而，大多数推事会知难而退，转而寻找出任庭长的种种可能与机会。

西安地方审判机关原只设有一个刑事审判庭，其庭长职位由院长兼任。

---

① 陕西省档案馆档案，卷宗号 089—4—19。

民国晚期随着刑事案件的增多,经司法行政部的批准新增设了第二刑事审判庭,并由陕西省高等法院下令,任命推事徐志远为刑一庭庭长,至于刑二庭的庭长则仍由院长兼任。然而,此时的西安地方法院院长已很少审理案件,不再适合兼任庭长一职。面对这一可能出现的职缺,推事们表现出了浓厚的兴趣。在此背景下,西安地方法院院长自作主张任命推事张维心代理刑二庭庭长。这样做的好处显而易见:既可以减少自己的审判工作,又可以多安排一位推事。对于张维心来说,尽管不是正式任命,但代理总比什么都不是要好,只要有耐心和运气好,还有转正的机会。

于是,张维心代理起了西安地方法院刑二庭的庭长。这一决定尽管未经陕西高等法院的同意,但由于是代理,陕西高等法院也不便干涉。

可谁知这一代理就是几年。直到1948年,张维心才等来了陕西高等法院的命令。但让他万万没有想到的是,等来的不是任命状,而是调派他到位于陕西南郑的省高等法院分院任推事。庭长没当上,还要外派南郑,张维心当然不甘心。可心里的真实想法又不能直说,只好拿家庭困难说事,他致函省高等法院院长郗朝俊:

> 派职到南郑高院分院任推事,栽培理宜遵往,惟职以父母在运(山西运城——引者注),情况不明,小女卧病危在旦夕,兼一家8口经济窘迫,一旦远离,全家失恃,环境苦楚。莫堪言喻,恳请郗公收回成命。

张维心的真实想法,郗朝俊可能心知肚明,因而不作任何答复。没办法,关键时候只能由地方法院院长站出来实话实说,他向陕西高等法院打报告说张维心代理庭长职务已有年,恳请能正式任命。但陕西高等法院的态度十分强硬,1949年1月向西安地方法院下发训令,正式答复:"此院庭长编制三人,院长兼一庭长,无缺,不得任命。"[①]此事至此终了。

---

① 西安市档案馆档案,卷宗号090—1—39。

中国有着发达的官制历史,同时又是一个等级森严的国家,民国政府对司法人员这种行政化的管理方式不可避免地助长了司法机关内部的等级观念,并使之日渐森严。据记载,1940年代已有法院要求法官上班时须分别佩戴表明其等级身份的证章,于是出现了法院门卫见到不同证章的法官行不同礼仪的现象。① 西安地方法院是否如此,尚未找到实证的材料,但骨子里所透露出来的精神应该相差不多。

如创制之初的西安地方审判厅厅长的办公室位于三进院落中的最后一进,位置幽静,建筑坚固,与传统衙署的格局和做派完全相同。此外,其内部的装饰与布置也较为考究。档案材料表明,民国晚期西安地方法院院长室的办公用具包括:三斗办公桌一张、黑漆椅子一把、黑漆茶几配小藤椅子数把,大穿衣镜、衣架、三角花架、挂钟、电话机、玻璃书柜各一个。② 如此办公条件在当时的西安可谓豪华,更与其他推事办公条件的简陋形成了鲜明的反差。

职级高于西安地方法院院长的陕西高等法院院长,行政化色彩就更为明显了。1948年秋陕西高等法院院长郗朝俊赴陕西各地视察司法工作。每到一地除视察当地的司法机关外,还频频拜会县长、参议会议长、各机关首长和当地士绅,发表讲话,出席各种欢迎和答谢酒会,其做派与党政官员无异③。

二、扩编的冲动

创制审判机关的初衷是为了让其独立行使审判权。清末受清廷礼聘担任顾问兼教习的日本学者冈田朝太郎一再向国人强调:"审判厅者,审判一

---

① 胡长清:"论司法官之官俸",《法律评论》第6卷47号,1929年9月。
② 西安市档案馆档案,卷宗号090—1—41。
③ 陕西省档案馆档案,卷宗号089—2—17。

切民刑诉讼之官厅也。"①为此,清末以降所制定的法院编制法和法院组织法均明文规定,审判机关的职能是裁判诉讼和与诉讼相关的非诉事件。此外,为了适应审判需要和划一司法制度,对于审判机关的内部机构、推事和书记官的编制等诸如此类的司法行政事项均由中央司法行政机关统一确定,经费也由地方支付逐渐过渡为中央政府统一支付。

设制初期,西安地方审判厅事务单纯,人员较少,机构也极为简单。民国以降,新式审判机关内部机构和人员数量呈现出快速扩张的趋势,且扩张的冲动主要是来自于审判机构内部,这一点在司法档案中记载清楚。民国中晚期陕西范围内的各级审判机关不断地向上级业务主管部门提出要求增加人员和增设机构。如1946年9月3日西安地方法院以人字第1430号文呈陕西高等法院:

> 查长安地当要冲,人口麋集,诉讼之多,甲于全省,自特种刑事案件移归法院办理之后,唯本院每月受理案件数字,叠有增加,而会计制度奉令独立,所有办理会计人员,又系由本院书记官中调充,以致本院人员常感不敷,工作时有无法推进之虞,兹为健全组织,增强工作效率计,拟请于下年度就原有民刑庭及民事执行处,增加推事4员(内一员兼庭长),书记官7人,录事6员,执达员4人,庭丁2员,公丁2员,以期健全,而利工作。②

对于地方法院类似的要求,上级主管部门早已司空见惯,因而不做任何答复。西安地方法院只能寻找和等待其他的机会。西安地方法院档案中记载的如下事件,真实地再现了地方法院在增加人员编制方面的冲动,以及地方审判机关与上级主管机关为此事的博弈过程。

1947年南京国民政府开始对陷入困境的经济进行整肃,要求司法机关

---

① 〔日〕冈田朝太郎口述:《法院编制法》,熊元襄编,上海人民出版社,2013年版,第3页。
② 陕西省档案馆档案,卷宗号089—4—28。

严厉惩处违税案件。接到指令后,西安地方法院马上意识到这可能是一个增加人员和增设机构的绝好机会。自长安县杜曲乡搬回市区以后,西安地方法院就一直在寻找各种机会进行扩编,因而非常希望抓住这次送上门来的机会。地方法院立即于1948年1月24日呈文陕西高等法院,公开表态:一定完成任务。但同时表示,为更好地配合政府和上级司法机关的指令审理好税务违章案,须增加人员。两天后,即26日又上呈陕西高等法院,详细地开列了一个拟增设的人员单子:推事1人,检查官1人,书记官1人,录事1人,执达员2人,庭丁1人,共计7人。

为了审理涉税案件一下子增加7人,无异于狮子大开口。陕西高等法院接到呈文后,仍然不做任何答复。

1948年2月16日,财政部向各级法院发出了办理税务案件的公函,公函中明确规定各级法院应由专职法官审理税务案件。这一公函来得十分及时,西安地方法院的信心又被鼓动起来,2月20再次上呈陕西高等法院,并告知已经雇用了专门的录事和执达员。尽管录事和执达员的编制由高等法院确定,但雇用本身属地方法院院长的权限,西安地方法院或许是想以此投石问路,逼迫陕西高等法院公开表态,试探一下陕西高等法院对西安地方法院此次增设人员的底线。

事已至此,陕西高等法院不能不表态了。1948年2月底陕西高院正式下文训令西安地方法院,由西安地方法院推事张维心专门办理违税案件。至于增设推事、书记官、录事和执达员等申请缓议。这一任命极为讲究,尽管没能满足地方法院扩编的心愿,但却给了张维心和地方法院一个人情。此前陕西高院已下令调张维心前往陕西高院南郑分院任推事。张维心代理刑庭庭长已多年,不但没能转为正式庭长,还要离开省城,正在为此不满。现在总算不用走了。

探明了陕西高院的态度后,西安地方法院仍然不想放弃,又尝试起其他的路径,1948年3月3日地方法院又致函财政部,禀报由推事余国藩专门审理违税案件。

陕西高院知道此事后,不作任何妥协,指令西安地方法院,依旧坚持由张维心办理违税案件。不要说新增加推事,连换人都不允许,陕西高院的态度鲜明而强硬。

尽管增加推事已无可能,但西安地方法院并不想就此认输,又降低要求,寻求起增加书记官的可能。3月15日,西安地方法院再次上呈陕西高等法院,以"西安为西北重镇,人口激增,商贾云集"为理由,拟以新人魏刚派代违税案件的书记官。对于西安地院的新要求,陕西高等法院还是一口否决,于3月30日指令西安地院:拟派魏刚代书记官一事缓议,理由是预算未核定,无钱可资薪俸。

鉴于陕西高院无回旋余地,4月9日西安地院只得再呈财政部:禀报西安地方法院人手紧,欲审理违税案件,拟增加书记官,希望迅速增加预算。5月20日财政部致函西安地院,答复:此事归司法行政部主管。

事情至此,其他的道路都已堵死。但西安地院仍然不死心,又回过头来,重新打起陕西高院的主意,分别于6月15日和21日再呈省高院请求增加人员。

面对着西安地方法院没完没了的请求,省高院也被迫缓和态度,分别于6月8日和7月6日两次告知西安地方法院,其请求已报司法行政部,并正在与司法行政部商洽之中,在没有结果之前增加人员一事暂缓。同时告知在未获得司法行政部批准之前,西安地方法院自行雇用的人员也应裁撤,工作由本院其他人代理。

人都已经雇了,再将其解雇,事情较为棘手。西安地方法院决定放手最后一搏,于7月10日上呈陕西高院:拟派陆振文为违税案件的书记官,并将任职履历表呈上,也就是说还是增加书记官一名。

陕西高院依旧不温不火,7月23日、9月9日和10月11日三次指令西安地方法院,核定编制未下发之前,缓议,履历表暂存高院。同时向西安地方法院通报了事情的最新进展,司法行政部为此事正同财政部协商之中,故编制无法确定,任命之事暂缓。

增加书记官也没有可能,西安地方法院再次降低要求,10月23日再呈陕西高院请求将录事以下人员留用,薪金从财政罚款提成中垫付。理由是,如果这些人解雇,"则办案人员缺少,案件势必羁押,其他诉讼当事人之利益及本院之信誉不无影响"。

话说到如此,已带点威胁的味道,但陕西高等法院仍然不为所动。11月9日指令西安地方法院,已据情电请司法行政部,俟奉指令后再行,饬知。①

前后10个月内,西安地方法院为增加人员编制分别向多个部门打了10份报告,却仍未能如愿。时隔不久,原任院长离职,新院长上任3个月后,按照规定向陕西高等法院和司法行政部汇报自己的工作,报告中特意将"裁汰冗员"作为一项重要的政绩加以说明,为此事划上了最后的一笔:

> 本任前任内设有税务人员专办税务案件,但薪饷来源并未确定,且上令曾饬暂从缓设。又前任设有额外录事一员,在缮收费提奖项下支薪,而事实上不甚需要,是以并予裁汰以省公币。②

"事实上不甚需要",继任者不经意的一句话,道出了西安地方法院此次欲增加人员,原本并非出于审判的需要,其动力主要是行政的惯性使然,是一切行政机关都难以避免的官场病:只有不断增加人员,才可能增加内设组织机构;组织机构增多了,才能更好地扩张权限范围;权限扩张了,才能提升本机关的重要性和存在感;重要性提升了,才能最终获取更多的资源;而获取了更多的资源,对于本机关的所有人来说都只有好处。因而,大家会心存

---

① 有关西安地方法院欲增加违税办案人员的详细材料,请参见西安市档案馆档案,卷宗号090—1—15。

② 西安市档案馆档案,卷宗号090—1—26。

默契自觉地寻找一切机会,携手把本机关做大做强,这是一切行政机关都会有的不竭动力。

三、修建大礼堂

　　创制之初的西安地方审判机关,建筑尽管简陋,但却以方便和适合审判为要务,并没有大礼堂之类的建筑,以此彰显审判的核心地位。抗战期间,为躲避日军飞机的轰炸,西安地方法院一度被迫搬迁至西安南郊杜曲,其原址被韩国光复军使用。光复军将位于地方法院三进院落中的中院大法庭改建为大礼堂,用来召开各种会议或作为军事训练的场地。改建后的大礼堂是整个法院中单体最大的建筑,面积大,自然光线较好,可以同时容纳下近百人就坐,为地方法院标志性的建筑。

　　西安地方审判机构创制之初,由于工作人员少,找个地方开会并不困难。此外,民国初年地方法院的会议也较少,因而大礼堂之类的建筑可有可无。但随着法院工作人员的增多,组织全院性的大会,如每周一次的总理纪念周活动等,寻找合适的开会地点开始让人头疼。既能坐得下,还得稍显庄重,否则与会人员在精神上难以认真和集中。大礼堂的出现刚好解决了法院的燃眉之急。因而,西安地方法院搬回原址后,尽管审判业务繁多,法庭和办公用房紧张的问题极为突出,但却没有将大礼堂再改回法庭,而且还对大礼堂重新进行了修缮,"前任动用捐款完成大礼堂一座、侦查室3间、办公室4间。"①前面已经说明,从长安县杜曲镇搬回市内后,为尽快改善办公用房和看守所条件,地方法院被迫向社会募捐。在募捐的钱根本不够用的情况下,地方法院并没有首先解决最迫切的办公用房问题,而是率先修缮了大礼堂。

---

① 西安市档案馆档案,卷宗号090—1—26。

大礼堂最里面的墙上挂着一面中华民国的国旗,极为醒目。国旗下并排摆放着两张黄色的三屉办公桌,后面放着几把高背椅子,为讲话人就坐的地方。讲话人对面并排摆放着十来个木制的长板凳。与当今的标准相比,尽管修建后的大礼堂也还嫌简陋,但其中仍有值得关注的地方:一是已经有了主席台的概念,虽然这种意识还不太强烈,但毕竟已开始出现。大礼堂中最前面摆放着两张办公桌,足可以容纳下几人就坐,显然不完全是发言席,其目的只是为了突出就坐者不同于他人的地位;二是会议主持人或讲话人与听众之间的空间距离还较小。在拥有足够的空间前提下作如此安排,可能的解释是为了会议组织之需要,而不全是为了彰显讲话人与听众之间的差距。笔者曾留心观察过多幅民国时期会场的照片,发现座位之间大都是如此安排,也就是说西安地方法院的安排并非个案。这看似相互矛盾的两点,真实地反映了中国会议制度转型时期的特征。

民国时期,国人对会议的依赖程度还不像今天这般严重,因而,大礼堂的实际利用率并不太高,大礼堂的出现蕴含的是一种象征性的意义。

第二节 关注自身利益

创制审判机关的目的是为了打击犯罪和维护民众的合法权益,实现社会的公平和正义。然而,伴随着时间的推移,西安地方审判机关对于自己应该承担的法定职责态度上日渐麻木,相反,对自身利益的重视程度则在不断增长。

如民国晚期,在人员编制极为紧张的状况下,西安地方法院专门成立了总务科,由专人负责采购面粉、食盐、油煤和布等员工日常生活用品,低价卖给员工,以渡时艰。此外,地方法院院长的注意力也越来越多地投向办公用房、员工的住房、员工的食堂,甚至员工的理发等问题。这种现象一开始可能还是偶而为之,但到后来大家都习以为常,如西安地方法院院长向上级主管部门汇报自己的工作业绩时,竟然堂而皇之地汇报说:"重视员工福利,动用存款按月购买面粉、食盐、油、布等类,廉价配售,并成立理发室,以免受市面高价压迫员工,受益不少,生活颇称安定。"①这种情况并非仅限于西安地方法院一家,具有相当的代表性,如陕西高等法院也开办有员工食堂:

> 本院设有公共食堂,参加者 80 余人,每月由罚缴提留福利费项下津贴煤炭。伙夫工资,则由经费内工饷项下开支。值此物价飞涨之时,员工生活,极感困难,本院虽不时向面粉工厂、花纱布局,煤炭各厂洽购日用物品,分配员工使用,但僧多粥少,仍无以为济。此事中央若无根本解决办法,将来员工生活,日趋艰难,恐于工作效率,受有重大影响。②

久而久之,那些能给员工带来更多物质利益和实惠的院长就成了好院长,而那些不擅长此道的院长则被迫承认自己无能。1946 年 12 月西安地方法院最后一次总理纪念周活动上,院长崔炎煜态度诚恳地向大家道歉:

> 今天的纪念周是我们三十五年(1946 年)度结束的最后一个纪念周,我们回顾以往,本人能力有限,在这一年中毫无成绩。对同仁方面,在福利事项上没有作到圆满。现在年终了,我们要回顾以往,刷新将来,希望大家有好的建议尽量提出,本人对大家没有什么贡献,很是惭愧,大家辛苦了。③

翻检西安地方法院的院务会议记录,有一点让人印象深刻,即到民国晚期,会议所讨论的内容逐渐脱离了审判业务,核心的内容是如何保障和改善员工的生活待遇。如 1947 年陕西高等法院 7 月份第一次小组会议上有人

---

① 西安市档案馆档案,卷宗号 090—1—26。
② 陕西省档案馆档案,卷宗号 089—5—268。
③ 同①,卷宗号 090—2—3。

提议将每月工资分三次发放,以应对通货膨胀,提议未获通过。第二次小组会议上又有人重提该话题,提议能否将工资分两次发放,具体为每月1号和15号,提议获通过。而本月的第三次小组会议上竟然又有人提出能否将工资一日一发放,提议未获通过。这种对个体利益的执着真是令人刮目。①

需要指出的是,民国晚期西安地区经济凋敝,物价飞涨,入不敷出成了绝大多数司法人员经济生活的常态,生活水准急剧下滑。此外,民国时期地方无专门的司法行政机关,加之社会福利和社会保障事业尚未建立,许多原本属于司法行政机关的职责或者原本应由社会来解决的问题也只能由地方法院自行来解决,因而,在经济极度困难的时候,适当关心员工的物质利益也不为过。

此外,从理论上讲,作为个体的司法人员,或者司法机关关注自身的物质利益,即便是投入的精力较多,只要不影响审判工作,不以权谋私都无可厚非。然而,现实生活中,当司法人员对自己的利益过于关注,利用权力兑换利益的现象就难以避免。差别只是合法与非法的标准外人很难判断而已。下面所引的几则材料从不同的层面反映了这一问题。

其一,1947年1月西安地方法院检察处接到举报(据地方法院讲)。举报西安地区的一些面粉厂有偷漏税款行为。西安地方法院的推事积极配合检察处对面粉厂的账簿进行彻查,并对一些面粉厂的账簿进行了封存,导致几家面粉厂停业。当地一些新闻单位,如正中社等为此发表消息,引发了社会各界的热议。同年召开的西安市参议会一届四次会议上张恒忻议员就社会上传言西安市某些面粉厂因受法院强行查封一事向地方法院进行质询。崔炎煜院长对该质询进行了回应。他说,事情完全是依法进行,没有任何违法之处,社会各界的热议是因为听了一些不负责的媒体误导所致。

关于张恒忻检举面粉厂商一事,各位很关心,因此次事件经过,外

---

① 陕西省档案馆档案,卷宗号089—7—289。

间多有讹传,本人趁此机会略加说明。依法律规定,检察官与审判官职权相分,但遇必要时可以互调服务。此案发生后,本院首席(检察官——引者注)偕推事3人随带宪兵、警察、检察官8人决定出发,注重查封账簿,而以保持和平并不妨碍营业为原则,仅在账簿装订处及结存处加盖公章,惟有福豫面粉公司因主管人员未在,当将账框先封。经过两天又到该厂,而厂方又以会计人员不在,不能开封,多事敷衍。查账人员又于元月一、二日到华峰面粉公司,皆以负责人未在,未能交出账簿,无法封账,均未办理。不意忽于元月四日报载面粉厂商停工,本市正中社发出消息,谓法院强迫封账,致各面粉厂停工等语,此种情形,实于事实不符,法院何能负此责任。①

并表示一定会对此案"依法处理"。

崔院长的解释合理合法,但仍然难以消除社会各界的质疑,其背后隐藏的东西更加令人深思。稍有点社会阅历的人都会懂得,此次事件中地方法院的表现实在是过于积极了。案多人少是地方法院对外一再强调的,然而一件原本可管可不管的案子,却一下子抽调了3名推事参与,其行为难免引发人们的遐想。何况,事情的结果是此后西安地方法院的员工每个月从面粉厂获得了更多的按出厂价配发的面粉。此事引起了同城的陕西高等法院的嫉妒。1947年11月29日在省高院召开的组长会议上,会议主席、省高等法院院长郤朝俊不满地说:近来面粉价昂,且难购买,但西安地方法院按厂价购买,每人每次可分配三四袋。但厂方对本院分配得太少,每人每月不到一袋,拟请向厂方交涉。② 陕西高等法院是怎么交涉的,以及交涉的结果如何,档案中并无记载。但无需多少想象力,读者就能想象得到交涉的方法和结果。

---

① 西安市档案馆档案,卷宗号01—7—208。
② 陕西省档案馆档案,卷宗号089—4—18。

其二,据西安市律师公会反映:

> 关于民事执行费交纳数额,现在长安地院于声请执行时,重新估定标的价额,往往与起诉时标的价额相差过巨,不惟当事人感觉困难,且于法令似有未合,应如何纠正?①

民国时期,由于国家财政紧张,均允许审判机关在法收中提取一定比例自用,西安地方法院为了多提取,充分利用物价上涨的机会,对同一涉案标的在诉讼和执行中的不同阶段按照不同的标准收取费用,可谓机关算尽。对于西安律师公会反映的问题,尚未查到西安地方法院是如何回答的。

其三,1946年5月华北新闻编辑部的读者之声栏目登载了一则新闻报道:

> 抗战胜利后人民身体自由的呼声达到最高潮,当然在司法界也不能例外,尤其是示范县的一切更使人们有相当的憧憬,但据咸阳看守所已开释之犯人云:看守所管理人员不但剥削犯人家属所送之物,并有多少事情是外面的人想象不到的,即如香烟一项在外观上列为禁例,其实是不准别人送,只许他们看守卖,每支墨雀香烟竟售40元;灯油费更是日夜都收;并早已收水费,而水费更多花样。他们向茶铺购买,每小壶仅合四五元,而对人犯则每壶卖至30或40元不等。犯人中有阶级性,有钱者可以获优待室,无钱者只能群集斗室,卫生一点不讲,臭气甚于厕所。仅将上述黑幕列其概要,望司法界予以纠正。②

看守所竟然公开的利用国家赋予的对嫌疑人看管权力与被看管人员进行不平等的交换实属骇人听闻,而且还私自收取灯油费、水费等各种名目繁多的费用。

---

① 西安市档案馆档案,卷宗号01—7—550。
② 《陕西高等法院公报》第65期,1946年5月。

其四,1946年5月23日陕西省政府致电陕西省高等法院:

> 据报陕南各县人民诉讼状纸原印价每张三五元。而人民购买价每张则千余元,且每张之缮状费亦须付千元以上之巨,请转饬各县司法机关酌情核定公允价格,晓示民众以杜流弊。①

这些问题,尽管不都是西安地方法院所为,但足以让人惊讶。

第三节　工作懈怠

与此同时,精神上的懈怠亦开始在司法系统内弥漫。

一、请假

因病或因事请假是每一个工作者的权利,但过多的请假则势必影响工作。为此,早在1936年,南京国民政府司法行政部就曾制定"请假条例",对司法人员的请假事项专门进行规范。1948年司法行政部再次制定"请假规则",在原有条例的基础上对司法人员的请假事项做了新的规定,希望以此减少请假现象。新的规则对请假事由(病假、事假等)、休假时间、休假时须注意的事项,违反规定者的处罚标准,以及全年无休假的勤勉者如何奖励等,均做了明文规定,如丧假3个星期,超过者以事假计;超假者按日扣俸;旷职一星期以上者撤职;休假期间不得兼职;全年无请假者年底加俸一个月等。同时还规定了请假的程序,如请假者须填写统一、格式化的请假单,请假单由单位人事管理员管理,销假应向上级机关备核等。不仅如此,考虑到

---

① 陕西省档案馆档案,卷宗号089—10—1458。

工作的性质,该规则还对院长、记录书记官等人员的请假事项在程序上做了特殊的规定,如地方法院院长、首席检察官请假报司法行政部核准;地方法院看守所所长请假由地方法院院长核准;记录书记官请假需要经过与其合作的推事、检察官同意等。①

遗憾的是,该规定并未达到减少请假现象的目的。

表 11.3　西安地方法院推事和书记官请假一览表　1948 年②

推事请假情况

月份	名单	请假事由	天数	月份	名单	请假事由	天数
1月	屈天行	因事	6		屈天行	因事(结婚)	5
2月	张厚坤	因事	2	8月	宋瑞麟	因病	8
3月	董庆龄	因病	4		张厚坤	因事	4
	屈天行	因事(妻亡)	10		屈天行	因事	6
	张厚坤	因事	2		徐志远	因事	7
	罗善群	因事	17	9月	无		
4月	张厚坤	因事	2	10月	李本固	因事	7
5月	张厚坤	因事	4		屈天行	因事	3
	屈天行	因事	5	11月	徐志远	因病	10
6月	无				张厚坤	因事	3
7月	罗善群	因事	10		李本固	因病	14
	张厚坤	请假	2	12月	张厚坤	因病	7

请假事由中屈天行是因妻亡和再婚;张厚坤则是因病,并于 1949 年 1 月去世,即屈天行和张厚坤的请假原因属不得已。而其他推事请假事由的

---

① 陕西省档案馆档案,卷宗号 089—1—158。
② 西安市档案馆档案,卷宗号 090—1—45。

真实性,就不得而知了。

书记官请假情况①

月份	名单	事由	天数	月份	名单	事由	天数
1月	王执中	因病	2续假2	7月	黄元恕	因事	3
	仲济禄	因事	3		焦书业	因事续假	7
2月	段鸿毅	因事	7		段鸿毅	因事	6
	徐玺	因事	4天半		郑锡平	因病	19
	陈宏滔	因事	1		吴克刚	因事	5
	张其辉	因事	2		陈宏滔	因病	1
3月	焦书业	因事	5		董步裕	因事	2
	毛崇恭	因事	2		段鸿毅	因事	2
	王艳如	因事	8		毛崇恭	因病	3
4月	张其辉	因事(回家扫墓)	2		屈天英	因事	5
	段鸿毅	因事(父病)	10	8月	仲济禄	因事	3
	董步裕	因事(葬叔母)	1天半		焦书业	因病	6
	叶遇春	因事	半天		叶遇春	因事	1
	陈宏滔	因事	1		李显瀛	因病	2
	段鸿毅	因事续假	7		屈天英	因事续假	2
	王艳如	因生产	一个月		王艳如	因病	9
	郝颖侠	因病	7	9月	陈宏滔	因病	2
	冯肃	因事	1		黄元恕	因病	10
	徐玺	因事	4		王艳如	因病	20
5月	徐玺	因事	6		张其辉	因病	14

① 西安市档案馆档案,卷宗号090—1—44。

续表

月份	名单	事由	天数	月份	名单	事由	天数
	潘日耀	因事(省亲)	20		陈宏滔	因病	2
	郑锡平	因事	5	10月	焦书业	因事	7
	黄元恕	因事	3		郝颖侠	因病	7
6月	毛崇恭	因事	5		屈天英	因事	半天
	屈天英	因事	7		毛崇恭	因事	6
	潘日耀	因事续假	10	11月	黄元恕	因事	2
	焦书业	因事	10		焦书业	因事	5
	郑锡平	因病	14		屈天英	因事	1
	李显瀛	因事	8	12月	段鸿毅	因事	6
	俞人俊	因病	2		黄元恕	因事	2
					徐玺	因事	5

与推事相比,书记官的请假问题更为严重,其中一些人已到了无法容忍的程度,以至于有律师抱怨说:"律师声请阅卷,往往因主管书记官迟到或请假而不能检交,殊感困难。"①民国时期,在特定的时间段里推事与记录书记官的工作是固定搭配的,因而无论是书记官,还是推事的单方请假都将使手头正在进行中的案件停顿下来,最终影响到工作效力。更有甚者,有些人竟然不打招呼便离职而去,地方法院的人事案卷中经常看到如此记载:"无故缺职,书记官何昌质以接家电有要事返鄂不归","职缺,书记官焦书业离职不归"②等。

---

① 西安市档案馆档案,卷宗号01—7—550。
② 同上,卷宗号090—1—44。

二、迟到早退

请假之外,民国晚期地方法院员工中存在的迟到早退等违纪现象更值得关注。人事档案中对此有些许记载,如有的人不遵守正常的工作时间晚来早走,有的人来了但不认真办公,或闲聊,或翻看报纸,影响和干扰了其他人的正常工作。1946年,在西安地方法院举办的一次全院大会上,院长崔炎煜说:

> 查本院同仁历来其能遵守办公时间,恪守职责者固多,而浪漫游侠旷废光阴者亦尤不少,殊非现代公务人员应有之现象,值此准备行宪,司法人员宜作表率之际,凡我同仁务须站定岗位以勤以慎,恪尽职守,毋贻人以口实,本院专有厚望矣。①

这是迄今发现的类似训话中较早的一次。崔院长的话显然收效不大,以至于此后相当长的一段时间内他不得不反复提及,且口气一次比一次严厉:

> 本院同仁精神涣散,真令人不堪设想,何以言之。我们不要说别的,全院职员众多,而今天出席开会的人数仅到二分之一,半数的人员不出席,让人觉得太不景气了。希望同仁等各自勉励,对于未出席的人员转告今后再不要这样了。

> 迟到早退,对其职责漫不经心者,仍然不少,自即日起务宜涤除积习,自重自爱,以勤以敏,慎勿故罹落伍,以取戾咎②。

院长之外,也有人尝试改变此风气。如1949西安地方法院文牍科的一

---

① 西安市档案馆档案,卷宗号090—1—4。
② 同上,卷宗号090—2—5。

次小组会议上有人提议:

> 本室因办公人数较多,室中秩序纷乱,致影响他人办公致巨,嗣后希在办公时间,请勿喧哗,以免扰乱公众秩序,妨碍他人工作,而致事半功倍之效,请公决案。①

对中国国情稍有了解的人都会知道,中国熟人之间如有矛盾,较少公开和当面进行批评的,因而,上述文字足以反映问题的严重程度。

三、工作纰漏

请假、迟到早退、消极怠工等现象无法制止,不可避免地导致工作的纰漏。为了使读者对民国晚期西安地方法院员工懈怠工作的状况有一真实感受,特选择几则材料,以便窥斑见豹。

第一,工作拖沓的推事和书记官。案件审限内结案率较高曾经是西安地方法院审判工作的一大亮点,但到民国晚期情况发生了变化,案件积压现象开始出现。

> 查本院案件进行迟滞,社会屡有烦言。核本院自杜曲迁回后,每月受案数字较前在乡间并未有巨量增加情形,而本年度推事员额又复增添数名,其案件进展迟缓,原因究系何在?②

地方法院院长的这段话传达了一条极为重要的信息:在案件数量没有明显增多,而推事数量增加的情况下,地方法院的未结案件率不降反升。此外,统计数据表明,案件积压并非个别现象,而是所有的推事均如此。以下是1948年4月西安地方法院推事未结案件统计数据:

---

① 西安市档案馆档案,卷宗号090—2—26。
② 同上,卷宗号090—1—1。

戚国光未结案件7件,屈天行未结案件17件,李本固未结案件8件,钱应运未结案件10件,卫毓英未结案件15件,张厚坤未结案件16件,郑吉林未结案件4件,宋瑞麟未结案件20件,蔚济川未结案件18件,徐志远未结案件5件,王灵枢未结案件10件,张维心未结案件17件。

原因何在?唯一合理的解释只能是推事及书记官对工作的懈怠。陕西高等法院院长郗朝俊对此心知肚明,批评道:西安地方法院的推事在案件审理方面"均嫌进行迟缓,积压过甚,转饬各该员迅速清结,以免诉讼当事人之拖累为要。"①

审判进展延缓,执行也不例外。或许是问题过于突出,1947年度西安市律师公会不得不对此专门进行讨论,并形成如下决议:"民事执行期间法定为3个月,除遇有特别情形报明院长展限外,应按期完结。地院执行处不加注意,任意延长,殊有未合,应如何请求改善?决议:由本会向地院院长陈明积弊,务请依法令饬承办推事认真办理,以免流弊。"②但建议并未取得明显效果。统计数据表明,1948年4月,西安地方法院负责民事案件执行的推事罗善群当月未结案件数65件,执行不力情况依然如故。

第二,失职的看守和法警。1948年5月25日下午2时西安地方法院执达员王辅臣和郭道生带领4名人犯在法院院内抬运砖土时,因失于看守人犯冯牧牛乘机脱逃。更为严重的是,人犯脱逃后郭道生竟然不当回事,既不立即追捕又不报告,殊属不尽责任。王辅臣为此被记大过两次,郭道生被革除处分。③

1948年10月30日,地方法院法警王嘉宽押送、看管涉嫌贪污的嫌疑人张文杰在西安地方法院看管室等候审讯时,嫌疑人以去厕所小便为由,竟

---

① 陕西省档案馆档案,卷宗号089—4—11。
② 西安市档案馆档案,卷宗号01—2—550。
③ 同上,卷宗号090—2—39。

然在法院大院内成功脱逃,一时成了新闻。①

1949年1月,地方法院看守所又有5名在押人员一次逃跑,逃跑的人员中包括已经一审被判处死刑和无期徒刑的重刑犯。一次逃跑5名在押人员,其中还包括死刑犯无疑是件大事,同年1月司法行政部发布监字3622号指令:"本院看守所脱逃人犯李宗明等6名及脱逃人犯吕志俊一案,所长邹毓璋,所官钟正升应停职,移送惩戒,院长金锡霖应予记过一次。"②

"庭公丁精神散漫,懒惰成性,应严加管理,"③陕西省内各地法院大都有此同感。

第三,免职的看守所所长。培养羁押人员的生存技能是新式监狱和看守所的基本职能。为了鼓励监狱和看守所中的在押人员从事生产劳动,南京国民政府特安排有专门的作业经费,逐年划拨。然而,不知出于何种考虑,1948年春西安地方法院看守所所长邹毓璋竟擅自将分配给该看守所的上年度作业经费500万元原封不动地上交了国库。其时,西安地方法院院长正在为经费的短缺而烦恼。得知此事后,地方法院院长极为恼火,鼓动陕西高等法院将邹的行为上报司法行政部,并在报告中建议拟照监所作业管理人员奖惩办法,令所长邹毓璋如数赔偿。1948年7月6日,司法行政部对此进行批复:

> 查此项基金系由所长退回国库,与经营不善导致亏损情形不同,令该所所长赔偿于法无据。惟其昏聩,玩忽职守则无可讳,该所长邹毓璋应予免职。④

7月13日,陕西高等法院下令将邹毓璋免职,事情至此原本该画上了

---

① 西安市档案馆档案,卷宗号090—7—574。
② 同上,卷宗号090—1—27。
③ 同上,卷宗号089—4—19。
④ 同上,卷宗号090—1—30。

句号。但接下来发生的事情更让人大跌眼镜。邹毓璋被免职了,继任者也没了下文。

这回轮到邹毓璋着急了。7月28日,已被宣布免职的邹毓璋致信地方法院院长金锡霖,转呈陕西高等法院院长:

> 窃职前经部令免职,应静候交接,曷敢冒渎,兹以璋积劳成疾,身体实难支撑,现已住院调养,所务应先行派员代理,以专责成,理合签请钧座鉴核示遵,实为德便。

报告上呈之后如泥牛入海。8月7日邹毓璋再次致信陕西高等法院院长:

> 窃职因病不能服务,曾经恳祈早为派员接替而资休养各在案,现已多日仍未奉示,理合再为签请钧座鉴核,迅予派员接替,以专责成,实为至祷。

这次终于等来了消息。8月23日,陕西高院训令:新人未到之前,邹毓璋继续负责。

但过了一个月,继任者仍然未到任。9月28日,邹毓璋又一次致函陕西高等法院,恳请上峰早日任命新人。

又过了一个月,10月22日,继任者李说莲总算到任,从3个多月前就已被免职的邹毓璋手里接过了看守所所长一职。

第四,推事的任职命令。1948年2月26日,西安地方法院代理推事余国藩致信本院院长金锡霖:

> 窃职自民三十六年被任命为本院刑事庭推事,并依照规定早将应送呈之判决书20份、证明文件一册呈送司法行政部审核加委,然为时过久,杳无音信,为此恳请饬人事室专案查明,催请速办,以免遗失,为公私两便。

金锡霖批示：呈请高院予以查明。①

无独有偶,同年4月1日,地方法院代理推事罗善群为同样的事由致函本院院长金锡霖：

> 窃职于民国三十六年(1947年)五月间,奉派暂代陕西长安地方法院推事职务。并令知应于奉派后3个月内呈缴所拟判决20份以凭审核等,因当遵于三十六年七月间将所拟判决20份检呈陕西高等法院转呈司法行政部在案,惟迄今已10个月之久,尚未奉部令,知谅系邮递所误或已遗失,为此特再检具最近所拟判决20份恭请核转呈,实感德便。②

对于罗善群的疑问,金锡霖未作答复。就常理而言,在动荡不安的民国时期,特别是民国晚期邮递物在邮递的过程中出现遗失完全可以理解,但每件邮递物都遗失则很难解释！何况,这里面还暗含着一个小的玄机。1948年3月,即罗善群给金锡霖院长写信的前一个月,金锡霖已经接到了陕西高等法院转发的司法行政部训令,调派罗善群前往广东任职,也就是说罗善群已不归他管了。但不知何故,罗善群并没有走。因而,面对着同事的提问,金锡霖不知道该如何作答。

一个月以后,金锡霖又收到了来自司法行政部的训令,派郭文翰顶替罗善群之缺,为西安地方法院推事。接到训令金院长着急了,5月15日他急电陕西高等法院：接部令郭文翰到任,本院推事并无遗缺,不知薪俸从何而出？这时候,陕西高等法院和司法行政部才知道罗善群尚未赴新任,28日又重新下令,郭文翰暂缓到任。③

对于司法行政部和法院来说,任命推事都是件大事。而司法行政部的

---

① 西安市档案馆档案,卷宗号090—1—29。
② 同上。
③ 同上,卷宗号090—1—35。

做法,确实让作为地方法院院长的金锡霖不知该如何答复。

第四节 渎职和腐败

既有的学术研究,特别是中国大陆地区出版的各种作品中,"民国晚期司法腐败严重"早已成为定论。如有学者指出:

> 1927—1949年的南京国民政府时期,是近代中国历史上司法腐败比较严重的时期,也是中外瞩目的社会问题。南京国民政府也做过一定司法改革努力,如1935年全国司法会议及1947年的全国司法行政检讨会议等,都是为寻求解决司法问题而召开的,但实际效果并不明显,法律体系的相对完备与司法实践的严重滞后是南京国民政府时期最为怪异的法律现象①。

中共司法领域的领导人董必武曾确定地说:

> 旧司法人员中贪赃枉法的很多,据初步统计,旧司法人员中贪污的一般占百分之五十以上,有些地方比重还要大,而且性质恶劣。②

董必武的数据从何而来无法得知。但陕西司法界的情况似乎可以支撑其观点。民国时期,官方对于司法系统存在的腐败问题从不回避:如1946年2月11日上午9时,陕西高等法院院长郗朝俊在全省法院院长联席会议上痛心地说:

> 2月4日(农历十二月三十日)本省法界发生一不幸事件,(外面风

---

① 张仁善:《司法腐败与社会失控(1928—1949)》,社会科学文献出版社2005年,第1页。
② 董必武:"关于整顿和改造司法部门的一些意见",《董必武法学文集》,法律出版社2001年版,第120—121页。

邮呈 内声请状一件

单挂号

陕西高等法院检察处钧启

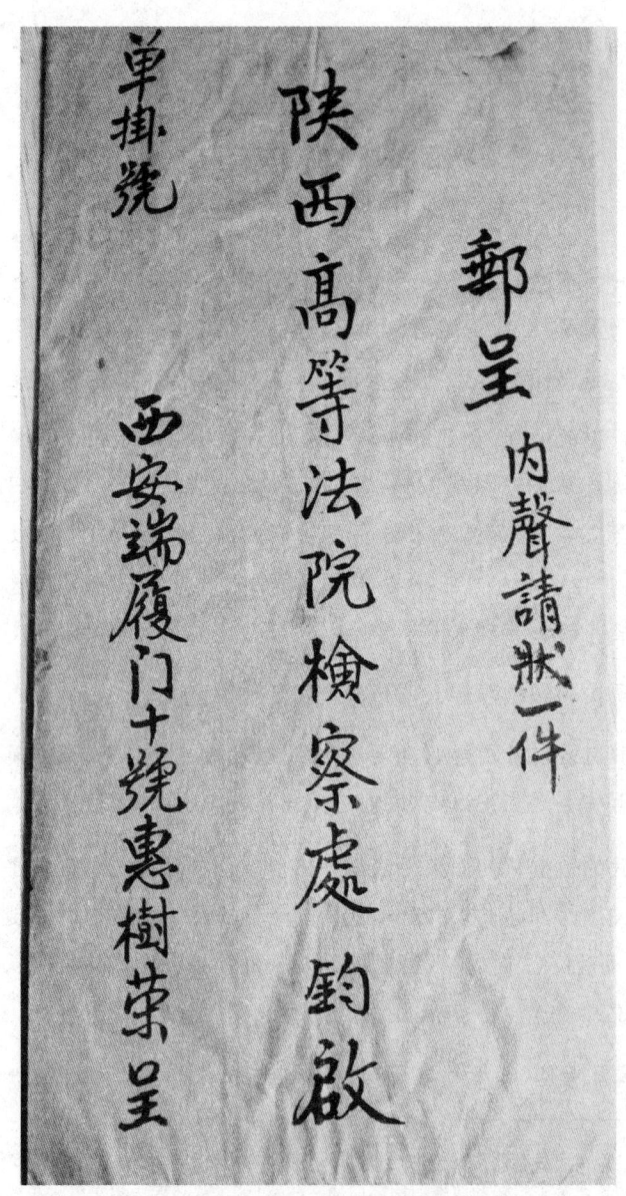

西安端履门十号惠树荣呈

惠树荣的控告信封。来源西安市档案馆

闻谓"打官司要钱,无钱即不能打官司")查礼泉县司法处受理案件,判决主文,罚款数目,判决书原本与正本所载不符,即送达当事人者,所载罚款数目多,卷内底稿款数少,应罚4万数千元,向人索要8万元,如收税蠹吏所用大头小尾之弊端,竟亦发现于法界。①

在另外一次全省法院院长联席会议上,时任陕西高等法院第四分院院长的崔炎煜反映说:

> 本院办理案件中于未宣判前常有泄露,应如何纠正。会议决议:推事及记录书记官严加注意保守秘密,并注意法警执达员等刺探案情,如有发觉,依法严办。②

陕西高等法院档案中保留的几份特别举报信似乎亦可以为此佐证。如陕西凤翔县监狱警卫科长党鹏举向陕西高等法院首席检察官朱观举报本县监狱典狱长:

> 本监孟典狱长自到任以来,贪迹淋漓,任用私人,儿子、外甥、内侄、连襟、表弟、表侄布满监狱,遇事兴风作浪,数党攻击异己。③

再如陕西雒南县司法处全体员工向陕西高等法院院长郗朝俊具名举报县司法处主任、审判官田景文,举报的内容更为恶劣和离奇:

> 雒南县司法处主任审判官田景文到任数月以来,舞弊罄竹难书,受贿卖法,幸蒙钧院换该审判官,空气传来,雒民欢腾,咸以苍天睁眼,不料田景文手腕奇巧,在撤换消息传来之余,烧烛设宴招待职等,哭声泪下,自拟自撰挽留呈文迫职盖章欺罔上峰,职等碍于情面,不便推却,章盖喜罢,职等相聚,彼此忖度均觉反悔,为此电请迅速换田,急迫新任赴

---

① 陕西省档案馆档案,卷宗号089—4—11。
② 同上,卷宗号089—4—19。
③ 同上,卷宗号089—5—218。

雏,刷新法界积弊。①

尽管举报的内容无法核实,但同事之间具名举报本身毕竟较为少见。

然而必须说明的是,上述文字的指向与本书欲讨论的问题并不完全相同。笔者在前面已经指出,民国时期的司法机关是个极为复杂的概念,其中既包含新式法院,还有介于传统和新式法院之间的司法处,且司法处所占的比重更大。由于司法处与新式审判机关权力运行的制度约束差异较大,因而更易出现滥用权力的现象。如前引的被处分的司法人员无一例外都是司法处的工作人员。

笔者无意讨论整个司法界的腐败问题,关注的只是新式法院中的工作人员,特别是推事清廉程度到底如何?仅就常识而言,身处民国晚期特定的大环境之中,西安地方法院的工作人员,包括推事要想做到独善其身,绝非易事。

一、举报与控告

先从举报和控告情况说起。1946年11月,西安地方法院接到市民苗绍义等人的具名举报信,举报本院书记官和执达员涉嫌司法腐败。11月9日地方法院院长签发训令:

> 查本市尚仁镇民众苗绍义等控诉该镇第一保长鲁炎升贪污,案内牵涉本院书记官董庆龄及执达员张仲森有与鲁炎升相互勾结,强买红十字会房产,并花天酒地、受贿、代为在高院地院两院活动等嫌疑。此称是否属实,应由各该员以书面答复上复核。②

---

① 陕西省档案馆档案,卷宗号089—5—218。
② 西安市档案馆档案,卷宗号090—1—1。

档案材料表明,民国晚期西安地方法院的工作人员,从执达员、看守所看守,到书记官和一般推事,再到审判庭庭长、看守所所长和院长,几乎所有的人员都曾遭到过他人举报或控告,举报的事由包括渎职、枉法裁判、受贿等。举报分具名和匿名举报两种。经查实,具名举报人中的大多数是他人假借具名者而为之。而真实的具名举报人或是败诉的当事人,或是代理案件的律师及涉案的当事人,与被举报人之间有着明显的利益关系。按照办案原则,凡向政府举报的,由监察系统负责调查,调查中如发现涉及刑事犯罪则将案件移交法院检察处进行侦办;凡直接向检察处控告的则直接由检察处展开侦查。至于调查或侦查的程序为,先由被举报或控告者就被举报的问题自我进行书面答复,然后由承办人一一进行调查,最后得出处理结论。

第一,控告推事和检察官。

案例一

惠树荣控告推事邹传瑾、白泉①、崔炎煜枉法裁判案。1946年中央训练团第10分团队员惠树荣(陕西蒲城人)向司法行政部控告西安地方法院推事邹传瑾、白泉(后调陕西高等法院任人事室主任),陕西高等法院推事孙延年与陕西省银行职员韦德明勾结,枉法审判;高等法院检察官王欲纯阻挠当事人依法上诉,以及推事孙传瑾和地方法院院长崔炎煜受贿等情节。控告书云:"长安地方法院崔院长邹推事违法渎职溺私袒护,与陕西高等法院刑庭推事孙延年串通一气,不依诉讼程序违法判决。王检察官欲纯放弃职责阻挠上诉,恳乞一并依法彻查,以维护法治精神而昭公允事。……此中国目

---

① 白泉,江西星子县人,1918年毕业于湖北私立法政专门学校,1926年加入国民党,南京国民政府高等文官考试司法官临时考试初试再试中等及格。先任职于湖北沙市地方法院书记官、书记官长,湖北襄阳地方法院候补检察官、检察官,1940年代后服务于陕西法院系统,陆续任西安地方法院推事、陕西高等法院人事室主任、渭南地方法院推事兼地方法院院长等职。白泉的人事档案现存于江西省星子县档案馆,龚汝富提供。

前对外收回法权之际，若令国际闻之，对中国法治之问题颇成疑虑。现陕西法界之黑暗无与伦比。执法者而不守法，审法者而又曲法何以以昭民信。"

本案案情：1945年9月26日，现年42岁的现役军人惠树荣向西安地方法院民庭提起民事诉讼，请求确认其弟惠树棠与西安市民韦德明签订之房屋买卖合同无效，并返还房屋。地方法院民庭审理中，惠树荣又向地方法院检察处控告被告等伪造合同，涉嫌刑事犯罪。地方法院刑庭审查后予以立案，交由刑庭推事戚国光办理。由于此案出现新的变化，故民事部分只得暂停。不久戚国光因院内工作调整案件改由推事邹传瑾续办。经邹传瑾推事审理，判决被告无罪。惠树荣不服地方法院刑庭一审判决，上诉陕西高等法院，高等法院审理后于1946年2月26日驳回惠树荣的上诉。高院判决后，惠树荣屡次声请高院检察官王欲纯代为上诉。王检察官认为该判决适用法律并无问题。惠随即上诉最高法院。

与此同时，惠树荣还在《西京平报》(1945年11月21日、11月23日)及《新秦日报》(11月27日)、《秦风工商联合时报》等西安地区影响较大的报纸上发表有利于自己的言论，形成强大的舆论压力。①

争房产涉讼公堂——惠树棠说明事实真相

关于韦德明惠树棠因产业纠纷诉讼一案，已迭志报端，兹据惠君谈称原文如次：缘本人因生意亏累，所有产业一时变价不及，故于三十二年(1943年)十一月间，向韦德明借款，据韦而云，借款困难，非抵押品不可，本人遂以西大街592号所有房产权状送韦，而韦仍未慨允，云须将本人老契图章一并交作抵押，因用款在急，即行照办。韦乃假借银号钱庄名义，两次借款45万元，嗣于三十三年四五月间，韦存心欺诈，竟趁机勾结张万年私造伪契，将本人之房产，擅转伊之名下，含怨莫申，遂

---

① 《新秦日报》(晚刊)，1945年11月27日第一版。

经家兄状诉法院,第一二两次民庭审讯,韦德明供称所争房屋,系伊假捏堂名,于三十一年买到井姓之房,但经原房中人当庭证明,此房为惠姓于自立堂所买,并将本堂其他产业老契数张呈阅,韦无证据可证,第三四两次审讯,韦某供称,本人系于三十二年四月,出卖伊名下,系张万年写契,但据韦姓所举同一伪契中人高德庵到庭供称,并不知惠韦两家作房屋之事,又据韦姓推举中证孙华亭供称,韦德明于三十三年五月间求伊在伪契上作中盖章,并许予重金贿买,但遭孙拒绝,足证造伪契在前,贿买中证在后,第五次审讯,韦德明复变口供,自立堂亦可为伊所有,忽供本人在二十六年为伊在药王洞代买地皮,每亩4000元,但彼时地价只值四五百元,岂有代买之理,且确属虚伪,经当庭宣判返还房屋后,因韦德明有伪造事实,经检察处审讯两次,经高孙两证到供称,与前民庭所供事实无异,当庭裁定韦德明之行为,实有触犯《刑法》第210条之罪嫌,爰依《刑事诉讼法》230条第一款提起公诉,当庭发现伪契,并未填写日期,足证虚伪矛盾,事实所在,经当庭宣示听后判决,讵延月余,忽于本月十四日,重开辩论,但事实上并未辩论,而宣示辩论终结,追其内容,与平报十五日所载事实无异,以上事实有案可稽,但退庭后韦姓仗势欺人,竟在法院手持武器行凶,将家兄左眼击伤,当时血涌晕迷,本文当提起刑事诉讼,现韦已以伤害罪被押,至房产纠纷仍在诉讼中。

不仅如此,惠树荣还向司法行政部投刑事控告状,对崔炎煜、邹传瑾、孙延年、王欲纯等进行控告。由于控告内容涉及刑事犯罪,司法行政部将控告信转交最高法院。惠树荣的控告涉及人员众多,既有推事、庭长、院长,还有检察官,同时还包括一审、二审法院之间的勾连,最高法院检察署对惠树荣的控告极为重视,于1946年5月23日训令陕西高等法院,要求西安地方法院院长崔炎煜对惠树荣案的办理经过进行说明。

同年6月6日,崔炎煜和西安地方法院呈文陕西高等法院,对惠树荣案的办理经过进行说明,并就控告信的内容逐一答复。

惠树荣于民国三十四年(1945年)九月二十六日以韦德明为被告向本院提起民事诉讼,请求确认其弟惠树棠与韦德明成立之买卖房屋契约无效并返还房屋。正依法进行间该惠树荣忽以韦德明张万年伪造契约向本院检察官告诉。经检察官侦察起诉后始由本院刑庭推事戚国光承办。旋因戚国光改配民庭,故由接办推事邹传瑾继续审理终结,认为契约真实,并无伪造,谕知韦德明张万年无罪。判决送达后,该惠树棠一面声请检察官提起上诉,一面假借陕西省银行职员刘伯源名义在《秦风工商联合日报》登载启示制造空气,诡辩风闻刘伯源曾为院长(指崔炎煜)购买包车求贿赂邹推事亦受贿数十万元。院长以事关法院职员收受贿赂虚实均应彻究,乃饬令刑庭庭长白泉彻查。经该庭长讯据刘伯源,供称《秦风工商联合日报》启示系奸人假名刊登,彼并不知其事。复经调阅《秦风工商联合日报》启示原稿,与律师田书麟代该惠树荣在本院所递缮撰刑事状笔迹相符,并据田书麟供称刑事状及该启示均系惠树荣自缮自撰。庭长白泉根据调查并将调查所得证据送请法医士鉴定结果,认为惠树荣涉有《刑法》第310条第一项等罪之重大嫌疑,送请检察官侦查终结提起公诉后该惠树荣声请钧请裁定后移转咸阳地方法院审理结果,如何本院尚不得知,至该惠树荣告诉韦德明等伪造案业经检察官提起上诉早经钧院判决上诉驳回并确定在案。该惠树荣因技无可施,遂到处诬告,其健诉手段实堪痛恨,兹将该惠树荣指摘各点分别声复如次。

一原呈所指民事部分经宣告辩论终结久不宣判一节。查其宣告辩论终结系本院刘前院长之事,因承办推事所拟判决不能自圆其说,故刘前院长未予判行,始重开辩论,其时院长尚在安康任钧院第三分院院长职务,并未到省。原呈指称院长与白庭长勾结渎职,显系诬告。

二原呈所指院长与韦德明既属邻居且有友谊,暨于三十四年四月间院长之妻派张某向该惠树荣要求条件一节。查院长与韦德明殊未平生,韦德明既在陕西省银行服务,钧院近在咫尺自可调查无待琐陈,至三十四年四月间院长在安康钧院第三分院院长而调任现职系三十四年十月一日到差,钧院有案可稽,该惠树荣捏造诬陷尤无疑议。

三原呈第三点所指更换推事。系因原承办推事戚国光调配民庭办案民事,此系本院事务分配何能指为违法渎职。

四原呈第四点所指邹推事重开辩论。询据邹推事声称系前次宣告辩论终结时因租住讼争房屋之租客漏未调查,故乃再行传证调查,重开辩论,此系合法手续有何渎职之可言。

五原呈第五点所指各点尤属荒谬自无置答之必要。

六原呈第六点所指刘伯源登载启示一节,纯系该惠树荣伪刊刘伯源名义污蔑本院之手段,经调查明确具谓应由发行人负责亦无理由。

七原呈第六点所指钧院孙推事与韦德明勾结之嫌,亦在原呈前段污谓孙推事系由本院前任庭长白泉以曾任钧院人事室主任关系,故指使孙推事违法袒护各节,究系孙推事何时到职,白前庭长何时脱离人事室主任钧院有案可稽。现该两员均在,钧院请迳予查询。

八原呈第八点所指书记官漏添送达日期等。如果属实亦系书记官一时疏忽,除应饬其嗣后注意外,其余均无不合。再查本院因办公费过少从无官车。炎煜前任本院院长时及刘前任所乘人力车均系私车,无人不知。此次回院刘前任愿将所乘之车以6万元让卖炎煜。因前后任关系自觉不妥未予接受。乃嘱由本院书记官崔日嵩(该员与炎煜系三亲等内之亲属。于到差之次日即呈请回避,嗣经钧院调派扶风地院办事,旋复因病未到差)以6万元买得人力车一辆,即现在所乘之车。至称炎煜之妻托张某向伊要求条件云云,经询并不知情,亦不知所指张某为谁。而其时炎煜尚在安康。综上所述,该惠树荣因败诉挟怨,捏故诬陷,至为可恶,为保障法官名誉及司法威信起见,拟请钧院彻底调查,依法研究实为公德两便。

6月20日,陕西高等法院检察官王欲纯亦呈文高院首席检察官朱观,对案件的审理与上诉情况进行说明,并认为高院的二审和上诉均无问题,系惠树荣缠讼。

接到崔炎煜和王欲纯的说明后,10月10最高法院检察署指令陕西高等法院就崔炎煜的说明进行核实。11月25日陕西高院检察官询问地院院长崔炎煜。

问:你何时到任?

答:去年十月一日到。

问:你太太何时来西安的?

答:去年十一月一日以前,本人在安康,内人在户县老家。本人到西安后,她才来西安。

问:你家住址?

答:梆子市街21号。

问:韦德明是否与你住邻居?

答:邻居中没有姓韦的。

问:你认识韦德明吗?

答:不认识。

问:白庭长何时到地院?

答:三十四年二月五日到地院。

问:惠树荣案为何中途换邹推事办?

答:查院令本,邹推事三十四年十月一日到任后,邹之前任戚调民庭,故邹接替戚承办之案件。

问:惠案何以重开辩论?

答:请查卷宗。

问：当时是白泉当庭长吗？

答：是。

问：宣判后是否有判决久拖不送的情况？

答：经查卷宗，该案现在上诉中。

答：请查卷宗。

问：惠案有人向你说过情吗？

答：没有。

问：你与高院孙延年推事关系如何？

答：同事关系。

问：关于惠案你向白庭长、孙推事、邹推事说过什么没有？

答：没有。

同日检察官询问崔炎煜夫人于云芳。

问：你是崔太太吗？

答：是。

问：崔院长在安康时，你在不？

答：不在。

问：你什么时候来西安的？

答：崔调西安后，我来的。

问：你的邻居中有没有姓韦的？

答：没有姓韦的。

问：去年四月份你曾让一个姓张的找过惠树荣，有这事没有？

答：没有，我不认识惠树荣。

11月27日检察官询问地院推事邹传瑾。

问：惠树荣案是你办的吗？

答：是。

问:为何重开辩论庭?

答:因为有传证人徐汉臣之必要,徐是房客,所以重开辩论庭。

问:重开辩论庭是庭长的意见,还是你的意见?

答:与庭长研究后认为有必要。

问:这个案子,外边有人找你说过情没有?

答:没有。

问:院内有人找你说过情没有?

答:没有。

同日检察官询问陕西高等法院二审推事孙延年。

问:你与崔炎煜、白泉平常关系如何?

答:以前并不认识。

问:与王检察官关系如何?

答:到院后认识的。

问:关于惠案,白庭长、崔院长向你说过情吗?

答:没有。

问:是不是白庭长介绍你到的高院?

答:不是。

30日检察官询问惠树荣。

问:你与长安地院有民事官司?

答:是。

问:为什么事?

答:为房屋。

问:你还有个刑事案,什么事?

答:告徐汉臣伪证。

问:案子法院都判了没有?

答:都判了。

问:判了以后你怎么办的?

答:上诉二审,被驳回后,我已上诉三审。

问:你向司法行政部告崔炎煜、邹传瑾和王检察官等什么事?

答:渎职。

问:他们是怎么渎职的?

答:关于民事案件,三十四年三四月间,崔派来一个人找我要求调解,我没答应。

问:崔派了一个什么人来办此事?

答:一个职员。

问:姓什么?

答:姓张。

问:叫什么?

答:不知道,在咸阳地院干过。

答:姓张的对你说谁叫他来的?

问:他说崔太太派他来的。

问:崔炎煜和韦德明有关系没有?

答:他们很有交情。

问:姓张的给你说过后,你答应没有?

答:姓张的来找我,我没答应。该案在民庭已过了两个星期。韦德明明知已败诉,运动崔炎煜将判决压了个把月不发我。我没办法又在刑庭告韦德明伪造,经检察官提起公诉,刑庭推事认为韦德明契约没写日期,不成正式契约。并问韦德明在什么地方写的。他说在银行写的。推事宣告辩论终结听候宣判。忽然又换了推事,重开辩论,法庭上只许被告说话,不许我发言。

问:你几时收到高院判决的?

答：三月七日收到，八日声请上诉。王检察官说已逾上诉期驳回。显系他们已勾结在一起。

问：你告崔炎煜等勾结在一起，有什么证据？

答：没什么证据。我根据过程证明事实。

12月18日检察官询问韦德明。

问：年龄住址。

答：40岁。蒲城人，住蔡家什字22号，省银行科长。

问：你同崔炎煜什么关系？

答：没有关系。

问：你家距崔家多远？

答：不知道他家住址。

问：你在高院认识谁？

答：谁都不认识。

问：你同崔炎煜有金钱关系吗？

答：没有？

问：你认识崔太太吗？

答：不认识。

问：崔的前任，地院刘院长认识吗？

答：不认识。

问：你与惠树荣的案件，托过人吗？

答：没有。

问：你在省银行几年了？

答：十几年了。

问：你在椰子市街住过吗？

答：没有。

本案至此调查终结,检察官最后认定,惠树荣控告不实,并涉及诬告。检察官随即以惠树荣涉嫌诬告罪提起公诉,因诬告的对象涉及地方法院,案件交由咸阳地方法院审理,案件开庭后惠树荣拒不到庭。①

1947年3月,西安地方法院就惠树荣诉韦德明房屋买卖合同纠纷案做出一审判决,惠树荣败诉。惠树荣不服一审判决,上诉陕西高等法院,同时又向地方法院检察处控告民庭庭长、推事钱应选渎职。

3月21日,李寿彭传证人,代理律师牛庆誉及原告惠树荣24日到检察处进行调查。牛庆誉和惠树荣均未到。李寿彭遂再次传唤。但牛庆誉和惠树荣仍未到。期间,惠树荣分两次向检察处声请依法究办推事钱应选。4月17日,检察官李寿彭对钱应选作不起诉处理。②

案例二

郭自铭诉推事王灵枢渎职和妨害自由案。1948年8月21日,35岁的西安市民郭自铭向西安地方法院刑庭提起刑事自诉案件,控告该院刑庭推事王灵枢渎职和妨害自由,同日聘请律师张恒忻为代理人。自诉状云:自己系伍文学侵占案的第一证人,但却被案件承办推事王灵枢以欺诈罪名滥行羁押。依刑事诉讼法羁押须有必要时方得为之。证人并非犯罪之人,更无羁押之必要。在欺诈罪名尚无定论的情况下,羁押证人涉嫌渎职和妨害自由。宪法对人民自由之保障规定甚详。其竟违反,请依法审判以保障人权而惩不法。

地方法院经审查后立案。9月9日,承办推事对自诉人进行传唤,听取其陈述。次日调取伍文学案的案卷。查阅案卷时推事发现此案曾经本院检察处依法侦查并有结论。

查公务员因执行职务,知有犯罪嫌疑者应为告发。《刑事诉讼法》

---

① 陕西省档案馆档案,卷宗号089—2—248。
② 西安市档案馆档案,卷宗号090—14—68。

第220条定有明文。本件被告于本年八月十八日下午二时审理伍文学自诉马钰臣等侵占一案，发见证人（即本件自诉人——引者注）郭自铭犯有背信罪嫌（事实载伍文学自诉马钰臣等侵占卷内），当闭庭时谕饬法警李彦武引同郭自铭出外觅保。拒退庭后，该法警报有案外之律师张恒忻在法庭外大声阻止，不许郭自铭找保等语（原报告伍文学自诉马钰臣等侵占卷内）。郭自铭既受该律师之教唆而抗不取保，被告亦未听其逃匿则不得不将郭自铭管押。遂于翌日（即十九日）移送本院检察处侦查。依据首开法规毫无不合。

15日承办推事向王灵枢送达起诉书副本，同时通知本院检察处9月18日下午刑庭开庭，请届时派人莅庭。

9月18日下午地方法院刑庭开庭审理此案。自诉人和代理人陈述的内容与自诉状相同，未提出新的证据。被告王灵枢对羁押原告的原因做了解释，强调庭审时原告有背信作伪证的嫌疑，为审判之需要即当堂令其取保候审，但原告听到处理后却咆哮公堂，拒绝取保。为防止串供，维护法律尊严遂依法对其进行羁押。法庭调查辩论至此终结。推事并未当庭宣判，宣告休庭。

10月9日，自诉人撤回自诉，理由：

　　民乃一介愚民，不明法律。受人唆使，妄以讼端。被押已近4月之久，致使全家生活无法维持，几近饿毙，实乃咎由自取，祸由自招，追悔何及。今已明了自己错误，情愿改过自新。为此具状泣恳钧院宽大为怀，恩悯愚民无知，生平并无犯法行为，请予撤回自诉，准予开释以致救济。

地方法院刑庭随即对王灵枢作无罪判决，案件终止。[①]

[①] 西安市档案馆档案，卷宗号090—3—90。

第二，控告看守所主任和所长。

案例一

看守所所长李说莲、看守王凤祥与囚犯相互勾结勒索人犯财物贪污囚粮案。1948年2月23日陕西高等法院接到西安地方法院看守所羁押人员宋改朝、党建民、毕殿臣、屈耀亭、李汉青、杨增森等人控告信,控告看守所所长李说莲、看守王凤祥与囚犯相互勾结,向其他人犯勒索财物、贪污囚粮等。在类似的举报信中,该举报信举报的内容相对具体。

为诉西安地方法院看守所所长李说莲,解护主任王凤祥设局磕诈,受贿放走人犯,克扣囚粮,放赌抽头,私设保管,谨将各项事实详陈于后：

一磕诈威吓部分。会通犯人孙瑞伯①又名孙太爷及卫士杨绪堂等以仗死刑无所不为,凡押一新犯人必须要5000元上炕钱尿罐钱,均由孙太爷亲交所长及主任各2000元,下余1000元由孙太爷吃了黑食。每一新犯人当戴大镣一副,然后由孙太爷暗里说话,一人3千元又交所长主任。看守所判死刑人犯有花3000元或4000元方开大镣,不花钱的人三年、七八年戴镣极多。前者由绥靖公署新来13人,每人进所先与所长及主任花洋6000元均由孙太爷交付所长,即可堂讯证明一切。

二放走人犯部分。查高同元、范鸿山等5人当跑时本年正月六日晨高同元即向知友说"我现在与所长拿出2万元即可脱法,共是5人10000元。你如果想走,即速拿出20000元,马上叫你也走等话"。此话说完约有10分钟高同元等果然不见,以至下午2时该所长方集合点名,不见高同元等5人。此5人均系无期徒刑死刑,又戴刑镣,如何越墙而走。

三克扣囚粮。发100斤出了牙的小麦,要90斤黑面,白面看守等

---

① 有关孙瑞伯的情况,请参见本书第八章第四节。

抽出。副食费完全没有,蒸的生馍,几百余人每日只发4小桶烩汤。现有生黑馍为证。

　　四犯人家中来人,所寄之款交付保管,不交付犯人,利用此款钱行息。犯人若用时即向保管讨取。犯人如以理辩论,所长立喝令绳捆棒打,脚镣手铐刑具俱全,犯人等实不堪其苦,只得恳乞钧处姑念犯人之痛苦,立即将该所长等撤职查办,感恩不尽矣。

举报信文字书写潦草,错字别字连篇,许多地方语句不通,与举报人的身份较为吻合。此前检察处曾接到过类似的控告信,但因查无实据,不了了之。但这封控告信写得十分详细,而且许多内容非看守所内部人员无法知晓。因故陕西高等法院检察处对此信极为重视,3月17日向西安地方法院检察处发出训令,要求认真查处。地方法院检察处当即立案,由检察官高佑时负责侦办。因宋改朝、毕殿臣、屈耀亭、李汉青等嫌疑人已释放无下落,高佑时于20日对还在押的控告人党建民和杨增森依法讯问。

检察官先问党建民姓名、年龄等。

　　答:党建民,33岁,在押,罪名杀人。
　　问:你于二月二十七日状告李说莲贪污,是吗?
　　答:没这事。
　　问:你认识宋改朝、毕殿臣、屈耀亭、李汉青吗?
　　答:认识,同号难友,此4人已出去了。
　　问:上述4人曾表示过要告李所长吗?
　　答:没听说过。
　　问:孙瑞伯、扬绪堂等向新犯人要钱,然后转给李所长一部分,有这事吗?
　　答:不在一个号子,不知道这事。
　　问:新犯人戴刑具,然后由孙瑞伯向李所长请求,每人给所长多少钱可以不戴刑具?

答:不知道这事。

问:犯人花钱给所长,就可以不戴刑具,有这事吗?

答:花不花钱不知道,但死刑犯有戴刑具的,有不戴的。

问:最近绥靖公署新送来了20多人,每人给孙瑞伯多少钱?

答:不知道。

问:正月跑犯人的事,说是给所长送钱了,送了多少钱?

答:不知道这事。因跑的犯人是在南所,我在北所。

问:给犯人吃饭是否将好的抽走,给犯人吃麸子。

答:没这事。

问:所长经常打犯人吗?

答:不打犯人。

检察官再问杨增森:

答:48岁,在押,杀人,礼泉人。

问:党建民刚才说的话,你听到了吗?

答:听见了。

问:你告李所长了吗?

答:没告所长。

检察官重复与党建民的对话,杨增森所答与党建民相同。

3月25日检察官高佑时又对新近从西安绥靖公署移送而来的嫌疑犯马传厚、刘镇环进行讯问,重点讯问入所时是否被人勒索,马传厚、刘镇环所答与党、杨基本相同。

次日,党建民具状西安地方法院检察处否认曾控告过李说莲。

> 窃民因杀人嫌疑羁押西安法院看守所迄今一年余。兹谨守所规与难友相处皆极和睦,每日互相劝勉,互相规过,安分守法以待冤抑之昭

雪,并无丝毫法外情事。不意月前不知何人假借本人名义捏词控告李说莲、孙瑞伯,意图挑拨离间破坏感情。除上次当庭否认外,特再郑重声明否认,并请彻查盗用名义之徒,予以严惩而儆不法,以解疑团实为德便。

自1948年2月底,李说莲接替被免职的邹毓璋出任地方法院看守所所长后,这已是第二次被人举报。举报者均是假借他人之名,举报的内容也大体相同,其中的一些事情系在他接手前已发生。事至此,实在难以继续调查下去。于是,高佑时做出不起诉决定,并制作了不起诉书。

西安地方法院不起诉书　1948年度特字046号

被告:李说莲,男,西安地方法院看守所所长

　　王凤祥,男,西安地方法院看守所职员

　　孙瑞伯,男,刑事犯在押

　　杨绪堂,男,刑事犯在押

　　(上)右被告等贪污案件经侦查终结认为应不起诉,兹综述理由如左(下):

　　按犯罪嫌疑不足应为不起诉之处分,此在《刑事诉讼法》第231条第一款有明文规定,本件被告李、王系本院看守所之主管人员于本年二月二十三日被人借用党建民、宋改朝、毕殿臣、屈耀亭、李汉青等名义向本处告发谓有勾结在押被判处死刑人犯即被告孙瑞伯、扬绪堂等向在押其他人犯勒索财物克扣囚粮等情事,经查告发人所举由西安绥靖公署移送本院羁押之烟毒嫌疑犯马传厚、刘镇环等证人并未有被勒索情事,党建民、杨增森等亦皆否认曾向本处告发(见本处侦查巷党建民、杨增森等供词)。报告等罪嫌询属不足。至于克扣囚粮一节,告发人等亦仅谓食物不佳,并无其他积极证据。值此机关经费拮据之时,原系事实上之困难,不能遽指为贪污之结果,况经审核本案告发人之笔迹与前在

本处借母胡娃、马茂林等名义诬告看守所长李等之笔迹完全相同[参阅本处三十八年(1949年)度特字第 035 号卷],本件当系挟嫌诬告,除并予查究外,要依首开法条予以不起诉处分。①

案例二

西安地方法院看守所监护主任耶宝珊设局陷害敲诈在押人犯案。1948年陕西高等法院检察处接到一封未署名的举报信,举报西安地方法院看守所监护主任设局陷害敲诈在押人犯。

为诉讼西安地方法院看守所监护主任耶宝珊串勾人犯阴谋设计诱人犯拜春明(系烟毒案件)购送毒品以作赃物诈财一亿万元之事。窃查人犯拜春明因吸食毒品羁押(系乐户),而耶宝珊素日假借职务之沟通人犯敲诈勒索不堪所述。惟在本月五日上午拜春明之姑接见拜,将所购毒品隔在钞票内以掩耳目(此系在前日耶与人犯阴谋有方,托告拜春明如此之送法),待拜春明接见后,耶宝珊使看守□光涛将毒品检查出叫至耶室,并将看守两名伪设法警以伪述究讯之,情同其他人犯(系心腹之人犯)诈其款一亿万元,然在法院竟有此种之非法行为,若查此案可派员至安乐巷六号,系拜春明之家,可诱询其妇,即明其情,并乞伪设人犯押所可调查看守所之一切污弊及其一般人犯未能安心守心其苦难述恳乞钧长驾临鉴饬旨彻底究惩以爰法章铭感无涯亦。②

陕西高等法院检察处将此信转给西安地方法院,并责令地方法院检察处认真调查。地方法院检察处调查后,认为举报的内容查无实据,并于7月29日将调查报告上呈陕西高等法院检察处。

举报一般都是针对实体部分,当然也有涉及程序的。如1949年长安县

---

① 西安市档案馆档案,卷宗号 090—14—11。
② 同上,卷宗号 090—11—238。

民众丁基轩写信给西安地方法院院长,反映他在诉讼中遇到的所谓怪事:

> 可怪者本月二十八日,即宣判后三日忽票传民至法庭辩论事由,及至庭质讯,仅问姓名、结案,并未问何项理由。尤可怪者判决日期系九月十九日送印,二十五日发出,民三十日收到,既然二十五日判决业已发出,二十八日何以传民质讯。现民无辜受害,时已数年,法律不能为民伸冤,兹可听天由命,窃思法律保障人权,可是刁滑者从中拨弄,一般百姓,则更冤上加冤,所以长安人将审判庭叫杀人凶手。①

类似的举报,调查结果除极少数证实外,如执达员冯致中(1947年)受贿一案即被陕西高等法院检察处查证属实,②结论大都是事出有因,查无实据。对于这样的处理结果陕西高院有时也不满意,如1948年8月7日,陕西高院向西安地方法院发出训令:称地院7月29日呈送给陕西高院的关于地方法院看守所职员耶宝珊向人犯拜春明诈财一案的调查报告中许多情节"均未一一调查明白,殊嫌疏漏,另派人负责逐一详查,明确据实验证呈复,毋延,为要。"③但最后仍然不了了之。

二、社会各界反应

尽管举报和控告大都不了了之,但举报本身却一直没有停止。更为严重的是1947年4月间,西安地方法院的大门口竟然被人贴上了"反对贪污,打倒贪污"的标语,令路人侧目。时任地方法院院长对此评价说,这件事实在令人"触目惊心",希望"同仁应多方自爱,不可以事不关己而漠不重视,个

---

① 西安市档案馆档案,卷宗号 090—11—242。
② 同上,卷宗号 090—1—19。
③ 陕西省档案馆档案,卷宗号 089—2—85。

人还是要切实检讨自己才对。"①

1948年7月21日,西安地方法院院长金锡霖接到一封署名为"护法锄奸团"的举报信,内容如下:

> 西安地方法院推事余国藩生性贪污嗜好最深,人咸呼之白面大王。神圣司法威信,遭此奸恶蹂躏,言之殊堪痛心兹。为维护法权,驱逐贪污计,谨将该恶徒贪污有据之事实分陈于下:
>
> (一)上年六月本市民国市场中医徐耀三等3人因妨害家庭案被押,当庭恐吓要判10年罪,押死监狱,徐耀三等害怕送贿3400万元,始宣告缓刑;
>
> (二)上年夏季长安狄寨乡杨体安等5甲长被控妨害兵役案,杨体安等被押后恐吓索贿800万元,临宣判时又诈索白面一包,始判缓刑;
>
> (三)上年冬季长安南乡保长贾岚峯60余岁被控贪污,证明无其事,判决无罪,因索贿不遂,故意判处妨害兵役罪3年。提起上诉后,贾因久押患病,一再恳求保外治病,因1000万元贿款未送到,不准保外。竟押毙所内。其他劣迹尚多,笔难罄述。吾公再造桑梓,奖惩在握,唯恐公忙,见闻难及,略陈一二,恭请鉴核法办。②

举报信除针对个案或个人外,也有针对西安地方法院整体的。如一位当事人在写给院长崔炎煜的举报信中说:

> 长安地院自你走后,真是如同地狱,好在我院长又回法院,当能主张公道,千万请你注意,法院信誉要紧。③

尽管尚未找到坐实地方法院推事腐败的直接材料,但各种迹象表明民

---

① 西安市档案馆档案,卷宗号090—2—10。
② 陕西省档案馆档案,卷宗号089—2—59。
③ 同①,卷宗号090—2—35。

国晚期西安地方法院存在着渎职和腐败问题当属无疑。

小　　结

与南京国民政府一样,民国晚期的西安地方法院同样透露出一股颓败的气息。

创制于清末民初的西安地方审判机关,仅经历了三四十个春夏秋冬变异现象就如此严重,其速度之快令人扼腕叹息。一个完全按照西方现代理念设计并组建的机构,一个原本被国人寄予极大希望的新式审判组织正一点点地向传统的衙门回归。

更为可怕的是,这种状况并非西安地方法院一家独有,在当时的陕西司法界具有一定的代表性。1940 年代末,一位新近入职陕西富平县司法处的审判官(姓名不详)在一封写给陕西高等法院院长郗朝俊的私人信笺里表达了自己对富平县司法界的悲观看法:"来富任事已十月,乃以未合主者之意,横被口语,深感此间事不可为。"[①] "此间事不可为"简短的一句话,把所有的问题说得极为明了。

---

① 陕西省档案馆档案,卷宗号 089—5—218。

第十二章　原因探析

作为一种移植而来的制度,新式审判机关在异质文明中出现变异不难理解,也在预料之中。但变异如此之快则着实让人诧异。本章尝试就变异的原因进行分析。

第一节　政争与党争

因政见不同或利益差异,官员之间公开或私下结党,抱团政争是任何国家都永远无法消除的现象,也是必须正视的问题。传统中国,出于维护专制统治的需要,国家通过立法对官员的结党行为进行打击。清末民初,帝制解体,现代意义上的政党开始在中国出现,结社成了公民的合法权利。但由于现代民族国家尚在构建过程中,政党内部的运作亦不规范,导致党政、政争对国家和社会的影响无所不在。

一、司法中枢难以形成

民国肇兴,政党林立,国家为了确保司法权的独立运行,除设立大理院为国家最高审判机关外,亦设立司法部,主管全国的司法行政事务,将审判权和司法行政权进行分割。尽管在近代中国与行政权相比,司法权一直处于弱势的地位,但并未减轻各政党和各种政治势力对其的角逐。据统计,自民国元年到1920年代后期,先后有伍廷芳、王宠惠、许世英、梁启超、章宗祥、张耀曾、江庸、林长民、朱深、董康、徐谦、王正廷、程克、张国淦、薛笃弼、章士钊、杨庶堪、马君武、卢信、罗文干、姚震、蔡元培、魏道明、朱履和等24位出任过司法总长(部长),任职时间长的系章宗祥,时间为2年又4个月,最短者为江庸,在职仅18天,司法中枢人事轮替如此之频繁,一个很重要的原因就是受政争或党争之拖累。

南京国民政府成立后,国民党取得了对国家的统治权,开始了一党执政的新时代。然而,国民党内部派系林立,明争暗斗和政治分赃从未停止。按照孙中山的五权宪法理论,国家在制度上实行五院制。司法院为国家最高司法机关,下设最高法院、行政法院、司法行政部、公务员惩戒委员会等机构。司法院成立后先后出任院长的有王宠惠(1928年11月16日至1931年12月29日)、伍朝枢(1931年12月29日至1932年1月11日)和居正(1932年1月11日至1948年6月24日)等,其中居正任职时间最长,达16年之久。

居正为国民党元老,西山会议派的重要骨干,在国民党内有着相当的影响力。孙中山去世后,国民党内部围绕着权力的重组展开了激烈的斗争,居正与蒋介石的关系一度极为紧张,甚至被蒋介石以莫须有的罪名关押两年之久。"九一八"事变后,民族矛盾凸显,国民党内部要求"团结"之声高涨,居正与蒋介石的关系开始缓和。1931年初居正出任司法院院长一职,同时兼任最高法院院长和司法行政部的部长;并提名同属西山会议派的覃振、茅祖权分别出任司法院副院长兼公务员惩戒委员会主任,和行政院院长,将整个司法系统全部掌控在了西山会议派手中。经过20年争斗,国家的司法中枢终于稳定了下来。

身兼数职,大权在握,居正跃跃欲试。但遗憾的是,无时无地不在的党争再次发威。1934年12月,迫于国民党内新近崛起的CC派的压力,[1]居

---

[1] 关于CC派的概念,历史上和学术界有各种解释,请参见柴夫编:《CC内幕》,中国文史出版社1988年版。

正让出兼任的司法行政部部长位置。在司法院中,司法行政部执掌人事和经费大权,因而最为重要。接替司法行政部部长的王用宾,尽管也属西山会议派,但与居正并不一心,上任后,对居正却"目无余子",司法院院长与司法行政部部长面和心不合,国家司法中枢再次出现分化。次年居正又丢掉了最高法院院长一职,大权旁落。1937年谢冠生又代替了王用宾,执掌司法行政部。当事人朱国南回忆说:此后,司法部内"上下左右不合,彼此明争暗斗","1943年,我初到司法院任编译。编译室主任王希龄对我说:'这里是非很多,不要乱开口。'"①

司法中枢的频繁轮替,难免会影响司法的稳定。司法行政部部长王用宾对此深有体会:"司法事业之萎靡不振,原因非一端,而管理全国司法行政之长官,鲜久于其任,亦固使之然也。"②

总结民国时期国家司法中枢领导人的身份特征,有两点极为鲜明:一是法政出身。从伍廷芳到居正,历任司法部长、总长或司法院院长均为学法政出身的,因而,欲作司法界的领袖,懂专业是其必备的条件。二是鲜明的党派色彩。有学者指出:"可以将民国时期的27位司法界领袖(加上王用宾,谢冠生两位司法行政部部长)进行比较考察,即很容易得出这样一个人事上的模式。这个简单的模式,虽然并不代表司法状况或优或劣,但这里传达出一个清晰的信息,即事实上整个司法中枢人事一直偏向党人化。"③

二、院长变动频繁

司法部长(或总长)是政务官,并不行使审判权,因而其变动频繁尚可接

---

① 朱国南:"奇形怪状的旧司法",《文史资料选辑》第78辑,文史资料出版社1982年版。
② 王用宾:"二十五年来之司法行政",引自毕连芳:《北京民国政府司法官制度研究》,中国社会科学出版社2009年版,第260页。
③ 江照信:《中国法律"看不见中国"——居正司法时期(1932—1948)研究》,清华大学出版社2010年版,第9页。

受，但作为审判机关的法院院长也是如此问题就大了。这里仅以西安地方审判机关行政长官的变动为例加以说明。民国时期西安地方法院的行政长官任期大都较为短暂。39年中先后经历了13位厅（院）长，平均每人任期不到4年，如果再考虑到苏兆祥和崔炎煜的因素，实际上其他厅（院）长的任期就更加短暂。

导致厅（院）长任期较短的原因较为复杂，但政治方面的影响则最为重要。观察西安地方审判机关厅（院）长的变化，可以明显地发现一个规律，即每当政权更迭或政局变动，厅（院）长的人选就会发生变更。西安府地方审判厅的第一任厅长是王凤至，但王上任没几天清朝便解体。民国初兴，王凤至立即由苏兆祥所替换。1927年年初，民国革命军占领了西安，赶走了北京政府任命的陕西省长刘振华，国民军驻陕司令部司法厅旋即发布训令："查司法机关专为保障民权而设，与人民有利害直接关系，不特行使法权之判、检应用高尚人才，而执行司法行政之各项职员亦需廉能之士。遴选固应详慎，考核尤贵从严。自当为事择人，不宜因人玩法。际此革命时期，所有从前之位置私人徇庇僚属之积弊需痛加剔除，事务需公开。本苦乐与共之精神，促奋斗努力之一致，不得再蹈旧日官僚一切恶习，妨碍振作"①，并用高广德替换了地方审判厅原厅长王芝庭。而南京国民政府甫经成立，则又用孙念先替换了高广德。民国晚年西安地方法院院长金锡霖和刘梦庚之去留也是如此。1940年代出任西安地方法院院长的金锡霖在晚年回忆文章中说："记得在1936年春，我因事到南京，曾顺便到法官训练所探访一位朋友——事务主任程伟英。洪兰友同我一见如故，就留我吃中饭，扮成一副谦恭下士的状态，表示异常亲切。"②此时，作为国民党CC派在司法界的骨

---

① "国民军联军驻陕总司令部司法厅训令革除一切旧弊恶习"，中共陕西省党史研究室编：《国民革命在陕西》（下），陕西人民出版社1994年版，第319页。
② 金沛仁："谢冠生与国民党司法界"，《文史资料选辑》第78辑，文史资料出版社1982年版。

干,洪兰友正在构建自己的权力网络。金锡霖因有了这层关系,此后便事事通达,先是出任了西安地方法院的院长。1948年,陕西地区战事吃紧,西安难保,金锡霖即刻调任湖北省高等法院首席检察官。但时局瞬息万变,次年战火又蔓延到了长江中游,"淮海大战快要结束,蒋介石下野,南京政府迁都广州。金首席检察官眼看到武汉临近解放边缘,认为长沙比武汉好,又跑到广东去钻营,果然达到了目的。不过是湖南高院首席汪廉和他对调,"又出任湖南高等法院的首席检察官。① 显然,各种政治势力都在利用一切机会尽量地把法院院长控制在自己的手里。西安地方法院的另一位院长刘梦庚也是因为与CC派关系过硬,后来还当上了国大代表。

当然,在一切强调政治正确的近现代中国,上述做法公开的理由都是为了确保政治上可靠。"1932年,司法行政部派周怡柯为湖北省高等法院院长,当时遭到湖北省司法界李治东为首的四大金刚,勾结湖北高等法院院长何其阳的反对,向司法行政部提出呈报,说周怡柯曾在安徽省某次纪念周会上,有违背孙总理遗训之劣迹,不配当湖北省司法长官,拒绝其到差,于是司法行政部只好将成命收回。"② 在司法系统内部,省高等法院院长是个非常重要的职位,周怡柯只是因为被人攻击曾有对孙中山不恭敬的行为就丢掉了即将到手的省高等法院院长一职,党争和争政之严重可见一斑。而政治正确又为一切不合理现象提供了最好借口。

三、推事升迁无序

法院院长和首席检察官毕竟是少数,因而其变动更迭频繁危害尚能容忍,但如果推事的任用与升迁再无规律可循动摇的就是新式司法制度之

---

① 陈珣:《从省党部特派员到典狱长》,中国文史出版社2007年版,第130页。
② 朱国南:"奇形怪状的旧司法",《文史资料选辑》第78辑,文史资料出版社1982年版。

根基。

新型司法制度创建之初,为确保刚刚创建的新式审判机关能够秉持中立原则,独立办案,不受各种政治势力的影响和左右,专门仿效日本,通过立法明确规定法官非党化,如清末的《法院编制法》规定,推事不得:为政党员、政社员及中央议会或地方议会议员①。清廷解体后,这一原则被中华民国南京临时政府和北京政府所恪守,并从操作层面上加以推进。如1912年12月16日,北京政府司法部发布命令,通令京外各地审检厅的司法官不得参加政党,要求已经加入政党的法官声明退出。令曰:

> 法官入政党,先进各国大都引为深戒。诚以职在亭平,独立行使其职务,深维当官而行之义,重以执法不挠之权,若复号称为党人,奔走于党事,微论纷心,旁鹜无益,于政治恐遇事瞻顾,有损于公平。党见横亘,百弊丛之,非所以重司法也。……乃者京外政党林立,颇闻有现充法官置身党籍者,本总长认为非司法范围内应有之事,即当然认为违法之行为。所有京外现充法官各员,除关于研究法律、讲习法学等会不予限制外,其余无论何项政党、政社,凡未入党者,不得挂名党籍,已入党者即须宣告脱党。倘以党籍关系,不愿脱离,尽可据实呈明,将现充法官职务即行辞职。各该法官等学养有素,中外法理当所熟闻。须知法官一职绝对处于独立地位,司法之不能干涉他项政治,犹之行政机关之不能干涉司法。②

与此同时,建立严格的推事准入制度,尽可能地将缺乏专业知识和专业技能的人阻挡在司法系统之外,并在审判机关内部建立起注重年资和声望的职务升迁规则,藉此排除职务升迁中的政治干扰和人为因素。

---

① 《法院编制法》,第121条。
② "令京外司法官不得入党文",1912年12月16日,《司法例规》,民国北京政府司法部编辑1918年刊行,第196页。

自从晚清时代改革司法开始,到北洋政府时代,司法人事制度与一般行政机构迥不相同。大革命失败后,蒋介石国民党统治初期的司法人事行政,大体上继承了北洋的旧规:为了使法官一辈子忠实地做反动统治的工具,规定为"终身职",名曰有保障;为了使法官醉心利禄,规定月享高俸,名曰"厚俸养廉";为了适应士大夫热衷于向上爬的心理状态,又在"官阶官俸"上设置了许多梯形的等级,并且提倡"以衙为家",还有养老金,抚恤金等名堂。为了实施上列各项制度,制定了一系列的人事规章,如所谓"任用标准"、"叙俸规程"、"轮补办法"、"资格审查"、"成绩审查"、"考勤奖惩"、"稽功授勋"等等,花样繁多,不胜枚举。这梯子虽不易爬,但当年追求做法官的人却看作是一只铁饭碗,爬不上去的人也并不感到灰心。初任人员一般皆须经过学习、候补阶段,……所谓补缺,又有许多名堂,叫做:试代、暂代、代理、试署、派署、署理(均用部令)、荐署、实授、请简(呈报国民政府任命)。[①]

由于制度设计复杂,执行严格,"所以,做法官虽不会因主官之进退而致失业,饭碗较行政官为牢固,但如要想得到拔擢,则又比行政官员为难。即使上有奥援,亦非自己积累年资不可,因为法院组织法第六章对各级法官设有年资的限制。"[②]

制度之外,还不断在精神层面上向审判人员灌输司法中立的理念。据西安地方法院院长金锡霖回忆,南京国民政府建立初,司法界领袖罗文干利用各种场合"常藉此宣扬英国的'法治'精神,主张以英为师,并说法官不应该参加任何党派,置身于政党政争之外,以保持司法的'超然'地位。""宣称做法官要不畏权势,不受请托。又鼓吹世界上司法工作做得最好的要算英

[①] 金沛仁:"国民党法官的训练、使用与司法党化",《文史资料选辑》第78辑,文史资料出版社1982年。

[②] 同上。

国,英人尊重司法裁判,犹如尊重上帝圣谕一样。还恭维英国法官能够做到裁判公正,要我们把英国法官作为学习的榜样。"①

经过上述努力,最终使法官不党,凭专业立身逐渐成为一种新的司法传统。推事任用升迁制度设计复杂,执行严格也成了民国早中期司法领域的突出现象,即到民国早中期司法系统内部已初步形成了自己的运行逻辑。尽管就事实而言,北京政府和南京国民政府初期司法与政治的关系并未完全切割干净,但政治对司法的影响毕竟不像日后那般直接和简单。如当时人回忆:

> 旧司法界,从开始到北洋政府时代,法官是很少有加入国民党或其他政党的。②

民国时期长期任职于司法界的马寿华晚年在回忆录中亦坦诚说:"民国十六年(1927年)春,武汉政府成立。筹设最高法院,规定采委员制,不设院长。因余在夏口地方检察长任内颇有声誉,任为委员之一,……又是安徽省政府成立,邀余任安徽高等检察厅检察长。此消息传到武汉,几生误会,因当时宁汉尚未合作,有互相仇视之意。(余原无党派,安徽之用余与武汉之用余同因余之声誉,故即释然),余以为北伐甫至长江即呈分裂现象,内心忧虑叹惜,遂决定辞职。"③

南京国民政府成立后,政权不再更迭,由政权更迭而导致的司法系统人事变动原本可以减少,但天未遂人愿。1930年代中期,执政的国民党高举起以党治国的大旗,放弃了法官不党的司法新传统,着力推行司法党化,司法与政治的关系由此变得日益紧密,党争更是波及整个司法系统,刚刚建立

---

① 金沛仁:"国民党法官的训练、使用与司法党化",《文史资料选辑》第78辑,文史资料出版社1982年。
② 胡绩:"旧司法制度的一些回忆",《河南文史资料》第4辑,内部发行1980年。
③ 马寿华:《服务司法界六十一年》,台北马氏思上书屋1987年版,第43—44页。

起来的人事制度也一点点被突破。

曾担任南京国民政府司法行政部秘书的裘孟涵回忆说："旧中国司法界任官号称'循资升迁'、'不许干求'，而在谢冠生任内，凡是洪兰友的人要什么位子，就给什么位子。例如CC中统重要分子张炎，向谢冠生提出硬要江苏高院一分院院长的席位，这在司法界是向无先例的；但谢冠生为了与CC勾结，对张炎的要求，虽明知其放肆无理，亦不得不派我前往镇江联系，将原任该院高分院院长周祖琛调职，由张炎接任。"①

更有甚者一些原本无法官资格、但因为是国民党党员的人，经过党内要人的推荐后亦公开进入法院系统，甚至还当上了高等法院的院长。如曾友豪就从未在法界任过职，却一跃成为安徽省高等法院的院长。吴贞穄只在湖南做过承审员，而非推事，一跃成为河南省高等法院的院长。王昌华原本只是普通的司法行政人员，也一跃成为武昌地方法院的首席检察官等。

最初突破的还只是个案。为了减少不必要的麻烦，南京国民政府司法行政部干脆对既有的人事制度进行改造。据金锡霖说，"自从CC集团控制司法行政权力以后，上述一系列虽有虚假性而还有一些框框的制度，都被CC束置高阁，他们为了实现司法党化（即法西斯化），用人行政亦相应趋于简化。这样，那些中统分子进入司法机关以后，马上可做正缺法官，享受高俸待遇，其升职加俸不受什么限制，年资不足可以先行派代，等到积满年资时，一面正式任命，一面又可派代更高一级的职位。这办法叫做先升官后积资，其作用在于收买特务分子效忠卖命。到了后来，CC集团认为这种办法也太麻烦了，干脆把老制度明令废弃，关于法官任用之程序，仅分为代理、派属、实授三种，经过这样改变，司法人事行政同普通行政的区别就没有了。因此，当年有司法'行政化'之说，司法'行政化'乃是实现司法'党化'的重要

---

① 裘孟涵："CC渗透国民党司法界"，《文史资料选辑》，第28卷，文史资料出版社1982年版。

措施之一。"①这段写于 1960 年代的文字不可避免地带有那个时代的特色，但对问题的反思则是客观和深刻的。

用人制度的简化既造成了司法系统内部的分裂，还挤占了那些试图通过高等文官司法官考试进入司法界者的机会。依据精英化的制度设计，民国时期的推事和检察官职位应该是最为紧缺和最为珍贵的资源。

> 逊清末年，以及北洋政府时代，对于司法官的任用，非常谨慎而严格。国民政府定鼎南京以后，为充实各级法院人员，并且为罗致英才起见，推事和检察官的任用，当破格以求。尤其是最近几年来，只要是"能员"总有进身的机会。最高法院的书记官，可一跃成为同院的推事，陆军少将出身，也可任最高法院的庭长。②

学者梅仲协于 1940 年著文，以诙谐的口吻对此现象进行嘲讽。

四、人心混乱

建立规矩不易，但破坏起来则极为简单。伴随着规矩的消失，人心也再难以聚拢。1940 年代出版的《司法评论》创刊号上发表了一篇署名辑五的文章，讨论中国的司法危机问题。文章客观地描述了南京政府初期司法界的风气，以及党争所引发的行为混乱。

> 例如老法官类皆饱尝候补之苦味，如有后辈候补，请其提引补一正缺，则必骇然作正色曰：你尚年轻，可再等几年，我也曾当过候补十几年才补入正缺。又如从事中央司法工作人员，将有以正缺推检分发之说，某老法官闻之，便跳起脚道：那除非天翻地覆，我看是百分之百不可能

---

① 金沛仁:"国民党法官的训练、使用与司法党化",《文史资料选辑》第 78 辑，文史资料出版社 1982 年版。
② 梅仲协:"改革吾国司法现状的几点意见"，《新政治》第 4 卷,1940 年第 5 期。

的。及后,果以正缺推检分发,则又拍案大叫到!毛头小子,一出即为正缺,司法界从此多事矣。①

即便是对党化司法持支持态度的杨兆龙,也不得不承认,推行初期由于司法人员观念一时无法转变,加之制度执行不严在司法界引起了强烈的震荡和极坏的副作用:

> 司法独立乃是18世纪末叶以来西洋文明国家的天经地义,依照传统的观念,司法独立的重要条件中有一个便是司法官不卷入党政的旋涡。所以许多文明国家都在法律上规定司法官不得加入任何政党。我国于清末变法之初,以仿西洋制度为急务,把西洋司法独立的观念也整个地搬来。因此《法院编制法》也有了禁止推事及检察官在职中为政党或政社社员的规定。等到国民革命军北伐完成,《法院编制法》在中国已经有十六七年的历史。这种司法官不得参加政党的思想可谓深入人心。"加入政党"这句话固然为大家所怕说,就是"党"这个字也为许多人所不乐闻。结果,不但有许多服务司法界的人不愿谈"党",就是社会上一般关心司法的人也不愿意他们与"党"有何关系。所以许多人一听见"党化司法"这几个字,便觉得刺耳。尤其当民国十六七年之际,政局还未完全地定。司法界的调动变迁比较多而无严格的标准。有些资历很深的人竟没有发展的机会,眼看着有很多所谓"党化的分子"升官加俸,真是"满腹牢骚"。他们愤恨之余,便不免迁怒到"党化司法"上面去。②

---

① 梅仲协:"改革吾国司法现状的几点意见",《新政治》第4卷,1940年第5期。
② 杨兆龙:"党化司法之意义及价值",《经世》第1卷第5期,1937年3月15日。

第二节　期许和能力

传统中国,民众日常生活中发生的纠纷大多在社会层面通过调解手段得以化解,只有少数棘手的最终进入官府。此外,传统中国各级官吏集官、父、师数种角色于一身,处理纠纷时各种手段轮番使用。加之有行政权力做后盾和受熟人社会中道德的约束,凡经官府判决的案件和民间调解的纠纷基本上能够得到有效的执行。

一、想象的司法能力

(一) 急于改造社会

清末以降国家权力重构,社会转型,情况不再相同。国家制度层面集权让位于分权,行政机关不再处理诉讼已成大势所趋,法院成了处理案件的唯一合法机关。加之民国初年法治思潮盛行,司法独立的理念已被司法界普遍接受,通过诉讼手段解决纠纷强化国家治理更为司法界所推崇。

但这些理念对民国初年的司法机关影响并不明显,司法基本上秉持着中立和克制的态度。究其原因,一是清末民初,国家一直把地方自治和社会自治作为宪政的重要内容,加之军阀混战,中央政府能力不足,因而国家对社会、对民众的行为很少有实质性的干涉。研究民国法制的历史,经常会陷入一种特有的困惑,即如何解释国家立法与现实生活的巨大反差,在许多时候立法与现实已成云泥之别。二是司法机关严格遵守自己的职业底线,与政治保持着必要的距离。

1920年代后期,经过一系列顿挫,清末民初一度流行的分权、制衡、自治等西方宪政理论逐渐被威权政治学说替代。加之苏俄以党建国理论在中国取得的巨大成功,让刚刚取得政权的国民党人倍感兴奋,希望借助党国一体的新体制,借助至高无上的党权,迅速完成国家对社会的改造。

伴随着政治理念的转型,南京国民政府成立后一改对社会的宽松态度,强化国家对社会的改造和控制,南京国民政府立法院院长胡汉民于1929年公开讲:中国传统的习惯坏的多,好的少。如果扩大了习惯的适用,国民的法治精神很难树立,而一切社会的进步将更为迟缓。① 在此背景下,国民党当局不断地向司法人员提出各种政治口号,如司法活动必须以三民主义为指导,司法必须要保护劳工,男女平权,等等,强迫司法直接参与现实政治活动。此外,各级官员也不断地向司法人员提出一些政治要求,如1948年初国民政府主席向司法人员发表训词,要求审判案件必须情理法结合:

> 司法人员负有执行国家法律之权责,必须审慎廉明,本于大公出于诚,真正为人民解决痛苦,减轻讼累。听讼折狱尤必须入情入理而兼合于法律之规定,即情理法三者兼顾。须知三民主义最高之理想即为情理法之调和。民族主义本乎情,民权主义本乎法,民生主义本乎理,必三者相互之调和乃能造成美满理想之社会。明乎此而后适用法律乃能求得最公正之裁判。②

这些大而无当的要求既让司法人员无所适从,颇感为难,同时也使国家与社会之间的关系陡然变得紧张起来,司法机关亦受此牵连。

另一方面,伴随着社会转型和人口流动速度的加快,原有的各种社会组织对其成员的影响力及控制力迅速弱化,民间调解逐渐失去作用,大量纠纷无法及时化解全都涌进了法院形成诉讼,即纠纷全都推给了国家。统计数据清楚地表明,1920年代以前西安地方审判机关年度受理案件的数量虽然

---

① 黄宗智:《法典、习俗与司法实践:清代与民国的比较》,上海书店2003年版,第62页。
② 司法行政部编:《战时司法纪要》,台北"司法院"秘书处1971年重印,第481页。

一直略有增长,但相对稳定,然而至 1930 年代以后,除抗战期间为躲避战火一度搬至长安县乡下之外,地方法院受理的案件数量则进入了一个快速增长的阶段,到 1940 年代西安地方法院年受理的案件总数最高时已达 5000 件左右,推事每月审理的案件数量平均在四五十件之多。1948 年西安市人口总数为 577450 人①,案件数量无论是绝对数,还是相对数都较高。就一般意义而言,诉讼量的增长反映了社会自治功能的弱化。

(二)尴尬的审判机关

在改造社会鼓噪下,司法的能力和作用被过度神化,法院被裹挟着推到了第一线,成为众矢之的。其结果:

一是浪费了许多宝贵的司法资源。1948 年 11 月 1 日,现年 35 岁的狄寨乡姚家沟村村民东德选向地方法院检察处呈递刑事控告状,控告被告王顺礼、王马娃、王勤善等犯有妨害自由及诈欺等罪行,请求侦讯。控告状由律师田书麟代撰。控告状称:本年 7 月间,政府征集壮丁服兵役,轮至村民朱宗发应征。其妹夫王顺礼家贫得知后情愿替代。朱宗发遂与王顺礼议定,由朱向王支付小麦 7 石作为替代报酬,协议达成后先交小麦 5 石 4 斗,待执行后再支付其余部分。但王顺礼得到第一批小麦后私自逃匿。王顺礼的行为不仅让朱宗发极为恼火,还引发了全体村民的不满。村民随即将王顺礼抓获欲强行送交部队顶替朱宗发应征。王顺礼的同宗王马娃、王勤善等得知后强行将王夺回,双方由此发生肢体冲突,王马娃、王勤善等更是殴打了负责羁押王顺礼的村民。

地方法院检察官认为依法服兵役是每个公民对国家应尽的义务,冒名顶替本身即属违法,朱宗发和被告都该处罚,原告也该受到训斥,因而对此

---

① 陕西省编制委员会、陕西省档案馆合编:《民国时期陕西省行政机构沿革》,陕西人民教育出版社 1991 年版,第 28 页。

事高度重视，11月6日向被告发出传票，次日进行侦讯。但被告王顺礼、王马娃、王勤善及证人谢风云均未到。

侦讯笔录：

检察官问东德选为何告王顺礼、王马娃、王勤善等。

答：本年六月政府开始征兵，我甲朱宗发于本年六月抽签时中了签。但王顺礼因与朱宗发是亲属。说愿意替朱宗发出征，并要安家费麦子7石。我们只交了5石多。但我们交王顺礼去当兵时，被其同宗王马娃、王勤善殴打，阻止。

显然，在王马娃、王勤善，当然也包括原告东德选看来，雇人当兵根本无错。国家要的是人，因而对于冒名顶替一事并不回避。11月11日，王马娃、王勤善等向检察官呈递由律师李孟庚代撰的辩护书。辩护书称：

本年九月二日夜10时许，东德选纠率该村青年暴徒百余人各持器械突入我村，向民索要王顺礼。查王顺礼孤身一人并不在民村居住，该原告因无所收获恼羞成怒，逢人便打，将村民老田、孟文海殴成重伤，村民遂向狄寨乡公所报告。乡公所协同警察派人前来制止，事态方息。恳请钧处对王马娃、王勤善等予以不起诉处分。

当事人的态度以及对案件性质的认知当然无法让检察官满意，因而决定继续传唤王顺礼。但让检察官没有想到的是，负责缉拿嫌疑人的法警也不愿意配合，向检察官呈告：王顺礼住址不明，无法拘获。

检察官仍不甘心，11月26日再次进行侦讯。王顺礼、朱宗发未到。

问东德选你知道冒名顶替当兵是违法的吗？

答：因现在乡间出兵多半是雇人。

问王马娃、王勤善是否曾阻止王顺礼当兵。王马娃、王勤善均否认曾阻拦王顺礼当兵，并说原告率人到村子里乱打人。

12月1日,王马娃、王勤善、老田、孟文海向地方法院检察处起诉东德选犯有伤害罪,要求法院进行惩处。状子称:

九月二十日夜,东德选率百人到民村乱打人"疯狗无比,将民村王守西等打得重伤,均有生命之虞。"

案件的进展让检察官极为被动。12月11日,检察官不得不就王马娃、王勤善、孟文海等人的起诉状内容进行侦讯。

问王马娃你告东德选何事。

答:因为上次他同我们因壮丁事已在警察局和解,现又告我们,我们也告他伤害和妨害自由。

问:还告何事。

答:再不告何事。

问:你们谁有伤?

答:伤已好。

问:状子上还告东德选妨害自由是怎么回事?

王马娃不回答。

问:王勤善,你告东德选何事?

答:告伤害。

问:你有伤吗?

答:我没有伤。

问:还告何事?

答:再不告什么事。

随后验伤:老田、孟文海均无伤。"老田后脑据称被殴,查无形色。孟文海据称被殴,肚痛,查外无形色。"

询问证人长安县警察局狄寨乡驻所巡官李清宾,李警官答复:打架一事,业已和解,并制定有和解书。显然,李警官也认为检察官是在多管闲事。

事已至此,地方法院的检察官只能改变侦办案件的思路,不再提公民对国家服兵役的义务,而是转而查办王顺礼等人的欺诈行为。在任何社会和文化中,欺诈行为都是应该禁止的。12月21日西安地方法院检察处对东德选作不起诉处分,理由是无证据。同时以妨害自由,欺诈罪对王马娃、王勤善、王顺礼向地方法院刑庭提起刑事诉讼。①

本案从一个侧面真实地反映了民国晚期普通民众与国家的关系,同时还再现了司法机关的尴尬。尽管法律明确规定,服兵役是公民对国家必须履行的义务,但正如本案当事人所言,冒名顶替服兵役在当时的中国乡村极为普遍,并符合民众的认知。需要指出的是,类似的现象不仅涉及内战,还发生在事关中华民族生存的对外战争中。据当事人回忆,即便是抗日战争时乡村中躲避服兵役的现象也普遍存在,被称之为躲壮丁。"躲壮丁的办法很多,一是去新学堂读书,在校学生可以不去当壮丁。笔者1942年读黄井乡小学高小班时,同班的学生中,有结了婚的,有十八、九岁的;二是背井离乡,逃到外地去谋生,有进山开荒种地的,有到成都去帮人的;三是晚上睡在猪圈楼上或到山坡凉床上睡,发觉有人声拔腿就跑;四是无计可施时,就用菜刀宰掉右手食指成残,缺了食指不能扳动步枪扳机,部队是不会收的。"②

在现代民族国家构建尚未完成、公民法律素养低下的状况下急于对社

---

① 西安市档案馆档案,卷宗号090—8—402。
② 杨道辉:"资阳市管区与资阳抽壮丁见闻",中国人民政治协商会议资阳市雁江区:《雁江文史资料》第1辑2001年版。其实,这种现象在其他国家从传统走向现代的初期也曾出现过。这里不妨与明治维新后的日本做一比较:"明治维新以后,传统的村落社会被编入近代地方行政机构。在融入近代国家的过程中,其作为具有高度自律能力的自治体的性格并未改变,而村民们也正是在这种状态下被迅速国民化。在明治政府推行三大改革之一的征兵制时,村落社会最初虽然以'血腥暴动'的方式进行抵制,但随着'国民化'进程的推进,村落社会也最终变成了支撑该制度的最基层单位。尽管谁都不愿意去送死,但'红纸征召令'一旦下达,被征召民众便主动服从。"从这一现实中,可窥见村落社会对国民国家这一伟大理念的"自律"接受程度。〔日〕笹川裕史、奥村哲:《抗战时期中国的后方社会——战时总动员与农村》,林敏、刘世龙等译,社科文献出版社2013年版,第93页。

会进行改造和干涉,让审判机关凭空浪费了许多精力。

二是导致承办的案件的整体质量下滑。独享审判权,以诉讼方式解决社会纠纷对于刚刚设立的法院来说,如果真能做到固然是个机会,可以强化自己在社会治理中的地位,增强存在感。但实事求是地讲,民国时期的新式法院尚无能力担此大任。且不说到民国晚期全国绝大多数县尚未建立起新式法院,一半以上的人口还无法享有公平审判的机会。即便是建立起的新式法院,推事数量也太少,如民国晚期西安地方法院只有 14 名推事,根本无法形成一股社会力量,对社会产生更大的影响。加之国人对司法制度本身并不关注,一旦遇到不公正的审判只知道指责审判者,从不去考虑制度本身是否合理,更何谈积极推进创设新式审判机关。

中立是新型司法的本质,审判能力也并非无限。综合各种数据可以发现,自新式审判机关创建以来推事每人每月审理案件的数量大致以四五十件为上限,如果超过这一上限,审理者的身心将不堪重负,案件质量便难以保证。此外,巨量的诉讼既浪费了宝贵的司法资源,不利于法院集中精力处理一些重大的纠纷,而疲于应付的结果也势必会从整体上降低案件审理的质量,引发更多的上诉,导致民众愈发不满。加之现代司法制度对程序的强调,如三审终审制的规定,普通诉讼的解决时间较之从前被大大延长,法院开始陷入一种恶性循环,并为此苦不堪言。

其实,任何一个国家,将纠纷全都推给法院来解决都是不现实的,对于中国这样一个人口众多,且又以行政权为主导的国家来说更是如此。民国时期有学者对此进行反思:"各级法院均感收案激增、裁判迟缓之苦,司法行政当局有鉴于此,为澄清庶狱起见,乃为勒令审限,严加考绩,以每月结案数字之多寡,以为推事个人成绩之殿最,其立法用意,固不可谓尽善。但其弊也,承办推事徒知符合审限,不顾一切,武断草率,在所不免。欲求其恰适于事实、法律者,盖无一焉。"[①]

---

① 蒯晋德:"审判草率能认为办案敏捷否乎",《法学丛刊》第 4 卷第 2、3 期合刊,1936 年。

三是不可避免地造成了司法人员的分化。即出现了所谓"社会化之法官"和"法律化之法官"的分类。"社会化之法官"和"法律化之法官"是民国时期学界对司法人员的一种分类方法,下引的这则案例大致可以说明两者的差异。

"甲为乙看管坟茔,数十年无过失,甲即耕坟中余地,以租金抵工资,甲赖以维持生活。嗣乙因生计困难,与甲解约;甲不允,乙提起民事诉讼,经判决确定,强制甲交地,甲年老失业,向乙哀求承租原地无效,甲愤不欲生,至乙门前自刎,遇救得不死,经警送检察处侦查。此案若依法律解决,该乙未故意激动甲自杀,乙当然无罪;甲仅自杀,并无他种犯罪行为,亦不能构成犯罪。是在法律范围内结束此案,计侦查及制作送达不起诉处分书各手续,不过一周间即可矣。顾甲仍无生计,非再自杀,或激而杀乙,仍不能止争。顾廉得其情者,不惮烦劳,反复开导,示以地租甲于乙无损,示甲以和平婉商,毋为无益之牺牲,必使两造嫌怨冰释,乐于协议。然后再就租约内容,为平允之谈判。如一时不能解决,则限两造于相当期限内,约第三者详细磋商;迨至约定,乃属真正解决。然而费时则非数周间不可,且非法律上之职责。"①

当然,所谓社会化之法官,亦指司法人员将精力过多地用在法律职责之外,过深地参与社会治理。

(三) 有碍观瞻的法院建筑

与被夸大的司法能力相比,生活中真实的司法形象则不佳。观察司法机关在国家社会中的真实地位——法院建筑可能是一个不错的视角。清末新式审判机关创建之初,清廷为树立审判机关在民众心中的地位和确保司

---

① 李浩儒:"司法制度的过去和将来",《平等杂志》第1卷第3期,1931年。

法的尊严,一再强调审判机关建筑应该庄重大气,最低标准是不能"有碍观瞻",民国历届政府亦均如此要求。

西安地方审判机关创建之初,地方财政紧张,创办者无力也不愿意修建新的建筑,遂将一座废弃的兵营稍加修缮作为了地方审判厅办公之场所,与其他同类省会城市的地方法院相比,西安地方审判机关建筑物的建筑质量虽说不上是最差,但也极为简陋。建筑材料多为土坯,且外观平庸,淹没在一大片土灰色的平房之中。夏秋两季关中地区多雨,土筑的院墙经常会出现坍塌,房屋顶上更是四处漏雨。此外,院落中的地面也坑洼不平,一到雨天,便泥泞不堪,只有几条用砖铺就的小路便于人们往来。民国以降政府也对法院建筑进行过几次修缮,但由于基础太差因而仍然难以改变其破败的景象。与不远处新建、气派的警察局大楼相比则更显寒酸。抗日战争爆发后,西安地方法院又被日军的飞机所轰炸。

需要指出的是,在陕西,西安地方法院的情况具有相当的代表性。就整体而言陕西省内除城固地方法院外,情况大都如此:

> 陕西各县法院,其成立之初,所有办公用房,因仓卒开办,率均因陋就简,或借用寺庙,或由县政府划拨一部分房子,暂行应用。至于司法处,则多系附设县政府,形同从前一房科,不但观瞻不雅,启人民之轻视。①

就一般规律而言,一个机构建筑的质量和形象代表着它在国家和社会中的真实地位。普通民众对于一个机关,特别是政府机关的认知也首先是来自于该机关所依存的建筑,是豪华、庄重、气派,还是简陋与寒酸,以此来

---

① "民国三十六年(1947年)十月陕西省高等法院工作报告",陕西省档案馆藏档案,卷宗号 089—5—268。但也有个别的县地方法院硬件条件较好,如档案中就曾记载陕西城固的地方法院"宽敞坚实。设置亦应有尽有,规模宏大,堪称全省地院之冠"。见陕西省档案馆藏档案,卷宗号 089—2—17。

判断这一机关的重要程度,并决定自己的态度。其实,地方法院的建筑"观瞻不雅",除"启人民之轻视"外,对于法院工作人员的自尊心也是一种不容忽视的伤害。1946年2月陕西高等法院首席检察官朱观曾前往甘肃皋兰(今兰州)公出,回来后在内部会议上气馁地说"皋兰地方法院及看守所外在条件比长安好得多。"①

　　民国时期的皋兰,经济条件、社会文化发展程度均无法与西安相比,但法院的建筑却比西安要好得多,确实让人气馁。

　　为了改变法院建筑外观上的简陋与寒酸,同时缓解内部办公用房的紧张,西安地方法院的历任院长都曾多次向司法行政部、陕西高等法院,以及陕西省和西安市两级政府呼吁尽快对法院建筑加以维修和改建,但这些呼吁大都无果,理由无一例外地都是没钱。缺钱是事实,但也并非连修缮法院的钱都没有,关键还是看用到何处。1936年3月,初到西安的德国人王安娜入住豪华的西京招待所,她以细腻的文笔对西京招待所作了如下的记录:"在西安,这家由中国旅行社新建的旅馆,就像是坐落在中世纪环境里的20世纪孤岛一样。在陈设华丽的拱顶餐厅里进餐,或在设备齐全的舒适的客房里休息,会使人相信自己正置身于欧洲,至少是上海的大旅馆里。这里旅馆从经理到主厨,都是上海人。他们的神情就像被流放到这里来似的,看到从外国来的和从东部各省来的稀客,便唠唠叨叨地诉说西安的居民是如何如何的不文明。"②

　　无奈之下西安地方法院的院长又尝试向社会发起募捐,希望通过筹集社会资金的方式解决问题,但收效仍然不大。因而,西安地方法院建筑外型上"有碍观瞻"或"观瞻不雅",内部办公用房紧张的问题一直延续到1949年5月该院被共产党的军队接收为止。有碍观瞻的法院建筑从一个侧面反映

---

① 陕西省档案馆档案,卷宗号089—4—11。
② 〔德〕王安娜:《中国——我的第二故乡》,李良健译,三联书店1980年版,第28—29页。

了司法在国家中的真实地位,但最终影响的都是人心。

二、警察权膨胀

一方面是被高估的司法能力,另一方面则是孤立无助尴尬的司法机关。民国时期,尽管国家层面权力划分已经完成,但权力之间分工合作及制衡的关系却并未因体制的突变而达成。此外,民国初年对司法独立的片面宣传,甚至寄希望以司法改革为切入点推动现代国家的建构,也在一定程度上导致了司法机关与其他机关的关系趋于紧张。在任何社会里,司法机关欲行使审判权都离不开当事人、其他机关,特别是行政机关的配合。这里仅以警察权的膨胀为例进行说明。①

在近代中国,警察与法官、检察官几乎同步产生。作为一种具有强制手段的行政机关,其一经产生便在维持社会治安方面显现出了巨大的优势,理所当然地为历届政府所依赖,地位逐渐显赫,到民国晚期中国已成为一个不折不扣的警察国家。

(一) 警察与民众

1940年代西安市警察局共有职员345人,警员1594人,承担着维持全市社会治安的重任。但另一方面警察人数多,综合素质差,与民众打交道的机会多,管理起来具有一定的难度,因而滥用权力的现象屡禁不止,饱受社会各界指责。② 如1945年3月,在西安市临时参议会第一次会议上参议员张博文曾从警察与民众关系的角度对警察的乱作为现象进行批评:"警察弊端百出,为市民所非议","常见警察对市民任意呵斥,市民每遇警察,畏之若

---

① 有关民国初年基层警察局的现状,请参见李迪俊所做的实证调查:《县公安局及其局长》,《时事月报》第1卷第1期,1928年11月。
② 李强:"西安警察局见闻",《西安文史资料选辑》第5辑,内部发行1984年。

虎,相率远避,恨之刺骨,群相切责。"①抗战结束后,有美国军队等盟军驻扎西安,市参议会上议员李纪才从维护国家形象的角度对暴力执法的警察提出批评,希望能够引起当局的注意:"中美均系民主之国家,民众官吏原为一体。如警察奴视民众,呵斥、棒打及绑扎成串,镣铐叮当铐之人犯,在盟军视之不免触目,应予避免,"②说者已是苦口婆心,但沉疴仍然难除。

(二) 警察与检察官

不用说是普通民众,即便是在与检察官的交往中,警察也表现得极为强势。民国时期颁布的刑事诉讼条例或刑事诉讼法均规定,检察官在侦破刑事案件时,有权指挥警察令其予以配合。然而,现实生活中该项规定往往形同虚设。民国中晚期,一位在某省法院工作的检察官叙述了一件自己亲历的案子:"有一次在路上看见两个人头破血流,互殴不已,有一个警察袖手旁观,不加制止,他就叫那警察前去干涉,警察就说事不干你,你怎么叫我去干涉?他说我是检察官,我有指挥证可以指挥你去干涉。警察看了指挥证莫名其妙,什么指挥证不指挥证,你是什么东西,居然管起我来了,就把他连同相打的两个人一起扭送到警察局去,幸得警察局长还知道指挥证的作用,才向这位检察官道歉,放他出来。"③

鉴于以上现象,有学者干脆提出撤销检察机关,将侦查与公诉权一并移交给警察机关的主张。这一主张遭到了大多数学者的坚决反对:"把侦查权公诉权,统统移到县市行政机关的手里。如果这样,县市政府及警察机关,都有侦查犯人提起公诉之权,而这许多行政机关的人员,司法经验,未必丰富,侦查程序,既不公开,容易发生滥权拘捕,强暴逼供之事。万一决定起诉

---

① 《西安市临时参议会第一届大会会议记录》,1945年。
② 同上。
③ 赵琛:"我亦来谈谈检察制度",《法学杂志》第9卷第6期,1935年。

不起诉,全凭一己无端之见解,不尊法定之限制,则其专横擅断,将有不堪设想之虞。现在行政机关的权力,已经很庞大了,如果废止检察制度,把侦查公诉之权,全都交给他们,恐怕有点不放心吧。"①反对归反对,但司法实践中警察强检察弱,警察权力不断扩张却是一个人人皆知的事实。

(三) 警察与法官

警察与法官的关系涉及很多方面,对法官而言,最直接的关系表现在由警察侦办的刑事案件证据的合法性方面。民国时期警察侦办刑事治安案件时,动辄使用刑讯手段,导致庭审时被告每每翻供,给地方法院的刑事审判造成了不小的麻烦。如1947年2月,35岁的河南人周志仁在西安火车站前广场扒窃时被民众当场抓获并移送警察局。警察局讯问后因周志仁涉嫌刑事犯罪故又将其移送地方法院检察处,检察官王密根据警察的讯问笔录进行侦查,认为周志仁构成盗窃罪遂向地方法院刑庭提起刑事诉讼。地方法院刑庭于同年3月8日开庭审理此案。庭审中推事姚文焕讯问被告:"你哪天在火车站掏了别人的8万元。"被告一口否认"没这事"。推事不解地问:"你在警务处不是承认了吗?"被告答:"他们打我。我胡说的。"尽管本案人赃俱获,但由于被告一口认定原供词是在被刑讯的情况下屈打成招的,而推事又确实知道警察在办案的过程中经常使用刑讯手段,加之盗窃数额较小,最后只能草草了事。②

类似的事件让法院颇为尴尬。1945年12月26日上午9时,在陕西高等法院举办的省内各级司法机关首长座谈会上,高等法院院长郗朝俊强调:

> 要注意与行政机关搞好关系,但联系须有限度,即要在法律范围内联系,双方联系好,方可顺利进行。现在一般人多以为我们司法机关受

---

① 赵琛:"我亦来谈谈检察制度",《法学杂志》第9卷第6期,1935年。
② 西安市档案馆档案,卷宗号090—7—266。

理特种刑事案件多缓慢,或科罪太轻,可是行政机关送案手续多不具备,所有出事地点、肇事日期,以及犯罪证据均并不清楚,司法机关接受此类案件后,再重新调查,未免就是耽误时日。大家务必注意与行政机关联系时,须使其明白法定手续,平时接触,要向他们讲习法律,明白后不再产生法律隔阂,送案时,方不至于有遗漏。①

更有甚者,在一些地方警察捣毁法院,殴打侮辱司法人员的极端事件也时有发生。如 1948 年 1 月,四川南部县警察局长周浪平公然聚众捣毁当地法院;四川渠县警察局督察长薛某因口角细故,亲率武装警察 30 余人捣毁当地法院,法院的权威受到严重挑战。②

第三节 面子和人情

中国是个讲究面子和人情的国度,亲情、乡情、友情等各种人情在人们的精神生活中占据着至关重要的地位,并左右着人们的行为。③ 重视面子和人情本身并没有错,甚至还有其一定的合理性,但如果凡事都将人情置于规则之上则就成了问题,对于中国这样一个大国来说更是如此。清末以降,在西方现代法治文化的冲击下,历届政府一直努力践行法治,希望建构一个规则至上的社会。但这种努力成效似乎不大。表现为:一方面在法治的强势话语统治下,人情和面子的合法性不再;但另一方面人情及关系在国家政治生活和民众的日常生活中又仍然占据着重要的地位,逐渐演变为人际交

---

① 陕西省档案馆档案,卷宗号 089—4—10。
② 廖铭吉:"我所知道四川司法与行政的矛盾",《四川文史资料选辑》第 29 辑,四川人民出版社 1983 年版。
③ 有关人情,面子与中国人生活关系之研究,请参见翟学伟:《人情、面子与权力的再产生》,北京大学出版社 2005 年版。

往中的潜规则。国民党中央党部秘书王子壮对此深有感触:"今日政治上之纲常未立,公私罔分,以致形同分赃者所在多有,于是是非混淆,官官相卫之恶习乃屡见不鲜,审计部之私相通融,固尤少与者也,""现时政治社会之私人感情超过一切,'实事求是'之精神乃竟罕见,以如此环境为此人赖,果有人事事不苟,能力职责,其不为环境所掣肘终至罢职以取者哉。"①何廉对蒋介石的评价可谓最好的注脚:"最后,我开始认识到,他认识人,也懂得用人,但是他不懂得制度和使用制度。我和他谈问题时,一谈到许多事情该制度化的时候,他的注意力就会向别处转移。我对他有这样的感觉,从根本上说,他不是个现代的人,基本上属于孔子传统思想影响下的人。他办起事来首先是靠信任和个人接触以及关系等,而不是靠制度。"②这一切都加大了社会治理的成本和难度。

一、推事与人情

为确保司法公正,清末以降历届政府均规定,审判机关推事任职须实行地域和亲属回避制度,实际操作中推事亦由中央政府统一任免,防止地方势力干涉。但由于省高等法院院长在涉及本省范围内的推事和书记官的任用方面拥有着推荐权,因而据时人回忆,"当时选派法官属司法行政部权力,有政治背景的人往往利用私人势力和关系,从后门打入司法行政部或请托由高等法院首长转请设法指派,所以也有一些法官不是正途出身的。"③为改

---

① 《王子壮日记》第二册,台北"中央研究院"近代史研究所,2001年。
② 何廉:《何廉回忆录》,中国文史出版社2012年版,第108页。
③ 林厚祺:"国民党统治时期的司法概况",《福建文史资料》第21辑,福建人民出版社1989年。民国时期长期任职于陕西司法界的任玉田的经历即可为之证明。他在回忆录中写道:民国十三年(1924年)经父亲好友陕西南郑地方检察厅检察长贺晖介绍,被派充为该厅候补书记官。此后自己兢兢业业工作,能力得到各方承认,又有贺晖的特殊关系,但却始终难改临时性质。"北伐成功,国民政府成立,陕西进入军政时期,于右任回陕任国民革命军驻陕总司令部总司

变这一现象,司法行政主管机关一再告诫,任何人不得干扰司法人员的任免。1936年新任司法行政部部长的王用宾撰文指出:"一年来为整饬法官风纪,饬令各法院注意者,计有下列数项,……(5)通饬各省法院长官,非经核准,不得擅自来京请谒请调,以防弊端。"①

地方法院的人事档案表明,推事的任免条件和程序基本上符合法定原则,但书记官以下的职员任免则极为微妙和复杂,传统的人情在法律未禁止的领域内一点点地拓宽着自己生存的空间。只要我们将人事档案稍加比对,透过有限的信息,就可以发现一些蛛丝马迹:民国晚期西安地方法院员工中,推事屈天行与书记官屈天英是兄妹,且屈天英到院的时间晚于其兄;书记官郝颖侠,其夫郗惠麒任职政界,郗惠麒的父亲郗朝熙与陕西高等法院院长郗朝俊为亲属关系,同住西安东关龙渠堡38号②;书记官焦书业,陕西武功人,系南京国民政府最高法院院长焦易堂的亲属。焦书业长期随焦易堂在南京做事,先后任立法院法制委员会会计,中央国医馆秘书,最高法院书记官等。后回陕西入西安地方法院任书记官;地方法院书记官毛崇恭,为最高法院推事毛起凤的直系亲属③;书记官崔日嵩系崔炎煜的亲属。1945年10月,崔炎煜任西安地方法院院长,因与崔日嵩有了隶属关系,崔炎煜主

令,派段韶九为司法厅长。旋宋哲元为陕西省政府主席,段任省政府委员仍先后兼充陕西司法厅厅长及高等法院院长。原陕西各级审判、检察两厅,合组为各级法院,在院内设检察处及首席检察官,仍独立行使检察职权。民国十七年(1928年)七月一日,陕南司法改组,设陕西高等分院第一分院(抗战胜利后改称南郑分院。)及南郑地方法院。司法厅长段韶九原曾充陕西法政专门学校校长,我是在他任校长时以甲等第一名毕业的学生,他对我是很赏识的,遂自动派我充南郑地方法院候补检察官。两月以后经陕西高院检察处派充原院检察官。当时我尚未满28岁,为分地两院司法官中的最年轻者。我在南郑地院任检察官只是一年二月,十八年(1929年)九月调升陕西高院南郑分院检察官,旋即得到司法行政部派令,从此确定了我的司法官资格。"见《一位民国检察官的回忆录》,未刊稿。

① 王用宾:"过去一年之司法行政概要",《中央周刊》,394—396期合刊,1936年1月6日。
② 西安市档案馆档案,卷宗号090—1—16。
③ 在写作本书的过程中,笔者结识了为书写家史四处查找史料的毛起凤重孙,经其证实,毛崇恭系毛起凤的侄子。

西安地方法院院长金锡霖。来源西安市档案馆

动向省高等法院汇报:"查崔日嵩系炎煜三亲等内之亲属,依法应回避。呈请高院另调其他法院工作。"11月16日,省高等法院发文将崔日嵩调派其他法院工作。①

尽管人事档案只能表明两者之间的亲属关系,无法揭示屈天英、郝颖侠、焦书业、毛崇恭、崔日嵩等人在获得职位时关联方所起的作用。但地方法院档案中保留的这封私人信件揭开了问题的一角。1948年4月西安地方法院院长金锡霖为给自己的亲属谋求职务,特向陕西高等法院院长写信求情:

> 励公院座钧鉴:敝本家金如铎蒙委礼泉县司法处书记官,逾格栽植感戴良殷,当经着其迅即前往藉图报答。乃该员忽以其配偶现在大华纱厂工作,认为种种不便。又希望在属院降充录事。并有本院录事刘昆汉供职本院已6年以上,早经登记书记官合格,现已征得该员同意情愿前往礼泉,如蒙改派刘昆汉充礼泉书记官,俾得以所遗本院录事额由金如铎接充则感荷鸿施不特身受者已也,尚肃处请钧安。
>
> 　　　　　　　　　　　　　　　　　　　　　　职金锡霖
> 　　　　　　　　　　　　　　　　　　　　　　四月十六日②

尽管请熟人出面推荐职位是民国时期社会上流行的求职方式,如民国晚期一位李姓求职者在写给陕西高等法院院长郗朝俊的私人信件中云"曾蒙面谕,遇机安置,为时经月未蒙委任,不胜焦灼。日下物价齐昂,生活困窘,"③但金锡霖的做法显然已超出了这一范畴。同时,金锡霖的信件还暗示我们,如果想考察陕西省内司法系统员工之间的实际关系,需扩大观察的视野,如陕西户县司法处的审判官郗朝德,仅从名字便大致可知,其与陕西

---

① 西安市档案馆档案,卷宗号090—1—1。
② 陕西省档案馆档案,卷宗号089—2—170。
③ 同上,卷宗号089—5—218。

高等法院院长郗朝俊之间很可能系亲属关系,或者说最少是同宗。

亲属之外,乡情亦不可忽略。早在 1930 年代,民国时期政界要人蒋廷黼就批评说:"中央政府各部,无论是在北京时代,或在现代的南京,部长是哪一省的人,部中的职员就以他同省的人居多,甚至一部成为一省的会馆。"①

司法院的情况证实了蒋廷黼的言论。"在居正任院长时,司法院自院长以下,如秘书长(特任)张知本,会计长(简任)朱翰卿,总务科长陈哲云(简任),均系湖北人。其余简任秘书李西屏,简任法规委员范叔衡,简任参事兼编译室主任王希龄,简任参事张九维,也是湖北人,计湖北人在司法院充荐任、委任官者 40 余人。说司法院是湖北同乡会,实不为过。……1943 年,司法院全体职工共 170 余人,湖北籍仍有 90 余人。"②

中央如此,地方也不例外,甚至于法院系统亦是如此。如 1948 年 10 月湖北人刘梦庚出任西安地方法院院长,陈集生及何昌炽等便紧随而来。刘梦庚,1941 年 7 月至 1942 年 6 月于任湖北恩施地方法院检察官,1942 年 6 月至 1945 年 2 月任湖北恩施地方法院首席检察官,1945 年 2 月至 1945 年 8 月任湖北恩施地方法院院长,1945 年 8 月至 1945 年 10 月任湖北武昌地方法院院长,1945 年 11 月至 1946 年 3 月任湖北黄冈地方法院院长,1946 年 3 月至 1948 年 10 月任湖北汉口地方法院院长,1948 年 10 月出任西安地方法院院长;陈集生,湖北潜水人,1943 年 6 月至 1944 年 11 月任湖北恩施地方法院检察处候补书记官和书记官,1946 年至 1948 年 10 月任湖北汉阳地方法院人事管理员,1948 年 10 月任西安地方法院书记官长;何昌炽,湖北潜水人,1941 年 9 月至 1946 年 1 月任湖北恩施地方法院检察处录事、书记官,1946 年至 1948 年 10 月任湖北汉阳地方法院书记官,1948 年 10 月任

---

① 蒋廷黼:"论专制并答胡适之先生",《独立评论》第 83 号,1933 年 12 月。
② 朱国南:"奇形怪状的旧司法",《文史资料选辑》第 78 辑,文史资料出版社 1982 年版。

西安地方法院书记官。① 刘、陈、何3人的籍贯及履历高度吻合。

此外,浙江东阳人金锡霖任西安地方法院院长期间,地方法院内也聚集了一些远道而来的浙江东阳人在此任职,如书记官俞人俊和赵淳元即是如此。

从理论上讲职员之间以往有无隶属关系,即便彼此是亲属亦不能简单地得出会妨碍公正判决的结论。然而,如果站在宪政层面来观察,就必须承认这种现象的多发对于司法机关的公信力势必会造成极大的伤害。

民国晚期西安当地报纸上刊登的一篇文章便极有代表性。

> 现在中国的社会,不管什么大事或小事,等到一团糟干不了的时候,不是说物质的阻碍,就是说人才的缺乏。的确,事实是常常这样地告诉我们。秘书先生,拟不了稿,会计先生,瞧着账簿瞪眼,在每一个机关的办公室里,所谓"滥竽充数"到处皆是。有的说这是政治不上轨道,教育失败的缘故,或者指为社会恶化的关系,你只要有三二个好一点的亲戚朋友,高官厚禄,那么,你就不用着忙,秘书科长易如反掌,若毫无智识能力是并不关紧要的。
>
> 所谓人才,在目下的中国,是如此的缺乏,同时又是如此的分歧着,"学与用"的矛盾,这真是一件值得注意的事情呢。
>
> 去年有某大学的毕业生留赠未毕业同学的一付对联,内容是这样:"求名适败名,十年学费成浪费,毕业即失业,一纸文凭是休书。"中国大学毕业生的苦痛,确是一个严重的问题。前年北平和南京的大学毕业生却在组织职业运动大同盟,此正表现政府对于所培养之大学或专科人才,而不能统治利用,致促其自己不得不组织团体,以谋求个人之出路也。在当今的中国社会里,纵使你是专门人才,纵使你是苦学子弟,"朝里无人莫做官",此虽是封建余孽,确是社会的流毒,然而在现今的

---

① 陕西省档案馆档案,卷宗号089—5—28。

社会里,却十足的表现得无遗,谁不觉得这是国家民族衰弱的缺憾吗?①

此外,也有理由担心,一个连基本私情都无法超越的司法机关,如果面对着巨大利益诱惑的时候,还能否保持公正的心态。

二、检察官与面子

在新式司法制度中,推事与检察官是两个最为重要的群体,相互配合,相互制约,共同维系着刑事审判的公正。民国时期审判机关与检察机关的关系不断调整,但合署办公的制度安排则一直未变。业务交叉,终日相处,时间久了推检之间原本清晰的法律关系变得日益复杂和模糊,如何维护彼此都注重的面子则成了大问题。

第一,宁失公正不失面子。著名学者梅仲协以自己的亲身经历向人们提示着身处面子文化之中,推事与检察官坚守正义之艰难:

> 推检同僚,情谊关系,易使审判失去公平。就法律上言,检察官只有侦查犯罪嫌疑人的职权,而无判决罪刑之权。可是检察官与推事,均系司法官,都须具有法院组织法所定的同等资格而被任用的,且又同院办公,情谊当然厚密,检察官提起公诉以后,依法律便处于原告的地位,他只能与被告讲平等,却不能与公判庭推事通人情,须知道爱面子是人们的通病,经提起公诉的案子,如果被刑庭宣告无罪,那么不但攸关考核,在面子上是大大的过不去。在这个当儿,非提起上诉不可。所以凡刑事案件,经检察官起诉者,推事为原全同僚的情谊起见,被告总要晦气,十九皆须受科刑的判决了。若要宣告无罪,只有两种办法:或者被

---

① 王子健:"建设西北与人才问题",《西北刍议》第2卷第5期,1936年8月。西安市档案馆编:《民国开发西北》,内部发行,印刷时间不详,第446页。

告能够提出千真万确的无罪反证,或者推事预先得到检察官的同意。所谓审判独立,法院超然的话,在富于讲面子顾人情的中国民族性,简直没有这回事。我从前在某审判庭服务时,亲见一位很有背景的检察官,对于其所提起的案子,被第一审推事为无罪的宣告,竟而大肆咆哮,恶言诋詈。后来总算经高等庭的庭长,从中斡旋,请其提起上诉,把被告于受科刑判决之同时,宣告他一个缓刑。好在中国的老百姓,像羔羊似的,只要无须坐牢,有罪无罪,他是不大理会的。检察官的面子既到,老百姓事实上又不吃亏,在老官僚的心中,这是一件多么圆滑的玩意儿,可是若把法治精神来讲,也未免太笑话了。"①

第二,公报私仇。为了维系面子,意气用事者大有人大。1943年江西赣县地方法院候补检察官袁兴玮与赣县地方法院院长徐葱珩因琐事发生纠纷,袁为了出气,利用职权对地方法院进行刁难,并向上级反映,要求追究徐的刑事责任。江西高等法院院长梁仁杰居中调解无效,不得不给时任司法行政部部长的谢冠生写信,大倒苦水:

> 连年以来,事务丛脞,各级法院推检不和,尤增苦恼。最近赣县地院袁候补检察官兴玮(系本院郭首席之亲戚)以向会计室借米未遂,与会计室发生冲突,具呈控院长进行侦查,而徐院长以袁候补检察官在会计室语涉侮辱,愤而赴检察官办公室击案,一则为非常时期,办事上却有困难,一则为生活所迫,业于呈复文件中均请免于置议。然袁动辄加人以抑留不发之罪,借侦查以资报复,若各院尤而效之,将见院长无噍类矣。②

为了避免类似事件的发生,西安地方法院院长利用各种机会善意提醒

---

① 梅仲协:"改进吾国司法现状的几点意见",《新政治》第4卷,1940年第5期。
② 张仁善:"论南京国民政府时期防治司法腐败机制的运作及效果",《中国法律史学会2010年学术年会》论文。

本院推事和检察官和为贵。如 1944 年,西安地方法院和地方法院检察处一同从长安县迁回二府街,结束了抗战期间的异地办公的历史。此后不久,在一次全院大会上地方法院院长发表讲话:"检察处现已迁回,和院方已成整个一体。过去因为地方的关系,致分为两部,在办事和人员往来上都不方便。现单单回来了还不够,还要整顿。"尽管整顿什么院长没有直说,但当事人则不难理解,无非是提醒诸位不要各自为政。①

三、律师与关系

人情社会中关系是最为重要的资源。而要建立和维系固定的关系就必须频繁地往来。这一点在律师与推事的关系中体现得最为明显。

民国时期,为了保证司法公正,司法部或司法行政部曾颁布过《法官不得与律师来往或同居一所令》、《律师与法官不得密迩往返》等训令,试图限制律师与推事的庭外交往。如 1932 年司法行政部训令高等法院院长和首席检察官:

> 查法官与律师虽同有保障人权之责任,而论其所司职务,实处于对立地位,平日彼此倘过于接近,遇案即不徇情偏倚,然瓜田李下,实惹嫌疑,……为维持法官尊严起见,特重申告诫,在职法官务各善体斯意,谨始防微,勿得与律师密迩往返,致损威重而贻口实,仰即遵照。②

部令的限制,无法阻挡双方交往的愿望。1940 年代,在某次西安律师公会的会员大会上,张恒忻理事提议"律师与法官,本皆以法律保障人权,立场不同,目的则一,为求双方办事合法,并增加效率起见,似有由本会召集高地两院院长,民刑庭长,及推事,并两院首席检察官,开座谈会之必要,以便

---

① 西安市档案馆档案,卷宗号 090—2—8。
② "律师与法官不得密迩往返",《法律评论》1932 年 7 期。

指导。"此议案被一致通过,并责成由张理事负责操办。① 一年一度的会员大会是律师公会最重要的活动,其任务是集中讨论一些必须借助组织才能解决的共性问题,显然,加强与推事的交往是大家都关心的问题之一。该议案的理由极为冠冕堂皇,但真实目的似不难理解,"以便指导"一语也讲得十分明白。

换言之,司法行政部的禁令,只是迫使律师与推事交往时必须寻找正当理由和途径。档案材料表明,这些途径包括:一是通过律师公会出面;二是借助其他通道。

1946年前后,西安律师公会经讨论形成了一项决议,租用西安地方法院的土地建律师公会的办公用房,并就此致信西安地方法院院长:

> 窃查本会向无会址而钧院因办公室不敷应用,仅拨小房一间作为律师休息室。以每日案件计出庭律师辄在十数或二三十人以上,拥挤一屋,不特有碍卫生且于阅卷及抄录文件均感不便,兹查钧院西边现有空地一处,拟利用此地修建房屋两进4间,既可腾出现在律师休息室房屋,俾钧院以作其他办公之用,而律师休息或集会亦较可便利,诚一举两得之计用,特呈请钧院鉴核俯准租借公私两便。

西安市律师公会常务理事
张恒忻 聂养儒 秦光纶②

其时西安地方法院经费和办公条件均十分紧张,因而明知此事不妥,但却极为上心,经过讨论,很快同律师公会达成租借土地的协议,但操办过程中地方法院院长更换了。新院长上任之际社会各界按照惯例举行了一系列迎新活动。律师公会也不甘落后,以律师公会的名义宴请了新院长,动用的

---

① 西安市档案馆档案,卷宗号01—7—550。
② 同上,卷宗号090—2—39。

是会员的会费,宴请的目的和动机不言自明,至于宴请的花费和具体参加人数等更为详细的信息现已无从知晓。①

新院长来自外地,地方根基较浅,上任后感觉此事重大,为慎重、同时也是为给自己留条后路,专门就此事请示了陕西高等法院。陕西高等法院也觉得此事可行,但同样出于慎重的考虑,一方面专门向司法行政部进行请示,另一方面在答复地方法院的批示中将事情性质做了变通,将租借土地改为捐建房屋。

> 呈悉。该律师公会如系无条件捐款,代该院建筑房屋,自可照办。至该项房屋筑成以后,作何用途,仍由该院另行磋商,酌量支配。如为租借地皮,未便照准!此令。②

西安地方法院接到指令后,迅速将事情的最新进展通知给西安律师公会。律师公会租借地方法院的土地建筑房屋,并不完全是出于商业利益上的考虑,而是为了与地方法院建立关系。主要目的达到后,牺牲点经济利益也未尝不可,于是经过研究很快就接受了这一条件,并重新拟订了合同。

> 查本会捐建此项房屋,拟在筑成以后本会未觅定会址以前请将此项房屋借作本会办公之用,以资两便而期符合上令。兹拟具合同二纸并先由本会加盖印章随文附上,如蒙俯准请即加盖印章发还一份俾资遵守而便进行。
>
> 附呈　合同三纸
>
> 西安市律师公会常务理事
> 张恒忻　聂养儒　秦光纶③

西安地方法院将双方重新拟订的合同再次上报陕西高等法院。陕西高

---

① 西安市档案馆档案,卷宗号01—7—550。
② 同上,卷宗号090—2—39。
③ 同上。

等法院随后同意了双方的行为。

> 呈及附件均悉。既系捐建,尚属可行。至修成后,暂借作该会办公应用一节,亦无不可。惟仍应转令该公会赶速另觅会址。及早迁移,必要时得由该院长与之另立合约,限期收回,仰遵照此令。附件存。①

司法行政部得知后,却仍然不准。

> 查律师公会办公处所不得与法院同在一处,虽系暂时性质亦非妥适应,饬立即迁移具报勿延。

陕西高等法院无奈,也只能重新指令西安地方法院:

> 关于律师公会在该院建筑房屋一案奉部令不准,仰即速饬该公会遵照具报由。②

在国民政府司法行政部的干预下,一桩在律师公会看来很好的"生意"最终未果,律师公会的会员感觉十分遗憾,此后在相当长的一度时间里一直耿耿于怀。

除以律师公会出面的公关,作为个体的律师也在探讨相对固定的渠道加强与推事的联谊:

第一,同乡会。民国时期的西安还较为封闭落后,除一些随东北军逃亡而来的东北人和地缘上与陕西相邻的河南人、山西人以及历史上与陕西民众交往较为频繁的河北等北方省份的人士外,外来人口较少。民国时期西安市执业律师的籍贯,早期以陕西人为主,1930年代后,河南、陕西、山西和河北省的最多,地域分布较为集中,虽然也曾有过南方籍的律师在此执业,但时间不长大都陆续离去。如1945年西安市执业律师中河南籍的18人,山西籍的11人,河北籍的10人,陕西籍的12人。

---

① 西安市档案馆档案,卷宗号090—2—39。
② 同上。

传统中国,同乡是同宗之外最为重要的人际关系,民众对此极为依赖,民国以降这种风气并未改观。① 当时的西安同乡会数量众多,外省的大都以省籍来划分,省内的则以县籍来组织。同乡会虽然是一种纯粹的民间自治组织,但在联络乡谊和经济上相互救济等方面发挥着不可替代的作用,因而凡旅居西安的外乡人大都隶属其中。其核心多为客居者中有影响力的人物,如法官和律师等。对于律师来说,借助同乡会的平台与法官相互往来,既自然又方便。

第二,校友会。传统中国,同乡之外,同门亦是寒门之子极为看重的人际关系。民国以降,受西方社会自治理论的影响,各类校友会大行其道。如西安市成立有"朝阳大学同学会",会员几乎囊括了生活于西安的所有朝阳大学校友。朝阳大学是民国时期国内著名的法科大学,校友会的成员自然以律师、推事和检察官为主。关于该校友会成立的目的或宗旨,"朝阳大学同学会章程"中讲得十分清楚,"联谊同学情谊,互相砥砺学行。"需指出的是,该会的主要发起人即是执业律师童培兰,会址也设在童培兰的律师事

---

① 如创办于1872年的旅沪广肇公所,还承担着同乡之间大量纠纷的调解工作。档案材料表明,同乡组织对于调解家庭纠纷具有较高的效率.,如1921年广肇公所专门针对商业纠纷制订了具体的调解办法:本公所有为同乡排难解纷之责,时有投词到所,自当秉公判断,惟其中情节未明真相,或因账目纠葛等事,为慎计或举员算账,原被告自应于查阅后,第二次到所听候公判,但有原告或被告随后因自知理曲而不到者,应如何办理,公议公所为公判性质,如原告投诉被告到所,愿受理处,自应判断,倘被告不到,可另向司法衙门起诉,如原告到过一次,下次不到,被告到是愿受理处,可由事实上查办,再通告原告到所,如不到,则照判,即知照原告再到,倘复不到,又不详明其一时不能到之充分理由,可给一据与被告,如原告向司法衙门控告时,被告人可持据陈明此案,经本公所公断,如被告到过公所一次,愿受理处,下次不到,其办法亦同。似此办理庶免公允。上海的浦东同乡会中还专门设有法律专门委员会,处理同乡中的各种矛盾和纠纷,如1933年一年中,该委员会就研讨和处理了23件涉及同乡的案件,在该委员会的帮助下,这些案件得到了较好的解决。特别值得注意的是,公所的调解虽然没有法律效力,但却可以作为一种意见发给原被告,原被告向法庭提出上诉时,可向法庭出示。这一规定真实地反映了民间组织与国家组织之间的一种有效互动关系,证明民间组织的调解结果对于法庭具有一定的影响。

务所。①

　　档案材料还表明,民国时期西安地区两级法院中的推事、检察官和执业律师绝大多数毕业于河南法政专门学校、朝阳大学、山西法政专门学校和陕西法政专门学校。换言之,西安地方法院的从业人员与西安地区的执业律师,无论是地缘,还是学源都呈高度重合的状况。这种地缘和学缘结构为律师与推事之间的个人往来提供了便利。尽管民国时期司法行政部明文规定律师与推事不得往来酬酢,但不难想象,现实生活中西安地区律师与推事法庭以外的来往,无论是公开,还是私下恐怕不会太少,且这种来往又耐人寻味地呈现出以律师为主动方的特点。

　　对人情和面子的维系,久而久之势必淡化规则意识,而维系复杂的关系所需要的金钱又远远超出了公职人员的正常收入。

　　　促使官员们贪污的另一个原因就是他需要付出金钱来维系其人情网。招待官场上的同事或上级,对维系好人际关系至关重要。对官员的腰包来说,这笔钱是一份沉重的负担,他不得不在国家的钱上打主意。为了维护恩宠关系,其上司也希望——如果不是被要求的话,能够得到相当多的礼物或其他形式的报酬。如果一个官员不懂得这些维系人际关系网的微妙之处,或许他不久就会为那些熟悉官场之道的人所替代。

　　　不管怎么说,促使官员沉湎于贪污行为的最强大的外部压力是来自他的家庭。按王成(音译)的说法,甚至那些在国民党内受过西方广泛的行为标准教育要求的党员,也"很快发现他们在很大的程度上不能摆脱家庭对他们的强有力的影响。他们在国民党内或通过国民党捞到了一个掌握小部分权力的机会,如在党的机构或一个部门内有一个位置,他的亲戚、大多数的朋友,甚至是同事们都会想象这一职位至少会

---

① 西安市档案馆档案,卷宗号01—7—451。

对其家庭利益带来好处。做不到这一点,那他在所有人的眼里,就是空有这种身份,或是对情理之中的事缺乏认识。"①

人情、面子、关系,久而久之,受到伤害的只有法律。

第四节　军人与战争

近现代中国政局动荡不安,战乱不止,战乱及动荡势必对法院及从业人员产生巨大的影响。

一、军费和军人

(一) 养兵或办司法

经费短缺,入不敷出是民国时期从中央到地方财政上的普遍状况,经济较为落后的陕西情况尤为不堪。"陕西民穷财困,达于极点","陕西丧乱之余,财源枯竭,"②翻阅民国时期的各种文件和报章,类似的语言俯拾皆是,各机关入不敷出的现象极为普遍。如1931年,陕西全省财政预算岁入13994897(一千三百九十九万四千八百九十七元),实际支出20781164(二千零七十八万一千一百六十四元),亏损6786267(六百七十八万六千二百六十七元),亏损幅度占整个实际支出的1/3。因而司法经费的短缺,乃至捉襟见肘则更为常见。

---

① 〔美〕易劳逸:《流产的革命:国民党统治下的中国1927—1937》,陈谦平、陈红民译,中国青年出版社1992年版,第369—370页。

② 陕西建设厅:"陕西省民国二十年建设事业计划大纲",西安市档案馆编:《民国西北开发》内部发行,第183页。

经济落后,以及支付体制不科学等原因外,司法经费的短缺还与旷日持久的战争,与国家对军队的依赖关系极为密切。换言之,战争进一步加剧了司法经费的短缺。国家财政能力不佳是客观现实,但现有的钱花到何处也是一个现实的问题。

从智识上而言,对于司法经费的重要性民国时期的领导人大都有着清醒的认识,如北京政府时期大总统黎元洪就公开讲:"以为司法欲有独立之精神,必使司法先有独立之经费,无论何项征税或附加税,但指定一宗的款以办司法,较诸耗无益之费以养兵,为益多多矣。"[①]然而,北京政府时期军阀混战,中央政府收入有限,但支出无度,地方政府则各自为政,统一的财政制度无法真正落实,因而黎元洪的想法很难实现。有学者估算,"清末整个国家的每年军事费用一般不超过一亿美元。1916年反袁斗争时,军事费用总额约为一点四二亿美元。到了1928年军事费用剧增到八亿美元。"[②]军费的增长已到了令人咋舌的地步。

1928年6月,北伐军占领京津地区,奉系军阀退守东北,南京国民政府宣告国家统一大业正式完成。财政部长宋子文迫不及待地于当月在上海召开全国经济会议,来自全国金融、工商界的头面人物120余人出席会议,会议着重讨论了宋子文提出的裁减兵员、限制军费开支等议案,并达成共识。7月1号至10日,南京国民政府又在首都南京召开全国财政会议,从中央到地方主管财政工作的官员倾巢而出,会议就事关国家财政正常化的根本问题展开广泛讨论,这些问题包括限制军费开支;编制全国预算;统一币制等。宋子文将两次会议的讨论结果提交给8月召开的国民党四届五中全会。[③]

---

① 王树荣:"司法改良意见书",《法律评论》第90期,1925年3月22日。
② 〔美〕齐锡生:《中国的军阀政治(1916—1928)》,中国人民大学出版社2010年版,第143页。
③ 请参见虞宝棠:《国民政府与民国经济》一书中的相关章节,华东师大出版社1998年版。

然而,这一系列会议形成的决定在现实政治中无法落实。纵观南京国民政府时期,军费无论是从预算还是到实际支出都一直在不断增长,军费的增长直接导致包括司法费在内的其他各项预算比重的减少。民国时期国家的财政预算包括行政费和事业费两大类,前者又包括党务费、行政费、司法费和公安费等,而后者则包括文化教育费、实业费、交通费、卫生费和建设费等。司法费涵盖在行政费之中,为独立的大类。如1937年度国家财政岁出总预算中,中央层面,政权行使费为7853389(七百八十五万三千三百八十九元),国务费27074799(二千七百零七万四千七百九十九元),军务费419724627(四亿一千九百七十二万四千六百二十七元),内务费6846722(六百八十四万六千七百二十二元),外交费11976489(一千一百九十七万六千四百八十九元),财务费70558859(七千零五十五万八千八百五十九元),教育文化费43682747(四千三百六十八万二千七百四十七元),交通费8014470(八百零一万四千四百七十元),建设事业专款498790664(四亿九千八百七十九万零六百六十四元),而司法费只有4339525(四百三十三万九千五百二十五元),在所有正常支出项目中司法费排在最后,相反,军费则次于建设事业专款。1938年由于抗日战争的原因,军务费又上升为591342747(五亿九千一百三十四万二千七百四十七元),而司法费则大幅下降为1155436(一百一十五万五千四百三十六元)。①

抗战结束后,内战又起,南京国民政府为了维持庞大的军队,军费支出更是占了国家预算的百分之七八十以上。1947年,身为军人,且对民国时期军界有深度了解的李济深说:"现在一师兵,每月的开支是12亿元,而办一座大学,每月的预算才3000多万元,养一师兵的费用可以维持39座大学。"②

---

① 《中华民国实录1912—1949》第5卷,文献统计(上),吉林人民出版社,1997年版,第5121页。

② 千家驹:《中国经济现实讲话》,香港经济资料出版社,1947年版,第2页。

养兵和办法院、办大学,孰轻孰重看似简单,其实是两个无法比较的事情,特别是在战乱不断的民国时期更是如此。但对于掌握着生杀予夺大权的审判机关来说,如果不能为其提供足额的经费,势必会导致一些地方司法机关私自截留或乱收诉讼费用,造成司法腐败,后果极为可怕。

(二) 军人干涉司法

在任何国家,军权和军人都是一种不可忽视的现实存在。对于现代国家而言,军权再重要也必须在国家制度层面对其做出合理安排,并保证其在法律范围内活动。否则的话,国家的安宁、司法的权威将不复存在。

近现代中国内忧外患,战争不断,频繁的战争,不仅形成了无数大大小小的军阀,也使军人在国家的政治生活和社会生活中逐渐形成一个地位显赫的特殊阶层,重军权轻法权可以说是清末民国所有执政者的共同特点,其结果不仅使那些执掌军权的高级将领,甚至一些普通的军人都无视司法的权威。

早在1920年代,现代国家初建司法界就不断有人发表文章,指责或感叹军权干涉下司法独立之不易。如曾任京师高等审判厅厅长的杨荫杭1922年在《申报》上发文,感叹北京政府时期司法权及司法工作者的尴尬地位:"有倡言厉行司法者,人必笑之,因司法权弱为人所轻视,武人跋扈,辄视司法为赘瘤,偶不如其意,则引而致军法范围,法吏因恋其位,亦不敢与之争,争者亦遭不测之险。"[①]学者马德润在《劝军人勿干涉司法说》中同样指出:"高等审检法官之进退,操之督军巡阅之手,地方审检法官,则听命于镇守使、旅长、团长,甚至营长、连长亦对于驻在地之审判机关,任意干涉,而为法官者,每遇有重要案件,必先请示于军政长官,其权力之大,尽可想见。"[②]

[①] 老圃:"能司法即能统一",《申报》第178册,1922年初版,上海书店影印再版,第446页。

[②] 《法律周刊》第2期,1923年7月15日。

面对着军人的跋扈,一些正直的司法从业人员转行而去。① 有人则以牺牲性命为代价愤然抗争。1925 年 12 月 5 日晚,山东省济南,数十名带枪的军警受山东省保安司令张宗昌的指令突然闯入位于南新街 63 号的张家公馆,不由分说将刚刚吃完晚饭的山东高等审判厅厅长张志用白布蒙上双眼之后挟持出门,绑架到军警执法处严刑拷打之后连夜秘密杀害。②

张宗昌的暴行固然令人发指,但更可怕的是军权对司法权干涉的制度化。民国时期的军政要人黄绍竑隐约地流露过自己的担忧:"我国现行的民刑法律,起草的时候,大多是以泰西各先进法治国家的现行法典为蓝本。而现在我国尚在建国时期,情形特殊,好多地方是行不通的,或不能适应需要,于是就制定了许多特种的法律来补救它。同时又产生了执行此项特种法律的机关——军法机关。所谓军法,并不是单独惩治有军人身份的法律,而尚包含了《中华民国战时军律》、《军机防护法》、《危害民国紧急治罪法》、《惩治盗匪条例》、《惩治贪污条例》、《禁烟禁毒治罪暂行条例》、《妨害国家总动员

---

① 毕业于英国伦敦大学的法学学士林行规(字斐成)就是如此。林行规,1882 年生于浙江,先后就读于南洋公学与京都译学馆,后赴英国,毕业于伦敦大学,获法学士,学成回国后入法官业,任大理院推事,后任教于北京大学,再转行做了律师。林行规去世后,好友陈宗蕃在为林撰写的《馑县林斐成先生碑文》中对林转行的原因进行了披露"时军权方张,司法往往失其轨,先生虽力持正义,然有时而不能伸,遂弃去执行律师职务于京津间,以为法律所保障民权,惟是乃足伸吾志。"引自吴景健:"百年前的北大法科学长",2015 年 10 月 24 日,《北大法律评论》,公信号。

② 张志(1880—1925)四川自贡人,早年留学日本学习法律,学成回国先后在浙江、湖北、安徽等地做法官,1920 年出任山东高等审判厅厅长。在任期间对山东司法制度大力进行整顿和改进,声名远播,是中国近代司法界的知名人士。张宗昌之所以杀张志,坊间有多种说法,比较可信的是:1925 年直奉战争爆发,张宗昌为战争需要在山东发布戒严令,明确规定用军事法庭取代普通法庭,即百姓犯法也按军法论处。张志出于维护法权的考虑,对张宗昌的做法极力反对,惹恼了张宗昌。张志案理所当然地在全国引起了极大的震动,并引发了中国历史上司法界向强权政治和军阀政权的首次集体大示威。先是浙江、江苏、江西等省的司法界通电北京政府要查办杀人凶手,还社会以公道。尔后上海、北京等地的司法界又呼吁全国司法界同仁团结起来,同时呼吁其他民众团体相互声援,向当局施加压力,严惩杀人凶手张宗昌,为张志伸冤,维护法律尊严。山东、安徽、湖北等省的司法界先后举行盛大的追悼会,悼念亡灵。在司法各界的压力下,北京政府不得不表态要对张宗昌严加惩办,以肃纲纪,但最后结果仍然是不了了之。

惩治暂行条例》等。尤其在战时这种犯罪非常之多，所以抗战以后，军法机关的组织，也成全省普遍性的了。"①

上述现象不仅仅局限于北京政府时期，而是贯穿于国民政府在大陆的终始，干涉司法的也并非都是只顾个人私利争夺地盘的军阀和兵痞，还包括那些投身民族战争的正义之士。如抗日战争胜利后，大批抗日军人以英雄的姿态从战场回归城市。但此时，饱经战争创伤的城市却根本无力接纳如此庞大数量的军人及其眷属，军人与市民之间因租赁民房在全国范围内引发了大量诉讼。法院在审理这些诉讼过程中，一些军人不予配合，给审判机关带来了极大的麻烦。

1946年10月，西安地方法院收到市民常西园的民事诉状，要求法院判令被告柳良云、耿在之、王静庵、王守忠、公元亭（皆为军人）等腾房。②

民事起诉状云：

> 为被告等不法窃占房屋诉请判命腾房交原告，并请宣示假执行以维产权事。窃原告所有本市集贤巷4号南院房屋12间，前由程恕行等5人寻租，当经诉请判决终止租约，腾交房屋并宣示假执行在案，谁料正在执行之际，被告等乘机擅自侵入，既无租约，又不相识。而非借住，当以房屋原本未经接收。

地方法院民庭推事对此案进行了审理。审理过程中，被告拒绝出庭，只是致函地方法院以书面的方式对自己的行为进行辩解。

> 钧院传票附抄发原告常西园民事起诉状缮本，应遵传票到庭面陈原委而白案情。奈以被告等职务所因，无法趋前，特谨以书面具复恭请核查。原告常西园控诉被告等不法窃占房屋请判命腾交等语，缘被告等先后迁入集贤巷4号南院居住，有自去年底入者，有至最近迁入者，

---

① 黄绍竑：《五十回忆》，岳麓书社1999年重印本，第427页。
② 西安市档案馆档案，卷宗号090—2—248。

均系耿在之让短期居住。在李毓民律师未代函邀商洽以前,请原告(房主)并未预为谋面互通姓名留作洽商处置房屋情形之余步。及经该原告委托李毓民律师函邀商洽,被告等当即遵约晤商,听候律师和解办法。被告等满拟双方均经李律师专函邀商,谅解合理调解此事,未记其他。谁竟被告等既未得李律师和解结果之通知,又未获该原告当面谈判,而竟突然向钧院控以不法窃占房屋的诉状,实不知不法为何?窃占何解?又所称拖延搪塞之谓何?且本市人口计有50余万,房荒问题人所共知,住房纠纷案件受理机关莫不均感棘手,所以西安警备司令部特订立本市军人租赁房屋规则呈准长官公布施行,不准主客任何一方拒不接受,被告等曾将本办法当面交李律师,商洽正在继续,而该原告胆敢拒不遵守,诡词诉以住房年久失修,早拟拆除重建,请判命腾交维护产权等语。复查本院房屋院基平坦,并无积水之弊,栋梁完备,四壁整齐,亦无拆除之必要,请钧院判决依法租赁。

承办推事依据中华民国民法判决被告腾房。被告在法定的上诉期限内未提出异议,该案判决生效。但被告却拒绝履行法院判决,并到法院争辩,该案执行受阻。

西安地方法院无奈,分别于1946年10月和11月呈报陕西高院,请求协商解决。在呈报陕西高等法院的题为"为军人抢占民房,无法执行,拟请钧院会同协商解决办法"的报告中,地方法院云:"该债务人耿在之系第15军官总队队员,竟来院吵闹,说军人占民房系依警备司令部所订规则办理,法院不得过问,气势汹汹,不可理喻。……此种情形前已于10月19日呈报在案。……本院亦电达该官司令部请求协助。"司令部回电"仍照规则办理,并嘱予强制执行。"①"职认为该规则未经立法程序,无强令一般民众遵守之

---

① 为保护军人的利益,陕西省警备司令部制定了"西安市军人占用房屋规则",要求地方法院加以遵守。

理,且其中规定多与法律抵触,尤难据为参酌之资料。此类事件既已叠见不鲜,将来难免不再发生,若不设法解决,不特感受困难,遭受社会指责,且影响司法前途,拟请钧院会同相应机关商议解决办法,使冲突不再发生,法院威信不致受影响。"

西安市军人占用房屋规则

本市关于租赁房舍事,时起纠葛,影响治安非浅,警备司令部为维持秩序,并求得合理解决起见模拟本市军人租赁房舍规则一份,业已呈奉战区长官部核准。

- 凡军籍人员及眷属租赁房舍均适用本规则;
- 具有第一项身份人员而在本市租赁房舍时,应以社会习惯订立契约(契约由本部印发)交付押金,但押金数目不得多于3个月之租金;
- 房租之交付,概以法币计算。每间租价以500为最低价,但最高价不得超过1000元,由房主与房客视房舍情形自行设定,计算方法,照社会习惯;
- 房客未得房主之间之同意,不得将承租房舍自行转让或分租;
- 电灯电话家具未在承租范围内者,不得借用(电灯电话家具租价,应另行设立记入契约);
- 租价支付不得超过定期10日以外,租金积欠超过押租数目者,房主得请求退租;
- 其现已租赁尚立契约者,不论房主与房客之任何一方,请求对方补行第二项手续,均不得拒绝,否则房客依强占民房论处,房主依法处治;
- 本规则自即日施行

同时致函警备司令部,坦陈法院的基本态度,试图寻求军方的理解和支持。

常西园与耿在之、柳良云等5人因请求腾交房屋涉诉,已经本院判决,着被告方面各将占住之房屋返还原告,并即刻制定判决书正本送达在案。该耿在之等既未于收受判决后之法定上诉期间内声请不服。本案判决依法当然确定应予执行,乃于本院执行腾交时,竟断然争辩,且复滋闹法院,意图抗拒执行。揆之委座历次昭示,军人应绝对遵守纪律主义,岂应如此。至该耿在之原呈所云,无占扰民房,系依据军人租房规则办理,又说该规则为特别法,依特别法与普通法之原则,不应将房腾交。不知此种规则并未呈经立法院转请国民政府明令赋予法的名称,自难以特别法相提并论,尤不能执为拒绝执行之借口。而况该耿在之等于占住常西园房屋之先,未经中间人介绍,又未经所有人之同意,擅自进住房内,按之国防部本年十月间通饬军人强占民房扰民滋事者一律以贪污论罪之。① 该耿在之等非但应恪遵判决,立将房屋腾交,且已触犯贪污罪名,应由军法机关依法惩处。本院受国家托付,执行法律,凡属职责内应办理事项。绝不敢无端放弃,致碍法令之推行。希冀政治修明者,尤应极力赞助共促国家于郅治。贵分团本年十月二十四日代电说已饬15军官总队对该队员加以申斥,并着遵照判决履行,合法合理,自属极是,仍希对于此种违法犯罪之行为,勿任滋长,予以纠正,以维法纪,实为法治前途甚幸。

与此同时,被告亦向自己的上峰警备司令部呈递申辩书。在申辩书中被告称,并非强占民房,而是因为原告故意躲避不见,无法协商。并声明即便如此,被告也以原告的姓名在金诚银行开户并按月将租金存入。总之,该事件的发生:

显系该房东故违法令,藉词逐客以便抬高房价,请该院判令依法租

---

① 1946年10月18日南京电,国防部以军人强占民房扰民滋事者,一律以贪污论罪,业已通令各省市治安机关遵行。1946年10月20日上海《大公报》。

赁，在职及同人等自问手续业已完备，不料该院抹杀一切，竟不加勘验即判决房主拆修为合理，旋于上月十六日由该院执达员吴志华余鸿钧二员率领执达吏五六人及宪警等实行强迫搬家。职闻讯之余即于十六日下午回家，于十七日由耿在之及同人王静庵柳良云3人带同全部案卷谒见院长明白案情。是日值院长回乡，由该院书记官长待见，谈商结果据云候转达院长再定等语。职等遂归。十八日因王静庵只准假一天，柳良云家中有事，鉴谓此系商请性质，勿需多人，致生枝节，由职一人代表再赴法院。及持片拜谒幸蒙召见，叙谈约10分钟，复职始将此案文件呈阅，并面述该院推事不顾西安警备部厘定现行本市军人租赁房屋规则，复不加勘验即行判决种种违法情事，该院长云，本院既已判决，势在必行，警备司令部所订是项规则，本院不便适用，即令将租金存入银行履行应尽之义务，但房主不同意，应属无效。职即云此种规则系由警备部呈请长官批准，何谓无效。该院长云，我们是地方法院，长官部管不到我们，本院直属立法院，大概系司法部之误，长官部长官根本管不着。警备部是项规定更与我们无关。遂将桌案一拍曰，如果你不服的话，我法院就与你军官总队拼一拼。适时刘宋两推事亦进内。职即云：院长这可是你拍的桌子，你不要拿院长压迫我，请你二位推事证明。院长盛怒之下即电知警备部报告有三四位冒充军官总队军人在院胡闹，并无证章符号。警备部据报始电知宪兵第7连派枪兵一班到院。又其间理论时，职曾请求该院长将全案移送警备部办理。该院长云：此系本院职权，何得移送军事机关办理。此时宋刘两推事及书记官长等10余人群起责难，但职个人仍据理力争，及宪兵到时，该院长犹说职在院胡闹，形同土匪。宪兵问及争执原因，意欲就地排解。职即云因该院长否认警备部所订本市军人租赁规则无效而起。该院长始连言曰：我没有说警备部的规则无效，我没有说警备部的规则无效。又一职员云：汝是现行犯，本院即可直接押办。姑念汝系军人，权交宪兵带去。此种侮辱情形有宪兵多人在场可作铁证。总之,军人强占民房故为事势所不许,而操纵房价阻碍生计亦为政令所不容。职既遵照规定取有契约,并于事前通知该院,该院置之不理,意果何居?且房主理由在于拆修。此房有无拆修之必要,该院不加勘验,即认为合法,又将何解?又职两次进院均系持片拜谒,并非强进,事实俱在。如谓职不谙法律不应持片拜谒,该院长可拒而不见避之,又涣其蓄心如此灼然可见,又何谓职挟军人身份竟尔气势凌人。复查法院所根据者系普通法,警备部为避免本市军人租赁房屋纠纷起见厘定现行规则,系单行法,即特别法。依法律原理原则来讲,特别法胜于普通法。该院长明知而故违知,反说职不可理解,是否别具心肠而不惜摧残抗战之余生。更有进者,该院长理屈词穷恼羞成怒忽恶言拍案。此时职呆以为该院长修养欠缺为异事,后思之始知该院长意在引职还击触入刑事处分,其居心险恶,至今思之尤觉不寒而栗,令人发指。

西安绥靖公署回函陕西高等法院,态度也极为强硬:

查本市迩来关于军人租房纠葛事件层出不穷,揆厥原因大都为房主企图改收面粉不遂所愿,即籍口抢占民房向法院控诉,而法院判令腾房并实施强制执行以致纠纷益多。惟军人待遇有限,值兹物价高涨之时,最低生活已难维持,住房一二间,如需多交纳面粉数袋,委实无力负担。且房租该收实物,于法无据,为适应事实起见,出已令饬西安警备司令部会同陕西省保安司令部另行拟定西安市军人租房暂行规则。专案转请核示外,特电查照。转饬长安地方法院体察上情。嗣后对于军人租房案件,在该办法本署尚未呈奉核定前请其先予调解,避免纠纷而维地方秩序。

由于各方态度严重对立,该案不了了之。
在近代中国,司法独立要远比其他国家复杂得多,也艰难得多!

二、收入和操守

（一）素质下滑

就整体而言，民国时期推事的素质始终保持着不错的水平，然而到民国中晚期司法辅助人员的素质则呈明显的下滑趋势。至于下滑的原因，战争是不容忽视的因素，其中尤以抗日战争和此后爆发的内战为甚。抗战爆发后，由于力量对比悬殊，国土大片沦丧，南京国民政府被迫西迁重庆，司法人员亦纷纷逃难。尽管司法院于1937年和1938年连续发布命令，要求司法人员不得随意辞职，同时还命令只要法院还在运行，司法人员就不得撤离，违者严惩。① 但一些地方还是出现了无人可用的局面。司法部被迫实施战时司法计划，制定了"非常时期各省司法人员任用暂行办法"和"候补学习书记官任用暂行办法"，在简化任用程序的同时，降低了书记官的任用标准：

> 各省法院书记官，虽以本部为唯一任免机关，但事实上除考试及格及战区退出人员由司法行政部分发任用外，仍多由各省高等法院遴员请派，但应该注意：关于请派正缺，须审查所保之员是否合于法院组织法第48条第一项之资格，其无上项资格，必须具有下列各款经历之一，方可照派：第一，在法院组织法施行前曾任部派委任书记官长、书记官2年以上者；第二，在法院组织法施行前部派之候补学习书记官继续供职并未断资者；第三，依法院候补学习书记官任用暂行标准之部派候补学习书记官继续供职并未断资且有公务员任用法第4条名额资格之一者。

> 各省法院候补、学习书记官只要具备下列条件之一者即可任用：经

---

① 周锡瑞等主编：《1943年：中国在十字路口》，社科文献出版社2016年版，第141页。

普通文官考试及格者；现任或曾任文官委任职经铨叙合格者；现任或曾任县司法处书记官经曾报司法行政部有案者；现任司法机关或司法行政机关录事连续服务3年以上成绩优良者；教育部认可之专科以上之学校毕业者。

这一临时措施，不仅扩大了各省高等法院在书记官任用上的权限，使国家统一的书记官制度受到了威胁，还直接导致民国中晚期地方法院的书记官、候补和学习书记官素质呈现出明显的下降趋势，造成了法院系统内部书记官之间在专业水平、能力，以及职业素养等方面的参差不齐。对于这一问题，西安地方法院的院长并不回避，利用各种渠道公开表达自己的担忧：

> 惟本院推事同仁学识修养虽甚优越，而纪录书记官间有以录事暂代者，无论于法令规定不合，其于纪录事务是否胜任亦足影响审判。是以本任接事之初，首先将暂代纪录事务之录事人员尽量调配书记官担任，以利审判事务之推进。终以本院书记官名额限制未能悉如理想。复于上年年终会议提出讨论经决议呈请高院于三十八年度（1949年）增加书记官2名，尚未奉到核示。①

但限于种种原因，这一问题并未得到彻底解决。直到民国晚期，书记官的总体素质仍然令人堪忧。档案记载，民国晚期西安地方法院庭审时还曾出现过个别书记官在法庭上随意向当事人问话的现象：

> 查本院记录书记官，出庭时间有迳向诉讼当事人问话者，此种情事，微特于法无据，且于体制有失，尤其一遇诘责，即无法应对。凡我同仁务须站定岗位，慎勿自取咎戾。②

内战爆发后，战火再度蔓延全国，推事短缺现象再度成了突出的问题。

---

① 西安市档案馆档案，卷宗号090—1—26。
② 同上，卷宗号090—1—1。

民国晚期西安地方法院的几任院长频繁去留都是因为战局的动荡不安造成的。如1949年3月祖籍湖北的刘梦庚竟然因为战争原因弃职而去，无奈之下司法行政部只好临时急调崔炎煜来顶缺。为了缓解燃眉之急，南京国民政府被迫降低推事的任用标准。其办法大致有二：

一是直接从大学法学院司法组毕业生中铨定法官。1946年2月12日国民政府考试院公布了"教育部指定各大学及独立学院设置法律系司法组毕业生铨定资格考试规则"，直接从大学法学院司法组毕业生中铨定法官。具体办法是在国内若干大学法学院中开办司法组，将学生提前进行分流。学生毕业前两个月，由开办司法组的法学院开列应届毕业学生的名册和学习成绩，呈教育部函送考选委员会进行成绩审查，审查合格者参加专门为其组织的考试，铨定资格考试由考试院组织，监察院监督，当时全国共有30余所院校参加了这一项目。

从西安地区的情况来看，整个考试的组织还算严格。如1947年法学院司法组毕业生铨定资格考试陕西地区的具体办理机构为西北大学，监考人员为监察院山西、陕西监察区监察使田炯锦，试题则由陕西、河南考铨处派专人护送到考场。报名参加考试的考生30人，实际参加者29人。考试地点是西北大学第28教室。考试日期为该年7月29日至31日。具体考试科目及时间为29日上午8至10点，国父遗教；10点10分至12点10分民法；下午3点至5点刑法；第二天上午8点至10点宪法，10点10分至12点10分商法；下午3点至5点民事诉讼法；第三天上午8点至10点国际私法；10点10分至12点10分刑事诉讼法；下午3点至5点国文。考试结束后由监察使田炯锦提交监考报告。

二是通过延长初试者的实习时间和考察初试者办案成绩的方法替代司法官考试再试成绩。1947年司法行政部发布第6108号令，规定凡1946年第一次司法人员考试高等司法官考试初试及格人员延长实习期间6个月，并以实习成绩或办案成绩直接作为再试成绩。西安地方法院的实习推事屈天行即是因为符合这一规定转为实缺推事的。①

这些举措对于弥补司法人员的短缺自然会有一定效果,但却势必降低司法人员的任用标准。

(二) 生活安逸到窘困

就制度设计而言,民国时期的司法人员,特别是推事和书记官的收入足以保证其过上一种体面的生活,即便是在司法经费不能按时正常发放的情况下也大致如此。据时人统计,1933年中国国民所得总数为1994600万元(一百九十九亿四千六百),全国总人口数量为429494138(四亿二千九百四十九万四千一百三十八人),年平均每人所得为46元。总计各行业所得中工资与薪金所得为999000(九十九亿九千)万元,其他所得为1012900万元(一百零一亿二千九百)。具体到各行业:1933年上海工人年平均工资约178元;各地商业人员年平均工资为89元;金融业职员平均所得为500元;公务员委任最低级月薪55元,年收入为660元。因而,按照年收入各业排名是,公务员第一,金融业第二,上海工人第三,各地商业人员第四。② 而民国时期司法人员属公务员系列。

将收入和各行业的收入进行排序,上述数据更具说服力。

陕西司法界工作人员的收入和实际生活水准亦大致如此,有一件事可以佐证。1937年供职于法界,时任陕西武功县审判官的范仲伟得知其父范紫东(陕西乾县人,著名的陕籍戏剧文学大师,著有秦腔名剧《三滴血》等)欲在西安建筑房屋"待雨楼",便寄回一笔钱款资助,但因钱款数额较大,引起其父疑心。待范仲伟回家省亲时,其父将其唤至书屋审问道:"你寄回的钱收到了,但我没有动。这笔钱数不小,你得把来路讲清楚。"范一听心里明白

---

① 西安市档案馆档案,卷宗号90—1—26。
② 巫宝三:《中国国民所得1933年》(上),引自何家伟:《国民政府公务员俸给福利制度研究》,海峡出版发行集团2010年,第292页。

是父亲在查账,便正襟危坐,将每月薪酬若干、积蓄若干等等,一一回禀明白。并说"父亲教诲。从不敢忘记,平日生活节俭,才有这笔积蓄"。父亲听毕,捻须颔首,又正色道:"我的脾气你是知道的,来路不正的钱我是不用的,你在法界供职,一定要洁身自好,清正廉洁,堂堂正正地做人。"①这则史实来源于范仲伟之弟若干年后的回忆,用意是在讲述范家良好的家风,但却从一个侧面反映了其时供职法界者不薄的收入。

然而,抗日战争的爆发使这一切发生了根本性的变化。有学者指出:"国民政府时期的公务员的生活水平,在前期,由于经济相对发展,社会相对稳定,再加上个别年头风调雨顺,公务员的水平基本上属于中等略为偏上,一般还是比较安稳、舒适的。随着抗日战争的爆发,大量的财力被用来作为军费开支,经济状况趋向恶化,公务员的生活水平逐步下降,到抗战胜利前夕,已经下降90%,几乎接近赤贫状态。"②

另据美国学者易劳逸的研究,早在1940年,公务员工资的购买力已下降到战前水平的大约1/5。到1943年,实际工资跌到了1937年的1/10。③

面对居高不下的物价,为保证司法人员最起码的生活,南京国民政府司法行政部不得不在财力许可的范围内,改善司法人员的待遇,其办法:一是于1940年和1942年两次修正法官及其他司法人员官等官俸表,将原定俸级重新厘定酌予提高;二是提高标准,如将初任推检叙俸自荐任6级或8级进行提高,将各省主科书记官均改为荐任待遇;三是发放生活补助金,共数次提高补助金标准;四是准许司法机关成立公共食堂合作社等进行自助。④

---

① 《西安晚报》副刊,2000年1月17日。
② 何家伟:《国民政府公务员俸给福利制度研究》,海峡出版发行集团2010年,第272页。
③ 费正清主编:《剑桥中华民国史(1912—1949)》(下卷),中国社科出版社1994年版,第674页。
④ 司法行政部编:《战时司法纪要》,台北"司法行政部"重印,第411—412页。

表 12.1　1942 年度司法人员补助俸分类计算　　单位:元①

年资	不满2年	2年以上	4年以上	6年以上	8年以上	10年以上	12年以上	14年以上	16年以上
荐任以上	140	160	180	200	220	240	260	280	300
委任及委任待遇	90	100	110	120	130	140	150	160	170

此外,南京国民政府还实行战时机制,对战时公务员的伙食标准进行规定,即每人每月伙食标准为猪肉 5 市斤、猪油 1 市斤、鸡蛋 9 个、食盐 0.8 市斤、糖 0.5 市斤、酱油 1.5 市斤、豆腐 10 市斤、蔬菜(榨菜、黄豆芽等 3 种)20市斤等 8 种食物②,并以上述 8 种食物的总消费值为基准制定公务员生活费指数,最终建立物价指数与公职人员生活费指数的联动机制。

但政府的努力收效甚微,有限的补贴远远赶不上物价的涨幅,以及物质的匮乏。翻开这一时期的报纸,仅看标题就能够感受到公职人员生活之艰辛。"百物日涨严冬逼人,公教人员盼望加薪",《中央日报》1946 年 11 月 27 日,"物价高涨生活苦,公务员呈请调整待遇",《中央日报》1946 年 12 月 14 日。"我们是要生存的——一群小公务员请速加薪",《中央日报》1946 年 12 月 20 日等等。

陕西高等法院和西安地方法院档案中保留了大量这方面资料。1946年 5 月 22 日,西安地方法院一职员致函本院院长:"惟查现实物价飞涨,生活程度日高,职每月所得除伙食外,所有其他零星使用均感无法开支,恳请钧座酌予增加以资救济,实为德便。"③地方法院院长无力解决这一问题,故将此函转呈陕西高等法院。其时,高等法院的同仁们也在为此事而发愁。

---

①　"各省司法人员补助俸标准",《国民政府公报》1942 年 11 月 19 日。
②　"一年来重庆市公务员战时标准伙食费与本部职员伙食费比较表",第二历史档案馆。
③　西安市档案馆档案,卷宗号 090—1—1。

1946年5月在陕西高等法院召开的一次本院组长会议上,会议参加者反映,"本市物价,自本年二月起,曾经猛涨,虽经一度平稳,近日又复飞腾,尤以面、米、日用必需品为最。生活补助费自上年十二月调整后,迄今已4月仍未调整。按今之情形,即便调整,尚较物价相差甚巨,现在生活已进入极端困苦阶段,公丁收入已不能一人果腹。"①

西安如此,其他地区同样不容乐观。1946年,一位在武汉地区法院任职的法界人士写信给陕西高等法院首席检察官朱观,信中说:"家境清寒,不可一日无职。每月在此费用竟达1560元之巨,院内月俸现只能领到300元之数,按月亏累一千三四百元,……长此以往,实无法支持,除改业律师外,别无它途。……明年法界再无生机,则只能改业律师。"②其实,到1948年前后,"全社会皆在过不下去之情况中度日。"③同样是改业律师,民国中期曾任推检的马寿华是为了减轻工作的压力,提高生活质量,此信的主人则是为了维持基本的生存而改律师业。

内战爆发后,情况进一步恶化。

---

① 陕西省档案馆档案,卷宗号089—4—18。民国时期,陕西省内货币使用情况极为混乱和复杂,民国早中期市面上以北洋铸币厂铸造的有袁世凯头像及孙中山站立像的银元为主,同时,由省内各银行、甚至商号发行的纸钞及分、角之类的铜制辅币种类则多如牛毛,混同使用,其中四川黄铜质的200文大铜元较为流行。1935年11月南京国民政府进行币制改革,统一使用法币,但各种辅币仍在使用。法币发行之初,南京国民政府坚持稳定的货币政策,法币币值亦较为稳定。抗战爆发后,法币发行额迅速扩大,如以1937年6月为基期,到1945年6月增发近300倍。1945年后为了适应内战的需要,发行量更是到了无以复加的程度,据统计,从1945年6月到1948年8月,法币增发1500倍。大量增发导致法币急剧贬值,到1948年法币的购买力已跌至战前的2‰。不得已1948年8月南京国民政府再次进行币制改革,统一实行金圆券,废弃了法币。见西安档案馆编:《陕西经济十年(1931—1941)》,及陕西省政协文史资料委员会编:《陕西文史资料》第23辑,陕西人民出版社1990年版中的相关文章。由于币制混乱,加之物价和公职人员生活补助变动过快,因而给分析公职人员的真实生活水平及实际购买力增加了许多困难。

② 陕西省档案馆档案,卷宗号089—1—216。

③ 夏承焘语,引自傅国涌:《1949年:中国知识分子的私人记录》,长江文艺出版社2005年版,第186页。

表 12.2　西安市物价指数①

月份 年份	1月	2月	3月	4月	5月	6月	7月	8月	9月	10月	11月	12月	平均
1937年	97	97	98	101	102	104	106	106	110	113	114	112	105
1938年	123	129	139	141	143	143	143	148	152	157	165	172	146
1939年	201	201	210	209	217	227	234	255	273	304	331	352	251
1940年	385	386	400	419	440	457	486	536	570	637	672	718	508
1941年	780	848	914	1001	1094	1178	1333	1412	1557	1719	1983	2388	1350
1942年	2611	2753	3108	3109	3340	3703	4083	4742	5570	6002	6323	6611	4336
1943年	7539	9380	10952	12281	14975	19463	22607	24027	23037	21914	21862	20832	17302
1944年	29232	30335	32073	32090	34376	34554	37854	42746	47963	53227	53036	64045	40961
1945年	83896	98933	117780	134144	212025	239479	275475	241311	129930	125997	163693	166442	174092
1946年	171324	200452	241161	263744	320221	358508	398473	436311	492678	610586	752833	880000	427857
1947年	1139132	1485000	1436000	1599741	2225700	2520824	3251000	3547750	4133500	7338000	10160233	14351333	4432352

从 1937 年的物价平均指数 105，到 1947 年的物价平均指数 4432352，10 年间物价指数已成脱缰之野马，竟然上涨了几千倍。为了使读者更加形象地感受这一时期公务人员生存之艰辛，再引用一些与百姓生活较为密切的日用品物价进行说明。以下是西安市 1947 年 9 月 10 日的物价：

华峰、福豫牌混合面粉（每袋）　18 万元

土粉（100 斤）　22 万元

利民牌甲等机米（100 斤）　13 万元

利民牌乙等机米（100 斤）　12 万元

小米（每斗）　37 万元

绿豆（斗）　33 万元；皮（100 斤）　35 万元

澄城焦炭（每吨）　168 万元

白水炭末（1000 斤）　35 万元

凤县无烟煤（1000 斤）　35 万元

---

① 陕西省档案馆档案，卷宗号 089—30—42。本表之物价指数系据粮食、副食、衣着、建筑材料及日用品等每月总平均指数。指数为 100，如 37 年 4 月份之指数为 101，即增加了 1%。

国光牌煤油(斤) 7200元

美孚煤油(斤) 9000元

镇平土布(匹) 71000元

雁塔牌白洋布(匹) 44万元

大华牌白布(匹) 41万元

公主岭牌士林布(匹) 100万元

象青黄卡叽布(匹) 73万元

天香绢(尺) 2万元

杭克利缎(尺) 24000元,皇后锦9尺衣料 42万元

杜鲁门牌香烟(箱) 900万元

金狮牌香烟(箱) 850万元

老鹰牌洋蜡(箱,每箱25包) 58万元

高明土蜡(箱,每箱25包) 145000元

利华牌日光肥皂(箱,每箱100块) 74万元

中国工业肥皂(箱,每箱100块) 38万元

钟楼牌火柴(箱,每箱240包) 34万元

三星牌床单 140万元

太平洋牌毛巾(打) 178000元

球王牌男袜 13万元

荷美坤袜 84000元

金牛牌背心 9万元

蜻蜓牌汗衫 24万元

民生牌墨水(箱) 30万元

新民牌钢笔(支) 75000元

西道林纸(令) 300万元

白糖(100斤) 118万元

白木耳(100斤)　65万元

紫阳茶(100斤)　150万元

猪肉(斤)　6400元

羊肉(斤)　6000元

牛肉(斤)　4000元

小磨油(斤)　7400元

酱油(斤)　3200元

红醋(斤)　1600元①

由于物价涨幅过快,到1947年公职人员的工资已平均每3个月上调一次,但即便如此,公职人员生活费指数的上涨仍然高于物价指数的上涨。据陕西省政府统计处统计,1948年4月西安市物价指数环比上涨36%,而公务员生活费指数则环比上涨37.78%;5月份西安市物价指数环比上涨52.5%,而公务员生活费指数则环比上涨57.76%;②公职人员的生活水准仍在快速下滑,生存状况进一步恶化。

1948年年初上海市政府所做的一份调查报告表明:在接受调查的1942个公务员家庭中,大约69%的家庭或存在债务问题,或入不敷出。1948年3月,一位公务员写信给《大公报》,信中说作为政府的一名初级公务员,他每个月的薪水是310万元法币,但这笔钱却无法买到他和父母3口之家每个月的生活必需品以及支付居住的每月3斗米的房租。为了收支平衡,全家人的食物仅有大米、蔬菜和每星期一磅猪肉。一月底,政府将配给他这一级别公务员的每月8斗米减少至每月3斗米后,他们现在只能靠玉米面为生了。"在过去的10天里,我们能吃到的东西只有稀粥。每天8小时坐在办公桌边,我时常饿得头昏眼花。"③

---

① 《经济快报》,西安,1947年9月10日。
② 陕西省档案馆档案,卷宗号089—30—42。
③ 《大公报》,上海,1948年3月13日。

面对如此艰辛的生活,有人被迫选择离开,[①]同时也有人拼着命要挤进来。收入再低,总是好过失业,特别是对于那些需要挣钱养家糊口的读书人来说更是如此。近代以来,城市和乡村逐渐分离。分离的过程中,城市和乡村被赋予了特定的含义:城市代表富裕和文明,农村意味着贫穷和落后。远道而来的西学首先落脚的亦是东部沿海地区和城市。为了获取新的知识,一代代年轻的学子被迫或自愿告别乡村和故土,走向城市和异乡。由于所学的知识和技术大都只适合城市,因而乡村也就成了他们永远回不去的故土。与此同时,伴随着城市富裕这一认知的固化,这些远离故土的读书人与乡村亲人之间在经济上逐渐形成了必须接济家人,但不能得到家人接济的单向度关系。换言之,城市是这些读书人的客居之地,工资收入是他们赖以为生的唯一物质基础,而乡村更多的只是一种情感上的寄托。

此外,民国时期的已婚者大都多子女,如西安地方法院的推事蔚济川,妻子无工作,有子女4个,最大的17岁,最小的10岁,一家6口人全靠其工资生活;推事刘梦庚,妻子无工作,有子女6人,其中4人读书,两人未到上学年龄。此外,尚有71岁的老母与其生活;书记官王艳如子女更是多达7人,其夫虽有工作,但两个人的工资收入养活一家9口,紧张程度也可想而知。[②] 1948年2月陕西蒲城地方法院致函西安地方法院:"本院书记官张建明,原籍山西新绛,三十四年(1945年)秋俸派蒲城,迄今3年,以家境窘迫,忧患成疾,全家4口,啼饥号寒,情况甚为悲惨,恳请量力捐助。"西安地方法

[①] 早在北京政府时期,由于军阀混战一些省份司法经费便无法按时划拨,江庸就不无担忧地指出:"近年来大理院以下各法院法官辞职而充律师或就商业者颇不乏人,且多系优秀分子,如不早为预防,不惟司法无改良之望,恐贤者相率而去,惟不肖者滥竽其间,司法前途不堪设想。"见江庸:"裁废领事裁判权问题",转引自毕连芳:《北京民国政府司法官制度研究》,中国社会科学出版社2009年版,第222页。陈瑾昆亦言"凡属优秀者,未入司法界者,固将却步不前,即已入司法界者,亦将决然他去。"陈瑾昆"就改进司法计划略陈鄙见",《法律评论》第82、83期合刊,1925年。

[②] 陕西省档案馆档案,卷宗号089—10—1501。

院院长批示"谕传本院庭科同仁,量力捐助"。①

1940年代末国内百业萧条,根本就无行可转。因而一旦失业,后果则更加不堪设想。1948年,西安地方法院人事管理员冯肃因工作失误,被陕西高等法院勒令辞职。冯肃得知消息后于6月4日致函西安地方法院院长:"本应静候交卸,以重功令,忧思职亲老子幼,全家6口,赖职笔耕。且职服务本院已达10年,既无恒产,又乏积蓄,平日生活,早已寅吃卯粮,贫困不堪,今一旦失业,谋生乏术,一家老幼,咸将饿毙。此种下情,谅蒙明鉴,绝非讳饰。素仰钧座下恤僚属,无微不至,仍恳呈上峰收回成命,或另调他职,则职全家今后有生之年皆钧座所赐也。"②

尽管对于西安地方法院的职员来说,这种经历已不是第一次。1927年1月9日出版的《法律评论》曾以"陕西省城法院职员之惨状"为题,报道了1926年关中地区新旧军阀混战,特别是长达8个月的围城行为给陕西高等法院和西安地方法院职员生活带来的灾难性后果:"陕垣政费向称奇寡。去岁年关,高地审检四厅仅领得月费1/10。职员生活已难维持,自去年二月发生战事,三月省垣被围后,不但薪水分文无着,且粮价飞涨,小麦每斗值洋120元。职员等尤属无从得粮,迫不得已,乃以野草之根,小麦之皮,乃芝麻、菜籽榨去油汁之渣,苟延性命,……司法机关仍属无人过门。查该法院职员平时苦状,已冠全国。此次突遭浩劫,惨状更不堪言。"③但那次时间毕竟只有8个月。

导致陕西高等法院和西安地方法院职员生活质量急速下滑的原因除通货膨胀的因素外,还与司法经费新的划拨体制有着一定的关系。经费由国家统一划拨后,经费固然有了保证,但实际运行之后又出现了新的问题。中

---

① 西安市档案馆档案,卷宗号090—1—38。
② 同上,卷宗号090—1—31。
③ 《法律评论》,1927年1月9日出版。

国地域辽阔,各地经济发展的程度和物价明显不同,同样数量的钱在不同地方的实际购买力是不一样的。司法经费由各省支付的时代,陕西高等法院的权力相对较大,同时对省内的实际情况也较为了解,因而经常适当地对西安地方法院在经费上给点额外照顾。但司法经费由国家统一支付后,财政部和司法行政部无法真实了解各地的实际物价,因而只能以人头为标准统一拨款,于是出现了新的苦乐不均。1946年11月,陕西省高等法院按惯例召开全省法院院长座谈会,西安地方法院院长崔炎煜在会上抱怨说:"本院经费开支过大,无以为继。本院处省会,开支比外县尤巨,仅煤价一项开支每月就超支80万元务请追加经费,或用财物罚款提成弥补。今年西安煤价奇昂,本院罚款提成仅有20万元。"①据查,当年国家拨给西安地方法院的经费是每月220万元,而地方法院一个月的实际支出,仅办公费就已达130多万元,更有甚者购买燃煤一项每月超支部分高达80万元,经费不足问题之严重由此可见。关中地区,特别是西安市生活成本昂贵,在司法经费统一支付后,有一些家庭较为困难的司法人员,宁可选择到各方面条件都较差的陕南秦巴山区工作,而不愿意调到关中平原,原因是"山外生活程度过高",出现了人才逆流的不正常现象。② 此外,还是因为中国太大,中间环节过多,经费由国家统一支付后事实上仍然难以做到按时拨付,寅吃卯粮的现象时有发生。

生活水平的大幅下滑,乃至窘困,不可避免地助长了腐败现象的发生。

> 今日公教人员之薪给,何足俸亲?何足养廉?因为亲不能俸,廉不能养,于是有些忍不住苦安不了贫的人,便开始在薪给之外另寻收入,只问目的,不择手段;只问生活,不计操守。因而发生了贪污现象。贪污之弊,论理论法,当然万不允许,万难从容;但像这样而造成的贪污事

---

① 陕西省档案馆档案,卷宗号089—4—10。
② 同上,卷宗号089—1—216。

实,责将焉问?咎将谁负?回想1940年以前,一般公教人员,即使是从事财务的,也从没想到贪污,其原因一方面则固然畏于法纪的尊严,但另一方面也因为当时的物价尚低,生活安定,谁愿甘冒不韪为此不誉之事,无耻之举?因此1940年以前,虽然不能说绝无贪污的现象,然而比现在,其间相去何能计以道里?反观今日,贪污之一事,不但成了公开的秘密,而且早已造成普遍的风气,天下滔滔,愚贤莫辨,真令人不寒而栗。而另一方面,罢工,怠教,总辞职之事,纷至沓来,遍地发起,问题之严重,实在已经到了绝对不容"讳疾忌医"的时候。以上公务人员操守的不良,政治风气的颓败以致一部分善良工作人员之不安于工作种种现象,其造成的原因固然不止待遇问题一端,然而此一问题实为其最重要的因素,这是可以断言的。①

1949年4月10日,浙江大学教授,著名的古典文学专家夏承焘在日记中写道:"抗战以来,公教人员以生活窘苦,皆孳孳向利,大学同事每闻发薪,即打点上市,为数万元市价争先恐后,恶俗不堪。"②一向以清高著称的教授尚且如此,其他行业的人也就可想而知了。

从整体考察民国时期司法从业人员品行的变化,我们可以发现一条明显的规律,即这种变化与从业人员职业尊严、地位和荣誉感的弱化是大体同步的。③

小　　结

导致新型司法制度出现变异的原因是多方面的。制度、战争等因素外,

---

① 李贻训:"待遇问题平议",《中央日报》,1947年5月7日。
② 傅国涌:《1949年:中国知识分子的私人记录》,长江出版社2005年版,第187页。
③ 江庸:"法律评论发刊词",《法律评论》创刊号,1923年7月。

许多学者还纷纷将研究的视线锁定在中国传统文化方面，认为中国传统文化中的负面元素加速了国民党人的腐败。美国学者易劳逸即是如此。易劳逸认为，中国传统的官僚文化也在快速地消解着国民党人和公职人员的理想。

清朝政府是以官僚愚钝和文牍费解为其特征的。革命和向西方开放都未能给中国官僚机构注入一种新的精神和目标。蒋介石在1932年指出"在中国，任何事进入机关就衙门化了，一切改革方案都处理得懒散、马虎和无效率。"他严正地告诫官员们，由于他们据不实干，即有行必果，他们正在把国家推向崩溃。他说"我们的工作差不多就是把文件推过来推过去，恕直言，文件上说得很动听，但文件是在不尊重事实真相的情况下粗制滥造出来的。说到实际工作，中国人根本不知道，即便知道，也是慢吞吞地去做，不单单是不完成当天的任务，而且把本周的工作拖到下周，常常把这个月的公务拖到下个月，甚至把今年的工作拖至明年。文件堆积拖拉，而把每件事都弄糟，使一般老百姓受不了。①

也许最能体现衙门特征的侧面是官员们忙于起草的各种文件：计划、规划、法令——这些都与实际无涉，而且无法付诸实施。②

国民党CC派主将陈立夫主办的《文化建设》杂志，亦曾公开发文对传统官僚文化中的文牍作风进行批判："政府只是在官僚们的专门术语中打转，一个文件只要看起来圆滑就好，其他都无所谓，旧八股已经废除，但现在新八股却又时髦。他们常常一页连着一页地写，但却不能告诉读者他正在

---

① 〔美〕易劳逸：《流产的革命：国民党统治下的中国 1927—1937》，陈谦平、陈红民译，中国青年出版社1992年版，第22—23页。
② 〔美〕易劳逸：《流产的革命：国民党统治下的中国 1927—1937》陈谦平、陈红民译，中国青年出版社1992年版，第23页。

讨论的问题是什么,若是有人钻进去探其实,那就什么也找不到,只能发现无数专门术语的堆砌,是一场文字游戏。"①

---

① 《文化建设》,1934年发刊社论。

第十三章　化解之道

面对司法机关出现的问题,执政的国民党和南京国民政府颇感头疼,积极寻求化解之道,力求消除社会各界对司法机关的不满。当然,需要指出的是,这些问题并非司法机关特有,具有相当的普遍性。

第一节　强化执政党的领导

清末民初,受西方宪政思想的影响,法官不党一度成为被各方普遍接受的司法新传统。执掌政权后,如何对待这一新传统让国民党颇感头疼。一方面,执政的国民党人清楚地知道,在现代社会司法独立已被赋予进步、文明等象征意义,是现代政治的基本原则和符号,并早已被世界各国普遍接受,如1929年2月6日南京国民政府在通令中公开承认"司法独立为环球各国所同"[①],时任广西省政府主席的黄绍竑亦言:"司法独立是现代国家的通例"[②];但另一方面,国民党人又无法放弃控制司法的诱惑。

思想上的困惑,导致了行动上的混乱。尽管从1920年代广州武汉国民政府时期,国民党就尝试推行过党化司法,但奠都南京后却仍然在司法界启

---

① 季啸风等主编:《中华民国史料外编——前日本末次研究所情报资料》,第35册,广西师大出版社1996年版,第663页。
② 黄绍竑:《五十回忆》,岳麓书社1999年重印本,第426页。

用了大批北洋时期的旧人,以至于社会上有"革命军北伐,司法官南伐"①之说。然而,经历了短暂的磨合之后,国民党最终还是选择了党化司法。

伴随着最终的选择,司法行政当局对现行司法制度(即新式司法制度)的评价出现了180度的转折。1934年,司法院副院长覃振旗帜鲜明地表达了自己的观点:

> 吾国今日之司法,一误于民国建立时之求速,草率从事,未有深切之研究。在当时人才不备,以留日学派主张为多。日采大陆制,吾则间接采用日制也。再则误于促进国际化之主张,侧重形式,而忽略其社会之精神与实际。如法官开庭所御之服帽,人民莫不惊为奇形怪状;监狱建筑之富丽,动费巨万;实则一般社会不能适应,甚矣。我今日所需要之民族复兴运动,迫切万分,而我之司法之无生气、无作为,不能于国家树威信,于社会增利益,暗淡前途,不大可为痛苦耶!②

一、推行之原因

南京国民政府司法改革的核心是去司法独立,方法则是党化司法。促使南京国民政府决策者下决心推行党化司法的原因,大致可以归纳为如下几个方面:

一是对既有法官的"保守"和"傲慢"深感不满。1930年代,站稳了脚跟的国民党开始依据自己的理论对社会大刀阔斧地进行改造,社会转型的速度由此加快,但从北洋而来的老法官"往往死抠法律条文,司法程序迂缓繁

---

① 陈嗣哲:"1912年至1949年我国司法界概况",《文史资料存稿》(政府、政党卷),中国文史资料出版社2002年版。
② 覃振:"司法改革意见书",《大公报》,1934年11月23、24日。

复"①,无法与执政党保持同步。

革命是近现代中国的主旋律。在摧枯拉朽的革命大潮目前,是让司法保持独立,通过严谨的程序保护每个个体的利益及尊严,让社会葆有基本理性和秩序;还是让"了无生气"的司法也加入革命的喧嚣,一起激情澎湃,成为动员社会的又一种手段,助长革命大潮中极易出现的狂热和极端,当局者必须对此做出选择。早在1926年,激进的徐谦就曾抛出《司法改良说明书》,开宗明义地说:

> 现在司法制度,乃非党的与不革命的。而现在在职之司法官,尤多为反革命的,在此等现状之下,欲求司法之改良,直不可能。果具改良决心,要非根本改造不可。而根本改造,即非提倡党化的与革命的司法不可,此最简单明了之说明,即可谓根本改造之原则。②

尽管徐谦的主张并未得到大多数人的认同,但他对北京政府时期司法制度及司法人员的评价则继续影响着国民党的决策者。1934年,最高法院推事余觉在本院举办的总理纪念周活动上说,原本以为"司法机关应该有很好的成绩在社会上表现,社会上的人民对于司法机关也应该有相当的好感。但是,据我所见所闻,结果适得其反,一般人民对于司法机关不特没有好感,并且说司法机关是一个奖励逞刁健讼的机关,司法官都是不通情理的法呆子。"③"法呆子"一词清楚地反映了国民党对现行司法人员的评价。

在当局者看来,既然司法者不愿意更新自己固有的知识,唯一的办法就是把它控制在自己的手里。1930年代中期,时任国民党中央党部秘书的王子壮在自己的日记中详细记下了他的观察:"彼(居正——引者注)对于司法

---

① 裘孟涵:"CC渗透国民党司法界",《文史资料选辑》第78卷,文史资料出版社1982年版。
② "徐季龙对改造司法之主张",《上海民国日报》,1926年9月20日。
③ 《司法院公报》第142号,1934年9月。

固抱有整理之决心者,以吾国司法界深闭故拒,于本党政府之下而处处有反党之事实,不一而足,以此司法来自北平,自成派故也。"①当然,抛开政治不谈,就司法的规律而言,国民党的想法也有其一定道理。

> 司法官的经验,与服务的年限,常成正比例,年限愈久,经验愈丰富,而司法官的思想,却和服务年限,往往成反比例,年限愈久,思想愈陈旧。这其中虽不无若干的例外,但就大体而言,不能不认为是普遍的事实。丰富的经验,固然是很可宝贵的,而陈旧的思想,颇有碍于法界前途的发展。法官的任务,不仅在适用法律,得其平允,于解释法律,尤需合于时代精神。况且民事案件,法条习惯,两无根据时,法官应依法理,衡情宣判,此在现行民法典,定有明文。而所谓法理,并不是全靠法官个人的经验与主见,凭空摸索。应该像瑞士民法所讲,法官需处于立法者的地位,取搜求立法者所应采用的法理、学说与判例,均有可取为法理的价值。可见法官应随时阅读国内外法学名著,并浏览一切与法学有关之出版物籍以广益其思虑,渊博其学识。②

二是用三民主义抵御权力的诱惑。尽管革命成功,掌握权力之后国民党人不可避免地出现了腐败,但在国民党决策者看来"国民党的主义仍然是中国最好的主义,其他各党各派的政纲皆未能超越三民主义,中国的前途和未来命运仍需要依靠国民党来主导。在他们看来,国民党曾以17年的苦斗而推翻了帝制,又以17年的苦斗而推翻了北洋军阀,再以17年的苦斗而打败了日本帝国主义。因而国民党只要重新唤起革命精神,就能获得新生。"③

---

① 《王子壮日记》,1934年10月22日,台北"中央研究院"近代史研究所,2001年。
② 梅仲协:"改革法律教育与提高司法官待遇",《新政治》第1卷,1938年第2期。
③ 王奇生:《党员、党权与党政:1924—1949年国民党的组织形态》,上海书店出版社2003年版,第352页。

第三,遏地方势力对司法的干扰。东北易帜,标志着国家形式上的统一;设立中央银行,发行新的货币,国家经济层面的整合有了实质进展;刑法、刑事诉讼法、民法、民事诉讼法等成文法典陆续颁行,立法成绩显著,但地方势力干扰司法的事件则屡有发生,法制统一的大业远未完成。如何解决?司法行政当局的决策者们认为,在以党治国的大背景下只有将司法权力控制在执政党的手里,才能真正形成对各种地方势力的有效遏制,实现国家法制的统一。

第四,推行党化司法也有政治上分肥的考虑。执政的国民党必须适当地满足基层党员参与政治的强烈愿望。

总之,自1930年代中期起,执政的国民党不惜冒着被人指责的风险,公开推行起司法党化。当然,在训政时期实行司法党化对于坚持建国三时期学说的国民党来说,理论上尚可自洽。[1] 司法院院长居正对此解释说:

> 在以党治国一个大原则统治的国家,司法党化应该视作"家常便饭"。在那里一切政治制度都应该党化。特别是在训政时期,新社会思想尚待扶植,而旧思想却反动堪虞,如果不把一切政治制度都党化了,便无异自己解除武装,任敌人袭击。何况司法是国家生存之保障,社会秩序之前卫,如果不把它党化了,换言之,如果尚允许旧社会意识偷藏潜伏于自己司法系统当中,那就无异容许敌方潜派的奸细参加入自己卫队的营幕里。这是何等一个自杀政策。[2]

司法党化推行之初,国民党内部依然存在着较大的争议。"主张司法党化者,以居正、覃振、王用宾、焦易唐、谢冠生等人和CC系为代表;反对司法

---

[1] 孙中山认为,在中国实现建国须经过三个时期:军政时期、训政时期和宪政时期。军政时期的任务是以军事力量实现国家统一,训政时期的任务是由国民党对民众进行政治训练,宪政时期则还政于民。

[2] 居正:"司法党化问题",《东方杂志》第32卷第10号,1935年5月。居正:《法律哲学导论》,商务印书馆2012年版,第22页。

党化者,以罗文干、董康、郑天锡、石志泉等人为代表,反对者或是具有欧美自由主义的背景,或是保持北洋遗风,他们内心深处对国民党之党治与司法党化未必认同。这场争论涉及双方的司法理念,冲突不可避免。反对者认为,司法党化会破坏司法独立,难以维护法律的尊严。在他们看来,执政的国民党主要任务和责任是制定有关国家内政、外交方面的重大方针政策,司法是带有职业性的专业工作,需要一定的专业知识和经验,不是党务人员可以替代的。"①对于反对者的观点,赞成司法党化者不以为然,如法官训练所所长洪友兰解释说:

> 司法院居觉生先生于民国二十三年(1934年)即有"党化司法"之提示,讽勉司法工作人员应精研本党主义,深切认识本党政纲政策,并应站在党的立场于法令许可的范围内,藉法律发挥党的革命精神。论者谓法律应超越于党派之上,否则即难免有偏私枉屈之弊,是乃囿于其他学派之成见。诚不知训政时期政法本系以党建国,司法机关既属政法机构之一环,自应受党的指挥,而所"司"之"法",亦系根据三民主义以制定者。况所谓"三民主义共和国"者,即三民主义已为一切设施之最高指导原则。司法人员又岂能超越于本党政策之外,而从事平亭乎。故欲司法工作能配合党的政纲政策,能配合其他政治设施,则法界人员必须对"革命之意义及责任",有深切之认识。②

二、推行之过程

双方争论的问题,是一个纯粹的政治问题。在以党治国的大背景下,反

---

① 李在权:《法治与党治:国民党政权的司法党化1923—1948》,社会科学文献出版社2012年版,第192页。
② 洪友兰:"中华民国法学会纲领释义",《中华法学杂志新编》第4卷第1期,1945年1月15日。

对者大都被迫离职,因而争论很快便偃旗息鼓。1930年代中期,司法党化正式登场。按照时人的说法司法党化包括司法党义化和司法党人化两个方面。

第一,司法党义化之种种。所谓的司法党义化就是强调审判工作必须以国民党党义为指导,必须坚持正确的政治方向。司法党义化并非一个空洞的口号,而是包括一套具体的措施:

一是改造法官考试内容。清末以降,推事和检察官须经国家统一组织的考试成绩合格者方可担任,已成为一项基本制度。按照南京国民政府公务员任用法和文官考试条例的相关规定,司法官为特种公务员,须参加高等文官司法官考试。1930年南京国民政府成立考试院,负责组织和管理公务员考试的一切事宜。① 初年即组织了第一届高等文官考试。司法官考试的内容原以法律知识为主。但随着司法党化的推行,考试院对考试的内容进行重大调整,增加了有关国民党党纲和党义的内容,且考试题目为必答题。其中仅党义的部分就包括:"总理遗教、建国方略、建国大纲、三民主义及中国国民党第一次全国代表大会宣言"等,所占比例较高。至于为何要考国民党党义,考试院代院长邵元冲解释说:"现在中国既然是以党治国,对于总理遗教","要有相当明了,尤其是公务人员,一定明了中国国民党的党义,认识中国国民党的政策,才能够近合现代的潮流有所依据",也就是说要严把入门关。② 为了使党义考试不至于走过场,做到入心入脑,司法院院长居正建议,考试时"应注意形式的新颖和实效,如应运用党义判案为试题,切忌考察呆板的、抽象的党义问答等"。③ 此后,不管是高等文官考试,还是司法官

---

① 据《公务员任用法》和《文官官等条例》规定:南京国民政府公务员细分为行政官、外交官、司法官和警官四类。
② 邵元冲:国父纪念周的讲话"考试制度之运用与最近考试之筹备"1931年6月22日,田湘波:《中国国民党党政体制剖析1927—1937》,湖南人民出版社2006年版,第342页。
③ 居正:"司法党化问题",《东方杂志》第1932卷第10期,1935年5月16日。

682 下编 变异

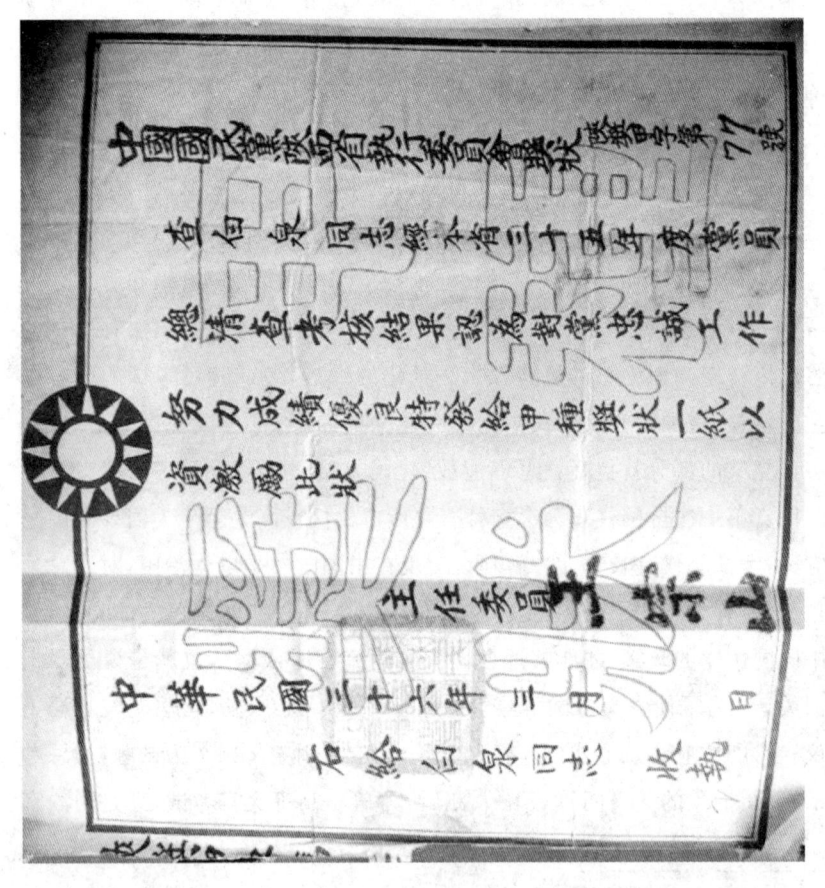

西安地方法院推事白泉的奖状。来源江西星子县档案馆

第十三章 化解之道 683

司法状纸

特种考试(为选拔县司法处审判官而举办),国民党党义都成了必考的内容。甚至有人主张在选拔司法官的考试中,有关国民党党义党纲的题目应该占到 60% 以上。①

二是对准司法人员和现任司法人员进行党义教育。南京国民政府成立后,出于普设新式法院和提高司法人员专业技能的需要,加强了对准司法人员技能的养成。1929 年,司法行政部仿效北京政府的做法于首都南京创办法官训练所,将已通过司法官考试初试合格的考生汇集在一起进行技能和职业操守的培训及养成,期限为一年半,培训合格后分发各省以候补推事和候补检察官使用。培训课程包括民事审判实务、刑事审判实务、检察实务、民法实用、民事特别法实用、刑法实用、刑事特别法实用、民事诉讼法实用、刑事诉讼法实用、证据法则、公文程式和外国语等 12 门必修课;以及比较宪法、比较民法、比较刑法、国际法、非讼事件法、法医学、审判心理学等七门选修课。课程突出法律知识的应用,与大学法学院法科教育的课程形成了鲜明的对比。此外,每半个月开一次"假法庭",具体办法为,"由教务处向首都地方法院档案室调来已决的案卷,把卷末所订的确定裁判原本抽出,不让学员知道原来如何结案,要大家细心阅卷,研究案情,做好开庭的准备。有关案中角色,如审判长、陪席推事(刑事还有检察官)、书记官、律师、通译、司法警察(民事是执达员)、庭丁(以上各色人员,都要穿规定的制服)以及两造诉讼人、证人、鉴定人,等等,都叫学员轮流扮演,如同演戏一样。没有轮到扮演角色的学员都要坐在旁听席位上观审。每次演习,都有教师到场。他们都系最高法院的老年法官,开庭时坐在旁边,不发一言,等到演习完毕,到场就其观察所及发表意见,指出那些地方做对了,那些地方做得不对,以及如何改进。散场之后,每个学员都要拟卷判词一份,送请老师评阅。"②

---

① 《法律评论》第 8 卷第 6 号,1931 年 11 月 16 日。
② 金沛仁:"国民党法官的训练、使用与司法党化",《文史资料选辑》第 78 辑,文史资料出版社 1982 年。

训练所成立初，谢瀛洲、罗文干和董康等民国时期法界和法学教育界名流先后出任所长。谢瀛洲毕业于法国，罗文干毕业于英国，董康为光绪己丑科进士、后留学日本，3人出身尽管不同，但却均信奉司法独立的原则。1934年，南京国民政府将训练所的规格提升，改隶司法部直属，与司法行政部平行，同时以CC集团骨干分子、司法系统内尚名不见经传的洪兰友取代董康继任所长。洪兰友毕业于上海震旦大学法律系，做过律师，但并不成功，默默无闻于司法界。后转行进入国民党南京市党部任秘书，成为职业党务工作者。不久调到中央党部，并当选为国民党中央委员，有了党内地位。洪兰友出任法官训练所所长，对于一向讲究年资和声望的司法界来说，无疑是一个标志性的事件，具有着强烈的象征意义。

洪兰友上任后从国民党中央党部调入了一大批骨干分子充实进训练所。伴随着人事上的重大调整，法官训练所的培训内容也相应变化：从最初的单纯业务技能培训，开始向业务技能培训和党义灌输并重；培训对象亦由最初的准法官，向准法官和现任法官并重。如1936年训练所开办第一届在职法官短训班，开学典礼上国民党中央执行委员叶楚伧亲临讲话，强调训练所的目的就是期待每一个"法官成一三民主义之革命法官"。① 司法院院长居正还曾设想，开设"党义判例"、"党义判例实习"等课程，使党义灌输与司法审判更好结合。

自1929年设立，至1943年停办，法官训练所共举办正规训练班9期，受训人员1500名左右；②短训班6期。短训班时间为一个月，抽调各省现任司法官们进行培训，每期100名左右。其中一、三、五期为推事班，二、四、六为检察官班。短训的内容包括党义、军训、精神讲话和业务概要四类课程。

---

① 《中央周报．》第440期，1936年11月9日。
② 金沛仁："国民党法官的训练、使用与司法党化"，《文史资料选辑》第78辑，文史资料出版社1982年。

第六届检察班培训计划①
训练纲领

——补充其法学学识与司法实务及侦查技术养成为具体特殊技能之检察官;

——发挥致力党务工作之本能循率司法之程序从事检察实务以增进党治下检察制度之效率;

——增进其对本党主义纲领政策国民政府立法精神司法院部施政方针之理解使认识三民主义法治之基础;

——增进其对于国际法律政治经济文化之认识使明了法律与各种社会科学之关系及其动向;

——阐释抗战建国之理论指示司法人员在此时期中所应付之责任以弼成国家总动员之使命;

——实施军事训练灌输军事学术养成军事化之纪律生活与勇敢忠勤朴实之精神。

精神训练②

中国国民党与国民;抗战建国要义;党化司法要旨;司法官之修养与职责。

学术演讲

东西文化之比较与新文化之建设;国际政治经济大势;抗战战略与外交政策;现代法学之派别及其趋势。

学科训练

党义,刑法,刑事诉讼法,刑事审判及检察实务,民法,民诉概要,民

---

① 司法院编:《司法年鉴》,商务印书馆1941年版,第363—364页。
② 含学术演讲,均每周举行若干次。

事特别法概要,民事审判实务,刑事政策,犯罪学,监狱学,法医学,指纹学,法理学,法院组织法,公牍,外国语(英日文选修一种)

军事训练

术科:各个教练,部队教练,射击教练,阵中勤务;学科:军队内务,陆军礼节,步兵操典,阵中要务令,筑垒教范,射击教范。

党义研究

三民主义之哲学基础,三民主义与国民革命,三民主义之内涵,三民主义之法学基础。

小组训练

三民主义立法之研讨,现行司法制度问题之探讨,刑事法规之应用问题,检察实务之技术问题。

党义、业务、军训等概念较好理解,而所谓的"精神讲话"内容主要为南京国民政府大力推行的新生活运动[1]和司法党化的意义等,系由当时国内司法界的头面人物,如居正、王用宾、谢冠生等人分头主讲。

正规班和短期训练班共计培训司法官 2000 多人。据统计,到 1947 年,民国政府管辖范围内共有推事 2389 人,检察官 1774 人,审判官 2074 人[2],总计 6000 人左右,也就是说参加过训练班的司法官已占同时期司法官总数的 1/3。

1943 年 2 月法官训练所停办。南京国民政府将法官培训任务交给了国民党中央政治学校(1947 年后该校更名为中央政治大学)。中央政治学

---

[1] 新生活运动是南京国民政府发起的一场国民道德重构和思想文化建设运动。1934 年由蒋介石发起于江西南昌,为指导该运动,国民党公布了《新生活运动纲领》、《新生活须知》等指导性文件,对中国传统的礼义廉耻等道德进行了新的阐释,并成立了各级指导委员会负责落实。在执政党各级组织的强力推动下该运动迅速波及全国,但由于内容规定过于繁琐,实际效果甚微。

[2] 司法行政部编:《战时司法纪要》,台北"司法行政部"1971 年重印,附录二。

校的前身是成立于 1929 年的中央党务学校,承担着国民党干部的培训工作。将法官培训工作转交给中央政治学校,实质上是将党务干部培养和法官训练合而为之。此后,中央政治学校共举办三期法官培训班,时间为半年至一年不等,分别是 1944 年、1945 年和 1947 年,共培训学员 389 人。[①] 办学主体的转换进一步强化了法官培训中的政治色彩,按照 1946 年重新修订的《司法官训练办法》之规定,对司法人员的政治要求变成了根本要求。这一点在课时方面表现得非常明显,如由中央政治学校组织的第一届培训班的培训时间为 6 个月,但政治课教育就占了 2 个月的时间。此举还意味着国民党最终垄断了司法职业。南京国民政府时期,法科教育仍然是年轻学子报考大学时热衷选择的专业,据统计 1943 年至 1947 年间,共有 19612 名大学生取得了法科学士学位,[②]然而,只有经过中央政治学校培训的 389 人最终进入了司法界。一位曾访问过该校的英国人说:"学校的纪律十分严格,所有的学生都必须接受军事训练,无论男女,或许这座学校不够自由,培养不出来未来的领袖,但是它对训练(国民党)的信徒则绰绰有余。"[③]

1945 年 3 月,西安地区参加过法官训练班的推事专门成立"西安市法官训练班同学会",以期"增进同学友谊发挥互助精神砥砺学行。"

三是入职时宣誓。按照 1930 年南京国民政府公布的宣誓条例规定,所有的司法人员入职时均须进行宣誓。誓词为:

> 余恪遵总理遗嘱,服从党义,奉行法令,忠心努力于本职,决不妄用一钱妄用一人,决不营私舞弊及受授贿赂,如违背誓言,愿受最严厉的处罚。

---

① 司法行政部编:《战时司法纪要》,台北"司法行政部"1971 年重印,第 402—403 页。
② 汤能松等:《探索的轨迹:中国法学教育发展史略》,法律出版社 1995 年版,第 318 页。
③ 周锡瑞等主编:《1943:中国在十字路口》,社会科学文献出版社 2016 年版,第 148 页。

四是通过总理纪念周等活动不断重温总理遗嘱和党义。总理纪念周是南京国民政府时期一项影响极为深远的制度，是国民党对社会进行意识形态控制的重要手段。1925年孙中山去世后，国民党一届三中全会迅速通过了《关于接受遗嘱之训令》的决定。次年2月12日，国民党中央执行委员会又公布了《总理纪念周条例》，将这一决定具体化。该条例共12条，主要内容为：中国国民党各级党部、国民政府所属各机关各军队，一律于每周内举行纪念活动一次，称之为纪念周，时间为星期一上午9时至12时之间。除特殊情况外，每次时间不超过一小时；国民党各级党部以常委为主席，国民政府所属各机关及各军队，以最高长官为主席；主要程序为全体肃立，唱党歌，向孙中山像行鞠躬之礼；主席恭读总理遗嘱；全体循声宣读；向中山像默念3分钟；政治报告或演说；如发现并查实有举办不力者，除将其应负责之党部常委或长官撤职外，仍予分别惩处；应予出席者不得无故缺席，无故连续缺席三次以上者，分别处罚。同年4月，国民党中央常委会又通过了《总理纪念周仪规》，主要内容包括：出席人须穿礼服，男为蓝袍黑褂或中山装，女为长褂或衫裙；服装面料一律使用国货；由主席指定司仪，负责宣布程序并核对出席人员。该条例此后曾作过一些修改，但实质内容未有大的改变。

《条例》和《仪规》颁布后，纪念周活动便成了国民党所属各级党部，国民政府所属各级机关和军队每周必做的一项功课。西安地方审判机关既不是党部、行政机关，也不属军队，但也是每周如此。不仅如此，西安地方法院于每次总理纪念周活动的最后还自发地增加了一项内容，即宣读"党员守则"。

此后，随着时间的推延，纪念周的形式和内容也在悄然地发生着变化，如一些具有强烈政治色彩的仪规逐渐被简化，成了每周一次的全院大会，内容也以演说为主，演说的内容也在与时俱进。以下是1946年5月20日西安地方法院举行的总理纪念周活动记录。本次活动的演讲题目为"民主"，演讲人推事钱应运。

本人原来不会讲话，今天来担任主讲同大家谈谈。我们先说民主。

它的意义就是以民为主,不是这样就成了专制。民主国家,人民是国家的主人。一切都为人民所有,一个国家的成立,有三个要素:一领土、二人民、三主权,必须具备这三个要素,才能成为一个国家。国家组织的重要成分是人民,人民对于国家的事务,人人都可以有权处置,可见人民是国家的重要部分。所谓民主就是一种以民为主的政体。专制是由个人行使主权,一切都由一人专权,人民不得过问,人民是很痛苦的。所以民主比专制好得多。专制国家不能实行于现在。民主国家的优点在于一切的事情都要取决于民,什么事情都要由人民来决定,对于国家官吏有不好的地方,可以罢免。①

从表面上看,演讲的内容与初设时期的制度要求有了不小的变化,但说教的特点并未改变。1947年《中华民国宪法》颁行后,为了表明宪政与训政的区别,西安地方法院的总理纪念周活动逐渐停止。但司法系统对党义的学习则仍在继续,如陕西商县地方法院1948年的工作计划中说:

> 划时代之艰巨工作,已临吾人面前。盖行宪不能专恃领袖一人或专靠政府,应人人研究了解宣传并配合"戡乱第一"、建设"经济至上"之国策,身体力行,始配为现代国民、乱时之公务员。宪法既系建筑在国父遗教之上,则党义之研究及宣传,更应加强,坚定戡乱建国之信心,不合国情之邪说,自然消除,仍沿旧例每星期一轮流阐述。②

五是借助诉讼状纸等方式强化党义教育。

1930年代以后,随着司法党化的推行,南京国民政府对原有的状纸状面也重新进行了调整。状纸颜色仍然为蓝色,但状面的内容则完全不同了。上部为国父孙中山的头像,头像两侧分别为中华民国国旗和国民党党旗,下

---

① 西安市档案馆档案,卷宗号090—2—5。
② 陕西省档案馆档案,卷宗号089—4—207。

面为一长方形方框,框内全文印有孙中山的总理遗言。稍微对中华民国历史熟悉一点的人都知道,该部分为中华民国各种官方文件的经典构图。中华民国时期,特别是孙中山逝世以后,孙中山遗像在法律上与党旗、国旗具有同等的地位,并成为国家的象征;中部是"司法状纸刑事状或民事状"的字样;下部是国民党党部部址图案。

综上,司法党义化的核心,是让每一位国民党党员永远牢记国民党的使命,确保司法工作永远不偏离国民党的主义。

第二,司法党人化之成效。所谓司法党人化即强调司法工作应由国民党党员来担任。南京国民政府的建立,使国民党人深受鼓舞,因而要求由国民党人垄断国家公权力的呼声一直不断。然而,为了保持政权的稳定,南京国民政府成立之初,决策层并未即刻满足基层党员的冲动,留用了大量北京政府时期司法界的老人。此外,清末民初关于推事的任用早已形成了一定之规,司法界更是形成了注重资历和名望的风气,因而真要一下改变也并非易事。

表 13.1　1930 年代国民政府中央各机关政治工作人员统计①

部门	人数	党员	非党员	部门	人数	党员	非党员
立法院	261	87	174	审计院	213	79	134
行政院	145	37	108	最高法院	179	34	145
司法院	65	16	49	教育部	118	28	90
考试院	82	28	54	农矿部	186	52	134
国府文官处	209	66	143	工商部	246	44	202
训练总监部	168	80	88	铁道部	387	47	340

---

① 《中央日报》,1930 年 3 月 31 日,引自田湘波:《中国国民党党政体制剖析》,湖南人民出版社 2006 年版,第 343—344 页。

续表

部门	人数	党员	非党员	部门	人数	党员	非党员
参谋本部	532	125	407	内政部	156	43	113
国府参军处	158	98	60	外交部	357	40	317
司法行政部	142	19	123	交通部	350	51	299
建设委员会	86	21	65	卫生部	122	111	118
蒙藏委员会	120	25	95	军政部	953	225	728
禁烟委员会	58	3	55	海军部	182	53	129

24个单位总计人数5475人,其中国民党员1412人,占总人数的25.8%,非党人员4063人,占总人数的74.2%。其中司法院工作人员中党员所占比例为24.6%,最高法院工作人员中党员所占比例仅为19%。

最高法院如此,地方各级法院的情况也不例外。据1935年法官训练所学员党籍情况的统计,党员在总学员中的比例在1/3和1/2之间。① 考虑到这些学员的特殊性,因而,可以推论地方各级法院法官中党员比例应更低。

表13.2　1934年国民党党员受教育程度比例(%)②

未受教育者	受教育家庭	科举出身	受小学教育	受中学教育	受师范教育	受专门教育	受大学教育	留学教育	特殊受教育
7.5	14.12	0.12	20.94	19.41	10.98	5.57	6.4	6.96	

数据清楚地表明,到1930年代初,南京国民政府中央机关工作人员和司法系统中国民党员的比例仍然不高。此外,就受教育程度而言,已有的党员中接受过高等教育的比例偏低。另据南京国民政府财政部聘请的顾问阿

---

① 司法院法官训练所编印:《司法院法官训练所概览》,1935年,第75页。
② 中国国民党中央执行委员会第四次全体会议中央组织工作委员会工作报告,《中华民国史档案资料汇编》第5辑第一编政治(二),江苏古籍出版社1994年版。

瑟杨格的观察,"在这些年里,国民党作为国家事务中的一种因素而论,其重要性远不如政府,而且党的重要性在逐步减轻,以至于几乎变成名义上的。"①

换言之,到1930年代中期,以党治国还更多地表现在以党义治国方面。此时,已坐稳江山的蒋介石正在思考用人问题,并为无人可用而发愁。革命成功之后,大权在握,原有的职业革命家群体在权力的腐蚀下迅速腐败,新加入国民党者大都是些投机者,现实迫使蒋介石把关注的视野投在了党外知识分子身上,他在日记中说:

> 旧党员皆腐败无能,新党员多恶劣浮嚣,而非党员接近不易,考察更难。②

毕业于伦敦政治经济学院,时任南京国民政府秘书,与官学两界均有广泛交往的钱昌照回忆说,1930年代初:

> 我替蒋介石延揽了许多大知识分子,介绍和他见面,为他讲学。他自己每每用红铅笔记些谈话或讲学的要点,学得些新知识。他是军人,惯于纵横捭阖,拉拢吞并各方军阀,有时甚至用大笔金钱收买。但知识分子,不容易用金钱收买。而且他与知识分子也少有渊源,所以他乐于我为他撮合,有一段时间,他的声誉渐渐好了起来,说他好学,接近学者,启用文人执政等等。③

1932年春夏秋三季,在南京、牯岭、武汉由我陪同和蒋介石见面,为他讲学的有王世杰、周览、胡适、张其昀、吴鼎昌、徐新六、杨端六、丁

---

① 〔美〕易劳逸:《流产的革命:国民党统治下的中国(1927—1937)》,陈谦平、陈红民译,中国青年出版社1992年版,第350页。
② 《蒋介石日记》,1932年9月1日。
③ 钱昌照:《钱昌照回忆录》,中国文史出版社1998年版,第46页。

文江、翁文灏、顾振、范锐、吴蕴初、陈伯庄、万国端等二三十人。①

如1932年7月20、22日和27日,蒋介石分别会见了周鲠生和王世杰,与周鲠生谈话的内容为法律问题、领事裁判权和租界制度,与王世杰谈话的内容为英国政治制度。

作为国家领袖"蒋主要关注两类人才:一是政治、经济、财政专家,如胡适、翁文灏、蒋廷黻、何廉、徐淑希等人;二是国防、军事、外交类的专家,如刘建群、陈诚、王世杰等人。蒋与前者的交往,将其延入政府,有利于个人形象的树立,实现专家政治的理念,推进现代化进程;而后者则有利于个人权力的集中,提高危机应对的能力。"②

也是在此时被征召的经济学家何廉在回忆录中说:

> 我和委员长在牯岭的几次会见,给我的印象颇佳。他注意听我讲,看来十分耐心,又非常礼貌,印象中他迫切想听到独到的见解。③

这些谈话,对蒋介石及南京国民政府的决策产生了不小的影响。蒋介石日记中对此有明确记载:

> 与周谈话所得颇多,王所谈的英国法院、外交、审计三种制度最有特点。雪艇言其政党之趋势,余亦为然也。
>
> 余于政府,则仿美国总统制,于立法,则仿德国经济会之立法制;于选举,则地区与职业并重;于中央与地方权限关系,则仿法国制;而司法与审计及预算制,则另加研究也。④

与此同时,将知识界和司法人员控制在国民党手中的想法也日渐成熟。

---

① 钱昌照:《钱昌照回忆录》,中国文史出版社1998年版,第49页。
② 刘大禹:《蒋介石与中国集权政治研究》,浙江大学出版社2012年版,第258页。
③ 何廉:《何廉回忆录》,中国文史出版社2012年,第82页。
④ 《蒋介石日记》1932年7月20、22、27日和8月4日,引自刘大禹:《蒋介石与中国集权政治研究》,浙江大学出版社2012年版,第256—257页。

据何廉回忆:"首先建议我加入国民党的是陈布雷和委员长本人。1936年我和委员长同在洛阳。一天晚上,陈布雷、我和委员长共餐。委员长问我是否是国民党党员。我答不是。陈布雷马上建议我加入国民党,并说他和委员长可以做介绍人。委员长点头同意。我说,我考虑考虑。"①

具体到司法党人化的推行,先是1932年,南京国民政府颁布了《司法官任用暂行标准》,第一次将政治资本作为了担任法官的条件,明确规定"对民国有特殊勋劳或致力国民革命10年以上而有勋劳"者成为担任法官的条件之一。这一规定打破了清末以来历届政府的惯常做法,从制度上拉开了司法党人化的大幕。

伴随着司法党化运动的高调推行,1934年国民政府制定了《党务人员从事司法条例》。次年,国民党第四届中央执行委员会第160次常务会议又通过了《中央及各省市党部工作人员从事司法工作考试办法大纲》及其实施细则:规定中央及各省市党部工作人员志愿从事司法工作的,可以参加专门的考试,考试试题在知识难度、以及理论素养上均较高等文官司法官考试标准要低,并且考试合格者优先任用。为了与现有的制度进行衔接,考试院亦表态,承认考试者与参加高等文官司法官考试者具有同等的资历。根据上述规定,国民党中央党部随即举办党务人员从事司法工作特殊考试,参加考试的人员中虽有大学法科和政治学科的毕业生,但专业知识毕竟稍差,组织者从考生中挑选了200来名合格者,送到法官训练所进行训练。② 此后,国民政府又制定了《军法人员转任司法官条例》,从现任军法官中挑选人员,经过法官训练所培训后分派到各地司法系统任职。这些规定为国民党党员进入司法界开辟了合法通道。

训练期满后由司法行政部派到各地法院出任正缺推事或正缺检察官。

---

① 何廉:《何廉回忆录》,中国文史出版社2012年,第183—184页。
② 金沛仁:"国民党法官的训练、使用与司法党化",《文史资料选辑》第78辑,文史资料出版社1982年。

如无正缺可补,先给予"额外"正缺待遇。

所谓额外,即在法院预算编制之外,但一律支给荐任11级薪俸,每月200元。日后仍与其他正缺法官同样按年资晋级,毋庸经过候补一关。因此,这批党棍特务所受到的物资待遇,显然比二、三两届由考试出身者要格外优厚。二、三两届原则上都要先经候补,候补法官在未补缺之前,一般只能月领生活津贴100元。而候补又无定期,若在上级没有靠山,往往候补三五年之后始得补缺,甚至有补缺10年以上者。由于前后届待遇两歧,利益冲突,这也是后来出现两派对立的一个因素。非CC派与CC派在同一个地区工作时,往往互相倾轧。①

除了向司法系统安插党务人员,国民党中央党部还进一步要求,所有参加法官训练所培训的非国民党人员,均须按照"预备党员条例"集体申请加入国民党,预备期两年,然后经过测验转正。这一规定进一步改变了南京国民政府司法人员的政治面貌。②

表13.3 西安市法官训练所同学会会员履历③

姓名	性别	年龄	履历	现职	住址	入党	备考
朱观	男	47	云南及陕西高院首席检察官	陕西高院首席检察官	陕西高院	入党	
白泉	男	39	西安地院推事庭长	西安地院庭长	西安地院	入党	
任天强	男	37	律师渭南地院检察官	渭南地院检察官	渭南地院	入党	

---

① 金沛仁:"国民党法官的训练、使用与司法党化",载《文史资料选辑》第78辑,文史资料出版社1982年。

② 有关这一问题的研究,请参见李在全:《法治与党治:国民党政府的司法党化 1923—1948》,社会科学文献出版社2012年版中的相关部分。

③ 陕西省档案馆档案,卷宗号01—7—452。

续表

姓名	性别	年龄	履历	现职	住址	入党	备考
崔炎煜	男	48	陕西高院推事长安地院院长	陕西高三分院院长	高三分院	入党	
冯秀山	男	41	邠县地院检察官	邠县地院检察官	邠县地院	入党	
丁履进	男	46	司法行政部科员中央通讯社社长	西安通讯社社长	西安通讯社	入党	
赵步瀛	男	51	陕西高院检察官	陕西高院检察官	陕西高院	入党	
季苏	男	40	咸阳地院检察官	兴平县长	兴平县府	入党	
卜含英	男	42	西安地院推事	咸阳地院院长	咸阳地院	入党	
王心一	男	41	西安地院检察官	渭南地院检察官	渭南地院	入党	
李唐钧	男	49	河南高院推事	陕西高院推事	陕西高院	入党	
雷普泽	男	43	西安地院检察官	大荔地院检察官	大荔地院	入党	
韩筠	男	39	渭南地院院长	陕西高院推事	陕西高院	入党	
张柄钧	男	37	西安地院检察官	邰阳县长	邰阳县府	入党	
房文彬	男	38	西安地院推事	陕西高院推事	陕西高院	入党	
段郏	男	39	西安地院推事	咸阳地院推事	咸阳地院	入党	
朱巍然	男	42	安康地院检察官	高四分院首席检察官	高四分院	入党	
陈广见	男	35	西安地院检察官	西安地院检察官	西安地院	入党	
张升堂	男	39	渭南地院推事	渭南地院推事	渭南地院	入党	
陈焘	男	45	咸阳地院推事	咸阳地院推事	咸阳地院	入党	
刘玉瑛	男	42	咸阳地院推事	咸阳地院推事	咸阳地院	入党	
张维心	男	38	三原地院推事	扶风地院推事	扶风地院	入党	
贾树功	男	35	临潼地院推事	三原地院推事	三原地院	入党	
龚连祁	男	38	西安地院检察官	西安地院检察官	西安地院	入党	

续表

姓名	性别	年龄	履历	现职	住址	入党	备考
孙英武	男	42	陕西高院推事	宝鸡地院院长	宝鸡地院	入党	
余鸿蔚	男	47	渭南地院推事	宝鸡地院推事	宝鸡地院	入党	
蒋崇颐	男	45	宝鸡地院推事	宝鸡地院推事	宝鸡地院	入党	
金锡霖	男	40	咸阳地院院长	陕西高四分院院长	高四分院	入党	
范文经	男	40	凤翔地院推事	凤翔地院推事	凤翔地院	入党	
赵廷瑞	男	39	凤翔地院检察官	凤翔地院检察官	凤翔地院	入党	
毛焕明	男	38	邠县地院院长	邠县地院院长	邠县地院	入党	
冯士义	男	40	邠县地院推事	邠县地院推事	邠县地院	入党	
姚荣辉	男	43	宝鸡地院检察官	宝鸡地院检察官	宝鸡地院	入党	
潘日章	男	43	凤翔地院检察官	宝鸡地院检察官	宝鸡地院	入党	
孙士英	男	39	渭南地院检察官	蒲城地院检察官	蒲城地院	入党	
石之英	男	45	南郑地院检察官	城固地院检察官	城固地院	入党	
张宝华	男	53	城固地院检察官	南郑地院推事	南郑地院	入党	
由文煦	男	53	南郑地院检察官	城固地院检察官	城固地院	入党	
张晋杰	男	38	三原地院推事	蒲城地院推事	蒲城地院	入党	
张金万	男	41	陕西高院推事	商县地院院长	商县地院	入党	
任玉瑛	男	42	商县地院推事	商县地院推事	商县地院	入党	
钱应选	男	44	扶风地院推事	临潼地院推事	临潼地院	入党	
徐虔	男	41	邠县地院检察官	邠县地院检察官	邠县地院	入党	
李希刚	男	39	西安地院检察官	西安地院检察官	西安地院	入党	
董雅儒	男	49	河南高院推事	陕西高院推事	陕西高院	入党	
苏凤岐	男	42	陕西高院检察官	陕西第七区专署军法官	七区专署	入党	

第十三章　化解之道　699

续表

姓名	性别	年龄	履历	现职	住址	入党	备考
张厚坤	男	56	安康地院推事	安康地院推事	安康地院	入党	
陈嗣祖	男	43	南郑地院检察官	南郑地院检察官	南郑地院	入党	
何承斌	男	40	南郑地院检察官	南郑地院检察官	南郑地院	入党	
刘崇德	男	40	西安地院检察官	临潼地院检察官	临潼地院	入党	
贾匡汉	男	55	扶风地院检察官	扶风地院检察官	扶风地院	入党	
程耀南	男	42	南郑地院推事	南郑地院推事	南郑地院	入党	
李成儒	男	40	三原地院检察官	蒲城地院检察官	蒲城地院	入党	
张葆源	男	38	司法院科员	渭南地院检察官	渭南地院	入党	
王景曾	男	44	南郑地院推事	临潼地院院长	临潼地院	入党	
王欲纯	女	44	河南鲁山地院推事	西安地院检察官	西安地院	入党	本会成立后加入

经过这一系列努力，从形式上看到1940年代司法党人化工作取得了巨大的成功。档案材料表明，到民国晚期西安地方法院的推事中，除宋瑞霖、李本固、郑吉林、屈天行等4人政治身份无法确定外，其他的推事均已加入国民党。书记官中入党者亦不在少数，清末以来形成的法官不党的新传统被彻底改变。也就是说，到民国后期国民党已从组织上完成了对司法人员的控制。

此外，如果与行政系统进行比较，司法党化的程度更高，司法系统的党人化程度也更为突出。就党政关系而言，南京国民政府时期，国民党仿效俄共推行以党治国，但在实际运行中则又坚持中央和地方完全不同的二元制，即中央层面党政合一，高度一元，而地方上党政分开，地方党部只负责党务，不允许地方党部插手行政系统事务，确保地方行政系统的独立性和完整性。①

然而,党与司法的关系则并非如此清晰。现实生活中当国民党地方党部与司法机关发生矛盾时,国民党中央的态度则较为暧昧,很少严厉禁止地方党部插手司法审判,而是试图在两者中间寻求平衡。尽管国民党的决策者懂得由于司法的特殊性,如对程序和证据的严格要求等,司法党化绝非易事,但国民党仍然表现出了强烈的控制司法的欲望。曾任西安地方法院院长的金沛仁在回忆文章中说:"某些地方的法院与当地的国民党党部常常发生矛盾",②有的地方甚至处于对立状态。如1929年前后,许多地方党部对法院审判共产党案件的判决结果不满,认为过于偏重证据,有宽纵嫌疑,国民党中央经研究后正式决定:当党部对法院审理共产党案件感到不满时,可以采取两种补救办法:一是如果当地国民党高级党部对法院判决声明不服,检察官接到声明书后应该提起上诉;二是施行简单陪审制度。

对司法党人化问题的观察,除讨论司法机关与地方党部的关系外,还应讨论作为个体的司法人员一旦加入国民党后与地方党组织之间的关系。

在中国北方,陕西是国民党较为活跃的省份,尽管党员人数一直不多,但很早就成立有国民党省党部和长安县党部,以及西安市党部。西安市党

---

① 这种特殊的体制不可避免地导致地方上党政关系极度紧张。蒋介石对此极为清楚:"就省以下党政关系最普遍的现象来说,党部要争著做政府应做的事业,干涉用人行政;政府不接受党部的监督,表面敷衍,暗中排拒;党和政府之间,不仅不能协调一致,分工合作,而且形成彼此分离,互相对立,不是党部对立政府,破坏政府,就是政府抵制党部,阻碍党部,结果不论党与政府,威信一概丧失,一切革命事业都因此减低效能。"(引自李云汉主编:《中国国民党临时全国代表大会史料专辑》(上),台北中国国民党中央党史会1991年版,第523页)1938年国民党召开临时全国代表大会和五届四中全会,在蒋介石的提议下通过了《关于改进党务与调整党政关系案》,重新规定了党政关系的基本原则:中央采取以党统政,省市采党政联系,县采取党政融合。但此后,现实政治运作中地方一级党政关系仍未有大的起色,矛盾甚至冲突仍是主基调。有关国民党与各级行政系统关系的研究,请参见王奇生:《党员、党权与党政1924—1949年中国国民党的组织形态》,上海书店出版社2003年版。

② 金沛仁、汪振国:"CC党化司法的实质及其经过",柴夫编《CC内幕》,中国文史出版社1988年版。

部下设有区党部和区分部等基层组织。1930年代西安市登记在册的国民党党员人数1700多人。经过整顿和发展,到1940年代初,党员人数发展到3234人。此后,由于实行集体入党等强制办法,党员人数有了快速的增长。到1949年,西安市特别党部共有区党部27个,区分部300余个,党员总数8000人左右。

按照国民党组织法规定区分部是国民党的基层组织。1938年前,区分部是以职业为单位成立的,即某一行业或部门党员达到一定人数时便可以独立成立区党部和区分部。如国民党西安市党部第四区党部就是国民党陕西高等法院党部,由法院工作人员王昭新任书记,汪建谋任组训委员,白泉任宣传委员,下设六个区分部。

1938年10月,国民党中央常务委员会通过区分部组织法,规定区分部为本党的基层组织,是党员参与党务活动的主体,因而所有党员都必须参加某一区分部,并按时参加会议。区分部组织采取秘密方式,党员在工作的机关或住宅内执行职务,不能对外公开自己的政治身份;区分部原则上以党员的住所为准,但为便利党政机关、生产机关、各级学校内的党员集会、训练、考察,可在各该机关或学校内设立若干区分部;一个区分部至少有5名党员才能组成,党员人数到20人时,可分为两个区分部。也就说党员组织不再采取职业区分法,而是采取居住地区分法。此后,凡已加入国民党的司法工作者亦被重新编入各自居住地的区分部。

南京国民政府时期,地方党部不负任何行政职责,民众认官不认党,加之地方党组织人数不多,因而地方,特别是基层党部组织能力和影响力不大。基层党组织的活动主要有:发展新党员;组织党员学习。学习内容包括《总裁言论》《中国之命运》,以及上级训令和党义方面的理论;对骨干党员进行党务培训,使其养成训政的能力。

伴随着党务活动的增多,党务费也在同步增长。抗战爆发后,包括司法经费在内的各项经费都在缩减,但党务费则不降反增。

表 13.4　陕西省党务费①　单位:元

1936 年	1937 年	1938 年	1939 年	1940 年	1941 年
18227555	23340333	11421420	23030267	37263124	51593492

实事求是地讲,这些活动对党员并无多大吸引力,因而就现象上看,大多数党员与地方党组织的联系较为松散。1941 年 1 月 1 日,国民党西安市党部在新城广场特举行全市党员检阅大会,总检阅官蒋鼎文代读国民党总裁蒋介石的训令,并称"鉴于本市党员过去精神的涣散,纪律的弛懈,一部分青年党员因受奸党的挑拨,与党分离,致使党的政治主张失去中心,党的纪律和组织失去作用,所以呈请中央批准举行全市党员大检阅,并特请总裁予以训示,以求全体党员整齐步伐,奋发精神,使自己之思想行动趋于主义化、系统化、革命化、集团化、纪律化、民众化。"②

动员司法人员加入国民党组织毕竟简单,能否把零散的党员真正组织起来进行活动才更为关键。如何解决这一问题?国民党中央给出的办法:一是强化宣传教育。杨兆龙曾撰文指出:"许多党员总是想做大官,如果得志了,做了大官,便心满意足。这些党员的心理,以为达到了做官的目的,革命事业便算了结一样。做党员的精神是在什么地方呢?就是能够为主义而牺牲。大家为党做事,事无大小,必须持以毅力,彻底做成功,平日立志,应该想做大事,不可想做大官。如果存心做大官,便失去了党员的精神。"在杨兆龙看来,通过不断的教育,可以使广大司法工作者从内心深处信仰三民主义,司法党化"它所靠的乃是一种无形的力量——归化于党的主义的心理。"③

二是适当的利益诱惑。仔细研读档案材料,大致可以发现,民国中晚期

---

① 陕西省档案馆编:《陕西经济十年:1931—1941》,内部发行 1997 年版,第 267 页。
② 《西安市志·政治军事志》,打印稿。
③ 杨兆龙:"党化司法之意义与价值",《经世》第 1 卷第 5 期,1937 年 3 月 15 日。

由于绝大多数推事已加入了国民党,因而是否拥有国民党党籍对司法人员职务晋升方面的影响并不明显,但是否拥有国民党党籍对于能否担任司法机关的长官则至关重要,如果再经过法官训练所的培训,优势则更为明显。民国晚期地方法院的庭长以及院长的政治身份几乎都是国民党党员,西安地方法院的几任院长金锡霖、崔炎煜、刘梦庚等人不仅是国民党的党员,还都接受过法官训练所的培训。此外,刘梦庚还参加了国民党中央训练团党政班第28期的培训。显然,入党并接受党的各类培训让金锡霖、崔炎煜、刘梦庚受益匪浅。

三是严肃组织纪律。抗战时期国民党中央党部颁布《中国国民党非常时期党员信约》,规定"1.严格遵守非常时期及平时一切国法党纲,2.绝对服从所在地军事长官及党部之命令;3.先人民而劳作后人民而休息,4.率先人民应非常时期之一切征发;5.泯绝党内外一切彼此之偏见,亲爱精诚,共同生死;6.严守军事秘密,协护地方秩序;7.服从各级组织,一律军事化"。[①]抗战一结束,国民党又于1946年10月发起了一场旨在"淘汰信仰不笃,操守不坚及行为腐化之党员"的"党员总清查"运动,通过党员重新登记的办法,净化国民党组织。

第二节　严肃考绩

对于司法系统渐露的颓败现象,社会各界,当然也包括司法系统自身都极为不满,要求整饬之声不绝于耳。如1937年6月甘肃高等法院第一分院廖正简向省高等法院汇报工作,公开指斥本院公务废弛,"藉固攻击、无端寻衅之举,事所常有。习非成是,枭风日炽","院长莅任以来,设法矫正,煞费

---

① 阮毅成:《战时法律常识》,商务印书馆1938年版,第146页。

苦心,然以权能薄弱,终难期入正轨。"近期又出现书记官汪毅辱骂书记官长的事件,请求省高等法院对汪毅进行处分。高等法院院长孟昭侗接到汇报后,又向司法行政部呈文,说本年5月新院长上任以来,严加整饬院务风气,"以是该院全体职员,不若以往之自由,群怀愤恨,遇事思以为难。"请求司法行政部对汪毅进行处分。①

再如1939年1月,在国民参政会第三次大会上,参政员孔庚等20人联名对司法系统进行批评:"下至各省市地方法院,上至最高法院,明目张胆,毫不忌讳,各级法院长官,虽明知其弊亦熟视而无可如何。""侧闻某法院长官起而整饬风纪,其全院法官且结党叫嚣,用近世流行之总罢工方法,以相要挟。堂堂法院,风纪败坏一至于此。"②

抗战期间,司法行政当局并未急于求成。抗战结束后,南京国民政府加大了对司法工作的整饬力度,试图扭转司法工作中的颓败现象。一是强化考绩工作。到民国晚期,司法行政部已逐步摸索出了一整套考核司法官的途径及办法:一是每年年中及年终由各省高等法院院长和首席检察官对本院及所属各法院的司法官、候补司法官的办案成绩、学识及操守进行考核并书写正式考语;二是司法行政部每年抽调部分司法官承办案件的卷宗及其他文件对高等法院院长和首席检察官的考语进行检验;三是司法行政部要求最高法院将其办理的高等法院上诉及抗告案件涉及的推事和检察官情况逐月列表上报司法行政部备案;四是司法行政部下设"司法官成绩审查委员会",该委员会根据上述各种资料独立对全国的司法官进行评定,给出等级和分数,作为今后升迁或处理的依据。仅就途径和方法而言,可谓用心良苦。

---

① "甘肃高等法院暨所属分院司法官违法被控",引自蒋秋明:《南京国民政府审判制度研究》,光明日报出版社2011年,第347页。
② 改善司法制度方案,1939年1月,引自蒋秋明:《南京国民政府审判制度研究》,光明日报出版社2011年版,第347页。

表 13.5　南京国民政府司法人员考绩

司法行政部乙种考绩表民国三十五年度

姓名		别号		年龄		籍贯		现职		
到职		送审		等级		支俸		职掌		
考核项目				最高分数	最高直接长官评分			上级长官评分		
					目分	项分	总分	目分	项分	总分
工作	1.是否长于领导			10		50%			50%	
	2.对于司法行政事务之创建推动改进有无妥实办法			10						
	3.对于人与事之考查及支配是否允当			10						
	4.诉讼进行有无迟延			10						
	5.审理事实是否周详			10						
	6.适用法律是否允洽			10						
	7.判决结果是否适当			10						
	8.是否负责			10						
	9.能否与人合作			10						
	10.能否耐劳苦			10						
操行	1.是否守法			20		25%			25%	
	2.是否公正			20						
	3.是否廉洁			20						
	4.是否受人敬重			20						
	5.是否诚恳接受指导			20						
学识	1.本职之学识或技能			20		25%			25%	
	2.全部业务之学识			20						
	3.对于国家根本法令及政策之研究			20						
	4.识量			20						
	5.进修精神			20						

本年平时考核情形						主管长官复核				
上半年度考核总分			下半年度考核总分			工作分数	操行分数	学识分数	总分分数	评语	奖惩	主管签名盖章
项目次数	迟到	早退	事假	病假	娩假	旷职				
日数										
项目次数	嘉奖	记功	记大功	申诫	记过	记大过				

最近五年考绩结果						考绩委员会初核				
年度总分	三十	三十一	三十二	三十三	三十四	工作分数	操行分数	学识分数	合计分数	主管签名盖章
人事主管人员签名盖章		备考								

综合各项分值,凡年考在 80 分以上者为一等,70 分以上为二等,60 分以上为三等,不满 60 分为四等,不满 50 分为五等,不满 40 分为六等。表格

设计之严,考虑之周给人留下了深刻的印象。

表 13.6　西安地方法院推事和书记官的考绩成绩与评语　1948 年度上半年

人员	得分	评语
钱应运	93	领导有方,审判详密
戚国光	93	综理庭务有条不紊,审判案件迅速
徐志远	92	办案精当,领导得宜
张厚坤		老成持重,办案妥慎
卫毓中	88	守正不阿,审判周详
张维心	90	操守廉洁,办案妥速
段鸿新	90	早到迟退,尽职尽责
屈天英	83	保管文件,妥善安全
张辉	86	记录详明,自动负责
郑锡平	81	办事妥慎,勇于学习
潘日耀	82	记录迅速,能勤廉洁
陈宏滔	87	办事迅速,没有积压
徐玺	87	纪律详慎,勤愫廉洁
叶遇春	90	刻苦忍劳,任事负责
毛崇恭	86	勤慎负责
俞人俊	88	廉洁自持,谨慎将事
仲济禄	86	办事细心,记录详明
刘泽林	85	办事认真,一丝不苟
董步裕	84	记录迅速,卷宗整齐
王艳如	85	记录详慎,操守勘信
董庆灵	81	自动负责,办事迅速
王学曾	83	迅速尽职,谨慎将事

二是对那些懈怠工作和腐败分子进行严厉整饬。早在 1935 年新任司

法行政部部长王用宾一上台就明确指出要厉行整顿法官风纪,主张将"廉明勤慎勇"作为司法人员应该遵守的职业操守。同时规定,今后:"(1)不准法官等,介绍监狱看守,以重狱政。(2)严禁各法院职员,遇有婚丧寿庆等事,滥发请帖。(3)勒限戒绝不良嗜好。(4)抄发各法院及所属机关交代未清各案清单,饬速办结,以重交案。(5)通饬各省法院长官,非经核准,不得擅自来京请谒请调,以杜奔竞。(6)以廉明勤慎勇五字谆谆告诫法曹。而尤促其注重廉隅。(7)发见案情显有失出失入者,必将卷宗调部,详密审核,以防弊端。"①

抗战结束后,司法行政当局再次发起了整饬司法系统的行动。据统计,1946年,受到刑事制裁及司法行政部处分的司法人员总数为325人,1947年440人,数量明显增多。② 整饬行动也波及到陕西。据《西京平报》1946年9月16日电:"司法当局整饬官员":

> 本年七月至九月因案撤职者如次:以克扣私卖囚粮撤职的有凤翔司法处看守所所长李连和,乾县司法处看守所所长董承周二人;以擅离职守撤职的有汉阴县司法处主任审判官杨光汉,镇安县司法处主任审判官王唐绍,洵阳县司法处主任审判官范世英等三人,以脱逃人犯撤职者一人:宁陕县司法处看守所所长张铭勋;以侵用公款撤职者一人:紫阳县司法处主任书记官向吉如;以擅离职守旋即返还撤职留任者一人:柞水县司法处主任审判官樊随英。

两个月内被公开处理的司法人员达8人之多,可见整饬之严。③ 另据

---

① 王用宾:"过去一年之司法行政概要",《中央周刊》,第394、395、396期合刊,1936年1月6日。
② 司法行政部编:《战时司法纪要》,台北"司法行政部"1971年重印,第514页。
③ 另据不完全统计,1946—1947年间,仅河北一省因腐败等原因被纠举、弹劾的司法人员就达27人之多,涉及近10所不同的司法机构。见张庆军等著:《民国司法黑幕》,江苏古籍出版社1997年,第63页。

《西京日报》报道,为了配合整饬工作,自1946年12月起,"长安地方法院检察处在大门口设密告箱,由首席检察官亲拿钥匙,欢迎人民密告。"

西安地方法院的人事档案对此亦有充分反映。观察这一时间的人事档案,诸如"曹德沛办公不守时间,应记过一次"①;录事"宋彦明声名狼藉,应即斥退","王书斋、白由礼、李景琨书法不良,应予解雇","李长龄资力不合,应予停职";"王辅臣脱逃人犯被起诉,免职"②之类的记载开始逐渐增多,表明整饬的力度在加大。

第三节 重拾传统文化

而在另外一些人看来,导致民国中晚期公职人员腐败,社会问题丛生的主要原因是西方个人主义价值观的盛行,即中国传统伦理文化的消亡。如1946年8月7日《西京平报》发表社论指出:

> 自抗战以来,这八九年,中国社会发生一个沉重的病症。这病症随时间的进展愈久而愈险恶,到了胜利已将一年之今日,病菌滋生益发不可收拾,大有病入膏肓之势。这病症是什么?就是社会风气之败坏。我们固有的社会秩序,为抗战洪流所冲激而崩溃。我们原是仁义道德最多的国家,平常的人是满嘴仁义道德,但随着抗战而来,社会风气尚是急转直下,势利熏天,物欲横流,只要有钱,什么事情都能办到。钱可通神,一切罪恶,无不可以随心所欲,而发财的投机取巧,贪污舞弊的机会又那么多,正是长袖善舞,愈有钱愈有办法,愈有办法愈有钱,互为因

---

① 西安市档案馆档案,卷宗号090—1—1。
② 同上。

果,社会但见钱,不见人,什么是人格,什么是学问,一斤值多少钱?①

解决的办法只能是对症下药,即仿效北京政府,重拾"五四新文化运动"以来备受指责的儒家文化,冀希望于用中国传统文化来拯救破碎的社会和浮躁的人心。纵观中国近现代历史,每当社会出现问题,几乎无一例外地都是回头看,从传统文化中寻求解决办法。

作为国民党领袖,蒋介石对传统儒家文化较为偏爱,特别是对曾国藩、王阳明等更是推崇备至。1934年2月,蒋介石在江西南昌发表讲话,倡导新生活运动,希望以"四维八德"作为国民日常生活基本的道德规范。所谓四维既"礼、义、廉、耻",八德则为"忠、孝、仁、爱、信、义、和、平。"南京国民政府更是将新生活运动视为中华民族的文化复兴运动。CC系统积极配合,成立中国文化建设协会,创办机关刊物《文化建设》杂志,其领导人陈立夫亲自著文:"吾国民族固有之特征,可以'大'、'刚'、'中'、'正'四字赅括之",但如今中华民族之特征已"消失殆尽矣",因而"今日欲挽救中国,一方面须将中国固有之文化从根救起,一方面对于西方文明,须迎头赶上。"②蒋和陈的号召在文化界引起积极反响。1935年1月,陶希圣、何炳松、萨孟武等10位著名教授在《文化建设》上联名发表了《中国本位的文化建设宣言》,呼吁掀起一场"中国文化本位建设运动"。

国民党西安市党部亦积极配合,发布了《新生活运动纲要》、《新生活须知》等文件,号召国民党党员和各级官员带头,纯净思想,端正言行,由己及人,由近及远;同时要求各级官员和工作人员都能做到整齐、清洁、简单、朴素、迅速、确实;个个都能守秩序、重组织、尽责任、尚纪律。

尽管新生活运动在西安市内一度搞得热火朝天,但很快就归于沉寂,只是留下了尚德路、尚俭路、尚勤路、尚朴路、尚爱路等一些具有中国文化特色

---

① "建立良好的社会风气",《西京平报》,1946年8月7日。
② 陈立夫:"文化建设之前夜",《华侨半月刊》第46期,1934年5月1日。

的路名。

新生活和文化复兴运动很快就波及到法制领域,并引起了极大的反响。1934年11月蒋介石在日记中写道"今日中国之法制应有重新产生、自订,决不能抄袭现在欧美所定之法制,否则将有不谬枉鼓瑟,徒见其治丝益棼而已。"①中华民国法学会也适时地提出要建设中国本位新法系的主张。各方学者更是纷纷撰文从理论上对中华法系的消亡、中华法系的特征,以及中国本位新法系之内涵等进行讨论。如中央政治学校教授阮毅成认为"本年一月十日,京沪各大学10位教授,发表了一篇建设中国本位文化的宣言,在宣言中,有两句极警策动人的话,说是:'在文化领域中,看不见中国了。'这两句话,在其他学术方面的真实性如何,不乏怀疑与探讨的人,但若用以说明中国现行的法律,实在是非常确当。""自清末以来,我国修订新律,当时所注意的,只是列国的成规,以为只要将他国法律,移入中国,中国立刻便可臻于富强。民国以来,'变法即可图强'的迷梦虽已打破,但因一切学术,均以仿效他人为时髦,对于中国固有文化,则力唱怀疑精神,欲一一藉口重新评定价值而咸加抹杀。法律遂也不能例外,亦以顺应世界潮流,依据他国立法为惟一原则。所以,我们看中国现行的法律,学者于解释引证之时,不曰此仿德国某法第若干条,即曰仿瑞士某法第若干条,举凡日本、暹罗、土耳其等国法律,几乎无一不为我国法律所采用。在别的国家,人民只服从本国一国的法律;而在我国现在因法律乃凑合各国法律而成,人民几乎同时遵守德、瑞、暹、土等许多国家法律的现象。"②

至于中国法系的特征,有学者认为"中国法系至少有两种特征,和别的法系不同,尤其和罗马法系不同。中国法系的法律,和道德非常接近,这是

---

① 《蒋介石日记》,1934年11月15日,引自李在全:《法治与党治——国民党政权的司法党化》,社会科学文献出版社2012年版,第138页。
② 阮毅成:"怎样建设中国本位的法律",《中国文化本位建设讨论集》,文化建设月刊社1936年,第366—370页。

它的第一种特征,中国法系的刑罚非常繁重,这是它的第二种特征。这两种特征中,或许有一种特征可以维持中国法系而后的生命。"①尽管参与讨论的学者观点不尽完全相同,但却近乎一致地认为导致近代以来中国法系式微的原因是清末以降片面仿效外国法律制度使然,并最终造成了法律与道德的分离。② 解决的办法唯有重构法律与中国传统道德之间的关系。

学者的观点亦得到了司法实务界的认同。如上海高等法院院长公开指出,就司法而言,建设中国法系的关键:一是尽量注重国民感情,二是"执法应先寡欲",即强化道德修养。

> 甚矣为司法官之难也,学识难,修养尤难。修养之方不一,而首当无世俗之好:好博,好醉,好渔色,好货利,恶好也,宜戒;好美食,好田宅,好车马,好交游征逐,宜远。好收藏书画古玩金石,雅好也;好虚荣,好人之誉己,常好也;要皆宜慎。盖心有所好,则易为物移;移则生欲,因欲生蔽;始而为人所乘,继而为人所弄而不自觉;或觉而不能自拔。患固常起于忽微,而至于不可收拾。故好者,欲之端,蔽之渐,招侮之由,而溺职之阶也。③

1943年3月,当抗日战争进展到最为关键的阶段,蒋介石又公开出版了《中国的命运》一书,全面系统阐释了战后中华民族复兴的设想。该书分为五章,从心理、伦理、社会、政治、经济等五个方面论证了自己的观点。在蒋介石看来,中华民族的复兴,心理建设是第一位的,而心理建设的关键则是民众结束对外来文化的盲从,发扬中华民族固有的"仁、智、勇"三种德行。在伦理和社会建设方面,蒋介石更是一再强调中国传统文化的作用,认为人

---

① 薛祀光:"中国法系的特征及其将来",《社会科学论丛》第1卷第4号,引自江照信:《中国法律"看不见中国"——居正司法时期(1932—1948)研究》,清华大学出版社2010年版,第151页。
② 有关中国本位新法系问题的讨论,参见同上书。
③ "论执法应先寡欲",《震旦法律经济杂志》第3卷7期,1947年7月号。

民应该把个人利益置于国家利益之下,以此践行传统文化特别看重的忠孝价值观。"中国国民道德的教条,是忠孝仁爱信义和平,而中国立国的纲领,为礼义廉耻,在这八德和四维熏陶之下,中华民族,立己则尽分而不渝,爱人则推己而不争。义之所在,则当仁不让;利之所在,则纤芥无私。不畏强梁,不欺弱小。积五千年的治乱兴亡,以成就我民族明廉知耻、忍辱负重的德性。唯其明廉,故能循分;唯其知耻,故能自强。"该书出版后,按照国民党中央宣传部的安排,各行各业都组织学习。1946年,居正出版《为什么要重建中国法系》①一书,重提因抗战而中断讨论的重建中国法系问题。居正指出,重建中国法系固然是件迫切的事情,但恢复中华民族的传统美德则更为重要,他说:"我们现在施行法治,但这些为我民族生活信条的四维八德,我们不惟应该保持,还要发扬光大。所以四维八德,当然为我们社会规范之一部。不过凡是不为法律所禁止的行为,虽然不尽受到法律的制裁,却须受到良心和社会舆论的制裁。同时,如果各人都能确守这些纲维,那么,人我分际之间,以及接物触世,违反法律的事实,自然也就少了。"②

1947年全国司法行政检讨会议召开,司法院院长居正在开幕式上发表祝词,再次呼吁司法界同仁能够坚守道德:

> 今日政治风习的败坏大都由于行法者不能守法,奉行主义者没有实行主义,因之法治徒有虚名而少实际。此种不良现象亦已渐及于尊严之司法界,而司法官又是推行法治之基干分子,吾人尤应负起这一重任,树立风气以坚定信仰,严守法令不避艰险,力挽颓风,庶几法治可以走向光明的前途,不致因人而偾事。③

---

① 居正:《法律哲学导论》,商务印书馆2012年,第47页。
② 范忠信、尤陈俊等编:《为什么要重建中国法系——居正法政文选》,中国政法大学出版社,2009年版。
③ 司法行政部编:《战时司法纪要》,台北"司法院"秘书处1971年重印,第482页。

西安地方法院也积极配合,并从具体细节入手,弘扬所谓的中国传统文化。如将推事案件分配股号分别冠以:"忠、孝、仁、清、慎、善、勤、能、敬、法、办、正"等字样,以此作为推事和书记官的行为准则;此外,还从1946年起利用总理纪念周活动,每周安排一位推事轮番上阵向大家讲读一句儒家的名言。

1946年5月27日上午8时姚推事讲修身治国:

我们人类生活兄弟姊妹父母子女综合成一家,变成了一个家,家中人在一起共同生活,但是共同生活要有共同生活的条件,这条件就是要一致,要一贯,要有一个目的,要有决心。这个条件要从每个人本身做起,所谓以身作则,才能齐家,所以齐家是我们人生的一个先决条件,如果照这样做,那么一家人每个人有幸福有快乐,否则家庭人不顾到修身,一家人不但前途无望,每个人更无幸福可谈。今天所说的修身治国平天下是《四书·中庸》中一段,此话很重要,意思深刻,做人最好的条件,假如人生不能修身齐家,根本谈不到治国,修身齐家治国是一贯的,不可分的,如一个人自己为家庭能作模范,使家中无纠纷。使家中无纠纷无忧虑,那么对国家对人类都有幸福,更无争斗之事。

院长最后点评说:

姚推事方才讲的很详细,不过有一点需要补充,任何人做事先要从本身做起,只有能修身,齐家才有希望。①

1946年6月17日上午10时邹推事讲:己所不欲,勿施于人。

兹就这两句话的意义同大家说说。这两句话来自儒家,是孔子说的。孔子生于春秋,曾周游列国,到处都有他的门徒,那时是个混乱时期,政客当道,玩弄政治,孔子就在这样的时期提倡这个学说己所不欲,

---

① 西安市档案馆档案,卷宗号090—2—5。

勿施于人。初读这两句话时我还八九岁，读论语。这两句话，说起来容易，做起来难，我们自己不愿意，就不要加诸别人，我们知道，孔子之道，讲的就是中恕之道，亲民爱物，他行之于各国，都没有行通，我们怎能做得到呢？表面上看是很容易的，其实是很难的。①

1946年8月19日张推事讲："贫不易操，达不患失"。

　　今天的题目是"贫不易操，达不患失"，这两句话的来历是林遒先生说的。今天将上面两句话的意思简单地报告一下。人生即是穷。无论环境怎样变化，但是我们人生、人格地位可以说是不变的，在穷的时候，还是一个人，和他人并不差。"穷"与"达"与个人总是一样的，就是再穷，也要固定操守，本身的富贵是不变的，我们要作到"富贵不能淫，贫贱不能移，威武不能屈"能够作到这种地步就好了。这"贫不易操，达不患失"是我们一定要把握住的。我们的生活程度高，待遇不高，除去节约之外，也不可以有越轨的行为，这是最低的操守。②

贾推事讲：满招损，谦受益。

　　大凡世间一切事业，莫不由谦中成功，由满中失败，我们中国古书易经上乾卦六爻皆吉，就是这个道理，证以史书所载，如后唐庄宗及楚汉时的项羽，其先成功皆由于谦虚得来的，以后失败皆由自满所致，本人愿与同仁共勉之。③

1946年8月12日何推事讲："人之无德，由于无知"。类似的活动持续了一年左右的时间。

　　重视传统文化也并非都是这般空泛的道德说教，还包括对传统司法文

---

① 西安市档案馆档案，卷宗号090—2—5。
② 同上。
③ 同上。

化、司法经验的重申。如 1940 年 2 月 26 日司法行政部发布训令,强调,民事审判在重视证据的同时,还应注重察言观色:

> 查各司法机关办理民事诉讼案件于当事人之权益关系綦重,除应经调解案件厉行调解或于诉讼进行中试行和解以期迅速办结外,即应就当事人所为之声明陈述及其证据方法予以调查裁判。按民事诉讼法第 222 条第一项前段规定法院为判决时应斟酌全辩论意旨及调查证据之结果依自由心证判断事实之真伪等语是民事诉讼案件关于证据力之有无强弱及调查结果之采为资料与否固应由法院依自由心证而决定之,但法律上并不专要求就调查证据之结果裁判,而当事人所有言辞辩论全体意旨尤应加以斟酌。举凡当事人之陈述与其陈述之矛盾诈伪或轻率之态度及对于发问不为答述,本人不遵法院之命到场,或不遵法院之命提出证物或隐匿销毁证物等情形亦无不可为判断事实真伪之资料。听诉者对于察言观色实不容有所忽略,苟能参观互证详予推求,自不难得出事实真相而为适当之裁判。现在各司法机关办理民事案件能明此意旨者固多,而漫不加观察敷衍塞责者亦复不乏。一遇当事人未举出证据即徒拘形式,认为未经举证责任,率予以不利益之裁判,而对于全辩论意旨不加以斟酌,致昧于诉讼程序未能举证之当事人遽失其权利,殊非情理之平。嗣后各司法机关办理民事案件除斟酌调查证据之结果外,尤须注意当事人之全部辩论意旨详加斟酌,慎重判断。庶几裁判能昭公允,司法威信可以树立。①

清末以降,社会剧烈转型所导致的过渡色彩在民国中晚期的推事身上表现得十分明显。一方面他们均系统地接受过现代法学的教育,并从理智上对这套自己安身立命的知识系统表现出了较强的认同;但另一方面他们

---

① 司法行政部编:《战时司法纪要》,台北"司法院"秘书处 1971 年重印,第 158 页。

又自幼熟读和接触中国传统的诗书与伦理文化,在观念和为人处世等方面自觉或不自觉地保留着一些传统的东西。因而,从传统文化角度入手,对其进行教育,接受起来相对容易。

小　　结

上述措施之外,陕西高等法院和西安地方法院还尝试通过扶助民间调解组织将一般的民事纠纷推向社会或基层政府,即将汹涌而至的大量纠纷挡在法院大门之外,减少司法机关的压力。为此,西安地方法院和省高等法院的院长利用各种场合向社会各界发出呼吁,希望大家关注民间调解。如1946年陕西高等法院院长郗朝俊在西安市参议会第一次会议上呼吁议员们多多关心乡镇调解工作,"调解委员会之设立为解决人民之争执之基层机构,欲减少人民诉讼,必须先健全调解委员会之组织,现在本市各区之调解委员会均已成立。今后工作推进,尚须各位参议员先生协助,期获实际之效能。"①此外,陕西各级司法机关还组织推事为调解委员会编写专门教材,进行人员培训,扶助民间调解组织尽快适应调解工作。于1946年10月,在陕西高等法院召开的全省司法工作座谈会上,周至县司法处的代表提议,"查调解委员会为调解人民间民刑案件之机关,既可解决纠纷,兼可减少讼累,本院曾会同周至县政府令饬各乡镇依法成立,迄今据报成立者固多,而未成立者亦不少,而成立之委员会时有逾越权限情事,拟请派员逐一调查。"②

---

① 《西安市参议会第一次大会会刊》,1946年。
② 陕西省档案馆档案,卷宗号089—4—11。其实,有这种想法的并非陕西高等法院一家,如贵州高等法院1947年度的工作报告中也同样强调:"乡镇调解委组织规程,早经奉令公布施行,……经本院通令所属各院处就近洽商普遍成立调解委,切实办理民事调解事项。"见"贵州高等法院工作报告"1947年,引自谢冬慧:"南京国民政府民事调解制度考论",《南京社会科学》2009年第10期。

这样做的目的无非是希望建立多元化的纠纷解决机制,把法院从大量纠纷中解放出来,集中精力办理形成诉讼的案件,提高审判质量。

总之,该做的、能做的南京国民政府都做了。但就结果而言,这些努力却并取得预期的效果。

先说党化司法。尽管国民党的党务工作者将以党治国作为训政时期拯救公职人员腐化堕落之良方,极力加以推行。但知识界和司法界对此或极力抵制,国虚应故事,加之国民党本身力量还较为微弱,尚无力"化"人。何廉在回忆录中对此直言不讳:

> 党政机关在星期一早上都得举行纪念孙中山的仪式。先念总理遗嘱。接着作政治或政府工作讲话,这是几乎带有宗教性质的纪念周。委员长定期参加扩大纪念周,党政人员都得参加。我主要是在这些扩大的纪念周上开始见到国民党党员。纪念周加深了我对国民党的不满情绪,这简直是无聊。每星期我和翁文灏得主持行政院的纪念周,我有时也被邀到其他部的纪念周去作报告。我首先遇到的是张群邀我参加外交部纪念周,作报告。那是我到南京的第二个星期。我对站在台上念总理遗嘱这事毫无准备,张群真好,递给我一张书面的总理遗嘱。从此以后,我口袋里经常装有一份总理遗嘱,以备不时之需,因为你不知道什么时候会被要求主持纪念周。①

总理纪念周是如此,党义研究会之类的活动也不例外。如按照国民党中央的要求,各机关均须设立党义研究会,在研读的基础上掌握和服膺三民主义,但这一工作推行得并不顺利。1929年9月出版的《司法公报》公开承认,由于各种原因,很多机关并未设立党义研究会,②1930年七八月,国民党南京特别市执委会呈文国民党中央训练部,反映说"各级政府党义研究会大

---

① 何廉:《何廉回忆录》,中国文史出版社2012年版,第183页。
② 《司法公报》南京政府第36号,1929年9月14日。

都敷衍塞责,其能依照中央规定办法实行者,实系少数。"①

不仅司法党义化推行受阻,司法党人化也遇到了不小的阻力。如时人事后回忆说:

> 从安徽高等法院成立起,就有一个国民党区分部,但没有三青团组织。区分部成员不多,而且活动极少。因为法界人员思想守旧,不爱活动。在司法独立的标榜下,对国民党不那么重视。皖高法院院长陈长簇,首席检察官王树荣,皆是无党派人士,甚至对国民党不满。曾记忆在一次总理纪念周上,高院院长周诒柯说,三民主义好,五权宪法好,就是四季发财不好。这话多么讽刺。在抗战时期,重庆政府派出一批所谓战区检察官,这种人就负有相当于特务的使命,因湘省高院院长陈长簇是党外人士,有一战区检察官要陈申请加入国民党,被陈大骂一顿,不了了之。在司法机关内,国民党一向很少。一九三三年间,为了响应司法行政部部长王用宾"党化司法"的号召,发展了一批党员,人数虽然增多了,但实际上不起作用。②

即便是加入了国民党组织的党员,对国民党各级党部所搞的活动也大都兴趣索然。国民党西安警备司令盛文晚年在回忆中说:"共党的组织的确严密,讨论实实在在实有内容,而且都能付诸实施。今天我们地方的党部小组开会不知情形如何。像我们老朽小组,开起会来,都在开玩笑。而中央所出的讨论提纲也不合实际,题目常常是张冠李戴。总统见我时我也当面和他讲过,我说这完全是形式主义,完全在敷衍。尤其我们这些老朽,都几十岁了,出了一个极不相干的题目要我们讨论,谁会有兴趣。"③总之,党化的

---

① 《司法公报》南京政府第 84 号,1930 年 8 月 16 日。
② 朱其珍:"我所知道的解放前安徽司法部分的一些情况",《安庆文史资料》第 5 辑,1983 年版。
③ 张朋园访问,张俊宏记录:《盛文先生口述历史》,九州出版社 2013 年版,第 151 页。

各种措施最终都不可避免地流于了形式。

再说严肃考绩。严肃考绩原本无错,但在中国式的人情社会里,任何考绩措施最终都很难逃脱要么平均化,要么陷入人事矛盾互斗的结果。考绩的目的是奖勤罚懒,按照1936年公布的《修正公务员考绩法施行细则》规定,各机关考绩晋级人员,简任不得超过现有人员的1/3,荐任不得超过现有人员的1/5,委任不得超过现有人员的1/7。然而,实际执行情况却并非如此。南京国民政府铨叙部对中央司法机关考绩结果的统计表明:1938年中央司法机关共有35名简任职参加考绩,晋级人数为18人,晋级比例为51%以上;荐任职共有43人参加考绩,晋级人数为25人,晋级比例为58%以上;委任职共有82人参加考绩,晋级人数为39人,晋级比例为47%。1939年中央司法机关考绩情况如下,共有52名简任职参加考绩,晋级人数为30人,晋级比例为57%以上;荐任职共有24人参加考绩,晋级人数为6人,晋级比例为25%以上;委任职共有44人参加考绩,晋级人数为28人,晋级比例为63%以上,①均超过了规定的标准。

表13.7　1948年最高法院检察署职员考绩②

姓名	评语	等次	总分	拟予奖惩	官等
王起孙	法理通达	一等	82	年功俸30元	简任一
陈义腾	办事精当	一等	81	年功俸30元	简任一
李泰三	审慎持平	一等	80	年功俸30元	简任一
熊汇华	勤俭精密	二等	80	进简任2级	简任四
王崇铭	稳练耐劳	二等	79	给一次奖金710元	简任九

---

① 第二历史档案馆:"铨叙部统计年报1941年",引自何家伟:《国民政府公务员俸给福利制度研究》,海峡出版发行集团2010年,第191页。
② 第二历史档案馆:"最高法院及行政院公务员考绩清册(1947—1948)",引自何家伟:《国民政府公务员俸给福利制度研究》,海峡出版发行集团2010年,第196页。

续表

姓名	评语	等次	总分	拟予奖惩	官等
何脩	勤俭精明	二等	78	进简任3级	简任四
莫宗有	努力不懈	二等	76	给一次奖金770元	简任一
俞乃恒	修理通达	二等	76	进简任3	简任四
夏玉芳	勤慎有恒	二等	74	进简任3	简任四
余文华	审慎周密	二等	78	进简任4	简任五

《铨叙月刊》不得不承认,考绩的结果是"人人优异,个个晋级,"①已丧失了考绩的本意。另有学者研究表明：

> 中华民国时期,公务员考绩中的惩处也基本上形同虚设,按照考绩制度规定,年考绩被淘汰的人员比例为2%。但实际执行情况是,国民政府公务员考绩不合格人数比例最高的年份是1941年和1945年,为0.7%；最低的是1946年,为0.03%。其他年份居然就没有不合格的。②

其实,这种现象民国早期即已初露端倪。如1920年代就有法官指出："现在司法部所定激扬方法,如惩奖法例,考绩条例,升转规则,呈荐办法,以及年终晋级等等,或则只重学识,或则只重责任,或则两者兼重,论其所定方法,未尝不善；然行之许久,而卒未能收预期之效者,何也?"其中最重要的原因是"所定方法,多未切实实施。""盖法规虽善,徒法不足以自行。司法部历年根据上举各法,以之黜陟人员者,其例殆属绝无而仅有；故虽有法直与无法等。"③

最后观察整饬的结果。就整体而言,民国晚期,司法行政机关对司法人

---

① "厉行考核淘汰庸劣",《铨政月刊》第2卷第3期,1948年3月15日。
② 何家伟：《国民政府公务员俸给福利制度研究》,海峡出版发行集团2010年,第193页。
③ 沈国桢："改良司法意见书",《法律评论》第89期,1925年3月15日。

员的惩处力度明显在加大,但西安地方法院的档案表明,最后受到惩处的司法人员基本上是录事和执达员,连书记官都较为鲜见。全国的情况亦大致如此,有学者研究表明,1931至1949年,被弹劾的司法人员占全国被弹劾官员总数的15%左右,且以低级官员为主。[1]

综上,一切努力均未能从根本上扭转陕西法院系统出现的颓败之象,因而也无法减少社会各界对司法机关的负面评价。

---

[1] 请参见刘云虹:《国民政府监察院研究1931—1949》一书中的相关章节,上海三联书店2012年版。

结　语

从宣统二年(1910)十二月创建,到1949年5月被中国人民解放军西安军事管制委员会取缔,按照西式理论和日本模式创建的西安地方审判机关共存在了39年。对于一座拥有数千年历史的古城来说,39年可谓弹指一挥间,但对于只有110年历史的中国法院而言,39年则已占据了1/3多的时间,这其中有许多值得我们认真思考和总结的东西。

一个国家司法体制的构建是否合理,主要取决于设计者对司法规律的理解和认知是否充分,以及是否拥有历史担当的勇气;而运行能否顺畅则有赖于对国情的把握是否敏锐,以及处理各种繁杂问题的智慧。

一、制度省思

清末民初,伴随着西人东来,西方现代司法文化和司法制度开始进入国人的视野。由于是首次接触,加之中西司法制度之间差异实在太大,因而感觉自然敏锐。更何况,此时国人向西方学习的态度相对认真,书本学习、聘请顾问和实地考察各种方法兼备,所以短时间内对西方现代司法制度的认知无论是广度还是深度均达到了相当的程度。仅举两例加以说明。

一是关于审判机关的名称和是否应该设有行政长官的问题。前面已经指出,民国时期各级审判机关一直未能完全摆脱行政化的色彩,譬如审判机关的名称和行政长官的设立莫不如此。但与此同时,我们也注意到了自新式司法制度创建以来各级审判机关却从未设立过副厅长或副院长一职。在官本位盛行的中国能做到这一点已属不易。然而在时人看来,法院之间只有审级的不同,没有上下高低之分。此外,法院设有院长更是多余。如1932年,南京国民政府《法院组织法》颁布不久,就有学者著文对该法的不足之处进行批评,并建议"各级法院,无须设立院长,只须分设两处,一为检察处,一为审判处,对外同属一个法院,对内各设处长一人,分掌两处事务,其审判处长,必须兼一庭长,初级应定名为县法院,中级为省法院,上级为中央法院,而当废最高、高等、地方法院等名称。"①

二是刑事案件笔录按捺指纹应以哪个拇指为准。民国时期司法行政机关曾对此进行讨论,并指出:"查我国关于刑事案件笔录按捺指纹并无规定标准,各国监狱卡上大都捺取左拇指,盖采用左拇指有利者三:(一)一般人使用左手机会较少因而皮肤遭受磨损机会不多;(二)拇指较其他各指为短,少切伤轧断之可能;(三)拇指面积较另四指为大故捺时自易清晰。"②

思虑如此精细,论述如此严谨。因而,就总体而言,清末民初所创建的新式司法制度较为合理。法界名流江庸对此有过客观评价。他说,新式审判机关:

> 贿赂之事,确较少于往时之司谳也。阅者勿误会吾意,吾为此言,非谓今日之司法皆圣贤,敢信其不至于受贿也。吾特谓今之司法制度,与往时不同,贿赂亦殊不易,故信其较往时为少耳。试举一二例证之。(一)往时审判秘密,今日审判公开,秘密则苞苴易行,公开则表里洞见,司法官之一举一动,无从掩饰,当大庭广众,二又显然左右袒原被告之行为,不为长官所黜斥,亦不免人民之攻抵,非至愚者所不为也。(二)往时供词,皆经司谳点窜,有时且完全改造。而两造不知也,今之供词,悉载之笔缘,须经两造认可,有误且许其修正,案经上诉,所有诉讼经过

---

① 赵琛:"讨论几个司法行政组织的问题",《法学杂志》第6卷第2期,1932年。
② 司法行政部编:《战时司法纪要》,台北"司法院"秘书处1971年重印,第179页。

情形,上级审翻可调查,丝毫不能蒙混。(三)往时不问民事、刑事,皆可刑讯,三木之下,何求不得,酷刑所以济其贪也,今则废止刑讯。威吓之手段不行。(四)今之裁判,必具判词,所有事实理由,一一详载,事实如何认定,法律如何解释,一披之判词,不惟法官之学问经验,可以考察,即裁判之是否公平,亦可得其梗概,非若往时堂判之简单,可以任其高下在心,上下其手也。此外如律师之制,合议之法,及诉讼法上回避等规定,皆足以防止法官之徇私舞弊。今日法官之为人诟病,裁判之不得其平,大概由于法官之乏学识,少经验,无毅力;至于受贿之事,虽不能保其必无,敢信其较往时为少。自民国成立,司法部确无袒护法官之事,法官因收受贿赂,为长官所检举,人民所告发,而查有实据者,无不从严惩办,然此种事件,实不多见。①

从表面上看,这段文字谈的是法官受贿问题,但却足以代表他对民国时期司法制度的整体评价。诚然,新式司法制度是一个内部构造极为复杂的系统,其中最为重要的是有关人事制度之设计。

(一) 推事制度

关于推事制度之合理,民国时期即有学者评价说:

> 自法院成立以来,对于司法官之任用,较为严格,大都限于一定资格,经过正式考试,或甄别且曾受训练者,其人亦咸知洁身自爱,奉公守法,即间有揣摩风气自诩活动者,亦为清议所不容。故自法院成立至今,已有十数年,司法官绝少暴富暴贵之一,类均勤勤恳恳,憔悴以终;司法官之清白谨慎,固有良心上所不能否认者;惟因职司平亭,易涉嫌疑,加以环境恶劣,不敢不谨受绳墨,因之收一信件,必推究其所由来,

---

① 江庸:"法律评论发刊词",《法律评论》创刊号,1923年7月。

接一请帖必查问其所请者为何人,法官面孔,别具风格,致与外间绝少往来,情形隔膜,而于诉讼之进行,亦不无坐失机宜之处;复因持重有余,顾虑太多,冒险牺牲之精神,无从表见。不知者每觉其庸懦可欺,而视为无足轻重。网漏吞舟,半由如此。更因人事日杂,案件太繁,刻舟求剑,只可期其适合法律,若云补弊救偏,求法律与社会之相调和,而运用于法律之中,神明于法律之外,则不能无憾焉。①

制度设计得合理,减少了许多人为因素的干扰。学者梅仲协的话从另一角度对此做了最好的注释:

据我的观察,近时青年,不愿读律则已,如果立志要习法律之学,则真不对于这门学科,感觉甚大的兴趣,并且深愿对于司法前途,有所贡献。可是事与愿违。辛辛苦苦学了四年,最多只当一名书记官,非经高等考试的一场考取,休想任推检。诚然,考试制度如果严格执行,凡是事务官,非考取不得任用,那么司法官当然不能例外。如无事实上却并不这样,要任行政官,大半只要有靠山或八行就行,而司法界则无此方便之门,尤其对于青年,更丝毫不假以词。②

新近出版的陈珣回忆录《从省党部特派员到典狱长》,亦对新式法院中的推事制度及推事给出了较高的评价:

司法界的司法人员都是经过法政专门或法科大学毕业,又经过高等或法官训练所专业进修,还需铨叙部铨定任职。从此道中出,充法官的大都通晓法律理论和业务实践的人才。由于是终身制,所以大都能明于执法,清廉自守③。

---

① 余觉:"现行司法制度之面面观",《中华法学杂志新编》第1卷5、6号合刊,1937年。
② 梅仲协:"改革吾国司法现状的几点意见",《新政治》第4卷,1940年第5期。
③ 陈珣:《从省党部特派员到典狱长》,中国文史出版社2007年版,第108页。

合理的推事制度，使推事的学识、经验、技能和操守有了可靠的保证，因而，不管实践中出现何种复杂的局面，大致保证了新制度的运行与其初衷不至于过于偏离。

民国时期，受传统负面文化和国家体制的影响，无论是司法制度本身，还是司法外部生态环境都不可避免地存在着这样和那样的问题，如内部运行中的行政化色彩，各种政治力量的外部干扰等，对这些问题推事大都能自觉地加以抵制，尽可能地将问题的负面影响降到最低。

如自觉抵制内部的不合理规定。按照司法行政部1935年公布的《地方法院及分院处务规程》之规定，裁判文书在形成过程中，法院院长对推事判决文书有核定之权。对这一规定普通推事无力改变，但却在实践中自觉加以抵制，认为此举侵犯了推事独立审判的权利，推事与厅(院)长之间为此经常发生矛盾。1947年全国司法行政检讨会议上，江西高等法院院长吴昆吾在提案中说：

> 迩来各级法院之推事，常有昧于审判独立之真谛，往往固执成见，武断事实，甚至判决主文显有法律或事实上之重大违误，虽经院长商请更正，而仍不接受，颈行发缮，致滋物议者。院长事前无权更正，事后无权救济，非特监督权等于虚设，拟亦法治之痴点。[①]

站在院长的角度，吴院长的提案自有其道理，但推事们的行为无疑更符合司法的规律。其实，吴院长的抱怨也从一个侧面表明民国时期各级法院的推事或合议庭事实上享有着最终裁判的权力，确保了审判独立原则的实现。

正是由于推事对司法规律的深刻认知，最终使司法系统内部形成了较好的风气，迫使那些想干预个案审判的人不敢轻举妄动。民国晚期曾在湖

[①] 司法行政部编：《全国司法行政检讨会议汇编》，1947年。

南高等法院任职的汪廉回忆说:"在当时司法系统有个传统,高级官员直接插手审判事物是件很没面子的事。"①

再譬如坚持依法办案。1930年2月7日出版的《大公报》,刊登了一则新闻稿,讲述了国民党天津市党部与该市高等法院之间发生的冲突:市民张信庵被指控犯有反革命罪,法院审理后认定证据不足,依法判决嫌疑人无罪。市党部得知该判决后十分不满,认为高等法院此举"似乎不明党义",决定由党部下设的训练部到市高院对员工进行党义测试,并"准备问题85项"。高等法院接到通知后请求暂缓测试,理由是:"一为院长现在出巡各监狱、未回;二为法院事务忙迫,案件甚多,职员办公,日以继夜,实无余暇;三为礼堂狭小,职员众多,难于测试,并声明该院已成立党义研究会,不过因时间较少,研究未臻精细。"市党部认为高等法院"请求展期之理由不甚充足,决定届时仍往测试。"②

南京国民政府建立初期,厉行清"共"政策。大批共产党人被捕,人们谈"共"色变,一时风声鹤唳。然而,面对着如此白色恐怖,许多地方法院的推事在审理共产党人案件时仍然严格依法办案,不以枉法裁判迎合政治势力换取个人的加爵晋级。类似的事件极为普遍。对于法院的这类判决,国民党党部大为光火,指责法院过于保守偏重证据,有宽纵嫌疑,但法院仍然不为所动。国民党中央无奈,只得另起炉灶,建立自己更容易控制的特种刑事法庭,将共产党人案件从普通法院移交特种刑事法庭办理,才使这一矛盾表面化解。

坚守职业操守。1940年代末国民党政权败局已定,人人自危,但面对如此时代大潮,仍有一些推检人员固执地坚守着职业操守。如1948年西安地方法院呈文陕西高等法院检察处反映本院检察处检察官李寿彭拒受当事

---

① 汪廉:"永和号惨案的审理经过",李震一:《邵阳永和金号血案记》,岳麓书社1986年版,第133页。

② "市党部与高等法院",《大公报》(天津),1930年2月7日。

人贿赂：

> 据本院检察官李寿彭本年三月二十一日签呈称："职昨日（即2月21日——引者注）值星返家较晚，至家据家属称今日下午忽有一人来家找职，因职不在家，即放下信一件银包一个（银圆数目未查）即去等语。职查该信系烟犯党相珊与职之信，恳请职声请免刑事。此显系党相珊行贿行为，特将原信及银包一个签呈监核"等情。据此，当经解包查明银圆80圆整。值此物价高涨之际，一般公务人员生活之艰苦已达极点，该员对于交付之贿款俱不收受，洵可廉洁可风，除将贿款交院保管并将党相珊交付侦察之外，理合俱文呈报，钧座鉴核俯准传令嘉奖以昭激励。①

保守、固执、教条，民国时期各种政治势力和民众经常以此指责司法人员，对此指责推事大都不闻不问，1940年代晚期陕西兴平地方法院院长刘思敬告诫各位同仁：

> 我们法院是个是非窝，我们应该明白，瓜田李下，当事人诉讼败诉，便会说法院弄人钱了，我们要学莲菜出淤泥而不染，办案推事书记官尤其是记录书记官要敏事慎言，对于案情要绝对保守秘密，我们案子进行到如何程度，绝对不能对外谈的，我们同仁绝对注意。这是我们检讨过去，讨论今后事情。再据报纸上看及听，时局不久就会有变化的，我们

---

① 陕西档案馆档案，卷宗号089—5—218。当然，推检之外，民国晚期的陕西司法界尚有一些人员坚守着自己的职业操守，如1949年3月23日陕西户县民众12人联名致信省高等法院院长郝朝俊，挽留该县司法处审判官郝朝德。"县司法处审判官郝朝德莅户以来，心存哀矜，道德齐礼，古训是程，不赴私宴，不入豪门，严毅方正，为人敬爱，凡旧人经年不决之案件尽皆一讯释然，或和解或执行无有怨言，革除前任主任及县长徇情枉法，弊窦豪劣寒心，地方人士以郝救星论称。民县公众年心理殷望甘棠荫永，惠泽黎庶，顷闻风声播传郝审判官荣迁，虚实难辨，民等深恐人仁高就，遗我弱小居此豪劣势焰未熄之地，无人见怜，为谋群众幸福起见，不揣冒昧具呈。"见陕西省档案馆档案，卷宗号089—5—218。

在这大风大浪内要脚步踏实,谨守规矩,不要乱了脚步,耳不听,目不斜视,各尽其职,对得起当事人。①

正是这种坚守,让我们看到了希望,也使未来的自救成为一种可能。②

(二) 录事和执达员制度

传统中国,各级官府中的衙役属私役性质,非国家的正式官吏,待遇低,流品杂,少有升迁之空间及可能,缺乏做好工作的自觉,从而导致现实生活中衙役利用手中的权力随意敲诈、盘剥当事人的现象极为普遍,大大败坏了官府在民众心目中的形象。

新式司法制度的构建原本为这一问题的解决提供了难得的机遇。按照清末新式司法制度之设计,初级审判厅设录事(为书记官中职级最低者),初级和地方审判厅设承发吏(即民国时期的执达员),录事和承发吏为国家公职人员,由地方财政供养。不仅如此,为了确保录事和承发吏的素质,清末制定的《法院编制法》还对录事和承发吏的任职资格及任用程序做了明确规定。如《法院编制法》第139条规定,"书记官以考试合格者录用之。考试任用书记官章程,由法部奏定之。"第148条规定"承发吏须经考试,始准录用。考试任用承发吏章程,由法部定之。"第149条规定"承发吏由法部及提法使派充,并得委任地方审判厅厅丞或厅长派充之。"这些规定如能执行,将彻底切断录事、承发吏与厅长和典簿之间的隶属关系,为问题的解决指明正确的方向。

但由于时间的紧迫,这些规定在清末未能真正实现。令人遗憾的是,民国以降这一问题又被制度设计者所忽略。如南京国民政府颁布的《法院组

---

① 陕西省档案馆档案,卷宗号089—4—35。
② 司法行政部编:《战时司法纪要》,台北"司法院"秘书处1971年重印,第514页。

织法》将各级法院中负责"记录、编案、文牍、统计及其他"①文字工作的人员统称为书记官,并对其任职资格做了明确规定。然而,司法实践中许多地方法院囿于书记官员额之限制,人手严重不足,不得不另设录事辅佐书记官工作。此外,按照《法院组织法》之规定,地方法院及其分院设执达员,负责"送达文件,执行依法令应由执达员执行之裁判;其他职务上之事项。"②但不知何故《法院组织法》对录事和执达员的任用资格及程序却未做专门规定,也就是说将录事和执达员的任用之权交给了地方法院。

制度设计中的漏洞,导致了录事和执达员任用上的随意。此外,由于地方法院的录事和执达员薪俸较低(1940年代中期西安地方法院的录事薪俸每月最高的80元,最低的60;执达员则大致在60元左右),出现了有能力的人不愿意干,素质低的人又干不了的怪圈,客观上限制了这一群体素质的提高。其结果:一是给法院的审判工作平添了许多麻烦。诚如司法行政部1939年4月1日训令所言:

> 查当事人书状笔录裁判书及其他关于诉讼事件之文书法院应保存者应由书记官编为卷宗,《民事诉讼法》第241条已有明文规定。良以诉讼卷宗为裁判基础,在法院时须查考,苟编订不尽完善,殊足以影响于诉讼案件之进行。查阅各省司法机关呈部之诉讼卷宗中常有笔录潦草模糊不能辨认者,有将卷宗字句订入夹缝之内无从阅看者,设置有将当事人或诉讼关系人所提出之证据不标明其提出之姓名及提出之时间,以致该项证据究系何人及何时提出无从稽考者。他如装订之前后零乱,不按照年月次序与夫选任委任书状及送达证书勘验图说等之不订入卷宗内而散置于卷袋或附粘于卷尾者亦比比皆是,凡此种种均属承办书记官于编订卷宗时未尽留心所致。兹特通令知照,仰转饬所属

---

① 《法院组织法》,第44条。
② 同上,第52条。

各司法机关嗣后务须严切注意,如有上开各情事,亟应立即改正。①

训令里反提及的工作,在地方法院事实上是由录事来承担的。

与录事相比,执达员的能力和工作态度亦不容乐观。1947年年底,陕西高等法院依惯例召开省内各审判机关年终总结会,与会的兴平地方法院代表反映,本院执达员素质较差,应如何解决?问题引起了与会者的强烈共鸣,经讨论会议做如下决议:由院长、推事每星期为执达员举办业务讲座一次,提高其水平。② 按照高等法院的要求,西安地方法院采取了类似的补救措施,1948年西安地方法院民庭庭长钱应选为此向本院院长汇报:

> 以前本院执达员送达文书程序多有生疏,饬既施以短期训练等,遵此将民事诉讼法中第四章关于送达一节法文,先行印定成册,分发各执达员,人各一编,嗣后于每星期二、五两日,集于一堂,复予逐条详解,最后又反复设例反复考询,各执达员对于法律规定大致均尚明了,自十一月六日起至十二月二十六日止,训练工作业已完成。③

二是败坏地方法院的形象。录事主内,执达员主外,职责繁杂,同时又与当事人庭外接触的机会最多。到1940年代晚期,西安地方法院设有录事16人,执达员10人,两者相加已占到西安地方法院总人数的1/6,成了地方法院中较为庞大的群体。录事和执达员的微薄收入决定了其只能由本地人担任,外地人根本无法养家糊口。中国是一个人情社会,来自于本地的录事和执达员难免会陷入人事纠葛之中,因而极易引发腐败现象的发生。1947年9月2日,陕西南郑地方法院检察处石云英向陕西高等法院反映:"日前忽接到本城东关24号密函,谓本处书记官谢百余有贪污之嫌,在外招摇情

---

① 司法行政部编:《战时司法纪要》,台北"司法院"秘书处1971年重印,第147页。
② 陕西省档案馆档案,卷宗号089—4—19。
③ 同上,卷宗号090—1—18。

事,虽经饬查无据,然本地人办本地事,不便实多,究应回避为宜。"①

翻检民国时期,特别是民国晚期西安地方法院的档案,无论是年度考绩,还是被处理记录,有问题的大多是录事和执达员。如1948年上半年地方法院雇员考绩表中,录事刘甲弟"造诣尚浅",俞祖光"才具稍短",执达员王辅臣"尚知研读"②等用语格外显眼。此外档案中还充斥着录事、执达员渎职擅权,甚至违法犯罪的记录,极大地败坏了地方法院的声誉。

更有甚者,由于需送达的法律文件不断增多,一些地方法院还任由执达员雇佣副手,"据一般调查所得,每一执达员平均都雇用副手五六人之多。法院当局,亦明知这是违法的事情,却为事实所限,也无法加以禁止。这些副手,大抵都是些地痞流氓,在他们代执达员送达文件时,除支取依法应交之送达费外,还勒索酒资鞋钱(因为执达员所私雇的副手,照例不给薪水),甚且寄宿在当事人的家中,硬要杀鸡为食。滋扰不堪!最可恶的,是恫吓诈财的勾当。他们是执达员的副手,终日在执达员的办公室里扯混。关于法院承办的案件,他们多少可以得到点消息,承审推事的个性和作风,他们亦皆了于胸。利用送达文件的机会,便在当事人的面前,说得如此如此,这般这般,或用硬功,或用软法,总要使当事人入其谷中。法院的尊严,司法官的清廉人格,给他们弄得稀糟。"③

总之,录事和执达员对新式审判机关社会形象的塑造极为重要。

二、操作观察

制度设计合理固然重要,但运行能否顺畅则更为关键。受现实条件之

---

① 陕西省档案馆档案,卷宗号089—1—216。
② 西安市档案馆档案,卷宗号090—1—12。
③ 梅仲协:"改进吾国司法现状的几点意见",《新政治》第4卷,1940年第5期。

限制,民国时期司法权的运行不可避免地出现了一些问题。

(一) 推事工作量过大

为推事创造一个宽松安定的工作环境,是新式司法制度设计者们所追求的,为此民国政府通过立法明确规定实缺推事实行终身制,如《法院组织法》第 14 条规定:"实缺推事非有法定原因,并依法定程序,不得将其停职、免职、转调或减俸。"司法行政部还于 1935 年 1 月 30 日,颁布"第 417 号"训令,强调不得对推事随意调动,保证推事工作连续,环境安定:

> 查司法职司平亭,必须环境安定,乃能尽心职务。若更调频繁,位置屡易,不惟办事精神,滴滋纷扰,地方情形,难免生疏,且如未结案件,骤易生手,程序即需更新,进行因之濡滞。至于程期之枉费时间,旅费之多受损失,其影响于个人者亦非浅少。——本部长爱才如命,疾恶如仇,法官责任,关系何等重大,循良才自不宜轻于调动,贪惰者亦岂他调所能卸责。嗣后各法官中,遇有办事不力或操守可以之员,应即由各该长官随时据实揭报,不得率请他调,以见好于僚属。其有确系人地不宜者,亦须先行叙明事由,呈候核夺,勿得径自调动,再行补报。"[①]

但这一目标并未实现。从人员的角度观察民国时期的西安地方审判机关,流动,甚至是频繁的流动是其主基调。[②] 至于流动的原因,既有的研究成果一般认为,导致民国时期普通推事频繁流动的原因主要是政治因素和

---

① 张仁善:《司法腐败与社会失控(1928—1949)》,社会科学文献出版社 2005 年版,第 245 页。

② 有关西安地方法院推事的流动状况,前面已做到专门分析。聊以自慰的是这种流动基本上是在法院系统内进行的,并未伤及到推事的职业化。当然,我们也可以说推事适当的流动,客观上可以起到统一司法的作用。推事如此,书记官也不例外。民国时期西安地方法院书记官的流动则更为频繁。还需指出的是,与推事不同,书记官的流动呈现出非职业化的特点,即并非是在法院系统内部流动,而是毫无规律可言。一所审判机关中的推事与书记官都处在不停的流动中,不仅无法形成稳定的工作环境,难以管理,还会影响审判的效率与质量。

收入太低。收入低固然是问题的一个方面,但工作压力过大则更为严重。

翻阅史料,不难发现北京政府时期已有司法人员抱怨工作清苦,此后这种抱怨一直未有停息。但若仔细观察则又可以发现,抱怨的核心是在诉工作之"苦"和束缚之"严",而非仅指收入之低,也就是说收入低是在与工作的压力相比而言的。如"近世为法官者,辄因俸微事繁,厌于清苦,而转入政界,以求富贵利达;其未脱离法界者,亦以所事枯燥无物,法令束缚特甚,恹恹无生机,对于职务,不能诱起热烈之兴致。"①

北京政府时期,长期在河南、湖北等省地方和高等两级审检厅从事推检工作的马寿华对推检工作的辛劳和责任之重印象极深,"幸值年富力强,尚能应付。记得当时检察官同一办公室,余每拟就一意见书,惯将毛笔置桌上,用力较重有声。其他同事闻之,必笑说又完成一件,每日约有数次如斯。"南京政府成立后,马寿华一度改业做律师,"余之执行律师职务,自二十一年起至三十年止,共计10年之久。在此10年中,过律师生活,觉得比其他时期较轻松,较舒适。"舒适不仅是收入多了,做律师,"除负责为当事人办案外,无任何责任劳心,故较舒适。至于承办讼案,系以保障人权、公正辩护、劝人息讼、恪遵法令为其原则。"②也就是说,马寿华之所以转行是因为推检工作的压力太大,而并非收入低廉。

同样是推事的倪征噢也认为推事的工作压力不堪重负:

凡具有责任心之推事,出庭听讼时,神经极度紧张,退庭后终日伏案,笔不停挥,每多案牍劳形,夜以继日,历久身心交困,精疲力竭,既乏适当休养,遑论业余进修,循至病魔踪至,未老先衰,良可哀也!目前改业他去之法官,其因生活艰难或升不易者,固属有之,而以工作繁剧,体力不胜者,亦数见不鲜。若不简化裁判书式,尽量减少无谓之抄录工

---

① 朱广文:"法官之生活",《法律评论》第105期,1925年。
② 马寿华:《服务司法界六十一年》,台北马氏思上书屋1987年版,第55页。

作,势必司法人员继续外流,或则工作效率减低,遇有重要案件,须运用智慧决断时,反无精力应付。①。

新式审判机关创设之初,为了防止地方政府随意用人,确保推事少而精的制度方案能够落实,专门规定推事的任用标准、员额,乃至任免均由中央司法行政机关统一确定。民国以后,这一做法依然被延续,严格限制推事数量的指导思想同时亦被坚守。

创制之初的西安府地方审判厅有推事6人,管辖范围与西安府辖境完全相同,同时还承担着受理不服孝义、宁陕两厅,耀州一州和长安、咸宁、咸阳、兴平、临潼、蓝田、泾阳、周至、户县、渭南、礼泉、同官、富平、高陵、三原等县一审判决而上诉的民事和刑事二审案件,两者相加管辖的人口总数193万。② 此时,尽管案件数量不多,但6名推事也已勉为其难。经过30多年的发展,到民国晚期西安地方法院的推事增加到14人,但此时西安地方法院年受理的案件总数则已达到五六千件。一座名闻中外的省会城市,只有区区14名推事,推事月平均受案数四五十件,案多人少的矛盾已十分严重。

全国的情况亦大致如此。1948年1月5日,司法行政部部长谢冠生在行政院月会演讲时透漏:全国共有正式任命之推事2389人,检察官1774人。审判官(县司法处的审判人员)2074人,监狱所长官1893人,共计8130人。③ 其中,推事和审判官加在一起,不过区区4600人。而1947年全国各级司法机关年受案数则为106万余件。人均办案230件。④

---

① 倪征噢:"司法问题研究",《中华法学杂志》新编第5卷第8期,1947年。
② 杨绳信:《清末陕甘概况》,三秦出版社1997年版,第106页。
③ 司法行政部编:《战时司法纪要》,台北司法院秘书处1971年重印,第514页。推事人数太少,无法形成力量,无法对社会产生更大的影响,同时还容易被社会所同化。
④ 抗战初期,全国各级司法机关年受案数二三十万件,以后逐渐增至每年50万件,1946年骤增至96万余件,1947年再增至106万件,即案件数量一直在不断增长。但与此同时,推事和司法官的人数却并无明显增加。司法行政部编:《战时司法纪要》,台北"司法院"秘书处1971年重印,第514页。

严格限制推事数量固然不错,但必须适度,否则将事与愿违。此外,欲做到推事少而精,还必须辅之以大量的司法辅助人员。民国时期,西安地方审判机关书记官(不包括承担纯粹司法行政工作的书记官)与推事比例大致保持在一比一左右。书记官的数量亦较少,尚无能力承担起所有的辅助性工作。

就规律而言,在没有充足、能力较强又分工明确的司法辅助人员辅助下,一名推事一个月审理四五十件案件已达极限。1920年代初法权讨论委员会委员长张耀曾曾建议"按现在办案情形而论,约每20件可置推事一员",①司法部1941年发布的"推检每月办案最低数目规定"规定,地方法院推事每月办案最低数量是民事案件32件,刑事案件40件,这些建议和规定均非凭空想象,而是经验之谈。然而遗憾的是,建议和规定并未能落实。长期的超负荷工作给推事的身心造成了极大的伤害,任玉田的回忆对此说得极为真实和细致:

> 地院(陕西南郑——引者注)推事每月须办民刑讼案60起左右,刑案中除审理公诉案件外,大都是自诉案件。不经检察官侦查,自己从头办起。民事案件的审判、调解、执行,自己都没有办过,须随学随办,非细加钻研,无法着手。兼之我的责任心特强,总想把案子办的正确而迅速,达到案无留牍的地步,使诉讼人少受拖累,经常是白天在院审案,夜间回家拟判,非到午夜不能搁笔。上床以后,脑子里还在思索案情,久久不能入睡。星期天心身都有负担,也无法休息。就这样工作了6年有余,其中又曾经南郑分院先后调我到分院代理庭长4个月及推事6个月,第二次又系兼代,一身二职。我在地院虽然得到各级领导、同事及诉讼人的好评,也乐在其中,但因长期如此,体力、脑力逐渐衰退,形

---

① 法权讨论委员会:《考察司法记》,《民国时期社会调查丛编》(二)法政卷(上),福建教育出版社2014年版,第296页。

容极为憔悴，后一时期精神有些恍惚，大有不能支撑之势。我常对同事及家人说："我活不到40岁。"事出意外，民国二十九年（1940年）四月我满40岁还差半年，司法行政部以我在全陕地院法官中资历最深，自动调我到安康分院当检察官，我才卸却重负。①

此外，推事劳动强度过大还势必牺牲案件的审判质量。"盖一人之精力，乃每日之时间，均属有限：苟一日必结数案，以半日阅视案卷文稿，审查物证，讯问人证，开庭辩论（常有一案人证多至数十人者），以半日著作判决、裁定、处分书、上诉书、答辩书、意见书（批示）及其他一切稿件，无论精力如何充足，要亦仅能勉强胜任。若欲求琐屑情节，皆详备无遗，此殆事实上所不许。"②早在北京政府时期，这一现象就已露端倪。司法行政机关为此极为担忧："事务既日益增多，薪俸复穷于应付，以致贤良者不免敷衍相将，怠惰者遂致堕颓日甚，暮气秉于不觉，积案因之日多。"③面对着繁重的工作压力，一部分司法人员选择了改业，造成了不必要的流失。

（二）无节制妥协

对中国近现代司法制度史稍有了解的人都知道，程序多、案件审理周期长是社会各界对新式司法机关诟病最多的问题之一，且这种诟病似乎从未间断。

> 现在中国各级法院，拖延讼累，已成普遍现象。大凡案件不入法院则已，一入法院，便不知要拖延多少时候才能结案，往往案甚轻微，但因须种种程序，以致犯数月之罪，羁押经年；处10元之罚，开庭10次。如某地方法院有一件侵占白米90余石的案件，自二十年（1931年）三月

---

① 任玉田：《一位民国首席检察官的回忆录》（未刊稿）。
② 李浩儒："司法制度的过去和将来"，《平等杂志》第1卷第3期，1931年。
③ "切实奉行各项考试令"，《司法公报》北京政府第210期，1925年10月31日。

三十日起自诉,迄二十二年(1933年)二月二日方始三审终结。在三次判决中,最高只判了10个月的徒刑,终局判决,只为徒刑5月,但全案却延展了将近二年,又有一件土豪劣绅侵占保卫团经费4成的案件,自十九年(1930年)一月二十日告发,二月十四日开始侦查,迄二十二年十月二十五日终局判决,其中曾于第一审时判过徒刑一年,而结果是宣告无罪,但全案拖长到2年零9个月。再有一件殴伤旁系尊亲属的案件,自二十一年(1932年)七月二十一日告诉,迄二十三年(1934年)五月十一日方始三审终结,结果处罚金10元,但全案也拖了2年零10个月①。

对于类似指责,司法行政当局颇为头疼。一方面作为专业人士,他们清楚地懂得程序的意义,同时也明了尽管存在着积案的问题,但民国时期各级法院审限内结案率其实并不太低(有关这一点笔者在前面已做过分析);另一方面他们更清楚地知道民众指责新式审判机关办案延缓的缘由,如司法行政部谢冠生就公开说:

> 我们法院结案速度比较欧美各国并不算慢,而欧美人民并未嫌其法院办案太慢,不像我国人民对于法院啧有烦言,嫌其程序太繁,进行迂缓之情形,此乃由于我国古时法律结案甚快,因而觉得今时太慢。譬如前清处理窃盗可以答释了案,民事亦可以立时堂谕,一庭即结。两相比较,总觉今时太慢。不过欧美各国社会繁杂,诉讼程序不得不从详规定。我国乃农业国家,较为简单,如果诉讼程序太繁,人民必视法院为畏途,所以我们诉讼程序是否适合我国风俗习惯,社会情形,实有注意研究之必要。②

---

① 阮毅成:"所期望全国司法会议者",《东方杂志》第32卷第10号,1935年。
② 司法行政部编:《战时司法纪要》,台北"司法院"秘书处重印,第514—515页。

在任何社会里，司法机关都不得不顾及民众的态度，这关系到司法的公信力，而公信力决定着司法机关生存的空间。为此，司法行政机关不断地发文向各级审判机关施压，如1948年1月司法行政部发布训令，态度强硬地要求各级审判机关必须高度重视案件积压问题："民刑诉讼案件之进行程式，民刑诉讼法有详细之规定。现在各法院所受理之案件，每每未依法定期间进行，甚或延压多时始为传审。追辩论终结后，又历时甚久始送达判决。长此迁延，案件愈接愈多，终止无法清理，人民受害无穷，岂应国家所以设立司法机关之本质。嗣后各司法机关办理案件，应依法定期间进行，并应迅速终结。各司法长官应不时加以督察，如再有延压情事，应列举事实呈部议处。"①

与此同时，面对着一边倒的社会舆论，司法行政机关也被迫向民意妥协，把简化程序当成了救命的稻草。

第一，以简化程序作为法院审理民事诉讼的指导方针。南京国民政府司法行政部公开宣称："民事诉讼系私人与私人间纠纷问题，期于无讼必注意下列三点，一，推行公证制度，二，厉行民事调解，三，简化诉讼程序。……简化诉讼程序是期其迅速结案，人民既已发生诉讼，必须使其早点了解，以免时间拖累。所以对于诉讼程序务必力求简化。"②

1947年，全国司法行政研讨会宣言中更是强调："国家设置法院处理诉讼，旨在平亭讼狱，解决争端。一面应当尽量避免扰民，一面尤应多方求其便民。方今我国人民大都昧于法律程序。凡我法曹宜如何于现行法律之下，力求诉讼程序简化妥速，藉以树立司法之威信。"③

第二，千方百计地寻求简化办法。1925年，孙中山在广州甫经建立国

---

① 司法行政部训令，引自蒋秋明：《南京民国政府审判制度研究》，光明日报出版社2011年版，第141页。
② 司法行政部编：《战时司法纪要》，台北"司法院"秘书处1971年重印，第484页。
③ 同上。

民政府,即提出"新司法改革"方案,除强调革命司法外,简化诉讼程序亦是其中最为重要的内容。① 抗战期间,司法行政部又在重庆璧山成立实验法院,尝试简化诉讼程序,并在实验的基础上向立法院提交了简化刑事诉讼法和民事诉讼法修正方案。

此后,司法行政部又不断发文,推行各种简化办法。这些办法包括:

特殊时期可以临时借调检察官充任推事。司法行政部为此专门发文:"查审检职务同一重要,就案件数量论,院方实较检方为繁,而各院原有推事大都仅敷分配,故遇有调迁而继任未到或因其他事故离院而职务空悬时,对于人员之派代辄感困难,案件往往因此积压难以推动。第二审法院甚或因不足法定合议庭人数无从开庭。当兹抗战时期,为减少民众痛苦起见,民刑诉讼案进行尤不容或缓,亟应预筹救济酌以调剂以应需要而免积压。嗣后该院及所属法院如有上述情形或积案较多需要清理,于必要时得就近于同院设有二人或二人以上之检察官中择一由该院电请调充代理推事藉收互助促进之效。"②

灵活运用民事诉讼程序。1943年5月司法行政部发布训令:"查司法机关办理民事案件重在妥速。妥速之道固不止一端,而对于诉讼法规定之运用灵活实最为切要。本部近查各司法机关呈报之民事判决清册、民事延迟未结案件月报表及人民陈述事件审究,其未尽妥适及延迟之原因,夫被人民指责之事由,多因诉讼法规定之运用有欠灵活。"③

向当事人送达起诉书及裁判书节本。1942年司法院院长居正提议,"按现行诉讼法规定,裁判书应以正本送达当事人,而正本字数较多,自非油印不可,近来蜡纸价格飞涨,法院全部办公费用往往不足开支此项蜡纸费用,且市面缺货复难购买。兹拟将裁判书改以节本送达当事人,既用墨笔抄

---

① 侯欣一:"广州武汉国民政府法制地位及影响",《法学》2008年第7期。
② 司法行政部编:《战时司法纪要》,台北"司法院"秘书处1971年重印,第163页。
③ 同上。

写,同时准许当事人声请抄录全文以资救济。"该提议经国防最高委员会决议如下:"一、起诉书及不起诉处分书均得以节本送达;二、应受送达人得随时自行抄录全文或缴费声请法院代抄;三、应受送达人自行抄录应在缮状处或其他指定地点为之,法院并应做出正本交抄,不得径用原本;四、法院代抄由缮状人办理,其收费标准与缮状费同。但应受送达人确系无力缴费,经核准者得免于收费;五、法院代抄应从速办理,尤应注意应受送达人进行诉讼程序之期间;六、节本除记明受裁判或受处分人姓名、案由、文书制作年月日(盖章)、推事检察官及书记官姓名外,得仅记载裁判主文或起诉字样。裁判得上诉或抗告者应于节本上诉或抗告期间及提出上诉状或抗告状之法院并加盖'当事人得随时自行抄录全文或缴费声请法院代抄戳记'。"①

裁判书内容力求简明,文字尽可能通俗。如 1940 年 11 月,司法行政部为推行简化裁判文书,节省办案人员时间专门制定了简化的民事刑事第一、二审的裁判书格式,并搜集各种裁判文书定稿分为两册统一印制,发给各级法院,供办案人员仿效。1945 年 8 月 11 日司法行政部又颁布训令,规定:

> 查司法机关对于民刑诉讼案件所制作之裁判文书措辞须力求简明,不重文句工整,而重在语意之显豁。俾诉讼当事人易于了解。曾经本部于三十年一月二十九日以训民字第 312 号训令通饬遵照在案,兹查各司法机关所为前项裁判书及其他文书仍不免有词句生硬艰深费解者,殊属不合。为此重申前令,嗣后各司法机关制作前项书类除对于法文用语不能变更者外,其他词句务须力求明白晓畅通俗易解,是为至要。②

上述措施的推行结果极为吊诡:一方面如以"妥速"为标准进行检验,收效似乎并不明显,司法行政部对此公开承认。1948 年司法行政部颁布训令

---

① 司法行政部编:《战时司法纪要》,台北"司法院"秘书处 1971 年重印,第 148—149 页。
② 同上书,第 152 页。

说:"前在重庆璧山曾成立实验法院,实验简化诉讼程序,拟具方案呈请政府实行。嗣经立法院于三十四年(1945年)十二月根据所送方案修正民刑诉讼法,惜尚未能完全采纳。方案内容修正后,简化程序如何,效率是否增高,此刻还不敢下断语。"①另一方面却影响或降低了案件的审判质量。强调程序正义,并通过程序正义,以制度的理性最大限度地保证实体的公正,这是现代司法与传统司法的本质区别。民国时期,司法机关为了向民意妥协,对程序任意简化,特别是灵活运用诉讼程序的倡导,在满足了部分民意的同时,也助长了司法人员的随意,并为案外因素的介入提供了方便,其结果不可避免地影响了案件的审判质量。中国是个人情社会,唯有严密的程序才可能减少人情活动的空间。

需要指出的是,民国中晚期司法系统内案件积压问题毕竟客观存在,且到了非解决不可的程度。"我国现行民事诉讼法采诸西洋,其条文规定无一不有外国最近立法例之根据,学理上自属严密。惟诉讼法与实体法性质不同,诉讼法与地方交通经济人民知识程度均有关系,在一国行之或甚妥善,行之他国未必有同一效果。现在我国内地交通尚未便利,经济尚未发达,人民知识亦尚幼稚,与西洋各国相差甚远。"②

因而如何解决才是关键。充分发挥律师在诉讼中的作用就不失为一可行的办法。充分发挥律师在诉讼中的作用其优点:一是可以节省当庭陈述的时间。当事人中除少数读书人外,大多头脑不甚清楚,因而对事实的陈述,每每杂乱无章,给推事理解和书记官的记录带来了很多麻烦,如有律师代为陈述,可节省很多时间;有利于证据的搜集。许多当事人不仅缺乏法律知识,还欠缺科学知识,对于证据搜集是否得当,方法是否合理并无辨识能力,因而诉讼时全案证据并非一次提出,辗转拖延,如由律师代理诉讼,自然

---

① 司法行政部编:《战时司法纪要》,台北"司法院"秘书处1971年重印,第484页。
② 郑天锡:"视察闽浙两省司法后对于司法改革之意见",《法治周报》第1卷,1933年第11期。

次序井然,节省各方劳力和时间;讯问事实亦可准确少费时间;审判笔录易臻正确;依法进行不误程序。当事人自行诉讼,由于不谙法律程序,失去攻击防御的时间,或误用攻击防御的方法,导致败诉;事前审慎,专业判断减少滥诉;双方律师谈和解;减少对法院的误会等。① 果真如此,既可以节约许多时间和人力,还有利于增进司法的公信。

三、现代国家建构,尚未完成

打击罪犯,维护公民的正当权益是审判机关的法定职责。此外,审判机关还承担着平衡、制约公权力不被滥用的重任。中国是亚洲最早走向民主共和的国度,但令人遗憾的是直到1940年代国家权力重构的任务还远未完成。突出表现:一方面军权、党权和行政权过大;另一方面司法权不彰,始终处于权力的边缘,角色颇为尴尬。以至于有学者云:"今日中国司法之缺点,多不在司法本身,而在于一有力者,不拥护、不尊重司法;二不宽予经费,而使其穷蹙,莫能有所计划。"② 此外,社会转型尚未完成,民众对国家缺乏认同。

(一)艰难博弈

毋庸讳言,民国时期的西安地方法院还存在着这样或那样的问题,但其审判能力则不容置疑。为了维护司法权威,西安地方法院一直在做着不懈的努力。

案例一

张震贪污案③。1946年11月,家住西安、时任陕西西乡县警察局局长

---

① 郭卫:"现行司法制度之实际谈",《中华法学杂志新编》第1卷第5、6号合刊,1937年。
② 吴昆吾:"中国今日司法不良之最大原因",《东方杂志》第32卷第10号,1935年。
③ 陕西省档案馆档案,卷宗号089—7—278。

的张震被人举报伙同该县保警队长王朗轩以吃空饷，向店家发售各种账簿、统一制作门牌号和队服收入不入账的方法连续侵占公有财物。西乡为陕西南部一偏远的小县，但警察局长的权力及影响力毕竟不可小觑，案发后当地报纸以"冒领粮款强迫签名，县府派员点名受污"、"违抗政府命令，警局张局长等被禁闭"等为标题几度刊登消息和报道。专员公署随即对被告进行调查，调查后发现被告涉嫌刑事犯罪，于次年2月移送司法机关。该案被指定由西安地方法院检察处承办，具体承办人为检察官高佑时。张震聘请张朝鼎、曹铭勋律师为辩护人。经侦查检察官认为张震和西乡县保警队长王朗轩涉嫌贪污，触犯《惩治贪污条例》第3条第一、第五、第六各款及《中华民国刑法》第136条第二款之罪，于3月6日依《刑事诉讼法》第230条向地方法院刑庭提起公诉。其时，贪污被列为特种犯罪，本案交由地方法院刑庭推事徐志远负责审理。刑庭立案后，因案情复杂，如账簿上有许多购买纸烟、吃便餐等不合法开支，会计事务所审计账簿尚未完成，不得不两度延长被告羁押时间。庭审中张震及辩护人对检察官的犯罪指控全部否认，辩称：尽管自己在任职期间有多报警员人数的现象，但所得钱款全都用以补贴办公经费之不足，并未自肥。而发售账簿等是下属警员所为，自己并不知晓。庭审中推事徐志远当庭对各种证据进行核查，特别是会计师事务所的审计报告，以及西乡县政府的证明材料等，最终做出张震有罪的判决。

西安地方法院特种刑事判决　　三十六年(1947年)度特字第40号

公诉人：本院检察官

被告：张震，男，年32岁，前西乡县警察局长，住本市东羊市22号
　　　王朗轩，男，年41岁，前西乡县保警队长，住西乡县北大街21号
辩护人：曹铭勋律师

　　（上）右列被告等因贪污案件，经检察官提起公诉，本院判决如左

(下)。

主文

张震连续侵占公有财物,及对于监督事务直接图利处有期徒刑8年,褫夺公权5年,其余部分无罪。

王朗轩无罪。

张震应追缴稻谷53市石1斗2升5合,国币94000元。

事实

被告张震于民国三十五年(1946年)三月起,充任西乡县警察局局长,截止同年九月底止,该局共有警士空额273名,(以每名每月为单位)除津贴职员弥补办公费不敷及各机关调用,与警士姓名誊写错误,并确实未领粮饷费外尚余空额85名。该85名空额,每月所领公粮(稻谷),每月每名以6市斗2升5合计算,共得53市石1斗2升5合。又该局发售店簿每本4万元,自三月至九月,共售405本,该局入账只170本,余235本共价94000元,均为被告中饱。经检察官提起公诉到院。

理由

本件理由,分两部说明。

一、有罪部分

本案被告张震对右述事实虽不肯承认,但查被告在西乡县警察局任内,三十五年三至九月之期间,除公开空额109名外,尚被查出暗中空额164名(见会计师报告书,第5页),关于165名之空额,被告谓为并非空额,以各机关调用警士,及警士姓名誊写错误,并确未领粮,与实有其人而被诬控等项为辩解,第经详为查核,警士姓名誊写错误者,只有2名,确未领粮者,为17名(见会计师报告书,第6页),各机关调用者,县府4名(见原送附件,,31号),专署一名,李高黍一名。后防医院一名(见三十六年十月十三日审判笔录),史主任一名(见会计师报告书,第7页)共为8名,以三至九,七个月计算,56名,实有其人被诬控者,系指警士胡家绥三月至六月确在局内服务而言,以一月为单位应为4名(见会计师报告书,第6页),统计以上共得79名,尚余空额85名,被告确又辩谓以警士3名之粮饷用一额外秘书云云,但其每月仍以警士3名为报销,并未呈准上级机关,则此项支出仍应由被告负责,是此85名警士之粮饷,为被告所侵占,已可认定。

又西乡县有旅店36家,被告在该县警察局长任内发售店簿,自三十五年三月至九月培德成栈、喜林栈各买店簿4本,唐庆栈买3本,志正栈买10本外,其余32家均买12本。每本售价400元,共计405本,应得价洋162000(壹拾陆万贰仟),已经各旅店负责人于专署派员调查时各具结证明在卷(见原送附件,第43号),推照存案账簿清册(见原送证物第21号,及原送附件第9号)计算,只售出170本,共洋68000元(见会计师报告书,第20页),尚有235本之价洋94000,未经入账,显为被告所侵吞。查发售店簿确为该局职员,但被告居于监督地位,自应全负对于监督事务直接图利之刑责。

查被告张震所犯侵占公有财物及对于监督事务直接图利之行为,并非一次,但基于一同概括之意思,应仍以一罪论,依法科以相当之刑。

二、无罪部分

查起诉意旨,除前述有罪部分外,关于被告张震,尚有公开藏警空额109名,又在保警队多报540天粮饷及每日每名警士短发糙米4两,与代印人名声请书图利等项,关于王朗轩有利用保警队警士报到离差机会在八月份多报378天粮饷情事,兹分述如下:

 • 关于公开空额109名一节:查公开藏警空额109名(以每名每月为单位),被告张震辩谓系弥补办公费不敷,及津贴局对官佐之用等语。查阅该局和县府(见原送证物第11号)清册(见证物第8号),对109名所得粮饷均有收支之记载,陕西省第四区专员公署派人调查此案时,该局职员严廷家等7名,亦自认受领津贴属实(见原送附件第11号,第12号),而办公费之不敷应用,为近年各机关普遍现象,被告设法弥补自属事实所需要,公款公用,自难以认罪。

· 关于警士每名每月短发糙米4两一节,查警士每名每月领稻谷6市斗2升5合,折合糙米45斤,再将糙米捣成细米则为40斤零8两,遇小月每日恰合21两遇大月还不得够,被告任内,每日按21两发给,警士吃的都是细米,已经田子美及米坊经理(即捣细米者)王得禄于陕西第四区专员公署来人调查时,供述明确,堪予征信(见原送附件第8号、第32号),则此项短数乃系糙米捣成细米之损耗。何能使被告负此责任。

· 关于代印声请书图利一节,查该局三十五年三月至九月分共售出声请书254张,每张300元,共洋76200元,均已入账列册,经盖"陕西省审计处抽查县财务章"等字样,此外并不能再发现被告有对此图利之事实,自难认为被告有图利之行为。

· 关于被告张震王朗轩对于保警队多报天数一节,查被告等在保警队多报天数,经详为核算,共为920天,除扣人已到队尚未呈报领饷者158天外。每日每名以2升计算,共得谷15石2斗4升(见会计师报告,第19页)。关于此项截粮,被告张震呈请县府拟作为修缮费用,经县府指令交库,被告张震即行咨交后任接收(见证物第1号、第2号),则被告等对于此项多报天数,所得之粮饷并未入私,已足证明。

按贪污罪之成立,以图利入己为构成要件,综上所述各节,被告等之措置,纵有未当,但均不能证明有图利入己之罪行。自难使负贪污之罪责。据之论结,应依《特种刑事案件诉讼条例》第1条第一项,《刑事诉讼法》第291条前段,第293条第一项前段,《惩治贪污条例》第11条,第3条第二款、第六款,第7条第一项,《刑法》第37条第二项,第56条,第57条判决如正文。

本件经检察官高祐时莅庭执行职务

中华民国三十六年十月二十二日

陕西长安地方法院刑庭

推事徐志远①

被告不服一审判决,上诉陕西高等法院。

民国晚期,司法机关明显加大了对贪污案件的打击力度。但司法机关办理此类案件时却经常遇到行政机关的干扰,导致司法机关无法独立办案。民国晚期,经检察官提起诉讼的贪污案件,法院审理后判决定罪科刑的大致在50%左右。据司法行政部统计,全国各级审判机关"自三十四年至三十六年底止计办理22109起,判决有罪而科刑者计8573人,科刑人数对于被告总数之比例,三十四年约占27%,三十五年约占36%,三十六年约占42%,历年比例逐次增多,足见法院对于此事日加注意。"②当然,需要指出的是,贪污案件的证据搜集较之其他案件毕竟相对困难。

案例二

雷葆初雇凶杀人案。③1946年9月18上午10时许,与西安仅一步之遥的陕西户县发生一起枪杀案,死者为陕西政界名流华孝康。华孝康(1884—1946),陕西户县人,早年追随"西北革命巨柱"、同盟会元老井勿幕从事反清活动。民国后陆续担任陕西长武县县长、陕西省政府参议等要职,系民国时期西安政界的知名人士。晚年虽退出政界,赋闲西安深居简出,但却无法超越乡情,陷入家乡复杂的人际关系之中。案发前多次在《西京日报》上揭露和谴责户县前任县长雷葆初,以及户县参议员萧栋的一些劣迹,开罪于雷葆初和萧栋,同时也使华孝康与雷、萧之间的矛盾尽人皆知。案发

---

① 西安市档案馆馆藏档案,卷宗号090—3—60。
② 司法行政部编:《战时司法纪要》,台北司法院秘书处1971年重印,第514页。
③ 西安市档案馆档案,卷宗号090—7—107。

前一天,他不顾年老专程回户县,拜会县参议会议长、县司法处承审员等控告雷葆初、萧栋等人的腐败行为。次日,在返回西安家中的路上被人枪杀。

华案在户县引起了强烈反响,社会各界纷纷表态谴责暗杀行为。县警察局随即展开侦破工作,并于10月中旬在西安将涉嫌直接杀人的高同元拘捕。根据高的交待,两个月后又在陕西旬邑将同案犯马积有抓获。高同元为戏子,马积有为农民,案发前与被害人互不相识,两人均供称系受雇杀人,雇主为县政府科员刘建威,枪支亦是刘建威给的。刘建威则供称本案的真正幕后人为雷葆初和萧栋。雷葆初随后亦被拘捕,但萧栋潜逃。本案案情重大,被杀者系政界名人,涉案人员则包括政府官员、参议会议员等,案件引起了社会各界的广泛关注。高、马、刘、雷等嫌疑人很快被移交予陕西省保安司令部。

在县政府和陕西保安司令部,高、马、刘对于受雇和雇凶杀人经过分别作了交待,尽管供词不尽一致,但差别不大,并供称此案真正的幕后指使者是雷葆初和萧栋。因涉及杀人犯罪,陕西保安司令部遂将嫌疑人移交给陕西高等法院检察处,高等法院检察处则指令西安地方法院检察处具体承办。地方法院检察处侦查后认定高同元、马积有、刘建威、雷葆初等涉嫌故意杀人,遂向地方法院提起公诉。西安地方法院刑一庭于1947年初对此案进行了公开审理。审理过程中雷葆初、刘建威、马积有、高同元对于检方的指控均矢口否认,但负责审理此案的推事段鄰认定雷葆初有犯罪动机,同时依据刘建威、马积有和高同元等人在县政府和陕西保安司令部的讯问口供、现场勘验报告等证据,认定上述嫌疑人共同杀人罪名成立,做如下判决:

西安地方法院刑事判决书　三十六年度(1947年)公杀字

　　公诉人:本院检察官

　　被告:雷葆初,男,年45岁,户县人,政

　　选任辩护人:秦光伦律师

　　被告:刘建威,男,年31岁,户县人,政

马积有,男,年22岁,户县人,农

高同元,男,年21岁,户县人,唱戏

选任辩护人:聂养儒律师

主文

(上)右被告等因杀人案件经检察官提起公诉,本院判决如左(下):雷葆初、刘建威共同教唆杀人,各处有期徒刑10年,褫夺公权5年;马积有、高同元共同杀人,各处有期徒刑15年,褫夺公权5年。

事实

被告雷葆初与在逃萧栋以被害人华孝康于民国三十四年(1945年)间迭次在《西京日报》揭发雷葆初劣迹启示,并指责萧栋目不识丁,不法获选县参议员,且又多次控诉雷葆初罪行,以致雷葆初、萧栋与华孝康仇隙日深,势不两立,遂与被告刘建威共同计划将其刺杀以泄积愤。经由刘建威令马积有行刺。马积有又邀定高同元代为实施行凶。民国三十五年九月十八日适华孝康由户县乘轿车赴西安,刘建威遂将自己手枪令马积有交高同元,命其监视行凶。华孝康车行至县北东杨村附近,高同元遂将华孝康狙击毙命。被告萧栋畏罪潜逃,经户县政府察觉将被告等先后捕获,呈陕西省保安司令部转函陕西高等法院检察处,令由本院检察官侦查起诉。

理由

本件被告刘建威、马积有、高同元对于共同教唆杀人暨共同杀人之事实在审讯中虽坚不吐实,惟在户县政府、陕西省保安司令部及侦查中已据被告刘建威供称"枪是萧栋给马积有的。"被告马积有供称"这事是刘建威叫我拿枪把华孝康打死,我不敢去,刘建威叫我把高同元找来的。"被告高同元供称"这事是马积有叫我办的,我说我不敢,他说我跟着你。我说我不会打,他说你用指头把枪击一钩就对了。我说打这人做啥呢?他说是刘叫打的。我边走边说,走到杨村那边,马积有就把枪交给我,他说你快赶上去打好了。打了以后就往西跑。我赶上去对着老汉华孝康打了一枪。我就跑到公路以西,遇见了马积有,他叫我跑到河北或西安去,许我的钱没有得到一个"云云,迭经自白,历历如绘。复查被害人华孝康左腋枪弹伤一处,斜由合面右膀边下射出,入口围大8分许,出口圆大一寸,血流等情业经户县县长刘瑀督员验明填具验断书在卷可稽核,与事实相符自难任其空言狡展,脱卸刑责。至被告雷葆初虽始终坚决否认有教唆枪杀华孝康情事,但据共同被告马积有供称"刘建威让我去打死华孝康,并说你是否有胆,这事是雷葆初萧栋的事情"等语,是被告雷葆初、萧栋、刘建威共同教唆被告马积有、高同元刺杀华孝康之事实极臻明确,应即依法论科第。查被告犯罪在中华民国三十五年十二月三十一日以前,应罪犯赦免令丙项第二款之规定予以减刑,褫夺公权部分亦应依照罪犯减刑办法第5条规定予以审酌核减。再被告高同元在户县县政府供称属兔的,年19岁,在陕西省保安司令部供称年18岁,在侦查中供称年17岁,在审判中供称属兔的,年18岁各等语,其为希图冀减轻刑责昭然若揭,自以初供为有采信之价值,爰依初供属兔年21岁认定合并说明。据上论结应依《刑事诉讼法》第291条前段,《刑法》第28条、第271条第一项、第29条第一项、第二项、第37条第二项判决如主文。

  本案经检察官梁庆德莅庭执行职务

中华民国三十六年三月二十八日
陕西西安地方法院刑一庭推事段郯
书记官王学曾

  一审判决之后,雷葆初不服,上诉至陕西高等法院。高等法院刑庭经审理后,于1947年7月25日作出二审判决:维持原判,驳回上诉。雷葆初又上诉至最高法院。

(二) 权力恣意妄为

但令人遗憾的是,由于体制的原因,西安地方法院能够发挥作用的空间毕竟有限,权力之任性超乎了常人的想象。

第一,枪杀律师。《秦风工商日报联合版》是民国晚期西安地区发行量最大的都市类报纸。该报时常发表一些批评时政的新闻,且言辞较为激烈,特别是对西安市市长陆翰芹的批评,以及对陕西银行经理薛嘉万贪污案的报道,直接触犯了陕西省最高统治者胡宗南等人,引起了国民党当局的嫉恨。1946年2月国民党特务相继通过给《秦风工商日报联合版》写恐吓信,向报社印刷厂投燃烧弹,殴打报童等方式对报社进行恐吓,干扰报社的正常运行。

为了维护自己的合法权益,报社法律顾问、西安律师公会理事、西安人身自由保障会负责人王任向西安地方法院提起诉讼,控告西安市警察局的恶行。王任(1901—1946),原名王锡立,字同公。河南桐柏人。朝阳大学法律系毕业。1934年到西安,从事教育工作并兼办律师事务,不久即辞教挂牌作专职律师。王任是一个富有正义感的律师,他不仅向地方法院提起诉讼,还致信报社以示慰问,痛斥"万恶的特务竟敢于光天化日之下公然捣毁报馆,行凶伤人,钳制言论,压制民主。"该信被《秦风工商日报联合版》头版刊出,反响极为强烈。

王任的言行,激怒了国民党当局。1946年4月9日,国民党西安警备司令部特务组组长王龙璋率武装宪警查抄了王任的家。他们把自己带去的大烟土置于王的面前,诬陷他"吸食贩卖烟土",并予以逮捕,同时查封了他的律师事务所。王任被捕的消息传出后,社会上要求释放王任的呼声非常强烈。4月23日黎明,王任未经审判被国民党特务秘密杀害于西安玉祥门外。

王案在全国律师界引起一定的反响。民盟中央先后两次向国民党当局提出严正抗议,沈钧儒等10余位法律界名流还联名致函重庆律师公会,要求调查王任被害真相。重庆律师公会为此专门发函询问西安律师公会,如此重大案件,为何不走法律程序,不到半月即由军警将当事人枪杀,望能给予回复。消息传到延安,《解放日报》在报道国民党当局这一罪行的同时,发表了"抗议西安血案"的专评。7月17日,周恩来在"反对扩大内战与政治暗杀的严正声明"中,严厉斥责国民党特务杀害李公朴、闻一多、王任的滔天罪行。7月26日,延安各界隆重举行王任和李公朴、闻一多等烈士追悼大会。①

第二,绑架法院院长。1947年5月12日早晨10时40分,西安地方法院院长崔炎煜上班途中被涉讼军人惠树荣暴力挟持至省参议会,限制人身自由数小时,同时以语言进行污辱,事件引来众人围观。最后在省参议会议长的劝阻下惠树荣将崔炎煜释放。和平年代,光天化日之下当事人公然挟持地方法院院长,妨碍人身自由,侮辱国家司法机关的恶劣做法使崔炎煜及西安地方法院的全体同仁倍感屈辱,他们通过各种渠道向省高等法院以及军方反映,强烈要求依法严厉处罚当事人惠树荣,并保证不再发生此类事件,维护司法尊严,同时呼吁社会各界予以支持。但在军方的庇护下,此事仍然不了了之。②

第三,公开阻碍法院依法办案。公然绑架法院院长的事件实属极端,但全然不把法院放在眼里的人与事则并不少见。如拒绝履行法定职责者有之。民国时期诉讼法规定,当行政机关成为被告时,其首长有出庭应诉之义务,以示对法庭的尊重。对于这一法定义务,民国时期许多行政长官不但拒绝履行,还公开反对。长期担任行政长官的黄绍竑就直言不讳地说:

> 在人民法律知识尚未普及的社会中,行政官吏的被控,一定是很多

---

① 有关王任的详细信息,请参见民政部:中华英烈网(chinamartyrs.gov.cn)"王任"条。
② 西安市档案馆档案,卷宗号090—2—248。

的。如果每次都要传他去审讯,即使他的罪案不成立,而对于工作的时间上与政府的威信上,都要受到很大的影响,这个问题一直到现在,还未得到妥善解决。大多数行政首长,都以出庭是一件困难的事情。"①

公开或变相阻碍法院依法办案者有之。1943年6月司法行政部呈文行政院,恳请行政院通令各地行政机关积极配合司法机关办案,以维护司法威信,呈文说:"近年以来,各地司法机关办理地方行政人员或乡镇保甲长被控案件时,各县政府时有不予协助,反加阻碍情事。或庇纵被告不使到案,致诉讼无法进行;或藉故将司法人员横加危害,致职权无法行使,于司法威信影响巨甚。"接到呈请书后,行政院例行公事地答复:"呈悉,已训令各省政府转饬各县长及其他行政人员务须尊重司法职权,切实协助司法实务矣。"②

(三) 民众暴力抗法

公权力任性之外,一些民众也公然暴力抗法。

1947年7月19日,西安地方法院执达员高云峰向地方法院检察处报案,检察官高佑时负责接待。同日,检察处亦接到地方法院民事执行处之公函:

> 查本处执行高念文与辛景蔚等返还地基一案,经于本月十九日派员前往强制拆除。现据执达员王宝善报告称:'奉令继续前往,函会宪警及该管保长、两造到场,勒令债务人等依令拆除,伊等抗不履行,遂到场雇工执行之际,忽有债务人张廷贵、丁永华领头,张世德之妻、李文松之妻率领百十余人上前阻止,遂将执行之执达员高云峰殴打周身成伤,

---

① 黄绍竑:《五十回忆》,岳麓书店1999年版,第428页。
② 司法行政部1943年各种训令,引自蒋秋明:《南京国民政府审判制度研究》,光明日报出版社2011年,第173页。

并将工人数人绑走,原因此债务人人多势众,又以手执武器抵抗,似此习狡妨害公务,以致无法无理,只得将妨害公务,殴打公务员情形据实,呈请依法惩治。'据此,查该张廷贵等于本院执达员依法执行职务之际,竟施强暴胁迫,公然阻止执法显系故犯刑事,应即交付侦查。相应函请查明,依法侦查。[①]

本案是一起较为极端的暴力抗法事件。

检察官侦查笔录

问:姓名年籍住址

答:高云峰,50岁,韩城人,住本市南柳巷,法院执达员。

问:你告谁?

答:告张世德之妻,李文松之妻,还有好多人,我不认识。

问:你告他们什么事?

答:我去崇明路执行房子。他们不搬并将我打伤了,衣服眼镜也打坏了(交案破眼镜半片,破衣衫一件)。

问:有谁看见了?

答:有王宝善、许昆山在场。

问:那天打的?

答:今天下午5点。

验伤报告:左肩下抓伤两道。右肩接连膀头抓伤四道。由肋部抓伤二道,皮肤微红色,衫裤扯破。结论:伤不重,不要紧,约六七日平复。

同日,市民高念文亦到检察处报案。

侦查笔录

检察官高佑时问姓名年籍住址

[①] 西安市档案馆档案,卷宗号090—9—418。

答：高念文，44岁，安徽人。

问：你告谁？

答：告范诗书、张廷贵、张世德之妻、周同成、章景蔚。

问：你为何告他们？

答：今天下午3点为执行房子，他们将我打伤了，并将我的衣服撕了。

验伤报告：左眼圈手拍伤一处，周围呈红色微肿，皮不破。胸前指甲伤一道，皮不破呈红色。结论：不致要害，约一两日平复。

7月20日，高念文向地方法院检察处起诉。同时呈西京怀仁医院证明。

证明书　　证字第5912号

兹证明高念文君经本院检查现左耳因受外界打击致使耳鼓膜破裂及外听道出血特此证明。破伤数日可愈，鼓膜不易恢复正常。

院长张平轩（印）

中华民国三十七年七月十九日

检察官随即向被告发出传票。法警回复：

崇礼路62—84号均无被告范诗书。

7月22日，检察官侦讯。被告章景蔚、张世德及其妻、张廷贵、周同成、丁永华、范诗书均未到。同日，检察官下令向上述被告下达拘票。

法警第二日呈：

黎明时前去拘捕，上述被告均迁移不知去处，无法拘获。

7月28日，检察官高佑时再次侦讯高念文。

问姓名年籍住职。

答：44岁，安徽人，住郭签士路23号，商人。

问:你告范诗书什么事?

答:为对方寄住我的地皮经法院判决迁移,本月十九日法院执行。他们将我打了,并放火烧房子上拆下来的东西。

问:烧了些什么?

答:由房子上拆下来的煽草一堆。

问:打你时有谁在场?

答:警察、宪兵、执达员均在场。

问:你还告他们将你雇的工人绑走了吗?

答:是的。

31日,检察官继续侦讯。

问证人王宝善姓名年籍住职。

答:31岁,凤翔人,住郭签士路35号,执达员。

问:本月十九日,高云峰等去执行高念文的房子被范诗书等打伤,你当时在现场吗?

答:我在场,确有其事。高云峰确是被他们打了,眼镜衣服都被打破了。

问证人许昆山姓名年籍住职。

答:42岁,上海人,住双仁府大街5号,执达员。

问:本月十九日,高云峰等去执行高念文的房子被范诗书等打伤,你当时在现场吗?

答:有这事。但打人的名字我说不上来。

问:还将高念文打了,你看见了吗?

答:打高念文我没看见。

问:他们还将高念文雇的工人绑走了,你知道吗?

答:绑工人没看见,当时很乱。

> 问刘遂义姓名年籍住职。
>
> 答：37岁，河南人，住北院门83号，推小车。
>
> 问：本月十九日，你在崇礼路拆房被范诗书等绑走了吗？
>
> 答：是的。将我绑到皇城北门外放了。先将我拉到同民里警局，人家不收，才带回来。
>
> 问：绑了你多久？
>
> 答：下午2点绑去，到太阳快落时放的。
>
> 问：他们打你没？
>
> 答：将我打了。

8月2日，检察官再次向上述被告发出拘票。法警呈被告均"不知去向。"次日检察官以被告等因妨害公务、妨害自由及伤害案件向地方法院提起诉讼。地方法院随即立案。但因被告无下落，只能对起诉书进行公示送达，到规定的时限，被告仍杳无音信，本案最后不了了之。[①]

类似事件的不断发生让法院威信扫地。当民众尚未从内心形成对国家的认同，对司法机关也就很难有基本的尊重，现代国家的建构不过徒有虚名。

面对着任性的公权力和暴力执法的民众，法学界表露出强烈的忧虑，梅仲协云：

> 近十余年，我们的司法作用，毋庸讳言，实在是没有发挥其力量，司法界几乎成为社会中被遗忘的一部分，这真是我们国家的一个危机。从前列强在中国保有领事裁判权便是以中国司法落后为理由，在一个现代法治国家中，司法实在是社会中之所以安定，国家之所以巩固的大力石，我国近十余年，社会动乱，国势陵夷，原因颇多，而司法作用衰微，

[①] 西安市档案馆档案，卷宗号090—9—418。

以致社会正义不存,国家纲纪败坏,实不失为重要的原因。①

司法院院长居正则说得更为直接:

> 中国的法院尚缺少尊严和独立的精神,我们常以为蔑视中国法院的是外国人,不知瞧不起法院的反而是我们中国同胞。本来各省政府县政府有辅助法院整严司法独立的责任,然而实际上法院往往受其无形之累,遑论辅助。②

四、无力回天

警察、官员贪腐无度,军人骄横,特务横行,政敌之间动辄相互暗杀,民众公然抗法,政事至此已无力回天。但即便如此,法学界和法律界仍然未放弃自己职守,还在不断地向社会传达着积极的信息。1947年全国司法行政检讨会在南京召开,与会者在会议宣言中大声呼吁:

> 司法独立乃近代国家之常轨,法官须依据法律独立审判,不受任何干涉,载在我国宪法典。吾人深愿全国法官忠贞惕厉,体念斯旨,抱定富贵不淫,贫贱不移,威武不屈之精神处理讼事。尤盼全国人士一致尊重国家之司法权,共同维护以守法为荣,以违法为辱。司法独立庶可维系于不坠,国家之法律秩序,社会之繁荣和平方能获得确实之保障。③

其实,早在1935年,法学家孙晓楼就曾著文指出:建设法治国家和确立"法治国的政风"是当下中国最为根本的问题。孙氏认为"一个法治国政风的造成,当然不是一朝一夕的事。……今若斤斤于司法制度形式的完善,法

---

① 梅仲协:"改造社会风气与司法界",《文化先锋》第3卷,1944年第13期。
② 居正:"总理纪念周讲演"1933年3月26日,范忠信、尤陈俊编:《为什么要重建中国法系——居正法政文选》,中国政法大学出版社2009年版,第240页。
③ 司法行政部编:《战时司法纪要》,台北"司法院"秘书处1971年重印,第484页。

院监狱数量的增加,或进一步至于法律本质的革新,而不注意于这根本问题,我恐怕毕竟是换汤不换药,制度是制度,法律是法律,司法的形式虽改良,司法的精神仍然是腐败与黑暗。"他还呼吁:"希望行政当局及军事界的领袖们,都有尊重司法的决心。"①

对于国家大事,作为基层法院的院长,西安地方法院的院长倍感无力,能做的只有鼓励自己的下属:

> 关于司法的工作,我愿意和大家说一说,一句话,就是个人不要菲薄个人。我们要知道现在的司法工作是政治工作最重要的一环。社会的现象不良,是因为一般人守法的精神不够,我们不能因为他们的守法精神不够,我们就灰心。要振作起来,健全本身,努力个人的工作。社会上虽然对我们有抨击,只要我们问心无愧,他们说只有说,对于我们并没有什么影响。我们的工作是根据法令执行。我们一定要站稳脚跟执行事务。一定没有什么困难。②

然而,这些呼吁和自我勉励并未得到社会各界的积极回应。国民党政权在大陆的统治终于走到了自己的尽头。

第一,腐败像瘟疫在整个官场加速扩散。民国晚期,不愿意接受任何制约的公权力像脱缰的野马绝尘而去,渎职和腐败像瘟疫在整个官场加速扩散。1945 年 8 月 31 日出版的《西京评论》,对民国晚期陕西地区的腐败现象做如下描述:

> 比如在陕南,当地官员经营客房,为赌徒和妓女提供场地,并收取保护费用。官员购买了武器,雇了保镖,像土匪那样采用威胁和行凶的方式向人们要钱。但是与土匪不同,中央政府授权他们以它的名义进

---

① 孙晓楼:"改进我国司法的根本问题",《法学杂志》第 8 卷,1935 年第 4 期。
② 西安市档案馆档案,卷宗号 090—2—5。

行征用和收取税款。他们滥用这个权力为一己谋私,这被当地居民认为是他们最大的罪过。在有的地区,当地官员每个月甚至去农户家里20—30次,以种种借口让农民助捐。据那里的人说,大多数缴纳的款项落入了征收者的口袋。①

西安地区的民谣则云:"当过三年镇保长,不用调查不用访,拉出枪毙不冤枉。"②由于缺乏独立的法院来制约腐败的公权力,通过司法——以最小代价及理性方式维系社会稳定的大门自上而下地被关闭,留给国家和平自救的机会越来越少。

第二,法学教育门庭冷落。现代法学教育进入中国之初,备受年轻学子欢迎,法学一度成为高等教育中生源最为稳定的专业。然而,伴随着司法权不彰,法学教育也受到牵连逐渐冷落,形成恶性循环。"近数年来,因为政府的奖励,和实际的需求,各大学理工科的学生,人数骤增。出于物资建设的前途,固然是极可乐观的现象。不过就另一方面观察,除一二私立大学以外,文法学院的学生,则日渐减少。尤其是法学院的法律系,每一个年级,多者不过10数人,少则仅有一两人。年来公费派遣留学,亦只着重自然科学的研究,于法学人才的培植,却丝毫没有注意到。在目前虽还不觉得有若何重大问题,将来因法界老成凋谢,后起乏人,只怕会弄成'法律恐慌'。国家的建设应注意于各部门的同时发展,自然科学与社会科学,不能偏废,尤其在法制国家,法政人才的培植,更不容忽视。"③

导致法学教育冷落的原因,表面上看是因为就业困难和待遇低的原因。"今年法律系学生人数的锐减,并不一定是青年的心理,都喜欢学习理工科,实在是理工科的毕业生,在这物资建设急切时期中,技术人员的需要既多,

---

① 《西京评论》,1945年8月31日。
② 中国人民政治协商会议西安市委员会编:《西安市文史资料》第4辑,内部发行1983年。
③ 梅仲协:"改革法律教育与提高司法官待遇",《新政治》第1卷,1938年第2期。

就业问题,自易解决。而学习法政之学的,尤其是法律系的学生,学科的繁重,工作的根深,并不在于自然科学者之下而就业的困难,和报酬的菲薄,则非理工科学生可比拟。未经高考及格,无从取得司法官的资格,即使考取了司法官,非挂过二三年的见习,补不上一名实缺推检。在同期毕业的同学中,学理工科的,已经受到了工程师的待遇,而学习法律的还只能拿到区区的津贴或者极微薄的薪给。在这种情况之下,一样的读书,试问谁有勇气,学习法律,何怪法学院门前,萧条冷落。"①

更深层的原因是对国家法治建设,特别是司法的失望。1948年2月8日一位刚从法学院毕业、执律师业的年轻人以读者来信(未署名)的名义写信给《观察》杂志编辑部,直言不讳地道出了自己对司法的失望:"宪法的公布本来应该是一件令法律界感到高兴的事情,但事实恰恰是相反,'法治'对他们来说,成了一种'嘲弄'。在民国早年,司法还算是独立的,但在国民党的训政下,司法独立已名存实亡。"他在信中引用了一件自己知道的发生于上海地区法院里的案件。法院欲对一个涉嫌有不法行为的县长提起诉讼,但不久法院就受到了"上级指示",于是,该案件被迫不了了之。②

第三,大厦坍塌。在任何一种政治体制下腐败及公权力滥用现象都无法彻底消除。然而,在一个实行分权的国度里,个别官员、警察,乃至军人出现腐败现象,人们只是指责其本身,最多指责这一行业。相反在一个实行党治的国度里,不管是哪个部门,什么人出了问题最终都会与执政党联系在一起,形成一荣俱荣、一损俱损的局面,并导致国家和社会整体性动荡。1948年4月《观察》杂志转载了一篇署名浩然的文章《论政治上的新病态》,道出了这种体制的弊端。该文在对20世纪40年代晚期与20世纪30年代早期中国的政治状况进行客观比较后指出:"不是说1931年至1937年间国民党

---

① 梅仲协:"改革法律教育与提高司法官待遇",《新政治》第1卷,1938年第2期。
② 《观察》,1948年3月6日。

政府就没有腐败的案例了,但在早些时候,人们不经常把腐败和无能与国民党联系在一起,因而谁会想到将之称为一个腐败的政府?……谁会否认它的行动和功绩?"然而"同样的人占据着要位,但是比起10年前,他们似乎用一种非常不同的方式管理国家事务,人们对他们的感情也完全不同了。"①这种不同的管理国家事务的方式就是国民党所推行的党治。

1948年1月蒋介石公开发表演讲,称:

> 老实说,古今中外任何革命党都没有我们今天这样颓唐和腐败,也没有像我们今天这样没有精神,没有纪律,更没有是非标准,这样的党早就应该被消灭被淘汰了。②

一年后的5月,在内战的炮火声中,古城西安被中国人民解放军占领。伴随着政权的垮台,西安地方法院也一起被取缔。

笔者无意指责国民党人和民国时期各级官员的品行,也善意地理解那些踌躇满志的国民党人之所以会极力鼓吹利用党权控制一切国家权力的初衷:通过以党治国最终实行三民主义的远大理想。但同时,也为他们缺乏对人性缺陷的深度把握,以及对现代国家制度的深刻理解感到遗憾。诚如中央大学教授吴世昌所言:"国民党一党专政,无疑的是模仿苏联的。不过国民党政纲规定训政以后有宪政,不像苏联的长期一党执政,是仍以民主政体为目的,训政不过是一段过程。但不幸这段过程太长,甜头太多,竟使它还没有走到目的地,便腐化起来。"③

最后,引用民国时期一位学者的话作为本书的结语:

> 中国自有独立的司法制度,不过30年,而这30年中,竟日日在风

---

① 《观察》,1948年4月10日。
② 《蒋总统思想言论集》第19卷,引自〔美〕易劳逸:《毁灭的种子——战争与革命中的国民党中国1937—1949》,江苏人民出版社2009年版,第186页。
③ 吴世昌:"论党的职业化",《观察》,1947年3月。

雨飘摇之下。法律与国民感情不合,是人民不信仰法院的致命伤;政府不信任法院,是法院无法可以调和法律与人民感情的致命伤;法院葸葸钝惰,不敢与政府抗,以顾全人民利益,是法院得不到人民信仰的致命伤。①

---

① 阮毅成:"怎样调节法律与国民感情",《时代公论》第52号,1933年3月。

缀 语

　　这是一本断断续续写了近20年的书。1998年前后,我在西北政法学院(现西北政法大学)工作。人近中年,教授职称解决了,生活趋于安逸,也有了一点所谓的社会声望,人生似乎很顺利。然而每当独处时,自己却无法释怀:何以在学界立身?对于一个学者,名利不过是浮云,最终靠的是作品。人生是一个尴尬的过程,年轻时,有体力,有野心,但学术积累和人生阅历不够,很难写出真正有价值的东西。中年以后,积累和阅历有了,但体力又似乎不佳,何况还有没完没了的杂事。于是想趁着自己心智、脑力、体力都行的时候,写本厚重点、别人没写过、出版后存留时间尽可能长一点的书。并同时定下了本书的基调:讨论真实的中国问题,使用第一手资料,思虑论证尽可能周延,不作媚俗浮夸之词。

　　我的专业是法律史,感兴趣的领域是中国近现代司法制度。本科学的是历史专业,因而对档案有着一种本能的偏爱。在中国学者中,我算是较早利用司法档案研究法制史的学者之一。为寻得第一手资料,教学之余我每天前往陕西省档案馆或西安市档案馆查阅司法档案。坐在寂静的阅览室里,在浩如烟海的卷宗里寻觅自己需要的资料,不放过任何一点蛛丝马迹,同时校正完善自己的想法。档案馆是一个绝妙的去处:安静,有利于思考;可以穿越时空与前辈对话,倾听他们关于中国司法制度的期许和牢骚;充满了未知,在那些发黄的宗卷里面,你不知道会遇到什么样的人物,演绎出何种人世悲欢。这一工作持续了一两年的时间。其时,复印机还较为昂贵,由于没有课题资助,我只能用手抄写。离开西安调到天津工作后,又数次到上述两家档案馆补充资料。作为法史学者,自己懂得资料的新颖和翔实永远是一个相对的概念,但我不想改变初衷。书稿杀青时,得知李文海先生主编的《民国时期社会调查丛编》(二)中收录有《法政》一卷,我毫不犹豫放下书稿,静待《法政卷》的出版,看过后方才放心。但即便如此,本书在资料上还是留下了些许遗憾:书稿动笔时,赶上了中国第二历史档案馆重新修建,对外停止查阅。我想尽各种办法,如亲自上门求情,托熟人找关系,但收效不大,因而书中涉及到国家层面的司法问题时不得不使用了一些间接的资料。此外,构思此书时,尚不懂得口述史的价值,在此方面用力不够。待懂得了,与此书有关的人物都已谢世,只能借助回忆录来弥补。

搜集资料的过程虽然艰辛,但对我来说,最大的挑战却是书的结构和分析框架。本书的主旨是通过微观、中观和宏观三个层面的有机结合,从器物、制度、人、思想和观念等多个角度揭示新式审判机关与近现代中国的契合及游离,并阐释这一过程背后的原因。为了完成这一主旨,本书设定了三个主题:第一,厘清中国传统衙门和新式审判机关之间的真正差异;第二,讨论新式审判机关运行需要的外部制度空间,并从功能的角度构建一套考察评价现代审判机关的理论框架;第三,考察新式审判机关在近现代中国之变异,以及主政者解决变异问题的办法和效果。说实话,在一本书里驾驭如此多的主题,并想气韵贯通实在过于困难,因而,本书在文字上不可避免地存在着少许重复。何况近现代中国的历史也过于曲折与宏阔,于是写作中不断对结构进行调整,不断地尝试新的、合理并可行的分析框架,反反复复地对结论进行验证,写写停停,停停写写,直到相对满意,前后竟然用了近二十年的时间。

在当今的中国,为了一本书,十数年间几乎用尽自己可以支配的一切时间,这样做多少有些不合时宜。每当有同行和学生问自己在忙什么,起初我都如实相告。然而总听楼梯响,不见人下来。时间久了,问得次数多了,询问者的眼神中难免会有一种怪异的成分:廉颇老矣,尚能饭否?到后来连我自己都不好意思再说了。此外,如何有尊严地应对单位里名目繁多的绩效考核也成了颇让人头疼的问题。

感谢老同学,西安市档案馆的王民权、黄海蓉、柏雪梅为我查阅资料提供的种种方便。

感谢夫人冯梅女士,结婚30多年了从未给过我任何压力,使我能安心地做着自己想做的事。本书写作过程中,她不但承担了生活中一切琐事,还帮助查阅资料,校对文稿;感谢教育部社科司的立项资助。没有这些帮助和鼓励就不可能有这本书。

现在,书终于要出版了,我期待一切认真的批评和表扬。

侯欣一

2016年9月29日

参考文献

一、档案

陕西省档案馆参议会档案、司法档案。
西安市档案馆参议会档案、社会档案、司法档案。
中国第二历史档案馆司法行政部档案。

二、资料汇编

司法院参事处编:《司法例规》(上下册),1922年版。
法权讨论委员会编:《考察司法记》,北京日报馆1924年。
《调查治外法权委员会报告书》(英汉对照),出版者不详,1926年版。
陕西省政府统计科编:《陕西省机关、户口、财政、教育、司法统计表》,1931年。
南京国民政府内政部编:《陕西风俗调查纲要(关中卷)》,中国第二历史档案馆。
郭卫:《大理院判决例全书》,会文堂新记书局1933年版。
司法行政部编:《全国司法会议汇编》,1935年。
王用宾:《视察华北七省司法报告书》,司法行政部1935年。
丁元普:《法院组织法要义》,上海法学书局1935年版。

司法院参事处编:《国民政府司法例规》(全4册),商务印书馆香港分厂代印1940年版。

陕西省民政厅编:《禁止赌博、禁赌罚金充奖办法、司法机关赌博案件罚金及没收钱财充奖办法1931—1947》。

司法行政部编:《全国司法区域表》,最高法院1937年版。

徐百齐编:《中华民国法规大全》,商务印书馆1937年版。

郭卫:《最高法院判例汇编》(28卷),上海法学编译社1930年代版。

陕西省政府秘书处编:《陕政》,1939—1948年。

西安市政府统计室编:《西安市政统计报告》,1948年版。

司法行政部编:《战时司法纪要》,台北司法院秘书处1971年重印。

《大清法规大全》,台北宏业书局1972年版。

荣孟源主编:《中国国民党历次代表大会及中央全会资料》,光明日报出版社1985年版。

陕西党史资料研究会编:《辛亥革命在陕西》,陕西人民出版社1986年版。

湖北省司法行政志编纂委员会:《清末民国司法行政史料辑要》,内部发行1988年版。

西安市档案馆编:《西安解放档案史料选辑》,陕西人民出版社1989年版。

西安市档案馆编:《筹建西京陪都档案史料选辑》,西北大学出版社1994年版。

陕西省档案馆编:《民国时期陕西行政机构沿革1927—1949年》,陕西人民教育出版社1991年版。

陕西省档案馆编:《陕西经济十年:1931—1941》,内部资料1997年版。

西安市档案馆编:《民国开发西北》,内部发行,时间不详。

故宫博物院编:《清末预备立宪档案史料》,中华书局1979年版。

〔德〕王安娜:《中国—我的第二故乡》,李良健译,北京三联书店1980年版。

甘肃、陕西、宁夏、青海、新疆五省区暨西安市文史资料委员会编:《西北近代工商业》,甘肃人民出版社1989年版。

重庆档案馆编:《抗日战争时期国民政府经济法规》(上下册),档案出版社1992年版。

中国第二历史档案馆编:《国民党政府政治制度档案资料选编》(上下册),安徽教育出版社1994年版。

中国第二历史档案馆编:《中华民国史档案资料汇编》,江苏古籍出版社1994年版。

陕西党史资料研究会编:《国民革命在陕西》,陕西人民出版社1994年版。

《中华民国实录——文献统计(1921—1949)》,吉林人民出版社1997年版。

中国第二历史档案馆、四川联合大学编:《中国抗日战争时期物价史料汇编》,四川大学出版社1998年版。

蔡鸿源编:《民国法规集成》,黄山书社1999年版。

南京国民政府司法行政部:《民事习惯调查报告录》,中国政法大学出版社2000年版。

〔俄〕阿列克谢耶夫:《1907年中国纪行》,阎国栋译,云南人民出版社2001年版。

刘雨珍等编:《日本政法考察记》,上海古籍出版社2002年版。

郑自来等主编:《武汉临时联席会议资料选编》,武汉出版社2004年版。

李文海等主编:《民国时期社会调查丛编》(婚姻家庭卷),福建教育出版社2005年版。

李文海等主编:《民国时期社会调查丛编》(社会组织卷),福建教育出版社 2005 年版。

李文海等主编:《国时期社会调查丛编》(底边社会卷),福建教育出版社 2005 年版。

谢森、陈士杰等编:《民刑事裁判大全》,卢静仪点校,北京大学出版社 2006 年版。

张培田主编:《重庆档案:中华民国司法裁判判例》,国际文化出版社 2006 年版。

汪庆祺编:《各省审判厅判牍》,李启成点校,北京大学出版社 2007 年版。

《大清新法令》,商务印书馆,2010 年点校版。

怀效锋主编:《清末法制变革史料》(上下册),中国政法大学出版社 2010 年版。

唐润明主编:《抗战时期国民政府在渝纪实》,重庆出版社 2012 年版。

〔日〕冈田朝太郎:《法院编织法》,熊元襄编,上海人民出版社 2013 年版。

江苏省高级人民法院、江苏省档案馆、南京师范大学法学院编:《民国时期江苏高等法院(审判厅)裁判文书实录》,法律出版社 2013 年版。

杨钟健:《抗战中看河山》,北京三联书店 2014 年版。

李文海等主编:《民国时期社会调查丛编》(政法卷,上下册),福建教育出版社 2014 年版。

陈刚主编:《中国民事诉讼法制百年进程》(清末时期、民国初年),中国法制出版社 2014 年版。

三、文集及回忆录

罗福惠等编:《居正文集》,华中师范大学出版社 1989 年版。

《董必武法学文集》，法律出版社2001年版。

何勤华、洪佳期编：《丘汉平法学文集》，中国政法大学出版社2004年版。

杨琥编：《宪政救国梦——张耀曾先生文存》，法律出版社2004年版。

何勤华、魏琼编：《董康法学文集》，中国政法大学出版社2005年版。

艾永明、陆锦璧编：《杨兆龙法学文集》，法律出版社2005年版。

倪乃先等编：《倪征㠿法学文集》，法律出版社2006年版。

何勤华、姚建龙编：《赵琛法学论著选》，中国政法大学出版社2006年版。

张仁善编：《王宠惠法学文集》，法律出版社2008年版。

范忠信、尤陈俊等选编：《为什么要重建中国法系——居正法政文选》，中国政法大学出版社2009年版。

江庸：《江庸法学文集》，法律出版社2014年版。

杨绛编：《杨荫杭集》，中华书局2014年版。

胡玉鸿等编：《东吴法学先贤文录》（司法制度，法学教育卷），中国政法大学出版社2015年版。

近代史料笔记丛刊：汪康年：《汪穰卿笔记》，中华书局2007年版。

近代史料笔记丛刊：白蕉：《袁世凯与中华民国》，中华书局2007年版。

近代史料笔记丛刊：胡思敬：《国闻备乘》，中华书局2007年版。

许世英口述：《许世英回忆录》，台北人间世月刊社1966年版。

《曹汝霖一生之回忆》，台北传记文学杂志社1970年版。

谢健：《谢铸陈回忆录》，台北文海出版社1973年版。

谢冠生：《笙堂文存》，台北商务印书馆1973年版。

阮毅成：《八十忆述》，台北联经出版事业公司1984年版。

李震一：《邵阳永和金号血案记》，岳麓书社1986年版。

马寿华：《服务法界六十年》，台北马氏思上书屋1987年版。

《史良回忆录》,中国文史出版社1987年版。

柴夫编:《CC内幕》,中国文史出版社1988年版。

阮毅成:《彼岸前辈先生合刊》,台北,传记文学出版社1993年版。

陈立夫:《成败之鉴》,台北正中书局1994年版。

黄绍竑:《五十回忆》,岳麓书店1999年版。

耿守玄等编:《亲历者讲述国民党内幕》,中国文史出版社2009年版。

沈云龙访问,谢文孙等记录:《张知本先生访问记录》,台北"中研院"近代史研究所1996年版。

陈珣:《从省党部特派员到典狱长》,中国文史出版社2007年版。

蒋廷黻:《蒋廷黻回忆录》,东方出版社2011年版。

《何廉回忆录》,中国文史出版社2012年版。

张朋园访问,谢文孙等记录:《盛文先生口述历史》,九州出版社2013年版。

任玉田:《一位民国检察官的回忆录》,未刊稿。其中一些分发表在《检察日报》2013年12月27日,第6版。

〔美〕费正清:《费正清中国回忆录》,中信出版社2013年版。

《钱参照回忆录》,中国文史出版社2014年版。

全国政协及各省市政协文史资料委员会编辑:

《文史资料选辑》

《文史资料存稿选编》

《陕西文史资料》

《西安文史资料》

陕西《咸阳文史资料》《汉中文史资料》《凤县文史资料》

《上海文史资料选辑》

《上海文史资料存稿汇编》

《北京文史资料》

《天津文史资料》
《江苏文史资料》
《福建文史资料》
《广东文史资料》
《河南文史资料》
河南《长葛文史资料》
《四川文史资料选辑》
《广州文史资料存稿汇编》
《武汉文史资料》
《贵州文史资料》
《昆明文史资料选辑》
《安庆文史资料》

四、报刊及政府公报

《司法公报》北京政府(1912—1928)
《司法公报》南京政府(1927—1937)
《司法院公报》南京
《国民政府公报》南京
《陕西省政府公报》西安
《陕西高等法院公报》西安
《东方杂志》上海
《中华法学杂志》南京
《法学季刊》上海
《法律评论》北京
《法学杂志》上海

《法治周报》南京

《新政治》重庆

《共进杂志》西安

《传记文学》台北

《历史档案》

《民国档案》

《西安档案》

《法令周刊》上海

《时报》《民立报》《申报》上海

《大公报》天津

《民国日报》长沙、上海、上海、广州、汉口

《陕西日报》(1921—1924合订本)西安

《西京日报》西安

《西京快报》西安

《新秦日报》西安

《秦风工商日报联合版》西安

《西北文化日报》西安

五、志书

汪辑宝:《民国司法志》,台北正中书局1954年版。

陕西省审判志编委会:《陕西省志·审判志》,陕西人民出版社1994年版。

陕西省审判志编委会:《陕西省志·检察志》,陕西人民出版社2009年版。

咸阳市审判志编委会:《咸阳审判志》,陕西人民出版社1997年版。

李新总编:《中华民国大事记》(1至5卷),中国文史出版社1997年版。

郭廷以:《中华民国史事日志》,台北中央研究院近代史研究所1979年版。

西安市志编委会:《西安市志》,西安出版社2000年版。

西安市审判志编委会:《西安审判志》,打印稿。

六、学术著作

阮毅成:《战时法律常识》,商务印书馆发行1938年版。

钱端升、萨师炯等:《民国政制史》,商务印书馆1939年版。

陈之迈:《中国政府》,商务印书馆1945年版。

李剑农:《中国近百年政治史》,台北商务印书馆1967年版。

武伯伦:《西安历史述论》,陕西人民出版社1979年版。

廖与人:《中华民国现行司法制度》,(上下册)台北黎明文化事业公司1982年版。

周天度编:《七君子传》,中国社会科学出版社1989年版。

张静如:《北洋军阀统治时期中国社会之变迁》,中国人民大学出版社1992年版。

范小方:《二陈和CC》,河南人民出版社1993年版。

张静如、卞杏英:《国民政府统治时期中国社会之变迁》,中国人民大学出版社1993年版。

韦庆远、高放、刘文原:《清末宪政史》,中国人民大学出版社1993年版。

侯宜杰:《二十世纪初中国政治改革风潮》,人民出版社1993年版。

张庆军等:《民国司法黑幕》,江苏古籍出版社1997年版。

汤能松等:《探索的轨迹:中国法律教育发展史略》,法律出版社1995年版。

杨绳信:《清末陕甘概况》,三秦出版社 1997 年版。
孔庆泰等:《国民党政府政治制度史》,安徽教育出版社 1998 年版。
徐家力:《中华民国律师制度史》,中国政法大学出版社 1998 年版。
虞宝棠:《国民政府与民国经济》,华东师大出版社 1998 年版。
金耀基:《从传统到现代》,中国人民大学出版社 1999 年版。
张连红:《整合与互动:民国时期中央与地方财政关系研究》,南京师范大学出版社 1999 年版。
黄源盛:《民初法律变迁与审判(1912—1928)》,台北,政治大学 2000 年版。
左卫民、周长军:《变迁与改革:法院制度现代化研究》,法律出版社 2000 年版。
王健:《中国近代的法学教育》,中国政法大学出版社 2001 年版。
李永森等:《西北大学史稿》,西北大学出版社 2002 年版。
郭绪印:《老上海的同乡团体》,文汇出版社 2003 年版。
王奇生:《党员、党权和党争:1924—1949 年中国国民党的组织形态》,上海书店出版社 2003 年版。
韩秀桃:《司法独立与近代中国》,清华大学出版社 2003 年版。
牛大勇主编:《中外学者纵论 20 世纪的中国:新观点与新材料》,江西人民出版社 2003 年版。
邱涛:《中华民国反贪史:其制度变迁与运行的衍异》,兰州大学出版社 2004 年版。
李启成:《晚清各级审判厅研究》,北京大学出版社 2004 年版。
蒋铁初:《中国近代证据制度研究》,中国财政经济出版社 2004 年版。
黄光国:《面子:中国人的权力游戏》,中国人民大学出版社 2004 年版。
李春雷:《中国近代刑事诉讼制度变革研究(1895—1928)》,北京大学出版社 2004 年版。

李学智：《民国初年的法治思潮与法制建设》，中国社会科学出版社年版 2004 年版。

张仁善：《司法腐败与社会控制——1928—1949 年》，社会科学文献出版社 2005 年。

吴永明：《理念、制度与实践：中国司法制度现代化研究（1912—1928）》，法律出版社 2005 年。

沈晓敏：《处常与求变：清末民初的浙江咨议局和省议会》，北京三联书店 2005 年版。

张皓：《派系斗争与国民党政府运转关系研究》，商务印书馆 2006 年版。

张朋园：《立宪派与辛亥革命》，吉林出版集团有限责任公司 2007 年版。

崔之清主编：《国民党政治与社会结构之演变》（1905—1949）上中下，社会科学文献出版社 2007 年版。

欧阳湘：《近代中国法院普设研究》，知识出版社 2007 年 9 月版。

张培田：《法的历程——中国司法审判制度的演进》，人民出版社 2007 年版。

侯猛：《中国最高人民法院研究——以司法的影响力切入》，法律出版社 2007 年版。

马光仁：《中国近代新闻法制史》，上海社会科学院出版社 2007 年版。

杨天石：《蒋介石与南京国民政府》，中国人民大学出版社 2007 年版。

徐小群：《民国时期的国家与社会——自由职业团体在上海的兴起（1912—1937）》，新星出版社 2007 年版。

李俊清：《现代文官制度在中国的创构》，北京三联书店 2007 年版。

何永军：《断裂与延续：人民法院建设（1978—2005）》，中国社会科学出版社 2008 年版。

张朋园：《中国民主政治的困境 1909—1949》，吉林出版集团有限责任公司 2008 年版。

俞江:《近代中国的法律与学术》,北京大学出版社2008年版。

肖晖:《中国判决理由的传统与现代转型》,法律出版社2008年版。

赵静:《古代判词研究》,巴蜀书社2008年版。

陈同:《近代社会变迁中的上海律师》,上海辞书出版社2008年版。

刁振娇:《清末地方议会制度研究——以江苏咨议局为视角的考察》,上海人民出版社2008年版。

里赞、刘昕杰:《民国基层社会纠纷及其裁断——以新藩档案为依据》,四川大学出版社2009年版。

张德美:《从公堂走向法庭——清末民初诉讼制度研究》,中国政法大学出版社2009年版。

朱英、魏文亨主编:《近代中国自由职业者群体与社会变迁》,北京大学出版社2009年版。

毕连芳:《北京民国政府司法官制度研究》,中国社会科学出版社2009年版。

高其才等:《政治司法:1949—1961年的华县人民法院》,法律出版社2009年版。

黄宗智、尤陈俊主编:《从诉讼档案出发:中国法律、社会与文化》,法律出版社2009年版。

桂万先:《北洋政府时期审判制度研究》,中国政法大学出版社2010年版。

刘清生:《中国近代检察权制度研究》,湘潭大学出版社2010年版。

何家伟:《国民政府公务员俸给福利制度研究(1928—1949)》,海峡出版发行集团2010年版。

周联合:《法制与腐败——以南京国民党政府的县制为中心》,知识产权出版社2010年版。

金以林:《国民党高层的派系政治》,社会科学文献出版社2010年版。

付海晏:《变动社会中的法律秩序——1929—1949年鄂东民事诉讼案例研究》,华中师范大学出版社2010年版。

蒋秋明:《南京国民政府审判制度研究》,光明日报出版社2011年版。

谢冬慧:《民事审判制度现代化研究——以南京国民政府为背景的考察》,法律出版社2011年版。

刘俊凤:《民国关中社会生活研究》,人民出版社2011年版。

《西安百年大事要览》,西安出版社2012年版。

李在全:《法治与党治:国民党政权的司法党化》,社会科学文献出版社2012年版。

刘云虹:《国民政府监察院研究 1931—1949》,上海三联书店2012年版。

韩涛:《晚清大理院——中国最早的最高法院》,法律出版社2012年版。

张勤:《中国近代民事司法变革研究——以奉天省为例》,商务印书馆2012年版。

孙慧敏:《制度移植——民初上海的中国律师》,台北"中央研究院"近代史研究所2012年版。

谢冬慧:《纠纷解决与机制选择——民国时期纠纷解决机制研究》,法律出版社2013年版。

黄宗华:《中国国民党江西干部训练研究》,江西人民出版社2013年版。

唐仕春:《北洋时期的基层司法》,社科文献出版社2013年版。

兰荣杰:《刑事判决是如何形成的——基于三个基层法院的实证研究》,北京大学出版社2013年版。

桑兵:《治学的门径与取法——晚清民国研究的史料与史学》,社科文献出版社2014年版。

中国政法大学法律古籍整理研究所编:《清代民国司法档案与北京地区法制》,中国政法大学出版社2014年版。

丁卫:《秦窑法庭——基层司法的实践逻辑》,北京三联书店 2014 年版。

史红帅:《近代西方人视野中的西安城乡景观研究(1840—1949)》,科学出版社 2014 年版。

史新恒:《清末提法使研究》,社会科学文献出版社 2014 年版。

李在全主编:《近代中国的法律与政治》,社会科学文献出版社 2016 年版。

〔加〕陈志让:《军绅政权——近代中国的军阀时期》,北京三联书店 1980 年版。

〔澳〕莫理循:《清末民初政情内幕》,上海知识出版社 1986 年版。

〔美〕费正清主编:《剑桥中华民国史》(上下卷),章建刚等译,上海人民出版社 1991 年版。

〔美〕费正清主编:《剑桥中国晚清史》,中国社科院近代史所译,中国社会科学出版社 1993 年版。

〔美〕易劳逸:《流产的革命:1927—1939 年国民党统治下的中国》,中国青年出版社 1992 年版。

〔美〕邹谠:《二十世纪中国政治——从宏观历史和微观行动的角度看》,香港,牛津大学出版社 1994 年版。

〔美〕贝思飞:《民国时期的土匪》,徐有威等译,上海人民出版社 1996 年版。

〔美〕杜赞奇:《文化、权力与国家》,王福明译,江苏人民出版社 2010 年版。

〔美〕本杰明·卡多佐:《司法过程的性质》,苏力译,商务印书馆 2002 年版。

〔美〕邹谠:《中国革命再阐释》,香港牛津大学出版社 2002 年版。

〔美〕黄宗智:《法典、习俗与司法实践:清代与民国的比较》,上海书店出版社 2003 年版。

〔澳〕西里尔·珀尔:《北京的莫里循》,窦坤等译,福建教育出版社 2003 年版。

〔美〕魏斐德:《间谍王:戴笠与中国特工》,梁禾译,团结出版社 2004 年版。

〔美〕达玛什卡:《司法和国家权力的多种面孔》,郑戈译,中国政法大学出版社 2004 年版。

〔日〕家近亮子:《蒋介石与南京国民政府》,王士花译,社会科学文献出版社 2005 年版。

〔美〕伯纳德·施瓦茨:《美国最高法院史》,毕洪海等译,中国政法大学出版社 2005 年版。

〔美〕李怀印:《华北村治:晚清和民国时期的国家与乡村》,步有生等译,中华书局 2005 年版。

〔美〕杰罗姆·佛兰克:《初审法院——美国司法中的神话与现实》,赵承寿译,中国政法大学出版社 2007 年版。

〔荷〕冯客:《近代中国的犯罪、惩罚与监狱》,江苏人民出版社 2008 年版。

〔美〕弗朗西斯·亨利·尼科尔斯:《穿越神秘的陕西》,史红帅译,三秦出版社 2009 年版。

〔美〕易劳逸:《毁灭的种子:战争与革命中的国民党中国(1937—1949)》,江苏人民出版社 2009 年版。

〔美〕林郁沁:《施剑翘复仇案:民国时期公众同情的兴起与影响》,陈湘静译,江苏人民出版社 2011 年版。

〔日〕笹川裕史、奥村哲:《抗战时期中国的后方社会——战时总动员与农村》,刘世龙译,社科文献出版社 2013 年版。

〔美〕孔非力:《中国现代国家的起源》,陈兼等译,北京三联书店 2013 年版。

〔美〕胡素珊:《中国的内战:1945—1949年的政治斗争》,启蒙编译所译,当代中国出版社2014版。

〔加〕卜正民:《秩序的沦陷——抗战时期的江南五城》,潘敏译,商务印书馆2015年版。

〔美〕傅佛果:《内腾湖南:政治与汉学(1866—1934)》,陶德明等译,江苏人民出版社2016年版。

〔美〕周锡瑞主编:《1943——中国在十字路口》,陈骁译,社科文献出版社2016年版。

图书在版编目(CIP)数据

创制、运行及变异:民国时期西安地方法院研究/侯欣一著.—北京:商务印书馆,2017
(民国时期审判机关研究)
ISBN 978-7-100-14334-9

Ⅰ.①创… Ⅱ.①侯… Ⅲ.①法院—法制史—西安—民国 Ⅳ.①D929.6

中国版本图书馆 CIP 数据核字(2017)第 141322 号

权利保留,侵权必究。

民国时期审判机关研究
创制、运行及变异
——民国时期西安地方法院研究
侯欣一 著

商 务 印 书 馆 出 版
(北京王府井大街36号 邮政编码100710)
商 务 印 书 馆 发 行
北京市十月印刷有限公司印刷
ISBN 978-7-100-14334-9

2017年8月第1版 开本 787×960 1/16
2017年8月北京第1次印刷 印张 50¾

定价:152.00元